KB186082

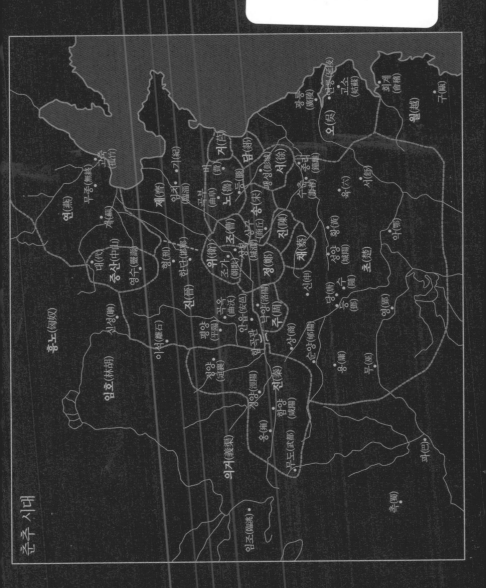

춘추시대

흉노(匈奴)

연(燕)

무종(無終)

고죽(孤竹)

구(鹹)

채(蠆)

대(代)

중산(中山)

영수(靈壽)

제(齊)

임호(林胡)

의거(義渠)

임조(臨洮)

기(紀)

거(莒)

담(郯)

고부(高埠)

곡부(曲阜)

노(魯)

등(滕)

설(薛)

옹(吳)

연릉(延陵)

회계(會稽)

월(越)

서(徐)

육(六)

오(吳)

담(譚)

송(宋)

상구(商丘)

위(衛)

조가(朝歌)

조기(曹)

진(陳)

진(晉)

정(鄭)

채(蔡)

성양(城陽)

초(楚)

신(申)

수(隨)

용(鄘)

무(巫)

영(郢)

파(巴)

촉(蜀)

곡옥(曲沃)

안읍(安邑)

낙양(洛陽)

주(周)

상(商)

평양(平陽)

정양(征陽)

정양(涇陽)

옹(雍)

함양(咸陽)

무도(武都)

진(秦)

개정2판

사기 열전

史記列傳

개정2판

사기열전
史記列傳

사마천 지음 김원중 옮김

2

민음사

차례

차례 · 1권

일러두기

1 이 책은 북경 중화서국中華書局에서 간행한 사마천의 『사기』전 10권, 2013 수정판 중에서 권61 「백이 열전」부터 권130 「태사공 자서」에 이르는 열전 70편을 상하로 나누어 완역한 것이다.

2 번역의 원칙은 원문에 충실한 직역을 위주로 했다. 역자가 독자의 이해를 돕기 위해 부가한 말과 원문과 역어가 다른 말은 〔 〕안에 넣었다.

3 각 편의 소제목과 해제는 독자의 이해를 돕기 위해 역자가 붙인 것이다.

4 맞춤법과 띄어쓰기는 한글 맞춤법과 외래어 표기법을 따르되 널리 통용되는 용어는 일부 예외를 두었다.

장 승상 열전
張丞相列傳

이 편은 한漢나라 초기 고조 유방 곁에서 보좌하면서 제국의 기틀을 유지하는 데 이바지한 승상과 어사대부 등에 관한 열전이다. 소하蕭何와 조참曹參과 진평陳平 등은 『사기』의 세가世家에 편입시켰는데, 장창張蒼과 주창周昌과 신도가申屠嘉를 하나의 열전으로 편입하면서 장창을 첫머리에 내세우고 있다. 이들 이외에 도청陶青, 유사劉舍, 허창許昌, 설택薛澤, 장청적莊青翟, 조주趙周 등을 함께 다루고 있어 한나라 문제文帝와 경제景帝, 무제武帝 시대의 승상들에 대한 이야기를 두루 볼 수 있다. 또한 어사대부인 조요趙堯, 임오任敖 등도 다루고 있는데 이들이 살던 시대는 태평성대라 이렇다 할 사건은 없었다.

한나라 때는 아버지의 공덕이나 황제의 사사로운 감정에 의해 승상이나 왕후를 책봉했지 결코 재능에 따라 적재적소에 임명한 것이 아니다. 여기에 수록된 장창, 주창, 신도가 등은 당시 대부분의 사람이 아부로 일관했던 것과는 달리 직간으로 의義를 지킨 인물들이다. 고조가 태자 효혜孝惠를 폐위시키고 조나라 왕 여의如意를 태자로 삼으려 하자, 주창이 직언을 하고 고조도 흔쾌히 받아들인 것은 이들 사이의 보이지 않는 믿음을 나타낸 것이다. 특히 고조를 폭군이라고 말하여 소하와 조참도 두렵게 할 만큼 주창의 직언이 주위의 시선에 아랑곳하지 않고 거침없었다는 것을 흥미진진한 대화체 문장으로 풀어낸 사마천의 필력이 놀랍다.

像矣宦黄

예를 근본에 두고 정치를 편 효선제 때 승상 황패.

관리는 회계 관리에 뛰어나야 한다

승상 장창張蒼은 양무현陽武縣 사람으로 독서와 음률과 역법曆法[1]을 즐겼다. 진秦나라 때 어사로 임명되어 주하柱下궁전에 머무르며 문서와 책을 관리하는 일을 하다가 죄를 짓고 고향으로 도망쳐 왔다.

패공沛公한고조 유방이 각지를 쳐 함락시키면서 양무를 지나게 되었을 때, 장창은 빈객으로 따라가 남양군南陽郡을 공격하였다. 그 뒤 장창은 죄를 지어 목이 베이는 형벌을 받게 되었다. 옷을 벗겨 처형대에 엎어 놓았는데 몸집이 크고 살이 쪄 박속같이 희었다. 이때 왕릉王陵이 장창의 모습을 보고 보통 사람과는 다른 아름다운 풍채를 지니고 있다는 생각이 들어 패공에게 풀어 주도록 부탁해 목이 베이지 않게 했다. 그래서 장창은 패공을 따라 서쪽으로 무관武關을 지나 함양咸陽에 이르렀다. 패공이 한왕漢王에 오르자 한중漢中으로 들어갔다가 되돌아 나와서 삼진三秦을 평정하였다. 그 무렵 진여陳餘가 상산왕常山王 장이張耳를 공격하자 장이는 한나라로 귀순했다.

한나라에서는 장창을 상산군의 태수로 삼았다. 장창은 조나라를 치는 회음후淮陰侯한신韓信를 따라가 진여를 사로잡았다. 조나라 땅이 평정되자, 한왕은 장창을 대代나라의 재상으로 삼아 변방의 외적흉노을 막게 했

---

[1] 고대 제왕들은 천하를 다스리면서 율력律曆을 우선으로 했다. 역법이란 천체의 주기적인 운행을 날짜와 시각의 단위로 계산하는 방법을 말한다.

다. 얼마 뒤에 그는 자리를 옮겨 조나라 재상으로 임명되어 조나라 왕 장이를 도왔고, 장이가 세상을 떠난 뒤에는 조나라 왕 장오張敖장이의 아들를 돕다가 다시 벼슬을 옮겨 대나라 왕을 도왔다.

연나라 왕 장도가 반란을 일으키자 고조가 직접 치러 나갔다. 장창은 대나라 재상 신분으로 한나라 왕을 따라가 장도를 무찔러 큰 공을 세웠다. [한나라] 6년에 북평후北平侯로 봉해졌고 식읍 1200호를 받았다.

[장창은] 벼슬을 옮겨 계상計相조정의 재정을 담당함이 된 지 한 달 만에 다시 열후列侯가 되어 4년 동안 주계主計계상의 다른 이름의 일을 맡았다. 이때 상국相國으로 있던 소하蕭何는 장창이 진나라 때부터 주하사柱下史로 있어 전국의 도서, 재정, 호적에 밝고 또한 산학, 음률, 역법에도 두루 통달하였으므로 장창에게 명하여 열후로서 상부相府에 있으면서 각 군과 제후의 상계자上計者회계 보고 관리자를 감독하게 하였다. 경포가 반란을 일으켰다가 멸망하자 한나라에서는 황자막내아들 유장劉長을 회남왕淮南王으로 세우고, 장창을 그 재상으로 임명했다. [장창은] 14년 뒤에 어사대부로 자리를 옮겼다.

직언을 두려워하지 않는 주창

주창周昌은 패현沛縣 사람이다. 그의 사촌 형은 주가周苛인데 진나라 때 함께 사수군泗水郡의 졸사卒史가 되었다. 고조가 패현에서 일어나 사수군 태수와 군감郡監군에 상주하는 감찰관으로 뒤에 자사刺史 및 주목州牧으로 바뀜을 공격할 때 주창과 주가는 군의 하급 관리로서 패공을 따라갔다. 패공은 주창을 직지職志휘장이나 깃발을 관리하는 자로 삼고 주가를 빈객으로 삼았다. 〔그들은 패공을〕 따라 관중으로 들어가 진나라 군대를 이겼다. 패공은 한왕이 되자 주가를 어사대부로 삼고, 주창을 중위中尉수도의 치안을 담당로 삼았다.

한나라 고조 4년에 초나라가 한왕을 형양현滎陽縣에서 포위하자, 〔상황이〕 급박해져 한왕은 포위망을 뚫고 달아나면서 주가에게 형양성을 지키도록 했다. 〔그러나〕 초나라가 형양성을 깨뜨리고 주가를 초나라 장수로 삼으려고 했다. 주가는 〔항우를〕 꾸짖어 말했다.

"당신은 빨리 한왕에게 항복하시오. 그러지 않으면 곧 사로잡힐 것이오."

항우는 격노하여 주가를 삶아 죽였다. 그 뒤 한왕은 주창을 어사대부로 삼았으며, 주창은 언제나 한왕을 따라다니며 항우를 쳐부줬다. 〔한나라〕 6년에 주창은 소하, 조참曹參 등과 함께 후로 봉해져 분음후汾陰侯가 되었고, 주가의 아들 주성周成은 그 아버지가 나라를 위해 죽었다고 하여 고경후高景侯에 봉해졌다.

주창은 강직한 성격으로 거침없이 바른말을 했기 때문에 소하와 조참을 비롯하여 모든 신하가 그에게 몸을 굽히고 낮췄다. 주창은 일찍이 〔고조가〕 한가롭게 쉬고 있을 때 어떤 일을 말씀드리려고 한 적이 있었다. 그때 마침 고조가 척희戚姬를 끌어안고 있어서 주창은 뒤돌아 달아났다. 고조가 뒤쫓아 와 붙잡더니 주창의 목을 타고 올라앉아 물었다.

"나는 어떤 임금이냐?"

주창이 고개를 곧추세우고 말했다.

"폐하께서는 걸왕과 주왕 같은 임금이십니다."

이에 고조는 웃음을 터뜨렸지만 이 일로 해서 주창을 더욱 꺼리게 되었다.

고조가 태자를 폐위시키고 척희의 아들 여의如意를 태자로 세우려고 하자, 신하들이 강력히 반대했지만 아무도 고조의 마음을 되돌릴 수 없었다. 하지만 고조는 유후留侯장량의 계책으로 이러한 계획을 이루지 못했다. 이때 주창은 조정에서 이 문제에 관하여 강경하게 간언한 적이 있으므로 고조는 그에게 생각을 물었다. 주창은 말더듬이인 데다 격앙돼 있었기 때문에 이렇게 말했다.

"신은 입으로는 잘 말씀드릴 수 없습니다만 분명 그것이 옳지 않다는 것은 알고 있습니다. 폐하께서는 태자를 폐위시키려고 하시지만 〔단연코〕 신은 폐하의 명령을 받들지 않겠습니다."

고조는 흔연히 웃었다. 조회가 끝나자 동상東箱편전의 동쪽 측실에서 귀를 쫑긋하여 엿듣고 있던 여후는 주창이 나오는 것을 보고 그 앞으로 가서 무릎을 굽히고 앉아 감사의 뜻을 표하였다.

"만일 그대가 아니었다면 태자는 자리에서 물러나게 되었을 것이오."

그 뒤 척희의 아들 여의가 조나라 왕이 되었는데 당시 열 살이었다. 고조는 자신이 죽고 나면 여의의 목숨이 위태로워질까 염려되었다. 그 무렵 조요趙堯라는 사람이 젊은 나이로 부새어사符璽御史황제의 부신符信과 옥새를 관리함가 되었다. 조나라 사람 방여공方與公방여현의 현령이 어사대부 주창에게 이런 말을 했다.

"어사 조요는 나이가 비록 적지만 재능이 뛰어나니 당신은 반드시 그를 우대하셔야 됩니다. 그가 앞으로 당신 자리를 대신할 것입니다."

주창은 웃으면서 말했다.

"조요는 젊은 도필리刀筆吏문자를 베껴 쓰는 관리에 불과한데 어찌 이 자리에 이를 수 있겠소?"

그로부터 얼마 지나지 않아 조요는 고조를 모시게 되었다. 하루는 고조가 마음이 울적해져 혼자 구슬프게 노래를 불렀지만 신하들은 황제가 무엇 때문에 슬퍼하는지를 몰랐다. 그런데 조요가 나아가 공손히 물었다.

"폐하께서 울적해하시는 까닭은 조나라 왕이 어리고 척 부인과 여후의 사이가 좋지 않아, 폐하께서 돌아가신 뒤에 조나라 왕이 스스로를 지킬 수 없을 것이라고 여기시기 때문이 아닙니까?"

고조가 말했다.

"그렇소. 나는 마음속으로 그 일을 염려하고 있지만 어떻게 해야 할지 모르겠소."

조요가 말했다.

"폐하께서는 다만 조나라 왕을 위하여 지위가 높고 성품이 강직하고 세력 있는 신하이면서도 여후와 태자와 신하들이 평소 존경하고 두려워하는 인물을 재상으로 두시면 될 것입니다."

고조가 말했다.

"옳소. 나도 그렇게 하려고 생각하오. 그런데 신하들 중에서 누가 좋겠소?"

조요가 말했다.

"어사대부 주창은 사람됨이 강직하고 참을성이 있으며 정직합니다. 따라서 여후와 태자 및 대신들이 평소 존경하고 두려워하니 그가 적임자입니다."

고조가 말했다.

"옳은 말이오."

주창을 불러 말했다.

"짐이 그대를 수고롭게 하려 하오. 그대는 나를 위하여 내키지 않더라도 조나라 재상이 되어 주시오."

주창이 눈물을 흘리며 말했다.

"신은 폐하께서 처음 군사를 일으켰을 때부터 모셔 왔는데, 폐하께서는 어찌 중도에 저를 제후에게 내팽개치려 하십니까?"

고조가 말했다.

"그것이 좌천이라는 것은 나도 아오. 하지만 조나라 왕의 앞날을 혼자 걱정하다 보니 공이 아니면 적임자가 없소. 어쩔 수 없으니 내키지 않더라도 그대가 가 주어야겠소!"

고조는 어사대부 주창을 옮겨서 조나라 재상으로 삼았다.

주창이 부임하여 떠난 지 한참 뒤에, 고조는 어사대부의 관인을 손에 쥐고 어루만지면서 말했다.

"어사대부로 삼을 만한 사람이 누굴까?"

그러고는 조요를 한참 동안 뜯어보며 말했다.

"조요만 한 사람이 없지."

마침내 조요를 어사대부에 임명하였다. 조요는 또 전에 군공軍功을 세워서 식읍을 받았고, 어사대부가 된 뒤에도 고조를 따라 진희를 치는 데 공을 세웠으므로 강읍후江邑侯에 봉해졌다.

고조가 죽자 여 태후는 사자를 보내 조나라 왕을 불러들였다. 그러나 조나라 왕의 재상인 주창은 왕이 병석에 있다는 핑계로 가지 못하게 했다. 사자가 세 차례나 거듭 오갔지만 주창은 끝까지 조나라 왕을 보내지 않았다. 이때 고후여 태후가 이를 염려하여 사자를 보내 주창을 불렀다. 주창이 〔장안으로〕 와서 고후를 뵈니, 고후는 화를 내며 주창을 몹시 꾸짖었다.

"그대는 내가 척씨를 원망하는 것을 모르시오? 그런데도 조나라 왕을 보내지 않는 까닭이 무엇이오?"

고후는 주창을 불러온 뒤 사자를 보내 조나라 왕을 불러들였다. 조나라 왕은 결국 장안으로 왔다가 한 달쯤 지난 뒤에 독약을 마시고 죽었다. 주창은 이 일로 인하여 병을 핑계로 조정에 나오지 않다가 3년 만에 세상을 떠났다.

〔주창이 죽은 지〕 5년 뒤에 고후는 어사대부 강읍후 조요가 고조가 살아 있을 때 조나라 왕 여의를 보호하기 위하여 계책을 썼음을 알고 조요에게 죄를 뒤집어씌우고, 광아후廣阿侯 임오任敖를 어사대부에 임명하였다.

임오는 본래 패현의 옥리였다. 일찍이 고조가 죄를 짓고 옥리들을 피해 다닐 때, 옥리는 여후를 옥에 가두고 거칠게 대했다. 임오는 평소 고조와 좋은 친분을 맺고 있었으므로 이를 보고 화가 나서 여후의 옥살이를 맡고 있던 옥리를 때려 상처를 입혔다.

고조가 처음 군사를 일으켰을 때 임오는 빈객 신분으로 고조를 따라 어사가 되어 2년 동안 풍읍豊邑을 지켰다. 고조가 한왕이 된 뒤 동쪽으로 항우를 칠 때, 임오는 벼슬을 옮겨 상당군上黨郡의 군수가 되었다. 진희가 반란을 일으켰을 때 임오는 상당을 굳게 지킨 공로로 광아후에 봉해지고 식읍 1800호를 받았다. 그는 고후 때 어사대부가 되었다가 3년 만에 물러났고, 평양후平陽侯 조줄曹窋조참의 아들이 어사대부가 되었다. 고후가 죽었을 때 조줄은 대신들과 함께 여록呂祿의 무리를 없애는 일에 동조하지 않았다 하여 파면되었고, 회남의 재상 장창이 어사대부가 되었다.

정상에 오른 자에게는 내리막길만이 있을 뿐이다

장창은 강후絳侯 등과 함께 대왕代王을 모셔다가 효문황제孝文皇帝로 추대했다. [효문제] 4년에 승상 관영灌嬰이 죽자 장창이 승상이 되었다.

한나라가 일어난 이래 효문제에 이르기까지 20년 남짓한 동안에 천하가 비로소 안정되기 시작했으나 장수, 재상, 공경公卿이 모두 군대의 벼슬아치 출신이었다. 장창은 계상으로 있을 때 음률과 역법을 정리하고 바로잡았다. 고조가 패상覇上에 처음 온 때가 10월이므로 원래 진나라 때 10월을 한 해의 시작으로 삼던 것을 그대로 따르고 고치지 않았다. 오덕五德의 운행을 미루어 헤아려 보면 한나라는 수덕水德의 시대에 해당한다고 하여 예전처럼 검정색을 숭상하였고, 음율音律[2]을 불어 음악을 조화롭게 하고 5음에 들어맞게 하였다. 이를 근거로 [경중輕重과 대소大

2　육률六律과 육려六呂 즉 황종黃鐘, 대려大呂, 태족太簇, 협종夾鐘, 고세姑洗, 중려仲呂, 유빈蕤賓, 임종林鐘, 이칙夷則, 남려南呂, 무사無射, 응종應鐘 등 12율을 말한다.

小의 비율에 따라) 율령律令을 정하였다. 모든 장인의 편의를 도와 천하의 물건에 일정한 기준을 정해 규격품을 만들도록 하였다. 이러한 것들은 [장창이] 승상이 되면서 마침내 이루어졌다. 그러므로 한 대에 음악과 역법을 말하는 자는 장창의 견해를 근거로 삼았다. 장창은 본래 책을 좋아하여 읽지 않은 것이 없고 정통하지 않는 것이 없었는데, 특히 음율과 역법에 뛰어났다.

장창은 안국후安國侯 왕릉王陵의 은덕을 잊지 않았다. 장창은 귀한 신분이 된 뒤에도 언제나 왕릉을 아버지처럼 섬겼다. 장창은 왕릉이 죽은 뒤에 승상이 되었지만, 쉬는 날이 되면 제일 먼저 왕릉의 부인을 찾아가 음식을 올린 뒤에야 집으로 돌아가곤 했다.

장창이 승상이 된 지 10년이 지났을 때, 노나라 사람 공손신公孫臣이 글을 올려 한나라는 토덕土德의 시대이니 그 상서로운 징조로 분명히 황룡黃龍이 나타날 것이라고 했다. 황제는 조서를 내려 장창에게 그의 주장을 살펴보도록 하였는데, 장창은 그 주장이 옳지 않다며 없던 일로 하였다. 그런데 그 뒤에 성기현成紀縣에 황룡이 나타났으므로 문제는 공손신을 박사博士로 임명하여 토덕의 시대에 맞는 역법을 기초하게 하고, 이해를 원년元年으로 바꾸었다. 장 승상은 이 일로 스스로 늙어 병들었다는 핑계를 대고 집에 머물렀다. 장창의 추천으로 중후中侯궁실 건축을 맡은 소부少府의 속관가 된 사람이 매우 올바르지 못한 이득을 취하였으므로 황제가 장창을 꾸짖으니, 장창은 드디어 병을 핑계로 벼슬에서 물러났다. 이로써 장창은 승상이 된 지 15년 만에 벼슬을 그만두었다. 효경제 전원前元 5년에 장창이 죽자 시호를 문후文侯라고 하였다. 아들 장봉張奉이 후강후康侯 지위를 이었다가 8년 만에 죽었다. 그 아들 장류張類가 이어서

후가 되었는데, 후가 된 지 8년째 되던 해에 제후의 장례식에 참석했다가 어전에 나간 것이 불경죄에 해당되어 봉국을 빼앗기고 말았다.

본래 장창의 아버지는 키가 다섯 자도 채 안 되었지만 슬하의 장창은 키가 여덟 자가 넘었으며 후가 되고 승상이 되었다. 장창의 아들도 키가 컸다. 그러나 손자 장류는 키가 여섯 자 남짓하였는데 법을 어겨 후 벼슬과 지위를 잃었다. 장창은 승상을 그만둔 뒤 늙어서 이가 다 빠져 젖을 먹고 살았는데, [반드시 나이 어린] 여자를 유모로 삼았다. 장창은 처와 첩이 수백 명이나 되었는데 아기를 가진 적이 있는 여자에게는 두 번 다시 애정을 주지 않았다. 그는 백 살 남짓까지 살다가 죽었다.

총애하는 신하이니 풀어 주시오

승상 신도가申屠嘉는 양梁나라 사람인데, 말을 타고 활을 쏘며 쇠뇌를 발사하는 용감한 무사로서 고조를 따라가 항우를 공격하여 대수隊率부대를 이끄는 장수로 벼슬을 옮겼다. 그는 다시 고조를 따라 경포의 군대를 치고 도위가 되었다. 효혜제孝惠帝 때는 회양군淮陽郡 군수가 되었다. 효문제 원년에 옛날 식읍 2000석을 받은 관리들 가운데 고조를 따라 싸운 자들을 모두 관내후關內侯로 하고, 그 가운데 스물네 명에게는 식읍을 주었는데 신도가는 식읍 500호를 받았다. 장창이 승상이 된 뒤 신도가는 벼슬을 옮겨 어사대부가 되었다. 장창이 승상직을 그만두자, 효문제는 황후의 동생 두광국竇廣國을 승상으로 삼고 싶어 하면서 이렇게 말했다.

"〔두광국을 승상으로 삼는다면〕천하 사람들은 내가 광국을 편애한
다고 할까 두렵다."

효문제는 광국이 어질고 덕행이 있으므로 승상으로 삼으려 한 것이지
만 한참 동안 생각해 보아도 옳지 않다고 판단하였다. 더구나 고조 때의
대신들은 거의 죽었고, 지금 살아 있는 이로서 적임자가 없었다. 그래서
어사대부 신도가를 승상으로 하고 종래의 식읍을 그대로 봉하여 고안
후故安侯라고 하였다.

신도가는 사람됨이 청렴하고 강직하여 집에서는 사사로운 방문을 받
지 않았다. 이 무렵 태중대부太中大夫황제 곁에서 의논을 관장함 등통鄧通이
한창 총애를 받아 거만금의 재물을 쌓아 두고 있었다. 문제는 등통의 집
에서 연회를 즐길 만큼 그를 몹시 총애하였다.

하루는 승상이 조회에 들어갔는데, 등통이 황제 곁에 붙어서 승상을
대하는 예절이 느슨하였다. 승상은 일을 다 보고하고 나서 말했다.

"폐하께서 신하를 총애하여 그를 부귀하게 하는 것은 좋습니다만 조
정에서의 예절에 이르러서는 엄격하지 않으면 안 됩니다."

문제가 말했다.

"그대는 아무 말 마시오. 내가 그를 총애할 뿐이오."

신도가는 조회를 마치고 승상부로 돌아와 앉아 등통을 승상부로 소
환하는 격서檄書를 작성해, 오지 않으면 장차 등통의 목을 베겠다고 했
다. 등통이 겁이 나서 궁궐로 들어가 문제에게 이 사실을 아뢰자 문제가
말했다.

"너는 먼저 가거라. 내가 바로 사람을 보내 너를 부르겠다."

등통은 승상부에 이르자 관을 벗고 맨발로 머리를 조아리며 사죄하였다. 신도가는 태연하게 앉은 채 짐짓 예의를 차리지 않고 꾸짖었다.

"조정은 고황제의 조정이거늘 등통 너는 하찮은 신하 신분으로 어전을 희롱하였으니 불경죄로 참형을 받아 마땅하다. 형리는 지금 당장 그를 참형에 처하라!"

등통이 머리를 땅에 찧으며 빌어 피범벅이 되었지만 신도가는 그를 풀어 주지 않았다. 문제는 승상이 등통을 충분히 욕보였을 것으로 생각하고 사자에게 부절을 들려 보내 등통을 부르게 하고, 승상에게 이렇게 말하도록 했다.

"그는 내가 총애하는 신하이니 그대는 그를 풀어 주시오."

등통은 풀려나자 돌아와 문제에게 울면서 말했다.

"승상이 신을 죽일 뻔하였습니다."

절차보다 행동이 앞서야 할 때가 있다

신도가가 승상이 된 지 5년째 되던 해에 효문제가 죽고 효경제孝景帝가 자리에 올랐다. (효경제) 2년에 조조鼂錯가 내사內史수도의 행정 장관가 되어 총애를 받게 되자 정권을 마음대로 휘둘렀다. 법령 제도를 많이 고치고, 잘못을 찾아내어 처벌 방법으로 제후들의 영지를 깎도록 건의했다. 승상 신도가는 자신의 의견이 받아들여지지 않은 것이 굴욕스러워 조조를 미워하였다. (그러던 차에) 조조는 내사가 되어 문이 동쪽으로

나 있어서 오가기에 불편하다는 이유로 남쪽 담을 뚫어 문을 다시 만들었다. 그런데 남쪽으로 나오면 태상황太上皇 사당의 바깥 담장에 이르게 되었다. 신도가는 이 사실을 알고 종묘의 담을 멋대로 뚫어서 문을 만든 죄목으로 조조의 목을 베도록 주청하려고 하였다. 조조의 빈객 중에서 이 이야기를 조조에게 전해 준 사람이 있었다. 조조는 두려워서 한밤중에 궁궐로 들어가 경제를 뵙고 자신의 죄를 시인하였다. 날이 밝아 승상이 내사 조조의 목을 베도록 주청하자 경제가 말했다.

"조조가 문을 낸 곳은 진짜 종묘의 담이 아니고 바깥 담으로 다른 관리들이 그 안에서 살았소. 또 내가 그렇게 하라고 시켰으니 조조에게는 죄가 없소."

조회를 마치고 신도가는 장사長史삼공의 보좌역에게 말했다.

"조조를 미리 죽이지 않아 그가 먼저 주청하여 매도당한 것이 후회스러울 뿐이오."

집으로 돌아와서 이 일로 인하여 피를 토하고 죽자, 그의 시호를 절후節侯라고 하였다. 아들 공후共侯 멸蔑이 후를 대신했지만 3년 만에 죽었다. 신도멸의 아들 거병去病이 작위를 이어받았다가 31년 뒤에 죽었다. 신도거병의 아들 유臾가 후 작위를 이어받았는데, 6년 만에 구강九江 태수가 되었다가 전임 태수로부터 선물을 받은 것이 법에 저촉되어 〔후 작위가 박탈되고〕 봉국도 없어지게 되었다.

신도가가 죽은 뒤 경제 때에는 개봉후開封侯 도청陶靑과 도후桃侯 유사劉舍가 승상이 되었으며, 지금의 황제효무제孝武帝에 이르러서는 백지후柏至侯 허창許昌과 평극후平棘侯 설택薛澤과 무강후武彊侯 장청적莊靑翟과 고릉후高陵侯 조주趙周 등이 승상이 되었다. 이들은 모두 열후로서 아버지의 뒤를 이어받은 사람으로 삼가고 청렴하고 조심하여 승상이 되기는 하였으나, 인원수만 채웠을 뿐 그 시대에 공적과 이름을 드러내지는 못했다.

태사공은 말한다.

"장창은 문학과 음률과 역법에 밝은 한나라의 뛰어난 승상이었다. 그러나 가생과 공손신 등이 올린 역법, 거마車馬, 복색服色의 개혁안을 배척하여 받아들이지 않고 진秦나라 때 쓰던 『전욱력顓頊曆』을 사용하도록 고집한 것은 무슨 까닭인가? 주창은 〔질박한〕 나무처럼 강직한 사람이었다. 임오는 옛날에 〔옥살이한 여후를 보호한〕 은덕으로 인해 여후에게 쓰였다. 신도가는 강직하여 지조를 굳게 지켰다고 말할 수 있으나 술수術數를 배우지 않았으니 소하, 조참, 진평과는 다른 부류의 사람이다."

한 대 승상 차천추, 위현, 위상, 병길, 황패, 위현성, 광형[3]

효무제 때는 승상이 자못 많았으나 기록하지는 않고, 또 그들의 행적과 살았던 모습의 개략적인 부분도 기록하지 않는다. 여기서는 우선 정

---

3 이 이하의 기록은 한나라 저소손이 추가하여 보완한 것이다.

화征和무제의 열 번째 연호 이후의 일을 기록하고자 한다.

차車 승상차천추車千秋은 장릉長陵 사람이다. 그가 죽자 위韋 승상이 그 자리를 이어받았다. 승상 위현韋賢은 노나라 사람으로 경서와 역법으로 관리가 되어 대홍려大鴻臚외국 빈객을 접대하는 직책에 이르렀다. 어떤 관상쟁이가 그를 보고는 틀림없이 승상까지 이를 것이라고 했다. 그는 네 아들을 두었는데, 관상쟁이에게 그들의 관상도 보게 했다. 관상쟁이는 둘째 아들 현성玄成을 보더니 말했다.

"이 아들은 귀한 상으로 틀림없이 열후에 봉해질 것입니다."

위 승상이 말했다.

"내가 만일 승상이 된다면 큰아들이 있는데 어떻게 이 아이가 나를 따라 열후에 봉해질 수 있겠소?"

훗날 그는 결국 승상이 되었다가 병들어 죽었다. 그러나 맏아들은 죄를 지어 아버지의 작위를 물려받을 수 없어 현성을 세우게 되었다. 현성은 〔후가 되고 싶지 않아〕 미친 척하였으나 결국에는 작위를 이어받고, 나라를 양보하려 했다는 명성을 얻게 되었다. 나중에 그는 말을 타고 종묘로 들어간 것이 불경하다고 하여 천자의 명으로 한 등급이 깎여 관내후가 되고 열후 직위를 잃었으나 본래의 국읍國邑을 식읍으로 받았다. 위韋 승상이 죽자 위魏 승상이 그 자리를 대신했다.

승상 위상魏相은 제음濟陰 사람으로 문서를 관리하는 벼슬아치 자격에서 승상까지 올랐다. 그는 사람됨이 무武를 좋아하여 모든 관리에게 칼을 차고 다니게 하였고, 칼을 찬 채로 자기 앞에 나와 일을 보고하도록 하였다. 간혹 칼을 차지 않은 자가 반드시 들어가 아뢸 일이 있을 때에는 〔다른 사람의〕 칼을 빌려서라도 차야 들어가 일을 아뢸 수 있을 정도였다. 그때 경조윤京兆尹 조군趙君조광한趙廣漢이 죄를 지었으므로 위 승상은 황제에게 그의 직위를 박탈해야 한다고 아뢰었다. 조군은 사람을 보내 위 승상을 붙잡고 죄에서 벗어날 수 있게 해 달라고 요구하였으나 받아들여지지 않았다. 한편으로 그는 다시 사람을 보내서 위 승상의 부인이 질투가 심해 하녀를 찔러 죽였다는 일을 들어 위 승상을 협박하게 하고, 다른 한편으로는 사람들 몰래 따로 이 일을 조사하여 나라에 보고하고, 이졸吏卒을 풀어 위 승상 집으로 가서 하인들을 잡아다 매를 쳐서 심문하게 하였다. 그러나 실제로는 위 승상의 부인이 칼로 찔러 죽인 것이 아님이 밝혀지자, 위 승상의 사직司直승상부의 관원으로 승상이 관리들의 불법을 조사할 때 돕는다 파군繁君이 황제에게 말했다.

"경조윤 조군이 위 승상을 위협하고 위 승상의 부인이 하녀를 찔러 죽였다고 무고한 뒤 이졸을 풀어 위 승상 관저를 에워싸고 하인들을 잡아 간 것은 도리에 어긋나는 큰 죄입니다."

또 조경조趙京兆는 제 마음대로 기사騎士를 파면시킨 사실이 밝혀져서 허리가 베이는 형벌을 받았다. 또 위 승상이 사연使掾승상부의 속관 진평陳平 등을 시켜서 중상서中尙書천자 곁에서 문서를 처리하는 관직를 탄핵한 사건이 있었는데 이 사건을 승상 마음대로 협박하여 처리했다는 의심을 받게 되었고, 이것이 매우 불경스러운 죄에 해당한다고 하여 장사長史 이하 관련자는 모두 사형에 처해지거나 잠실蠶室에 갇혀 궁형宮刑을 받았

4 궁형을 집행하던 곳을 말한다. 이곳은 궁형을 집행할 때 불을 피워 놓아 누에를 기르는 온실처럼 따뜻하기 때문에 잠실이라고도 했다.

다. 그러나 위 승상만은 끝까지 승상 직분을 유지하다가 병들어 죽었다. 그의 아들이 작위를 이었으나 훗날 말을 타고 종묘에 들어가는 불경죄를 지어 황제의 명령에 따라 작위를 한 등급 낮추어 관내후가 되었다. 열후 지위는 잃었으나 본래의 국읍을 식읍으로 가질 수 있었다. 위 승상이 죽자 어사대부 병길邴吉이 대신 승상을 이어받았다.

승상 병길은 노나라 사람으로 글 읽기와 법령을 좋아하여 벼슬이 어사대부까지 이르렀다. 효선제孝宣帝 때, 옛날에 인연[5]을 맺은 적이 있다 하여 열후에 봉해지고 계속 승진하여 승상까지 되었다. 후세 사람들은 병길이 사리에 밝고 지혜로웠다고 칭찬하였다. 승상으로 있다가 병들어 죽고 아들 현顯이 뒤를 이었으나, 뒤에 말을 타고 종묘에 들어가는 불경죄를 지어 황제의 명에 의해서 작위가 한 등급 떨어졌다. 열후 지위는 잃었으나 본래의 국읍을 그대로 식읍으로 가질 수 있었다. 병현은 아전에서 관리 생활을 시작하여 태복까지 이르렀으나 직권 남용으로 문란시킨 데다가 그 자신과 아들 남男이 뇌물을 받은 죄로 벼슬에서 쫓겨나 평민이 되었다.

병 승상이 죽자 황 승상黃丞相이 대신했다. 장안 사람들 가운데 관상을 잘 보는 전문田文이라는 자가 위韋 승상, 위魏 승상, 병 승상이 미천한 신분일 때 어떤 빈객의 집에서 만난 적이 있었다. 그때 전문이 이런 말을 했다.

---

5 한나라 선제 유순劉詢은 어렸을 때 1차 궁정 전쟁에 연루되어 감옥에 갇힌 적이 있다. 이때 병길이 죽음을 무릅쓰고 유순을 지켜 죽음을 면할 수 있었다.

"앞으로 이 세 분은 모두 승상이 될 것입니다."

그 후 세 사람은 결국 번갈아 가며 승상이 되었으니 얼마나 정확히 본 것인가!

승상 황패黃霸는 회양淮陽 사람으로 글을 읽어서 관리가 되어 영천潁川 태수까지 이르렀다. 그는 영천을 다스릴 때 예의를 근본으로 하고, 정책과 법령으로 가르치고 타일러서 백성을 교화시켜 풍속을 바로잡았다. 법을 어기는 자가 있으면 스스로 그 잘못을 바로잡도록 하였다. 이렇게 하여 교화가 크게 이루어지고 그의 이름은 세상에 널리 떨쳐졌다. 효선제가 조서를 내렸다.

영천 태수 황패는 조정의 법령을 널리 알려 백성을 다스렸기 때문에 사람들은 길에 떨어져 있는 물건을 줍지 않고, 남자와 여자는 서로 다른 길로 다니며, 감옥에는 큰 죄를 지은 죄수가 없다. 따라서 관내후 작위와 황금 100근을 내리노라.

그 뒤 그를 불러 경조윤으로 삼았다가 승상에 임명했다. 그는 이때도 예의에 입각한 정치를 하였다. 그가 병들어 죽자 아들이 그 뒤를 이어서 열후에 올랐다. 황 승상이 죽자 어사대부 우정국于定國이 대신 승상이 되었다. 우 승상에 관해서는 「정위전廷尉傳」에 이미 있으며, 「장 정위전張廷尉傳」의 이야기 속에도 〔그에 관한 사적이〕 들어 있다. 우 승상이 죽자 어사대부 위현성韋玄成이 대신 승상이 되었다.

승상 위현성은 앞에서 말한 위韋 승상의 아들이다. 위현성은 아버지의 뒤를 이었으나 뒤에 열후 작위를 잃었다. 그는 젊을 때 책 읽기를 좋아하여 『시詩』와 『논어』에 밝았다. 아전으로 시작하여 위위衛尉로 승진하였다가 자리를 옮겨 태자태부太子太傅가 되었다. 어사대부 설군薛君설광덕薛廣德이 파면되자 위현성이 어사대부가 되었다. 우 승상이 스스로 그 직책을 그만두고 싶다고 하여 물러나니 위현성이 승상이 되었다. 곧이어 본래의 식읍에 봉해져서 부양후扶陽侯가 되었다. 그는 몇 년 뒤에 병으로 죽었는데, 효원제孝元帝가 직접 문상하고 많은 상을 내렸다. 그의 아들이 작위를 이어받았다. 그는 무리를 좇아 영합하고 세속적인 것을 따라 부침했으므로 아첨하고 간교한 인물로 평가되었다. 일찍이 관상쟁이가 그는 열후가 되어 아버지 뒤를 잇기는 하지만 나중에 그것을 잃을 것이라고 했다. 떠돌아다니는 벼슬아치로 시작하여 승상까지 오르고 아버지와 아들이 함께 승상이 되었다고 세상이 부러워했으나 이 어찌 운명이 아니겠는가! 관상쟁이가 그것을 먼저 알았으니. 위 승상이 죽자 어사대부 광형匡衡이 그 자리를 대신했다.

승상 광형은 동해군東海郡 사람으로 책 읽기를 좋아했으며 박사로부터 『시』를 전수받았다. 그는 집이 가난하여 남의 머슴살이로 생계를 이어 갔으며, 재주가 변변치 못하여 여러 차례 관리 시험을 보았지만 합격하지 못하다가 아홉 번 만에 겨우 병과丙科에 급제했다. 그러나 경서 실력이 부족하여 중과中科 갑과甲科, 을과乙科 시험에는 합격하지 못하였으므로 열심히 공부했다. 그는 평원군平原郡의 문학 졸사卒史로 보직을 받았으나 몇 년 동안은 군郡에서 존경을 받지 못했다. 어사가 그를 수도로 불러들여 봉록 100석의 관리로 삼았고, 뒤에 추천하여 낭중郎中이 되게 하였으며, 이어서 박사라는 보직을 받게 되었고, 태자 소부太子少傅가 되어 효원제를 섬겼다. 효원제는 『시』를 좋아하였으므로 광형을 광록훈光祿勳으로 삼아 궁궐 안에 머물면서 스승이 되어 황제 주위 사람들을 가르치도록 하였다. 천자는 그 옆에 앉아 강의를 듣고 매우 흡족해하였다. 그래서 그는 날이 갈수록 존경을 받는 귀한 신분이 되었다. 어사대부 정홍鄭弘이 사건에 연루되어 파면되자 광형이 어사대부가 되었다. 1년 남짓하여 위 승상이 죽자 광형이 이어 승상이 되었고, 낙안후樂安侯에 봉해졌다. 그는 10년 동안 장안의 성문을 나가 지방관이 되는 일 없이 승상 벼슬까지 올랐다. 이 어찌 때를 만난 운명이 아니겠는가!

   태사공은 말한다.[6]
   "곰곰이 생각해 보니 선비들 가운데 일반 관리에서 벼슬을 시작하여 열후에 오른 자는 매우 적다. 대부분 어사대부까지 승진한 뒤 벼슬을 그만두었다. 모두 어사대부가 되면 다음은 승상이 될 차례이므로 마음속으로 승상이 죽기만을 바라게 된다. 그래서 암암리에 승상을 헐뜯고 해를 끼쳐 그 자리를 대신하려고 하였다. 그러나 어떤 사람은 오랫동안 어사대부 자리를 지켰어도 승상이 되지 못하고, 어떤 이는 어사대부로 있은 지 얼마 안 되어 승상이 되고 후에 봉해지기도 하니 정녕 운명인가!

---

6 여기는 사마천 자신이 아니라 저소손이 본떠 서술한 위작이다. 이미 신도가의 사적 뒤에 사마천의 총평이 있으며, 그 이후의 내용은 저소손이 지은 것이다. 이 부분은 저소손이 덧붙여 서술한 내용에 대한 총평인 셈이다.

어사대부 정군鄭君정홍은 몇 년 동안 그 자리를 지켰으나 승상이 되지 못하였고, 광형은 어사대부로 있은 지 1년도 채 못 되어 위韋 승상이 죽어 그 뒤를 이어서 승상이 될 수 있었다. 이것이 어찌 지모와 계책으로 얻을 수 있는 것이겠는가? 대체로 성현의 재능을 가지고도 곤궁한 삶을 살며 재앙을 당하여 뜻을 얻지 못한 사람은 수없이 많다."

역생 육가 열전

酈生陸賈列傳

이 편은 변설로 고조의 모신이 된 역이기酈食其와 육가陸賈, 그리고 초나라의 모사 주건朱建 등 세 사람의 사적을 기록하고 있다. 역이기는 가난하고 미천한 출신이었으나, 제나라 왕과 재상을 설득하여 제나라의 성 70여 개를 손아귀에 넣을 만큼 담력과 지력과 말솜씨를 겸비한 인물이다. 고조는 패공으로 불리던 시절 본래 오만하여 사람들을 함부로 대했는데, 특히 유생儒生을 싫어하여 그들의 관冠에 소변을 눌 정도였다. 역이기가 처음 패공을 만났을 때 패공은 두 여인의 시중을 받으며 발을 씻고 있었다. 그때 역이기는 패공이 윗사람을 존경하지 않는다고 꾸짖어 크게 뉘우치게 했으니 그의 담력을 엿볼 수 있다.

육가는 진한 시대의 저명한 책사로서 고조의 참모가 되어 태중대부 지위까지 오른 인물이다. 『남월 열전』에도 나와 있지만 그는 두 차례에 걸쳐 남월에 사신으로 파견되어 남월왕 위타尉他가 한나라를 섬기도록 하는 데 크게 기여한 외교 천재이다.

주건은 본래 회남왕 경포의 재상이었다. 경포가 모반했을 때 주건은 함께 행동하지 않았으므로 한나라에서는 그를 평원군으로 삼았다.

이 편은 『사기』「여 태후 본기」와 함께 읽어 볼 필요가 있으니, 특히 육가가 여 태후의 득세 속에서 세상을 등지고 정국을 관망하는 태도가 인상적이다. 한편, 왕국유王國維와 고힐강顧頡剛은 이 편을 지은 이가 사마천이 아니라 사마담司馬談이라고 주장하기도 하나 설득력은 부족하다.

고조 앞에서 『시』와 『서』를 인용하는 육가.

역생酈生 이기食其는 진류현陳留縣 고양高陽 사람이다. 그는 글을 즐겨 읽었으나 집안이 가난하여 뜻한 바를 이루지 못하고 생계조차 이을 수 없게 되자, 마을 성문을 관리하는 벼슬아치가 되었다. 그러나 진류현의 현인이나 호걸들은 감히 그를 부리려 하지 않았고, 현에서는 모두 그를 미치광이라고 불렀다.

진승陳勝과 항량項梁 등이 〔반기를 들고〕 군사를 일으키자, 각지를 공략하면서 고양을 스쳐 간 장수만도 수십 명이나 되었다. 역생은 그 장수들이 모두 도량이 좁고 급하고 자질구레한 예절을 좋아하며 자기 생각만 옳다고 여겨 원대한 생각을 받아들이지 못한다는 말을 듣고 자신의 재능을 깊이 감추어 두고 있었다. 그 뒤 역생은 패공이 군사를 이끌고 진류현의 외곽 지역을 공략한다는 말을 듣게 되었다. 그때 패공 수하의 한 기병이 역생과 같은 고향 사람이었는데, 패공은 이따금 읍에서 어진 유생과 호걸이 누구인지를 물었다. 그 기병이 마을로 돌아왔을 때 역생은 그를 보고 이렇게 말했다.

"나는 패공이 오만하여 남을 업신여기기는 하지만 원대한 뜻을 지녔다고 들었소. 이 사람이야말로 내가 진정으로 사귀고 싶은 사람이지만 나를 그에게 소개시켜 줄 만한 이가 없소. 당신이 패공을 만나거든 '신의 마을에 역생이라는 사람이 있는데, 나이는 예순 살 남짓이고 키는 여덟 자입니다. 사람들은 모두 그를 미치광이라고 하지만 그 자신은 미치광이가 아니라고 합니다.'라고 말해 주겠소?"

그 기병이 말했다.

"패공은 유생들을 좋아하지 않습니다. 그는 관을 쓴 유생들이 찾아오면 언제나 그 관을 빼앗아 그 안에 소변을 누곤 합니다. 그리고 사람들과 말할 때마다 목청 높여 〔유생을〕 욕합니다. 유생 신분으로 그에게 유세한다는 것은 불가능한 일입니다."

역생은 말했다.

"어쨌든 이 말만 전해 주시게."

기병은 차분하게 역생이 부탁한 대로 패공에게 전해 주었다.

패공은 고양의 객사에 이르자 사람을 보내 역생을 불렀다. 역생이 객사에 이르러 패공을 만나러 들어갔을 때, 패공은 마침 침상에 걸터앉은 채 두 여자에게 발을 씻기게 하고 있었는데 그 모습으로 역생을 만났다. 역생은 들어가서 길게 읍한 뒤 절을 하지 않고 말했다.

"족하足下당신의 존칭인데 아래에서는 당신으로 번역함께서는 진나라를 도와 제후들을 치려고 하십니까? 아니면 제후들을 이끌고 진나라를 치려고 하십니까?"

그러자 패공은 역생을 욕하며 꾸짖었다.

"이 유생 놈아! 천하 사람들이 한결같이 오랫동안 진나라에 고통을 겪었기 때문에 제후들이 서로 손을 잡고 진나라를 치려 하고 있는데, 어째서 진나라를 도와 다른 제후들을 친다는 말을 하느냐?"

역생이 말했다.

"진실로 사람들을 모으고 의병들을 합쳐서 무도한 진나라를 쳐 없애고자 하신다면 거만한 태도로 장자長者를 만나서는 안 됩니다."

그러자 패공은 발 씻던 것을 그만두고 일어나 의관을 바로 하고 역생을 상석에 앉힌 뒤 사과했다. 역생은 여섯 나라가 합종하고 연횡했을 때의 형세를 말했다. 패공은 기뻐하며 역생에게 먹을 것을 대접하고 물었다.

"앞으로 어떤 계책을 쓰면 좋겠소?"

역생이 대답했다.

"당신께서는 오합지졸을 모으고 뿔뿔이 흩어졌던 병사들을 거둬들였지만 만 명도 채 못 됩니다. 이 정도 병력으로 강한 진나라에 쳐들어가는 것은 호랑이 입속으로 뛰어드는 것과 같습니다. 진류현은 천하의 요충지이자 사방으로 통하는 길목으로 교통이 편리하며, 지금 성안에는 많은 식량을 쌓아 놓고 있습니다. 소인은 진류현의 현령과 친분이 있으니 신을 사신으로 보내 주시면 그가 당신께 투항하도록 하겠습니다. 만일 〔현령이 신의 말을〕 듣지 않으면 당신은 군대를 일으켜 그곳을 치십시오. 신은 성안에서 호응하겠습니다."

그래서 패공은 역생을 사신으로 보내고, 군대를 이끌고 그 뒤를 따라갔다. 마침내 진류현을 평정하고 역이기를 광야군廣野君이라 일컬었다.

역생은 동생 역상酈商을 〔패공에게〕 추천하여, 군사 수천 명을 이끌고 패공을 따라 서남쪽으로 가서 치게 하였다. 역생은 언제나 세객 신분으로 제후들의 나라로 뛰어다녔다.

한나라 3년 가을에 항우가 한나라를 쳐서 형양읍을 함락시키자, 한나라 병사는 공현鞏縣과 낙양현洛陽縣 일대로 달아나서 주둔했다. 〔그 무렵〕 초나라는 회음후 한신이 조나라를 깨뜨리고, 팽월彭越이 양 땅에서 여러 차례 반란을 일으켰다는 소식을 듣고 군대를 나누어 보내 조나라와 양나라를 도왔다. 이때 회음후 한신은 동쪽으로 제나라를 치려고 하였다. 한왕은 형양과 성고에서 여러 차례 고전하였으므로 성고 동쪽 땅을 버리고 군대를 공현과 낙양현에 주둔시키고 초나라를 막을 계책을 세웠다. 그러자 역생이 말했다.

"신이 듣건대 '하늘이 하늘 된 까닭을 아는 사람은 왕의 일을 이룰 수 있고, 하늘이 하늘 된 까닭을 모르는 사람은 왕의 일을 이룰 수 없다. 왕 노릇 하는 자는 백성을 하늘로 알고, 백성은 먹을 것을 하늘로 여긴다.'라고 합니다. 오창敖倉오산敖山에 세워진 식량 창고에는 천하의 곡식을 날라다 놓은 지 오래되었는데, 신은 그곳에 쌓아 놓은 식량이 매우 많다고 들었습니다. 초나라 군대가 형양을 함락시키고도 오창을 굳게 지키지 않고 오히려 군사들을 이끌고 동쪽으로 가면서 죄를 지어 변방으로 쫓겨나 병사가 된 자들에게 성고를 나누어 지키게 하고 있으니, 이는 하늘이 한나라를 돕는 것입니다. 지금이 바로 초나라 군대를 공격하여 쉽게 취할 수 있을 때인데, 한나라가 도리어 물러나는 것은 스스로 좋은 기회를 버리는 것입니다. 신이 가만히 생각해 보아도 이것은 잘못된 일입니다.

또 두 영웅은 함께 설 수 없습니다. 초나라와 한나라가 오랫동안 맞서 싸우면서 승자와 패자를 분명하게 결정짓지 않는다면 백성은 안정을 찾지 못하고 천하는 동요할 것이며, 농부는 쟁기를 버리고 길쌈하는 여인들은 베틀에서 내려와 천하의 민심이 불안할 것입니다. 바라건대 당신께서는 즉시 군대를 다시 진격시켜 형양을 탈환하고 오창의 식량을 손에 넣은 뒤 성고의 요충지를 막아 태항산으로 가는 길을 끊고, 비호蜚狐의 입구를 가로막고 백마白馬 나루터를 지킴으로써 제후들에게 실력을 과시하고 유리한 지형으로 적을 누르고 있는 형세임을 보여 주십시오. 그렇게 하면 천하는 돌아갈 곳을 알게 될 것입니다.

지금 연나라와 조나라는 이미 평정되었지만 제나라는 아직 항복하지 않고 있습니다. 지금 전광田廣은 1000리의 넓은 제나라를 차지하고 있고, 전간田間은 20만 군대를 이끌고 역성歷城에 진을 치고 있습니다. 전씨 일족의 세력은 아직 강하고 바다를 등지고 하수河水황하와 제수濟水를 앞에 두고 있으며, 남쪽으로는 초나라에 가깝고 사람들은 권모술수에 뛰어납니다. 당신께서 수십만 명의 군사를 보내더라도 짧은 시간 안에 깨뜨리기는 불가능합니다. 신이 조서를 받들고 제나라 왕에게 가서 제나라가 한나라에 귀속하여 동쪽의 속국이 되도록 설득하겠습니다."

한왕이 말했다.

"좋소."

한왕은 역생의 계책에 따라 다시 오창을 지키면서, 역생을 제나라 왕에게 보내 설득하도록 하여 말했다.

"왕께서는 천하의 민심이 어디로 돌아갈지 아십니까?"

제나라 왕이 대답했다.

"모르겠소."

〔역생이〕 말했다.

"왕께서 천하의 마음이 어디로 돌아갈지를 아신다면 제나라를 보존할 수 있지만, 천하의 마음이 어디로 돌아갈지를 모르신다면 제나라를 보존할 수 없을 것입니다."

제나라 왕이 말했다.

"천하의 민심이 어느 곳으로 돌아가겠소?"

〔역생이〕 말했다.

"한나라로 돌아갈 것입니다."

〔제나라 왕이〕 말했다.

"선생께서는 무슨 근거로 그렇게 말하시오?"

〔역생이〕 대답했다.

"한왕과 항왕은 힘을 합쳐 서쪽으로 나아가 진나라를 치면서 먼저 함양으로 들어가는 자가 왕이 되기로 약속하였습니다. 한왕이 먼저 함양으로 들어갔지만, 항왕은 약속을 어기고 〔함양을〕 주지 않고 한중 지역의 왕으로 삼았습니다. 게다가 항왕은 의제義帝를 내쫓아 죽였습니다. 한왕은 이 소식을 듣자마자 촉한의 군대를 일으켜 삼진을 치고 함곡관을 나와 항왕에게 의제를 죽인 죄를 따져 물었습니다. 그리고 천하의 병사들을 거둬들여 각 제후들의 후예를 세웠습니다. 그는 성을 차지하면 그곳의 장수를 후로 봉하고, 재물을 얻으면 병사들에게 나누어 주며 천하 사람들과 이익을 함께하였습니다. 그러므로 호걸, 영웅, 현인, 재사才士들이 모두 한나라 왕에게 기꺼이 쓰이고자 합니다. 제후들의 군사가 사방에서 모여들었으며, 촉한의 곡식을 실은 배가 나란히 내려오고 있습니다.

그러나 항왕은 약속을 어겼다는 악명과 의제를 죽여 의리를 저버렸다는 죄를 지고 있습니다. 또 다른 사람의 공로는 기억하지 못하면서 다른 사람의 죄는 잊는 일이 없습니다. 싸워 이겨도 상을 주지 않고 성을 함락시켜도 봉읍을 주지 않습니다. 또 항씨의 일족이 아니면 중요한 자리에 앉을 수 없으며, 사람을 봉하기 위해서 후의 인印을 새겨 놓고도 아까워 손에서 닳아 없어질 때까지 주지 못합니다. 성을 공격하여 재물을 얻어도 쌓아 두기만 할 뿐 상으로 주는 일이 없습니다. 그래서 천하 사람들은 그에게 반기를 들었고, 어진 사람과 재능 있는 유생들은 그를 원망하며 그를 위하여 일하려 하지 않습니다.

그러므로 천하의 유생들이 한나라 왕에게로 돌아간다는 것은 앉아서도 예측할 수 있습니다. 한왕은 촉한에서 군대를 일으켜 삼진을 평정하고, 서하西河 밖을 건너 상당군으로 군사를 모아 이끌고 내려와 정형井陘을 함락시키고 성안군 진여를 죽였으며, 북위北魏를 깨뜨려 성 서른두 개를 함락했습니다. 이것은 진실로 치우蚩尤[1]의 군대와 다름없는 활약으로 사람의 힘으로 이루어진 것이 아니라 하늘이 내려 준 복입니다. 지금 한나라는 이미 오창의 곡식을 차지하였으며, 성고의 요새를 막고 백마나루터를 지키며, 태항산으로 가는 길목을 막고 비호의 어귀를 가로막고 있습니다. 천하의 제후들 중에서 뒤늦게 한왕에게 항복하는 자는 먼저 멸망할 것입니다. 왕께서 서둘러 한왕에게 항복한다면 제나라의 사직은 지킬 수 있지만, 한왕에게 항복하지 않는다면 선 채로 멸망을 기다리게

---

[1] 고대 전설 속 구려족九黎族의 우두머리로 바람과 비를 부를 수 있는 영웅이다. 그는 일찍이 황제黃帝와 탁록涿鹿에서 싸웠고, 신화에서의 지위는 전쟁 신에 가깝다.

될 것입니다."

전광은 역생의 말이 옳다고 여겨 받아들이고 역하歷下를 지키던 병사들을 거둬들인 뒤 역생과 하루종일 마음껏 술을 마셨다.

회음후 한신은 역생이 수레의 횡목에 엎드려 제나라의 성 70여 개를 항복시켰다는 소식을 듣자, 밤을 틈타서 군사들에게 평원 나루터를 건너 제나라를 습격하도록 하였다. 제나라 왕 전광은 한나라 군대가 쳐들어왔다는 소식을 듣자 역생이 자신을 속였다고 생각하고 이렇게 말했다.

"네가 한나라 군대를 멈출 수 있으면 살려 주겠지만 그러지 못하면 나는 너를 삶아 죽이겠다."

그러자 역생이 말했다.

"큰일을 하는 사람은 사소한 일에 신경을 쓰지 않으며, 덕이 높은 사람은 다른 사람의 비난을 돌아보지 않습니다. 〔나는〕 당신을 위해서 그것을 바꾸어 말하지 않겠습니다."

제나라 왕은 결국 역생을 삶아 죽이고 군대를 거느리고 동쪽으로 달아났다.

한나라 12년에 곡주후曲周侯 역상은 승상 신분으로 군대를 이끌고 경포를 쳐서 공을 세웠다. 고조는 열후와 공신의 공을 논할 때 역이기를 떠올렸다. 역이기의 아들 역개酈疥는 〔일찍이〕 군대를 이끌고 싸움터에 몇 차례 나갔으나 후로 봉해질 정도의 공을 세우지는 못했다. 그러나 고조는 그 아버지 역이기의 공로를 생각하여 역개를 고량후高粱侯에 봉하고, 뒤에 다시 무수武遂를 식읍으로 주었다. 3대를 이어 가다가 원수元狩 한 무제의 네 번째 연호 원년에 무수후武遂侯 평平이 거짓으로 조서를 만들어 형산왕衡山王 유발劉勃에게 금 100근을 사취하는 죄를 지어 기시棄市

저잣거리에서 처형하여 길거리에 내버리는 형벌에 처해지게 되었으나 병으로 죽고 봉국도 없어졌다.

중원이 아니었기에 왕 노릇을 할 수 있었다

육가陸賈는 초나라 사람이다. 그는 빈객으로 고조를 수행하여 천하를 평정하였다. 말재주가 좋은 변사로 이름나 고조 곁에 있으면서 언제나 제후들에게 사신으로 나갔다.

고조 때에 이르러 중원이 처음으로 안정되었다. 위타尉他가 남월南越을 평정하여 그곳 왕이 되었으므로, 고조는 육가를 위타에게 보내 인을 내려 남월왕으로 삼도록 했다. 육생陸生이 이르자 위타는 상투를 방망이처럼 틀고 두 다리를 벌리고 앉아서 그를 만났다. 육생은 위타에게 나아가 이렇게 말했다.

"당신은 중원 사람으로 친척과 형제들의 무덤이 진정眞定趙나라 땅에 있습니다. 그런데 지금 당신은 하늘의 이치를 어기고 의관과 속대를 팽개치고 보잘것없는 월나라로 천자에게 맞서 적국이 되려고 하니 장차 당신 몸에 화가 미칠 것입니다. 진나라가 정치를 잘하지 못하여 제후와 호걸들이 나란히 일어났고, 한왕이 먼저 함곡관으로 들어가 함양을 차지하였습니다. 그런데 항우는 약속을 저버리고 스스로 서서 서초 패왕이 되어 제후를 모두 자기 밑에 두었으니 매우 강한 나라였다고 할 수 있습니다. 그러나 한왕은 파와 촉에서 일어나 천하를 채찍질하고 제후들을 정복하여 마침내 항우를 베어 멸망시켰습니다. 그렇게 하여 5년 만에 천하를 평정하였으니, 이는 사람의 힘으로 된 것이 아니라 하늘이 세워 준 것입니다.

천자께서는 당신이 남월왕으로 있으면서 천하 사람들과 힘을 합쳐 폭도와 반역자를 죽이지 않았기 때문에 장군과 재상들이 군대를 움직여 당신을 베고자 한다는 말을 들었지만, 또다시 백성이 고달파지는 것을 가엾게 여겨 잠시 쉬도록 하고, 신에게 왕의 인을 주고 부절을 나누어 서로 사자가 오가도록 하려고 하셨습니다. 당신은 마땅히 교외까지 나와서 맞이하고 북쪽을 향하여 신하라고 일컬어야 하는데 도리어 새로 세워져 안정되지도 않은 월나라를 가지고 이곳에서 강하게 버티고 있습니다. 한나라에서 진실로 이와 같은 사실을 알게 된다면 당신 선조의 무덤을 파헤쳐 시신을 불태우고 종족을 남김없이 죽일 것이며, 편장군偏將軍 한 사람에게 10만 군대를 이끌게 하여 월나라를 칠 것입니다. 그렇게 되면 월나라 사람들이 당신을 죽이고 한나라에 항복하기가 손바닥을 뒤집듯이 쉬울 것입니다."

그러자 위타는 즉시 깜짝 놀라 자리에서 일어나 육생에게 사과하며 말했다.

"오랑캐들 속에서 오래 살다 보니 완전히 예의를 잃어버렸습니다."

그러고는 이 틈을 타 육생에게 물었다.

"소하, 조참, 한신과 나를 비교하면 누가 더 현명합니까?"

육생이 대답했다.

"왕께서 현명한 듯합니다."

〔위타가〕 또 물었다.

"나를 황제와 비교하면 누가 더 현명합니까?"

육생이 대답했다.

"황제께서는 풍현과 패현에서 일어나 포악한 진나라를 토벌하고 강한 초나라를 무찔러 천하를 위하여 이로운 것을 일으키고 해로운 것을 없 앴으며, 오제와 삼왕의 대업을 이어 중원을 통일하여 다스리셨습니다. 중원에는 사람이 억만을 헤아리며, 영토는 사방 만 리에 이르며 천하의 비옥한 땅에 살고 계십니다. 사람도 많고 수레도 많으며 모든 것이 꽤 넉 넉하고 정치는 〔황제〕 일가—家에서 하니 이러한 일은 천지가 열린 처음 부터 있었던 것은 아닙니다. 그런데 지금 왕의 무리는 수십만 명에 지나 지 않으며 모두 오랑캐입니다. 그리고 땅은 험준한 산과 바다 사이에 끼 여 있으니 비유하면 한나라의 한 군郡과 같습니다. 어떻게 왕을 한나라 에 비교하겠습니까?"

위타가 크게 웃으며 말했다.

"나는 중원에서 일어나지 않았기 때문에 이곳에서 왕 노릇을 했던 것 이지, 만일 내가 중원에 살았더라면 어찌 한나라만 못하겠습니까?"

그러고는 〔위타는〕 육생을 아주 마음에 들어 해서 함께 머무르게 하 고 몇 달 동안 술을 마셨다. 〔육생에게〕 말했다.

"남월에는 같이 이야기를 나눌 만한 사람이 없었는데, 당신이 오고 나 서 내가 듣지 못한 것을 매일 들려주었습니다."

육생에게 1000금 가치의 보물을 자루에 넣어 주고, 따로 1000금을 보내 주었다. 육생은 마침내 위타를 남월왕으로 봉하고, 그에게 신하라 고 일컬으면서 한나라와의 약속을 지키도록 하였다. 〔육생이〕 한나라로 돌아와 보고하자 고조는 크게 기뻐하며 육가를 태중대부에 임명했다.

육생은 황제 앞에 나아가 말할 때마다 『시詩』와 『서書』를 인용했다. 그러자 고조는 육가를 욕하며 말했다.

"나는 말 위에 올라타 천하를 얻었소. 어찌 『시詩』와 『서書』 따위를 우러러 보겠소!"

육생이 대답했다.

"말 위에 올라타 천하를 얻었다고 하여 어찌 말 위에 올라타고 천하를 다스릴 수 있겠습니까? 옛날 [은나라] 탕왕과 [주나라] 무왕은 [도道를] 거슬러 정권을 얻었지만 [민심에] 순응하여 나라를 지켰으니 문文과 무武를 함께 쓰는 것이 [나라를] 길이 보존하는 방법입니다. 옛날 오나라 왕 부차와 지백智伯[2]은 무력을 지나치게 쓴 탓에 멸망하였고, 진秦나라는 형법에만 의존하고 바꾸지 않았기 때문에 결국 조씨趙氏[3]는 멸망한 것입니다. 만일 진나라가 천하를 통일한 뒤에 인의를 행하고 옛 성인을 본받았다면 폐하께서 어떻게 천하를 차지할 수 있었겠습니까?"

고조는 언짢아하며 부끄러워하는 낯빛으로 육생에게 말했다.

"나를 위하여 진나라가 어떻게 천하를 잃었고, 내가 어떻게 천하를 얻

2 춘추 시대 말 진晉나라의 육경六卿에는 한씨韓氏, 조씨趙氏, 위씨魏氏, 범씨范氏, 중항씨中行氏, 지씨智氏가 있었다. 지씨 즉 지백은 일찍이 한씨, 조씨, 위씨와 함께 범씨와 중항씨의 땅을 나누어 가졌으며 또 뒤에 조씨마저 멸망시키려고 했지만 오히려 조씨에게 멸망당했다.
3 진시황의 선조가 일찍이 조성趙城에 봉해졌기 때문에 조씨趙氏라고 한 것이므로 진秦나라를 가리킨다.

었으며, 또 옛날 국가들의 성공과 실패에 대해서 글을 지어 올리시오."

그래서 육생은 국가 존망의 징후에 대하여 대략 서술하여 모두 열두 편을 지었다. 그가 한 편 한 편 지어 올릴 때마다 고조는 훌륭하다고 칭찬하지 않은 적이 없었고, 곁에 있던 사람도 모두 만세를 불렀다. 그 책을 『신어新語』라고 하였다.

들이 손을 잡아 음모의 싹을 자른다

효혜제 때 여 태후가 정권을 잡고서 여러 여씨를 왕으로 세우고 싶었지만 대신들의 입방아가 두려웠다. 육생은 스스로 여 태후와는 싸울 수 없다는 판단 아래 병을 핑계로 집에 들어앉았다. 그는 호치현好畤縣에 있는 땅이 기름져서 그곳에 살기로 하였다. 그에게는 아들이 다섯 있었는데, 월나라에 사신으로 갔을 때 받은 자루속 보물을 팔아 1000금을 만들어 아들들에게 200금씩 나누어 주어 생계를 꾸려 가도록 했다. 육생은 언제나 말 네 마리가 끄는 안거安車를 타고 노래하고 춤추고 거문고를 타는 시종 열 명을 데리고 다녔으며, 100금이나 하는 보검을 차고 다녔다. 그는 여러 아들에게 말했다.

"너희는 나와 약속을 하자. 내가 너희 집에 가면 너희는 내가 데려간 사람과 말에게 술과 음식을 주도록 해라. 열흘 동안 실컷 즐기다가 다른 아들 집으로 번갈아 가겠다. 그러다가 내가 죽는 집에서 보검과 수레와 말, 그리고 시종들을 갖도록 해라. 1년 동안 오가도 다른 집에 들러 빈객이 되는 경우도 있으니 너희 집에 들르는 것은 고작 두세 번 정도일 것이다. 너무 자주 보면 반갑지 않을 테니 오래 묵어 너희를 귀찮게 하지는 않으마."

여 태후 때에 여러 여씨를 왕으로 세우니 여러 여씨들이 정권을 휘둘러 나이 어린 황제를 협박하고 유씨劉氏_{한나라 정권}를 위태롭게 하였다. 우승상 진평陳平은 이 일을 염려만 할 뿐 맞서 싸울 힘이 없었고, 자신에게까지 화가 미칠까 봐 두려워서 언제나 집에 조용히 있으며 깊은 생각에 잠기곤 하였다. 육생이 〔진평을〕 찾아가 곧장 들어가 곁에 앉았지만, 진 승상은 마침 깊은 생각에 잠겨 육생이 온 것을 눈치채지 못하였다. 육생이 말했다.

"무슨 생각을 그렇게 하십니까?"

진평이 대답했다.

"선생은 내가 무슨 생각을 하는지 맞히실 수 있습니까?"

육생이 말했다.

"당신께서는 벼슬이 우승상에 이르고 3만 호의 식읍을 가진 후侯이니 부귀는 극에 달하여 다른 욕망은 없을 것입니다. 그런데도 근심거리가 있다면 여러 여씨와 어린 군주를 걱정하는 것에 지나지 않을 것입니다."

진평이 말했다.

"그렇습니다. 이 일을 어떻게 하면 좋겠습니까?"

육생이 말했다.

"〔백성은〕 천하가 안정되면 승상에게 눈을 돌리지만, 천하가 위태로우면 장군에게 뜻을 모읍니다. 만일 장군과 승상이 조화를 이루면 유생들이 힘써 따를 것이고, 유생들이 힘써 따르면 천하에 변란이 일어나더라도 권력은 분산되지 않을 것입니다. 사직을 위한 계책으로는 승상과 장군이 서로 손을 잡는 방법밖에 없습니다. 신은 항상 태위 강후絳侯주발에게 이 말을 하고 싶었지만, 강후와 저는 농담을 하는 사이여서 제 말을 쉽게 여깁니다. 당신은 어찌 태위와 교분을 맺어 서로 깊이 결탁하지 않으십니까?"

육생은 진평을 위하여 여씨 일족을 누를 몇 가지 계책을 그려 주었다. 진평이 육생의 계책에 따라 500금으로 강후 주발의 장수를 기원하고 가무와 술자리를 성대하게 준비하니 태위도 이와 같이 답례를 하였다. 이 두 사람의 관계가 긴밀해지자 여씨들의 음모는 점점 그 힘을 잃어 갔다. 진평은 이에 노비 100명과 수레와 말 50승, 500만 전錢을 육생에게 주어 음식 비용으로 쓰도록 했다. 육생은 이것으로 한나라 조정의 공경들과 교유하여 그 명성이 매우 높아졌다.

여씨 일족들을 죽이고 효문제를 세우게 된 데에는 육생의 역할이 매우 컸다. 효문제는 즉위하자 남월에 사신을 보내려 하였다. 그러자 우승상 진평 등이 육생을 진언하여 태중대부로 삼아 사신으로 위타에게 가도록 했다. 육생은 위타가 〔천자처럼〕 수레 덮개를 황색 비단으로 하지 못하게 하고 자신의 명령을 제制황제의 명령을 가리킴라 일컫지 못하게 하고, 제후들이 하는 것과 같이 하도록 함으로써 모든 일을 〔황제의〕 마음에 들게 하였다. 이 이야기는 「남월 열전南越列傳」에 기록되어 있다. 육생은 결국 타고난 수명대로 살다가 죽었다.

평원군平原君 주건朱建은 초나라 사람이다. 본래 일찍이 회남왕 경포의 재상으로 있었으나 죄를 지어 (벼슬을) 그만두었다가 훗날 다시 경포를 섬겼다. 경포가 반란을 일으키려 할 때, 평원군에게 자문을 구하자 평원군은 이 일을 비난했다. 그러나 경포는 그의 말을 듣지 않고 양보후梁父侯의 의견을 좇아 마침내 반란을 일으켰다. 한나라에서는 경포를 죽였지만, 평원군은 경포에게 간언하고 (반역에) 가담하지 않았으므로 죽이지 않았다. 이에 관한 내용은 「경포 열전」에 기록되어 있다.

평원군은 말재주가 뛰어나고 엄격하며 청렴하고 굳세고 곧은 사람이다. 장안에서 살았으며, 구차하게 남의 비위를 맞추지 않고 의리에 벗어나는 행동을 하는 자와는 타협하려 하지 않았다. 벽양후辟陽侯 심이기審食其는 행실은 바르지 않지만 여 태후에게 총애를 얻고 있었다. 그 때 벽양후는 평원군과 알고 지내려 했으나 평원군은 그를 만나려고도 하지 않았다. 평원군의 어머니가 죽었을 때, 육생은 원래 평원군과 사이가 좋았으므로 문상을 하러 갔다. 그런데 평원군은 집이 가난하여 장례도 치르지 못하고 상복과 장례 도구를 빌려 오려 하고 있었다. 육생은 평원군에게 장례를 치를 수 있도록 해 준 뒤 벽양후를 찾아가서 축하하며 말했다.

"평원군의 어머니께서 돌아가셨습니다."

그러자 벽양후가 말했다.

"평원군의 어머니가 죽었는데, 어째서 나에게 축하합니까?"

육가가 말했다.

"전날 당신이 평원군과 알고 지내려고 했지만, 평원군이 의리를 지키며 당신을 알려고 하지 않은 것은 그의 어머니[에 대한 효심] 때문이었습니다. 그런데 지금 그 어머니께서 죽었으니 당신이 정성을 다해 후하게 조의를 표한다면 그는 당신을 위하여 죽을 것입니다."

[그래서] 벽양후는 곧 100금을 들고 가서 조의금으로 냈다. 열후와 귀인들도 벽양후의 체면을 보아 조의금을 보냈으므로 500금이나 되었다.

벽양후가 여 태후에게 총애를 받자 어떤 사람이 효혜제에게 벽양후를 헐뜯었다. 그러자 효혜제는 몹시 노여워하며 벽양후를 형리에게 넘기고는 주살하도록 했다. 여 태후는 부끄러워 아무 말도 할 수 없었고, 대신들 대부분이 벽양후의 행실을 매우 미워하고 있었으므로 그를 주살하기를 바랐다. 벽양후는 다급해지자 사람을 보내 평원군을 만나려고 하였다. [그러나] 평원군은 거절하면서 말했다.

"재판이 임박하므로 감히 당신을 만날 수 없습니다."

[평원군은] 효혜제가 아끼는 신하 굉적유閎籍孺를 찾아가 이렇게 설득했다.

"당신이 황제에게 총애를 받는 것은 천하 사람이 다 알고 있습니다. 지금 벽양후가 태후에게 총애를 받는다는 이유로 형리에게 넘겨졌는데, 사람들은 한결같이 당신이 참소하여 그를 죽이려고 한다고 말합니다. 지금 벽양후가 주살되면 여 태후께서는 노여운 마음을 숨겼다가 내일이라도 당신을 죽일 것입니다. 당신은 어째서 벽양후를 위해 어깨를 드러내 놓고 황제께 [용서를] 아뢰지 않습니까? [만일] 황제께서 당신의 청을 받아들여 벽양후를 구출해 준다면 태후께서는 아주 기뻐하실 것입니다. [그렇게 되면] 황제와 태후가 다 같이 당신을 어여삐 여길 테니 당신의 부귀는 더욱더 배가될 것입니다."

그러자 굉적유가 몹시 두려워하며 그 계책에 따라 황제에게 아뢰니 과연 벽양후를 구출해 주었다. 벽양후는 자기가 옥에 간혔을 때 평원군을 만나려 하였으나 평원군이 자신을 만나 주지 않아 〔평원군이〕 자기를 배신한 줄 알고 매우 노여워했다. 그러나 평원군의 계책이 성공하여 구출되자 매우 놀랐다.

여 태후가 죽자 대신들은 여러 여씨들을 주살했는데 벽양후는 여러 여씨들과 매우 친밀하게 지냈음에도 그를 결국 죽이지 않았다. 계책을 세워 벽양후가 온전할 수 있었던 것은 모두 육가와 평원군의 능력 때문이었다.

효문제 때 회남의 여왕厲王이 벽양후를 죽였는데, 이것은 여씨 일족과 관련이 있었기 때문일 것이다. 효문제는 벽양후의 빈객 평원군이 〔벽양후를 위하여〕 계책을 세웠다는 말을 듣고 형리에게 〔평원군을〕 붙잡아 그 죄를 다스리도록 했다. 형리가 문에 와 있다는 말을 듣고 평원군은 스스로 목숨을 끊으려 했다. 그러자 〔그의〕 여러 아들과 관리들이 다 같이 말했다.

"일이 〔어떻게 될지〕 아직 모릅니다. 어찌 섣불리 목숨을 끊으려 하십니까?"

평원군이 말했다.

"내가 죽으면 화가 끊어져 너희에게까지는 미치지 않을 것이다."

〔그러고는〕 마침내 스스로 목을 찔러 죽었다. 효문제는 이 소식을 듣고 안타까워하면서 말했다.

"나는 그를 죽일 뜻이 없었다."

그리고 그 아들을 불러 중대부中大夫황제의 고문직로 삼았다. 〔그가〕 흉노에 사신으로 갔는데 선우가 예를 차리지 않자 곧바로 선우를 꾸짖었다가 결국 흉노 땅에서 죽었다.

차림새로 판단하면 인재를 잃기 쉽다

처음에 패공이 군사를 이끌고 진류현을 지날 때, 역생은 군문 앞까지 가서 명함을 내밀고 뵙기를 청하고는 이렇게 말했다.

"고양의 천민 역이기가 패공께서 따가운 햇살과 차가운 이슬을 무릅쓰고 군사를 이끌고 초나라를 도와 의롭지 못한 진나라를 친다는 소문을 듣고 삼가 따르는 자들을 위로하고 〔패공을〕 뵙고서 천하의 큰일에 대한 계책을 직접 말씀드리고자 합니다."

사자가 들어가서 아뢰자 패공은 마침 발을 씻고 있었는데, 사자에게 물었다.

"〔이자는〕 어떠한 사람인가?"

사자가 대답했다.

"겉모습은 대단한 유생 같습니다. 유생 옷을 입고 유생들이 쓰는 측주관側注冠고산관高山冠이라고도 함을 썼습니다."

그러자 패공이 말했다.

"나를 위해 거절하고 '나는 지금 천하를 평정하는 일로 바쁘기 때문에 유생을 만날 틈이 없다.'라고 전해라."

사자가 밖으로 나와서 거절하며 말했다.

"패공께서는 선생께 거절하며 사과하라고 하셨습니다. 지금은 천하를 평정하는 일로 바쁘기 때문에 아직 유생을 만날 틈이 없다고 하십니다."

역생은 눈을 부릅뜨고 칼을 만지며 사자에게 호통을 쳤다.

"달려가시오, 패공께 나는 고양의 술꾼이지 유생이 아니라고 다시 말하시오."

사자는 겁에 질려 명함을 떨어뜨렸다가, 무릎을 꿇고 그 명함을 주워서 다시 달려 들어가 말했다.

"이 손님은 천하의 장사입니다. 저를 꾸짖는 바람에 두려워서 명함을 떨어뜨리기까지 했습니다. 그는 '달려가시오, 패공께 나는 [유생이 아닌] 고양의 술꾼이라고 다시 말하시오.'라고 하였습니다."

[그러자] 패공은 황급히 발을 닦고 창에 기대어 말했다.

"손님을 모셔 오라!"

역생이 들어와 패공에게 읍하고 말했다.

"당신께서는 고생이 많으십니다. 옷을 햇빛에 쪼이고 관에 이슬을 맺게 하며 군대를 이끌고 초나라를 도와 의롭지 못한 진나라를 치고 계신데 당신께서는 어찌하여 스스로를 아끼시지 않으십니까? 신은 [천하의] 큰일에 대한 계책을 가지고 뵈려고 했는데 '나는 지금 천하를 평정하는 일로 바쁘기 때문에 아직 유생을 만날 틈이 없다.'라고 하셨습니다. 당신께서는 천하의 큰일을 일으켜 큰 공을 세우려고 하면서 겉모습으로 그 사람을 판단하니 천하의 능력 있는 유생들을 잃을까 두렵습니다. 또 저는 당신의 지혜가 저만 못하고 용맹도 저보다 못하다고 생각합니다. 만일 천하의 큰일을 이루고자 하면서 저를 만나 보려 하지 않는다면 저는 당신의 인재를 잃는 것을 〔안타깝게〕 생각합니다.”

패공은 사과하며 말했다.

“아까는 선생의 차림새만 들었는데 이제 선생의 마음을 알았소.”

그러고는 〔역생을〕 맞아들여 자리에 앉게 하고 천하를 얻을 수 있는 방법을 물었다. 역생이 말했다.

“당신께서 큰 공을 세우고자 한다면 진류에 머무는 것이 낫습니다. 진류는 천하가 의지하는 요충지이고 군대가 모이는 곳이며, 식량은 수천만 석이나 쌓여 있고, 성의 수비는 아주 튼튼합니다. 신은 전부터 그곳 현령을 잘 아는데 당신을 위하여 그를 설득해 보겠습니다. 만일 그가 신의 말을 듣지 않는다면 신이 당신을 위하여 그를 죽이고 진류를 항복시키겠습니다. 당신께서 진류의 군대를 이끌고 진류성을 차지한 뒤 그곳에 쌓인 식량을 드시면서 천하에서 당신을 따르려는 군사들을 부르십시오. 따르는 군사가 많으면 당신께서 천하를 횡행하더라도 당신을 해칠 사람은 아무도 없을 것입니다.”

패공이 말했다.

“삼가 가르침대로 듣겠소.”

이에 역생은 그날 밤 진류의 현령을 만나 설득하며 말했다.

“저 진나라가 무도無道하여 천하가 반기를 들었습니다. 지금 당신께서 천하의 제후들과 합종을 맺으면 큰 공을 이룰 수 있을 것입니다. 그런데 혼자서 망해 가는 진나라를 위하여 성을 굳게 닫고 지키고 있으니, 제가 생각하기에 당신은 위태로워질 것입니다.”

진류의 현령이 말했다.

“진나라의 법은 매우 엄중하니 함부로 말하지 마시오. 함부로 말하는 사람은 일족이 사라져 버리니, 나는 호응할 수 없소. 선생이 나에게 가르쳐 준 것은 내 뜻이 아니니 다시는 그런 말을 하지 않기를 바라오."

역생은 그곳에 머물러 자다가 밤중에 진류 현령의 머리를 베고는 성벽을 넘어 패공에게 알렸다. 패공은 군사를 이끌고 성을 치면서 [진류] 현령의 머리를 긴 장대에 매달아 성 위에 있는 사람에게 보이며 말했다.

"빨리 항복하라! 너희 현령의 머리는 이미 베어졌다! 지금부터 뒤늦게 항복하는 사람은 반드시 먼저 목을 베겠다!"

그리하여 진류현 사람들은 현령이 벌써 죽은 것을 알고 다 같이 패공에게 항복하였다. 패공이 진류의 남쪽 성문 위에 진을 치고 무기고의 무기를 쓰고, 쌓아 놓은 식량을 먹으면서 세 달 동안 머물자 수만 명의 군사가 따르게 되었다. 그래서 마침내 [함곡관으로] 들어가 진나라를 깨뜨렸다.

태사공은 말한다.

"세상에 전해지는 역생의 글에는 대부분 한왕이 삼진을 점령한 뒤 동쪽으로 항우를 쳐서 공과 낙양 사이로 군대를 이끌고 갔을 때, 역생이 유생 차림으로 한왕에게 유세하였다고 되어 있는데 이는 잘못된 것이다. 패공은 함곡관으로 들어가기 전 항우와 헤어져서 고양에 이르렀을 때부터 역생 형제를 얻게 된 것이다. 내가 육생의 『신어』라는 책 열두 편을 읽어 보니 진실로 그 시대의 변사였다. 나는 평원군의 아들과 친분이 있기에 그의 사적을 구체적으로 논의할 수 있었다."

38

부근괴성 열전
傅靳蒯成列傳

이 편은 「번역 등 관 열전」의 속편 격으로 한나라 고조 곁에서 보좌한 장군 세 명에 관한 전기를 다룬 것이다. 부관傅寬, 근흡靳歙, 주설周緤 세 사람은 여러 차례의 싸움에서 공을 세워 그 영달이 극에 달했으나, 대부분의 사람은 이들이 고귀한 인명을 살상하였다고 하여 높이 평가하지 않으니 2류 인물에 속한다고 할 수 있다. 그럼에도 고조는 이들을 중용하였기에 고조의 인재관이 이 정도 수준이었음을 사마천이 비판적으로 보여 준 것이다.

「태사공 자서」에서는 진한 시대의 일을 자세히 알고자 하여 이 편을 지었다고 하였는데 사실상 이 편은 매우 간략하다. 사마천이 이렇게 의도한 데에는 풍자의 뜻이 강하게 내포되어 있다. 진한 시대의 사적은 이미 그 시대를 대표하는 인물들의 열전에 나와 있으므로 주설周緤 같은 평범한 인물의 열전에 삽입될 성질의 것은 아니다. 사마천은 한신 같은 위대한 공신이 고조에게 피살당하고, 고조의 남총男寵에 지나지 않아 「영행 열전佞幸列傳」에나 들어가야 할 주설 같은 자가 제후에 봉해진 것을 한탄한 것이다.

양릉후陽陵侯 부관傅寬은 위魏나라 오대부五大夫9등급 작위의 기병 장관으로 패공의 가신이 되어 횡양읍橫陽邑에서 군사를 일으켰다. 그는 패공을 따라 안양읍安陽邑과 강리현杠里縣을 치고 개봉현開封縣에서 조분趙賁의 군대를 깨뜨렸으며, 곡우읍曲遇邑과 양무현陽武縣에서 양웅楊熊을 쳐서 적군 열두 명의 머리를 베고 경卿 작위를 받았다. 그는 또 패공을 따라서 패상까지 이르렀다. 패공은 한왕이 되자 부관에게 봉지를 주고 공덕군共德君이라고 불렀다. 그는 한왕을 따라 한중으로 들어갔으며 벼슬은 우기장右騎將으로 옮겨졌다. 또 한왕을 따라 삼진을 평정하고 조음현雕陰縣을 식읍으로 받았다. 또 한왕을 따라 항우를 치고 회현懷縣에서 한왕을 기다려 통덕후通德侯 작위를 받았다. 또 한왕을 따라서 항관項冠, 주란周蘭, 용저龍且를 쳤는데, 이때 부하가 적의 기장騎將기병 장수 한 명을 오창敖倉에서 베어 죽여 식읍이 더 많아졌다.

그는 회음후 한신에게 소속되어 제나라 역하읍歷下邑의 군대를 쳐서 깨뜨리고, 또 전해田解를 쳤다. 재상 조참에게 소속되었을 때는 박博을 쳐 식읍이 더 늘어났다. 이어 제나라를 평정하자 한왕은 부절을 주어 자손 대대로 계승하게 하고, 양릉후로 봉해 식읍 2600호를 내리고 전에 준 식읍은 회수하였다. 그는 제나라의 우승상이 되어 제나라 땅의 수비를 더 강화하였으며, 그로부터 5년 뒤에 제나라 재상이 되었다.

4월에 진희를 칠 때, 부관은 태위 주발에게 소속되어 제나라 재상으로서 승상 번쾌를 대신하여 진희를 정벌했다. 그는 한 달 만에 대나라의 재상이 되어 변방에 주둔한 병사를 통솔하였고, 그로부터 2년 뒤에는 대의 승상이 되어 변방에 주둔한 병사를 통솔하였다.

효혜제 5년에 부관이 죽자 시호를 경후景侯라고 했다. 아들 경후頃侯 정精이 뒤를 이었는데 24년 만에 죽었다. 경후의 아들 공후共侯 칙則이 뒤를 이었지만 12년 뒤에 죽었다. 그 아들 후侯 언偃이 뒤를 이었는데, 31년 뒤 회남왕 유안劉安의 반란 사건에 연루되어 처형되고 봉국은 없어졌다.

궁궐 청소를 관리하던 근흡

신무후信武侯 근흡靳歙은 중연中涓궁궐 청소를 관리함으로 패공을 따라 완구현宛朐縣에서 일어나 제양읍濟陽邑을 쳐 이유李由의 군대를 깨뜨렸다. 그는 박亳의 남쪽과 개봉의 동북쪽에서 진나라 군대를 쳐서 기병 1000명과 장수 한 명을 죽이고, 적군 쉰일곱 명의 머리를 베었으며, 일흔세 명을 포로로 사로잡아 임평군臨平君에 봉해졌다. 또 남전현藍田縣 북쪽에서 싸워 거사마車司馬군사적인 일과 군의 세금을 관장함 두 명과 기장騎長 한 명을 죽였으며, 스물여덟 명의 머리를 베고 쉰일곱 명을 포로로 사로잡았다. 그가 패상으로 돌아왔을 때 패공은 한왕이 되어 근흡에게 건무후建武侯 작위를 내리고, 벼슬을 기도위騎都尉장군보다 약간 낮은 무관로 옮겼다.

그는 한왕을 따라 삼진을 평정하였고, 이와는 별도로 군대를 이끌고 서쪽으로 가서 농서군隴西郡에서 장평章平 장한의 아들의 군대를 깨뜨리고 농서의 여섯 현을 평정하였다. 그의 부하들이 거사마와 군후軍候 부대의 정찰을 담당 각각 네 명과 기장騎長 열두 명의 목을 베어 죽였다. 그는 또 패공을 따라 동쪽으로 가서 초나라를 치고 팽성에 이르렀으나, 한나라 군대는 싸움에서 져 옹구현雍丘縣으로 물러나 지키고 있었다. 그곳을 떠나 배반한 장군 왕무王武 등을 치고 양나라 땅을 공략하였다. 그는 따로 정예 부대를 이끌고 치현菑縣의 남쪽에서 형열邢說의 군대를 쳐서 무너뜨리고 직접 형열의 도위 두 명과 사마와 군후 열두 명을 사로잡았으며, 관리와 병사 4680명을 항복시켰다. 그는 또 형양현 동쪽에서 초나라 군대를 깨뜨렸다. 한나라 3년에 식읍 4200호를 받았다.

그는 따로 하내河內로 가서 조나라 장수 분학賁郝의 군대를 조가朝歌에서 깨뜨렸는데, 부하가 기장騎將 두 명과 거마 250마리를 얻었다. 또 한왕을 따라 안양安陽 동쪽을 쳐서 극포현棘蒲縣에 이르러 일곱 현을 함락시켰다. 이와는 별도로 그는 조나라 군대를 쳐서 조나라 장수와 사마 두 명과 군후 네 명을 사로잡고, 관리와 병사 2400명의 항복을 받아 냈다. 한왕을 따라서 한단을 쳐 함락시키고 평양읍平陽邑을 따로 공격하여 직접 적군의 수상守相을 베었으며, 부하가 군위와 군수 한 명의 목을 베었고, 업현鄴縣을 복속시켰다. 그는 또 한왕을 모시고 조가와 한단을 쳤으며, 따로 조나라 군대를 깨뜨려 한단군의 여섯 현을 항복시켰다. 그는 오창으로 군사를 돌려 성고읍의 남쪽에서 항우의 군대를 쳐부수고 형양에서 양읍까지 이르는 초나라 군대의 식량 수송로를 끊고, 또 노현魯縣 부근에서 항관項冠의 군대를 깨뜨렸다. 그는 여러 곳을 공격하여 동쪽으로는 증현繪縣과 담현郯縣과 하비현下邳縣에 이르고, 남쪽으로는 기현蘄縣과 죽읍현竹邑縣에 이르렀다. 제양濟陽 근처에서 항한項悍을 치고, 군대를 돌려 진陳의 성 아래에서 항우를 쳐 깨뜨렸다. 또 따로 강릉현江陵縣을 평정하여 강릉의 주국柱國과 대사마大司馬 아래 여덟 명으로부터 항복을 받아 냈고, 직접 강릉왕을 붙잡아 낙양으로 보내서 남군南郡을 평정하였다. 그는 또 한왕을 따라 진陳에 이르러 초나라 왕 한신을 사로잡았다. 한왕은 그에게 부절을 나누어 주어 대대로 세습하도록 하였으며, 식읍 4600호를 내리고 신무후에 봉하였다.

그는 기도위가 되어 고조를 따라 대나라를 치고, 평성현平城縣 아래에서 한신을 친 뒤 군사를 돌려 동원현東垣縣에서 진을 쳤다. 〔그는 한신의 반란을 평정하는 데〕 공을 세워 거기장군이 되었고 양, 조, 제, 연, 초나라의 거기車騎를 모두 거느렸다. 따로 진희의 승상 후창侯敞을 쳐 곡역현曲逆縣을 항복시켰다. 그는 또 고조를 따라 경포를 쳐서 공을 세워 5300호를 식읍으로 받았다. 그는 적군 아흔 명의 머리를 베고 132명을 포로로 잡았으며, 따로 열네 번이나 군대를 깨뜨렸고 성 쉰아홉 개, 군과 나라 각각 하나, 현 스물세 개를 평정했다. 그리고 왕과 주국 각각 한 명과 봉록 2000석 이하에서 500석에 이르는 자 서른아홉 명을 사로잡았다.

고황후여 태후 5년에 근흡이 죽자 숙후肅侯라는 시호가 내려졌다. 그의 아들 정亭이 후侯 작위를 이었다. 그로부터 21년 뒤, 그는 법에 규정된 것보다 부역을 지나치게 시킨 죄로 효문제 후원後元 3년에 후侯가 박탈되고 봉국이 없어졌다.

괴성후蒯成侯 주설周緤은 패현 사람으로 성은 주씨周氏이다. 그는 항상 고조의 참승參乘을 지냈는데, 사인으로 패공을 모시고 패沛에서 일어났다. 그는 패공을 따라 패상에 이르러 서쪽으로 촉과 한중으로 들어갔다가 군사를 돌려 삼진을 평정하여 지양현池陽縣을 식읍으로 받았다. 다시 동쪽으로 초나라 군의 식량 보급로를 끊었으며, 〔패공을〕 따라가 평음平陰에서 〔하수를〕 건너 양국현襄國縣에서 회음후의 군대와 만났다. 그 싸움은 유리할 때도 있고 불리할 때도 있었지만 그는 끝까지 고조를 떠날 생각을 하지 않았다. 〔고조는〕 주설을 신무후信武侯에 봉하고 식읍 3300호를 내려 주었다. 한나라 12년에 고조는 주설을 괴성후로 삼고 전에 준 식읍을 모두 없애 버렸다.

고조가 직접 나서서 진희를 치려고 하자, 괴성후가 울면서 말하였다.

"일찍이 진나라가 천하를 칠 때 황제가 직접 군대를 이끌고 나간 적은 없었습니다. 지금 폐하께서는 언제나 직접 나가시는데 쓸 만한 사람이 없어서 그러십니까?"

고조는 '〔주설이〕 나를 아끼는구나'라고 생각하고, 그에게 궁궐 문을 들어서서 빠른 걸음으로 걷지 않아도 되고, 사람을 죽여도 사형에 처하지 않는다는 특전을 내렸다.

효문제 5년에 주설이 타고난 수명을 누리고 죽자 시호를 정후貞侯라고 했다. 그 아들 창昌이 후 작위를 이었으나 죄를 지어 봉국을 잃었다. 효경제 중원中元 2년에 주설의 아들 거居가 후 작위를 이었다. 원정元鼎 무제의 다섯 번째 연호 3년에 거는 태상太常종묘의 의례를 담당이 되었으나 죄를 지어 봉국은 없어졌다.

태사공은 말한다.

"양릉후 부관과 신무후 근흡은 모두 높은 작위에 올랐다. (이들은) 고조를 따라 산동에서 일어나 항우를 치고 명장을 죽였으며, 적군을 깨뜨리고 성을 함락시킨 것이 십수 차례이지만 곤욕을 치른 일이 없었으니 이 또한 하늘이 내린 복이다. 괴성후 주설은 마음이 곧고 바르며 의지가 견고하여 의심받은 일이 없었다. 고조가 직접 싸움터로 나갈 때마다 눈물을 흘리지 않은 적이 없었는데, 마치 마음을 상하게 하는 일이 있는 것과 같았다고 하니 독실하고 (정이) 두터운 군자라고 할 수 있겠다."

39

유경 숙손통 열전
劉敬叔孫通列傳

유경과 숙손통은 한나라 건국 초기에 유방을 도와 시국을 안정시키고 제도를 만들었으며 정권을 튼튼히 하는 데 크게 기여한 인물들이다. 사마천이 그들의 열전을 설정한 까닭은 그들의 시대적 역할을 긍정적으로 평가했기 때문이다.

고조는 천하를 평정하자 낙양에 도읍을 정하여 주나라 왕실과 융성함을 다투고자 했다. 그러나 유경은 주나라는 이미 덕화德化로 성공했고, 한나라는 패도로 천하를 얻었으니 결코 주나라에 비유해서는 안 된다고 강력하게 간언했다.

또한 고조는 열 차례나 흉노에 사신을 보내 흉노를 칠 수 있는지 알아보았는데 유경만이 불가능한 일이라며 화친 정책을 주장하자 그를 광무廣武에 유배시키기도 했다. 그럼에도 불구하고 고조는 흉노를 쳤다가 결국 평성平城에서 곤경에 처했으니 유경의 말이 그릇되지 않았음을 알게 된다.

숙손통은 세상 돌아가는 이치에 밝아 진나라 때는 박사를 지냈다가 뒤에 항량과 항우를 따랐으며, 항우가 패망한 뒤에는 유방에게 투항했다. 그는 처음에는 아부를 통해 제왕의 신임을 얻었으나 뒤에는 강직한 말로써 군왕의 허물을 바로잡았으니, 마치 이윤이 요리사로서 맛에 비유해 가며 탕왕을 깨우친 것과 비슷하다. 그는 한나라 초기의 대유학자다운 면모를 보였고, 조정의 예의 제도에 정통하였다.

이 편은 다른 열전에 비해 문학성이 더욱 두드러져 수사 기교와 문학적 형상성이 돋보인다.

유경劉敬은 제나라 사람으로 한나라 5년에 농서군隴西郡으로 수자리 살러 가면서 낙양을 지나게 되었는데, 〔그 무렵〕 고조도 그곳에 있었다. 누경婁敬유경은 짐수레의 가로막대를 풀어 놓고 양가죽 옷을 입은 채 제나라 사람인 우 장군虞將軍을 만나서 말했다.

"신은 황상을 뵙고 나라에 보탬이 되는 일을 말씀드리고자 합니다."

우 장군이 그에게 좋은 옷으로 갈아입히려 하자 누경이 말했다.

"신은 비단옷을 입고 있으면 비단옷 차림으로 〔황상을〕 뵐 것이고, 베옷을 입고 있으면 베옷 차림으로 뵐 것입니다. 끝까지 옷을 갈아입지 않겠습니다."

우 장군이 안으로 들어가 고조에게 아뢰었다. 고조는 그를 불러 음식을 내려 주었다. 얼마 있다가 누경에게 〔자신을 만나려고 한 까닭을〕 물었다. 누경이 말했다.

"폐하께서 낙양에 도읍을 정하신 것은 주나라 왕실과 융성함을 비교하시려는 것입니까?"

고조가 말했다.

"그렇소."

누경이 말했다.

"폐하께서 천하를 얻으신 것은 주나라 왕실〔이 천하를 얻은 것〕과 다릅니다. 주나라의 조상은 후직后稷으로부터 시작되며, 요임금이 그를 태읍邰邑에 봉한 뒤에 덕을 쌓고 선한 정치를 베푼 지 10여 대가 지났습니다. 공류公劉는 〔하나라〕 걸왕을 피하여 빈豳에서 살았고, 태왕太王고공단보은 오랑캐의 침략을 피하여 빈을 떠나 말채찍을 지팡이 삼아 기산岐山에서 살았는데 그곳 사람들은 앞다투어 그를 따랐습니다. 문왕이 서백西伯이 되어 우虞나라와 예芮나라의 송사를 해결해 주고 비로소 천명을 받자, 여망呂望과 백이도 동쪽 바닷가에서 찾아와 문왕에게 귀의했습니다. 무왕이 〔은나라〕 주왕을 칠 때에는 〔미리〕 기약하지 않았는데도 맹진孟津에 모인 제후만도 800명이나 되었는데, 모두들 한결같이 주왕을 쳐야 한다고 말하였고 마침내 은나라를 멸망시켰습니다.

성왕이 즉위하자 주공과 같은 무리들이 성왕을 보필하며 성주成周나라 성왕 때 축조한 도성를 낙읍洛邑에 세웠습니다. 이 낙읍은 천하의 중심으로 제후들이 사방에서 공물을 바치기에는 거리가 고른 곳이며, 덕이 있는 사람은 왕 노릇을 하기 쉽고 덕이 없는 사람은 망하기 쉬운 곳이었습니다. 낙읍에 도읍을 정한 것은 주나라가 백성을 덕으로 감화하려 한 것이며, 험준한 지형에 기대 후손들이 오만함과 사치로 백성을 학대하는 일이 없도록 하고자 한 것입니다. 주나라가 흥성할 때에는 천하가 화합하였고, 사방의 오랑캐들도 교화되어 의義와 덕德을 사모하고 그리워하며 다 같이 천자를 섬겼습니다. 병사 한 명 주둔시키거나 싸우게 하지 않고서도 팔방八方 오랑캐 큰 나라의 백성 가운데 복종하여 공물을 바치지 않는 사람이 없었습니다. 그러나 주나라가 쇠미해지자 〔서주와 동주〕 둘로 나누어졌고, 천하 제후들도 입조하지 않았으며, 주나라도 제어할 수 없게 되었습니다. 이것은 그 덕이 얇아졌기 때문이 아니라 형세가 약해졌기 때문입니다.

지금 폐하께서는 풍현과 패현에서 일어나 군사 3000명을 모아 그들을 이끌고 가서 직접 촉한을 석권하고 삼진을 평정하였으며, 항우와 형양현에서 싸우고 성고읍의 요충지를 차지하기 위하여 다투었습니다. 큰 싸움이 일흔 번이고 작은 싸움이 마흔 번이니, 천하의 백성들의 간과 뇌로 땅을 바르고, 아버지와 자식의 뼈가 함께 들판에 뒹구는 경우가 이루 헤아릴 수 없이 많아 눈물을 흘리며 통곡하는 소리가 끊임없고, 부상당한 사람들은 일어나지도 못하고 있습니다. 그런데 〔폐하께서는〕 주나라의 성왕, 강왕의 시대와 융성함을 비교하려 하시니, 신이 생각하기에 두 나라는 나란히 놓고 논할 수 없다고 봅니다. 또 진나라의 땅은 산으로 에워싸이고 하수를 띠처럼 두르고 있으며 사면의 요새[1]가 견고하여 갑자기 〔적이 쳐들어오는〕 다급한 상황에도 100만의 군사를 갖출 수 있었습니다. 물자가 풍부하고 아름답고 비옥한 진나라의 옛 땅을 차지한다면 그야말로 하늘이 내려 준 곳간이라고 할 수 있습니다. 폐하께서 함곡관으로 들어가 그곳에 도읍을 정한다면 산동山東[2]이 어지러워도 진나라의 옛 땅만은 온전하게 지킬 수 있을 것입니다. 다른 사람과 싸울 때 상대방의 목을 조르고 그의 등을 치지 않고서는 승리를 온전하게 얻을 수 없습니다. 지금 폐하께서 함곡관으로 들어가 도읍을 정하고 진나라의 옛 땅을 차지하는 것이야말로 바로 천하의 목을 조르고 그 등을 치는 일입니다.”

　　고조가 신하들에게 이 문제를 물었다. 신하들은 모두 산동 사람이었

1　동쪽의 함곡관函谷關, 서쪽의 대산관大散關, 남쪽의 무관武關, 북쪽의 숙관蕭關을 말한다.
2　일반적으로 황하 유역을 가리키는데, 진한秦漢 시기에는 효산崤山과 화산華山 동쪽을 말했다.

으므로, 주나라는 수백 년 동안 왕 노릇을 했지만 진나라는 2대 만에 멸망했으니 주나라에 도읍을 정하는 편이 낫다고 다투어 말했다. 고조는 망설이며 결정하지 못하다가 유후留侯 장량張良이 함곡관으로 들어가는 것이 유리하다고 명확하게 말하자, 그날 서쪽으로 수레를 몰아 관중에 도읍을 정했다. 그리고 고조가 말했다.

"본래 진나라의 옛 땅에 도읍을 정하라고 한 사람은 누경으로, 누婁는 곧 유劉이다."

그러고는 그에게 유씨 성을 내려 주고 낭중으로 삼아 봉호를 봉춘군奉春君이라고 불렀다.

입과 혀를 놀려 벼슬을 얻다

한나라 7년에 한韓나라 왕 한신韓信이 모반하자 고조는 몸소 군대를 이끌고 치러 갔다. 고조는 진양현晉陽縣에 이르러 한신이 흉노와 힘을 합쳐 한나라를 치려 한다는 말을 듣고 크게 노여워하며 흉노로 사신을 보냈다. 흉노는 장사와 살찐 소와 말을 숨겨 두고 늙고 약한 병사와 비쩍 마른 가축만 보여 주었다. 사신들이 열 명이나 흉노에 다녀왔는데 한결같이 흉노를 공격할 만하다고 말했다. 고조는 다시 유경을 사신으로 보내 흉노의 상황을 살펴보도록 하였다. 유경이 돌아와서 보고했다.

"두 나라가 서로 공격하려 할 때는 자신들의 장점을 과장하여 보이는 것이 당연합니다. 그런데 신은 〔흉노에〕 가서 여위고 비쩍 마른 가축과 늙고 약한 병사들만을 보았습니다. 이는 틀림없이 자기들의 단점을 보여 주고 기병을 숨겨 두었다가 승리를 쟁취하려는 것입니다. 신의 어리석은 생각으로는 흉노를 공격하면 안 됩니다.”

그 무렵 한나라 군대는 이미 구주산句注山안문산雁門山을 넘어 20여만 명이 모두 행군하고 있었다. 고조는 노하여 유경을 꾸짖어 말했다.

“제나라 포로 놈이 입과 혀를 놀려 벼슬을 얻더니 이제는 망령된 말로 내 군대마저 막다니!”

〔고조는〕 유경에게 칼을 씌워 광무현廣武縣에 가두었다. 마침내 진군하여 평성현平城縣에 이르렀다. 흉노는 과연 기병을 내어 백등산白登山에서 고조를 에워쌌는데 이레 뒤에야 포위를 풀어 주어 벗어날 수 있었다. 고조는 광무현으로 가서 유경을 풀어 주고 말했다.

“나는 그대 말을 듣지 않아 평성에서 곤경에 빠졌소. 나는 앞서 사자로 갔다가 흉노를 쳐도 좋다고 말한 10여 명의 목을 모두 베었소.”

그러고는 유경에게 2000호를 내려 주어 관내후關內侯로 삼고 건신후建信侯라고 불렀다.

근본을 튼튼히 하라

고조는 평성에서 군대를 거둬 돌아오고, 한나라 왕 한신은 흉노로 달아났다. 그 무렵 묵돌冒頓[3]이 선우가 되어 군사가 강해지자 활을 당길 수 있는 군사 30만 명을 이끌고 와 북쪽 변방 지역을 자주 소란스럽게 했다. 고조는 이 일이 염려되어 유경에게 〔그 대비책을〕 물었다. 유경이 말했다.

"천하는 겨우 평정되었고 군사들은 싸움에 지쳐 있기 때문에 무력으로 흉노를 복종시킬 수는 없습니다. 묵돌은 자기 아버지를 죽이고 스스로 선우가 되었고 〔아버지의〕 처첩들을 아내로 삼았으며 무력으로 위세를 떨치고 있으니, 인의로 설득시키기는 가능하지 않습니다. 쓸 수 있는 계책은 그의 자손을 영원히 〔한나라〕 신하로 만드는 것입니다. 그러나 폐하께서는 〔그것을〕 할 수 없을까 두렵습니다."

고조가 물었다.

"정녕 가능하거늘 어찌 할 수 없단 말이오! 어떻게 해야만 하오?"

유경이 대답했다.

"폐하께서 정녕 장공주여후에게서 낳은 딸 노원 공주를 말함를 묵돌에게 시집보내고 많은 예물을 내려 준다면 그는 한나라가 딸을 시집보내고 예물을 많이 보낸 것을 보고 오랑캐일지라도 반드시 공주를 존중하여 연지閼氏흉노 왕후의 칭호로 삼고, 공주께서 아들을 낳으면 태자로 삼아 선우의 대를 잇게 할 것입니다. 무엇 때문이겠습니까? 한나라의 많은 예물을 탐내기 때문입니다. 한나라에는 언제나 남아돌지만 그들이 귀하게 여기는 물건을 폐하께서 자주 보내 주면서 그때마다 변사를 보내 예절로 깨우쳐 주면 됩니다. 〔그러면〕 묵돌은 살아서는 진실로 〔폐하의〕 사위가 되고 죽으면 폐하의 외손이 선우가 될 것입니다. 외손자가 감히 외할아버지

---

3 묵돌은 아버지 두만頭曼을 죽이고 왕이 된 뒤 동호東胡, 정령丁零, 월지月氏, 백양白羊 등 여러 부족을 깨뜨리고 세력이 막강해졌다.

와 예를 다투려는 경우를 들어 보셨습니까? 〔이렇게 하면〕 군대를 내어 싸우는 일 없이 〔그들을〕 서서히 신하로 만들 수 있습니다. 만일 폐하께서 장공주를 보낼 수 없어 종실이나 후궁의 딸을 뽑아 공주라고 속여 보내신다면 그도 알게 되고 〔그녀를〕 귀하게 여기거나 가까이하지 않을 테니 이익이 없을 것입니다."

고조는 이 말을 듣고 말했다.

"좋소."

그러고는 장공주를 시집보내려고 하였으나 여후가 밤낮으로 울면서 말했다.

"소첩에게는 태자와 딸 하나뿐인데 어찌 그 아이를 흉노에 팽개치려 하십니까!"

고조는 결국 장공주를 보내지 못하고 대신 집안사람의 딸을 뽑아 장공주라고 하여 선우에게 시집보냈다. 〔그러고는〕 유경을 흉노에 사신으로 보내 화친을 맺게 했다. 유경은 흉노에서 돌아와 이렇게 말했다.

"흉노의 하남河南에 살고 있는 백양왕白羊王과 누번왕樓煩王의 나라는 가까운 곳은 장안에서 700여 리이므로 날랜 말로 달리면 하루 밤낮이면 진중秦中(관중)에 이를 수 있습니다. 진중은 최근에 전쟁으로 파괴되어 백성이 적지만 땅은 기름지고 풍요로워 〔백성을〕 더 채울 수 있습니다. 제후들이 처음 일어났을 때 제나라의 여러 전씨田氏와 초나라의 소씨昭氏, 굴씨屈氏, 경씨景氏 등이 없었다면 일어날 수 없었을 것입니다. 지금 폐하께서 비록 관중에 도읍을 정하기는 하셨지만 사실상 사람 수가 적고, 북쪽으로는 흉노라는 도적과 가까이 접하고 있으며, 동쪽으로는 여섯 나라의 강한 종족이 남아 있습니다. 하루아침에 변란이라도 일어나면 폐하께서도 베개를 높이 베고 편안하게 누워 있을 수 없을 것입니다. 신이 바라건대 폐하께서는 제나라의 여러 전씨와 초나라의 소씨, 굴씨, 경씨, 그리고 연, 조, 한韓, 위魏나라 왕족들의 후손과 호걸과 명문가의 사람들을 관중에 살도록 하십시오. 그렇게 하면 〔나라에〕 일이 없을 때에는 흉노에 대비할 수 있고, 제후들이 변란을 일으키면 그들을 이끌고 동쪽으로 가서 족히 정벌할 수 있을 것입니다. 이것이 바로 근본을 튼튼히 하고 말단을 약화시키는 책략입니다."

고조가 말했다.

"알았소."

그러고는 곧바로 유경을 보내 그의 말대로 10여만 명을 관중으로 옮겨 살도록 하였다.

호랑이 입을 빠져나오다

숙손통叔孫通은 설薛 땅 사람으로, 진나라 때 문학文學으로 불려 와서 박사로 임용한다는 조서를 기다리고 있었다. 여러 해 뒤에 진승이 산동에서 일어났다. 사자로부터 그 소식을 전해 들은 이세황제는 박사와 여러 유생을 불러 물었다.

"초나라의 국경을 지키던 병사들이 기현蘄縣을 공격하고 진현陳縣에까지 이르렀다고 하는데 공들은 어떻게 생각하시오?"

박사와 여러 유생 30여 명이 앞으로 나와서 이렇게 말했다.

"남의 신하가 된 자는 사사로이 병사들을 가져서는 안 됩니다. 사사로이 병사를 소유하면 그것이 바로 역적이니, 그 죄는 죽어 마땅하며 용서할 수 없습니다. 폐하께서는 급히 군대를 동원하여 그들을 치시기 바랍니다."

이세황제는 이 말을 듣고 화가 나서 얼굴빛이 바뀌었다. 그때 숙손통이 앞으로 나아가 말했다.

"여러 유생들의 말은 모두 옳지 않습니다. [진나라는] 천하를 통일하여 한집이 되게 하고, 각 군과 현의 성을 허물고 무기를 녹여 다시는 그 무기를 쓰지 않겠다는 뜻을 천하에 과시했습니다. 또한 밝은 군주가 그 위에 있고 법령은 아래에 갖추어져 있어 사람들은 각자 자기 직업에 충실하고 사방에서 사람들이 모여들고 있는데, 어찌 감히 반란을 일으키는 자가 있겠습니까! 이것은 단지 쥐나 도적개 같은 도둑들에 지나지 않을 뿐이니, 어찌 이야기할 가치가 있겠습니까! 군수와 군위가 이제 그들을 잡아들여 죄를 다스릴 텐데 어찌 걱정하십니까!"

이세황제는 기뻐하며 말했다.

"좋소."

다른 유생들에게도 모두 물어보니 어떤 유생은 반란을 일으킨 것이라 하고, 어떤 유생은 도적이라고 하였다. 그리하여 이세황제는 어사御史문서와 역사 기록을 관장함에게 명하여 유생들 가운데 반란을 일으킨 것이라고 말한 자는 형리에게 넘기도록 하였으니 이런 말은 하지 말았어야만 했다. 유생들 가운데 도둑이라고 말한 자들은 모두 파면하였다. 그러고는 [이세황제는] 숙손통에게 비단 스무 필과 옷 한 벌을 내리고 박사로 삼았다. 숙손통이 궁궐을 나와 숙소로 돌아오자 유생들이 말했다.

"선생은 어찌 그리도 아첨을 잘하십니까?"

숙손통이 말했다.

"여러분은 모릅니다. 나는 하마터면 호랑이 입에서 빠져나올 수 없을 뻔했습니다."

그러고는 설 땅으로 달아났지만 설은 이미 초나라에 항복한 뒤였다. 항량이 설로 들어오자 숙손통은 그를 따랐고, 항량이 정도定陶 싸움에서 지자 회왕懷王을 따랐다. 회왕이 의제가 되어 장사군으로 옮기자 숙손통은 그대로 남아 항왕을 섬겼다. 한나라 2년에 한왕이 제후 다섯 명을 인솔하여 팽성으로 들어오자 숙손통은 한왕에게 항복했다. 한왕은 싸움에서 져 서쪽으로 물러갔지만 숙손통은 끝까지 한왕을 따랐다.

숙손통은 유생 옷을 입고 있었는데, 한왕이 그것을 싫어한다는 것을 알고는 그 옷을 바꿔 초나라의 짧은 옷으로 입었다. 그러자 한왕은 기뻐했다.

숙손통이 한왕에게 항복하였을 때 그를 따르던 유생과 제자는 100명이 넘었다. 그러나 숙손통은 그들을 한왕에게 추천하여 벼슬길을 열어 주지 않고 도적이나 장사치만을 추천하여 나아가게 하였다. 그래서 제자들은 뒤로 숙손통을 욕하며 말했다.

"선생을 여러 해 동안 섬겼고, 다행히 선생을 따라 한나라에 항복하게 되었는데 지금 선생은 저희들을 추천하지 않고 아주 교활한 사람들만 오로지 추천하는 것은 무슨 까닭입니까?"

숙손통은 이 말을 듣고서 이렇게 말했다.

"한왕은 화살과 돌을 두려워하지 않고 천하를 다투고 있는데, 여러분이 어찌 싸울 수 있겠습니까? 그래서 먼저 적장의 목을 베고 적기를 빼앗을 수 있는 사람을 추천한 것뿐입니다. 여러분은 나를 믿고 잠시 기다리십시오. 나는 여러분을 잊지 않고 있습니다."

한왕은 숙손통을 박사로 삼고 직사군稷嗣君이라고 불렀다.

천하를 얻지는 못해도 이룬 것을 지킬 수는 있다

한나라 5년에 천하를 모두 손에 넣자 제후들이 다 같이 정도定陶에 모여 한왕을 황제로 추대하였는데, 숙손통이 그 의식의 예절과 호칭을 정하였다. 고조는 진나라의 가혹한 의례와 법제를 모두 없애고 간편하고 쉽게 만들었다. 그런데 신하들이 술을 마시면 [자신들의] 공을 다투고, 술에 취해서는 함부로 큰소리를 지르고 칼을 뽑아 들고 기둥을 치기도 하므로 고조는 걱정스러웠다. 숙손통은 황제가 이러한 것을 싫어한다는 걸 알고 이렇게 설득하며 말하였다.

"유생들은 함께 나아가 [천하를] 얻기는 어렵지만 [이루어진 사업정권을] 함께 지킬 수는 있습니다. 신은 바라건대 노나라 유생들을 불러들여 신의 제자들과 함께 조정의 의례를 제정하도록 해 주십시오."

고조가 말했다.

"어렵지 않게 만들 수 있겠소?"

숙손통이 말했다.

"오제는 음악을 달리하였고, 삼왕은 예법을 달리하였습니다. 예법이란 것은 시대와 사람들의 감정에 따라 간략하게 할 수도 있고 꾸밀 수도 있습니다. 그러므로 하, 은, 주의 예법은 이전의 예법을 따르면서 더하거나 줄이고 조절한 것임을 알 수 있는데 이것은 〔과거와 현재의 예법이〕 서로 중복되지 않았음을 말합니다. 신은 바라건대 고대의 예법과 진나라의 의법儀法을 합쳐 〔한나라의〕 의례를 만들도록 해 주십시오."

고조가 말했다.

"한번 만들어 보시오. 그러나 사람들이 알기 쉽게 하고, 내가 실행할 수 있도록 고려해서 만드시오."

〔고조는〕 숙손통을 사자로 삼아 노나라로 가서 그곳 유생 30여 명을 불러오게 하였다. 그때 노나라 유생 두 명이 가고 싶지 않다며 이렇게 말했다.

"당신은 열 명의 군주를 섬겼는데, 그들 앞에서 아첨하여 가까워지고 존귀해졌소. 지금 천하는 겨우 평정되어 죽은 사람의 장례도 치르지 못했고 부상을 입은 사람은 일어설 수도 없는데, 또 예악禮樂을 일으키려 하고 있소. 예악이 일어나려면 100년 동안 덕을 쌓은 뒤에야 일어날 수 있소. 우리는 차마 당신이 하려는 일을 할 수 없소. 당신이 하려는 일은 옛것에 어긋나므로 우리는 가지 않겠소. 당신은 돌아가시오. 우리를 더 럽히지 마시오!"

숙손통은 웃으며 말했다.

"당신들은 참으로 고루한 유생이라 시대의 변화를 모르는군요."

〔숙손통은 노나라에서〕 불러온 유생 서른 명과 함께 서쪽장안으로 돌아왔다. 황제 곁에서 학문을 하는 사람들과 숙손통의 제자 100여 명은 교외에 긴 새끼줄과 풀을 엮어 예법을 제정할 곳을 만들었다. 그로부터 한 달 남짓 연습을 하고서 숙손통이 말했다.

"폐하께서 직접 보십시오."

고조는 나가서 예식을 행하는 것을 보고 말했다.

"이것은 나도 할 수 있소."

그리고 신하들에게 예식을 익히도록 하고, 10월 조회 때 실시하기로 하였다.

한나라 7년에 장락궁長樂宮이 완공되자, 제후와 신하들은 모두 조정으로 들어와 10월 조회 참가하였다. 의식은 이러했다.

날이 밝기 전에 알자는 예를 주관하는데, 참례자들을 차례대로 대궐문으로 들어오게 한다. 뜰 중앙에는 전차와 기병과 보병과 위병衛兵을 배열시키고 각종 병기와 휘장과 깃발을 세운다. 그런 뒤〔신하들에게〕"빨리 가라!"라는 명령을 내린다. 궁전 아래에는 낭중들이 계단을 사이에 두고 양 옆으로 늘어섰는데 계단에는 수백 명씩 되었다. 공신과 열후와 장군과 군리들은 서열에 따라 서쪽에 열을 지어 서 있되 동쪽을 바라보고, 문관인 승상 이하 관리들은 동쪽에 열을 지어 서 있되 서쪽을 본다. 대행大行에는 아홉 명의 빈상賓相을 두어 황제의 명령을 전하도록 한다. 이때 황제가 봉련鳳輦을 타고 방 안에서 나오면 모든 관리는 깃발을 들어 경계하게 하고, 제후왕부터 봉록 600석을 받는 관리까지는 앞으로 안내되어 차례대로 황제에게 하례를 올린다. 제후왕 이하들은 두려워하고 엄숙하고 공경하지 않는 자가 없었다. 의식이 끝나면 다시 법주法酒본래는 예의 바른 주연酒宴이란 뜻으로 조정의 정식 연회를 가리킴를 거행한다. 궁전 위에서 모시고 있던 사람들은 한결같이 머리를 조아리고 있다가 높고 낮은 서열에 따라 차례대로 일어나서 황제에게 축수하였다. 술잔이 아홉 차례 오간 뒤에 알자는 "술잔을 거두라."라고 말한다. 어사는 예법을 관장하면서 예법대로 하지 않는 사람을 보는 대로 즉시 끌고 나갔다.

의식이 끝나고 주연을 열었는데, 시끄럽게 떠들며 예절에 어긋나게 행동하는 사람이 아무도 없었다. 이에 고조는 말했다.

"나는 오늘에야 황제가 고귀하다는 것을 알게 되었소."

그러고는 숙손통을 태상太常으로 삼고 황금 500근을 내려 주었다.

숙손통이 이 기회를 틈타 진언했다.

"신의 모든 제자와 유생들은 신을 따른 지 오래되었고 신과 더불어 의례를 만들었으니 폐하께서는 그들에게도 벼슬을 내려 주시기 바랍니다."

그러자 고조는 그들을 모두 낭관으로 삼았다. 숙손통은 궁궐에서 나오자 자기가 받은 황금 500근을 모두 유생들에게 나누어 주었다. 유생들은 기뻐하며 한결같이 이렇게 말했다.

"숙손 선생은 진실로 성인으로 이 시대에 중요한 임무를 알고 있다."

큰 일을 위해서는 목숨도 아끼지 않는다

한나라 9년에 고조는 숙손통을 옮겨 태자태부로 삼았다. 한나라 12년에 고조가 태자를 조나라 왕 여의로 바꾸려 하자, 숙손통은 황제에게 간언하였다.

"옛날 진晉나라 헌공은 여희驪姬를 사랑하여 태자를 폐하고 해제奚齊를 태자로 세웠습니다만, 진나라는 이로 인하여 수십 년 동안 어지러웠고 천하의 웃음거리가 되었습니다. [또] 진秦나라는 부소扶蘇를 태자로 정하지 않았기 때문에 조고로 하여금 황제의 명령을 꾸며 호해胡亥를 태자로 세우게 하여 스스로 조상의 제사를 끊고 말았습니다. 이것은 폐하께서 직접 보신 일입니다. 지금의 태자께서 어질고 효성스럽다는 것은 천하에 소문이 자자합니다. [또한] 여후께서는 폐하와 함께 고생을 하며 고통을 견뎌 냈는데 어찌 [여후를] 저버릴 수 있겠습니까? 폐하께서 반드시 적자를 폐하고 어린 여의를 태자로 세우고 싶다면 신을 먼저 죽여 이 땅을 제 목의 피로 더럽히십시오."

고조가 말했다.

"공은 그만하시오. 내가 단지 희롱했을 뿐이오."

그러자 숙손통이 말했다.

"태자는 천하의 근본이므로 근본이 한번 흔들리면 천하가 흔들립니다. 어떻게 천하를 가지고 희롱하실 수 있습니까?"

고조가 말했다.

"나는 공의 말대로 하겠소."

그 뒤 황제는 연회를 열었을 때, 유후 장량이 초대한 빈객들이 태자를 따라와 만나는 것을 보고 태자를 바꾸려는 생각을 하지 않게 되었다.

고조가 죽고 효혜제가 즉위하자, [효혜제는] 숙손통에게 말했다.

"선제의 원릉園陵과 침묘寢廟[4]를 모시는 예절을 아는 신하들이 없습니다."

그러고는 숙손통을 [태부에서] 옮겨 태상으로 삼아 종묘의 의법을 제

---

4 뒤쪽에 의관과 궤장几杖을 두는 곳을 침寢이라 하고, 천자의 묘지 앞쪽에 위패와 화상을 두고 철마다 제사를 지내는 곳을 묘廟라고 한다.

정하게 했다. 한나라의 여러 가지 의법이 점차 갖추어졌는데, 모두 숙손통이 태상으로 있으면서 제정한 것이다.

효혜제가 〔평소〕 동쪽에 있는 장락궁의 여 태후에게 오가면서 백성의 통행을 막아 번거롭게 하는 일이 잦았다. 그래서 따로 복도復道높은 건물을 연결하는 길를 만들기 위해 무기고의 남쪽에서부터 공사를 시작했다. 숙손통은 나랏일을 아뢰고 기회를 틈타 이렇게 말했다.

"폐하께서는 어찌 복도를 만들려 하십니까? 고조의 사당에 모셔진 의관은 한 달에 한 번 고묘高廟고조의 본묘本廟. 장안 대로 동쪽에 있음로 옮기게 되어 있습니다. 고묘는 한나라의 시조를 제사지내는 곳인데, 어찌 후손들이 종묘로 가는 길 위를 지나게 할 수 있습니까?"

효혜제는 크게 두려워하며 말했다.

"빨리 그것을 헐어 버리시오."

〔그러나〕 숙손통이 말했다.

"군주에게는 잘못된 행동이 있어서는 안 됩니다. 지금 복도가 만들어지고 있는 것을 백성들이 다 아는데, 지금 그것을 허문다면 스스로 잘못이 있었음을 보이는 것입니다. 원컨대 폐하께서는 위수渭水 북쪽에 원묘原廟를 만들어 〔고조의〕 의관을 매달 그곳으로 옮기도록 하십시오. 종묘를 더욱더 넓히고 많이 짓는 것은 바로 큰 효도의 근본입니다."

효혜제는 담당 관리에게 조서를 내려 원묘를 세우도록 하였다. 원묘를 세우게 된 것은 복도 때문이었다.

효혜제가 일찍이 봄에 이궁離宮황제의 임시 처소으로 놀러 나왔을 때 숙손통이 말했다.

"옛날에는 봄이 되면 과일을 〔종묘에〕 바치곤 했는데, 지금 앵두가 잘

익어 바칠 만합니다. 원컨대 폐하께서 놀러 나왔으니 앵두를 따서 종묘에 바치시기 바랍니다."

이에 황제는 그렇게 하겠다고 하였다. 온갖 과일을 종묘에 바치는 일이 이로부터 생겨났다.

태사공은 말한다.

"속담에 '천금의 갖옷은 여우 한 마리의 겨드랑이 가죽으로 만들어진 것이 아니고 높은 누대의 서까래는 한 그루의 나뭇가지만으로 만들어진 것이 아니며 〔하, 은, 주〕 삼대의 성대함은 선비 한 명의 지혜로 이루어진 것이 아니다.'라고 하였는데 믿을 만하구나! 고조는 미천한 신분에서 떨쳐 일어나 천하를 평정하였으니 계책과 용병술이 아주 뛰어나다고 할 수 있다. 그러나 유경이 수레 끄는 가로막대를 내던지고 〔도읍을 옮기도록〕 역설하여 만대의 편안함을 이루었으니, 지혜라는 것이 어찌 〔한 사람의〕 전유물일 수 있겠는가! 숙손통은 세상에서 쓰이기를 바라고, 당시 무엇이 중요한 일인지를 생각하여 의례를 제정하고, 나아가고 물러남에 있어 시대의 변화와 함께하여 마침내 한나라 유학의 종정이 되었다. '너무 곧은 것은 굽어 보이고, 길은 본래 꾸불꾸불하다.'[5]라고 한 것은 아마도 이런 것을 말한 것인가."

5 이 말은 『노자』 45장에 나온다. 숙손통이 곧은 마음과 강직한 성품으로 일하면서도 그 본모습을 쉽게 드러내지 않고 가슴 깊숙이 숨겨 두며, 형세를 보고 변화에 응하면서 황제 마음에 들게 말을 하여 수월하게 자기 의도대로 일한 것을 칭찬한 것이다.

40

계포 난포 열전

季布欒布列傳

계포는 항우의 용감한 장수로 여러 차례 유방을 곤경에 빠뜨렸다. 항우가 멸망한 뒤 유방이 현상금을 내걸고 그를 체포하려 했으므로 복양의 주씨라는 사람 집에 숨어 살았다. 그러나 주씨는 이 사실을 두려워하여 그를 노비로 꾸며 주가朱家에게 팔았다. 주가는 계포의 인물됨을 알아보고는 밭 창고에 숨겨 놓고, 낙양으로 수레를 달려 등공을 만나 고조에게 계포를 용서하도록 설득하여 혐의를 풀어 주었다.

난포는 팽월彭越과 친구 사이이다. 고조는 여후가 팽월을 참소하자 그를 죽여 낙양의 성문 아래에 목을 내걸고는, 그를 보러 오는 자가 있으면 즉시 체포하겠다는 조서를 내렸다. 그러나 난포는 서슬 퍼런 상황을 아랑곳하지 않고 가서 살펴보았으니 친구에 대한 그의 깊은 우정을 엿볼 수 있다. 고조는 그 의리를 장하게 여겨 사면하였다.

사마천이 굽힘으로써 뜻을 펼친 계포와 죽음을 무릅쓰고 의를 좇아 이름을 얻은 난포를 합쳐 놓은 것은 다른 길을 통해 뜻하는 바를 이루는 경우를 선명하게 대비시키기 위함이다. 또 한편으로는 이 두 사람의 경우를 들어 사마천 자신의 인생관과 생사관生死觀을 보여 주려 한 것이다.

이 편은 「오자서 열전」과 「염파 인상여 열전」을 비교하며 읽어 보면 좀 더 명확하게 이해된다.

계포季布는 초나라 사람으로 약한 자를 돕고 의로운 행동을 하는 것으로 초나라에서 이름이 있었다. 항적項籍항우은 그를 군대 장수로 삼아 한왕을 여러 차례 곤경에 빠뜨렸다. 항우가 멸망하자 고조는 현상금 1000금을 걸어 계포를 붙잡으려 하면서, 감히 계포를 숨겨 주는 자의 죄는 삼족까지 이르게 될 것이라고 했다. 계포는 복양현濮陽縣 주씨周氏의 집에 숨어 있었는데, 주씨가 [계포에게] 말했다.

"한나라에서 현상금을 걸고 장군을 급히 찾고 있으니 자취를 더듬어 곧 저희 집까지 들이닥칠 것입니다. 장군께서 제 말을 들어주신다면 제가 감히 계책을 올리겠지만, 그럴 수 없다면 붙잡히기 전에 스스로 목숨을 끊으십시오."

계포는 그렇게 하기로 하였다. 그래서 [주씨는 노예처럼] 계포의 머리를 깎고 칼을 채우고 베옷을 입힌 뒤 광류거廣柳車당시 물건을 운반하던 수레 속에 넣어 자기 집 하인 수십 명과 함께 노나라의 주가朱家에게 팔았다. 주가는 마음속으로 그가 계포인 줄을 알면서도 사들여 밭에 두고, 자기 아들에게 경계하며 일렀다.

"밭일은 이 종의 말을 듣고 하고, 반드시 그와 함께 밥을 먹도록 해라."

주가는 말 한 마리가 끄는 빠른 수레를 타고 낙양으로 가서 여음후汝陰侯 등공滕公을 만났다. 등공은 주가를 자기 집에 붙들어 놓고 며칠 동안 술을 마셨다. 주가는 이런 기회에 등공에게 말했다.

"계포가 무슨 큰 죄를 지었기에 황상께서 그를 다급히 찾습니까?"

등공이 말했다.

"계포가 항우를 위하여 여러 차례 황상을 곤경에 빠뜨렸기 때문에 황상께서 그를 원망하여 꼭 잡으려는 것입니다."

주가가 물었다.

"당신께서는 계포를 어떤 인물로 보십니까?"

[등공이] 말했다.

"어진 사람이오."

주가가 말했다.

"신하는 저마다 자기 군주를 위하여 일합니다. 계포가 항적을 위해서 일한 것은 할 일을 다한 것뿐입니다. 항씨項羽의 신하라면 정녕 모조리 죽여야 합니까? 지금 황상께서는 이제 막 천하를 얻으셨는데 유독 자신의 사사로운 원한으로 한 사람을 찾고 있으니, 어찌 천하 사람들에게 황상의 좁은 도량을 보이신단 말입니까! 더구나 계포 같은 어진 사람을 한나라가 이렇게 다급히 찾는다면 [계포는] 북쪽 흉노로 달아나든가 남쪽 월나라로 달아날 것입니다. 이는 장사壯士를 꺼려서 적국을 이롭게 하는 것으로, 오자서가 초나라 평왕의 묘를 파헤쳐 [그 시신을] 매질한 것과 같은 원인을 만드는 일입니다. 당신은 어째서 [이 일을] 조용히 황상께 말씀드리지 않으십니까?"

여음후 등공은 주가가 의협심이 대단한 사람임을 알고 있었으므로,

---

1 하후영夏侯嬰을 말한다. 초나라 사람들은 현령을 공公으로 일컫는데, 하후영이 일찍이 등현滕縣의 현령을 지냈기 때문에 등공이라고 부른 것이다.

계포가 그의 집에 숨어 있을 것으로 짐작하고는 허락하여 말했다.

"알겠소."

〔등공이〕 기회를 보아 주가의 생각을 말하자 고조는 계포를 용서했다. 그 무렵 여러 공경은 모두 계포가 자신의 강직한 성격을 누르고 유순해진 것을 칭찬하였고, 주가도 이 일로 인하여 그 시대에 이름을 날렸다.

〔그로부터 얼마 뒤〕 계포는 고조의 부름을 받는데 계포가 사죄하자 고조는 그를 낭중으로 임명했다.

아부가 천하를 뒤엎을 수 있다

효혜제 때 〔계포는〕 중랑장이 되었다. 일찍이 선우가 편지를 보내 여 태후를 모욕하고 거드름을 피운 일이 있었다. 여 태후는 매우 노여워하며 장수들을 불러 이 일을 의논하였다. 상장군 번쾌가 말했다.

"신에게 군사 10만 명을 주시면 흉노 한가운데를 종횡으로 누비고 다니겠습니다."

장수들은 모두 여 태후의 비위를 맞추어 아부하여 말했다.

"좋습니다."

계포가 말했다.

"번쾌의 목을 베어야 합니다. 고조께서는 군사 40여만 명을 이끌고도 평성에서 곤경을 당하셨는데, 지금 번쾌가 어떻게 10만 명의 군사로 흉노 한가운데를 누비고 다닐 수 있겠습니까? 이는 〔태후를〕 눈앞에서 속이는 말입니다. 게다가 진나라가 흉노 정벌을 일삼았기 때문에 진승 등이 [반란을] 일으킬 수 있었던 것입니다. 지금 그 상처가 아물지도 않았는데, 번쾌는 다시 눈앞에서 아부하며 천하를 흔들어 놓으려 하고 있습니다."

이때 궁전 위에 있던 사람들은 모두 두려워했고, 태후는 조회를 끝내고 다시는 흉노를 정벌하는 일을 논의하지 않았다.

소신껏 행동하라

계포는 하동군河東郡의 군수가 되었다. 효문제 때 계포를 현명하다고 말하는 이가 있어, 효문제는 계포를 불러 어사대부로 삼으려고 하였다. 그런데 또 어떤 이는 계포가 용맹하기는 하지만 술버릇이 있어 가까이 두기 어렵다고 말했다. 계포는 [부름을 받고] 장안에 이르러 숙소에서 한 달이나 머물렀지만 황제는 불러 보기만 할 뿐이었다. 그러자 계포는 황제 앞으로 나아가 이렇게 말했다.

"신은 공로도 없이 총애를 받아 하동에서 죄를 기다리고 있습니다.[2] 폐하께서 이렇다 할 까닭도 없이 신을 부르셨으니, 이는 분명히 신이 현명하다고 폐하를 속인 사람이 있었기 때문일 것입니다. 지금 신이 왔으

---

2 계포가 조서를 받고 하동 군수가 되었으나, 일을 처리하다가 혹시 허물이라도 있게 되면 죗값을 치러야 하지 않느냐는 뜻으로서 겸양을 나타내는 말에 불과하다.

나 폐하로부터 어떠한 임무도 받지 못하고 되돌아가게 되었으니, 이는 틀림없이 어떤 사람이 신을 헐뜯었기 때문일 것입니다. 폐하께서 어떤 사람의 칭찬을 듣고 신을 부르시고, 어떤 사람의 헐뜯는 말을 듣고 신을 돌려보내시니 신은 천하의 지혜로운 사람들이 이런 말을 듣고 폐하의 식견을 의심할까 두렵습니다."

황제는 이 말을 듣고 부끄러워 한동안 있다가 이렇게 말했다.

"하동군은 내 넓적다리와 다름없는 군이므로 각별히 그대를 부른 것뿐이오."

그러나 계포는 사직 인사를 하고 (하동 군수 자리로) 돌아가 버렸다.

황금 100근보다 계포의 말 한마디가 더 낫다

초나라 사람 조구생曹丘生은 말솜씨가 뛰어난 선비로, 여러 차례 권세를 빌려 (일을 처리해 주고) 그 대가로 돈을 받았다. 그는 귀인 조동趙同 문제의 총애를 받던 환관 조담趙談 등을 섬기고, 두장군竇長君문제의 손위 처남과도 사이가 좋았다. 계포는 이 소문을 듣고 두장군에게 편지를 보내 이렇게 간언하였다.

"제가 듣건대 조구생은 장자長者가 아니라고 하니 (그와) 왕래하지 마십시오."

조구생은 초나라로 돌아가면서 계포를 만나기 위해 두장군에게 소개 글을 받으려고 하였다. 이에 두장군이 말했다.

"계 장군은 그대를 좋지 않게 생각하고 있으니 가지 마시오."

그러나 조구생은 굳이 소개 글을 받아 떠났다. 조구생은 먼저 사람을 시켜 계포에게 두장군의 글을 보냈다. 계포는 짐작대로 몹시 화가 나서 조구생을 기다리고 있었다. 조구생은 도착하자 계포에게 읍한 뒤 이렇게 말했다.

"초나라 사람들 속담에 '황금 100근을 얻는 것이 계포의 허락 한마디를 받는 것만 못하다.'라는 말이 있는데, 당신은 어떻게 양나라와 초나라 사이에서 이러한 명성을 얻게 되셨습니까? 저도 초나라 사람이고 장군도 초나라 사람입니다. 제가 떠돌면서 장군의 이름을 널리 알린다면 설마 (천하에서) 귀하게 되지 않겠습니까? 당신은 어찌하여 저를 매몰차게 거절하십니까?"

계포는 이에 크게 기뻐하며 그를 안으로 맞아들이고는 여러 달 동안 머물게 하며 상객으로 정성껏 대접하고 많은 선물을 주어 보냈다. 계포의 명성이 더욱더 높아진 것은 조구생이 그의 이름을 알렸기 때문이다.

의협심 있는 계심

계포의 아우 계심季心은 기개가 관중을 뒤덮을 만했으며, 사람을 만날 때 공손하고 삼가며 의협심이 있었으므로 사방 수천 리나 떨어진 곳의 선비들도 모두 그를 위하여 죽음을 다툴 정도였다. 그는 일찍이 사람을 죽이고 오나라로 달아나 원사袁絲원앙袁盎의 집에 숨기도 했다. (그는)

원사를 윗사람으로 모시고, 관부灌夫와 적복籍福 등의 무리를 아우처럼 돌보았다. 그는 일찍이 중사마中司馬로 있었기 때문에 중위 질도郅都도 그를 예우하지 않을 수 없었다. 또한 젊은 사람들 중에는 은밀히 계심의 이름을 빌려 행동하는 자도 있었다. 당시 계심은 용맹으로, 계포는 믿음으로 관중에 이름을 떨쳤다.

충성을 다하지 않은 신하의 종말

계포의 외삼촌 정공丁公정고丁固이 초나라 장수가 되었다. 정공은 항우를 위하여 고조를 뒤쫓아 가서 팽성彭城 서쪽에서 궁지로 몰아넣고 단병短兵으로 붙어 싸워 고조를 위험하게 만들었다. 고조는 정공을 돌아보며 말했다.

"〔우리는〕둘 다 어진 사람인데 어찌 서로 해치려 할 필요가 있겠소?"

이 말을 듣고 정공이 군대를 철수하자, 한왕은 포위에서 풀려 돌아올 수 있었다. 항우가 멸망한 뒤에 정공은 고조를 찾아갔다. 고조는 정공을 군대 안에서 박해하고 이렇게 말했다.

"정공은 항왕의 신하이면서 충성을 다하지 않았으니 항왕이 천하를 잃도록 한 자는 바로 정공이다."

그러고 나서 정공을 베어 죽이고는 이렇게 말했다.

"후세에 남의 신하가 된 사람으로 정공을 본받는 일이 없도록 하기 위해서이다."

난포欒布는 양나라 사람으로 처음에 양나라 왕 팽월이 평민일 때 서로 교유하였는데, 둘 다 가난하여 제나라에서 머슴살이를 했고 한 술집에서 머슴살이를 하기도 하였다. 몇 년 뒤 팽월은 떠나 거야巨野에서 도적이 되었고, 난포는 어떤 사람에게 납치되어 팔려 가 연나라에서 종이 되었다.

　난포가 주인을 위하여 원수를 갚아 주자 연나라 장수 장도가 도위로 발탁하였다. 뒤에 장도는 연나라 왕이 되어 난포를 장수로 삼았다. 장도가 모반하자 한나라는 연나라를 치고 난포를 사로잡았다. 양나라 왕 팽월은 이 소식을 듣고 황제에게 부탁하여 난포의 죗값을 돈으로 치르고 양나라의 대부로 삼았다. 난포가 사신으로 제나라에 갔을 때 한나라는 팽월을 불러 모반죄를 물어 삼족을 멸하고, 팽월의 머리를 낙양에 매달아 놓고 다음과 같이 조서를 내렸다.

　감히 그의 머리를 거두어 돌보려는 자가 있으면 체포하라.

　난포는 제나라에서 돌아오자, 팽월의 머리 앞에서 사신으로 갔던 일을 아뢰고 제사를 지내며 통곡하였다. 관리가 난포를 체포하고 그 사실을 고조에게 아뢰었다. 고조는 난포를 불러 꾸짖어 말했다.

　"네놈도 팽월과 같이 모반하였느냐? 내가 그놈의 머리를 거두지 못하도록 했거늘 네놈만이 제사를 지내 주고 통곡하니 팽월과 함께 모반한 것이 분명하다. 저놈을 빨리 삶아 죽여라."

관리가 그를 잡아 끓는 물로 데려가려는데 난포가 돌아보며 말했다.

"한마디만 하고 죽게 해 주십시오."

고조가 말했다.

"무엇을 말하려느냐?"

난포가 말했다.

"폐하께서 팽성에서 곤경에 처하고 형양현과 성고읍 사이에서 패하셨을 때, 항왕이 서쪽으로 나아갈 수 없었던 것은 팽왕이 양나라 땅을 지키면서 한나라와 힘을 합쳐 초나라를 힘들게 했기 때문입니다. 그때 팽왕이 한쪽만 돌아보며 초나라 편을 들었다면 한나라가 무너졌을 것이고, 한나라 편을 들었다면 초나라가 무너졌을 것입니다. 또 해하 싸움에서도 팽왕이 참가하지 않았다면 항우를 멸망시키지 못했을 것입니다. 천하가 평정된 뒤 팽왕은 부절을 나누어 받고 봉토를 받았으며, 또한 이것을 자손 대대로 전하려고 하였습니다. 그런데 이제 폐하께서는 양나라에서 한 차례 군대를 모을 때 팽왕이 병들어 나가지 못하자 모반했다고 의심하였습니다. 그 증거도 드러나지 않는데 아주 작은 안건을 가지고 가혹하게 그를 죽이고 가족까지 멸하셨습니다. 신은 공신들 스스로 위험을 느낄까 염려스럽습니다. 이제 팽왕이 이미 죽었으니 신은 사는 것보다 죽는 편이 차라리 낫습니다. 삶아 죽이십시오."

결국 고조는 즉시 난포의 죄를 용서하고 도위로 삼았다.

난포는 효문제 때 연나라 재상이 되었다가 장군까지 이르렀다. 난포는 드러내 놓고 말했다.

"힘들 때 치욕을 참지 못하면 사람 구실을 할 수 없고, 부귀할 때 뜻대로 하지 못하면 현명하다고 할 수 없다."

그는 일찍이 자기에게 은혜를 베푼 사람들에게는 후하게 보답하고, 원한이 있는 사람들은 반드시 법에 근거하여 (되갚아) 멸족시켰다. 오나라와 초나라가 반란을 일으켰을 때 그는 군공을 세워 유후兪侯로 봉해지고, 또 연나라 재상이 되었다. 연나라와 제나라에서는 모두 난포를 위하여 사당을 세우고 난공사欒公社라고 하였다.

효경제 중원 5년에 난포가 죽자 아들 분賁이 그의 작위를 이어 태상이 되었으나, (제사에 쓰는) 희생을 법령대로 하지 않았기 때문에 벌을 받고 봉국을 잃었다.

태사공은 말한다.

"항우는 기개로 계포는 용감함으로 초나라에서 이름을 드날렸으며, 여러 차례 군대를 이끌고서 적군을 쳐부수고 적기를 빼앗았으므로 장사라고 할 수 있다. 그러나 그가 형벌을 받고 다른 사람의 노예가 되어서까지 스스로 목숨을 끊지 않았으니 얼마나 그 자신을 낮춘 것인가! 그는 분명 자기 재능에 자부심이 있었기 때문에 치욕을 받고도 부끄러워하지 않고 자기 재능을 펼칠 곳이 있기를 바랐으며, 결국 한나라의 명장이 되었던 것이다. 현명한 사람은 진실로 자기 죽음을 귀중히 여긴다. 저 비첩婢妾이나 천한 사람이 분개하여 스스로 목숨을 끊는 것은 〔진정한〕 용기라고 할 수 없고, 그들이 바라는 것을 실현할 방법이 없었을 뿐이다. 난포는 팽월을 위하여 통곡하고 끓는 물속으로 들어가기를 마치 제집으로 돌아가듯이 하였으니, 이는 진실로 그가 〔삶과 죽음에 대해서〕 처신할 바를 알고 죽음을 겁내지 않은 것이다. 비록 지난날의 열사라도 〔난포보다〕 더 이상 무엇을 더할 수 있겠는가!"

41

원앙 조조 열전
袁盎鼂錯列傳

원앙은 강직한 성품으로 간언을 일삼은 인물이다. 그의 간언은 황제의 귀에 거슬리는 경우가 많았으며 강후絳侯, 조동趙同, 조조鼂錯, 양왕梁王 등 정적들도 적지 않았다. 승진도 고속으로 했던 원앙은 결국 양왕이 보낸 자객의 손에 죽었으니 너무 강하면 천수를 누리지 못하는 것이 세상의 진리인 셈이다. 간언하는 신하가 없으면 왕은 바른길로 가지 못하게 된다. 강후가 승상 자리에서 물러나게 된 것도 그의 간언에 기인했다. 환관 조동도 마찬가지이다. 그는 여러 차례 황제와 함께 수레를 탈 정도로 위세를 부려 제왕의 위엄이 말이 아니었으나, 결국 원앙의 간언으로 말미암아 단박에 추락하고 만다.

조조는 지혜주머니로 불리며 경제에게 총애를 받았다. 처음에 경제는 조조를 매우 아꼈으나, 일곱 나라가 모반했을 때 조조의 처신과 계책을 문제 삼아 저잣거리에서 그를 죽였다. 예로부터 무도한 임금이 많아지면 성현은 벼슬에 나가지 않았다. 기자의 은둔살이나 접여의 미치광이 노릇, 범려와 장량의 은둔이 그러했으니 조조가 모반에 관여하지 않고 분수를 지키며 살았더라면 천수를 누렸을 것이다.

『상서』를 전수하는 복생.

제후가 교만하면 우환이 생긴다

원앙袁盎은 초나라 사람으로 자는 사絲이다. 그의 아버지는 옛날에 떼도둑 노릇을 하다가 안릉安陵으로 옮겨 와 살았다. 고후 때 원앙은 여록呂祿의 사인으로 있었다. 효문제가 즉위하자 형 원쾌袁噲의 추천으로 중랑中郞이 되었다.

승상으로 있던 강후絳侯 주발이 조회를 마치고 빠른 걸음으로 물러나오는데, 의기양양한 태도였다. 문제도 그를 공손히 예우하여 항상 직접 전송하였다. 원앙이 황제에게 진언하여 말했다.

"폐하께서는 승상을 어떤 사람이라고 생각하십니까?"

황제가 말했다.

"사직의 신하요."

원앙이 말했다.

"강후는 공신이라고 할 수는 있지만 사직의 신하는 아닙니다. 사직의 신하란 그 군주가 살아 있을 때는 같이 살고 죽을 때는 같이 죽어야 합니다. 여후가 실권을 잡았을 때 여러 여씨가 나랏일을 제멋대로 휘두르고 서로 번갈아 가며 왕 노릇 하였으니 유씨의 [명맥은] 띠처럼 끊어지지 않았습니다. 그때 강후는 태위가 되어 병권을 쥐고 있으면서도 [그들을] 바로잡을 수 없었습니다. 여후가 세상을 떠나고 대신들이 함께 의논하여 모반을 일으킨 여씨들을 배척했을 때, 태위는 병권을 쥐고 있었기 때문에 우연히 공을 이룰 수 있었던 것입니다. 그러므로 그는 이른바 공신이지 사직의 신하는 아닙니다. [그런데도] 승상은 교만한 기색이고 폐하께서는 겸양하고 계시니, 신하와 군주가 예를 잃고 있는 것입니다. 가만히 생각해 보니 폐하께서 취할 태도가 아닙니다."

그 뒤로 조회 때마다 문제는 더욱 정중한 태도를 취하였고, 승상은 그럴수록 더욱 두려워하게 되었다. 얼마 뒤에 강후가 원앙을 원망하여 말했다.

"나는 네 형과 친한 사이인데, 지금 네가 조정에서 감히 나를 헐뜯다니!"

[그러나] 원앙은 끝까지 사과하지 않았다.

강후가 승상 자리에서 파면되어 [자기 봉국으로] 돌아갔는데, 그 나라의 어떤 자가 황제에게 그가 모반을 꾀하려 한다는 글을 올렸다. 이에 [강후를] 체포하여 청실淸室죄인을 문초하는 곳에 가두자 종실과 여러 신하는 감히 그를 위해 말하지 못했는데, 오직 원앙만이 강후에게 죄가 없음을 해명하였다. 강후가 풀려날 수 있었던 데에는 원앙의 힘이 꽤 컸다. 강후는 곧 원앙과 [깊은] 교분을 맺었다.

회남의 여왕廬王이 입조하여 벽양후辟陽侯를 죽이고 평상시의 태도가 매우 교만하였다.[1] 원앙이 간언했다.

---

1 회남 여왕은 고조의 막내아들 유장劉長으로 솥을 들어 올릴 정도로 장사였다. 그는 자신이 황제와 가장 친하다고 생각하여 거드름을 피우며 한나라 법을 어기는 적이 많았다. 예전에 여왕의 어머니인 조 미인趙美人이 고조 살해 모의 사건에 연루되었을 때 벽양후 심이기에게 도움을 청했으나 심이기는 힘써 주지 않았고 결국 조 미인은 스스로 목숨을 끊었다. 이 때문에 원한을 품고 있던 여왕은 심이기를 불러내 철추로 내려치고 측근에게 목을 베도록 한 것이다. 문제는 여왕의 행동이 어머니를 위한 것이라는 이유로 용서해 주고 죄를 묻지 않았는데 이로 인해 여왕은 더욱

"제후가 지나치게 교만하면 반드시 우환이 생겨나니 〔그들의〕 봉토를 적당히 깎으십시오."

문제가 〔간언을〕 받아들이지 않자 회남왕은 더욱더 방자해졌다. 극포후棘蒲侯 시무柴武의 태자가 모반하려다가 일이 발각되었는데 문초해 보니 회남왕이 연루되어 있었다. 문제는 회남왕을 불러 그를 함거轞車죄인을 호송하는 수레에 실어 촉 땅으로 옮기도록 했다. 원앙은 당시 중랑장이 되어 즉시 간언하였다.

"폐하께서는 평소에 교만한 회남왕을 조금도 제지하지 않았는데, 이 지경에 이른 지금 갑자기 그를 꺾으려 하고 있습니다. 회남왕은 사람됨이 강직하여 가는 도중에 안개와 이슬을 만나 죽기라도 한다면, 폐하께서는 결국 천하를 가졌으면서도 포용하지 못하여 아우를 죽였다는 오명을 쓰게 될 텐데 어떻게 하시겠습니까?"

그러나 문제는 듣지 않고 결국 회남왕을 가게 했다.

회남왕은 옹현雍縣에 이르러 병을 얻어 죽었다. 이 소식을 들은 황제는 음식도 먹지 않고 매우 슬프게 곡을 하였다. 원앙이 들어가 머리를 조아리며 〔강력하게 간언하지 못한〕 죄를 사과하니 황제가 말했다.

"공의 간언을 받아들이지 않아 일이 이 지경에 이르렀소."

원앙이 말했다.

"폐하께서는 스스로 〔마음을〕 너그럽게 하십시오. 이는 지난 일이니 후회하신들 무슨 소용이 있겠습니까? 폐하께서는 세상에서 뛰어난 행적

방자해졌다. 「회남 형산 열전」에 자세하다.

이 세 가지 있으니, 이런 일로 명예에 손상을 입지는 않을 것입니다."

황제가 말했다.

"세상에서 뛰어난 나의 행적 세 가지란 무엇이오?"

원앙이 대답했다.

"폐하께서 대나라에 계실 때, 태후께서는 병석에 계신 지 3년이나 되었습니다. 〔그때〕폐하께서는 잠도 주무시지 않고 옷고름도 풀지 않으셨으며, 탕약도 친히 맛보시지 아니하면 태후께 올리실 수 없었습니다. 증삼처럼 벼슬하지 않은 신분으로도 이런 일을 하기 어려워하였는데, 지금 폐하께서는 친히 왕 노릇 하는 신분으로서 실천하셨으니 증삼보다 훨씬 뛰어난 효성이십니다. 또한 여씨 일족들이 정권을 잡고 대신들이 정치를 휘두르고 있을 때 예측할 수 없는 위험을 무릅쓰고 폐하께서는 대나라에서 여섯 대의 수레를 타고 수도로 달려오셨으니, 비록 용맹한 맹분孟賁과 하육夏育이라고 해도 폐하에게는 미치지 못할 것입니다. 게다가 폐하께서는 대나라 왕의 저택에서 서쪽으로 향하여 천자 자리를 두 번 사양하셨고, 남쪽으로 향하여 천자 자리를 세 번이나 양보하셨습니다. 허유도 단 한 번 양보하였는데, 폐하께서는 다섯 번이나 천하를 양보하셨으니 허유보다 네 번이나 더 하신 것입니다. 게다가 폐하께서 회남왕을 귀양 보낸 것도 그가 허물을 스스로 반성하여 고치게 하려고 하신 것이었습니다. 담당 관리들이 〔그를〕 제대로 보살피지 못했기 때문에 병들어 죽은 것입니다."

황제는 이 말을 듣고야 마음을 놓으며 말했다.

"장차 어떻게 하면 좋겠소?"

원앙이 대답했다.

"회남왕에게는 세 아들이 있으니, 오직 폐하께서 하시기에 달렸을 뿐입니다."

그리하여 효문제는 회남왕의 세 아들을 모두 왕으로 삼았다. 원앙은 이 일로 인하여 조정에서 더욱 이름을 떨치게 되었다.

재앙의 싹을 미리 자른다

원앙은 언제나 일반적인 원칙에 근거하여 말하였으나 〔세상일에〕 울분을 토로하기도 했다. 환관 조동趙同이 〔문제의〕 총애를 자주 받아 언제나 원앙을 해치려 하므로 원앙은 이것을 걱정했다. 원앙의 조카 원종袁種이 상시기常侍騎황제를 모시는 기사가 되어 〔천자의 권한을 상징하는〕 부절을 가지고 황제 곁에서 모셨는데, 그가 원앙에게 설득하며 말했다.

"그와 만나게 되면 조정에서 모욕을 주어 삼촌을 비방하는 말이 받아들여지지 않게 하십시오."

문제가 나들이하는데 조동이 황제의 수레에 함께 타고 있었다. 그때 원앙이 수레 앞으로 나아가 엎드려 말했다.

"신이 듣건대 천자께서 여섯 대 수레에 함께 태우는 사람은 모두 천하의 호걸과 영웅이라고 합니다. 지금 한나라에 인물이 부족하다고는 하나, 폐하께서는 어찌 궁형을 받은 자환관와 함께 수레를 타십니까?"

그러자 황제는 미소를 머금고 조동을 내리도록 했다. 조동은 울면서 수레에서 내렸다.

부잣집 아들은 마루 끝에 앉지 않는다

문제가 패릉霸陵에서 올라갔다가 서쪽 가파른 고갯길을 달려 내려가려고 하였다. 그때 원앙은 타고 있던 말을 황제의 수레 옆에 대고는 말고삐를 잡아당겼다. 황제가 말했다.

"장군은 두렵소?"

원앙이 말했다.

"신이 듣건대 1000금을 가진 〔부잣집〕 아들은 마루 끝에 앉지 않고, 100금을 가진 아들은 난간에 기대어 서지 않으며, 성스러운 군주는 위험을 무릅쓰면서까지 요행을 바라지 않는다고 합니다. 지금 폐하께서는 여섯 마리의 말이 끄는 마차를 달려 가파른 고갯길을 내려가시려고 하는데, 만일 말이 놀라 수레가 부숴지기라도 한다면 폐하께서는 자신을 가볍게 여긴 것이라 치더라도 종묘와 태후께 무슨 낯으로 대하시겠습니까?"

그래서 황제는 생각을 거두었다.

높고 낮음에 질서가 있어야 화목하다

문제가 상림원上林苑으로 행차했을 때 두 황후寶皇后와 신 부인愼夫人도 따라갔다. 이 두 사람은 궁궐에서 항상 같은 줄에 자리를 하고 앉았다. 낭서장郎署長이 자리를 [같이] 마련하자 원앙은 신 부인의 자리를 당겨 아래로 내렸다. 신 부인은 화가 나서 앉으려 하지 않았고, 황제도 노여워서 일어나 궁궐로 들어가 버렸다. 원앙은 이 틈에 앞으로 나아가 설득하여 말했다.

"신이 듣건대 높고 낮음에 질서가 정해지면 위아래가 화목하다고 합니다. 지금 폐하께서는 황후를 세우셨으니 신 부인은 겨우 첩이거늘, 첩과 처가 어찌 같은 자리에 앉을 수 있겠습니까? 이러한 것이 높고 낮음의 질서를 잃는 근원이 됩니다. 만일 폐하께서 신 부인을 총애하신다면 많은 상을 내리십시오. [지금] 폐하께서 신 부인을 위해 하는 행동은 도리어 화를 부르는 까닭이 됩니다. 폐하께서는 어찌 '사람 돼지人彘'[2]의 일을 보지 못하셨는지요?"

이에 황제가 기뻐하며 신 부인을 불러 이 말을 들려주자, 신 부인은 원앙에게 황금 50근을 내렸다.

세상 사람들의 입에 재갈을 물리면 재앙이 닥친다

그러나 원앙은 자주 직간하였으므로 궁궐 안에 오래 머물지 못하고 농서군의 도위로 옮겨졌다. [그는] 사졸을 인자하게 아꼈으므로 사졸이

---

2 한나라 고조의 여후가 총애를 받던 척 부인을 투기하여 손발을 자르고 눈을 빼고 혀를 잘라 돼지우리에 두고 사람 돼지라고 불렀다고 한다.

모두 그를 위하여 죽음을 다툴 정도였다. 나중에 〔그는〕 제나라의 재상이 되었고, 다시 오나라의 재상으로 옮겨 갔다. 그가 하직 인사를 하고 〔오나라로〕 떠나려 할 때 〔조카〕 원종이 원앙에게 이렇게 말했다.

"오나라 왕유비劉濞를 지칭은 교만에 빠진 지 오래되었고, 그 나라에는 간사한 사람이 많습니다. 지금 만일 〔그들의 죄를〕 탄핵하고 다스리고자 한다면, 그들은 글을 올려 삼촌을 고발하지 않으면, 날카로운 칼로 삼촌을 찌르려 할 것입니다. 남방은 땅이 낮고 습기가 많으니 삼촌께서는 날마다 술이나 마시면서 아무 일도 하지 마십시오. 때때로 왕에게 '모반을 꾀하지 마십시오.'라고만 하십시오. 이렇게 하면 다행히 〔화는〕 벗어날 수 있을 것입니다."

원앙이 원종의 계책대로 하자 오나라 왕은 원앙을 두텁게 대우했다.

원앙은 〔오나라에서 집으로〕 돌아오다가 길에서 승상 신도가申屠嘉를 만나자 수레에서 내려 배알했는데, 승상은 수레 위에서 원앙에게 사례했다. 원앙은 되돌아와 생각해도 자기 아랫사람들에게 부끄럽기 짝이 없었다.[3] 그는 승상의 관사로 찾아가서 뵙기를 청했다. 승상은 한참 뒤에 원앙을 만났다. 원앙은 무릎을 굽히고 말했다.

"사람들을 물리쳐 주시기를 청합니다."

승상이 말했다.

"만일 그대가 하려는 말이 공적인 것이라면 관청으로 가서 장사長史

---

3 신도가는 승상이고 원앙은 그의 속관이니 승상의 태도에 전혀 문제가 없다고 볼 수도 있다. 그러나 원앙의 입장에서는 승상이 현인을 대하는 태도가 오만하다는 것을 알면서도 직간하지 못한 자신이 부끄러웠던 것이다.

나 아전과 의논하시오. 그러면 내가 〔황상께〕 글을 올려 보겠소. 그러나 만일 사사로운 이야기라면 나는 듣지 않겠소."

원앙은 무릎을 굽히고 말했다.

"공께서는 승상이신데, 스스로 생각하시기에 진평陳平한나라 고조의 모신이나 강후와 비교하면 어느 분이 더 낫다고 보십니까?"

승상이 말했다.

"내가 〔그들보다〕 못하겠지요."

원앙이 말했다.

"좋습니다. 당신께서는 그들보다 못하다고 말씀하셨습니다. 진평과 강후는 고조를 도와 천하를 평정하도록 했고, 장수와 승상이 되어 여씨 일족을 멸하여 유씨한나라를 보존시켰습니다. 그러나 당신께서는 목재 관리인이요 궁노수弓弩手였으나, 한 부대를 통솔하는 자리로 옮기셨으니 공적을 세워 회양군淮陽郡의 군수가 되셨을 뿐, 어떤 기발한 계책을 내어 성을 공격하고 들판에서 싸워 공적을 세운 것은 아닙니다. 한편 폐하께서는 대代나라에서 오신 이래로 조회를 할 때마다 낭관이 상소를 올리면 용련龍輦황제나 황후가 타는 수레을 멈추고 받지 않은 적이 없었습니다. 그리고 그 의견 중에서 쓸모없는 것은 내버려 두고 쓸 만한 것은 받아들이시면서 훌륭하다고 칭찬하지 않은 적이 없습니다. 무엇 때문이겠습니까? 천하의 어진 선비를 불러들일 수 있기 때문입니다. 그렇게 하여 폐하께서는 날마다 듣지 못했던 것을 들으시고, 몰랐던 사실도 분명하게 알게 되어 날이 갈수록 성스럽고 지혜로워졌습니다. 〔그런데〕 당신께서는 지금 스스로 세상 사람들의 입에 재갈을 물림으로써 날로 더욱더 어리석어지고 계십니다. 성스러운 군주가 어리석은 승상을 문책하시니 당신이 화를 받을 날이 멀지 않았습니다."

승상은 이 말을 듣고 원앙에게 두 번이나 절하고 말했다.

"나는 미천한 시골 사람이라 아는 것이 없었는데, 장군께서 요행히 가르쳐 주셨소."

[그러고는] 원앙을 데리고 들어가 자리를 함께하고 상객으로 예우했다.

망설이다가 당한다

원앙은 평소 조조量錯를 탐탁하게 여기지 않았다. [그래서] 조조가 머물고 있는 자리에서는 원앙이 일어나 나갔고, 원앙이 앉아 있으면 조조도 자리를 떴으므로 이 두 사람은 한자리에서 말을 나눈 적이 없었다. 효문제가 죽고 효경제가 즉위하자 조조는 어사대부가 되었다. 그는 관리에게 원앙이 오나라 왕으로부터 뇌물을 받은 죄를 조사하게 하여 벌을 주려고 하였으나, [황제는] 조서를 내려 [원앙의] 죄를 용서하고 평민이 되게 했다.

오나라와 초나라가 모반했다는 소문이 있자, 조조는 [어사대부의 보좌관인] 승丞과 사史에게 말했다.

"원앙은 오나라 왕에게 많은 뇌물을 받아 오로지 [오나라 왕의 죄를] 숨겨 주고 모반하지 않았다고 말했지만, 지금 [오나라 왕은] 모반하였으니, [황제께] 원앙이 오나라의 모반 음모를 알고 있었으므로 죄를 다스릴 것을 간청하려 한다."

승과 사史가 말했다.

"모반이 일어나기 전에 그 죄를 다스렸다면 모반의 마음을 끊을 수 있었겠지만, 지금 〔오나라와 초나라의〕 군대는 서쪽으로 가고 있으니 원앙을 처벌한들 무슨 도움이 되겠습니까! 또한 원앙이 음모를 꾸몄다는 것은 가당치 않습니다."

조조는 망설이며 결단을 내리지 못하였다. 어떤 사람이 원앙에게 〔이러한 사실을〕 알려 주었다. 원앙은 두려워 밤을 틈타 두영竇嬰을 만나 오나라 왕이 모반한 이유를 설명하고는 황제에게 이 일을 직접 말하고 싶다고 하였다. 두영이 〔내전으로〕 들어가 황제 앞에서 원앙의 이야기를 하자, 황제는 즉시 원앙을 불러들여 만났다. 그때 조조는 〔황제와〕 마주하고 있었는데 원앙이 주위의 다른 사람들을 물려 달라고 요청하였으므로 조조도 물러갔다. 조조는 몹시 분한 모습이었다. 원앙은 오나라 왕이 모반한 까닭이 조조 때문이라고 자세하게 말했다.

"하루빨리 조조의 목을 베어 오나라에 사과하는 뜻을 보인다면 오나라의 반란군은 반드시 물러갈 것입니다."

이에 관한 이야기는 〔「오왕 비 열전」의〕 오나라 사적에 자세하게 기록해 두었다. 〔황제는〕 원앙을 태상으로 삼고 두영을 대장군으로 삼았다. 두 사람은 본래 사이가 좋았다. 오나라가 모반을 일으키자, 〔장안 부근의〕 각 현에서 벼슬하지 않은 장자長者들과 장안 안에 있는 재능 있는 대부들이 앞다투어 이 두 사람에게 아부하여 따르는 수레가 하루에도 수백 대나 되었다.

은정을 베풀면 반드시 보답을 받는다

조조가 목이 베여 죽고 난 뒤 원앙은 태상 신분으로 오나라에 사신으로 갔다. 오나라 왕은 〔원앙을〕 장군으로 삼고 싶었지만 받아들이지 않자, 그를 죽이려고 도위 한 명에게 군사 500명을 이끌고 군영 안에서 원앙을 포위하고는 감시하도록 하였다.

원앙이 오나라 재상으로 있을 때 종사從史주인을 따라 일을 할 뿐 전문 직책은 없음 한 명이 원앙의 시녀와 몰래 사랑을 나누었지만, 원앙은 이 사실을 알면서도 말하지 않고 전과 다름없이 대했다. 어떤 사람이 종사에게 말했다.

"재상께서는 당신이 시녀와 정을 통한 일을 알고 있소."

그는 즉시 달아나 집으로 돌아왔지만, 원앙이 직접 말을 달려 뒤쫓아가서 데리고 돌아와 그 시녀를 주고 다시 종사로 삼았다.

그런데 원앙이 오나라에 사신으로 갔다가 감시를 받게 되었을 때, 마침 그 종사가 원앙을 감시하는 교위사마校尉司馬로 있었다. 그는 자신의 옷가지와 물건을 죄다 팔아서 독한 술 두 섬을 샀다. 때마침 그날은 날씨가 추운 데다가 병사들은 굶주리고 목말랐으므로 취하도록 술을 마셨고, 서남쪽 구석을 지키던 병사들은 모두 〔술에 취해 쓰러져〕 잠이 들었다. 사마는 밤이 깊어지자 원앙을 깨워 일으키고 이렇게 말했다.

"공께서는 지금 달아나십시오. 오나라 왕은 날이 밝으면 공을 베어 죽일 것입니다."

원앙은 믿을 수 없어 물었다.

"당신은 무엇을 하는 사람이오?"

사마가 말했다.

"소인은 이전에 공의 종사로 있으면서 공의 시녀를 도둑질한 놈입니다."

원앙은 놀라며 거절하고 말했다.

"당신은 다행히 부모님께서 살아 계시니, 내 일로 인하여 당신에게 누를 끼칠 수 없소."

사마가 말했다.

"공께서는 어서 달아나십시오. 저도 달아나 제 부모님을 피신시키면 될 텐데, 공께서는 무엇을 걱정하십니까?"

그러고는 칼로 장막을 찢어 젖히고 [원앙을] 인도해서 취해 잠들어 있는 병사들 틈을 뚫고 곧장 빠져나왔다. 사마는 [원앙과] 반대 방향으로 달아났다. 원앙이 절모節毛사자의 표식를 풀어 품속에 감추고 [그것이 묶여 있던 기의 나무를] 지팡이로 삼아 7~8리를 걸어가니 날이 밝았다. 양나라 기병을 만나 말을 얻어 타고 달려 돌아와 보고하였다.

노름꾼도 사귈 만한 가치가 있다

오나라와 초나라의 군대가 격파된 뒤 황제는 다시 원왕元王유교劉交의 아들 평륙후平陸侯 유례劉禮를 초나라 왕으로 삼고, 원앙을 초나라 재상으로 삼았다. [원앙은] 일찍이 글을 올려 자기 의견을 말한 적이 있었지만 받아들여지지 않았다. 원앙은 병으로 벼슬을 그만두고 집에 들어앉았는데, 마을 사람들과 똑같은 모습으로 살아가며 한데 어울려 닭싸움이나 개싸움을 하곤 하였다. 낙양의 극맹劇孟이라는 사람이 일찍이 원앙의 집에 들른 적이 있는데, 원앙이 그를 잘 대접하였다. 〔그러자〕 안릉安陵의 어떤 부자가 원앙에게 이렇게 말했다.

"저는 극맹이 노름꾼이라고 들었는데, 장군께서는 무슨 까닭으로 그런 사람과 사귀십니까?"

원앙이 말했다.

"극맹은 노름꾼이기는 하나, 그 어머니가 죽었을 때 장례에 온 손님의 수레가 1000대도 넘었습니다. 이것은 그 사람이 다른 사람들보다 뛰어난 면이 있기 때문입니다. 그리고 사람에게는 누구에게나 느슨하거나 위급한 경우가 있게 마련입니다. 만일 하루아침에 급한 처지에 놓여 찾아가서 문을 두드릴 때 부모님이 계시다는 핑계로 도와줄 수 없다고 하거나 집에 있으면서도 없다고 마다하지 않고 천하 사람들이 우러러보며 의지할 수 있는 사람은 계심季心과 극맹뿐입니다. 지금 당신은 언제나 말 탄 시종 몇 명을 데리고 다니지만, 위급한 일이 생기면 어찌 의지할 수 있겠습니까?"

〔원앙은〕 그 부자를 꾸짖고 왕래하지 않았다. 이 이야기를 들은 모든 공경들은 대부분 원앙을 칭송하였다.

자객도 원앙의 덕에 감화된다

원앙은 집에 있었지만 경제는 때때로 사람을 보내 의견을 묻곤 하였다. 양나라 왕이 후사가 되기를 요구하였을 때, 원앙이 진언하여 〔반대했기 때문에 양나라 왕을〕 후사로 세운다는 말은 더 이상 나오지 않았다. 양나라 왕은 이 일로 원앙을 원망하여 사람을 시켜 원앙을 찔러 죽이려고 했다. 자객은 관중에 이르러 원앙이 어떤 인물인지 알아보았는데, 사람들이 모두 칭찬만 할 뿐 다른 말은 하지 않았다. 그래서 〔자객은〕 원앙을 만나 이렇게 말했다.

"저는 양나라 왕한테 돈을 받고 공을 찔러 죽이려고 왔습니다만 당신은 장자長者이니 차마 죽일 수가 없었습니다. 그렇지만 뒤에 당신을 해치려는 자가 10여 명의 무리가 더 있으니 대비하십시오."

〔이 말을 듣자〕 원앙은 불안하고, 집안에도 괴이한 일이 많이 일어나므로 배생棓生을 찾아가 점을 보았다. 〔그런데〕 돌아오다가 안릉의 성문 밖에서 그를 뒤쫓던 양나라 왕의 자객이 앞을 가로막더니 원앙을 찔러 죽였다.

종묘사직을 위하다 죽은 조조

조조鼂錯는 영천潁川 사람으로 지軹 땅의 장회張恢 선생으로부터 신불해申不害와 상앙商鞅의 형명학刑名學엄격한 형법으로 백성을 다스려야 한다는 학문을 배웠으며, 낙양의 송맹宋孟과 유례劉禮와 같은 스승을 모셨다. 〔그는〕 문학文學으로 태상의 장고掌故태상의 속관으로 역사를 담당함가 되었다.

조조는 사람됨이 준엄하고 강직하며 냉철했다. 효문제 때는 천하에서 『상서』를 배운 사람이 없었다. 옛날 진나라의 박사를 지낸 제남濟南의 복생伏生이 『상서』를 배웠다고 했지만 아흔 살이 넘어 〔너무〕 늙었기 때문에 조정으로 불러들일 수가 없었다. 그래서 〔황제는〕 태상에게 조서를 내려 〔복생에게〕 사람을 보내 그것을 배워 오도록 했다. 태상은 조조를 복생의 집으로 보내 『상서』를 배우게 하였다. 〔뒤에〕 조조는 돌아와서 『상서』의 글을 인용하여 나라에 이로운 것과 해로운 것을 자세히 적어 글을 올렸다. 〔황제는〕 조서를 내려 그를 태자의 사인, 문대부門大夫, 가령家令으로 삼았다. 조조는 뛰어난 말재주로 태자의 총애를 받았으며 태자궁에서는 '지혜주머니'로 불렸다. 효문제 때 그는 제후들의 봉토를 줄이는 문제와 개정해야 할 법령에 대해서 수십 번 글을 올렸다. 효문제는 〔조조의 의견을〕 받아들이지는 않았지만 그의 재능을 탁월하다고 인정하여 중대부로 승진시켰다. 당시 태자는 조조의 계책에 찬성했지만 원앙 등을 비롯한 대다수의 여러 공신들은 조조를 좋게 생각하지 않았다.

경제가 즉위하자 조조를 내사內史로 삼았다. 조조는 자주 사람들을 물리치고 정사에 관한 의견을 말하였는데 그때마다 황제는 그의 의견을 들었다. 그에 대한 황제의 총애는 구경九卿[4]보다 앞섰고, 〔그의 말에 따라〕 개정된 법령도 많았다. 승상 신도가는 마음속으로 탐탁지 않았으나 그에게 상처를 입힐 만한 힘이 없었다. 내사의 관부는 태상황太上皇고조의 부친의 묘당 안쪽 담과 바깥담 사이의 빈 터에 있었는데 문이 동쪽으로 나가게 되어 있어 불편했다. 그래서 조조는 남쪽으로 나갈 수 있도록 문 두 개를 새로 만들려고 하여 묘당 빈 터의 바깥담을 뚫게 되었다. 승상 신도가는 이 사실을 알고 몹시 화를 내면서 이 잘못을 틈타 주청하여 조조의 목을 베려고 했다. 조조는 그 소식을 듣고 곧장 밤에 사람들을 물리고 황제에게 그 일을 자세히 말했다. 승상은 정사에 관한 일을 말한 뒤, 조조가 멋대로 묘당의 담을 뚫어 문을 만들었으니 그를 정위에게 넘겨 목을 베도록 주청했다. 황제가 말했다.

"이것은 묘당의 담이 아니라 빈 터가 있는 바깥담이니 법에 어긋나지 않소."

이에 사죄하고 조정에서 물러나온 승상은 화가 나서 장사長史에게 이렇게 말했다.

"나는 먼저 그의 목을 벤 뒤에 황상께 아뢰어야 했는데 먼저 아뢰었다가 어린아이에게 모욕당했으니 진실로 내 잘못이다."

승상은 결국 병들어 죽었다. 조조의 명성은 이 일로 더욱더 높아졌다.

〔조조는〕 어사대부로 승진한 뒤 제후들 가운데 죄를 짓거나 허물이 있는 자의 봉토를 줄이고 봉토 근처에 있는 군을 몰수하도록 주청하였다. 상소문이 올라가자 황제는 공경, 열후, 종실들을 불러 모아 논의하도록 했는데 아무도 감히 비난하는 자가 없었다. 오직 두영만이 논쟁하였으

---

4 한나라의 구경은 봉상奉常, 낭중령郎中令, 위위衛尉, 태복太僕, 정위廷尉, 전객典客, 종정宗正, 치속내사治粟內史, 소부少府를 가리킨다. 여기서 구경이라 함은 실제 숫자라기보다는 많은 고위직 관료를 빗대어 말하는 것으로 볼 수 있다.

므로 이 일로 인해 조조와 틈이 생겼다. 조조가 개정한 법령은 30장章이
나 되었는데 제후들은 한결같이 시끄럽게 굴면서 조조를 미워했다. 조조
의 아버지가 그 소문을 듣고 영천에서 올라와 조조에게 말했다.

"황상께서 막 즉위하실 때 네가 권력을 쥐고 정사를 처리하면서 제후
들의 봉토를 줄이고 다른 사람의 골육 사이를 멀어지게 하여 사람들 중
에 너를 비난하고 원망하는 자가 많은 것은 무엇 때문이겠느냐?"

조조가 말했다.

"정말로 그렇게 했습니다. 그러나 이렇게 하지 않으면 천자께서는 존
귀해지지 않고 종묘는 편안하지 못합니다."

조조의 아버지가 말했다.

"유씨는 편안해졌지만 조씨는 위태로워졌으니 나는 너를 떠나 돌아가
겠다."

결국 약을 마시고 스스로 목숨을 끊으며 말했다.

"나는 차마 재앙이 나에게까지 이르는 것을 볼 수 없다."

그가 죽은 지 10여 일 만에 오나라와 초나라 등 일곱 나라가 과연 모
반을 일으키면서 조조를 죽인다는 것을 명분으로 내세웠다. 그때 두영
과 원앙이 황제를 설득하니, 황제는 조조에게 조복朝服을 입히고 동쪽
저자에서 그 목을 베도록 명령했다.

제후들의 봉토를 줄여야 하는 이유

조조가 죽은 뒤 알자 복야僕射 등공鄧公이 교위校尉가 되어 오나라와 초나라의 반란군을 공격하는 장군이 되었다. 〔그가 싸움에서〕 돌아와 군대의 일에 관한 글을 올리고 황제를 뵈었는데 황제가 물었다.

"〔그대가〕 싸움터에서 돌아오는 길이니 묻겠소. 조조가 죽었다는 말을 듣고 오나라와 초나라의 반란군은 싸움을 그만두지 않았소?"

등공이 말했다.

"오나라 왕은 수십 년 전부터 반란을 준비했습니다. 봉토가 깎인 데서 분노가 폭발하여 조조를 죽인다는 명분을 내세웠을 뿐 본래 조조를 목표로 삼지는 않았습니다. 게다가 신은 천하의 선비들이 입을 다물고 감히 황상께 의견을 말하지 않을까 두렵습니다."

황제가 말했다.

"무엇 때문이오?"

등공이 말했다.

"조조는 제후들의 세력이 강대해지면 통제할 수 없을까 봐 염려하여 그들의 봉토를 줄이도록 요청해 조정의 존엄을 높이려고 했던 것입니다. 이 것은 만세에 걸친 이익을 도모한 일입니다. 그러나 〔이러한〕 계획이 겨우 시행되었을 때 〔조조는〕 느닷없이 극형을 받고 말았습니다. 이것은 안으로는 충성스러운 신하의 입을 막고, 밖으로는 제후들을 위해서 원수를 갚아준 꼴입니다. 신은 그것이 폐하를 위한 일이 아니었다고 생각합니다."

그러자 경제는 한동안 아무 말 없이 있다가 말했다.

"공의 말이 옳소. 나도 이 점이 후회스럽소."

그러고는 등공을 성양城陽의 중위中尉로 삼았다.

등공은 성고成固 사람으로 기이한 계책이 많았다. 건원建元무제의 첫 번째 연호 연간에 효무제가 현량賢良덕행이 있는 자을 초빙하자 공경들은 등공을 추천했다. 그때 등공은 벼슬을 그만두고 물러나 집에 있었으나, 다시 기용되어 구경이 되었다. 1년 뒤에 그는 다시 병을 핑계로 물러나서 고향으로 돌아왔다. 그 아들 등장鄧章은 황로黃老도가의 학문을 배워 공경들 사이에 이름이 알려졌다.

태사공은 말한다.

"원앙이 비록 학문을 좋아하지는 않았고 [황제의 뜻에] 억지로 꿰맞춰 일을 처리하였지만, 어진 마음을 바탕으로 하여 대의를 이끌어 [세상일에] 울분을 토로하기도 하였다. 효문제가 막 즉위했을 때 [그의] 능력은 때를 만나게 되었다. [그러나] 시세는 변화하고 달라져, 오나라와 초나라가 모반을 일으켰을 때 단 한 번 황제를 설득하여 자기 주장을 관철시켰을 뿐 두 번 다시 뜻을 얻지는 못했다. 그는 명성을 좋아하고 재주를 뽐내다가 결국 이름 때문에 망한 것이다.

조조는 가령으로 있을 때부터 여러 차례 나랏일에 관한 의견을 말했으나 받아들여지지 않았다. [그러나] 그 뒤에 권력을 휘두르게 되자 법을 많이 고쳤다. 제후들이 반란을 일으켰을 때, 서둘러 해결하지 않고 사사로운 원한을 갚으려다가 도리어 자기 몸을 망치고 말았다. 속담에 '옛것을 바꾸고 떳떳한 이치(常)를 어지럽히는 자는 죽지 않으면 망한다.'라고 하였는데, 어찌 조조 같은 사람을 두고 한 말이 아니겠는가?"

42

장석지 풍당 열전
張釋之馮唐列傳

이 편은 한나라 문제 때의 강직한 신하 장석지와 풍당의 전기이다. 장석지는 문제 때 정위廷尉라는 관직에 올라 법을 공정하게 적용하고 직간하였으며, 풍당은 문제에게 장수 기용에 대해 간언하였다.

예로부터 아첨하는 신하는 많아도 직간하는 신하는 적으므로 군주는 날로 오만해지고 자기 허물을 알지 못했다. 문제는 간신 등통을 감싸 주고 승상 신도가에게 바른 법리를 불가능하게 하는 등 실정을 거듭했다. 심지어 자기 수레가 중위교를 지날 때 백성 중에서 다리 아래에서 나오는 사람이 있어 말이 놀라자 기병을 시켜 그들을 잡아 죄를 묻고는 모두 죽이려 했으니, 이는 그가 형벌을 남용한 것이다. 만일 이 두 신하의 직간이 없었다면 문제는 더욱더 어리석음을 범했을 것이다. 그러나 문제는 이들의 직간을 받아들여 말년에는 과실이 줄고, 결국에는 현군으로 평가받았다.

사마천은 이 두 사람이 나랏일에 충실하고 원칙을 견지하고 자신의 관점을 표출하는데 과감하며, 제왕의 잘못에 대해 역린을 두려워하지 않고 간언하는 정신을 높이 평가하고 있다. 특히 문제의 포용력이 장석지와 풍당 같은 인물을 만들었으며, 이러한 군신 관계야말로 사마천이 비판적으로 평가한 한 무제 때의 혹리酷吏들의 행동 방식과는 근본적인 차이를 보여 준다. 그 백미는 문제와 풍당의 대화인데 염파와 이목에 대한 인물 평을 하는 대목에서 극대화된다.

정위廷尉 장석지張釋之는 도양堵陽 사람으로 자는 계季이고, 형 장중張仲과 함께 살았다. 그는 재물로써 기랑騎郎황제가 외출할 때 말을 타고 호위하던 관리이 되어 효문제를 섬겼으나 10년 동안 승진도 하지 못하여 그를 알아주는 이가 아무도 없었다. 장석지가 말했다.

"오랜 벼슬살이로 형의 재산만 축내고 〔뜻도〕 이루지 못했구나."[1]

그는 스스로 벼슬을 그만두고 〔집으로〕 돌아가려고 했다. 중랑장 원앙은 그가 어질다는 것을 알고 있으므로 떠나는 것을 안타까워하여 알자謁者로 옮길 수 있도록 주청하였다.

장석지가 조회를 마친 뒤 앞으로 나아가 〔백성을〕 편안하게 하고 나랏일을 마땅히 하는 일을 말하자 문제가 말했다.

"수준을 낮추어 지나치게 고상한 견해는 말하지 마시오. 지금 당장 시행할 수 있는 것을 말하시오."

그래서 장석지는 진나라와 한나라의 일을 말하였으니 진나라가 멸망하고 한나라가 일어나게 된 원인을 오랫동안 말씀드렸다. 문제는 좋다고 칭찬하면서 곧 장석지를 발탁하여 알자 복야로 삼았다.

장석지는 황제를 모시고 나가 호권虎圈호랑이를 가두어 기르는 곳에 간 적

---

1 당시 낭관이 된 자는 수레와 말, 옷 등을 스스로 구입해야 했기 때문에 가산을 점점 낭비하게 되었다고 한 것이다.

이 있었다. 황제는 상림위上林尉황제의 사냥터인 상림원의 관원에게 짐승들에 관해 적은 책에 대하여 10여 가지를 물었지만, 상림위는 곁에 있던 (아랫사람만) 쳐다볼 뿐 전혀 답변하지 못하였다. 호권을 관리하는 색부嗇夫가 곁에서 상림위 대신 짐승에 관해 적은 책에 대한 황제의 질문에 매우 상세하게 대답하였다. (그는) 이 기회에 자기 능력을 보이려고 소리를 따라 메아리가 울려 나오듯 묻는 즉시 대답하는 것이 끝이 없었다. 문제가 말했다.

"관리는 이와 같아야 하지 않소? 상림위는 신임할 수 없소."

그리고 장석지에게 색부를 상림령上林令으로 삼으라고 명령하였다. 그러나 장석지는 한참 생각하다가 앞으로 나와 말했다.

"폐하께서는 강후 주발을 어떤 인물로 생각하십니까?"

황상이 대답했다.

"장자長者요."

또다시 물었다.

"동양후東陽侯 장상여張相如는 어떤 인물입니까?"

황상은 다시 이렇게 대답했다.

"장자요."

장석지가 말했다.

"강후와 동양후를 장자라고 하셨지만, 이 두 사람은 일찍이 어떤 일을 말할 때 우물쭈물하며 제대로 표현하지 못하였습니다. 그런데 어찌 이 색부의 수다스러운 말재주를 본받으라고 하십니까! 하물며 진나라는 도필리刀筆吏와 같은 낮은 벼슬아치를 임용하였으므로 서리들이 다투면서 서둘러 일을 처리하고 사소한 것을 자질구레하게 파헤치는 것으로써 뛰어나다고 뽐내곤 했습니다. 그러나 이러한 행동으로 인하여 일을 형식적으로 처리할 뿐 백성을 가엾게 여기는 정이 없는 폐단이 생겨났습니다. 그래서 황제는 잘못을 지적해 주는 말을 들을 수 없었고, [나라는] 나날이 쇠퇴해 이세황제에 이르러 천하는 흙더미가 무너지듯 허물어지고 말았습니다. 지금 폐하께서는 색부의 말주변을 높이 사서 파격적으로 승진시키려고 하시는데, 신은 천하 사람들이 바람 따라 휩쓸리듯 말재주에만 지나치게 힘써 다투고 실제적인 이익을 꾀하지 않을까 염려됩니다. 또 아랫사람이 윗사람을 본받는 것은 그림자가 형체를 따르고 메아리가 소리에 답하는 것보다 빠릅니다. 이 때문에 폐하께서는 임용하거나 임용하지 않을 때 신중하게 하시지 않으면 안 됩니다."

문제가 말했다.

"옳은 말이오."

그러고는 색부를 등용하려던 것을 그만두었다.

황제는 수레에 오르자 장석지를 불러 곁에 타도록 한 뒤[2] 천천히 가면서 진나라의 병폐를 물었고, 장석지는 있는 그대로 모두 말하였다. 궁궐에 이르자 황상은 장석지를 높여 공거령公車令으로 삼았다.

그로부터 얼마 뒤에 태자와 양나라 왕이 함께 수레를 타고 궁궐로 들어오면서 사마문司馬門궁궐 밖의 문에서 내리지 않았으므로 장석지가 뒤쫓아 가서 태자와 양나라 왕을 멈춰 세우고 궁궐 문으로 들어가지 못하게 했다. 그러고는 그 두 사람이 사마문에서 내리지 않은 것은 불경죄라

---

2 여기서 곁에 탄다는 말은 오른쪽에 타는 것이다. 황상은 왼쪽에 타고, 중간에는 마부가 탔다.

고 탄핵하며 위에 아뢰었다. 이 일이 박 태후薄太后의 귀에까지 들어갔으므로 문제는 관을 벗고 사죄하며 말했다.

"자식을 엄하게 가르치지 못한 탓입니다."

박 태후가 사자에게 조서를 받들고 가서 태자와 양나라 왕의 죄를 용서하도록 한 뒤에야 (두 사람은) 궁궐로 들어올 수 있었다. 문제는 이 일로 장석지를 범상치 않은 인물로 여기고 중대부로 삼았다.

탐나는 물건이 있으면 무덤 속까지 도둑이 든다

얼마 뒤 장석지는 중랑장으로 승진하여 문제를 따라 패릉에 갔다. 황제는 북쪽 언덕 끝에 앉아 먼 곳을 바라보았다. 이때 신 부인이 곁에서 모시고 있었는데, 황제는 신 부인에게 신풍현新豐縣으로 가는 길을 가리키면서 말했다.

"이것이 한단으로 가는 길이오."

황제는 신 부인에게 비파를 타도록 하고 직접 그 비파 곡조에 맞추어 노래를 불렀는데 몹시 처량하고 슬퍼서 고개를 돌려 여러 신하에게 말했다.

"아! 북산北山의 돌로 겉 관을 만들고, 모시와 솜을 끊어 틈을 막고, 그 틈새를 옻으로 붙이면 어찌 열 수 있겠소?"

곁에 있던 신하들은 한결같이 말했다.

"열지 못할 것입니다."

이때 장석지가 앞으로 나와 말했다.

"만일 그 속에 〔사람들이〕 좋아하는 물건을 넣어 둔다면 비록 남산南山으로 〔겉 관을 만들고 쇠를 녹여 틈을〕 막을지라도 오히려 꺼낼 틈이 있을 것입니다. 그러나 그 속에 사람들이 좋아할 만한 물건을 넣지 않는다면 돌로 만든 관을 쓰지 않더라도 무슨 걱정을 하겠습니까?"

문제는 옳은 말이라고 칭찬하였다. 그 뒤 장석지를 정위로 삼았다.

공정한 법만이 신뢰를 얻는다

그로부터 얼마 뒤 문제가 중위교中渭橋위수渭水 중류에 있는 다리에 행차하였을 때, 어떤 사람이 갑자기 다리 밑에서 달려나와 황제의 수레를 끌던 말을 놀라게 했다. 그래서 기병을 시켜 붙잡아 정위에게 넘겨 처리하도록 했다. 정위 장석지가 〔그의 죄를〕 심문하자 그 사람은 이렇게 대답했다.

"〔저는〕 장안현 사람으로 〔이곳에〕 왔는데, 청도계엄淸道戒嚴제왕이 행차할 때 길을 내고 거리를 청소하며 통행을 금하는 것이 들리기에 다리 밑에 숨어 있었습니다. 한참이 지나 폐하께서 이미 지나가신 줄 알고 나왔다가 수레와 기병을 보고 달아났을 뿐입니다."

정위는 심문을 끝내고 임금이 행차하는 길을 범하였으므로 그 죄는 벌금형에 해당된다고 판결하였다. 문제는 화를 내며 말했다.

"이놈이 직접 내 말을 놀라게 했소. 내 말이 온순하였기 다행이지 다른 말 같았으면 정녕 나를 떨어뜨려 다치게 하지 않았겠는가? 그런데 정위는 그놈의 죄가 벌금형에 해당된다고 말하시오?"

장석지가 말했다.

"법이란 천자와 천하 사람들이 다 같이 지켜야 하는 것입니다. 지금 법에 의하면 이와 같이 하면 되는데, 고쳐서 더 무거운 벌로 다스린다면 법이 백성들에게 믿음을 주지 못하게 될 것입니다. 바로 이때, 황상께서 그 자리에서 그를 베어 버리라고 하셨으면 그만입니다만, 지금 〔그를〕 이미 정위에게 넘기셨습니다. 정위는 천하의 법을 공정하게 다스리는 자인데 한쪽으로 기울면 천하의 법을 집행하는 사람들이 다 제각기 법을 무겁게도 하고 가볍게도 할 것입니다. 〔그렇게 되면〕 백성은 그들의 손과 발을 어느 곳에 두겠습니까? 폐하께서는 이 점을 〔분명하게〕 살피시기 바랍니다."

황제는 한참 있다가 말했다.

"정위의 판결이 옳소."

그 뒤 고묘高廟한나라 고조 유방의 묘의 신주 앞에 놓여 있던 옥가락지를 훔친 자가 있어 〔그를〕 체포하였는데, 문제가 몹시 노하여 정위에게 넘겨서 다스리도록 하였다. 장석지는 종묘의 옷과 물건을 훔친 자에 관한 법률에 의하면 기시棄市사형에 처한 뒤 시신을 시장 바닥에 버리는 형벌에 해당한다고 판결하였다. 그러자 문제는 몹시 노여워하며 말했다.

"그놈은 무도無道하여 선제의 종묘 안에서 기물器物을 훔쳤소. 내가 그를 정위에게 넘긴 까닭은 그 집안 식구를 멸하는 벌로 다스리기 위해서였소. 그런데 그대는 법에 의해 기시에 해당한다고 하니, 종묘를 공손히 받들고자 하는 나의 뜻이 아니오."

장석지는 관을 벗고 머리를 조아리면서 사죄하여 말했다.

"법에 의하면 이와 같이 하면 충분합니다. 죄는 같아도 무겁고 가벼운 정도에 따라 차이가 있어야 합니다. 지금 종묘의 기물을 훔쳤다고 하여 집안을 멸한다면, 만에 하나 어리석은 백성이 장릉長陵한나라 고조 유방의 능묘의 흙을 한 움큼 훔쳤을 때 폐하께서는 어떤 형벌을 내리시겠습니까?"

한참 생각하더니 문제는 태후와 상의하여 정위의 판결이 타당하다고 비준하였다. 당시 중위中尉 조후條侯 주아부周亞夫와 양나라 승상 산도후山都侯 왕염개王恬開는 장석지의 의논이 공평한 것을 보고 친구 관계를 맺었다. 장석지는 이로부터 천하 사람들의 칭송을 들었다.

내 버선을 매어 주시오

뒤에 문제가 죽고 경제가 즉위하였다. 장석지는 〔지난 일 때문에 벌을 받을까 봐〕 두려워 병을 핑계로 〔정위직을〕 그만두고 떠날까 하였지만 〔더욱〕 큰 형벌을 초래할까 겁이 났다. 〔궁궐로 들어가〕 사과할까 생각도 해 보았지만 아직 결단을 내리지 못하고 있었다. 왕생王生의 계책을 받아들여 〔경제를〕 뵙고 사과하니, 경제는 나무라지 않았다.

왕생은 황로의 학문에 뛰어난 처사處士벼슬에 나가지 않은 선비였다. 그는 일찍이 궁궐로 불려 들어간 적이 있는데, 삼공三公과 구경 대신이 모두 모여 서 있었다.

왕생이란 노인이 말했다.

"내 버선 대님이 풀어졌군."

[그러고는] 장 정위를 돌아보며 말했다.

"내 버선 대님을 매어 주시오!"

장석지는 꿇어앉아 버선을 매어 주었다.

얼마 후에 어떤 사람이 왕생에게 물었다.

"어째서 조정에서 장 정위에게 꿇어앉아 [당신] 버선 대님을 매도록 모욕을 주셨습니까?"

왕생이 말했다.

"나는 늙고 비천하여 아무리 생각해도 장 정위에게 보탬이 될 길이 없었소. 장 정위는 지금 천하의 명신이므로 나는 잠시 꿇어앉아 내 버선 대님을 매도록 욕을 보임으로써 그의 명성을 더욱 높여 주려고 한 것이오."

공경들은 이 말을 듣고 왕생을 현명하다고 하고 장 정위를 존경했다.

장 정위는 경제를 섬긴 지 1년 남짓 만에 회남왕의 재상이 되었는데, 이것은 전에 경제에게 죄를 지었기 때문이었다. 그로부터 얼마 뒤 장석지는 세상을 떠났다. 그 아들 장지張摯는 자가 장공長公으로 벼슬이 대부까지 이르렀다가 면직되었다. [그는] 당시 권세 있고 지위가 높은 사람을 받아들이려 하지 않았기 때문에 죽을 때까지 벼슬을 하지 않았다.

전쟁은 왕이 아니라 장수가 하는 것이다

풍당馮唐이란 사람의 할아버지는 조나라 사람이다. 아버지 때 대나라로 옮겨 와 살다가 한漢나라가 일어난 뒤에 안릉安陵으로 옮겨 살았다. 풍당은 효행으로 이름이 났으며, 중랑서中郎署상림上林을 숙위宿衛하는 관서의 장長이 되어 문제를 섬겼다. 문제가 수레를 타고 중랑 관서를 지나다가 풍당에게 물었다.

"노인장께서는 어떻게 낭관이 되었소? 집은 어디에 있소?"

풍당이 사실대로 모두 말하자, 문제는 말했다.

"내가 대나라에 있을 때 내 상식감尚食監음식물을 관리함 고거高袪는 나에게 조나라 장수 이제李齊가 어진 사람이라고 여러 차례 칭찬하고 거록鉅鹿 아래에서 싸운 이야기를 들려주었소. 지금도 나는 밥을 먹을 때마다 〔이제가〕 거록에서 싸우던 일을 생각하지 않는 적이 없소. 노인장께서는 이제라는 사람을 아시오?"

풍당이 대답했다.

"그는 염파와 이목만 한 장수는 전혀 아니었습니다."

황제가 물었다.

"왜 그렇소?"

풍당이 대답했다.

"신의 할아버지는 조나라에 있을 때 병사 100명을 거느리는 장수여서 이목과 아주 친했고, 신의 아버지는 대나라 왕의 재상을 지낼 때 조나라 장수 이제와 사이가 좋았으므로 그의 사람됨을 압니다."

황제는 염파와 이목의 사람됨이 훌륭하다는 말을 듣자 매우 기뻐하며 허벅지를 치면서 말했다.

"아! 나는 어째서 염파와 이목 같은 사람을 얻지 못했는가! 내가 그들 같은 사람을 장수로 삼았다면 내가 어찌 흉노를 근심하겠소?"

풍당이 말했다.

"황공하옵니다! 폐하께서는 염파나 이목을 얻더라도 등용하실 수 없을 것입니다."

황제는 노여워하며 일어나 궁궐로 들어가더니 한참 뒤에 풍당을 불러들여 꾸짖었다.

"그대는 어찌하여 많은 사람 앞에서 나를 모욕하였소? 어찌 조용한 곳이 없었겠소?"

풍당은 사죄하며 말했다.

"소인이 미천하여 미처 가릴 줄을 몰랐습니다."

당시 흉노가 조나현朝那縣으로 크게 쳐들어와 북지北地의 도위 손앙孫卬을 죽였다. 문제는 흉노가 쳐들어올 것으로 생각하고 마침내 다시 풍당에게 물었다.

"그대는 내가 염파와 이목을 쓸 수 없다는 것을 어떻게 알았소?"

풍당이 대답했다.

"신이 듣건대 옛날 왕은 장수를 싸움터로 보낼 때 꿇어앉아 수레바퀴를 밀어 주면서 '궁궐 안의 일은 내가 처리할 테니 궁궐 밖의 일은 장군이 통제하시오.'라고 말하고, 군공과 작위와 상은 모두 궁궐 밖에서 결정하고 돌아와서 아뢰도록 했다고 합니다. 이것은 빈말이 아닙니다. 신의 할아버지 말씀에 따르면 이목은 조나라 장수로 변경을 지킬 때 군시軍市에서 걷은 조세를 모두 마음대로 사용하여 병사들을 대접하는 데 썼으며, 상을 주는 것은 궁궐 밖에서 결정하고 조정은 관여하지 않았다고 합니다. [조정에서는] 그에게 맡겨 책임지고 공을 이루도록 하였으므로 이목은 자기 지혜와 재능을 다 발휘할 수 있었습니다. 선발된 수레 1300

승, 활 쏘는 기병 1만 3000명, 싸워 100금을 상으로 받을 만한 정예 병사 10만 명을 보냈습니다. 이 군대로 북쪽으로는 선우를 내쫓고 동호東胡를 물리치고 담림澹林을 멸망시켰으며, 서쪽으로는 강한 진나라를 누르고 남쪽으로는 한韓나라와 위魏나라를 막아 냈습니다. 당시에 조나라는 거의 천하의 우두머리가 될 뻔했습니다. 그 뒤 조나라 왕 천遷이 즉위하였는데, 그 어머니는 길거리에서 노래를 부르며 돈을 벌던 여자였습니다. 〔조나라〕 왕 천이 즉위하자, 곽개郭開의 참소만을 받아들여 마침내 이목을 죽이고 안취顔聚로 그를 대신하게 하였습니다. 이 때문에 군대는 싸움에서 지고 달아났으며, 조나라 왕은 진나라에 사로잡히고 나라는 멸망하였습니다.

지금 신이 듣건대 위상魏尙은 운중雲中 태수로 있을 때 군중에 둔 교역 시장에서 걷은 세금으로 병사들을 배불리 먹이고, 자신에게 지급되는 수당으로 닷새마다 한 차례씩 소를 잡아 빈객과 군리와 사인들을 먹였으므로 흉노는 멀리 숨어 운중 요새에는 가까이 오지 못했다고 합니다. 흉노가 한 차례 쳐들어온 적이 있는데, 위상이 거기車騎를 이끌고 쳐서 매우 많은 적군을 죽였다고 합니다. 위상의 병사들은 모두 평민 자식으로 밭을 갈다가 군사가 되었는데 어떻게 '척적尺籍',[3] '오부伍符'[4] 같은 군법을 알겠습니까? 하루 종일 힘껏 싸워서 적의 머리를 베고 포로를 잡아 상부에 전공을 보고할 때, 한마디라도 서로 맞지 않으면 문리文吏사법관들이 법에 따라 제재를 가했습니다. 공이 있는 자들은 상을 받을 수

---

3 적군의 머리를 벤 공을 나무판 위에 기록하는 것이다.
4 부대의 병사들로 하여금 다섯 명씩 한 대오가 되어 서로 감시하게 하는 것이다.

없고, 문리가 받드는 법은 반드시 신용을 얻었습니다. 신의 어리석은 생각으로는 폐하의 법이 지나치게 엄격해서 상 주는 데는 몹시 인색하고 벌 주는 데는 너무 무겁습니다. 하물며 운중 태수 위상이 상부에 전공을 보고할 때 적군의 목을 벤 숫자가 여섯이 차이 난다고 하여 폐하께서는 그를 형리에게 넘겨 작위를 박탈하고 징역에 처하셨습니다. 이와 같은 것으로 미루어 볼 때 폐하께서는 염파나 이목을 얻더라도 등용하실 수 없을 것입니다. 신은 진실로 어리석어 거슬리는 말씀을 올렸으니 죽을죄를 지었습니다. 죽을죄를 지었습니다.”

문제는 기뻐하였다. 그날로 풍당을 시켜 부절을 가지고 가서 위상을 풀어 주어 다시 운중 태수로 삼고, 아울러 풍당을 거기도위로 삼아 중위와 각 군과 국의 전차 부대를 주관하도록 하였다.

〔한나라 효문제 후원後元〕 7년, 경제가 즉위하여 풍당을 초나라 재상에 임명하였으나 〔얼마 되지 않아〕 면직되었다. 무제가 즉위하자 현량賢良을 구했는데 풍당도 추천되었다. 〔그러나〕 그때 풍당은 아흔 살이 넘어 더 이상 관직을 맡을 수 없으므로 그 아들 풍수馮邃를 낭관으로 삼았다. 풍수는 자가 왕손王孫이고 그 또한 걸출한 인물로 나와 친한 사이였다.

태사공은 말한다.

“장계張季가 장자長者를 말한 것은 법을 지키며 〔황제의〕 뜻에 아부하지 않은 것이고, 풍 공이 장수將率를 말한 것은 참으로 〔깊은〕 맛이 있구나! 〔깊은〕 맛이 있구나! 속담에 ‘그 사람을 알지 못하면 그의 친구를 보라.’라고 했다. 두 사람을 칭송한 말은 낭묘廊廟조정을 가리킴에 적어 남겨 둘 만하다. 『서』에 '치우치지도 않고 파당도 만들지 않으니 성왕의 도는 넓고 크다. 파당도 없고 치우치지도 않으니 성왕의 도는 끝없이 평온하다.'라고 하였다. 장계와 풍 공은 이 뜻에 가깝다."

43

만석 장숙 열전
萬石張叔列傳

이 편은 만석군 석분石奮과 장숙을 합쳐 열전을 만들고 여기에 위관衛綰, 직불의直不疑, 주인周仁 등 세 사람의 사적을 덧붙여 실은 것이다.

석분과 그의 네 아들은 모두 2000석의 관리로서, 충성심과 근면함으로 구경이 되어 한 가문이 만 석을 받아 만석군이라는 호를 얻었다. 장숙은 문제, 경제, 무제 3대를 섬겨 관직이 어사대부까지 올랐다. 이들은 당시 크게 두각을 나타내지 못했으나 군주에게 올바르게 처신하여 끝까지 살아남은 처세의 달인이었다.

여기서 사마천은 석분이 공손하며 삼가는 태도로 처세하는 모습을 서술하면서 그가 마치 귀머거리와 벙어리인 척한 것, 그의 아들 석경 또한 9년 동안 재상으로 있으면서 어떤 다른 말도 하지 않는 것, 위관이 끝까지 진언을 하지 않고 승상 자리를 마친 것을 비판적으로 바라본다. 그러나 이러한 처세법도 그 당시 궁정의 풍토가 얼마나 음산했는지를 충분히 짐작하게 만든다.

직언하는 사람들이 살해되거나 형을 받거나 하는 데 비해, 이처럼 비굴한 모습을 간직한 자들은 권세도 적당히 누리면서 살아갔던 것이다.

예의 바르고 삼가는 태도가 부귀를 따르게 한다

만석군萬石君의 이름은 분奮이다. 그 아버지는 조나라 사람으로 성은 석石인데, 조나라가 멸망하자 온溫으로 옮겨 와 살았다. 고조가 동쪽으로 항적항우을 치기 위해 하내河內를 지날 때 석분은 열다섯 살로 낮은 벼슬아치가 되어 고조를 모시고 있었다. 고조는 그와 이야기하면서 그가 공경하는 마음이 있음을 어여삐 여겨 물었다.

"네 집에는 누가 있느냐?"

〔그는〕 대답했다.

"저에게는 어머니만 계시는데 불행히도 앞을 보지 못하고 집안은 가난합니다. 누이가 있는데 거문고를 탈 수 있습니다."

고조가 말했다.

"너는 나를 따를 수 있겠느냐?"

〔석분이〕 대답했다.

"원컨대 힘을 다하겠습니다."

고조는 그 누이를 불러 미인美人궁녀의 관직명으로 삼고, 석분을 중연中涓으로 삼아 올라오는 글과 알현을 청하는 일을 맡아보게 하였다. 그리고 집을 장안성의 척리戚里[1]로 옮기도록 하였는데, 이것은 그 누이가 미

---

1 한 대에 후비의 친정들이 살던 마을인데, 시간이 흐르면서 제왕의 외척을 일컫는 말로 쓰이게 되었다.

인이 되었기 때문이다. 그의 관직은 공로를 많이 쌓아 효문제 때 태중태부에 이르렀다. 그는 글재주와 학문을 쌓지는 못했지만 공손하고 신중한 면에서는 비할 만한 사람이 없었다.

문제 때 동양후東陽侯 장상여張相如가 태자태부가 되었다가 면직되었다. 〔문제가〕 태부가 될 만한 사람을 찾자 모두가 석분을 추천하였으므로 그가 태자태부가 되었다. 효경제는 즉위한 뒤 〔그를〕 구경九卿으로 삼았다. 〔그러나 그가 너무 겸손하고 예의가 발라〕 가까이하기가 꺼려졌으므로 자리를 옮겨 제후의 상국이 되게 했다. 석분의 맏아들은 석건石建이고, 둘째 아들은 석갑石甲이며, 셋째 아들은 석을石乙이고, 넷째 아들은 석경石慶이다. 모두 품행이 바르고 부모에게 효성스럽고 신중하였으며, 벼슬은 모두 2000석의 〔봉록을 받는〕 지위에 이르렀다. 이에 경제는 말했다.

"석 군石君과 네 아들이 모두 2000석의 지위에 있으니, 신하 된 자의 존귀와 영예가 한집안에 모였구나!"

그래서 석분을 만석군이라고 불렀다.

효경제 말년에 만석군은 상대부 봉록을 받으면서 늙었다 하여 〔벼슬을 그만두고〕 집으로 돌아왔으나, 세시歲時에는 신하로서 조회에 들었다. 궁궐 문을 지날 때면 만석군은 반드시 수레에서 내려 잰걸음으로 걸어 들어갔고, 노거路車²를 보게 되면 반드시 수레의 가로나무를 짚고 엎드려 존경하는 마음을 나타냈다. 자손들 가운데 지위가 낮은 관리가 되어

---

2 노거란 천자가 타는 큰 수레를 말한다. 원문에는 노마路馬라고 되어 있는데, 마馬는 거車를 잘 못 쓴 것으로 생각된다. 옛날 사람들은 존장자尊長者가 탄 수레를 보면 예를 깊이 하는 것이 관례였으므로 만석군만이 이렇게 한 것은 아니고 그가 예의 바름을 강조하기 위한 것으로 보인다.

집으로 돌아와 문안을 드리면 만석군은 반드시 조복朝服을 입고 만났으며 〔임금의 관리가 된 것을 존중하여〕 이름을 부르지 않았다. 자손들이 잘못하면 꾸짖지 않고 한쪽에 앉게 하고는 밥상을 대하여도 먹지 않았다. 그런 후에 자손들이 서로 꾸짖고 나이 많은 아들이 옷을 벗어 어깨를 드러내 사죄하고 잘못을 고치면 그제야 용서하였다. 자손들 가운데 〔성년이 되어〕 관을 쓴 자가 곁에 있으면 편안히 쉴 때도 반드시 관을 써서 단정하고 삼가는 태도를 지니도록 하였다. 하인들도 즐겁게 지내면서도 태도만은 삼갔다. 황제가 그 집에 음식을 내려 주기라도 하면 반드시 머리를 조아리고 엎드려 먹었는데, 그 모습이 마치 황제 앞에서 하는 것 같았다. 그는 상喪을 당했을 때는 몹시 슬퍼하였다. 자손들도 그의 가르침을 따라 모든 일을 그와 똑같이 하였다. 만석군 집안은 효행과 신중함으로 각 군郡과 국國에 소문이 났다. 비록 제나라와 노나라의 성실하고 신의 있는 행동을 일삼는 유생들이라도 모두 스스로 그에 미치지 못한다고 생각했다.

〔효무제〕 건원 2년에 낭중령 왕장王臧이 유가 학설을 실행하려다가 〔도가 학설을 폄하하여 두 태후에게〕 죄를 지었다. 황태후는 유자儒者들은 겉치레에만 힘써 질박함이 부족한데 지금 만석군의 집안만은 말없이 몸소 실천하고 있다고 여겼으므로 만석군의 맏아들 석건을 낭중령으로 삼고, 작은아들 석경을 내사로 삼았다.

석건이 늙어서 머리가 세었지만 만석군은 여전히 정정하였다. 석건은 낭중령이 된 뒤로도 닷새에 한 번 휴가를 얻어 집으로 돌아와 아버지를 뵈었다. 작은방으로 들어가 몰래 모시는 자에게 물어보고 아버지의 속옷과 요강을 가져오게 하여 직접 깨끗하게 빨고 씻은 뒤 다시 모시는 자에게 건네주면서 이 사실을 아버지가 모르게 하였는데, 언제나 이와 같이 하였다.

석건은 낭중령으로 일하면서 할 말이 있으면 곁에 있던 사람들을 내보내고 하고자 한 말을 다 하였는데 (한마디 한마디가) 지극히 간절하였다. (그러나) 조정의 회견 때에는 말을 못하는 사람처럼 있었다. 이 때문에 황상은 그를 아끼고 예우했다.

만석군은 집을 능리陵里로 옮겼다. 내사인 석경이 술에 취해 돌아왔는데 마을 외문外門을 들어와서도 수레에서 내리지 않았다. 만석군은 이 소식을 듣자 밥을 먹지 않았다. 석경은 두려워서 어깨를 드러내어 벌 받기를 청하였으나 용서하지 않았다. 온 가족과 형 석건이 어깨를 드러내어 사죄하고야 비로소 만석군은 꾸짖어 말했다.

"내사는 지위가 높고 귀한 사람이기 때문에 마을 안으로 들어서면 마을의 나이 든 사람이 모두 길을 피해서 숨고, 내사는 수레 안에서 태연하게 앉아 있는 것이 본래 당연한 것인가!"

그러고는 석경에게 (수레에서) 내리라고 분부했다. (그 뒤로) 석경과 모든 자제들은 마을 문을 들어서면 잰걸음으로 걸어서 집으로 들어왔다.

만석군은 원삭元朔 5년에 죽었다. 큰아들 낭중령 석건은 통곡하며 몹시 비통해하여 지팡이에 의지해야만 겨우 걸을 수 있었다. 한 해 남짓하여 석건도 세상을 떠났다. 모든 자손이 두루 효성스러웠지만 그중에서도 석건이 가장 뛰어나 만석군을 앞설 정도였다.

석건은 낭중령으로 있을 때 어떤 일에 대해서 글을 올린 적이 있는데, 그 글이 황상의 비준을 마치고 내려왔다. 석건은 그 글을 읽더니 말했다.

"잘못 썼구나! '마馬' 자는 아래에 꼬리를 나타낸 획까지 다섯 획이 되어야 하는데, 지금 보니 네 획만 있고 한 획이 모자라네. 황상께서 꾸짖으시면 죽어 마땅하다."

그는 매우 송구스러워하고 전전긍긍했다. 그가 삼가고 조심하는 것은 비록 다른 일에 대해서도 모두 이와 같았다.

어려운 때 지나치게 신중하면 해가 된다

만석군의 작은 아들 석경은 태복이 되어 황상의 수레를 몰고 외출한 적이 있는데 황상이 물었다.

"이 수레는 말 몇 마리가 끌고 있소?"

석경은 채찍으로 말을 다 세어 본 뒤에야 손을 들고 말했다.

"여섯 마리입니다."

석경은 여러 형제 중에서 소탈하고 무난한 편이었지만 이와 같았다. 〔석경은〕 제나라 재상이 되었는데, 제나라 사람은 모두 그 집안의 가풍을 사모하였다. 말을 하지 않아도 제나라는 잘 다스려졌으며, 그를 위해서 석상사石相祠를 세웠다.

원수元狩 원년에 황상은 태자를 세우고 신하들 가운데서 태자의 스승이 될 만한 사람을 뽑았는데 석경이 패군 태수에서 태자태부가 되었고, 〔그로부터〕 7년 만에 어사대부로 벼슬을 옮겼다.

원정元鼎 5년 가을에 승상조주趙周이 죄를 지어 파면되었다. 〔황상은〕 어사에게 조서를 내렸다.

선제께서는 만석군을 존중하셨으며, 그 자손들도 효성스러우니 어사대부 석경을 승상으로 삼고 목구후牧丘侯로 봉하노라.

이때 한나라는 남쪽으로는 양월兩越을 토벌하고, 동쪽으로 조선을 쳤으며, 북쪽으로 흉노를 내몰고, 서쪽으로 대원大宛을 정벌하였으므로 중원에는 일이 많았다. 천자는 온 천하를 순행하면서 상고 시대의 신사神祠를 수리하고 봉선 의식을 행했으며 예악을 일으켰다. 나라의 재정이 어려워지자 상홍양桑弘羊 등은 이익이 될 만한 것을 찾아 나섰고, 왕온서王溫舒 무리들은 법을 엄격하게 시행하였으며, 아관兒寬 등은 문학을 떠받들어 각각 구경에 이르게 했고 번갈아 권력을 휘둘렀다. 나랏일은 승상의 결재를 거치지 않아도 정해지고, 승상은 바르고 삼갈 뿐이었다. 〔석경은〕 9년 동안 승상 벼슬에 있으면서 잘못된 것을 바로잡을 수 있는 어떤 말도 하지 않았다. 〔그는〕 일찍이 황상과 가까운 신하 소충所忠과 구경인 함선咸宣의 죄를 다스려야 한다고 주청하려 했지만 그들의 죄를 자백받기는커녕 도리어 무고죄로 몰려 속죄한 일이 있었다.

원봉元封 4년 중에 관동에 200만 명의 유민이 발생했는데, 그중 호적 없는 사람이 40만 명이나 되었으므로 공경들은 논의 끝에 유민들을 변경 부근으로 옮겨 귀양 보내기로 뜻을 모아 주청하였다. 황상은 승상이 연로하고 신중하므로 이 일을 함께 논의할 수 없다고 판단하여 승상에게 휴가를 주어 집으로 돌아가도록 하고, 어사대부 이하의 관리를 논의에 참여시켜 주청한 내용을 조사하였다. 승상은 〔자기가〕 맡은 일을 제대로 수행하지 못하는 것이 부끄러워 곧 글을 올려 말했다.

신은 총애를 받아 승상 직책을 맡았으나 어리석고 재능이 없어 〔나라를〕 다스리는 데 도움이 되지 못하였습니다. 성곽과 창고는 텅 비었고, 백성 가운데 떠도는 자가 많아졌으므로 그 죄는 마땅히 죽어야 합니다만, 황상께서는 차마 법에 따라 처벌하지 못하셨습니다. 청컨대 승상과 후侯의 인印을 돌려 드리고 고향으로 물러남으로써 현명한 사람에게 길을 열어 주고 싶습니다.

그러자 황상은 이렇게 말했다.

창고는 텅 비고 백성은 가난하여 떠돌고 있는데, 그대가 그들을 옮길 것을 주청한 일로 해서 〔민심은〕 더 동요되고 불안해졌소. 이처럼 위태로운 사태를 만들어 놓고 자리를 그만둔다니 그대는 이 어려움을 누구에게 떠넘기려는 것이오?

〔황상이〕 조서를 내려 석경을 꾸짖자, 석경은 매우 부끄러워하고 다시 조정으로 나가 일을 보았다.

석경은 〔생각이〕 깊고 신중하고 엄격했지만 백성을 위한 어떤 원대한 계획도 진언하지 못했다. 그로부터 3년 남짓 지난 태초太初 2년에 승상 석경이 죽자 염후恬侯라는 시호가 내려졌다. 석경의 둘째 아들은 석덕石德인데, 황상은 석경이 그 아들을 몹시 사랑했다 하여 그에게 석경의 뒤를 잇도록 하고 아버지 대신 후로 삼았다. 뒤에 그는 태상이 되었을 때 법을 어겨 사형 당할 처지가 되었지만 속죄하고 면직되어 평민이 되었다. 석경이 승상으로 있을 때 여러 자손이 관리가 되었는데 2000석까지 오른 자가 열세 명이나 되었다. 석경이 죽은 뒤로 점차 죄를 지어 벼슬에서 물러났고, 효성스럽고 삼가는 가풍도 갈수록 쇠약해졌다.

아랫사람이 잘못하면 윗사람이 책임진다

건릉후建陵侯 위관衛綰은 대代나라 대릉大陵 사람으로 수레를 다루는 기예로 낭관이 되어 문제를 섬겼다. 〔그는〕 공을 차근차근 쌓아 중랑장으로 승진하였으며, 성품이 순박하고 근실하나 다른 능력은 없었다. 효경제가 태자일 때 황제 주위의 신하들을 불러 술자리를 열었는데 위관은 병을 핑계로 가지 않았다. 문제가 죽기 전에 경제에게 이런 부탁을 했다.

"위관은 훌륭한 사람이니 잘 대우해 주시오."

문제가 세상을 떠나고 경제가 즉위했다. 〔경제는〕 1년이 넘도록 위관을 꾸짖지 않았고, 위관은 계속 삼가며 역량을 다하였다.

경제는 상림원으로 행차하면서 중랑장을 곁에 타도록 하였는데 돌아오는 길에 이렇게 물었다.

"그대는 수레 옆에 탄 까닭을 아시오?"

위관이 대답했다.

"신은 〔수레 공연을 하는〕 차사車士로서 총애를 받아 공을 쌓아 중랑장이 되었기 때문에 〔수레를 탄 까닭은〕 모르겠습니다."

황제가 물었다.

"내가 태자일 때 그대를 부른 적이 있는데 그대는 오려고 하지 않았으니, 무엇 때문이오?"

〔위관이〕 대답하며 말했다.

"죽을죄를 지었습니다. 사실은 병이 났었습니다."

황제가 칼을 내려 주자 위관이 말했다.

"선제께서 신에게 내려 주신 칼만 해도 여섯 자루나 됩니다. 이 이상은 감히 받을 수 없습니다."

황제가 말했다.

"칼이란 사람들이 다른 것과 바꾸거나 팔 수 있는 것인데, 설마 지금까지 가지고 있다는 말이오?"

위관이 말했다.

"모두 간직하고 있습니다."

황제는 그에게 칼 여섯 자루를 가져오도록 하였는데, 칼은 칼집 속에 그대로 있고 일찍이 쓴 흔적이 없었다. 〔그는〕 낭관들에게 잘못이 있으면 언제나 그 죄를 자신이 뒤집어썼다. 〔그는〕 다른 중랑장과 다투지도 않았고 공로가 있으면 항상 다른 중랑장에게 늘 양보하였다. 황제는 그가 청렴하고 충성스럽고 신실하며 다른 꿍꿍이가 없다고 생각하고는 곧 위관을 하간왕河間王 태부로 삼았다. 오나라와 초나라가 모반했을 때 〔황제는〕 위관을 장수로 삼아 하간河間의 병사를 이끌고 가서 오나라와 초나라를 치도록 하였는데 공을 세웠으므로 중위中尉로 삼았다. 〔위관은 그로부터〕 3년 뒤에 군공을 쌓았으므로 경제 전원前元 6년에 건릉후에 봉해졌다.

그 이듬해 경제는 태자유영劉榮를 폐출시키고 율경栗卿율 태자의 외삼촌 무리를 주살했다. 이때 황제는 위관이 장자라 차마 다스리지 못할 것을 알고 휴가를 주어 집으로 돌아가도록 하고, 질도郅都를 보내 율씨栗氏를 체포하여 죄를 다스리게 하였다. 그런 뒤에 황상은 교동왕膠東王을 세워 태자로 삼고 위관을 불러들여 태자태부로 삼았다. 그로부터 오랜 시간이 지난 뒤에 그는 어사대부로 승진하였다가, 5년 뒤에 도후桃侯 유사劉舍를 대신하여 승상이 되었다. 조정에서 정무를 아뢸 때는 자기 직분에 맞는 말만 했다. 처음 관리가 되어서부터 승상이 되기까지 끝내 진언을 한 적은 없었다. 황제는 그가 성실하고 후덕하여 어린 군주를 보필할 수 있다고 여겨 존중하고 총애하였으며 대단히 많은 상을 내렸다.

승상이 된 지 3년 만에 경제가 세상을 떠나고 무제가 즉위했다. 건원 연간에 승상은 경제가 병들었을 때, 여러 관원에 대한 옥사에서 무고하게 연루되어 벌받은 자가 많은 것은 자신이 승상의 직무를 다하지 못했기 때문이라며 관직을 떠났다. 그 뒤 위관이 죽고 아들 위신衛信이 〔후 작위를〕 대신하였는데, 주금酎金³을 규정에 맞지 않게 하였기 때문에 후 작위를 잃었다.

결백을 구태여 밝히지 않아도 된다

새후塞侯⁴ 직불의直不疑는 남양南陽 사람으로 낭관이 되어 문제를 섬

---

3 천자가 하느님이나 종묘에 제사 지낼 때 제후들에게서 거둬들이던 일종의 비용인데, 무제는 이를 적게 낸 열후 106명의 작위를 박탈해 버렸다.
4 새국塞國의 왕인데, 새국이란 오늘날 섬서성陝西省 도림현桃林縣의 서쪽부터 동관潼關에 이르는 나라였다.

졌다. 그와 같은 숙소를 쓰던 낭관 중에 휴가를 얻어 집으로 돌아간 자가 있었는데 실수로 같은 방을 쓰던 다른 낭관의 황금을 가지고 갔다. 얼마 후에 황금 주인은 황금이 없어진 것을 알고 함부로 직불의를 의심하였다. 직불의는 자기가 가져갔다며 용서를 빌고 황금을 사서 돌려주었다. 그 뒤 휴가를 얻어 집으로 갔던 사람이 돌아와서 황금을 돌려주자 황금을 잃어버렸던 낭관은 매우 부끄러워했다. 이 일로 그는 장자長者라는 칭송을 받았다.

문제는 그를 뽑아 썼고, 〔그는〕 점점 승진하여 태중대부에 이르렀다. 조정에서 〔황제를〕 뵐 때 어떤 사람이 〔직불의를〕 헐뜯어 말했다.

"직불의는 매우 잘생겼지만 형수와 사사로이 정을 통하고 있으니 어떻게 처리해야 할지 모르겠습니다."

직불의는 이 말을 듣자 말했다.

"저는 형이 없습니다."

그러나 끝까지 자신의 결백을 밝히지는 않았다.

오나라와 초나라가 모반했을 때 직불의는 2000석의 신분으로 군대를 이끌고 가서 그들을 공격했다. 경제 후원 원년에 그는 어사대부가 되었다. 경제는 오나라와 초나라가 반란을 일으켰을 때 세운 공로로 직불의를 새후에 봉하였다. 〔그러나〕 무제 건원 연간에는 승상 위관과 함께 죄를 지어 파면되었다.

직불의는 『노자』의 학설을 배웠으므로 자기 직책에서 일을 처리할 때도 전임자처럼 했다. 그는 다른 사람들이 관리로서의 자기 치적을 알게 될까 봐 두려워했고, 명성을 세우기를 좋아하지 않았으므로 장자라고 칭송받았다. 직불의가 죽자 그 아들 직상여直相如가 대신 후가 되었고,

손자 직망直望은 주금을 규정에 맞지 않게 하였기 때문에 후 작위를 잃었다.

직접 사람을 보고 평가하라

낭중령 주문周文은 이름이 인仁이며 그 조상은 원래 임성任城 사람이었다. 그는 의술로 〔황제를〕 만나게 되었다. 경제가 태자로 있을 때 사인이 되었으며, 공을 쌓아 차츰 승진하여 효문제 때는 태중대부가 되었다. 경제는 막 즉위하자 주인周仁을 낭중령으로 삼았다.

주인은 사람됨이 신중하고 입이 무거워 〔다른 사람의 말을〕 누설하는 일이 없었다. 그는 언제나 낡을 대로 낡은 기운 옷과 때에 찌든 속옷을 입으며 빨려고 하지 않았다. 이 때문에 경제의 총애를 받아 경제의 침실 안까지 들어가게 되었으며, 후궁에서 저속한 연극이 공연될 때도 주인은 항상 〔경제〕 곁에 있었다. 경제가 죽을 때까지 주인은 낭중령으로 있었으나 끝내 다른 사람들의 비밀을 말한 적이 없었다. 황제가 때때로 다른 사람에 대해 물으면 주인은 이렇게 말했다.

"폐하께서 직접 그 사람을 살피십시오."

그는 이처럼 다른 사람을 헐뜯으려고 하지 않았다. 이러하므로 경제는 직접 그 집을 두 차례나 행차했다. 〔주인은〕 집을 양릉陽陵으로 옮겼고, 황제가 매우 많은 상을 내렸지만 언제나 사양하며 감히 받으려고 하지 않았다. 그는 제후와 신하들이 보내 주는 선물도 끝내 받지 않았다.

무제는 즉위하여 그가 선제의 신하이므로 중하게 여겼다. 주인은 곧 병들어 벼슬을 그만두고 2000석의 봉록으로 고향에 돌아가 노후를 보냈다. 자손은 모두 높은 관직에 올랐다.

죄를 다스림에 마음속 정이 우러나와야 한다

어사대부 장숙張叔은 이름이 구歐이고, 안구후安丘侯 장열張說의 첩의 자식이다. 효문제 때 형명학을 연구하였으므로 태자를 섬기게 되었다. 장구張歐는 형명학을 연구하기는 했지만 사람됨은 장자長者였다. 경제 때는 존중되어 항상 구경이 되었다. 무제 원삭元朔 4년에 한안국韓安國이 면직되자 황상은 조서를 내려 장구를 어사대부로 삼았다. 장구는 관리가 된 뒤로는 다른 사람의 죄를 다스려야 한다는 말을 한 적이 없으며, 오로지 성실한 장자로서 벼슬에 나아갔다. 속관들은 그를 장자로 여겼고 감히 크게 속이지 않았다. 속관이 판결한 옥안獄案을 올리면 다시 심리할 수 있는 것이면 돌려보내고, 돌려보낼 수 없는 것은 어쩔 수 없는 경우에는 결재했지만 눈물을 흘리며 직접 마주한 뒤 밀봉하였다. 그가 사람들을 사랑함이 이와 같았다.

그는 늙고 병이 위독해지자 관직을 그만두게 해 달라고 청했다. 그래서 천자는 특별히 조서를 내려 그만두게 하고 상대부 봉록을 주어 집으로 돌아가 노후를 보내게 하였다. 그의 집은 양릉에 있었으며, 자손은 모두 높은 벼슬에 올랐다.

태사공은 말한다.

"공자는 '군자란 말에는 어눌하고 행동에는 민첩해야 한다.'라고 했는데 아마도 만석군, 건릉후, 장숙을 두고 한 말인가? 그래서 그들의 가르침은 엄하지 않지만 공을 이룰 수 있었고, 〔정치도〕 엄격하지 않지만 잘 다스려졌다. 새후는 미묘하게 교활하였고, 주문은 아첨에 뛰어났다. 군자는 그들을 비웃었는데, 그들이 영신佞臣에 가깝기 때문이었다. 그러나 그들도 독실한 군자의 모습이라고 할 만하구나!"

44

전숙 열전
田叔列傳

이 편은 전숙이라는 사람을 통해 그가 황로 사상의 색채를 띠고 있는 것이 오히려 사사로운 것을 잊고 공적인 일을 수행하는 능력이 있는 명신名臣임을 부각시키고 있다. 전숙은 노나라 공왕恭王에게 부드러우면서도 굴센 어조로 건의한 몇 가지 사안을 통해 그가 한편으론 유가의 풍모도 갖추고 있음을 말하고 있다.

사마천은 전숙의 의리와 현명함에 중점을 두고 있는 반면, 저소손은 전숙의 아들 전인과 임안에 중점을 두어 서술하고 있다. 그는 두 사람이 곤궁한 처지에서 일어남을 시작으로 하여 태자의 반란 사건에 연루된 일을 생동감 있게 그려 냈다. 물론 저소손의 입장은 객관적인 제삼자의 입장이며, 세인이 경계하게 하려는 제도적 태도가 주종을 이룬다. 물론 저소손의 역사적 안목은 사마천의 관점에 훨씬 못 미치지만 말이다.

『사기』의 열전 가운데 독특한 체제로 되어 있는 이 편은 서로 다른 문장이 연속된 것처럼 보여 수미일관된 체제가 아니라고 오해를 산다. 즉 '저 선생은 말한다'의 앞부분은 사마천이 쓴 것으로, 전숙이 비록 황로 사상에 물들어 있으나 여러 면에서 명신의 면모가 있다고 보았다. 뒷부분은 저소손이 가필한 것으로, 양자의 서술 방향이 서로 다르다.

끝까지 윗사람을 저버리지 않아야 한다

전숙田叔은 조나라 형성陘城 사람으로 그 조상은 제나라 전씨田氏의 후예이다. 전숙은 검술을 즐겼고, 악거공樂巨公이 사는 곳에서 황로黃老의 학술을 배웠다. 전숙은 사람됨이 엄격하고 청렴하여 스스로를 아끼면서 사람들과 왕래하고 사귀기를 좋아했다.

조나라의 어떤 사람이 그를 재상 조오趙午에게 추천했다. 조오가 다시 조나라 왕 장오張敖에게 말하자, 조나라 왕은 그를 낭중으로 삼았다. 몇 년 동안 그는 매우 정직하고 청렴하고 공정하게 일을 하였으므로 조나라 왕은 그를 현명하다고 여겼으나 다른 관직으로 승진시키지는 않았다.

때마침 진희가 대나라에서 반란을 일으켰다. 한나라 7년에 고조가 그를 치러 가는 길에 조나라를 지나게 되었다. 조나라 왕 장오는 몸소 상을 받쳐 들고 먹을 것을 내면서 매우 공손하게 예절을 갖추었으나 고조는 다리를 쭉 뻗고 앉아 (오만한 자세로) 그를 꾸짖었다. 이때 조나라 재상 조오 등 수십 명이 한결같이 화가 나서 장왕張王에게 말했다.

"왕께서는 예의를 갖추어서 황상을 섬기시는데, 지금 황상께서 왕을 이런 식으로 대하신다면 신등은 모반을 일으킬 것을 주청합니다."

조나라 왕은 손가락을 깨물어 피를 내더니 (이렇게) 말했다.

"아버지께서 나라를 잃으셨을 때, 폐하가 아니었다면 여러분은 (죽어서) 몸에서 벌레가 나왔을 것이오. 여러분은 어찌 그렇게 말하시오! 다시는 그런 말을 입 밖에 내지 마시오!"

관고貫高 등이 말했다.

"왕은 장자라 은덕을 배반하지 않을 것이다."

결국 몰래 고조를 시해하기로 논의했으나 공교롭게도 이 일이 발각되었다. 한나라가 조서를 내려 조나라 왕과 모반한 신하를 모두 체포하려하자 조오 등은 모두 스스로 목숨을 끊었으며, 관고만 붙들렸다. 이때한나라에서 조서를 내렸다.

조나라에서 감히 조나라 왕을 따르는 자가 있으면 삼족을 멸하는 죄에 처한다.

그렇지만 맹서孟舒와 전숙 등 10여 명은 붉은 옷죄수복을 입고 머리를깎고 형틀을 차고 조나라 왕가王家의 노예라고 일컬으면서 조나라 왕 장오를 수행하여 장안에 이르렀다. 관고가 사건의 진상을 분명하게 밝혔으므로 조나라 왕 장오는 풀려났으나 폐위되어 선평후宣平侯로 좌천되었다. 〔장오는〕 진언하여 전숙 등 10여 명을 추천하였다. 고조는 그들을 모두 불러들여 이야기를 해 보았는데, 당시 한나라 조정의 신하 중에서 그들보다 나은 사람이 아무도 없었다. 고조는 기뻐서 그들을 모두 군수나제후의 재상으로 삼았다. 전숙이 한중 군수가 된 지 10년쯤 되었을 때,마침 고후가 죽고 여씨 일족들이 반란을 일으키자 대신들은 그들을 주살하고 효문제를 옹립했다.

효문제는 즉위하고 나서 전숙을 불러 물어보았다.

"공은 세상의 장자를 아시오?"

〔전숙이〕 대답했다.

"신이 어찌 그것을 알겠습니까?"

황제가 말했다.

"그대가 장자이니 당연히 알 것이오."

전숙이 머리를 조아리고 말했다.

"옛날에 운중 군수였던 맹서가 장자입니다."

당시 맹서는 흉노가 변경으로 크게 쳐들어와 약탈하였을 때 운중이 가장 큰 피해를 입었으므로 파면된 상태였다. 그러자 황제가 말했다.

"선제께서 맹서를 운중 군수로 두신 지가 10년이 넘었는데 맹서는 흉노가 단 한 차례 쳐들어와도 굳게 지켜 내지 못했고 이유도 없이 전쟁으로 죽은 사졸들이 수백 명이나 되오. 장자가 본래 사람이나 죽이는 자이겠소? 그대는 무슨 근거로 맹서를 장자라 하시오?"

전숙이 머리를 조아리며 대답했다.

"이것이 바로 맹서를 장자라고 하는 까닭입니다. 관고 등이 모반을 꾀하였을 때, 황상께서는 조서를 내려 '조나라에서 감히 조나라 장왕을 따르는 자가 있으면 삼족을 멸하는 죄에 처한다.'라고 했습니다. 그러나 맹서는 스스로 머리를 깎고 목에 칼을 쓰고 노예 차림으로 조나라 왕 장오를 수행하여 장오가 가는 곳이면 어디라도 가서 그를 위해 죽을힘을 다하여 섬기려고 했는데, 어찌 스스로 운중 군수가 될 줄 알았겠습니까!
〔당시〕 한나라와 초나라가 서로 대치하고 있어 사졸들은 모두 지치고 고달파하고 있었습니다. 흉노의 묵돌은 북이北夷흉노의 북쪽 오랑캐를 막 정복하자마자 변방으로 쳐들어와 해를 끼쳤습니다. 맹서는 사졸들이 지치고 고달파하는 것을 알고는 차마 나가서 싸우라는 말을 하지 못하였습니다. 그러나 병사들이 앞을 다투어 성벽에 나아가 목숨을 걸고 싸웠는데, 그 모습은 마치 아들이 아버지를 위하는 것 같고 동생이 형을 위하는 것과 같았습니다. 이러한 이유로 죽은 자가 수백 명이나 되었던 것입니다. 맹서가 어찌 일부러 그들을 내몰아 싸우도록 했겠습니까? 이것이 바로 맹서를 장자라고 하는 까닭입니다."

이에 황제가 말했다.

"어질구나, 맹서여!"

그리고는 다시 맹서를 불러 운중 군수로 삼았다.

얻는 것보다 잃는 것이 많으면 차라리 덮어라

몇 년 뒤 전숙은 법에 저촉되어 벼슬을 잃었다. 양나라 효왕孝王경제의 동생이 사람을 보내 전에 오나라 재상이던 원앙을 살해하자, 경제는 전숙을 불러 양나라로 가서 그 사건을 조사하도록 했다. 전숙이 일의 진상을 모두 알아내 돌아와 보고하니 경제가 말했다.

"양나라에 그러한 일이 있었소?"

전숙이 대답했다.

"죽을죄를 지었습니다. 그러한 일이 있었습니다."

황제가 말했다.

"그러한 일이 어떻게 있을 수 있소?"

전숙이 대답했다.

"황상께서는 양나라 왕의 일을 규명하지 마십시오."

황제가 물었다.

"무엇 때문이오?"

〔전숙이〕 말했다.

"지금 양나라 왕을 주살하지 않는다면 한나라의 법은 시행되지 못할 것이고, 법을 적용하여 처형한다면 두 태후께서는 음식을 먹어도 단맛을 모르고 잠자리에 누워도 편안히 주무실 수 없을 테니, 이것은 폐하의 걱정거리가 될 것입니다."

경제는 전숙을 매우 현명한 사람으로 여겨서 노나라 재상으로 삼았다.

전숙이 막 노나라 재상이 되었을 때 재상에게 직접 와서 〔경제의 아들인〕 노나라 왕이 자신들의 재물을 빼앗아 갔다고 제소하는 백성이 100명이 넘었다. 전숙은 그들의 우두머리 스무 명을 붙잡아 각각 태형 50대에 처하고, 그 밖의 사람들도 20대씩 친 뒤 화를 내며 말했다.

"왕은 그대들의 군주가 아니더냐? 어찌 감히 너희 군주를 직접 헐뜯을 수 있는가!"

노나라 왕은 이 말을 듣고 매우 부끄러워하며 중부中府왕의 재물 보관소의 돈을 내어 재상에게 변상해 주도록 했다. 그러자 재상이 말했다.

"왕께서 직접 빼앗은 것을 저더러 변상해 주라고 하시니, 그러면 왕은 나쁜 일을 하시고 저는 좋은 일을 하는 것이 됩니다. 저는 변상하는 일에 관여하지 않겠습니다."

이리하여 〔노나라〕 왕은 즉시 모두 변상해 주었다.

왕과 신하는 위험도 함께해야 한다

노나라 왕이 사냥을 좋아하였으므로 재상전숙은 언제나 왕을 모시고 사냥터로 들어갔다. 왕은 그때마다 전숙에게 관사에서 쉬라고 했지만 전숙은 사냥터로 나와 항상 햇볕이 내리쬐는 곳에 앉아 왕을 기다렸다. 왕은 자주 사람을 보내 그를 쉬게 했으나 끝까지 쉬지 않으며 이렇게 말했다.

"우리 왕이 사냥터에서 몸을 드러내 놓고 있는데, 내 어찌 혼자 관사에 가서 쉬겠소?"

노나라 왕은 이 일로 하여 밖으로 나가 노니는 일이 그다지 많지 않았다.

몇 년 뒤에 전숙이 임기 중에 세상을 떠나자 노나라 왕은 황금 100근을 주어 제사를 지내게 하려고 했으나, 작은아들 전인田仁은 받지 않고 말했다.

"황금 100근 때문에 선친의 명예를 손상시킬 수 없습니다."

전인은 몸이 건강하고 힘이 있어 위 장군衛將軍위청의 사인이 되었으며, 여러 차례 그를 따라가 흉노를 쳤다. 위 장군이 전인을 황제에게 추천하여 전인은 낭중이 되었다. 몇 년 뒤 그는 2000석의 관리로 승상의 장사長史가 되었다가 벼슬을 잃었다. 그 뒤 황제는 그를 시켜 삼하三河하남, 하내, 하동를 몰래 조사하도록 하였다. 황제가 동쪽 지역을 순시할 때 전인이 보고한 안건이 이치에 맞았으므로 황제는 기뻐 그를 경보도위京輔都尉로 임명하고, 한 달쯤 뒤에 사직司直승상 보좌역으로 옮기도록 했다. 몇 년이 지나 그는 태자의 일에 연루되어 죄를 짓게 되었다. 당시 좌승상이 직접 군대를 거느리고 와 사직 전인에게 성문을 닫고 지키라고 명령했는데 태자를 놓아주는 죄를 지어 형리에게 넘겨져 사형에 처해지게 되었다. 전인이 반란군을 일으켜 장릉長陵에 이르렀는데, 장릉의 현령 차천추車千秋가 전인의 모반을 보고하여 전인 일가는 멸족되었다. 형성陘城은 지금의 중산국中山國에 있다.

태사공은 말한다.

"공자가 일컬어 말하기를 '어느 나라에 가든지 반드시 그 나라의 정사政事를 듣는다.'라고 했는데, 바로 전숙 같은 사람을 가리켜 한 말이다. 〔그는〕 현인맹서을 의롭게 여겨 잊지 않았으며, 현명한 군주노나라 왕의 아름다운 덕망을 나타내어 잘못을 저지르지 않도록 했다. 전인은 나와 잘 아는 사이였기 때문에 나는 그를 아울러 논하였다."

부리는 사람을 보고, 사귀는 사람을 보라

저 선생褚先生[1]은 말한다.

"내가 낭으로 있을 때 들었는데, 전인은 전에 임안任安과 사이가 좋았다고 한다. 임안은 형양 사람으로 어려서 부모를 여의어 가난하고 고달프게 살았다. 그는 남의 수레를 끌고 장안에 갔다가 그곳에 그대로 눌러앉아 하찮은 벼슬아치라도 되려고 하였지만 기회가 없었다. 점을 쳐 자기 마음대로 호적을 만들어 무공武功에 집을 정하였다. 무공현은 부풍扶風 서쪽에 있는 작은 마을로, 골짜기 어귀는 촉군蜀郡의 잔도棧道험한 벼랑에 선반처럼 나무를 박아 만든 길로서 산에 가까웠다. 임안은 무공이 작은 마을이라 호걸이 없으니 이름을 쉽게 높일 수 있을 것으로 여겨 머물렀다. 그는 남을 대신하여 구도求盜정장亭長 수하의 낮은 관직명가 되고 정부亭父정장 수하의 낮은 관직명가 되었으며, 뒷날에는 정장亭長역정驛亭의 우두머리로 10리마다 한 명이 있었음이 되었다. 마을 사람들이 모두 사냥하러 나오면 임안은 언제나 그들을 위하여 고라니, 사슴, 꿩, 토끼 따위를 나눠 주었다. 노인과 젊은이와 장년층을 구별하여 험난한 곳과 평탄한 곳으로 안배하니 사람들은 모두 기뻐하면서 말했다.

'걱정할 것이 없구나. 소경少卿임안의 자은 공평하게 분별하고 지혜와

---

1 한漢나라 원제元帝와 성제成帝 연간의 박사 저소손褚少孫이다. 사마천이 죽은 뒤 『사기』의 몇 부분이 그에 의해 보충되었는데, 그의 보충은 『사기』의 가치를 크게 훼손시킬 정도로 타당하지 않은 부분이 많다.

전략이 있으니.'

다음 날 다시 모이도록 하니 모여든 자가 수백 명이었다. 임소경이 말했다.

'아무개의 아들 갑甲은 어째서 안 왔습니까?'

모두 그가 사람을 알아보는 능력이 빠름에 놀랐다. 그는 뒤에 삼로三老[2]에 임명되었고, 친민親民고을의 일을 관장함으로 추대되었으며, 나가서는 300석을 받는 현의 우두머리가 되어 백성을 다스렸다. 황제가 천하를 순시할 때 휘장 등을 갖추지 않은 죄를 지어 벼슬을 그만두었다.

그러나 곧 위 장군위청의 사인이 되어 전인과 만나게 되었다. 둘 다 사인으로 문하에 같이 있으면서 뜻이 맞아 서로 친하게 지냈다. 이 두 사람은 집이 가난하여 돈이 없으므로 장군의 가감家監가신을 섬기지 못하였다. 가감은 그들을 사람을 물어뜯을 정도로 사나운 말을 기르는 곳으로 보내 버렸다. 두 사람이 잠자리를 같이하여 누웠는데, 전인이 조용히 말했다.

'사람을 몰라보는구나, 가감이여!'

임안이 말했다.

'장군도 사람을 볼 줄 모르는데 어찌 가감이 알 수 있겠는가!'

위 장군은 이 두 사람을 데리고 평양 공주平陽公主한 무제의 누이이면서 평양후 조수曹壽의 아내의 집에 들렀는데, 공주의 집에서는 두 사람을 기노騎奴들과 한자리에서 밥을 먹게 하였다. 그러자 이 두 사람은 칼을 뽑아

깔아 놓은 자리를 잘라 따로 앉았다. 공주의 집안사람들은 모두 그들의 행동을 보고 매우 놀라고 싫어하였으나 감히 꾸짖지는 못하였다.

그 뒤 위 장군의 사인 중에서 낭郎을 선발한다는 조서가 있었다. 장군은 사인들 가운데 잘사는 사람을 골라 안장 딸린 말과 비단옷과 옥으로 장식한 칼을 갖추게 하고 궁궐로 들어가 아뢰고자 했다. 때마침 현명한 대부로 알려진 소부少府 조우趙禹가 위 장군에게 잠시 들렀다. 장군은 추천할 사인들을 불러 조우에게 보여 주었다. 조우는 차례로 그들을 불러 물어보았으나 10여 명 가운데 일솜씨가 뛰어나고 지혜로운 자가 한 명도 없었다. 조우가 말했다.

'내가 듣건대 장군의 문하에는 반드시 장군급의 인물이 있다고 했습니다. 옛말에 「그 군君을 알지 못하면 그가 부리는 사람을 보고, 그 아들을 알지 못하면 그 아들이 사귀는 벗을 보라.」라고 했습니다. 지금 장군의 사인을 추천하라는 조서가 내려진 까닭은 장군께서 현명한 사람과 문무에 뛰어난 선비를 얻었는지 보려는 것입니다. 그런데 지금 부유한 집 아들만을 골라서 아뢰고자 하시니, 그들은 지략이 없어 마치 나무로 만든 허수아비에 비단옷을 입힌 꼴입니다. 장차 이 일을 어떻게 하려고 하십니까?'

그래서 조우는 위 장군의 사인 100여 명을 모두 불러 차례로 질문한 뒤에 전인과 임안을 발견하고는 말했다.

'이 두 사람만이 쓸 만할 뿐 나머지는 쓸 만한 사람이 없습니다.'

위 장군은 이 두 사람이 가난하다는 것을 알고는 마음이 편안하지 않았다. 그는 조우가 돌아간 뒤 두 사람에게 이렇게 말했다.

'각자 스스로 안장 딸린 말과 비단옷을 새것으로 준비하라.'

두 사람이 대답했다.

'집이 가난하여 갖출 수 없습니다.'

장군은 화를 내며 말했다.

'지금 두 사람은 스스로 집안이 가난하다고 하는데, 어떻게 그런 말을 하는가? 마음이 내키지 않는데 마치 나에게 무슨 덕이라도 베푸는 것처럼 하다니 무슨 까닭인가?'

장군은 어쩔 수 없이 명단을 만들어 황제에게 보고했다. 위 장군의 사인을 불러서 보겠다는 조서가 내려왔으므로 두 사람은 황제 앞으로 나아가 뵈었다. 조서로 재능과 지략을 물어보니 두 사람은 서로 〔양보하며 상대방을〕 추천하였다. 그래서 전인은 말했다.

'북채와 북을 잡고 군문軍門에 서서 사대부가 기꺼이 죽을 각오로 싸우게 할 수 있는 점에서 신은 임안에게 미치지 못합니다.'

임안이 말했다.

'의심스러운 것을 바로잡고 옳고 그른 것을 판정하여 관리들을 다스리고 백성에게 원망하는 마음이 없게 하는 면에서 신은 전인에게 미치지 못합니다.'

무제는 껄껄 웃으며 말했다.

'훌륭하도다.'

임안에게는 북군을 지키게 하고, 전인은 하수의 강가로 보내 변방의 둔전과 곡식을 감독하고 보호하게 했다. 이 두 사람의 이름이 천하에 드러나게 되었다.

그 뒤 임안은 익주益州 자사刺史가 되었고, 전인은 승상의 장사長史가 되었다.

전인은 글을 올려 다음과 같이 말했다.

천하 각 군郡의 태수 가운데 사사로운 이익을 꾀하는 자가 매우 많습니다. 그중에서도 삼하三河가 가장 심하므로 신이 먼저 삼하를 조사하여 밝히고 싶습니다. 삼하 태수는 모두 궁궐의 귀인貴人황제의 총애를 받는 태감太監과 결탁하고 있고, 삼공三公과 친인척 관계이므로 두려워하거나 꺼리는 바가 없습니다. 먼저 삼하를 바로잡아 천하의 간사한 관리들에게 경고해야 합니다.

이때 하남과 하내 태수는 모두 어사대부 두주杜周의 친족이고, 하동 태수는 승상 석경의 자손이었다. 당시 석씨 문벌은 아홉 명이 2000석을 받을 만큼 권세가 왕성하고 존귀하였다. 전인이 여러 차례 글을 올려 그들의 일을 아뢰니, 대부 두씨와 석씨가 사람을 보내 전 소경田少卿전숙에게 말했다.

'우리가 감히 무슨 말을 하려는 것은 아니지만 소경께서는 우리를 무고하여 욕되게 하지 말기 바랍니다.'

그러나 이미 전인이 삼하를 낱낱이 조사하여 삼하 태수를 모두 형리에게 넘겨 사형에 처한 뒤였다. 전인이 돌아와 사건을 보고하자 무제는 기뻐하며 전인이 유능하고, 횡포를 일삼는 권세가들을 두려워하지 않는다고 여겨 승상의 사직司直에 임명하였다. 이로써 전인의 위세는 천하를 진동시켰다.

그 뒤 태자가 반란을 일으키는 일이 있자 승상은 직접 병사를 이끌고, 사직에게 성문을 맡아 지키도록 했다. 사직은 태자가 황제와 골육을 나눈 아버지와 아들 사이이니 지나치게 야박한 것을 바라지 않을 것이라고 생각하여 태자가 제릉諸陵한고조 유방 등 제왕들의 능묘을 지나가게 했다. 이때 무제는 감천甘泉에 있었는데, 어사대부 포군暴君을 보내 승상을 문책했다.

'어째서 태자를 풀어 주었는가?'

승상이 대답했다.

'사직에게 성문을 지키게 하였는데, 그가 태자에게 문을 열어 주었습니다.'

글을 올려 보고하고는 사직을 체포하여 구금하도록 허락해 달라고 청했다. 사직은 형리에게 넘겨져 사형에 처해졌다.

이때 임안은 북군北軍의 사자의 호군護軍이 되어 있었다. 태자는 북군의 남문 밖에서 수레를 세워 두고 임안을 불러 부절을 주며 군대를 이끌고 나가도록 하였다. 임안은 절을 하고 부절을 받기는 했으나 안으로 들어간 뒤 문을 닫고 나오지 않았다. 무제는 이 이야기를 듣고 임안이 부절을 받는 체하면서 태자의 일에 참가하지 않은 까닭이 무엇인지 궁금했다. [이보다 앞서] 임안은 돈을 취급하는 북군의 낮은 벼슬아치에게 모욕을 준 일이 있었는데, 그 낮은 벼슬아치가 글을 올려 말했다.

임안은 태자의 부절을 받고 "나에게 깨끗하고 좋은 것무기을 주기 바란다." 라고 말했습니다.

올라온 글을 보고 무제는 말했다.

'그는 노회한 벼슬아치로다. 태자가 병사를 일으킨 것을 보고 앉아서 승패를 지켜보다가 승리자를 따르려는 이중적인 마음을 가졌구나. 임안은 죽을죄를 꽤 많이 지었지만 나는 언제나 그를 살려 주었다. 그는 지금 간사한 마음을 품고 있으며 불충한 생각을 가지고 있다.'

그러고는 임안을 형리에게 넘겨 사형에 처하도록 했다.

대체로 달이 차면 기울고, 사물은 성하면 쇠락하는 것이 세상 이치로다. 앞으로 나아가는 것만 알고 뒤로 물러설 줄 모르며, 오래도록 부귀의 형세에 있으면 화가 쌓여 동티가 나게 마련이다. 그러므로 범려는 월나라를 떠났고, 물러나 관직과 직위도 받지 않았다. 그러나 이름은 후세까지 전해져 만세에 이르도록 잊혀지지 않으니 어찌 그를 따를 수 있겠는가! 뒤에 관직에 나아가는 사람들은 이 점을 삼가고 경계하기 바란다."

45

편작 창공 열전
扁鵲倉公列傳

이 편은 명의 편작과 창공 두 사람의 사적을 기록한 것이다. 춘추 시대 진나라의 편작
은 전설적인 의사로 일컬어졌다. 편작은 침구와 탕약 두 가지 모두에 뛰어났으며, 창공
은 편작에 비견되는 명의였는데 뛰어난 의술 때문에 화를 자초한 이들의 비극적인 삶이
신비로운 일화와 함께 소개되고 있다.

편작은 진나라의 태의령 이혜李醯가 시기하여 보낸 사람에 의해 피살되었으며, 창공은
편작의 불행한 최후를 보고 은둔 생활을 하였다. 그러나 문제 때 하옥되어 죄를 받았으
니 사람이 처신하는 일이 얼마나 어려운 것인지 알 수 있다.

이 편은 창공의 처방을 위주로 서술하고 있는데, 위로는 편작으로부터 한의학의 원류
를 기술하여 의학 변천의 흐름을 알 수 있도록 하였다. 특히 창공이 제시한 스물다섯
가지 병적 기록은 중국 최초의 의료 처방으로서 중국 의학사에서 귀중한 문헌적 가치
를 가지고 있다. 여기에는 미신적인 요소를 제거하고 임상 실험에 바탕을 둔 과학적인
비방이 담겨 있다. 또한 편작이 제시한 의사로서의 냉철함은 그가 말한 여섯 가지 불치
병을 두고 한 말과 어울리며 "스스로 살 수 있는 사람을 일어날 수 있게 한 것뿐이다."
라는 그의 명언에도 그의 사유의 한 면을 보여 준다. 이 기록에는 서한 이전의 의학 자
료가 보존되어 있으니 환자의 이름, 직업, 주소, 병리, 증상, 치료, 예후, 완치 여부 등
이 자세하게 기록되어 있어 당시 의학 수준을 가늠하게 한다.

「일자 열전」, 「귀책 열전」과 서로 관련이 있으므로 함께 읽으면 좋다.

齊太倉女

到向列女傳頌曰緹縈訟父亦孔有識推誠上書文雅甚倫小女之言乃感聖意終除肉刑以免父事

한 문제에게 글을 올려 아버지 순우곤에게 내려진 형벌을 면하게 한 딸 제영.

편작扁鵲은 발해군勃海郡 정읍鄭邑[1] 사람으로 성은 진씨秦氏이고, 이름은 월인越人이다. 그는 젊을 때 다른 사람이 운영하는 여관의 관리인으로 있었다. 객사에 장상군長桑君[2]이라는 자가 와 머물곤 했는데, 편작만이 그를 특이한 인물로 여겨 언제나 정중하게 대하였다. 장상군도 편작이 평범한 사람이 아니라는 것을 알았다. 장상군은 객사를 드나든지 10여 년쯤 되었을 때 가만히 편작을 불러 마주 앉아 조용히 말했다.

"나는 비방을 가지고 있는데 이제 늙어 그대에게 전해 주고 싶으니, 그대는 누설하지 마시오."

편작이 말했다.

"삼가 그렇게 하겠습니다."

이에 장상군은 품속에서 약을 꺼내 편작에게 주며 말했다.

"이 약을 땅에 떨어지지 않은 이슬에 타서 마신 뒤 30일이 지나면 반드시 사물을 꿰뚫어 볼 수 있을 것이오."

그러고는 그 비방이 적힌 의서를 꺼내 모두 편작에게 주고는 홀연히 사라졌는데 거의 사람이 아닌 듯했다. 편작이 장상군의 말대로 약을 먹은지 30일이 지나자 담장 너머 저편에 숨어 있는 사람이 보였다. 이러한 능

---

1 『색은索隱』에는 발해군에 정鄭읍이 없다고 하면서 '막鄚'의 오기라고 하였다.
2 여기서 '군君'은 고대 사람들에 대한 존칭이고, '장상長桑'은 성이다.

력으로 환자를 보니 오장 속 질병의 뿌리가 훤히 보이므로 단지 맥을 짚어 진찰하는 척만 할 뿐이었다. 그는 의원이 되어 제나라에 머물기도 하고 조나라에 머물기도 하였는데, 조나라에 있을 때 편작으로 일컬어졌다.

혈맥이 막혀 있으나 근심할 것은 없다

일찍이 진晉나라 소공昭公 때는 대부大夫외족外族이면서 관직이 있는 자들의 세력이 커지고 공족公族제후의 친족의 세력이 약해졌는데, 조간자趙簡子조앙趙鞅가 대부가 되면서 나랏일을 제멋대로 했다. 조간자가 병들어 닷새 동안이나 사람을 알아보지 못하자 대부들은 다 이를 염려하여 편작을 불렀다. 편작이 안으로 들어가 조간자의 병세를 살펴보고 나오자, 동안우董安于가 편작에게 〔병세가 어떠한지〕 물었다. 편작이 대답했다.

"혈맥이 다스려지고 있으니 어찌 괴이한 일이겠습니까! 옛날 진秦나라 목공도 일찍이 이러한 증세로 이레 만에 깨어났습니다. 〔목공은〕 깨어난 날에 공손지公孫支자상子桑와 자여子輿에게 말하기를 '나는 천제天帝가 계신 곳에 갔는데 정말 즐거웠소. 내가 오랜 시간 머물렀던 까닭은 마침 배울 것이 있었기 때문이오. 천제는 나에게 이렇게 말씀하셨소. 「진晉나라는 장차 크게 혼란스러워져 다섯 대[3] 동안 평안치 못할 것이다. 그 뒤를

---

3 여기서 다섯 대란 진晉나라 헌공獻公, 해제奚齊, 탁자卓子, 혜공惠公, 회공懷公을 말한다.

잇는 사람이 패자가 되겠지만 늙기 전에 죽는다. 그 패자의 아들이 천하를 호령하게 되지만 진나라에는 남자와 여자의 구별이 없어질 것이다.』라고 했습니다. 공손지가 이 일을 기록하여 보관해 두었으니 『진책秦策』[4]은 이렇게 해서 세상에 나오게 되었습니다. 〔진晉나라는〕헌공獻公 때 내란이 있었고, 문공文公이 천하의 패자가 되었으며, 양공襄公은 효산殽山에서 진秦나라 군대를 깨뜨리고 돌아와서는 방탕과 음란을 일삼았습니다. 이것은 당신도 알고 있는 일일 것입니다. 지금 주군主君조간자의 병은 진나라 목공이 앓았던 것과 같으니 반드시 사흘 안에 나을 것이고 깨어나면 무슨 말씀을 하실 것입니다."

이틀 하고 반나절이 지나자 조간자는 깨어나 여러 대부들에게 말했다.

"나는 천제가 계신 곳에 갔는데 정말 즐거웠소. 여러 신과 천제의 궁에서 함께 놀았는데, 갖은 악기를 벌여 놓고 아홉 차례 연주하고 만 가지 춤을 추었소. 이것은 〔하, 상, 주〕 삼대의 음악과는 다르지만 그 가락에 사람의 마음을 감동시키는 것이 있었소. 그런데 곰 한 마리가 나타나더니 나를 붙잡아 가려 하였소. 천제가 나에게 곰을 쏘라고 명령하기에 곰을 맞히니 곰은 죽었소. 그러자 곰이 다시 나타나서, 나는 또 곰을 쏘아 맞히니 곰이 죽었소. 천제께서는 몹시 기뻐하며 나에게 대나무 상자 두 개를 내려 주셨는데 모두 쌍으로 되어 있었소. 나는 천제 옆에 내 아들이 있는 것을 보았는데, 천제께서는 내게 적翟나라의 개 한 마리를 주시면서 '아들이 장성하거든 이 개를 주어라.'라고 하셨소. 또 천제께서는 내

---

4 진秦나라의 일을 기록한 것으로 예언서의 일종이다.

게 '진晉나라는 대대로 쇠약해져서 일곱 대[5] 뒤에는 멸망할 것이다. 영씨
嬴氏조나라가 강대해져서 범괴范魁 서쪽에서 주周나라 사람을 크게 깨뜨
리겠지만 그도 〔나라를〕 오래 보전하지는 못할 것이다.'라고 하셨소."

동안우는 이 말을 듣고 기록하여 보관해 두었다. 그가 편작이 한 말을
조간자에게 아뢰자, 조간자는 편작에게 전답 4만 무畝를 상으로 주었다.

살 수 있는 사람을 살려 낼 뿐이다

그 뒤 편작은 괵虢나라에 들렀는데, 〔마침〕 괵나라 태자가 죽었다. 편
작은 괵나라의 궁궐 문 앞으로 가서 방술方術도술道術을 좋아하는 중서
자中庶子태자의 교육을 담당함에게 물었다.

"태자께서는 무슨 병이었기에 온 나라에서 다른 일보다 중하게 제사
를 지낸 것입니까?"

중서자는 대답했다.

"태자의 병은 혈기血氣가 순조롭지 못하고 뒤엉켜 조금도 트이지 않다
가 갑자기 몸 밖으로 발산되어 나와 몸속을 해쳤습니다. 정기精氣가 사
기邪氣를 누르지 못하여 사기가 쌓여 트이지 못하고, 그 때문에 양기가
느려지고 음기가 급해졌기 때문에 갑자기 쓰러져 돌아가셨습니다."

---

5 진晉나라의 정공定公, 출공出公, 애공哀公, 유공幽公, 열공烈公, 효공孝公, 정공靜公을 말한다.

편작이 물었다.

"돌아가신 때가 언제입니까?"

〔중서자가〕 말했다.

"닭이 울 때부터 지금 사이입니다."

〔편작이〕 말했다.

"입관入棺은 했습니까?"

〔중서자가〕 말했다.

"아직 안 했습니다. 돌아가신 지 반나절도 안 되어서요."

"저는 제나라 발해의 진월인이라고 합니다. 집이 정읍鄭邑에 있어 일찍이 〔괵나라〕 군주의 얼굴을 우러러보며 앞에서 섬길 기회가 없었습니다. 듣건대 태자께서 불행히도 돌아가셨다고 하는데, 제가 태자를 살려 낼 수 있습니다."

중서자가 말했다.

"선생은 거짓 없이 말하는 것입니까? 어떻게 태자를 살려 낼 수 있다고 하십니까? 제가 듣건대 옛날 유부俞跗황제黃帝 때의 명의라는 의원이 있었는데 병을 치료할 때 탕액湯液, 예쇄醴灑,[6] 참석鑱石,[7] 교인撟引,[8] 안올案扤,[9] 독위毒熨[10]를 쓰지 않고 〔옷을 풀어헤쳐〕 잠시 진찰해 보는 것만으로

질병의 징후를 보았고, 오장에 있는 수혈腧穴[11]의 모양에 따라 피부를 가르고 살을 열어 막힌 맥을 통하게 하고 끊어진 힘줄을 잇고, 척수와 뇌수를 누르고, 고황과 횡격막을 바로 하고, 장과 위를 깨끗이 씻어 내고, 오장도 씻어 정기를 다스리고 신체를 바꾸어 놓았다고 합니다. 선생의 의술이 이러하다면 태자를 살릴 수 있겠지만, 이와 같이 할 수 없으면서 태자를 살리려고 한다면 어린아이에게 말해도 믿지 않을 것입니다."

하루가 지나자 편작은 하늘을 우러러보고 탄식하며 말했다.

"당신이 질병을 치료하는 방법은 대나무 구멍으로 하늘을 보고, 좁은 틈으로 무늬를 보는 것과 같습니다. 저 진월인이 질병을 치료하는 방법은 환자의 맥을 짚고, 안색을 살피고 목소리를 듣고, 몸 상태를 살펴보는 등의 일을 하지 않고도 질병이 어느 부위에 있는지 말할 수 있습니다. 환자의 양陽에 관한 증상을 진찰하면 음陰에 관한 증상을 미루어 알 수 있고, 환자의 음에 관한 증상을 진찰하면 양에 관한 증상을 알 수 있습니다. 몸속의 병은 겉으로 나타나므로 1000리 먼 곳까지 가지 않아도 진단을 내릴 수 있는 경우가 아주 많으며, 감추려 해도 감출 수 없습니다. 당신이 제 말을 진실이 아니라고 여긴다면 안으로 들어가 태자를 진찰해 보십시오. 태자의 귀에서는 소리가 나고 코는 벌름거리고 있을 것이며, 양쪽 넓적다리를 타고 음부陰部에 이르면 당연히 아직 따뜻할 겁니다."

중서자는 편작의 말을 듣고 눈이 멍해져 껌벅이지도 못하고 혀가 오그라들어 움직일 수 없을 만큼 놀랐다. 그는 바로 궁궐로 들어가 괵나라

---

11 오장의 맥이 모이는 곳으로, 이곳에 뜸을 뜨거나 침을 놓는다.

임금에게 편작의 말을 알렸다. 괵나라 임금은 이 말을 듣고 몹시 놀라며 궁궐 중문中門까지 나와 편작을 만나 보고는 말했다.

"나는 선생의 높은 명성을 오래전에 들었지만 일찍이 앞에서 뵐 기회가 없었소. 선생이 작은 나라까지 오셔서 나를 도와주시니 외진 나라의 군주인 나로서는 참으로 다행이오. 선생이 계시니 〔내 아들이〕 살아나겠지만 선생이 없었다면 〔내 아들은〕 도랑이나 골짜기에 버려져 영원히 살아 돌아오지 못할 것이오."

그는 말을 채 끝내지도 못하고 흐느껴 울며 가슴이 메고 정신이 혼미해져 하염없이 눈물을 흘리는데, 흐르는 눈물은 눈썹을 적시고 슬픔을 스스로 누르지 못해 얼굴마저 일그러졌다. 편작이 말했다.

"태자의 병과 같은 것을 '시궐尸蹶'[12]이라고 합니다. 대체로 양기가 음기 속으로 흘러 들어가서 위胃를 움직이고 경맥經脈양의 맥과 낙맥絡脈음의 맥을 얽어 막히게 하며, 한편으로는 삼초三焦[13]와 방광까지 내려가고, 그럼으로써 양맥陽脈은 아래로 내려가고 음맥陰脈은 다투듯이 위로 치달아 양기와 음기가 만나는 곳이 막혀 통하지 않게 됩니다. 이 음맥은 위로 올라가고 양맥은 안을 향해서 내려갑니다. 양맥은 안으로 내려가 고동치지만 일어설 줄 모르고, 음맥은 밖으로 올라가 끊어져서 음의 역할을 못 합니다. 위에는 양기가 끊어진 낙맥이 있고, 아래에는 음기가 끊

---

12 피가 위로 올라와 정신이 혼미해져 가사 상태에 빠지는 병이다.

13 육부六腑의 하나로 상초上焦, 중초中焦, 하초下焦를 말한다. 상초는 위장의 윗부분으로서 호흡이나 혈맥 등에 관여하고, 중초는 위장 부위로서 음식물의 소화를 담당하며, 하초는 위장 아랫부분으로서 배설을 담당한다.

어진 적맥赤脈이 있는 것입니다. 음기가 파괴되고 양기가 끊겨 혈색이 사라지고 맥이 어지러워지므로 몸이 죽은 것처럼 움직이지 않는 것입니다. 태자께서는 아직 죽지 않았습니다. 대체로 양기가 음기 속으로 들어가 오장을 누르는 자는 살지만, 음기가 양기 속으로 들어가 오장을 누르는 자는 죽습니다. 이러한 여러 가지 정황은 모두 오장의 기가 몸속에서 거꾸로 치솟을 때 갑자기 일어납니다. 훌륭한 의사는 이것을 치료하지만 서툰 의사는 의심하여 믿지 않습니다."

편작은 제자 자양子陽에게 쇠침과 돌침을 갈게 한 뒤 그것으로 몸 살갗에 있는 삼양三陽[14]과 오회五會[15]를 찔렀다. 한참 뒤 태자가 깨어났다. 그러자 제자 자표子豹에게 10분지 5의 위熨고약와 10분지 8의 약제를 섞어 달여 양쪽 겨드랑이 아래에 번갈아 붙이도록 하니 태자가 자리에서 일어나 앉았다. 음과 양의 기운을 조절해 가며 탕약을 스무 날 동안 먹게 하니 태자의 몸은 원래대로 돌아왔다. 이 일로 하여 세상 사람들은 모두 편작은 죽은 사람도 살려 낼 수 있다고 여기게 되었다. 편작이 말했다.

"나 진월인은 죽은 사람을 살려 내지는 못한다. 이는 내가 스스로 살 수 있는 사람을 일어날 수 있도록 한 것뿐이다."

---

14 사람의 손발에는 각각 삼양三陽과 삼음三陰이 있다. 삼양이란 태양太陽, 소양少陽, 양명陽明을 말한다.

15 사람의 질병이 숨어 있는 다섯 곳으로 백회百會, 흉회胸會, 청회聽會, 기회氣會, 노회臑會를 말한다.

편작이 제나라로 들르자 제나라 환후桓侯[16]는 편작을 빈객으로 맞이했다. 편작은 궁궐로 들어가 〔환후를〕 뵙고 말했다.

"군왕께서는 살가죽 겉의 작은 결에 병이 있는데 치료하지 않으면 더욱 깊어질 것입니다."

환후가 말했다.

"과인에게는 질병이 없소."

편작이 물러나오자 환후는 곁에 있던 신하들에게 말했다.

"의원이란 자들은 이익을 탐하여 병도 없는 사람을 가지고 공을 세우려고 한다."

닷새 뒤에 편작은 또 〔환후를〕 뵙고 말했다.

"군왕께서는 혈맥에 병이 있습니다. 치료하지 않으면 깊어질까 두렵습니다."

환후가 말했다.

"과인에게는 질병이 없소."

편작이 물러나오자 환후는 기분이 언짢았다. 닷새 뒤에 편작은 또 〔환후를〕 뵙고 말했다.

"군께서는 장과 위 사이에 병이 있습니다. 치료하지 않으면 더 깊어질

16 춘추 전국 시대 제나라에는 환후桓侯는 없고 환공桓公만이 두 명 있었는데, 그들은 강소백姜小白과 전오田午이다. 여기서는 구체적으로 누구를 가리키는지 알 수 없다.

것입니다."

환후는 대답을 하지 않았다. 편작이 물러나오자 환후는 기분이 좋지 않았다.

닷새 뒤에 편작은 또 환후를 뵈었는데 멀리서 바라보기만 하고 그냥 물러나왔다. 환후가 사람을 보내서 그 까닭을 묻자 편작이 말했다.

"병이 살가죽 겉의 작은 결에 있을 때는 탕약과 고약으로 고칠 수 있고, 혈맥에 있을 때는 쇠침과 돌침으로 치료할 수 있으며, 장과 위에 있을 때는 약술로 고칠 수 있습니다. 그러나 병이 골수까지 들어가면 사명司命인간의 생명을 주관하는 고대 전설 속의 신도 어찌할 수 없습니다. 지금은 [병이] 골수까지 들어가 있기 때문에 제가 더 이상 드릴 말씀이 없었던 것입니다."

그로부터 닷새 뒤에 환후는 몸에 병이 들었으므로 사람을 보내 편작을 불렀지만, 편작은 이미 자리를 피해 떠난 뒤였다. 환후는 결국 죽었다.

고칠 수 없는 여섯 가지 병

성인聖人으로 하여금 질병의 징후를 미리 알게 하여 훌륭한 의사에게 일찍 치료받을 수 있도록 한다면 질병은 치유될 수 있고, 사람도 살 수 있다. 사람들이 걱정하는 것은 병이 많은 것이고, 의사들이 걱정하는 것은 병을 치료할 방법이 적은 것이다. 옛날부터 고칠 수 없는 여섯 가지 병이 있다. 교만하고 방자하여 병의 원리를 논하지 않는 것이 첫 번째 불치병이고, 몸을 가벼이 여기고 재물이 아까워 병을 치료하지 않는 것이 두 번째 불치병이며, 입고 먹는 것을 적절하게 하지 못하는 것이 세 번째 불치병이고, 음과 양이 함께 있어 오장의 기가 불안정한 것이 네 번째 불치병이다. 몸이 극도로 허약하여 약을 먹을 수 없는 것이 다섯 번째 불치병이고, 무당의 말만 믿고 의사를 믿지 않는 것이 여섯 번째 불치병이다. 이러한 것 가운데 하나만 있어도 치료하기 매우 어렵다.

세상이 필요로 하는 의사가 돼라

편작의 이름은 온 세상에 퍼지게 되었다. 편작이 한단을 들렀을 때 그곳에서는 부인들을 귀하게 여긴다는 말을 듣고 부인과婦人科 의사가 되었고, 낙양을 들렀을 때는 주나라 사람들이 노인을 공경한다는 말을 듣고 귓병과 눈병과 비병痺病중풍 등 노인병 의사가 되었으며, 함양으로 들어올 때는 진秦나라 사람들이 어린아이를 사랑한다는 말을 듣고 소아과 의사가 되어 각 지역 사람들의 풍속에 맞추어 의료 행위를 바꾸었다. 진나라의 태의령太醫令의약 행정의 최고 담당자 이혜李醯는 스스로 의술이 편작만 못함을 알고 사람을 보내 편작을 찔러 죽였다. 〔그러나〕 지금까지 세상에서 맥법에 관해 말하는 사람들은 모두 편작〔의 이론과 방법〕을 따르고 있다.

잘 키운 딸이 여러 사내아이보다 더 낫다

태창공太倉公은 제나라 태창太倉도성의 식량을 모아 두던 창고의 우두머리로서 임치 사람이며, 성은 순우淳于이고 이름은 의意다. 그는 젊어서부터 방술方術을 좋아하였다. 고후 8년에 같은 고을의 원리元里의 공승公乘인 양경陽慶을 스승으로 모시고 의술을 배웠다. 양경은 일흔 살이 넘었는데도 아들이 없으므로 순우의에게 전에 배운 처방을 모두 버리게 한 뒤 다시 자신의 비방을 모두 [가르쳐] 주고, 황제黃帝와 편작이 지은『맥서脈書』맥의 원리에 관한 책를 전해 주었다. 얼굴에 나타나는 다섯 색깔로 질병을 진단하여 환자의 생사를 알고, 의심스러운 증세를 판별해 내어 치료법을 결정하였으며, 약리藥理에 관한 견해는 매우 정밀하였다. 순우의는 이것들을 전수받은 3년 동안 남을 위하여 병을 치료하고 생사를 판단해 주기도 했는데 효험을 많이 보았다. 그러나 그는 여기저기 제후국을 돌아다니며 [자기] 집을 집으로 생각하지 않았고, 어떤 때는 사람에 따라 질병을 치료해 주지 않았으므로 환자가 있는 집에서 그를 원망하는 자가 많았다.

문제文帝 4년에 어떤 사람이 순우의를 고발하는 글을 올려 형죄刑罪몸을 불구로 만드는 형벌에 처해지게 되어 역마驛馬를 이용하여 서쪽 장안으로 압송되었다. 순우의에게는 딸이 다섯이나 있었는데 따라오면서 울자, 그는 화를 내며 꾸짖었다.

"자식을 낳았으나 사내아이를 낳지 못해 긴급할 때 쓸 만한 놈이 없구나."

그러자 막내딸 제영緹縈이 아버지의 말에 상처를 받아 아버지를 따라

서쪽으로 가서 글을 올려 말했다.

소첩의 아버지가 벼슬아치로 있을 때 제나라의 모든 사람이 청렴하고 공평하다고 칭송하였으나, 지금은 법을 위반하여 형죄를 받게 되었습니다. 제가 매우 비통한 것은 죽은 자는 다시 살아날 수 없고 형죄를 받은 자는 다시 전처럼 될 수 없다는 것입니다. 비록 허물을 고쳐 새롭게 되고자 하나 그렇게 할 방법이 없으니 끝내 기회를 얻을 수 없을 것입니다. 소첩이 관청 노비가 되어 아버지의 형죄를 속죄하고 행실을 고쳐 스스로 새롭게 될 수 있게 해 주십시오.

이 글이 올라가니 문제는 그 마음을 측은하게 여겨 그해 안에 육형법肉刑法을 없앴다.

얼굴색만으로 병을 진단한다

순우의가 〔용서를 받고〕 집에 있을 때 〔황제는〕 조서를 내려 질병을 치료하여 죽었거나 살아났거나 효험을 본 자가 몇 명이며, 또 환자의 이름이 무엇인지를 물었다.

전에 태창의 장長이던 순우의에게 조서를 내려 물은 내용은 아래와 같았다.

의술 가운데 뛰어난 것은 무엇인가? 치료할 수 있는 병은 무엇인가? 그것에 관한 책은 있는가? 모두 어디서 배웠는가? 몇 년 동안 배웠는가? 일찍이 효험을 본 자는 어느 마을 사람인가? (또 그것은) 무슨 병이었는가? 치료하고 약을 쓴 뒤 병세가 호전되어 가는 상황이 어떠했는가? 모두 자세하게 대답하라.

(그래서) 순우의는 다음과 같이 대답하였다.

신은 젊어서부터 의술과 약술을 좋아하였으나 의술과 약술을 시험해 보아도 효험이 없는 경우가 많았습니다. 고후 8년에 이르러 임치현 원리의 공승이던 양경을 만나게 되었습니다. 당시 그는 일흔 살이 넘었는데, 신은 그를 만나 스승으로 섬겼습니다. 양경은 신에게 "네 의서를 모두 없애라. 그것은 정확한 것이 아니다. 나는 옛 선현들이 전한 황제와 편작의 『맥서』를 가지고 있는데, 얼굴에 나타나는 다섯 색깔로 질병을 진단하여 사람의 생사를 알고 의심스러운 증세를 판별해 내어 치료법을 결정하며, 약리에 관한 서적도 매우 정밀하다. 나는 집안이 매우 부유하여 마음으로 너를 아끼므로 내 비방이 적혀 있는 의서를 모두 너에게 가르쳐 주려고 한다."라고 말하였습니다. 신 순우의는 그 즉시 "참으로 기쁩니다. 제가 감히 바라지도 못했던 바입니다."라고 말했습니다. 신은 즉시 앉은자리에서 일어나 두 번 절한 뒤 『맥서脈書』, 『상경上經』, 『하경下經』,[17] 『오색진五色診』, 『기해술奇咳術』,[18] 『규도음양외변揆度陰陽外變』,[19] 『약론藥

---

17 『황제내경소문黃帝內經素問』 「병능론病能論」에 의하면 『상경』은 인간의 몸과 자연 현상의 관계를 논하고 있고, 『하경』은 질병이 변하는 과정을 논하고 있다고 한다.
18 이에 관해서는 몇 가지 설이 있는데 환자의 소리를 듣고 진찰하는 방법을 적은 의학서, 비밀스럽고 특이한 의술을 적은 의학서, 기비방술奇祕方術 등이다. 일반적으로 두 번째 설을 따른다. 어떤 이는 '기奇'와 '치治'의 옛 소리가 비슷하므로 '치해治咳' 방법을 적은 것이라고도 한다.

論』,『석신石神』,[20]『접음양接陰陽』[21] 같은 (비장의) 의서들을 건네받았습니다. 이 책들을 받아 읽고 분석하고 시험해 보는 데 1년이 걸렸습니다. 그 이듬해에 (임상) 실험을 해 보았으나 정밀하지는 않았습니다. 그래서 3년쯤 이 일에 몰두한 뒤에야 다른 사람을 위해서 질병을 치료하고, (질병을 진찰하여) 환자의 생사를 확정지었는데 효험이 뚜렷하게 나타났습니다. 이제 스승 양경이 죽은 지 10년쯤 되었습니다. 신은 그에게 꼬박 3년 동안 배웠고 지금 서른아홉 살입니다.

경맥經脈과 낙맥絡脈

제나라의 시어사侍御史 성成이 스스로 두통이 있다고 말하기에 신은 그 맥을 짚어 보고 "당신 병은 몹시 악화되어 말할 수 없습니다."라고 말하고는 곧바로 물러나와, 그의 아우 창昌에게 "이 병은 저疽몸속에 생기는 종기로서 몸속의 장과 위 사이에서 생겨났으며 닷새가 지나면 부어오르고, 여드레가 지나면 고름을 토하며 죽을 것입니다."라고 말하였습니다. 성의 병은 술과 성생활로 인해 생긴 것이었습니다. 성은 예상한 날짜에 죽었습니다. 성의 질병을 알 수 있었던 것은 신이 그 맥을 짚었을 때 간의 기운을 알아차렸기 때문입니다. 간의 기가 흐리고 고요하면 이는 내관內關내폐內閉에 생긴 질병입니다.『맥법脈法』에

---

19 신체 표면에 드러나는 환부의 변화를 살펴 몸속 음양의 성쇠를 알아내는 것에 관한 의학서다.
20 침을 이용하여 치료하는 비법을 적은 책이다.
21 글자 그대로 방중술에 관한 책이다.

따르면 "맥박이 길고 팽팽하여 사계절의 변화에 따라 바뀌지 못하는 것은 그 병이 주로 간에 있다. 맥박이 [길고 팽팽하지만] 고르면 경맥經脈에 병이 있고, 맥박이 멈췄다가 다시 움직이면 낙맥絡脈에 이상이 있다."라고 합니다. 경맥에 이상이 있으면서 맥박이 고르면 그 병이 힘줄과 골수에서 생긴 것이고, 맥박이 때때로 멈추었다가 움직이면서 높아지는 것은 그 병이 술과 성생활에서 생긴 것입니다. 닷새 만에 부어오르고 여드레 만에 고름을 토하고 죽을 줄을 안 것은 그 맥을 짚었을 때 소양少陽경맥의 이름에 처음으로 혈맥의 엉킴이 있었기 때문입니다. 혈맥의 엉킴 현상이 나타나는 것은 경맥에 병이 난 뒤 [소양 낙맥까지 발전되어] 병이 곧장 온몸을 지나 낙맥으로 가는 것입니다. 낙맥에 병이 생기면 그때는 소양의 초관初關 한 치쯤에 생겨났을 뿐이므로 열은 있어도 고름은 나오지 않습니다. 다섯 치까지 미치면 소양의 끝에 이르고 여드레가 되면 고름을 토하고 죽게 됩니다. 그러므로 위로 두 치쯤에서 고름이 생기고 경계에 이르면 종기가 부어올라 고름을 쏟고 죽는 것입니다. 열이 높아지면 양명陽明이 [경맥을] 지지게 하고 소낙맥小絡脈을 타게 하는데 소낙맥이 움직이면 낙맥이 서로 이어지는 곳에서 질병이 발생하고, 낙맥이 이어지는 곳에서 질병이 발생하면 이어서 서로 문드러지고 풀어지기 때문에 낙맥 사이가 막히게 됩니다. 그래서 열기가 머리까지 올라가 흔들기 때문에 두통이 생깁니다.

중앙重陽

제나라 왕 둘째 아들의 어린아이에게 병이 들자 신을 불러서 그 맥을 진찰

하게 하였습니다. 신은 진찰을 마치고 "[기가 흉격 사이에 모여 생긴] 기격병
氣鬲病으로, 이 병은 사람의 가슴을 답답하게 하여 먹은 것이 내려가지 못하
고 때때로 담痰을 토하게 합니다. 이 병은 마음속에 걱정거리가 있으면서 여
러 차례 억지로 먹는 데서 비롯된 것입니다."라고 하였습니다. 그리고 신은 곧
장 그에게 하기탕下氣湯기와 열을 내려 마음을 안정시키는 약물을 지어서 마시게
했더니 하루 만에 기가 내려가고, 이틀 만에 [음식을] 먹을 수 있게 되었으며,
사흘이 지나 곧바로 병이 나았습니다. 이 아이의 병을 알게 된 것은 그 맥을
짚어 보니 심기心氣 때문으로 맥기가 안정되지 못하고 빨랐는데, 이는 양기가
엉켜서 생겨난 병입니다. 『맥법』에서는 "맥박 뛰는 것이 빠르다 느려졌다 하
여 일정하지 않은 것이 여러 차례 나타날 때는 병이 주로 마음에 있다."라고
했습니다. 온몸에 열이 나고 맥이 빨리 뛰며 힘 있는 것을 중양이라고 합니다.
중양이란 심장의 근본을 자극하게 하므로 번민과 근심으로 쌓이게 되어 먹
은 것이 내려가지 않으면 낙맥에 장애가 생기고, 낙맥에 장애가 생기면 피가
위로 올라가고, 피가 위로 올라가면 죽게 됩니다. 이것은 슬픈 마음을 가진
데서 생겨난 병으로 근심에서 얻은 것입니다.

용산涌疝

제나라의 낭중령郎中令수궁궐 문을 지킴 순循이 병들었는데 여러 의사는 한결
같이 기가 거슬러 올라가 심장 속으로 들어간 것이라고 생각하여 침을 놓았
습니다. 그러나 신이 진찰해 보고 "이 병은 용산으로 사람으로 하여금 대소

변을 볼 수 없게 만듭니다."라고 하였더니, 순은 "대소변을 못 본 지 사흘이나 되었소."라고 하였습니다. (그래서) 신이 화제탕火齊湯열과 기를 내려 대소변을 원활하게 하는 약물을 마시게 하였더니, 한 번 마시고 소변을 보았으며 두 번 마시고 대변을 보았고 세 번 마시고는 병이 나았습니다. 이 병은 성생활로 인하여 생긴 것이었습니다. 그의 질병을 알아낸 것은 맥을 짚었을 때 오른손 촌구맥寸口脈 부분의 기가 급하고 맥에서 오장의 기를 느낄 수 없으며 우구맥右口脈오른손 촌구맥이 거칠고 빨랐기 때문입니다. 맥이 빠르면 몸의 중앙부와 하복부가 뜨겁게 끓어오릅니다. 왼쪽은 아래를 진찰하는 것이고 오른쪽은 위를 진찰하는 것인데 어느 쪽에도 오장에 상응하는 것이 없었습니다. 그래서 용산이라고 진단했습니다. 몸속에 열이 있어 소변이 붉었습니다.

열병熱病

　제나라 중어부中御府왕실의 사물을 관리하는 곳의 우두머리인 신信이 병들었을 때 신이 들어가 그 맥을 짚어 보고 "열병 기운이 있습니다. 그러나 열 때문에 땀을 흘려 맥이 쇠약해졌을 뿐 죽지는 않을 것입니다. 이 병은 흐르는 냇물에서 목욕하다가 몹시 한기를 느껴 잠시 후에 열이 나서 생긴 것입니다."라고 말하였습니다. 그러자 신이 "아, 맞소! 작년 겨울에 왕의 명령을 받아 초나라에 사신으로 갔을 때, 거현莒縣의 양주수陽周水에 이르러 보니 다리가 심하게 부서져 있어 곧 수레의 끌채를 잡고 머뭇거리고 있는데 말이 놀라 물에 빠지는 바람에 나도 물속으로 빠져 죽을 뻔하였소. 관리들이 달려와 물속에서 나를 구해 주었으나 옷이 흠뻑 젖어 잠시 뒤에 온몸에 한기가 엄습하더니 불덩이같이 열이 나 지금까지도 한기를 쐴 수 없소."라고 말하였습니다. 그래서 신이 액탕液湯으로 화제탕을 만들어 열을 내리게 했는데, 한 번 마시니 땀이 없어지고 두 번 마시니 열이 내리고 세 번 마시니 병이 나았습니다. 약을 먹은 지 스무 날쯤 되자 그 몸에서 병이 사라져 버렸습니다. 그의 병을 알아낸 것은 그 맥을 짚어 보았을 때 양기와 음기가 함께 있는 것을 발견했기 때문입니다. 『맥법』에 "열병에 음기와 양기가 교차하면 죽는다."라고 하였습니다. 그런데 그의 맥을 짚어 보니 음양이 교차하지 않고 오히려 함께 있었습니다. 이러한 맥박은 순조롭고 맑아서 병을 치료할 수 있고, 열기가 다 내려가지 않아도 살 수는 있습니다. 신기腎氣가 때때로 탁해지기도 하지만, 태음太陰의 맥구脈口에 있어서 맥박이 다소 뜸한 것은 몸에 수기水氣가 있기 때문입니다. 신장은 본래 물을 주재하는 곳이므로 그 병이 나을 줄 알았습니다. 치료 시기가 조금이라도 늦었더라면 곧 오한과 열이 번갈아 일어나는 한열병寒熱病을 앓을 뻔하였습니다.

풍단風癉

제나라 왕의 태후가 병이 나자 신을 불러들여 진맥하게 하였습니다. 신은 "이것은 풍단열병이 잠시 방광에 들어 대소변을 보기가 어렵고 소변이 붉은 것입니다."라고 말했습니다. 그리고 화제탕을 마시게 했더니, 한 번 마시고 대소변을 보고 두 번 마시더니 병이 나아 소변 색깔도 원래대로 돌아왔습니다. 이 병은 땀을 흘린 뒤 그대로 말린 데서 온 유한출순流汗出潅입니다. 순潅이란 옷을 벗고 땀을 말리는 것을 말합니다. 태후의 병을 알아낸 것은 신이 진맥했을 때 태음맥의 맥구를 눌러 보니 축축한 풍기風氣를 띠고 있었기 때문입니다. 『맥법』에서도 "손가락 끝으로 세게 눌러 보아서 맥이 크고 단단한 것과 가볍게 눌러서 맥의 기세가 강한 경우는 병이 주로 신장에 있다."라고 합니다. 그런데 맥을 짚어 보니 평상시와는 달리 신장의 맥박이 거세고 거칠었습니다. 거센 것은 방광의 기운 때문이고, 거친 것은 몸속에 열이 있다는 것이며, 이 때문에 소변도 붉은 것입니다.

소단消癉

제나라 장무리章武里의 조산부曹山跗가 병들었을 때 신은 그 맥을 짚어 보고 "이것은 폐의 소단소갈증이며, 한열병까지 더해졌습니다."라고 하고, 그 가족에게 "죽을 것입니다. 고칠 수 없으니 음식 봉양이나 잘하십시오. 이 병은 의술로 고칠 수 없습니다."라고 말하였습니다. 이 병은 의법에도 "사흘이 지나면 미치게 되어 함부로 일어나 돌아다니며 뛰쳐나가려고 할 것이다. 앞으로 닷새 뒤에는 죽을 것이다."라고 하였습니다. 결국 그 말대로 산부는 죽었습니다. 산부의 병은 몹시 화가 난 상태에서 방사를 하였기 때문에 생긴 것입니다. 그의 병을 알아내게 된 것은 신이 그 맥을 짚었을 때 폐의 기운이 열을 띠고 있었기 때문입니다. 『맥법』에 "[폐에서 열이 나면] 맥박이 고르지 않고 무력하며 몸이 쇠약해진다."라고 했습니다. 이것은 오장의 높은 곳인 폐부와 먼 곳인 간부가 여러 차례 병들었다는 것을 뜻합니다. 그러므로 맥을 짚었을 때 맥박이 고르지 못하고 멈추었다 뛰었던 대맥代脈이 나타난 것입니다. 맥박이 고르지 못하다는 것은 피가 간에 머무르지 못하는 것이고, 멈추었다 뛰었다 하는 것은 때때로 삼격參擊맥이 쉬었다가 보상하듯 이어서 세 번 뛰는 것이 한꺼번에 와서 급해졌다 거세졌다 하는 것입니다. 이것은 〔간과 폐〕 두 낙맥이 중도에서 끊어진 것이라서 치료하지 못하므로 죽을 수밖에 없습니다. 또 한열병이 왔다는 것은 그 사람이 시탈尸奪시체처럼 몸뚱이만 있고 정신은 나가 버린 것 상태에 있음을 의미합니다. 시탈한 자는 몸이 쇠약해지니, 몸이 쇠약해지면 뜸을 뜨거나 침을 놓거나 약을 먹을 수 없습니다. 그런데 신이 가서 진맥하기 전에 제나라 태의가 먼저 산부의 병을 진찰하고 그 발의 소양 맥구에 뜸을 뜨고 반하환半夏丸을 먹였습니다. 그러자 환자는 곧바로 설사를 하여 배 속이 빈 상태였습니다. 또 그의 소음少陰 맥구에 뜸을 떴으므로 간의 기운이 심하게 손상된 상태였습니다. 이렇게 거듭 환자의 기운을 해쳤기 때문에 한열병 증세가 더 심하게 나타난 것입니다. 사흘 뒤에 미칠 것이라고 한 것은 간의 낙맥이 유방 아래의 양명陽明에 이어져 있는데, 이것이 끊어졌기 때문에 양명맥은 열려〔상하게〕 되고 맥이 상하면 미쳐서 날뛸 수밖에 없기 때문입니다. 닷새 만에 죽는다는 것은 간과 심장의 거리가 다섯 치 떨어져 있는 만큼 닷새면 다하고, 그렇게 되면 곧 죽게 되기 때문입니다.

유적하遺積瘕

제나라의 중위中尉 반만여潘滿如가 소복少腹아랫배에 통증을 앓고 있었습니다. 신이 그 맥을 짚어 보고는 "유적하배 속에 벌레가 오랫동안 쌓여 덩어리가 생긴 병입니다."라고 하였습니다. 신은 즉시 제나라의 태복 요饒와 내사內史민정을 담당하는 관리 요繇에게 "중위가 스스로 방사를 그만두지 않으면 30일 안으로 죽을 것입니다."라고 하였습니다. 반만여는 그로부터 스무 날 만에 피소변을 누고 죽었습니다. 이 병은 지나친 음주와 방사로 인해 생긴 것입니다. 그의 질병을 알 수 있었던 것은, 신이 그 맥을 짚어 보니 맥이 깊고 작고 약하게 뛰다가도 갑자기 왕성해지기도 했기 때문입니다. 이것은 비기脾氣비장에 병이 있는 기운로서 오른쪽 촌구맥이 긴장되고 가냘파 하기瘕氣배 속에 응어리가 생기는 병가 생겨난 것입니다. 〔비장에 병이 생기면〕 오장이 차례로 전달하여 30일 만에 죽습니다. 삼음맥三陰脈[22]이 한꺼번에 뛰고 있으면 맥법에서 말한 대로 30일 만에 죽습니다만, 삼음맥이 함께 뛰지 않을 경우에는 더 빠른 시일 안에 죽게 됩니다. 한번 뛰다가 쉬는 경우에는 〔죽을 날이〕 가까운 것입니다. 그러므로 반만여의 경우 삼음이 한꺼번에 뛰었으므로 앞서 말한 것처럼 소변에 피가 섞여 나오고 죽었습니다.

동풍迵風

양허후陽虛侯의 승상 조장趙章이 병들었을 때 신을 불렀습니다. 여러 의사

---

22 소음少陰, 궐음厥陰, 태음太陰을 말한다. 소음이란 왼쪽 맥구脈口를 말하고, 궐음은 소음의 앞쪽을 말하며, 태음은 오른쪽 맥구脈口를 말한다.

가 모두 한중寒中「한기가 곧바로 장으로 들이쳐 설사를 일으키는 병이라고 하였으나, 신은 그 맥을 짚어 보고 "이 병은 동풍입니다."라고 하였습니다. 동풍이란 먹은 음식물이 식도로 내려가면 모두 밖으로 토해 내어 배에 머물지 못하는 것입니다. 의법에는 "닷새 만에 죽는다."라고 되어 있는데, 그는 그로부터 열흘 뒤에 죽었습니다. 그의 병은 술에서 비롯된 것입니다. 조장의 병을 알아낸 까닭은 신이 그 맥을 짚어 보니 맥이 일정하지 않게 뛰었기 때문입니다. 이것은 내풍內風[23]의 기운이 있음을 의미합니다. 음식이 목구멍을 내려가면 모두 토해 내 머물러 있지 못하는 경우 의법에서도 닷새면 죽는다고 하였습니다. 이것은 이미 말한 바와 같이 분계법分界法[24]에 따른 것입니다. [비록] 조장이 열흘 뒤에 죽었지만 죽을 날짜를 닷새나 넘긴 것은 그 사람이 미음을 즐겨 먹어 내장이 차 있었기 때문입니다. 내장이 차 있으므로 그 기일을 넘기고 죽은 것입니다. 신의 스승께서도 "곡기穀氣[음식]를 잘 먹는 자는 죽을 날짜를 늘리고, 곡기를 잘 먹지 못하는 자는 죽을 날짜가 미치기도 전에 죽는다."라고 하였습니다.

풍궐흉만風蹶胸滿

제북왕濟北王이 병들어 신을 불렀습니다. 신은 그의 맥을 짚어 보고 "이 병

---

23 몸속의 여러 장기가 제 기능을 상실하여 나타나는 질병이다.
24 맥부脈部를 분계分界하여 질병이 변해 가는 증상이나 일수를 따져 죽을 날짜를 미리 알아내는 것이다.

은 풍궐흉만입니다."라고 하고는 즉시 약술을 만들어 3석石360근을 마시게 하니 병이 나았습니다. 이 병은 땀을 흘리고 있는데 땅바닥에 엎드려 있었기 때문에 얻은 것입니다. 제북왕의 병을 알게 된 것은 신이 진맥하여 보니 풍기風氣가 있고 심맥心脈이 탁하였기 때문입니다. 의법에 "풍기가 양맥으로 들어가면 양기가 다하여 음기가 들어간다."라고 하였습니다. 음기가 들어가서 팽창하면 한기가 오르고 열기는 내려갑니다. 그런 이유로 가슴이 답답해지는 것입니다. 또 땀을 흘리는 채 땅바닥에 엎드려 있었기 때문에 생긴 병이라고 한 것은 그 맥을 짚어 보니 기가 음에 있었기 때문입니다. 맥이 음기인 경우에는 병이 반드시 몸속에 들어가 있으며, 참수瀺水시냇물이 졸졸졸 흐르는 것처럼 나는 식은땀를 흘리게 됩니다.

산기疝氣

　제나라 북궁北宮 사공司空의 명부命婦관직을 받은 자의 아내 출오出於가 병들었을 때, 많은 의사가 한결같이 풍이 몸 안에 든 것이므로 질병은 주로 폐에 있을 줄 알고 그 족소양맥足少陽脈에 침을 놓았습니다. 그러나 저는 그녀의 맥을 짚어 보고 "산기가 방광에 머물고 있는 질병으로, 대소변을 보기 어렵고 소변 색깔이 붉을 것입니다. 이러한 질병은 찬 기운을 만나면 소변을 싸게 되고 배가 붓습니다."라고 말하였습니다. 출오의 병은 소변을 누고 싶은데 참고 교접을 했기 때문에 생긴 것입니다. 출오의 질병을 알아내게 된 것은 맥을 짚어 보니, 맥박이 크고도 힘차지만 오는 것이 순조롭지 못하였기 때문입니다.

이것은 궐음厥陰[25]의 요동입니다. 맥박이 오는 게 순조롭지 못한 것은 산기가 방광에 머물고 있기 때문입니다. 또 배가 부풀어 오르는 것은 궐음의 낙맥이 아랫배에 맺혀 있기 때문입니다. 궐음에 이상이 있으면 맥이 이어져 있는 부위가 움직이고, 이렇게 움직이게 되면 배가 부풀어 오르게 됩니다. 신은 즉시 출오의 족궐음맥足厥陰脈에 뜸을 떠 주었는데, 좌우 각각 한 군데씩 했습니다. 그러자 소변 싸는 일이 없어지고 소변 색깔도 맑아졌으며 아랫배 통증도 가셨습니다. 곧 다시 화제탕을 만들어 먹었더니 사흘 만에 산기가 흩어지고 바로 나았습니다.

열궐熱蹶

고故 제북왕濟北王유흥거劉興居의 유모가 스스로 "발에 열이 나고 답답합니다."라고 하였습니다. 신은 "이 병은 열궐입니다."라고 말하고, 〔양발의〕족심足心발바닥에서 오목하게 들어간 가운데 부분에 각각 세 군데씩 침을 놓고 그곳을 손으로 눌러 피가 나지 않도록 하니 병이 곧 나았습니다. 이 병은 술을 지나치게 마셔 취한 데서 생긴 것입니다.

제나라 북왕이 신을 불러 모든 여관女官들로부터 여자 재인才人에 이르기까지 맥을 짚어 보게 했습니다. 그중 수豎라고 하는 시녀가 자기는 아무 병도 없다고 말했습니다. 신은 영항永巷궁녀들이 머무는 곳의 장長에게 "저 수라는 재

인은 비장이 상해 있으니 과로하면 안 됩니다. 의법에 따르면 봄에 피를 토하고 죽을 것입니다."라고 하였습니다. 신이 왕에게 "저 수라는 재인에게는 무슨 재주가 있습니까?"라고 묻자, 왕은 "저 시녀는 방술을 즐겨 하고 매우 재능이 뛰어나오. 옳다고 생각하는 바를 위해서 전해 오는 옛날 기법을 연구하여 새로운 것을 만들기를 좋아하오. 예전에 민간에서 470만 전을 주고 사 왔는데 짝이 네 명이나 되오."라고 하였습니다. 왕이 또 "질병이 있는 것은 아니오?"라고 묻기에, 신은 "그녀는 큰 병을 앓고 있습니다. 죽을병입니다."라고 했습니다. 왕은 그녀를 불러 살펴보았으나 얼굴빛에 변화가 없었으므로 병이 없는 것으로 여기고 다른 제후에게 팔지 않고 자신이 데리고 있었습니다. 봄이 되어 왕이 화장실에 갈 때 그녀가 칼을 받쳐 들고 따라갔습니다. 그런데 왕이 화장실에서 나왔는데도 그녀가 오지 않아 사람을 시켜서 불러오도록 하니 그녀는 화장실에 쓰러져 피를 토하고 죽어 있었습니다. 그녀의 질병은 땀을 너무 많이 흘린 것이 원인입니다. 의법에 따르면 땀을 흘리는 것은 병이 몸 깊숙한 데서 점점 심해지는 것으로, 머리카락에 윤기가 흐르며 맥도 약해지지 않았으나 역시 내관內關에 병이 있는 것입니다.

충치

제나라 중대부가 충치를 앓고 있을 때, 신은 그의 왼손 양명맥에 뜸을 뜨고 즉시 고삼탕苦參湯을 달여 하루에 석 되씩 입을 가시게 하였더니 대엿새 만에 나았습니다. 이것은 바람을 쐬거나 입을 벌린 채 누워 있고 음식물을 먹은 뒤에 〔입을〕 가시지 않은 데서 생긴 병입니다.

해산

치천왕菑川王유현劉賢의 미인이 아이를 가져 달이 찼으나 몸을 풀지 못하자 신을 부르러 왔습니다. 신은 가서 낭탕약莨碭藥낭탕은 '莨蓉'으로도 쓰며 약초 이름이고 천선자天仙子라고도 함 한 찰撮손가락 세 개로 집어 올릴 수 있는 양을 술과 함께 마시게 하였더니 바로 몸을 풀었습니다. 신이 다시 맥을 짚어 보니 맥이 조급하였습니다. 이것은 또 다른 질병이 있기 때문입니다. 그래서 즉시 소석消石 한 모금을 먹였더니 콩알만 한 핏덩어리가 대여섯 개 나왔습니다.

비장의 기가 상한다

제나라 승상 사인舍人의 하인이 왕을 뵈러 궁궐로 들어가는 승상을 모시고 갔습니다. 그때 신은 궁궐의 작은 문 밖에서 음식을 먹고 있는 그 하인의 얼굴을 보게 되었는데, 그 안색이 멀리서 봐도 병든 기색이 있었습니다. 그래서 신은 평平이라는 환관에게 그 사실을 말했습니다. 평은 맥을 짚어 보는 일을 좋아하여 신에게 의술을 배우곤 했던 자입니다. 신은 그에게 그 하인의 병이 무엇인지 말해 준 뒤 "그는 비장의 기가 상해 있습니다. 봄이 되면 가슴이 막혀 통하지 않고 밥을 먹거나 물을 마실 수 없을 것입니다. 의법에 따르면 여름이 되면 혈변을 보고 죽을 것입니다."라고 하였습니다. 그러자 환관 평이 승상에게 가서 "군의 사인의 하인은 병들었는데 병이 위중하여 죽을 날이 가까웠습니다."라고 알렸습니다. 승상은 "경은 무슨 근거로 그렇게 말하시오?"라고 하였습니다. 그래서 평은 "군께서 입조하러 가셨을 때 군의 사인의 하인들은 모두 작은 문 밖에서 음식을 먹고 있었습니다. 이때 저는 창공과 함께 그곳에 서 있었는데, 창공이 저에게 이러한 병세를 보이는 사람은 죽는다고 가르쳐 주었습니다."라고 했습니다. 그러자 승상은 사인을 불러 "그대의 하인 중에 병든 자가 없소?"라고 물으니, 사인은 "하인들 중에 질병도 없고 몸이 고통스러워하는 자도 없습니다."라고 말했습니다. 그렇지만 봄이 되자 그 하인은 병들어 4월에 혈변을 보고 죽었습니다. 하인의 병을 알아낸 것은 손상된 비장의 기가 오장으로 옮겨 가 덮쳐서, 이것이 얼굴에 이상한 빛을 띠게 했기 때문입니다. 비장이 상한 사람의 안색은 멀리서 보면 누런색처럼 보이지만 자세히 보면 검푸른 빛을 띱니다. 여러 의사는 그것이 회충 때문이라고만 여길 뿐 비장이 상한 줄을 몰랐던 것입니다. 봄이 되면 [병이 더욱 심해져] 죽을 것이라고 한 것은 위의 기운은 황색인데 황색은 토土의 기氣이고, 토土는 목木을 이기지 못하기 때문에 봄에 죽는다고 한 것입니다. [그런데] 그가 여름에 이르러 죽은 까닭은 이렇습니다. 『맥법』에 "병이 심한데도 맥이 순조롭고 맑은 것을 내관內關이라고 한다."라고 했습니다. 내관의 병은 본인이 아픈 것을 모르고 마음도 맑아 어떤 고통도 느끼지 않으니, 만일 이 상태에서 합병증이 하나라도 있으면 중춘中春에 죽지만, 맥박이 순조로우면 석 달을 더 살 수 있습니다. [그러나] 그가 4월에 죽은 것은 그를 진찰하였을 때 맥박이 순조로우면서 몸도 살이 찐 상태였기 때문입니다. 이 하인의 병은 땀을 흘린 뒤 불을 쪼어 덥게 만들고 또 바로 밖으로 나와서 거센 바람을 쐬기를 여러 차례 거듭한 데서 생긴 것입니다.

궐躪

치천왕이 병들자 신을 불러 맥을 짚어 보도록 하였습니다. 신은 "궐躪인데 상부上部에 증상이 심해서 머리가 아프고 몸에 열이 나 환자를 괴롭힙니다."라고 말하였습니다. 신이 즉시 찬물로 그 머리를 식히고 양쪽 발의 양명맥에 각각 세 군데씩 침을 놓자 바로 병이 나았습니다. 이 병은 머리를 감고 마르기 전에 잠을 자서 생겼습니다. 병을 진단한 결과는 앞서 말한 바와 같고, 그 때문에 기가 거꾸로 올라가 머리에서 어깨까지 열이 난 것입니다.

신비腎痺

제나라 왕의 애첩 황희黃姬의 오라버니인 황장경黃長卿이 집에서 술자리를 마련하여 손님들을 초대했을 때 신도 초청받았습니다. 손님이 모두 자리에 앉고 아직 음식이 나오지 않았을 때 신은 왕후의 아우인 송건宋建을 보고 이렇게 말했습니다. "당신께서는 병을 앓고 있는데 너더댓새 전부터 등허리가 아파서 위를 쳐다볼 수도 아래를 굽어볼 수도 없고 소변도 볼 수 없었을 것입니다. 빨리 치료하지 않으면 병은 곧 신장으로 들어갈 것입니다. 병이 오장까지 들어가기 전에 서둘러 치료하십시오. 지금 병은 바야흐로 신장으로 들어가려 하는데, 신장으로 깊이 들어가면 '신비신장의 혈기가 막혀 통하지 않는 병'가 됩니다." 그러자 송건은 "그렇소. 나는 전부터 등허리가 아팠소. 실은 너더댓새 전 비가 내렸을 때 황씨의 사위들이 우리 집 곳간 근처에 있던 네모난 돌을 보더니 그것을 들어 올리는 놀이를 하였소. 나도 그들처럼 하고 싶었으나 돌을 들어 올릴 수가 없어서 도로 내려놓았소. 그날 저녁때부터 등허리가 아프고 소변도 볼 수 없더니 지금까지 낫지 않았소."라고 했습니다. 송건의 병은 무거운 것을 즐겨 들어 올리다가 생긴 것입니다. 송건의 병을 알게 된 것은 신이 그 얼굴빛을 보니 태양太陽인체의 맥의 한 종류의 빛이 메말라 신부腎部 위에서부터 허리 아래의 경계까지 네 치 정도의 부위가 수척해서 너더댓새 전에 병이 난 줄을 알 수 있었습니다. 그래서 신이 유탕柔湯을 만들어 먹였더니 열여드레 만에 병이 나았습니다.

신맥腎脈

제북왕의 시녀인 한녀韓女가 허리와 등에 통증을 느끼고 오한과 열이 번갈아 났을 때 의사들은 한결같이 한열병이라고 했습니다. 그러나 신은 맥을 짚어보고 "몸속이 차서 월경이 통하지 않는 것입니다."라고 말하고, 즉시 좌약을 썼더니 월경이 통하고 완쾌되었습니다. 이 병은 남자를 가까이하고 싶은데 그러지 못하여 생긴 것입니다. 한녀의 병을 알아낸 것은 그 맥을 짚어 보니 신맥腎

脈이고,²⁶ 맥박 뛰는 것이 가늘고 느리며 이어지지 않았기 때문입니다. 가늘고 느리며 이어지지 않는 것은 그 맥박이 원활하게 뛰지 못하고 단단한 데서 오므로 월경이 통하지 않는다고 말한 것입니다. 또 간맥肝脈²⁷이 활시위같이 팽팽하고 왼손 좌구맥에서 뛰고 있었습니다. 이러한 까닭에 남자를 가까이하고 싶으나 그러지 못했기 때문이라고 말한 것입니다.

요하蟯瘕

임치현臨淄縣 범리氾里에 사는 박오薄吾라는 여자가 병이 깊었을 때 많은 의사가 모두 한열병이 심하므로 당연히 죽을 것으로 생각하고 치료하지 않았습니다. 신은 그 맥을 짚어 보고 "요하입니다."라고 말하였습니다. 요하라는 병은 배가 부풀어 오르고 피부가 누런색을 띠면서 거칠고 만지기만 해도 아픔을 느끼는 병입니다. 신이 팥나무의 꽃봉오리 한 촬을 먹었더니 요충蟯蟲을 몇 되 쏟고는 병이 나았고 30일 만에 원래대로 돌아왔습니다. 이 병은 차가운 기운과 습한 기운이 있는 곳에서 생깁니다. 차가운 기운과 습한 기운이 몸에 엉겨 발산되지 못하면 벌레로 변합니다. 신이 박오의 병을 알게 된 것은 그 맥을 짚었을 때 척부尺膚²⁸ 부위를 만져 보니 찌르는 것처럼 거칠며 머리카락이 푸석푸

---

26 자궁의 낙맥은 신腎에 이어져 있어서 자궁의 낙맥이 막히면 신맥도 원활하지 못하다고 한다.
27 왼손 촌구맥寸口脈의 관부關部이다.
28 손의 맥은 촌寸과 관關과 척尺 세 가지로 구분되는데 촌, 관, 척의 순서로 손바닥에 가깝다. 여

석하고 엉성했기 때문입니다. 이러한 것은 벌레의 기운이 있기 때문입니다. 얼굴에 윤기가 돌면 몸속 오장에 나쁜 기운과 중병도 없다는 증거입니다.

동풍週風

　제나라 사마司馬 순우淳于가 병들었을 때, 신은 그 맥을 짚어 보고 "동풍을 앓고 있습니다. 동풍의 증상은 음식물이 목을 넘어가기만 하면 그때마다 설사를 합니다. 이 병은 배불리 먹고 나서 빨리 달렸기 때문에 생긴 것입니다."라고 말하였습니다. 그러자 순우 사마는 "나는 왕가王家에 가서 말의 간을 배불리 먹었습니다. 그리고 술을 내오는 것을 보고 황급히 도망쳐 집까지 빠르게 달려 돌아왔고, 그 뒤 설사를 수십 차례 했습니다."라고 말했습니다. 신은 "화제탕에 미즙米汁을 섞어 마시면 일여드레면 당연히 나을 것이오."라고 말했습니다. 당시 진신秦信이라는 의사가 곁에 있었는데, 신이 그 자리를 떠난 뒤에 곁에 있던 각閣씨 성을 가진 도위에게 "순우의가 순우 사마의 병을 무어라고 하였습니까?"라고 물으니, [도위는] "동풍인데 치료할 수 있다고 했습니다."라고 하였습니다. 그러자 진신은 웃으면서 "그 사람은 병을 모릅니다. 의법에 의하면 순우 사마의 병은 아흐레 뒤면 당연히 죽습니다."라고 하였습니다. 그런데 아흐레가 지나도 죽지 않았으므로 그 집에서 또다시 신을 불렀습니다. 신이 가서 살펴보니 모든 것이 신이 진단한 그대로였습니다. 신은 그 자리에서 화제탕에 미

기서 '척부'란 관 아래에서부터 촌구寸口에 이르는 피부를 말한다.

즙 섞은 것을 먹게 하였습니다. 그러자 일여드레 만에 병이 나았습니다. 그런 병을 안 것은 그 맥을 짚었을 때 맥이 의법에 보이는 것과 완전히 같았기 때문이고, 병세가 순조로우므로 죽지 않은 것입니다.

번음맥番陰脈

제나라의 중랑中郞 파석破石이 병들었을 때, 신은 그 맥을 짚어 보고 "폐가 상해서 치료할 수 없습니다. 열흘 뒤 정해일丁亥日에 소변에 피가 섞여 나오고 죽을 것입니다."라고 말했습니다. 그는 그날부터 열하루 만에 소변에 피가 섞여 나오고 죽었습니다. 파석의 병은 말에서 떨어지면서 돌 위에 넘어져서 생긴 것이었습니다. 파석의 병을 알게 된 것은 그 맥을 짚어 보았을 때 폐에 음기가 있고 맥이 몇 갈래로 흩어져 뛰어 한결같지 않으며, 얼굴빛도 〔불그스레하게〕 바뀌었기 때문입니다. 그가 말에서 떨어진 줄을 안 것은 맥을 짚어 보니 번음맥이었기 때문입니다. 그 번음맥이 공허하고 쇠약해진 곳으로 들어가 폐맥肺脈을 덮친 것입니다. 폐맥이 흩어져 뛰면 본래 얼굴빛도 이에 따라 바뀝니다. 죽을 것이라던 날짜에 죽지 않은 까닭은 신의 스승인 공승 양경께서도 "환자가 곡기를 잘 먹으면 죽을 날짜를 연장시킬 수 있고, 곡기를 잘 먹지 않으면 죽을 날짜를 앞당긴다."라고 하셨듯이, 그가 기장을 즐겨 먹었는데 기장은 폐의 기능을 돕는 음식이므로 죽을 날짜를 넘긴 것입니다. 또 소변에 피가 섞여 나온 것은 진맥법에서도 "병을 요양하는 데 〔고요하고〕 어두운 곳을 좋아하는 자는 아래로 피를 쏟고 죽고, 〔번잡하고〕 밝은 곳을 좋아하는 자는 피를 토하고 죽는다."라고 했습니다. 그런데 이 사람은 고요한 것을 좋아하고 조급하게 서두르는 일이 없으며, 또 오랫동안 편안히 앉아 책상에 엎드려 잤기 때문에 아래로 피를 쏟은 것입니다.

서툰 의사는 음양 관계를 제대로 보지 못한다

제나라 왕의 시의侍醫 수遂는 병이 들자 직접 오석五石[29]을 달여서 복용하였습니다. 신이 지나다가 들러 보니, 수는 신에게 "못난 제가 병들었으니 진찰해 주시면 다행이겠습니다."라고 말하였습니다. 신은 그 자리에서 그를 진찰한 뒤 "공이 앓고 있는 병은 몸속에 열이 차오르는 것입니다. 문장에 이르기를 몸속에 열이 차고 소변을 보지 못하는 사람은 오석을 복용하면 안 된다고 했습니다. 석제石劑는 약으로서는 너무 독하다고 합니다. 공께서는 이것을 너무 자주 복용하여 소변을 잘 보지 못한 것 같습니다. 지금 즉시 복용을 멈추십시오. 낯빛을 보니 머지않아 종기가 날 것 같습니다."라고 하였습니다. 그러자 수는 "편작은 음석陰石으로 음성陰性의 병을 치료하고 양석陽石으로 양성陽性의 병을 낫게 한다고 하였습니다. 약석藥石에는 음陰, 양陽, 수水, 화火의 약제가 있습니다. 그래서 몸속에 열이 있으면 순한 음석의 약제를 지어 치료하고, 몸속에 한기가 있으면 강한 양석의 약제를 지어 치료합니다."라고 하였습니다. 그래서 신은 "공의 말씀은 실제 상황과는 거리가 있습니다. 편작이 그

---

29 단사丹砂, 웅황雄黃, 백반白礬, 증청曾靑, 자석磁石을 말한다.

러한 말을 했더라도 반드시 주의를 기울여 진찰해야 합니다. 즉 자와 되로 계산하고 규規그림쇠와 구矩곡자로 재고 저울추와 저울대로 다는 것처럼 얼굴색과 맥의 상태, 겉과 안, 여분과 부족, 순順과 역逆의 법칙 등을 모두 고려하고 또 환자의 동정動靜과 호흡이 조화를 이루는지 등을 참작한 뒤에야 약석의 사용 여부를 말할 수 있습니다. 문장에 이르기를 양성의 질병이 속에 들어 있으면서 음성의 증상이 밖으로 드러난 자에게는 독한 약이나 침을 쓰면 안 된다고 했습니다. 대체로 독한 약이 몸속에 들어가면 사기邪氣는 물리칠 수 있지만 울기鬱氣가 점점 더 깊어집니다. 진맥법에도 소음少陰의 차가운 기운이 내열에 응해서 겉으로 드러나고, 소양少陽의 열이 안에 차 있는 경우는 독한 약을 쓰면 안 된다고 했습니다. 독한 약이 몸속으로 들어가면 양기를 움직여서 음기의 병은 점점 더 약해지게 하고, 양기의 병은 점점 더 심해지며, 사기는 밖으로 흘러 나가 〔경맥經脈의〕 수혈俞穴에 깊은 통증을 주게 되어 분노가 폭발하듯 나와 종기가 됩니다."라고 하였습니다. 신이 이렇게 알려 준 뒤 100일쯤 지나자 유방 위에 종기가 생기고, 이것이 결분缺盆빗장뼈 바로 위의 제일 우묵한 곳 속까지 들어가 죽게 되었습니다. 이상에서 말한 내용은 개략적인 것에 지나지 않으며 실제로는 질병에 따른 치료 원칙이 있습니다. 서툰 의사는 배우지 못한 것이 한 가지 있으니, 문장의 이치와 〔실제 질병에서의〕 음양 관계를 제대로 보지 못하는 미숙함이 그것입니다.

비痺

제나라 왕이 이전에 양허후陽虛侯로 있을 때 병이 깊어 의사들은 대부분 한결같이 궐이라고 하였는데, 신은 맥을 짚어 보고 비痺라고 하였습니다. 그 질병의 뿌리는 오른쪽 겨드랑이 아래에 있었는데, 술잔을 엎어 놓은 것처럼 커서 환자가 숨이 차고 기가 거꾸로 올라와 음식을 먹을 수가 없었습니다. 신은 즉시 화제탕과 죽을 먹게 하였는데 엿새 만에 기가 내려갔습니다. 이에 다시 환약을 복용시키니 대략 엿새 만에 완쾌되었습니다. 이 병은 지나친 방사로 인해 생긴 것입니다. 다른 의사들은 진찰할 때 경맥 이론으로 이 병을 해석해야 한다는 것은 모르고 대부분 병의 소재만 알고 있었습니다.

답풍沓風

신은 일찍이 안양현安陽縣 무도리武都里에서 사는 성개방成開方이라는 자를 진찰한 적이 있습니다. 성개방은 자신이 병나지 않았다고 하였지만, 신은 그에게 "당신은 답풍을 앓고 있는데 3년 뒤에는 손발을 쓰지 못하고 말도 못할 것입니다. 말을 못하게 되면 곧 죽게 됩니다."라고 말하였습니다. 지금 그는 손발을 쓰지 못하고 말도 못하게 되었으나 아직 죽지는 않았다고 합니다.

이 병은 술을 자주 마시고 센 바람을 쐬어서 생긴 것입니다. 성개방의 병을 안 것은 스승의 『맥법』과 『기해』라는 책에 "오장의 기가 서로 거스르는 자는 죽는다."라고 되어 있는데, 그의 맥을 짚었을 때 신기腎氣와 폐기肺氣가 서로 거스르고 있음을 알았기 때문입니다. 의법에 의하면 [이러한 병에 걸리면] 3년 안에 죽는다고 합니다.

모산牡疝

안릉安陵 판리阪里에 사는 공승公乘 항처項處라는 사람이 병들었을 때 신은 그 맥을 짚어 보고 "모산입니다."라고 말했습니다. [그는] 흉격胸膈 아래에 모산이 생겨 위쪽으로 폐에 이어져 있었습니다. 이 병은 방사가 지나쳐 생긴 것입니다. 신은 그에게 "힘든 일은 절대 하지 마십시오. 힘든 일을 하면 틀림없이 피를 토하고 죽을 것입니다."라고 하였습니다. 그 뒤 항처는 축국蹴踘공차기을 하다가 허리에 한기를 느끼고 땀을 많이 흘리고 그 자리에서 피를 토하였습니다. 신은 또다시 그를 진찰하고 "내일 저녁에 죽을 것입니다."라고 하였는데 정말로 그때 죽었습니다. 항처의 병을 안 것은 그 맥을 짚었을 때 번양맥番陽脈임을 알았기 때문입니다. 번양이 빈 속으로 들어가면 그 이튿날 죽게 됩니다. 한편으로는 번양맥이 느껴지고 다른 한편으로는 [산통疝痛이 위로 폐까지] 연결되는 것이 모산입니다.

신 순우의는 이 밖에도 진찰을 하여 생사의 시기를 예측하고 치료하여 고친 병도 많습니다만, 시간이 오래 지나 대부분 잊어버려 기억하지 못하기 때문에 이 정도만 말씀드립니다.

병명은 같아도 진단은 다르다

〔그러자 황제는〕 순우의에게 물었다.

"진찰한 뒤 치료한 병 가운데 병명은 같은 것이 많지만 진단이 다르고, 어떤 자는 죽고 어떤 자는 산 것은 무슨 까닭이오?"

〔순우의는 이렇게〕 대답했다.

"병명은 서로 비슷한 것이 많아서 잘 알 수 없습니다. 그래서 옛날 성인이 진맥법을 만들어 이것을 표준으로 한 도량度量을 가지고 규구規矩로 재고 권형權衡으로 달며 승묵繩墨먹줄을 사용하고 음양을 조절하며 사람의 맥을 구별지어 각각 이름을 붙이니, 〔위로는〕 자연계의 변화에 순응하고 〔아래로는〕 인체의 생리에 부합하였습니다. 이렇게 하여 갖가지 질병을 분별하고 다양한 진단을 내릴 수 있는 것입니다. 그 병을 터득한 사람은 구별하여 여러 진단을 내릴 수 있지만 그러지 못한 사람들은 혼동합니다. 그렇지만 맥법을 하나하나 열거하여 시험해 볼 수는 없습니다. 환자를 진찰할 때 도량을 가지고 맥의 부위를 구별하고, 이것으로 같은 병이라도 자세히 구분하여 질병이 주로 어느 부위에 있는지를 명명할 수 있는 것입니다. 지금까지 신이 진찰한 것은 진찰부에 모두 적어 두었습니다. 신이 질병 이름을 분별할 수 있는 것은, 신이 의술을 모두 습득했을 즈음에 스승님께서 돌아가셨기 때문입니다. 신은 진찰한 병과 생사의 시기를 예측한 것을 모두 진찰부에 적어 진단의 적중 여부를 진맥법과 대조하여 관찰해 왔습니다. 그렇기 때문에 지금도 그것을 알 수 있는 것입니다."

〔황제가〕 순우의에게 물었다.

"병을 진찰하여 생사의 시기를 예측하지만 맞지 않을 경우도 있는데, 그것은 무슨 까닭이오?"

〔순우의가〕 대답했다.

"그것은 모두 환자가 음식과 기뻐하고 성내는 것에 절도를 잃었거나, 먹으면 안 되는 약을 먹었거나, 해서는 안 되는 침을 맞거나 뜸을 떴기 때문에 예측한 생사의 시기를 기다리지 못하고 다른 때에 죽는 것입니다."

〔황제가〕 순우의에게 물었다.

"그대는 진실로 질병의 생사를 알고 약제의 가감을 논할 수 있는 사람이오. 그런데 제후나 왕이나 대신 가운데 병을 문의한 자가 있었소? 그리고 〔제나라〕 문왕文王유측劉側이 병들었을 때 그대에게 진찰과 치료를 받지 않은 것은 어째서요?"

〔순우의가〕 대답했다.

"조왕趙王유수劉遂, 교서왕膠西王유공劉邛, 제남왕濟南王유벽광劉辟光, 오왕吳王유비劉濞 등이 신에게 사람을 보내 부른 적이 있긴 합니다만 신은 감히 가지 않았습니다. 문왕이 병들었을 때 신의 집은 가난하였으므로 남의 병을 치료해 주고 싶었습니다. 그러나 관리가 신에게 관직을 주어 직무에 얽매이게 할까 봐 정말 두려웠습니다. 그래서 호적을 여기저기로 옮기고 집안의 생계도 돌보지 않고 나라 안을 두루 떠돌아다니며, 의술에 뛰어난 자를 찾아 오랫동안 섬기기도 하였습니다. 결국 두어 분의 스승을 만나 섬겨서 그들의 비술을 다 배우고 그들이 지닌 의학서의 내용을 연구하여 그것을 해석하고 강론할 수 있었습니다. 그 무렵 신은 양허후陽虛侯의 나라에 있었으므로 그를 섬겼습니다. 양허후가 입조하자 신은 그를 따라 장안으로 갔고, 그래서 안릉에 사는 항처 등의 병을 진찰할 수 있었습니다."

〔황제가〕 순우의에게 물었다.

"문왕이 병을 얻어 다시 일어날 수 없게 된 까닭을 아시오?"

순우의가 대답하여 말했다.

"문왕의 병을 직접 진찰한 적은 없습니다. 그러나 가만히 들어 보니 문왕은 천식이 있었고 머리가 심하게 아팠으며 눈이 잘 보이지 않았다고 합니다. 신이 마음속으로 이 증상을 헤아려 보니 그것은 병이 아니었습니다. 생각해 보니 살이 찌고 정력이 쌓이기만 하여 몸을 잘 움직일 수 없고 뼈와 살이 조화를 이루지 못하여 천식이 생긴 것이므로 의약으로는 고칠 수 없는 병이었습니다. 맥법에도 '나이 스물에는 혈맥이 왕성하므로 달리는 것이 좋고, 서른에는 빠른 걸음으로 걷는 것이 좋고, 마흔에는 편안히 앉아 있는 것이 좋고, 쉰 살에는 편안히 누워 있는 것이 좋고, 예순 살이 넘으면 원기를 깊이 감추어 두는 것이 좋다.'라고 했습니다. 문왕은 나이가 스무 살도 채 되지 않았기 때문에 맥기로 보면 한창 달려야할 때였습니다. 그런데 느릿느릿 걸으니 천도天道의 네 계절의 자연법칙에 순응하지 못한 것입니다. 훗날 들으니 의사가 뜸을 뜨고 나서 병이 더심해졌다고 하는데, 이것은 진단이 틀렸기 때문입니다. 신이 볼 때는 뜸을 떴기 때문에 신기神氣가 마구 혼란스러워지고 사기邪氣가 〔빈 곳을 헤집고〕들어갔으므로 젊은 사람은 이를 원래대로 회복시킬 수 없습니다. 그래서 죽은 것입니다. 이른바 기라는 것은 음식을 조절하고 쾌청한 날을골라 밖으로 나가 수레를 타거나 걸으면서 마음을 넓게 하여 근육과 뼈와 혈맥을 시원하게 하여 발산시켜야 합니다. 그래서 스무 살을 '역무易

質'라고 하며, 의법에서는 이때 침을 놓거나 뜸을 뜨면 안 된다고 합니다. 침을 놓거나 뜸을 뜨면 혈기의 흐름이 빨라져 제지할 수 없게 됩니다."

처방술을 남이 알지 못하게 하라

〔황제가〕순우의에게 물었다.

"〔그대의〕스승 양경은 어디에서 의술을 전수받았소? 또 제나라 제후들 사이에 이름이 알려졌소?"

〔순우의가〕대답했다.

"양경이 누구로부터 전수받았는지는 모릅니다. 양경은 의술에 뛰어나기는 했지만 집이 부유하므로 남을 위하여 병을 고쳐 주려고는 하지 않았습니다. 그러므로 널리 알려지지는 않았던 듯합니다. 양경은 또 신에게 '내 자손들이 네가 내 처방술을 배웠다는 것을 알지 못하도록 조심해라.'라고 말씀하기도 했습니다."

〔황제가〕순우의에게 물었다.

"〔그대의〕스승 양경은 어떤 점이 마음에 들어 그대를 아끼고 비방을 모두 가르쳐 준 것이오?"

〔순우의가〕대답했다.

"신은 스승 양경이 의술에 뛰어나다고 들은 적이 없습니다. 신이 양경을 알게 된 것은 이렇습니다. 신은 젊을 때부터 여러 방술을 좋아하여 그 처방을 시험해 보았는데, 대체로 효험이 있고 우수하였습니다. 그러다가 신은 치천菑川 당리唐里의 공손광公孫光이라는 사람이 옛적부터 전해 오는 의술에 능통하다는 말을 듣고 즉시 찾아가서 그를 만나 뵈었습니다. 그분을 섬기면서 음양을 바꿔 주는 의방과 구전되어 온 비법을 전해 받았습니다. 신은 배운 것을 모두 적어 두었습니다. 신이 또 다른 정미한 처방까지 모조리 배우려고 하자, 공손광은 '내 의술은 이것이 전부이다. 너에게 가르쳐 주는 데엔 아까울 것이 없다. 나는 몸이 이미 쇠약해졌으니 더 이상 나를 섬길 필요가 없다. 이것은 내가 젊을 때 배운 비법인데 너에게 모두 가르쳐 주었으니, 다른 사람에게는 가르쳐 주지 마라.'라고 말씀하셨습니다. 그래서 신은 '선생님께 입문하여 곁에서 모시면서 비법을 모두 배우게 되어 진심으로 기쁩니다. 제가 죽어도 다른 사람에게 함부로 전하지 않겠습니다.'라고 말씀드렸습니다. 그로부터 얼마 뒤 신은 공손광이 한가한 틈을 이용하여 의술에 대해서 깊이 있는 논의를 하고, 백대까지도 명의로 불리고 싶다고 하였습니다. 스승 광은 기뻐하면서 '당신은 틀림없이 이 나라에서 제일 뛰어난 의사가 될 것이다. 내가 친하게 지내는 사람이 있는데, 그는 내 동복 형제로 임치현에 살며 의술이 매우 뛰어나다. 나는 그에 미치지 못한다. 그의 의술은 매우 기묘하지만 세상에는 알려지지 않았다. 나는 중년에 그에게 의술을 전수받고 싶었지만 양중천楊中倩양경이 승낙하지 않고, 「너는 거기에 너는 전수받을 사람이 못 된다.」라고 하였다. 너와 함께 찾아가 그를 만나 보면 틀림없이 네가 의술을 좋아한다는 것을 알아줄 것이다. 그 사람도 늙긴 했지만 집안이 부유하다.'라고 하였습니다. 〔그러나 신은〕 그때 바로 가지 못했습니다. 마침 양경의 아들 은殷이 와서, 스승 광을 통하여 왕에게 말〔馬〕을 바치게 되었습니다. 저는 이때 은과 친해졌습니다. 스승 공손광은 은에게 신을 부탁하며 '순우의는 의술을 좋아하니 반드시 삼가며 대우해라. 이 사람은 성인의 도가 있는 선비이다.'라고 하였습니다. 또 공손광은 즉시 편지를 써서 양경에게 신을 부탁하였으므로 양경을 알게 되었습니다. 신이 양경을 삼가 섬기자 양경도 신을 사랑해 주었습니다."

모든 의사는 실수하기 마련이다

〔황제가〕 순우의에게 물었다.

"관리든 백성이든 지금까지 그대를 스승으로 섬기며 의술을 배우고, 또 그대의 의술을 죄다 배운 자가 없소? 어느 현, 어느 마을에 사는 사람이 있소?"

〔순우의가〕 대답했다.

"임치현 사람 송읍宋邑이 있습니다. 송읍이 신에게 배우러 왔을 때 1년 남짓 '오진五診'오장의 맥을 진찰하는 방법을 가르쳤습니다. 제북왕이 태의太醫 고기高期와 왕우王禹를 보내 배우게 하였을 때, 신은 손발 위아래 경맥의 분포 부위와 기락결奇絡結, 마땅히 알아야 되는 수혈俞穴의 위치, 기가 올라가고 내려오고 나가고 들어갈 때의 정사正邪와 순역順逆, 침을 놓고 뜸을 떠야 할 곳을 1년 남짓 가르쳤습니다. 치천왕은 때때로 태창太倉의 마장馬長말을 담당하는 책임자인 풍신馮信을 보내 의술을 묻곤 하셨는데 신은 그에게 안마에서 순과 역의 방법, 약제를 쓰는 방법, 약제의 다섯 가지 맛에 따라 약제를 만드는 법, 화제탕 조제법 등을 가르쳐 주었습니다. 고영후高永侯의 가승家丞집사 두신杜信이 맥법을 좋아하여 신에게 배우러 왔기에 위아래 경맥의 분포 부위와 '오진' 등을 2년 남짓 가르쳐 주었습니다. 임치현 소리召里의 당안唐安이 배우러 왔을 때는 '오진', 경맥의 분포 부위, 『기해』, 음양이 사계절의 기후에 따라 바뀌는 이치 등을 가르쳤는데 다 배우기도 전에 제나라 왕의 시의侍醫로 임명되었습니다."

〔황제가〕 순우의에게 물었다.

"병을 진찰하여 생사를 판단할 때마다 완벽하여 실수한 적이 없었소?"

〔순우의가〕 대답했다.

"신이 환자를 치료할 때는 반드시 먼저 그 맥을 짚어 본 뒤에 치료합니다. 맥이 거스르는 사람을 치료할 수 없고 순조로운 사람은 치료할 수 있습니다. 마음으로 맥을 정밀하게 짚어 볼 수 없는 상태일 때에는 생사를 단정 짓는 일과 치료할 수 있는지를 살피는 데 때때로 실수도 합니다. 신도 완벽하게 하지는 못합니다."

태사공은 말한다.

"여자는 아름답든 못생겼든 궁궐 안에 있기만 하면 질투를 받고, 선비는 어질든 어리석든 조정에 들어가기만 하면 의심을 받는다. 그래서 편작은 뛰어난 의술 때문에 재앙을 입었고, 창공은 자취를 감추고 스스로 숨어 살았어도 형벌을 받았다. 그는 딸 제영이 조정에 글을 올려 사정을 아뢴 뒤에야 편안하게 지낼 수 있게 되었다. 그래서 노자도 '아름답고 좋은 것은 상서롭지 못한 기물이다.'라고 말하였다. 이는 편작 등과 같은 사람을 두고 한 말이 아니겠는가? 창공 같은 이도 이들과 비슷하다고 할 수 있다."

46

오왕 비 열전

吳王濞列傳

나라를 빼앗으면 군주가 되고 물건을 빼앗으면 도둑이 된다는 말이 있다. 그런데 혁명이란 쉽게 성공하는 것이 아니다. 신하가 군주를 죽이면 대부분 민심은 등을 돌리게 마련이다. 물론 탕왕과 무왕은 걸왕과 주왕의 폭정에 반기를 들었지만, 이윤과 여상이라는 명재상의 보필이 있었기 때문에 혁명이 가능했다.

이 편은 오왕 유비를 제목으로 삼고 있지만 오나라와 초나라 등 일곱 개 나라에서의 반란의 탄생과 발전 및 그 소멸의 모든 과정이 상세하게 다루어져 있다.

세상 사람들은 한漢나라 초기 제후였던 오왕 유비를 평하여 반란할 사람이 아니라고 하지만, 그 아들이 경제에게 죽음을 당했으니 그에게도 원망하는 마음이 있었을 것이다. 더구나 경제는 제후의 봉토를 줄이는 데만 열을 올렸으니 오왕 유비의 원망은 더욱 심할 수밖에 없었다. 그러나 책략은 없고, 무모할 정도로 용감하며, 아랫사람의 건의를 철저히 무시한 오왕의 혁명은 성공하지 못하고 자신에게 악평만 더해질 수밖에 없었다. 물론 사마천의 관점은 이들 반란에 대해 비판적이다.

이 편은 「양 효왕 세가」, 「강후 주발 세가」, 「회남 형산 열전」과 자매편 성격을 띠고 있으며 「원앙 조조 열전」과도 연관된다.

오왕 유비劉濞는 고제유방의 형인 유중劉仲[1]의 아들이다. 고제는 천하를 평정한 뒤 7년째 되던 해에 유중을 대나라 왕으로 세웠다. 그렇지만 유중은 흉노가 대나라로 쳐들어오자 굳게 지키지 못하고 봉지를 내버리고 달아나서는 샛길로 해서 낙양으로 들어가 천자에게 몸을 의지하였다. 고제는 그와 형제이므로 법대로 다스리지 못하고 그 왕위를 폐하고 합양후郃陽侯로 삼았다.

고제 11년 가을에 회남왕 영포英布가 반란을 일으켜 동쪽으로 형荊 땅을 병합하고 그 나라의 군사를 위협하여 서쪽으로 회수를 건너 초나라를 쳤으므로, 고제는 몸소 군대를 거느리고 토벌에 나섰다. 당시 유중의 아들 패후沛侯 비濞는 스무 살로 기개와 힘이 있으므로 기장騎將 신분으로 고조를 수행하여 기蘄의 서쪽 회추會甀에서 영포의 군대를 깨뜨리니 영포는 달아났다. 형왕荊王 유가劉賈가 영포의 손에 죽었는데 후사가 없었다. 오군吳郡과 회계군 사람들은 날쌔고 사나워서 고제는 이들을 제압할 만한 힘을 가진 왕이 없음을 걱정하였다. 〔고제의〕 아들은 모두 어리므로 비濞를 패沛에 세우고 오왕으로 삼아 3군 53성을 다스리도록 했다. 고제는 왕인王印을 내리고, 비를 불러 그 관상을 찬찬히 뜯어보고

---

[1] 유중의 이름은 희喜이고 중仲은 항렬이니 둘째를 뜻한다. 유방은 셋째 아들이었다.

나서 이렇게 말했다.

"네 얼굴에는 모반의 상이 있다."

고제는 속으로 후회했으나, 이미 임명한 뒤이므로 그 등을 어루만지며 일깨워 주었다.

"앞으로 50년 뒤에 한나라의 동남쪽에서 반란을 일으키는 자가 설마 너이겠느냐? 천하는 〔너와〕 같은 성을 가지고 있는 한집안이니 삼가며 모반하는 일이 없도록 해라."

유비가 머리를 조아리며 말했다.

"감히 그런 일을 하지 않겠습니다."

지난 일은 잊어버리고 다시 시작하다

한나라 혜제와 고후 때에 이르러 천하는 안정되었다. 군국郡國의 제후들은 저마다 자기 백성을 다독거리는 일에 힘썼다. 오나라는 예장군豫章郡 동산銅山에서 〔구리가 생산되므로〕 유비는 천하의 망명자들을 불러 모아 몰래 돈을 만들고, 바닷물을 끓여 소금을 만들었다. 그래서 세금을 걷지 않아도 나라 살림이 넉넉했다.

효문제 때 오나라 태자가 〔조정으로〕 들어가 천자를 뵌 다음 황태자를 모시고 술을 마시고 박博을 두게 되었다. 오나라 태부들은 초나라 사람들로서 경박하고 사나웠으며, 〔오나라 태자도〕 줄곧 교만하였다. 박을 두는 데 길을 다투는 것이 불손하므로 황태자는 박판을 끌어당겨 오나라 태자에게 집어 던져 죽이고 말았다. 그러고는 그 시신을 관에 넣어 돌려보내 장사 지내게 하였다. 태자의 시신이 오나라에 이르자 오왕은 노여워하여 말했다.

"천하는 같은 종족인데 장안에서 죽었으면 장안에서 장사 지내야지 무엇 때문에 꼭 〔오나라에〕 와서 장사 지내야 하는가!"

다시 유해를 장안으로 돌려보내 그곳에서 장사 지내게 하였다. 이때부터 오왕은 점점 번신藩臣봉토로 받거나 귀순한 나라의 제후으로서의 예의를 잃고 병을 핑계 삼아 조정으로 나가지 않았다. 경사京師본래는 수도를 뜻하지만 여기서는 조정을 의미함에서는 오왕이 아들 일로 인하여 병을 핑계로 조정에 나오지 않는다고 여겨 조사해 보니, 실제로 병이 난 것이 아니므로 오나라 사자가 오는 대로 모두 잡아 가두고 벌을 주었다. 오왕은 두려워 더욱더 심한 음모를 꾸미게 되었다. 뒤에 사람을 보내 추청秋請가을에 황제를 알현하는 것하게 하니, 또 황제는 오나라 사자를 문책했다. 〔오나라〕 사자가 이렇게 말했다.

"오왕은 사실 병이 나지 않았습니다. 한나라에서 여러 차례 사신을 잡아 두고 죄를 다스렸기 때문에 왕께서는 병이라 일컫은 것입니다. 대체로 '연못 속의 물고기를 들여다보는 것은 상서롭지 못하다.'라고 하였습니다. 지금 왕께서는 병을 핑계로 삼았는데, 〔조정에서〕 이 사실을 알고 심하게 꾸짖으니 더욱더 몸을 숨기고 황상의 처벌이 두려워 어찌할 수 없이 음모를 꾸민 것입니다. 오직 황상께서는 지금까지의 일은 잊고 오왕과 함께 다시 시작하십시오."

그래서 천자는 오나라 사자들을 풀어 돌려보내고, 오왕에게는 안석安席과 지팡이를 내려 주고 예우하면서 늙었으니 입조하지 않아도 된다고 하였다. 오나라 왕은 죄를 용서받았으므로 꾀하던 일을 서서히 그만두게 되었다. 그러나 오나라에는 구리와 소금이 많이 있으므로 백성에게 세금을 거두지 않고, 돈을 받고 남 대신 병역에 종사하는 사람에게는 그때마다 시세에 맞는 돈을 지급하였다. 세시歲時에는 사람을 보내 나라 안의 재능 있는 사람들에게 안부를 묻고, 마을의 어진 사람들에게는 상을 내려 주었다. 다른 군과 국에서 관리가 와서 도망 온 사람을 잡으려고 해도 숨겨 주어 잡아가지 못하게 하고, 도망 온 사람을 내주지 않았다. 40여 년을 이와 같이 다스리자 그 사람들을 마음대로 다룰 수 있게 되었다.

이익을 같이하는 자는 이익을 위해 죽는다

조조晁錯는 태자가령太子家令태자의 속관으로서 형벌, 돈, 음식 등을 관리함이 되어 태자에게 총애를 받자, 한가한 틈을 타서 오나라는 자주 죄를 지었으므로 땅을 줄여야 한다고 말했다. 〔한나라〕 효문제에게도 여러 차례 글을 올려 자신의 생각을 말했는데, 문제는 너그러워서 차마 벌을 내리지 못하였다. 오나라는 시간이 흐를수록 더욱더 멋대로 행동했다. 효경제가 즉위하자 조조는 어사대부가 되었다. 그는 천자를 설득하여 말했다.

"옛날 고조께서 처음 천하를 평정하셨을 때 형제가 적고 자제들이 어리므로 성씨가 같은 자를 제후국의 왕으로 봉하여 서자인 도혜왕悼惠王을 제나라 70여 성의 왕으로 삼고, 배다른 동생인 원왕元王을 초나라 40여 성의 왕으로 삼았으며, 조카 비를 오나라 50여 성의 왕으로 삼았습니다. 이렇게 세 서자를 왕으로 봉하여 천하의 절반을 나눠 주었습니다. 지금 오왕은 이전에 있었던 태자의 일로 틈이 벌어진 뒤로는 거짓으로 병을 핑계 삼아 입조도 하지 않고 있습니다. 옛 법에 의하면 마땅히 사형에 처해야 하는데, 문제께서는 차마 처벌하지 못하고 도리어 안석과 지팡이를 내려 주셨습니다. [이처럼] 은덕이 지극히 두터우니 그는 잘못을 고치고 스스로 새롭게 다졌어야 합니다. 그렇지만 오히려 오만하고 방자해져 산에서 나는 구리로 돈을 만들고 바닷물을 끓여 소금을 만들며, 천하의 도망자들을 불러 모아 반란을 일으킬 음모를 꾀하고 있습니다. 지금 그는 봉지를 깎아도 반란을 일으킬 것이고 깎지 않아도 반란을 일으킬 것입니다. 봉지를 깎으면 그 반란 시기는 빨라지겠지만 화는 작을 것이고, 깎지 않는다면 반란 시기는 늦어지겠지만 그 화는 더욱 클 것입니다."

[효경제] 3년 겨울에 초나라 왕이 입조하였다. 이것을 기회로 삼아 조조는 황제에게 이렇게 말했다.

"초나라 왕 무戊는 지난해 박 태후를 위해 복상服喪하던 중 복상하고 있는 집에서 몰래 간음을 저질렀으니 죽이시기 바랍니다."

[효경제는] 조서를 내려 [죄는 죽어 마땅하지만] 용서하고 그 대신 동해군東海郡을 깎는 벌을 내렸다. 그리고 이어서 오나라의 예장군과 회계군을 깎았다. 또 2년 전에는 조나라 왕이 죄를 지어 조나라의 하간군河間郡을 깎았고, 교서왕膠西王 앙卬이 작위를 팔아먹고 간음을 저질러서 그의 여섯 현을 깎았다.

한나라 조정의 신하들은 바야흐로 오나라 땅을 깎는 문제를 논의하고 있었다. 오왕 비는 땅이 깎이는 데에 그치지 않을 것을 두려워하다가 음모를 꾸며 반란을 일으키려고 했던 것이다. 그렇지만 생각해 보니 제후들 가운데 자신과 함께 일을 도모할 만한 사람이 없었다. 그는 교서왕이 용감하고 기개를 소중히 여기며 용병을 좋아하여 제나라의 모든 나라가 두려워하고 꺼린다는 말을 듣고는 이에 중대부 응고應高를 보내 교서왕을 설득하도록 했다. 응고는 편지 대신 구두로 오왕의 뜻을 전하며 이렇게 말했다.

"오왕은 어리석어 머지않아 닥칠 우환을 염려하면서 감히 다른 사람에게 말하지 않고 저를 보내 터놓고 마음을 전하게 했습니다."

교서왕이 말했다.

"무엇을 가르쳐 주시렵니까?"

응고가 말했다.

"지금 황상께서는 간신들에게 현혹당하고 간악한 신하들에게 조종되어 작은 장점을 좋아하며, 중상모략하는 사신邪臣의 말을 듣고 계십니다. 이러한 신하들은 법령을 자신들 마음대로 고쳐 제후들의 땅을 침략하여 빼앗고 징수하여 거두어들이는 것이 점점 늘어만 가고, 선량한 사람들을 죽이고 벌주는 일이 나날이 심해지고 있습니다. 마을의 속담에 '쌀겨를 핥다 보면 쌀까지 먹게 된다.'라는 말이 있습니다. 오吳와 교서는 모두 이름 있는 제후국입니다. 그러나 한 번이라도 감사를 받게 되면 안녕과 자유를 누릴 수 없을 것입니다. 오왕은 몸에 속병이 있어 천자를 알현[2]하지 못한 지 20여 년이 되었습니다. 오왕은 언제나 의심을 받으면서도 자신이 분명하게 변명조차 하지 못하는 것을 걱정하고 있습니다. 지

---

2 원문은 조청朝請이다. 봄에 천자를 알현하는 것을 조朝라 하고, 가을에 알현하는 것을 청請이라고 한다.

금도 움츠리고 발을 모으고 있으면서도 용서를 받지 못할까 두려워하고 있습니다. 가만히 들으니 대왕께서 작위와 관련된 일로 인하여 문책을 받아 봉지를 깎일 것이라고 합니다. 이 죄는 땅까지 깎일 만한 것은 아닙니다. 이다음 일은 봉지를 깎이는 데서 그치지 않을 것입니다."

교서왕이 말했다.

"그렇소. 그런 일이 있었지만 당신은 장차 어떻게 하시겠소?"

응고가 대답했다.

"미워하는 것이 같은 자는 서로 돕고, 좋아하는 것이 같은 자는 서로 붙들며, 뜻하는 바가 같은 자는 서로 이루고, 하고자 하는 것이 같은 자는 서로 같은 길로 달려가고, 이익을 같이하는 자는 서로를 위하여 죽는다고 합니다. 지금 오왕은 스스로 대왕과 같은 것을 놓고 염려하고 있다고 생각합니다. 원컨대 형세에 순응하고 순리를 따라서 몸을 던져 이 세상의 근심거리와 해악을 없애 주십시오. 생각해 보면 이 또한 옳은 일이겠지요?"

교서왕은 깜짝 놀라며 말했다.

"과인이 어떻게 감히 그런 일을 하겠소? 지금 황상께서 비록 나를 서둘러 문책한다 하더라도 벌을 받고 죽을 뿐 어찌 황상을 받들지 않을 수 있겠소?"

응고가 말했다.

"어사대부 조조는 천자를 어지럽게 하여 제후들의 땅을 침탈하고 충신을 가리고 덮어 어진 신하들을 막고 있습니다. 조정의 신하들은 그를 미워하고 원망하며, 제후들은 모두 배반할 뜻을 품게 되었습니다. 이리하여 사람들의 일이 한계에 이르렀습니다. 혜성이 나타나고 황충蝗蟲의 피해가 자주 일어납니다. 이것은 만세에 한 번 있는 때입니다. 모든 백성이 걱정하고 노고하는 때야말로 성인이 일어날 기회입니다. 그래서 오왕은 안으로는 조조 토벌을 명분으로 삼고, 밖으로는 대왕의 수레 뒤를 따르며 천하에 웅비하려는 것입니다. 〔우리 군사가〕 향하는 곳마다 항복하고 가리키는 곳마다 함락시키면 천하에서 감히 복종하지 않는 자가 없을 것입니다. 대왕께서 참으로 다행스럽게 허락한다는 말 한마디만 해 주시면, 오왕은 초나라 왕을 이끌고 가서 함곡관을 공략하고 형양과 오창의 곡식을 확보한 뒤에 한나라 군대의 진출을 막으면서 군대가 머물 곳을 준비하고 대왕을 기다릴 것입니다. 대왕께서 다행히 와 주시기만 한다면 천하를 삼킬 수 있을 것이며, 두 군주께서 천하를 나누는 것도 좋지 않겠습니까?"

교서왕은 말했다.

"알겠소."

응고는 돌아와 오왕에게 보고했다. 그러나 오왕은 교서왕이 한편이 되어 주지 않을까 두려워 몸소 사자가 되어 교서로 가서 약속을 했다.

교서의 신하들 가운데 어떤 이가 왕이 음모를 꾀한다는 말을 듣고 간언하였다.

"황제 한 사람을 보좌하기는 지극히 편합니다. 지금 대왕께서는 오나라와 함께 서쪽으로 향하여 쳐들어가려고 하시지만 일이 성공하더라도 대왕과 오왕 두 군주가 갈려 다투게 될 테고, 여기서 화근이 생길 것입니다. 게다가 제후의 땅은 한나라 군현의 10분의 2도 못 되는데 반란을 일으켜 태후께 심려를 끼치는 것은 장구한 계책이 아닙니다."

왕은 듣지 않고 사자를 보내 제, 치천, 교동, 제남, 제북과 맹약을 맺도록 하니 모두 허락했다. 그러고는 말했다.

"성양국城陽國의 경왕景王유장劉章은 의로운 사람으로 여씨 일족을 칠 때도 끼지 않았다. 〔이번에도 끼어들지 않을 테니〕 일이 성공한 뒤에 〔성양국의 땅을〕 나누어 가지면 될 것이다."

〔당시〕 제후들 중에는 새로 봉지를 깎이는 벌을 받고 두려워 떨면서 조조를 원망하는 이가 많았다. 오나라의 회계군과 예장군을 깎는다는 조서가 오나라에 이르자 오왕이 먼저 병사를 일으켰다. 교서에서는 정월 병오일에 한나라가 보낸 2000석 이하 관리들의 목을 베었고, 교동과 치천과 제남과 초나라와 조나라도 그렇게 했다. 그러고 나서 병사를 동원하여 서쪽으로 향했다. 한편 제나라 왕은 동맹에 가입한 것을 후회하여 독약을 마시고 스스로 목숨을 끊음으로써 맹약을 어겼다. 제북왕은 성벽이 파괴되어 완전하게 수리하지 못했는데, 또 낭중령이 제북왕을 협박하고 감시하면서 병사를 일으키지 못하게 했다. 교서왕이 통솔자가 되어 교동, 치천, 제남의 병사와 함께 제나라의 수도 임치를 포위하여 공격했다. 조나라 왕 유수도 반란을 일으켜 몰래 흉노로 사자를 보내 그 군대와 연합했다.

일곱 나라의 군사가 반란을 일으키자 오왕은 병사를 다 동원한 뒤 나라 안에 다음과 같은 명령을 내렸다.

과인은 예순두 살인데 몸소 군대를 거느리게 되었고, 과인의 자식은 열네 살로 사졸의 선두에 섰다. 따라서 나이가 위로는 과인과 비슷한 사람으로부터 아래로는 내 자식과 같은 자에 이르기까지 모두 출전하라.

이렇게 해서 오나라는 20여만 명을 동원했다. 또 남쪽으로 민월閩越과 동월東越에 사자를 보내자, 동월에서도 병사를 동원하여 오왕을 뒤따랐다.

제후들에게 보내는 한 통의 편지

효경제 3년 정월 갑자일에 〔오왕이〕 먼저 광릉廣陵에서 군대를 일으켜 서쪽으로 회수를 건너 초나라 군대와 합류했다. 그리고 나서 그는 제후들에게 사자를 보내 다음과 같은 편지를 전했다.

오왕 유비는 삼가 교서왕, 교동왕, 치천왕, 제남왕, 조왕, 초왕, 회남왕, 형산왕, 여강왕, 고 장사왕의 아들[3]께 여쭙겠으니 과인에게 가르침이 있으시기 바랍니다. 생각하건대 한나라에 적신賊臣 조조를 가리키며 이하의 내용도 그의 죄를 나열한 것임이 있어 천하에서 어떤 공로도 세우지 못했으면서 제후들의 땅을 침략하여 빼앗고 형리들을 시켜 탄핵, 구금, 신문, 처벌하도록 하여 제후들을 모욕하는 것을 일삼고 있습니다. 제후들에게 군주에 대한 예의로써 유씨의 형제로 예우하지 않고, 선제의 공신들을 제거하고, 간악한 무리를 추천하고 임명하여 천하를 어지럽히고 사직을 위태롭게 하려고 합니다. 〔그런데〕 폐

---

3 고조 때 오예吳芮를 장사왕으로 봉했다. 오예의 네 번째 대에 아들이 없고, 서자 두 명이 열후로 봉해져 왕위를 계승할 수 없기 때문에 장사왕의 아들이라고 했다.

하께서 병이 많아 심지를 잃어 사태를 살펴볼 수 없습니다. 그러므로 병사를 동원하여 그들을 죽이려는 것이니 삼가 가르침을 따르겠습니다. 저희 나라는 비록 좁지만 땅이 사방 3000리이고, 인구도 적다고는 하지만 50만 명의 정예 병사를 갖출 수 있습니다. 과인은 평소 남월의 여러 나라와 30여 년 동안 친교를 맺어 왔습니다. 그곳의 군왕은 모두 그들의 군사를 나누어 과인을 따르기를 마다하지 않을 테니 30여만 명을 더 얻을 수 있습니다. 과인은 비록 어리석지만 직접 여러 왕을 따르고자 합니다.

남월의 장사와 땅을 접하고 있는 곳은 장사왕의 아들께서 장사 북쪽을 평정한 뒤 서쪽으로 촉과 한중으로 달려가기 바랍니다. 동월왕과 초왕과 회남의 세 왕회남왕, 형산왕, 여강왕께 말씀드리건대 과인과 함께 서쪽으로 향하여 공격하고, 제나라의 여러 왕치천왕, 교동왕, 제남왕과 조나라 왕은 하간河間과 하내河內를 평정하고 임진관臨晉關으로 들어가든지 과인과 낙양에서 합류하기 바랍니다. 연나라 왕과 조나라 왕은 본래 흉노 왕과 맹약이 있으니, 연나라 왕은 북쪽으로 대와 운중을 평정하고 흉노의 군대를 거느리고 소관蕭關으로 들어가기 바랍니다. 〔우리는 관중으로 들어가〕 장안으로 진격하여 천자를 바로잡아 종묘를 편안하게 해야 합니다. 여러 왕께서는 힘써 주시기 바랍니다. 초나라 원왕의 아들과 회남의 세 왕께서는 10여 년 동안이나 머리 감고 발 씻는 것조차 하지 않을 만큼 원한이 골수에 사무쳐 하루아침에 조정을 등지려 한 지 오래되었습니다. 그러나 과인은 아직도 여러 왕의 동의를 얻지 못하여 감히 그 뜻을 따르지 못했습니다. 이제 여러 왕께서 진실로 멸망한 나라를 존재하게 하고, 끊어진 후대를 이어지게 하며, 약자를 구하고 포악한 자를 정벌하여 유씨 정권을 안정되게 할 수 있다면 사직이 바라는 바입니다.

저희 나라는 비록 가난하지만 과인은 입고 먹는 비용을 절약하여 금전을 저축하고, 군비를 갖추고 식량을 모아 온 지 30년이나 됩니다. 모두가 이 일을 위해 한 것이니 여러 왕께서는 이것을 힘껏 사용해 주십시오. 적의 대장을 베어 죽이거나 사로잡은 자에게는 황금 5000근을 주고 1만 호의 식읍에 봉하며, 일반 장수일 경우에는 황금 3000근에 5000호의 식읍을, 비장의 경우에는 황금 2000근에 2000호의 식읍을, 봉록이 2000석인 관료의 경우에는 황금 1000근에 1000호의 식읍을, 1000석의 관료인 경우에는 황금 500근에 500호의 식읍을 주어 모두 열후에 봉하겠습니다. 그 군대나 성읍을 가지고 항복하는 자에게는 병졸 1만 명 1만 호의 성읍인 경우에는 대장을 얻을 때와 똑같이 대우하며, 군사 5000명 5000호의 성읍인 경우에는 일반 장수를 얻은 것과 똑같이 대우하고, 군사 3000명 3000호의 성읍인 경우에는 비장을 얻은 것과 같이 대우하며, 군사 1000명 1000호의 성읍인 경우에는 2000석의 관료를 얻은 것과 같이 대우하겠습니다. 또 적의 하급 관리도 상대의 등급에 따라 작위와 상금을 줄 것입니다. 그 밖의 봉작이나 상을 내리는 것도 모두 한나라의 일반 규정보다 두 배로 하겠습니다. 본래 작위와 봉읍을 가지고 있던 자에게는 그대로 두지 않고 다시 더 보태 줄 것입니다. 원컨대 여러 왕께서는 사대부들에게 확실하게 명령을 내려 주시기 바랍니다. 감히 속이는 일은 없을 것입니다. 과인의 돈은 이 세상 어느 곳에든 있으니 반드시 오나라에서 가져갈 필요는 없습니다. 여러 왕께서 밤낮으로 이것을 써도 다 쓰지 못할 것입니다. 마땅히 주어야 할 사람이 있으면 과인에게 알려 주십시오. 그러면 과인이 달려가서 주겠습니다. 이와 같은 사실을 삼가 알립니다.

일곱 나라의 반란 소식을 보고하는 문서가 천자에게 올라가자, 천자는 태위 조후 주아부에게 장군 서른여섯 명을 이끌고 가서 오나라와 초나라를 치게 하였다. 곡주후曲周侯 역기酈寄에게는 조나라를 치게 하고, 장군 난포에게는 제나라를 치게 하였으며, 대장군 두영에게는 형양에 주둔하여 제나라와 조나라 군사의 동태를 감시하도록 했다.

내가 누구에게 절하리오

오나라와 초나라가 반란을 일으켰다는 문서가 올라온 뒤 한나라는 아직 군사를 출동시키지 않고 있었다. 두영은 출발하기 전에 오나라 재상이던 원앙袁盎을 효경제에게 추천했다. 원앙은 그 무렵 집에 있었는데 조서를 통해 부름을 받고 입조하였다. 경제는 마침 조조와 함께 군사와 군량을 직접 따져 보고 있었다. 황제가 원앙에게 물었다.

"그대는 한때 오나라 재상을 지냈다니 오왕의 신하 전녹백田祿伯이 어떤 사람인지 아시오? 지금 오나라와 초나라가 반란을 일으켰는데, 그대는 이것을 어떻게 보시오?"

〔원앙이〕 대답했다.

"근심하실 일이 못 됩니다. 바로 평정될 것입니다."

황제가 말했다.

"오왕은 〔구리가 생산되는〕 산에서 화폐를 주조하고 바닷물을 끓여 소금을 만들고 천하의 호걸들을 끌어들여 백발이 성성한 나이에 반란을 일으켰소. 상황이 이러한데 그에게 완벽한 계책이 없다면 어떻게 일을 일으켰겠소? 무슨 근거로 그가 아무것도 할 수 없을 것이라고 하시오?"

원앙이 대답했다.

"오나라에 구리와 소금이 있으니 이익이 있기는 하지만 어떻게 천하의 호걸들을 꾈 수 있겠습니까? 만일 오나라가 호걸을 얻었다면 그들은 오왕을 도와 의로운 일을 했지 반란을 일으키지 않았을 것입니다. 오나라가 꾄 자들은 모두 무뢰배의 자제들과 도망한 자들, 그리고 돈을 만드는 간악한 인물들입니다. 그래서 서로 이끌어 반란을 일으킨 것입니다."

조조가 말했다.

"원앙의 계책이 좋습니다."

황제가 [원앙에게] 물었다.

"계책이 어떠하면 좋겠소?"

원앙이 대답했다.

"주위 사람들을 물리쳐 주십시오."

황제는 사람들을 물러가게 하고 조조만 남아 있도록 했다. 원앙이 말했다.

"신이 말씀드리고자 하는 것은 다른 사람의 신하가 된 자는 알면 안 됩니다."

황제는 조조를 물러가게 했다. 조조는 빠른 걸음으로 [궁전의] 동상東廂으로 물러났으나 몹시 분통해했다. 황제가 마침내 원앙에게 물으니, 원앙이 이렇게 대답했다.

"오나라와 초나라가 서로 주고받은 편지에는 '고조 황제는 자제들을 왕으로 삼아 각각 땅을 나누어 주었다. 그런데 지금 적신 조조가 제멋대로 제후들의 죄를 문책하여 그들의 땅을 빼앗았다.'라고 하면서 이것을 반란의 명분으로 삼아 서쪽으로 나아가 함께 조조를 죽이고 옛 땅을 되찾은 뒤 군사를 해산시키자고 했습니다. 지금 계책으로는 조조의 목을 베고 사자를 보내 오나라와 초나라 등 일곱 나라를 용서하고 그들의 옛 삭감한 봉지를 회복시켜 주면 군사들의 칼날에 피를 묻히지 않고도 반란군은 모두 흩어질 것입니다."

이에 황제는 한참 말이 없다가 드디어 입을 열었다.

"어떻게 하면 좋을지 확실히 모르겠소. 내가 한 사람을 아끼지 말고 천하에 사과해야 한다는 말이오?"

원앙이 말했다.

"신의 어리석은 생각으로는 이보다 나은 계책이 없습니다. 폐하께서 깊이 헤아려 보시기 바랍니다."

〔황제는〕 원앙을 태상으로 삼고, 오왕의 조카 덕후德侯 유광劉廣을 종정宗正으로 삼았다. 원앙은 짐을 꾸려 떠날 준비를 했다. 이로부터 열흘쯤 지나서 황제는 중위를 시켜 조조를 불러내어 수레에 몰래 태우고 〔장안의〕 동시東市로 데려가게 했다. 조조는 조복 차림으로 동시東市에서 처형되었다. 그런 후에 사자를 보내 〔원앙의 계책대로〕 원앙은 종묘를 받들고 종정에게 친척유씨 가족을 돕도록 한다는 것을 오나라 왕에게 알리게 하였다.

오나라에 이르렀을 때, 오나라와 초나라의 병사는 이미 양나라의 성벽을 공격하고 있었다. 종정은 오왕과 친척이므로 먼저 들어가 오왕을 만나 절하고 〔황제의〕 조서를 받으라고 했다. 그러나 오왕은 원앙이 왔다는 말을 듣자 자기를 설득하려는 것임을 알아차리고 웃으면서 이렇게 대답했다.

"나는 이미 동쪽 황제가 되었는데 누구에게 절하리오?"

그러고는 원앙을 만나 보려고도 하지 않고, 그를 군중에 붙잡아 두고 협박하여 장수로 삼으려 했다. 원앙이 말을 듣지 않자 오왕은 사람을 시켜 그를 겹겹이 에워싸 감시하도록 하고 결국에는 죽이려고 했다. 원앙은 밤에 도망쳐 나와 걸어서 양나라의 군영으로 달아났다가 마침내 돌아가 〔황제에게〕 이런 사실을 보고했다.

지친 적군을 제압하라

조후는 장군이 되어 말 여섯 마리가 이끄는 전거傳車를 타고 병사들을 형양으로 집결시켰다. 그는 낙양에 이르러 극맹劇孟을 만나자 기뻐하며 말했다.

"일곱 나라가 반란을 일으켰기 때문에 나는 전거를 타고 이곳까지 오기는 했지만 안전하게 이르리라고는 생각지 못하였소. 또한 제후들이 이미 당신을 한편으로 끌어들였으리라고 걱정했는데, 당신이 반란에 가담하지 않았으니 나는 형양에 주둔하더라도 형양 동쪽으로는 두려워할 만한 자가 없을 것이오."

형양에 이르러 그는 아버지 강후 주발의 옛 빈객이었던 등 도위鄧都尉에게 물었다.

"어떤 계책이 좋겠습니까?"

빈객이 말했다.

"오나라 군사는 매우 정예로워 맞서 싸워 승부를 결정짓기는 어렵습니다. 그러나 초나라 군대는 경솔하므로 오랫동안 싸울 수는 없을 것입니다. 이제 장군을 위하여 계책을 세운다면 병사를 북동쪽으로 이끌고 가서 창읍昌邑에 성벽을 높게 쌓고 굳게 지키면서 양나라를 오나라에 맡겨 두는 것이 좋습니다. 오나라는 반드시 정예 부대를 모두 동원하여 양나라를 칠 것입니다. 장군께서는 도랑을 깊이 파고 성벽을 높이 쌓아 굳게 지키면서 날랜 병사들을 내보내 회수와 사수의 어귀를 끊어 오나라의 식량 보급로를 막아 버리면, 오나라와 양나라의 군사는 서로 지치고 양식은 바닥날 것입니다. 이때 장군의 온전하고 강력한 군대로 지칠 대로 지친 적군을 제압한다면 오나라 군대를 깨뜨리는 것은 당연한 일입니다."

조후가 말했다.

"좋습니다."

[조후는] 그 계책을 좇아 창읍 남쪽의 성벽을 튼튼히 하고 날랜 병사들을 출동시켜 오나라의 식량 보급로를 끊었다.

독불장군 오왕

오왕은 막 반란을 일으켰을 때 오나라 신하 전녹백을 대장군으로 삼았다. 전녹백이 말했다.

"군대가 한데 모여서 서쪽으로 나아가는데 다른 기발한 계책이 없으면 성공하기 어려울 것입니다. 원컨대 제게 군사 5만 명을 갈라 주시어 별도로 강수와 회수를 따라 거슬러 올라가 회남과 장사長沙를 손에 넣고 무관으로 들어가 대왕과 만나도록 해 주십시오. 이 또한 하나의 비책일 것입니다."

그러나 오왕의 태자가 이렇게 간했다.

"왕께서는 반란을 명분으로 삼고 있는 만큼 군사를 남에게 빌려 주는 것은 곤란합니다. 군사를 남에게 빌려 주었다가 왕을 배반한다면 어떻게 하시겠습니까? 또 군대 통솔권을 나눠 주면 다른 이해관계가 예측할 수 없이 생길지도 모릅니다. 그것은 부질없이 손해를 자초할 뿐입니다."

오왕은 전녹백의 의견을 받아들이지 않았다. 오나라의 젊은 장수 환 장군桓將軍이 왕을 설득하여 말했다.

"오나라에는 보병이 많은데 보병에게는 험난한 지형이 유리합니다. 한나라 군대에는 전차와 기병이 많은데 전차와 기병에게는 평탄한 땅이 유리합니다. 원컨대 대왕께서는 지나가는 성읍 중에서 손에 넣지 못하는 곳이 있으면 그대로 내버려 두고, 재빨리 서쪽으로 가서 낙양의 무기고를 점령하고 오창의 양곡을 먹으면서 산하의 험난한 지형에 의지하여 제후들에게 명령을 내리십시오. 이렇게 하면 함곡관에 들어가지 않더라도 천하는 진실로 평정된 것입니다. 만약 대왕께서 서서히 진군하여 머물면서 성읍을 항복시키고 있는 사이에 한나라 군대의 전차와 기마병이 이르러 양나라와 초나라의 들판으로 달려온다면 일은 실패할 것입니다."

오왕이 나이 든 장수들에게 이 문제를 물으니 그들은 이렇게 대답했다.

"그것은 젊은 사람이 적의 예봉을 꺾어 버릴 때 쓸 만한 계책일 뿐, 어찌 원대한 계책임을 알 수 있겠습니까?"

그리하여 오왕은 환 장군의 계책을 받아들이지 않았다.

오왕은 독단적으로 모든 군사를 모아서 통솔하였는데, 오나라 군대가 회수를 건너기 전에 여러 빈객은 모두 장군, 교위, 척후, 사마로 임명되었으나 주구周丘만 홀로 임용되지 못했다.

주구는 하비 사람인데 오나라로 도망쳐 와 술을 팔고 행실이 좋지 않았으므로 오왕 비는 그를 업신여겨 임용하지 않은 것이다. 그러자 주구가 오왕을 뵙고 설득하여 말했다.

"신은 무능하여 군대에서 맡은 일을 제대로 처리하지 못하고 벌 받을 날만을 기다리고 있습니다. 신은 감히 장군이 되고자 하는 것은 아닙니다. 왕께서 가지고 계신 한나라의 부절을 하나 주신다면 반드시 왕께 보답하겠습니다."

왕은 주구에게 부절을 주었다. 부절을 받은 주구는 밤을 틈타 말을 달려 하비로 들어갔다. 이때 하비에서는 오나라가 반란을 일으켰다는 말을 듣고 모두 성을 지키고 있었다. 주구는 전사傳舍휴식을 취하는 곳에 이르자 현령을 불렀다. 현령이 문안으로 들어서자 자신을 따라온 시종에게 그의 죄명을 대게 하고는 목을 베어 버렸다. 그러고는 자기 형제들과 친하게 지내던 힘 있는 관리들을 불러 놓고 말했다.

"오나라의 반란군이 곧 이곳에 도착할 것이다. 그들이 오면 이곳 하비를 무찌르는 데 밥 한 끼 먹는 시간도 채 안 걸릴 것이다. 지금 미리 항복하면 그 집은 틀림없이 온전하게 될 것이고 능력 있는 자는 제후에 봉해질 것이다."

이들이 나가 서로 이 말을 알리자 하비 사람들은 모두 항복했다. (이렇게 하여) 주구는 하룻밤 사이에 3만 명을 얻었다. 주구는 사람을 시켜 (이 사실을) 오왕에게 보고한 뒤 그 병력을 이끌고 북쪽으로 가서 성읍을 공략했다. 성양城陽에 이르렀을 때는 병력이 10여만 명이나 되었다. 그는 성양 중위中尉의 군사를 깨뜨렸다. 그러나 오왕이 싸움에서 져 달아났다는 말을 듣고 스스로 생각해 보니, 오왕과 함께해도 성공할 수 없을 것 같아 군사를 이끌고 하비로 돌아갔다. 그러나 하비에 채 닿기도 전에 등창이 나서 죽고 말았다.

2월 중에 오왕의 군사는 이미 격파되고 패하여 달아났다. 이에 천자는 장군들에게 조서를 내려 다음과 같이 말했다.

대체로 듣건대 "착한 일을 하는 자에게는 하늘이 복으로 갚아 주고 나쁜 일을 하는 자에게는 하늘이 재앙으로 되갚아 준다."라고 한다. 고황제께서는 몸소 공덕을 빛내 제후를 세웠는데, 유왕과 도혜왕은 [후대에] 왕위가 끊겨 뒤를 잇지 못했다.[4] 효문황제께서는 이를 불쌍히 여기고 은혜를 베풀어 유왕의 아들 유수와 도혜왕의 아들 유앙 등을 왕으로 세워 그 선왕의 종묘에 제사를 지내게 하고 한나라의 제후국이 되게 하였으니, 그 덕은 천지에 비길 만큼 크고 그 밝음은 해와 달 같다. 그런데 오왕 유비는 은덕을 등지고 의리를 저버리며 천하의 망명자와 죄인들을 끌어들이고 천하의 화폐 제도를 어지럽히며, 병을 핑계로 스무 해 넘게 조정에 들어오지 않았다. 담당 관리들이 유비의 죄를 다스려 달라고 요청했으나, 효문황제께서는 관용을 베풀어 그가 잘못된 행실을 고쳐 옳은 일을 하기 바라셨다. 그런데 오왕 유비는 지금 초나

---

4 유방의 아들 유왕이 여후에게 살해되어 봉작이 모두 취소된 것이 여후 6년기원전 182년이다. 그리고 유방의 서자 도혜왕에게는 아들이 모두 여섯 명 있었으니, 자손이 없었던 게 아니라 이들이 여러 사건으로 인해 왕위를 잇지 못한 것이다.

라 왕 무戊, 조나라 왕 수遂, 교서왕 앙卬, 제남왕 벽광辟光, 치천왕 현賢, 교동 왕 웅거雄渠와 연합하여 반란을 일으켜 극악무도한 짓을 일삼았다. 군사를 일으켜 종묘를 위태롭게 하고, 대신과 한나라의 사자를 죽였으며, 온 백성을 겁박하고, 죄 없는 사람들을 잔인하게 죽였으며, 민가를 불태우고, 분묘를 파헤치는 등 포악한 짓을 일삼았다. 지금 교서왕 유앙도 극악무도한 일을 거듭하여 종묘를 불사르고 (군과 국에 있는) 종묘 안의 물건을 약탈했다. 짐은 이 일을 몹시 애통히 여겨 소복을 입고 정전正殿을 피하고 있다.[5] 장군들은 사대부들을 독려하여 반역한 무리를 치도록 하라. 반역한 무리를 치는 데는 적진으로 깊이 들어가 많이 죽이는 것을 공으로 한다. 반역자들의 목을 베어도 좋고 사로잡아도 좋지만 봉록 300석 이상을 받는 자는 모조리 죽이고 풀어 주지 말라. 감히 이 조서에 이의를 제기하거나 불복하는 자는 모두 허리를 베어 죽이겠노라.

권모에 앞장서면 도리어 화를 입는다

처음에 오왕이 회수를 건너 초나라 왕과 함께 서쪽으로 나아가 극벽을 깨뜨리고 승세를 타고 진격했는데 그 기세가 자못 날카로웠다. 양나라 효왕孝王 유무劉武가 위협을 느껴 장군 여섯 명을 보내 오나라 군대

---

5 이것은 편전으로 가서 조정의 일을 처리한다는 말로, 비상 시기에 놓여 있음을 나타낸다.

를 치게 했으나, 오나라가 양나라의 장군 둘을 깨뜨렸으므로 사졸이 모두 달아나 양나라로 돌아왔다. 양나라에서는 조후 주아부에게 여러 차례 사자를 보내 상황을 알리고 구원을 요청했으나 조후는 이를 수락하지 않았다. 그러자 양나라에서는 또 사자를 보내 황제에게 조후를 헐뜯었다. 황제는 사자를 보내 조후에게 양나라를 구원하라고 했으나, 조후는 자신이 옳다고 생각되는 계책을 고집하며 황제의 명령을 집행하려 하지 않았다. 양나라는 한안국韓安國과, 초나라 왕에게 간언하다가 죽은 재상 장상張尚의 아우 장우張羽를 장군으로 삼고야 겨우 오나라 군대를 깨뜨릴 수 있었다.

오나라 군대는 서쪽으로 나아가려 했으나, 양나라가 성을 굳게 지키고 있으므로 함부로 나아갈 수 없었다. 그래서 조후의 군으로 가서 하읍下邑에서 맞닥뜨려 싸우려 했으나 조후는 성벽을 굳게 지킬 뿐 싸우려 하지 않았다. 오나라 군대는 식량이 떨어져서 사졸들이 굶주려 여러 차례 싸움을 걸었다. 마침내 야음을 틈타 조후의 성벽으로 달려 들어가 동남쪽을 놀라게 했다. 조후는 명을 내려 서북쪽을 지키도록 했는데, 오나라 군대가 예상대로 서북쪽으로부터 침입했으나 크게 패하여 사졸들은 대부분 굶어 죽거나 등을 돌리고 흩어졌다. 오왕도 휘하의 장수 수천 명과 함께 밤을 틈타 달아나 강수를 건너 단도丹徒로 달려가 동월에 몸을 의탁했다. 동월에는 1만여 명의 병력이 있으므로 사람을 시켜 달아났던 병사들을 불러 모으게 했다.

한나라에서는 사람을 보내 이익을 미끼로 동월을 회유했다. 동월은 오왕을 속여 오왕이 밖으로 나아가 군사들을 위로할 때 사람을 시켜 갈래진 창으로 찔러 오왕을 죽인 뒤 그 머리를 그릇에 담아 빠른 수레를 타고 가서 한나라 조정에 보고하게 했다. 오왕의 아들 자화子華와 자구子駒는 민월로 달아났다. 오왕이 군대를 버리고 달아나자 오나라 군대는 결국 무너졌고, 도처로 흩어졌던 병사들은 서서히 태위와 양나라 군대에게 항복했다. 초나라 왕 유무는 전쟁에서 패하자 자살했다.

세 왕교서, 교동, 치천은 제나라의 수도 임치를 석 달 동안이나 포위했지만 함락하지 못했다. 그러던 중 한나라 군대가 도착하자 이 세 왕은 각각 군사를 이끌고 돌아갔다. 교서왕은 어깨를 드러내고 맨발로 짚을 깔고 앉아 물만 마시면서 태후에게 사죄했다. 왕의 태자 유덕劉德이 말했다.

"한나라 군대는 먼길을 왔기에 신이 그들을 살펴보니 이미 지쳐 있어 습격할 만합니다. 원컨대 대왕의 남은 병사를 거두어 그들을 치십시오. 그들을 치다가 이기지 못하면 그때 바다로 달아나도 늦지 않을 것입니다."

교서왕은 말했다.

"우리 사졸은 모두 이미 지쳐 있어 내보내 쓸 수가 없다."

〔왕은 태자의 말을〕 듣지 않았다. 한나라 장군 궁고후 퇴당韻當이 교서왕에게 글을 보내 말했다.

조서를 받들어 의롭지 못한 자를 주멸하려 하오. 항복하는 자는 그 잘못을 용서하고 전처럼 지위를 회복시켜 주겠지만, 항복하지 않는 자는 멸할 것이오. 왕이 어떻게 처신하는가에 따라 이 일을 처리하겠소.

왕은 어깨를 드러내고 한나라 군대의 성벽 아래에 머리를 조아리면서 퇴당을 보고 말했다.

"신 유앙은 법을 받들어 행동을 삼가지 않고 백성을 놀라게 했으며, 수고롭게도 장군을 멀리 저희 나라까지 오시게 했으니 제 몸으로 젓을 담그는 형벌을 원합니다."

궁고후가 종과 북을 가지고 왕을 만나 말했다.

"왕은 군대의 일로 노고가 많으니, 왕이 병사를 일으키게 된 상황을 듣고 싶소."

교서왕은 머리를 조아리고 무릎으로 기어 나와 대답했다.

"지금 조조는 천자께서 권력을 휘두르게 한 신하인데, 고황제가 정하신 법령을 바꾸고 제후들의 땅을 침탈하였습니다. 저희는 그것을 의롭지 못하다 여기고 그가 천하를 어지럽힐까 두려워 일곱 나라가 병사를 일으켜 조조를 죽이려 했습니다. 그런데 조조의 목이 이미 베어졌다고 하니 저희는 삼가 병사를 거두어 돌아갔습니다."

장군이 말했다.

"왕께서 진실로 조조가 의롭지 못하다고 생각했다면 어째서 〔황상께〕 말씀드리지 않았소? 그리고 황상께서 조서와 호부虎符도 내리지 않았는데 제멋대로 병사를 동원하여 정의를 지키는 나라를 친단 말이오? 이로 미루어 볼 때 왕의 참뜻은 조조를 주살하려던 것이 아니오."

그러고 나서 조서를 꺼내 왕에게 읽어 주고 이렇게 말했다.

"왕 스스로 생각해 보시오."

교서왕이 말했다.

"저 같은 사람은 죽어도 죄가 남습니다."

드디어 스스로 목숨을 끊었다. 태후와 태자도 모두 죽었다. 교동왕, 치천왕, 제남왕도 모두 죽고 이들의 봉국은 폐지되어 한나라에 귀속되었다. 장군 역기가 조나라를 포위하여 열 달 만에 함락시키니 조나라 왕도 스스로 목숨을 끊었다. 제북왕은 협박을 받아 그렇게 한 것이므로 목을 베지는 않고 옮겨 치천왕으로 삼았다.

처음에 오왕이 먼저 반란을 일으키고, 아울러 초나라 군대를 거느리고 제나라와 조나라를 연합하였다. 1월에 병사를 일으켜 3월에 모두 패하고 조나라만이 뒤늦게 항복했다. 초나라 원왕유교의 어린 아들 평륙후平陸侯 유례劉禮를 초나라 왕으로 삼아 원왕의 뒤를 잇게 하고, 여남왕汝南王 유비劉非를 오나라의 옛 땅으로 옮겨 강도왕江都王이라고 했다.

태사공은 말한다.

"오왕유비이 왕 노릇을 할 수 있었던 것은 그 아버지가 강등되었기 때문이다. 그는 부세를 가볍게 하고 그 무리를 부려서 산과 바다의 이익을 마음대로 거둬들였다. 반역의 싹은 그 아들에게서 텄다. 그 아들이 황태자와 박을 두다가 길을 다툰 데서 재앙이 발생하여 근본을 멸망시키게 되었다. 월나라와 가까이 지내며 한나라 종실을 전복시키려다가 끝내는 멸망했다. 조조는 국가의 먼 앞날을 염려하여 계책을 세웠다가 도리어 자신이 화를 입었고, 원앙은 권모와 유세로서 처음에는 총애를 받았으나 훗날 치욕을 당하였다. 그래서 옛날에 제후의 땅은 사방 100리를 넘지 않고, 산과 바다가 있는 곳에는 제후를 봉하지 않았다. '오랑캐를 가까이하여 친족을 멀리하지 말라.'라고 한 것은 아마도 오나라를 두고 말한 것인가? '권모에 앞장서지 말지니, 도리어 재앙을 입게 된다.'라고 한 것은 아마도 원앙과 조조 같은 사람을 두고 한 말인가?"

47

위기 무안후 열전

魏其武安侯列傳

이 편은 위기후 두영竇嬰, 무안후 전분田蚡, 관부灌夫 세 사람의 전기를 합쳐 놓은 것이다. 두영은 한나라 문제 두 황후의 사촌 조카로 경제 3년에 일곱 나라가 반란을 일으키자 대장군이 되었으며, 난이 평정되자 위기후로 제수되었다. 전분은 왕 태후의 동생으로 존귀한 신분을 믿고 권세를 휘둘렀다.

두 사람 모두 학식과 덕망이 빼어나지는 않았으나 봉후를 계속 유지할 수 있었던 것은 그들이 황제의 친척이라는 이유 못지않게 큰 공적을 세웠기 때문이다. 두 사람을 비교해 보면 위기후가 무안후보다는 더 현명하여 천자의 하사금을 집 안에 쌓아 두지 않고 모두 복도에 진열하였다. 그러나 무안후는 그러지 못했다. 무안후는 회남왕에게서 금을 취하였고, 위기후의 좋은 밭을 권모로써 취하려 했으며, 저잣거리에서 물품을 사서 쌓아 뒀고, 기녀만도 수백 명을 거느릴 정도로 사치스러웠다. 따라서 사마천은 서로 다른 두 사람의 내면 세계를 그려 다양한 인물군을 나타내었다. 관부는 용감하고 전쟁에 뛰어나며 아첨을 싫어하고 신의를 내세우는 강직한 인물이라는 점에서 긍정적인 평가를 받지만, 지나치게 세도를 부리고 터무니없이 처신하여 그에 대한 불만도 적지 않았다.

사마천은 이 편을 통해 궁중 권력의 내부 모순을 생동감 있게 표현함으로써 최고 권력층의 교만과 잔인함과 위선도 드러냈다. 사마천은 이 편에 등장하는 세 주요 인물에 대한 애증의 감정을 선명하게 대비시키고 있다.

긴급한 때에는 겸양만이 능사가 아니다

위기후魏其侯 두영竇嬰은 효문제 황후두 태후의 사촌 오빠 아들로서, 아버지 때까지 대대로 살았던 관진觀津 사람이다. (그는) 빈객을 좋아하였다. 효문제 때 두영은 오나라 재상이 되었다가 병으로 벼슬을 그만두고, 효경제가 막 즉위했을 때 첨사詹事황후와 태자의 집안일을 관리함가 되었다.

양나라 효왕은 효경제의 동생으로 어머니 두 태후의 총애를 받았다. 양나라 효왕이 입조하자, (황제는) 그와 형제 사이이므로 술자리를 벌였다. 이때 황제는 아직 태자를 세우지 않고 있었는데, 술이 얼큰하게 취하자 별 생각 없이 이렇게 말했다.

"내가 죽은 뒤 양왕에게 황제 자리를 전하겠다."

태후는 기뻐했다. 그러나 두영은 잔에 술을 따라 황제에게 올리며 말했다.

"천하는 고조의 천하로서, 아버지에서 아들로 전하는 것이 한나라의 정해진 약속입니다. 황상께서는 무엇을 가지고 천하를 마음대로 양왕에게 전하실 수 있겠습니까?"[1]

태후는 이 일로 두영을 미워하게 되었고, 두영도 자신의 벼슬을 하찮게 여기고 있던 차이므로 병을 핑계로 물러났다. 그런데 태후는 두영의

---

[1] 양나라 왕도 문제의 아들이고 문제도 고조의 아들이니, 경제가 만일 양왕에게 전한다 하더라도 결코 천리에 어긋난 것은 아니다.

문적門籍궁궐을 드나드는 자의 이름이나 신분 등 신상을 적어 궁궐 문에 걸어 두는 명부을 없애 궁궐로 들어와 조청朝請도 할 수 없게 해 버렸다.

효경제 3년에 오나라와 초나라가 반란을 일으키자 황제는 종실과 두 씨 일족을 살펴보았지만 두영만큼 현명한 사람이 없으므로 두영을 불러 들였다. 두영은 궁궐로 들어와 황제를 뵙고는 병 때문에 중책을 맡을 수 없다며 사양했다. 태후도 [전날의 행동을] 부끄러워하였다. 이에 황제가 말했다.

"천하가 바야흐로 위급한데 왕손王孫두영의 자께서는 어찌 겸양만 하고 있습니까?"

[황제는] 두영을 대장군[2]에 임명하고 금 1000근을 내려 주었다. 두영은 원앙, 난포 등 집에 있는 여러 이름 있는 장수와 현명한 선비를 추천하고 하사받은 금은 궁전 행랑 아래에 두었다가 군리가 올 때마다 필요한 만큼 가져다 쓰게 하고 집으로 가져가지 않았다.

두영은 형양현을 지키면서 제나라와 조나라의 군사를 감시하였다. 일곱 나라의 병사를 모두 물리치자 황제는 두영을 위기후로 봉하였다. 여러 유사와 빈객이 앞을 다투어 위기후를 찾아와 몸을 의탁했다. 효경제 때 매번 조정에서 큰일을 의논할 때면 열후들은 조후 주아부와 위기후를 감히 자신들과 동등한 예로 대하려는 자가 없었다.

효경제 4년에 율 태자栗太子[3]를 세우고, 위기후를 태자부로 삼았다. 효

---

2 장군의 최고 칭호로 군대 안의 일과 다른 나라와의 싸움을 총괄하는데, 대부분 귀척貴戚 중에서 임명되었다.

3 유영劉榮. 한나라 경제의 맏아들로 어머니 율희栗姬의 성을 따서 율 태자라고 일컬었다.

경제 7년에 율 태자를 폐위시키자 위기후는 〔그것이 옳지 않다고〕 여러 차례 간하였으나 뜻을 이룰 수 없었다. 위기후는 병을 핑계로 물러나와 남전현藍田縣의 남산南山 기슭에서 몇 달 동안 농사를 지으며 보냈다. 빈객들과 변사들이 그를 설득하였으나 누구도 그를 조정으로 돌아오게 하지 못했다. 양나라 사람 고수高邃가 나서서 위기후를 설득했다.

"장군을 부귀하게 만들 수 있는 사람은 황상이시고, 장군을 친근하게 할 수 있는 사람은 태후입니다. 지금 장군께서는 태자의 태부로 있으면서 태자가 폐위되었는데도 간언하지 못했고, 간언했지만 뜻을 이루지 못했으며 죽지도 못했습니다. 그런데 스스로 병을 핑계로 물러나와 조나라의 아름다운 여인을 끼고 한적한 곳에 머물면서 입조도 하지 않고 〔빈객들과〕 시비를 논하고 계시니, 이것은 스스로 황상의 허물을 드러내는 일입니다. 만일 두 궁궐[4]에서 장군에게 분노하여 벌을 내린다면 장군은 물론이고 처자식까지도 살아남는 자가 없을 것입니다."

위기후는 그 말이 그럴듯하다고 여겨 마침내 일어나 전처럼 조회에 참석하였다.

도후桃侯유사劉舍가 승상에서 물러나자 두 태후는 여러 차례 위기후를 추천했다. 그러나 효경제는 〔두 태후에게〕 이렇게 말했다.

"태후께서는 어찌 제가 자리를 아까워하여 위기후를 승상으로 쓰지 않는다고 생각하십니까? 위기후는 경박하여 스스로 일을 꾸미고 희희낙락하며, 스스로 대단하게 생각하여 경솔하게 행동하는 일이 많기 때

문에 승상으로 삼아서 큰 임무를 맡기기는 어렵습니다."

끝내 위기후를 등용하지 않고 건릉후建陵侯 위관衛綰을 승상으로 삼았다.

악을 포용해야 자리를 보존한다

무안후武安侯 전분田蚡은 효경제의 황후[5]와 어머니만 같은 동생으로 장릉長陵에서 태어났다. 위기후가 대장군이 되어 위세가 드높을 때 전분은 낭관으로 존귀한 신분이 아니었다. 위기후의 집을 드나들며 술자리에서 모셨는데 꿇어앉고 일어서는 것이 마치 자식이나 손자와 같았다. 효경제 만년에 이르러 전분은 점점 귀해지고 총애를 받아 태중대부太中大夫가 되었다. 전분은 언변이 뛰어나고, 말재주가 있었으며 『반우槃盂』와 같은 여러 책들을 익혔으므로 왕 태후王太后도 그를 현명한 사람으로 여겼다. 효경제가 죽자 그날로 태자를 세우고 태후가 천자를 대신하여 정치를 하였는데, 이때 누르고 달래는 데 전분의 빈객들이 낸 계책이 많았다. 전분과 동생 전승田勝은 모두 태후의 동생이라 하여 효경제 후원 3년에 전분을 무안후武安侯, 전승을 주양후周陽侯에 봉했다.

무안후는 새로 권세를 잡아 승상이 되고자 하여, 자신을 낮추어 빈객

---

5 경제 황후의 성이 왕王씨이므로 아래에서는 왕 태후王太后라고 한다.

들을 예우하고 집에 머물러 있는 명사들을 추천하여 존귀하게 만듦으로써 위기후와 지위가 높은 사람들을 누르려고 하였다.

건원 원년에 승상 위관이 병으로 벼슬을 그만두자 황상은 승상과 태위의 후임자를 논의하였다. 이때 적복籍福전분의 문객이 무안후를 설득했다.

"위기후는 오랫동안 존귀한 자리에 있어 천하의 선비들이 줄곧 그에게 몸을 의탁하고 있습니다. 그러나 장군은 지금 막 일어나기 시작했으므로 위기후만 못합니다. 만일 황상께서 장군을 승상으로 삼고자 하시면 반드시 위기후에게 양보하십시오. 위기후가 승상이 되면 장군은 반드시 태위가 될 것입니다. 태위와 승상은 존귀한 면에서는 같습니다. 그리고 장군께서는 어진 사람에게 자리를 양보하였다는 명성을 얻게 될 것입니다."

무안후는 은연중에 이것을 태후에게 넌지시 말하여 황상에게까지 전달되게 하였다. 이렇게 하여 위기후는 승상이 되고 무안후는 태위가 되었다. 적복은 위기후를 축하한 뒤, 이어서 조의를 표하며 이렇게 말했다.

"군후君侯[6]께서는 천성이 착한 것을 좋아하고 악한 것을 미워하십니다. 지금 선한 사람들이 군후를 칭송하였기 때문에 승상에 오르신 것입니다. 군후께서는 악한 것을 미워하지만 〔이 세상에는〕 악한 사람이 많으며, 이들은 또 군후를 헐뜯을 것입니다. 군후께서 선한 사람과 악한 사람을 다 같이 끌어안는다면 다행히 지위를 오래 보전하실 수 있지만, 그

6 신분이 높은 관리들을 일컫는 말로, 본래는 승상을 지낸 열후에 대한 존칭으로 쓰였다.

러지 못하면 곧 비방을 받아 물러나게 될 것입니다."

위기후는 이 말을 듣지 않았다.

위기후와 무안후는 모두 유가의 학술을 좋아하였다. 조관趙綰을 추천해 어사대부로 삼게 하고, 왕장王臧을 추천해 낭중령으로 삼게 했으며, 노나라 땅의 신공申公대유학자 신배申培을 맞아들여 명당明堂[7]을 세우려고 하였다. 열후들은 각자의 영지로 돌아가게 하고, 관關도성 출입 증서을 폐지하였으며, 예법에 따라 복식 제도를 정하여 태평성대를 이루려고 했다. 외척인 두씨 일족과 종실 가운데서 절조와 행실이 올바르지 못한 자를 하나하나 들추어내어 견책하고 족보에서 삭제시켰다. 이때 많은 외척이 열후가 되었는데, 열후들은 대부분 공주를 아내로 맞이하였으므로 모두 자신의 영지로 돌아가기를 싫어했다. 그리하여 〔두영 등을〕 헐뜯는 소리가 매일 두 태후의 귀에 들려왔다. 태후는 황로의 주장을 좋아하였는데 위기후, 무안후, 조관, 왕장 등은 유가 학술을 장려하고 도가의 말을 깎아내려서 두 태후는 위기후 등을 더욱 달가워하지 않게 되었다.

건원 2년에 어사대부 조관이 황제께 동궁두 태후가 머물던 궁전인 장락궁에 나랏일 아뢰는 것을 그만두도록 요청하였다. 두 태후는 이 일로 몹시 노하여 조관, 왕장 등을 내쫓고 승상과 태위를 파면했다. 백지후柏至侯 허창許昌을 승상으로 삼고 무강후武彊侯 장청적莊青翟을 어사대부로 삼았다. 이리하여 위기후와 무안후는 후 신분으로 집에 머물러 있게 되었다.

---

7 고대에 제왕이 정치, 제사, 교화 등의 일을 했던 곳이다.

무안후는 비록 직책은 맡지 못했지만 왕 태후와의 연고 때문에 총애를 받았으며, 여러 차례 나랏일에 의견을 제시하여 채택되어 효과를 낸 경우가 많았다. 그래서 천하의 권세와 이익을 좇는 선비와 벼슬아치는 모두 위기후를 떠나 무안후에게로 귀의했다. 무안후는 날이 갈수록 더욱 전횡을 일삼았다.

건원 6년에 두 태후가 죽었다. 승상 허창과 어사대부 장청적은 〔두 태후의〕 장례식을 잘 처리하지 못하였다 하여 파면되고, 무안후 전분이 승상이 되고 대사농大司農조세, 화폐, 곡물, 소금, 철 및 국가의 수입과 지출을 관리함 한안국이 어사대부가 되었다. 천하의 선비와 군국의 제후들은 더욱더 무안후에게 빌붙게 되었다.

무안후는 용모가 못생겼으나 태생은 매우 귀했다. 그는 또 제후왕은 대부분 나이가 많고 주상은 막 즉위하였으나 나이가 어리니, 전분 자신이 외척으로서 조정의 승상이 된 이상 그들의 기세를 꺾어 예법으로 복종하게 하지 않으면 천하 사람들이 〔자신을〕 경외하지 않을 것이라고 생각했다.

당시 승상 전분이 입조하여 나랏일을 보고할 때에는 〔황제와〕 함께 앉아서 온종일 이야기를 하였고, 〔황제는〕 그가 하는 말은 다 들어주었다. 사람을 추천하는 일에서도 때로는 집에 머물러 있는 자를 단번에 2000석이 되게도 하여 주상의 권한을 자기에게로 옮겨 왔다. 이에 황상이 말했다.

"그대가 관리를 임명하는 것이 끝났소? 아니면 아직 끝나지 않았소? 나도 관리를 임명해 보고 싶소."

한번은 승상이 고공考工기계 제조를 맡은 관직의 땅을 얻어 집을 늘리고 싶다고 하자, 황상이 노여워하며 말했다.

"그대는 어째서 무기고를 탈취하겠다고 하지 않소?"

이런 일이 있은 뒤로 그는 조심했다. 일찍이 손님을 초대하여 술자리를 벌인 적이 있는데, 자기 형 갑후蓋侯왕신王信, 전분과 아버지가 다른 형제는 [하석인] 남쪽을 향하여 앉게 하고 자신은 [상석인] 동쪽을 향하여 앉았다. 그는 한나라 승상은 존귀한 만큼 형이라고 하여 사사로이 굽힐 수는 없다고 생각하여 일부러 그렇게 한 것이다. 무안후는 그 뒤로 더욱 교만해져 집을 수리하여 어떤 저택보다 으뜸으로 만들었고, 전답과 동산도 매우 기름지게 바꿨다. 각 군현에서 기물을 팔러오는 자가 길에 줄을 이었다. 전당前堂에는 종과 북을 벌여 놓고 곡전曲旃[8]을 세워 두었으며, 뒤채에는 부녀자가 100명을 헤아릴 정도였다. 제후들이 바치는 금, 옥, 개, 말, 기호품 등은 이루 헤아릴 수 없었다.

위기후는 두 태후가 죽어 의지할 곳을 잃은 뒤 [황제와] 더욱 멀어져서 쓰이지 않아 세력이 없어졌고, 빈객들도 각자 점점 떠나가면서 [그에게] 게으르고 거만하게 대했다. 관灌 장군만이 홀로 원래 태도를 바꾸지 않았다. 위기후는 날마다 답답하고 울적해하면서 관 장군만을 두텁게 대우했다.

---

8 고대 군주가 은사를 초빙할 때 쓰던 의장용 깃발인데, 깃대 끝이 비스듬하게 굽어 있다.

장군 관부灌夫는 영음현潁陰縣 사람이다. 그 아버지 장맹張孟은 일찍이 영음후 관영灌嬰의 사인이 되어 총애를 받았으며, 관영의 추천으로 2000석의 지위에 이르게 되었으므로 관씨 성을 따서 관맹灌孟이 되었다. 오나라와 초나라가 반란을 일으켰을 때 영음후 관하灌何가 장군이 되어 태위의 부하가 되자, 관맹을 교위로 삼도록 청하였다. 〔이렇게 하여〕관부는 1000명을 이끌고 아버지와 함께 싸움터로 나가게 되었다. 관맹은 나이가 많지만 영음후의 강력한 추천으로 쓰이게 되었으므로 마음이 울적했다. 그래서 싸울 때마다 언제나 적의 견고한 곳을 골라 공격하다가 마침내 오나라 군대 속에서 전사했다. 당시 군법에 의하면 아버지와 아들이 함께 종군한 경우 한 사람이라도 전사하면 남은 한 사람은 유해와 함께 돌아갈 수 있었다. 그러나 관부는 아버지의 유해를 따라 돌아가려 하지 않고 분연히 말했다.

"오나라의 왕이든 장군이든 목을 베어 아버지 원수를 갚게 해 주십시오."

이에 관부는 갑옷을 입고 창을 쥐고는 군영의 장사들 중에서 자기와 친분이 있고 따라나서기를 원하는 사람을 수십 명 모았다. 그러나 막상 성벽 문을 열고 나가려 하자 감히 앞으로 나서는 자가 없었다. 단지 두 사람과 〔관부를〕따르는 하인 10여 명만이 말을 달려 오나라 군영 속으로 들어가 오나라 장군의 깃발 아래에 이르렀다. 수십 명을 죽이거나 상처를 입혔지만 더 이상 나아갈 수 없어서 다시 말을 돌려 한나라 군대의 진지까지 달려 들어왔다. 이 싸움에서 관부는 하인을 모두 잃고 기병 한 명과 돌아왔을 뿐이었다. 관부 자신도 10여 군데 큰 상처를 입었으나, 마침 값이 만금이나 나가는 좋은 약이 있어 목숨만은 건질 수 있었다. 관부는 상처가 조금 나아지자 또다시 장군에게 청하여 말했다.

"저는 이제 오나라 진지의 정황을 더 자세히 알게 되었습니다. 다시 가도록 해 주십시오."

장군은 그가 용감하고 의기가 있다고 여겼으나, 그를 잃게 될까 두려워 태위에게 상의하였다. 태위는 강력히 말려 가지 못하게 했다. 오나라가 패하자 관부는 이 일로 천하에 이름이 알려졌다.

영음후가 관부를 황제에게 추천하니, 황제는 그를 중랑장으로 삼았다. 그러나 몇 달 만에 법을 어겨 파면되었다. 그는 그 뒤로 장안의 집에서 머물러 살았는데, 장안의 여러 귀족 중에서 그를 칭찬하지 않는 사람이 없었다. 그는 경제 때 대나라의 재상이 되었다. 경제가 죽고 지금의 황상이 막 즉위하자, 회양군淮陽郡이 천하의 요충지로서 강성한 군대가 있을 곳이라고 생각하여 관부를 옮겨 회양 태수로 삼았다. 건원 원년에 〔관부는 조정으로〕 들어가 태복이 되었다. 〔건원〕 2년에 그는 장락궁의 위위衛尉 두보竇甫와 술을 마시게 되었는데 예절에 분별이 없어 술에 취하여 두보를 때렸다. 두보는 두 태후의 친정 동생이었다. 황상은 태후가 관부의 목을 벨까 염려하여 그를 옮겨 연나라 재상으로 삼았다. 〔관부는〕 몇 년 뒤에 또 법을 어긴 일로 벼슬에서 물러나 장안의 집에 머물렀다.

관부는 사람됨이 강직하고 술 기운을 빌려 기세를 부리기도 하였으며, 대놓고 아첨하기를 좋아하지 않았다. 귀한 친척이나 자기보다 신분이 높고 세력 있는 사람들에게는 예절을 지키려 하지 않고 반드시 업신여겼다. 자기보다 신분이 낮은 사람들의 경우에는 그들이 가난하고 천할수록 더욱더 존경하고 자신과 동등하게 대우하였으며, 많은 사람이 모인 곳에서 지위가 낮은 사람을 추천하고 아꼈다. 선비들도 이로 인해서 그를 높이 평가했다.

관부는 문장과 학문을 즐기지 않고 협기를 좋아하였으며 약속한 일은 반드시 지켰다. 그가 교유하며 왕래하는 자는 호걸이거나 대단히 교활하지 않은 자가 없었다. 집안에는 수천만 금을 쌓아 두었으며 빈객은 날마다 수십 명에서 수백 명에 달했다. 저수지와 전답과 동산이 잇닿아 있는데, 그의 종족과 빈객들이 권세와 이익을 다투며 영천에서 제멋대로 행동하고 다녔기 때문에 영천 아이들은 이렇게 노래하였다.

"영천 물 맑으면 관씨는 편안하고, 영천 물 흐리면 관씨는 멸족되리."

관부는 비록 재산이 많지만 권세를 잃고 집에 들어앉아 있기 때문에 경상卿相, 시중侍中으로서 빈객이던 자들이 차츰 멀어져 갔다. 위기후도 세력을 잃은 뒤로는 관부에 의지하여 평소 자신을 앙모하다가 뒤에 가서 버린 자들을 목공이 먹줄로 굽은 것을 바로잡듯이 비평하고, 나뭇가지를 쳐서 바르게 하듯이 가르치려고 했다. 관부 역시 위기후에 기대 열후나 종실과 오가며 이름을 높이려고 하였다. 두 사람이 서로 이끌어 주고 존중하며 교유하는 모습이 마치 아버지와 아들 사이 같았다. 서로 의기가 투합하여 매우 기뻐하며 싫증을 내지 않았고 서로 늦게 알게 된 것을 한스럽게 여길 뿐이었다.

원망하는 마음은 작은 일에서 싹튼다

〔한번은〕관부가 상중에 있으면서 승상전분을 찾은 적이 있는데, 승상은 조용히 말했다.

"나는 중유仲孺관부와 함께 위기후를 만나려고 하는데, 마침 중유는 상중이군요."

관부가 말했다.

"장군께서 영광스럽게도 위기후의 집을 찾아 주려 하시는데, 제가 어찌 감히 상중이라는 이유로 거절하겠습니까! 제가 위기후에게 알려 접대 준비를 하도록 하겠으니, 장군께서는 내일 아침 일찍 왕림해 주십시오."

무안후가 허락하자 관부는 무안후에게 말한 대로 위기후에게 자세히 말했다. 위기후는 아내와 함께 술과 고기를 많이 사고 밤새도록 집안 청소를 하며 새벽 무렵에야 접대 준비를 마쳤다. 날이 밝자 집안 아랫사람들에게 나가 승상을 맞이하도록 했다. 그러나 해가 중천에 뜨도록 승상은 오지 않았다. 위기후가 관부에게 말했다.

"승상이 잊은 것 아니오?"

관부는 언짢아하며 말했다.

"저 관부는 상중인데도 그의 요청에 응했습니다. 그는 마땅히 와야 했습니다."

관부는 수레를 타고 몸소 승상을 맞이하러 나갔다. 승상은 전날 농담으로 관부에게 승낙했을 뿐 갈 생각이 전혀 없었다. 관부가 그 집 문 앞에 이르렀을 때 승상은 아직도 자리에 누워 있었다. 관부가 들어가서 승상을 보고 말했다.

"영광스럽게도 장군께서 어제 위기후를 방문하겠다고 하셨으므로 위기후 부부는 술과 음식을 준비해 놓고 새벽부터 지금까지 식사도 못하고 있습니다."

무안후는 깜짝 놀라 사과하며 말했다.

"내가 어제 술에 취하여 중유와 약속한 것을 깜박 잊었소."

그리고 수레를 타고 가기는 했으나, 또 너무 유유자적하며 가므로 관부는 더욱 화가 났다. 술자리가 한창 무르익었을 때 관부는 일어나 춤을 춘 뒤 승상에게 춤을 추도록 권하였다. 승상이 일어나지 않자 관부는 앉은자리에서 승상을 능멸하는 말을 하였다. 위기후는 관부를 부축하여 일으켜 가게 한 뒤 승상에게 사과했다. 승상은 밤까지 술을 마시며 한껏 즐기고 돌아갔다.

승상은 일찍이 적복을 시켜 위기후에게 성 남쪽 밭을 달라고 했다. 위기후는 몹시 원망하며 말했다.

"늙은 종인 저는 버림을 받았고 장군이 귀한 신분이기는 하지만 어찌 세력에 기대 빼앗을 수 있겠습니까?"

그러고는 허락하지 않았다. 관부는 이 말을 듣고 노하여 적복을 꾸짖었다. 적복은 두 사람 사이에 틈이 생기기를 싫어하였으므로 자신이 승상에게 좋은 말로 거절하여 말했다.

"위기후는 늙어서 머지않아 죽을 것인데, 참기 어려운 일도 아니니 잠시 기다리십시오."

얼마 지나지 않아 무안후는 위기후와 관부가 화가 나서 밭을 내주지 않았다는 사실을 알고, 그도 성을 내며 말했다.

"위기의 아들이 일찍이 사람을 죽였을 때 내가 살려 주었다. 나는 위기를 섬길 때 안 된다고 한 일이 없이 다 잘해 주었다. 그런데 어찌 몇 고랑의 밭을 아낀단 말인가? 또 관부는 무엇 때문에 참견하는가? 내 다시는 밭을 요구하지 않겠다."

무안후는 이 일로 관부와 위기후를 몹시 원망하였다.

대장부는 귓속말을 삼가야 한다

〔무제〕 원광元光 4년 봄에 승상은 〔황상에게〕 관부의 집은 영천에 있는데, 세도를 지나치게 부려 백성이 고통스러워하고 있으니 조사하겠다는 안건을 올렸다. 황상이 말했다.

"이것은 승상 직권으로 할 일인데 어째서 청을 하시오?"

〔그러나〕 관부도 승상이 부정한 방법으로 이익을 취하고 회남왕으로부터 황금을 뇌물로 받고 〔누설해서는 안 되는 궁궐의 일을〕 말해 준 은밀한 일들을 알고 있었다. 〔그래서 양쪽〕 빈객들이 중간에서 조정하여 마침내 멈추고는 서로 화해하였다.

〔그해〕 여름에 승상은 〔죽은〕 연나라 왕의 딸을 아내로 맞이하였다. 태후가 조서를 내려 열후와 종실을 부르므로 모두 가서 축하해 주었다. 위기후는 관부에게 들러 함께 가려고 하였는데, 관부가 사절하며 말했다.

"나는 여러 차례 술에 취해 실수하여 승상에게 죄를 지었습니다. 또 승상은 지금 나와 틈이 벌어졌습니다."

위기후가 말했다.

"그 일은 이미 풀었잖소."

그러고는 억지로 함께 갔다. 술자리가 한창 무르익을 무렵 무안후가 일어나서 장수를 기원하자 그 자리에 있던 사람은 모두 자리에서 일어나 엎드렸다. 이어서 위기후가 장수를 기원하자 친분이 있는 사람만 자리에서 일어설 뿐 절반 정도가 그 자리에서 무릎만 붙이고 허리를 세우고 마시므로 관부는 기분이 언짢았다. 관부는 일어나 술을 따라 사람들에게 권하면서 무안후에게까지 이르렀다. 무안후는 무릎을 자리에 붙인 채 말했다.

"잔을 채우면 다 마실 수 없는데."

관부는 화가 났지만 억지로 웃으면서 말했다.

"장군께서는 귀한 분이시니 다 드시지요."

무안후는 끝내 마시지 않았다. 관부가 차례로 술잔을 돌려 임여후臨汝侯관영의 손자 관현에게 이르렀을 때 마침 임여후는 정불식程不識과 귓속말을 하고 있었고, 또 자리에서 피하지도 않았다. 관부는 분을 참지 못하여 임여후에게 욕을 했다.

"평소에는 정불식을 한 푼의 가치도 없는 사람이라고 헐뜯더니, 오늘은 어른이 축수하는데도 계집애처럼 귓속말을 하시오!"

무안후가 관부에게 말했다.

"정불식과 이광李廣은 모두 동궁과 서궁의 위위관직 이름요. 지금 많은 사람 앞에서 정 장군을 모욕하는데, 중유는 어찌 이 장군의 입장을 생각하지 않소?"

관부가 말했다.

"오늘 목이 달아나고 가슴에 구멍이 뚫린다 한들 무슨 정불식이나 이 광을 알겠소이까?"

그곳에 있던 사람들은 화장실에 가는 척하면서 하나 둘 빠져나갔다. 위기후는 나가면서 관부에게 손짓하여 나오게 했다. 무안후는 마침내 성을 내며 말했다.

"이것은 내가 관부를 교만하게 만든 죄이다."

그러고는 기병에게 관부를 잡아 두도록 했다. 관부는 나가려고 했지만 그럴 수가 없었다. 적복이 일어나 그를 위해 사죄하고 관부의 목을 눌러 사죄하게 하려고 했다. 그러나 관부는 더욱 화를 낼 뿐 사죄하지 않았다. 무안후는 기병을 지휘하여 관부를 결박해 전사傳舍여행길에 오른 사람들이 쉬는 곳에 가두게 하고, 장사長史를 불러 말했다.

"오늘 종실을 부른 것은 조서가 있었기 때문이다."

그러면서 관부가 그 자리를 모욕하고 조서를 따르지 않았다며 탄핵하고 거실居室관리나 그 가족을 구금하던 곳에 붙잡아 두었다. 마침내 그의 전에 있었던 일까지 들춰내 관리들을 둘로 나누어 관씨 일족을 잡아들이게 하였는데, 모두 기시 죄에 해당되었다. 위기후는 몹시 후회하며 자금을 풀어 빈객들에게 관부의 사면을 청하게 하였으나 아무도 풀려나게 할 수가 없었다. 무안후의 관리는 모두 그의 눈과 귀가 되어 살펴보았으나, 관씨 일족은 모두 달아나 숨어 버렸고 관부는 갇혀 있으므로 무안후의 비밀을 고발할 수 없었다.

위기후가 온 힘을 다해 관부를 구출하려고 하자, 그 아내가 위기후에게 간언했다.

"관 장군은 승상에게 죄를 짓고 태후의 집안을 거슬렀으니, 어찌 구할 수 있겠습니까?"

위기후가 말했다

"후侯 지위는 내 힘으로 얻은 것이니 나는 그것을 잃어도 한이 없소. 그러나 관중유를 홀로 죽게 하고 나만 혼자 살 수는 없소."

그러고는 자기 집 사람들이 모르게 몰래 나가 〔황상에게〕 글을 올렸다. 그는 곧바로 불려 들어가 관부가 술에 취해 한 일로서 벌할 만한 일이 못 됨을 자세히 말씀드렸다. 황상은 그 말이 옳다고 생각하여 위기후에게 음식을 내리고는 이렇게 말했다.

"〔태후가 있는〕 동쪽 궁전으로 가서 공정하게 변론하시오."

위기후는 동쪽 궁전으로 가서 관부의 장점을 힘을 다해 칭찬하고, 그가 몹시 취해서 저지른 일인데 승상이 다른 일을 가지고 죄를 씌워 벌하려 한다고 주장했다. 이에 무안후는 관부가 포악하고 방자하며 대역무도한 일을 했다고 말했다. 위기후는 어찌할 도리가 없다고 판단하여 승상의 허물을 말했다. 무안후가 말했다.

"천하가 다행히 편안하여 일이 없습니다. 신은 황상의 심복이 되었으며, 좋아하는 것은 음악과 개와 말과 밭과 집이며, 아끼는 것은 광대와 솜씨 좋은 장인의 무리뿐입니다. 이것은 위기나 관부가 밤낮으로 천하의 호걸과 장사들을 불러 모아 놓고 논의하며 마음속으로 불만에 차 조정을 헐뜯고, 고개를 들어 하늘(의 형상)을 살피지 않으면 고개를 숙여 땅의 형세를 살피고, 황상과 태후의 궁궐을 흘겨보며 요행히 천하에 변란이라도 일어나면 큰 공을 세우기를 바라는 것과는 다릅니다. 신은 위기후 등이 하는 일을 알 수 없습니다."

이에 황상은 조정의 신하들에게 물었다.

"두 사람 중 누구 말이 옳소?"

어사대부 한안국이 말했다.

"위기후가 '관부는 아버지가 나라를 위해 죽자 직접 창을 들고 위험을 예측할 수 없는 오나라 군영 속으로 달려 들어가 몸에 수십 군데 상처를 입어 이름이 삼군三軍에서 으뜸이었으니, 이 사람은 천하의 장사입니다. 큰 죄를 지은 것도 아니고 술잔을 돌리다 생긴 다툼인데 다른 허물을 끌어내어 죽일만한 것은 못 됩니다.'라고 말하였는데 그의 말이 옳습니다. 승상도 '관부는 간사하고 교활한 무리와 가까이 지내며 백성을 침탈하고 집에는 수만금의 재산을 쌓아 두고 영천에서 포악하고 방자하게 행동하며 종실을 업신여기고 황실의 골육들을 범하였으니, 이는 가지가 기둥보다 크고 종아리가 넓적다리보다 커서 부러지지 않으면 반드시 갈라진다고 하는 것입니다.'라고 하였는데 승상의 말도 옳습니다. 그러니 현명하신 황상께서 판결하십시오."

주작도위主爵都尉작위를 봉하는 것과 관련된 일을 함 급암汲黯은 위기후의 말이 옳다고 하였다. 내사內史경성과 그 인근 지역을 다스림 정당시鄭當時는 위기후가 옳다고 하였다가 나중에는 자신의 대답을 굳게 지키지 못하였다. 그 밖의 사람들은 모두 감히 대답하지 못했다. 황상은 내사에게 성을 내며 말했다.

"그대는 평소 위기후와 무안후의 장단점을 곧잘 말하더니 어찌하여 오늘 논의에서는 수레 끌채 아래에 매인 망아지처럼 움츠리고 있는가? 나는 너희까지 목을 치겠다."

황상은 논의를 마치고 일어나 안으로 들어가서 태후를 모시고 식사를 했다. 태후는 사람을 보내 일의 진행 상황을 엿듣게 하고 상세한 내용을 보고받았다. 태후는 화가 나서 식사를 하지 않고 말했다.

"지금 내가 살아 있는데도 사람들은 다 내 동생을 짓밟으니, 내가 죽은 뒤에는 모두 생선이나 고기처럼 취급할 것이오. 또 황상인들 어찌 돌을 깎아 만든 사람처럼 영원히 살 수 있겠소! 이들은 황상이 살아 계신데도 〔주관 없이〕 흔들거려 쓸모가 없거늘, 황상께서 돌아가시기라도 하면 이들을 어찌 믿을 수 있겠소?"

황상이 사과하며 말했다.

"〔위기후나 무안후는〕 모두 종실의 외척이기 때문에 조정에서 논의한 것입니다. 그렇지 않다면 이것은 일개 형리가 결정할 일입니다."

이때 낭중령 석건石建이 황상을 위해서 사리를 따져 두 사람의 일을 말했다.

무안후는 조회가 끝나자 지거문止車門궁궐의 바깥문으로 이곳부터는 수레를 타고 들어갈 수 없음을 나와서 어사대부 한안국을 불러 〔수레에〕 같이 타고 가면서 노여워하며 말했다.

"나는 그대와 함께 늙은이를 제거하려 하였는데, 그대는 어찌하여 머리를 내놓고 양쪽을 살피는 쥐처럼 하고 있소?"

한안국은 말없이 한참 있다가 승상에게 말했다.

"승상께서는 어찌 자중하지 않습니까? 저 위기후가 당신을 헐뜯으면 당신께서는 관을 벗고 승상의 인끈을 풀어 황상께 돌려 드리며 '신은 외척으로 요행히 승상직을 얻었습니다만 사실 그 임무를 다할 수 없었습니다. 위기후의 말이 다 옳습니다.'라고 말했어야 합니다. 이렇게 한다면 황상께서는 반드시 승상의 겸손한 태도를 칭찬하고 승상을 폐하지 않을 것이고, 위기후는 틀림없이 속으로 부끄러워 문을 닫아걸고 혀를 깨물어 자살하였을 것입니다. 지금 남이 당신을 헐뜯었다고 하여 당신께서도 남을 헐뜯으니, 예컨대 장사치의 심부름꾼이나 계집애들의 말다툼과 같습니다. 어찌 그리도 대인의 체통이 없으십니까!"

무안후는 사과하며 말했다.

"다툴 때는 마음이 다급해 이러한 것까지 생각지 못했습니다."

이에 황상은 어사대부를 시켜 문서에 기록된 관부의 죄상을 위기후에게 문책하도록 하였는데, 상당 부분 사실과 일치하지 않는 거짓이므로 [위기후를] 탄핵하여 도사공都司空황족과 외척의 범법 행위를 처리하는 사법 기관에 가두었다. 효경제 때 위기후는 "불편한 일이 있으면 편의대로 그 일을 논술하여 황상에게 보고하라."라는 유조遺詔군주가 죽음에 임박하여 내리는 조서를 받았다. 위기후가 갇히자 관부의 죄는 멸족에 이르고 일이 날로 다급해졌으나 여러 신하 중에서 감히 황상에게 다시 밝혀 말해 주는 사람이 없었다. 위기후는 조카를 시켜 황상에게 글을 올려 유조의 일을 말하고 다시 불려 들어가 뵐 기회를 원하였다. 글이 황상에게 올라오자 상서尚書문서를 관리함의 문서를 조사해 보았으나 선제先帝의 유조가 없었다. 조서는 위기후의 집에 감추어져 있었는데 가승家丞식읍 1000호 이상 되는 열후의 집안일을 담당함이 봉인해 둔 것이었다. 위기후는 선제의 유조를 위조하여 그 죄가 기시에 해당한다는 탄핵을 받았다.

〔원광〕 5년 10월에 관부와 그 일족은 모두 처형되었다. 위기후는 그로부터 한참 뒤에야 소식을 듣고 분에 못 이겨 중풍에 걸렸으며 굶어 죽으려고 하였다. 그러나 황상이 위기후를 죽일 뜻은 없다는 말을 듣고 위기후는 다시 음식을 먹고 병을 치료하였다. 조정에서는 위기후를 죽이지 않기로 결정하였지만 그를 헐뜯는 근거 없는 말이 떠돌았고, 그것이 황상의 귀에까지 들어가 12월 그믐에 위성현渭城縣에서 기시되었다.

그해 봄에 무안후는 병이 들었는데 줄곧 "잘못했습니다."라고 소리치며 사죄하였다. 귀신을 볼 수 있는 무당에게 보게 하니, 위기후와 관부가 함께 그를 지키고 서서 죽이려 하는 것이 보였다. 결국 〔무안후는〕 죽고 그 아들 염恬이 뒤를 이었다. 원삭元朔 3년에 무안후전염는 짧은 옷을 입고 궁궐로 들어간 일로 불경죄에 걸렸다.

회남왕 유안劉安이 반란을 일으키려다가 발각되어 벌을 받았다. 전에 회남왕이 입조하였을 때 무안후는 태위였는데, 패상까지 회남왕을 맞으러 나갔다가 이런 말을 하였다.

"황상께는 태자가 없습니다. 대왕께서는 가장 어질고 고제의 손자이십니다. 그러니 만일 황상께서 돌아가시면 대왕이 즉위하지 않고 누가 서겠습니까?"

회남왕은 매우 기뻐하며 황금과 재물을 후하게 주었다. 황상은 위기후의 일이 있은 때부터 무안후를 정직하지 못한 사람으로 여겼으나 특별히 태후를 위하여 그냥 두었을 뿐이다. 황상은 무안후가 회남왕에게 황금 받은 일을 듣고 이렇게 말했다.

"만일 무안후가 살아 있으면 멸족의 화를 당하였을 것이다."

태사공은 말한다.

"위기후와 무안후는 모두 외척으로서 중시되었고, 관부는 한 차례의 결단력 있는 계책으로 이름을 드러내었다.[9] 위기후는 오나라와 초나라의 반란을 진압하기 위해 등용되었고, 무안후는 해와 달의 사이처럼 존귀한 신분이 되었다. 그러나 위기후는 시운의 변화를 모르고 관부는 학식이 없으며 불손하였으니, 이 두 사람은 서로 도와 가며 재앙과 혼란을 만들었다. 무안후는 존귀한 신분만을 믿고 권세를 휘두르기 좋아하여 술자리에서 있었던 원망을 가지고 저 어진 두 사람을 모함하였다. 아 슬프구나! 〔관부에 대한〕 분노를 옮겨 남위기후에게 이르게 하고, 자기 목숨마저 연장하지 못하였으니 뭇 사람들이 떠받들지 않아 끝내는 나쁜 평가를 받게 되었다. 아 슬프도다! 재앙은 그 원인과 결과가 있구나!"

---

9 관부가 아버지와 함께 전쟁터에 나왔다가 아버지가 죽자 집으로 돌아가지 않고 더욱 용감하게 싸운 일을 가리킨다.

◎

48

한장유 열전
韓長孺列傳

한장유_{韓安國}는 성격이 복잡하고 독특한 사람이다. 그는 재물 욕심이 많고 일찍이 전분에게 뇌물을 주어 관직을 옮긴 흠이 있었으나, 자기보다 현명하고 청렴한 인사들을 추천하여 극심한 권력 투쟁 속에서 살아남았다. 어찌 보면 혼돈의 세상에서 범려나 장량처럼 청빈하고 고결한 선비만을 기대한다는 것 자체가 무리일지도 모른다. 한나라 무제는 한장유를 재능과 지략이 출중하여 나라의 큰 그릇으로 쓸 만하다고 보고 승상으로 삼으려 했으나 공교롭게도 수레에서 떨어져 다리를 저는 것을 보고 그만두었다. 한장유는 그 후 지위도 낮아지고 더욱 소원해져서 우울한 여생을 보내다 죽었다. 그는 전분田蚡과 한 무리였다. 전분이 두영, 관부와 부딪칠 때 그는 전분의 편에 있었다. 그의 처세 방식은 「위기 무안후 열전」에서 자세히 나온 바 있다. 무제는 한장유가 추천한 호수壺遂를 승상 자리에 임명하려 했으나 그도 불행하게 병들어 죽었다. 사마천은 본래 호수와 함께 음률音律과 역법을 만든 좋은 친구 사이이므로 그의 죽음에 대해 안타까운 마음을 나타내었다.

사마천은 그를 장자長者라고 일컬으면서 경제와 양 효왕 간의 갈등과 모순을 조화롭게 극복할 수 있도록 한 인물이었음을 생동감 있게 보여 준다. 그러나 그 역시 재물을 탐했고, 전분에게 아부하여 결국 법의 심판을 받고 투옥되었으니 권력을 좇아 시대를 풍미했던 가련한 인물 중 하나다.

불 꺼진 재라도 다시 타오른다

어사대부 한안국韓安國은 양나라 성안현成安縣 사람으로, 뒤에 수양睢陽으로 옮겨 살았다. 그는 일찍이 추현騶縣의 전생田生에게서 『한비자』와 잡가의 학설을 배웠으며, 양나라 효왕을 섬겨 중대부가 되었다. 오나라와 초나라가 반란을 일으켰을 때 효왕은 한안국과 장우張羽를 장군으로 삼아 동쪽 국경에서 오나라 군대를 막게 하였다. 이때 장우가 힘을 다해 싸웠고, 한안국이 신중을 기하며 지켰기 때문에 오나라 군대는 양나라〔의 방어선〕를 넘을 수 없었다. 오나라와 초나라가 깨진 뒤 한안국과 장우는 이 일로 이름이 알려졌다.

양나라 효왕은 한나라 경제와 어머니가 같은 동생이었는데, 두 태후는 그를 사랑하여 몸소 청해서 효왕이 〔직접〕 재상과 2000석의 녹을 받는 관리를 둘 수 있도록 해 주었다. 그런데 〔효왕은〕 들어가고 나가는 것과 노는 것이 천자를 뛰어넘었다. 천자는 이런 소문을 듣고 못마땅하게 생각했다. 태후는 경제가 언짢아한다는 것을 알고, 양나라 사자에게 화를 내며 만나 주지도 않고 양왕의 행위를 나무랐다. 한안국은 양나라 사자가 되어 대장공주大長公主(한나라 경제의 누이 유표劉嫖)를 만나 울면서 말했다.

"양나라 왕은 아들처럼 효도하고 신하처럼 충성을 다하는데, 태후께서는 어찌 살펴 주지 않으십니까? 전에 오, 초, 제, 조 등 일곱 나라가 반란을 일으켰을 때 함곡관 동쪽은 모두 합종하여 서쪽으로 진격했으나 양나라만 조정과 가장 친밀하여 큰 어려움을 겪었습니다. 양왕은 태후와 황상께서 관중에 계신데 제후들이 반란을 일으킨 것을 걱정하여 이 일을 말할 때마다 눈물을 줄줄 흘리셨습니다. 신등 여섯 사람에게 무릎을 꿇고 군대를 이끌고 가서 오나라와 초나라의 반란군을 물리치라고 하셨습니다. 오나라와 초나라의 군대는 이 때문에 감히 서쪽으로 나아가지 못하고 마침내 패망하였습니다. 이것은 양왕의 힘 덕분입니다. 지금 태후께서는 사소한 절개와 각박한 예의로 양왕을 꾸짖고 계십니다. 양왕은 아버지와 형이 모두 제왕이므로 본 것이 성대합니다. 따라서 나갈 때에 필필蹕통행을 금하는 것을 외치고 들어올 때에 경警행인을 경계하는 것을 외치게 하였던 것입니다. [양왕의] 수레와 깃발은 모두 황제께서 내려 주신 것입니다. 그는 이것을 가지고 구석진 현양나라에서 자랑하고, 수레를 몰아 나라 안을 달려 제후들에게 뽐내며, 천하 사람들에게 태후와 황상께서 자신을 사랑하심을 알리려고 하였을 뿐입니다. 그런데 지금 양나라 사자가 오면 그때마다 꾸짖으시니 양왕은 두려워 밤낮으로 울며 [태후와 황상을] 사모할 뿐 어찌할 줄을 모르십니다. 양왕이 아들처럼 효도하고 신하처럼 충성하는 것을 태후께서는 어찌 어여삐 여기지 않으십니까?"

대장공주가 이 말을 태후에게 자세히 전하자 태후는 기뻐하며 말했다.

"그를 위하여 이 말을 황상에게 알리리라."

이 이야기를 황제에게 전하자, 황제는 마음이 풀려 관을 벗고 태후에게 사과하며 말했다.

"형제가 서로 잘 가르치지 못해 태후께 걱정을 끼쳐 드렸습니다."

그리고 양나라 사자를 모두 만나 보고 후하게 상을 내렸다. 그 뒤 양나라 왕은 더욱더 총애를 받았다. 태후와 대장공주는 각각 한안국에게 1000여 금이 나가는 상을 더 내렸다. 이 일로 한안국의 이름이 드러나고 한나라 조정과 인연을 맺게 되었다.

그 뒤 한안국은 법을 어겨 벌을 받게 되었다. 이때 몽현蒙縣의 옥리 전갑田甲이 그를 모욕하자, 한안국이 말했다.

"불 꺼진 재라고 어찌 다시 타지 않겠는가?"

전갑이 말했다.

"그러면 즉시 거기다 소변을 누겠다."

그로부터 얼마 지나지 않아 양나라의 내사 자리가 비게 되었다. 한나라는 사자를 보내 한안국을 양나라의 내사로 삼으니 죄수의 몸에서 풀려나 2000석의 녹을 받는 고관이 되었다. 전갑이 도망쳐 달아나자 한안국이 말했다.

"전갑이 관직으로 나아가지 않으면 내 너의 일족을 멸하리라."

전갑은 어깨를 드러내고 사죄하였다. 한안국은 웃으면서 말했다.

"소변을 누라. 너희 같은 무리를 데리고 따질 것이 있겠느냐?"

그러고는 마침내 전갑을 잘 대우해 주었다.

군주가 곤욕을 당하면 신하는 죽어야 한다

양나라의 내사 자리가 비었을 때, 효왕은 새로 제나라 사람 공손궤公孫詭를 얻어 그를 좋아하므로 조정에 그를 내사로 삼고 싶다고 요청했다.

그러나 두 태후는 이 말을 듣고 왕에게 조서를 내려 한안국을 내사로 삼게 하였다.

공손궤와 양승羊勝은 효왕을 설득하여, 〔경제에게〕 태자로 삼아 주고 영지를 더 늘려 달라고 요구하게 하였다. 그리고 한나라 대신들이 듣지 않을까 두려워 몰래 사람을 보내 한나라 조정의 권력을 휘두르는 모신을 찔러 죽이고, 옛날 오나라 재상이던 원앙도 찔러 죽이게 했다. 때마침 경제가 공손궤와 양승 등의 계획을 알고 사자를 보내어 이들을 체포하여 반드시 잡아 오게 하였다. 한나라 사자 10명이 양나라에 이르러 재상 이하 온 나라가 대대적으로 찾았으나 한 달이 넘도록 이들을 잡지 못했다. 내사 한안국은 공손궤와 양승이 효왕이 머무는 곳에 숨어 있다는 말을 듣고 왕궁으로 들어가 효왕을 뵙고 울면서 말했다.

"군주가 곤욕을 당하면 신하는 죽어야 합니다. 대왕께서는 어진 신하가 없기 때문에 일이 이처럼 어지러워졌습니다. 지금 공손궤와 양승을 못 잡고 있으니 신을 꾸짖고 죽음을 내려 주십시오."

효왕이 말했다.

"어찌 이렇게까지 하시오?"

한안국은 눈물을 여러 차례나 줄줄 흘리며 말했다.

"대왕께서는 스스로 헤아리시기에 왕과 황상의 친함이 태상황太上皇과 고황제의 친함, 황상과 임강왕臨江王의 친함에 비교하면 어느 쪽이 더하다고 보십니까?

효왕은 말했다.

"내가 그들만 못하오."

한안국이 말했다.

"저 태상황과 임강왕은 [황상과] 친부자 사이입니다. 그러나 고제께서는 '석 자 되는 칼을 들고 싸워 천하를 얻은 자는 짐이다.'라고 하셨습니다. 이 때문에 태상황은 돌아가실 때까지 국정에 관여하지 못하고 역양현欒陽縣에 계셨습니다. 임강왕은 본처가 낳은 맏아들로서 태자였지만 [태자의 어머니 율희가] 말 한마디 잘못함으로써 폐위되어 임강왕이 되었고, 뒤에 왕궁 담장을 침해한 일로 [벌을 받게 될까 두려워] 중위부에서 자살하였습니다. 무엇 때문에 그렇게 하였겠습니까? 천하를 다스리는 데 사사로운 정 때문에 공적인 일을 어지럽힐 수 없기 때문입니다. 속담에 '친아버지가 있다고 해도 그가 호랑이가 되지 않으리라는 것을 어찌 알며, 친형이 있다고 해도 그가 이리가 되지 않으리라는 것을 어찌 알겠는가?'라고 하였습니다. 지금 대왕께서는 제후의 열에 계시면서 한낱 간사한 신하의 터무니없는 말을 좋아하여 군주의 금령을 어기고 분명한 법을 왜곡시켰습니다. 천자께서는 태후 때문에 차마 대왕께 법을 집행하지 못하고 있을 뿐입니다. 지금 태후께서는 밤낮으로 울면서 대왕께서 스스로 잘못을 고치시기를 바라지만, 대왕께서는 끝내 깨닫지 못하고 계십니다. 만일 태후께서 돌아가시기라도 하면 왕께서는 누구를 의지하시렵니까?"

효왕은 말이 채 끝나기도 전에 눈물을 여러 차례나 줄줄 흘리며 한안국에게 사과하며 말했다.

"내 지금 공손궤와 양승을 내주겠소."

공손궤와 양승은 자살했다. 한나라 사자는 돌아가 이렇게 양나라의 일이 모두 해결되었으며 이것은 한안국의 힘 덕분이었다고 보고했다. 이 일로 경제와 태후는 한안국을 더욱 중하게 여겼다.

효왕이 죽고 공왕共王양나라 효왕의 맏아들 유매劉買이 즉위했다. 한안국은 법을 어겨 벼슬을 잃고 집에 있게 되었다.

회오리바람도 마지막에는 기러기 털조차 날리지 못한다

〔무제〕 건원 연간에 무안후 전분은 한나라 태위가 되었으며, 외척이면서 지위도 높아 정권을 장악하였다. 한안국은 그에게 500금 가치의 예물을 선물하였다. 전분은 태후에게 한안국을 추천하였다. 천자도 평소 한안국이 어질다고 들었으므로 곧바로 불러 북지군北地郡의 도위로 삼았다가 자리를 옮겨 대사농으로 삼았다. 민월과 동월이 서로 공격하자 한안국과 대행大行대행령大行令이라고도 하며 빈객 접대를 맡음 왕회王恢가 병사를 이끌고 출정하였다. 그러나 〔군대가〕 월나라 땅에 이르기도 전에 월나라에서 그들의 왕을 죽이고 투항하였으므로 한나라 군대도 철수하였다.

건원 6년에 무안후가 승상이 되고 한안국은 어사대부가 되었다. 흉노가 화친을 청해 오므로 천자는 신하들에게 이 문제를 논의하게 하였다. 대행 왕회는 연나라 사람으로 여러 차례 변방의 관리를 지내서 흉노의 사정을 잘 알았다. 그가 논의하여 말했다.

"한나라가 흉노와 화친을 한다 해도 대체로 몇 년 지나지 않아 흉노가 또다시 약속을 어길 테니, 받아들이지 말고 군대를 일으켜 치는 것이 낫습니다."

〔그러자〕 한안국이 말했다.

"1000리 밖으로 나가 싸우는 것은 군대에게 이롭지 못합니다. 지금 흉노는 병사가 강하고 말이 튼실한 것만 믿고 금수 같은 마음을 품고 새 떼처럼 흩어졌다 모였다 하며 이리저리 옮겨 다니므로 제압하기 어렵습니다. 우리가 그 땅을 손에 넣더라도 땅을 넓혔다고 할 수 없고, 그 백성을 가진다 해도 국력을 강화하는 데 보탬이 안 됩니다. 그래서 상고 때부터 그들을 한나라로 예속시켜 천자의 백성으로 취급하지 않았던 것입니다. 한나라 군대가 수천 리 밖에서 [그들과] 이익을 다툰다면 사람과 말이 지칠 테고, 흉노는 한나라 군대가 지친 틈을 타서 제압할 것입니다. 게다가 강력한 쇠뇌도 끝에 가서는 [아주 얇은] 노나라의 비단조차 뚫을 수 없고, 회오리바람도 그 마지막 힘은 [가벼운] 기러기 털을 날리게도 할 수 없습니다. 처음부터 강력하지 않은 것이 아니라 끝에 가서 힘이 쇠약해지기 때문입니다. 흉노를 치는 것은 불리하니 화친하는 편이 더 낫습니다."

논의에 참가한 여러 신하들 가운데 한안국의 의견에 찬성하는 이가 많으므로 이에 황상은 화친을 허락하였다.

하마터면 한나라에 속을 뻔하다

그 이듬해는 바로 원광 원년이다. 안문군雁門郡 마읍현馬邑縣의 호족 섭옹일聶翁壹이 대행 왕회를 통하여 황상에게 말했다.

"흉노는 한나라와 처음으로 화친하여 변경 사람들과 친하게 지내며 믿고 있습니다. 이 기회에 이익을 미끼로 그들을 유인하는 것이 좋습니다."

〔그래서〕 섭옹일을 몰래 첩자로 삼아 흉노로 도망쳐 들어가 선우흉노의 군주에게 이렇게 말하게 했다.

"저는 마읍의 현령, 현승, 관리를 베어 죽이고 성을 들어 항복하여 재물을 다 얻도록 할 수 있습니다."

선우는 섭옹일을 믿으므로 그렇게 할 수 있다고 여기고, 그의 말대로 하도록 하였다. 섭옹일은 돌아와 속여서 사형수의 목을 베어 머리를 마읍의 성에 매달아 놓고 선우의 사자에게 보여 주며 믿게 하고는 말했다.

"마읍의 장관은 벌써 죽었으니 서둘러 쳐들어오시오."

이에 선우는 변방의 요새를 뚫고 기병 10여만 명을 이끌고 무주현武州縣의 요새로 들어왔다.

이때 한나라의 복병은 전차, 기병, 보병 등 30여만 명이 마읍 옆 산골짜기에 숨어 있었다. 위위 이광李廣은 효기장군驍騎將軍이 되고, 태복 공손하公孫賀는 경거장군輕車將軍이 되고, 대행 왕회는 장둔장군將屯將軍이 되고, 태중대부 이식李息은 재관장군材官將軍이 되었다. 어사대부 한안국은 호군장군護軍將軍이 되었는데 모든 장군은 호군에 소속되었다. 선우가 마읍으로 들어오면 한나라 군사가 일제히 돌격하기로 약속하였다. 왕회, 이식, 이광은 따로 대군代郡에서 흉노의 보급 부대를 치기로 하였다.

이때 선우는 한나라의 장성長城인 무주현의 요새로 들어와 마읍에서 100여 리가 채 못 되는 곳까지 쳐들어오면서 약탈을 계속하였는데, 들에는 가축만 보일 뿐 사람은 한 명도 보이지 않았다. 선우는 이를 괴상하게 여겨 봉화대를 공격하여 무주의 위사尉史현위縣尉를 보좌하는 관원를 붙잡았다. 선우가 위사를 찔러 죽이겠다고 위협하며 〔어떻게 된 일인지〕 물으니, 위사가 말했다.

"한나라 군대 수십만 명이 마읍성 아래에 매복하고 있소."

그래서 선우는 좌우를 돌아보며 말했다.

"하마터면 한나라에 속을 뻔하였다."

그는 군사를 이끌고 돌아서 변방의 요새 밖으로 나가면서 말했다.

"내가 위사를 얻은 것은 하늘의 뜻이다."

그리고 위사를 '천왕天王'으로 일컬었다. 요새 아래에 선우가 군대를 이끌고 돌아갔다는 말이 전해졌다. 한나라 군대는 변방의 요새까지 추격하였으나 따라잡을 수 없음을 알고 곧 멈췄다. 왕회 등의 군사 3만 명은 선우가 한나라 군대와 싸우지 않았다는 말을 듣고 가서 선우의 보급 부대를 치면 반드시 선우의 정예 병사들과 싸우게 될 테고, 그러면 한나라 군대는 반드시 패하게 되리라 여겨 임의로 싸움을 멈추기로 하여 다같이 공을 세우지 못했다.

천자는 왕회가 선우의 보급 부대를 치지 않고 멋대로 군대를 이끌어 〔싸움을〕 멈춘 것에 노여워했다. 왕회는 말했다.

"처음 약속으로는 흉노가 마읍성으로 들어와 우리 군대와 선우가 싸우면, 신이 그들의 보급 부대를 쳐서 승리할 수 있다고 했습니다. 그런데 선우는 〔이런 말을〕 듣고는 마읍으로 들어오지 않고 돌아갔습니다. 신은 3만 명으로 그들과 대적하기에는 역부족이며, 그럼에도 불구하고 그들을 공격한다면 치욕만 얻을 뿐이라고 생각하였습니다. 물론 신은 돌아와서 목이 베일 것을 알고 있었습니다. 그러나 폐하의 군사 3만 명은 온전하게 보전할 수 있었습니다."

이에 〔황상은〕 왕회를 정위형벌을 관장하는 직위에게 넘겼다. 정위는 왕회에게 두요逗橈적군을 보고 도망치려는 죄 죄를 적용하여 머리를 베어야 한다고 판결하였다. 왕회는 몰래 승상 전분에게 1000금을 뇌물로 주었다. 전분은 감히 황상에게는 말하지 못하고 태후에게 이렇게 말했다.

"왕회가 주동이 되어 마읍의 일을 꾸몄는데 지금 성공하지 못하였다고 하여 왕회를 죽인다면, 이것은 흉노를 위하여 원수를 갚아 주는 격입니다."

황상이 태후에게 아침 문안을 드릴 때, 태후는 승상이 한 말을 황상에게 전했다. 그러자 황상이 말했다.

"처음으로 마읍의 일을 주도한 사람은 왕회입니다. 그 때문에 천하의 군사 수십만 명을 동원하여 그의 말에 따라 이렇게 했던 것입니다. 비록 선우는 사로잡을 수 없더라도 왕회의 부대가 그의 보급 부대를 쳤다면 오히려 자못 얻는 바가 있었을 테고, 그로써 사대부들의 마음을 위로할 수 있었을 것입니다. 지금 왕회를 죽이지 않으면 천하에 사과할 길이 없습니다."

왕회는 이 말을 듣고 자살했다.

흉노에게 속아 결국 피를 토하고 죽다

한안국의 사람됨은 원대한 지략이 많아 그 지모는 세상의 흐름에 따라 영합하기에 충분했으며 충성심이 두터운 데서 나온 것이다. 그는 재물을 좋아하고 탐하기는 하였으나, 자신보다 청렴결백하고 현명한 선비들을 추천하였다. 양나라에서는 호수壺遂, 장고臧固, 질타郅他를 추천하였는데 모두 천하의 이름난 선비였다. 이 때문에 선비들은 그를 칭찬하고 앙모하였으며, 천자까지도 그야말로 나라의 재목으로 여겼다. 한안국이 어사대부가 된 지 4년 남짓하여 승상 전분이 죽자 한안국이 승상 일을 대행하게 되었는데, [천자의 수레를] 인도하다가 수레에서 떨어져 절름발이가 되었다. 천자는 승상을 임명하는 문제를 의논하고 한안국을 등용할 생각으로 사자를 보내 그를 살펴보게 하였는데 심하게 절었다. 그래서 평극후平棘侯 설택薛澤을 승상으로 삼았다. 한안국은 병으로 벼슬을 그만둔 몇 달 뒤에 절름거리는 것이 낫게 되자, 황상은 다시 그를 중위로 삼았다. 1년 남짓 지나 다시 자리를 옮겨 위위로 삼았다.

거기장군 위청衛青이 흉노를 공격했는데, 상곡군上谷郡으로 출동하여 농성蘢城에서 깨뜨렸다. 그러나 이때 장군 이광은 흉노에게 붙잡혔다가 도망쳐 돌아왔고, 공손오는 병졸을 크게 잃었다. 이들은 모두 참수되어야 하는 죄에 해당하였지만 속죄금을 내고 평민이 되었다. 이듬해에 흉노가 변경으로 크게 쳐들어와 요서군遼西郡 태수를 죽이고, 또 안문으로 들어와 죽이고 붙잡아간 사람이 수천 명이나 되었다. 거기장군 위청은 그들을 치기 위해 안문에서 나갔고, 위위 한안국은 재관장군으로서 어양漁陽에 주둔하였다. [이 무렵] 한안국이 사로잡은 포로가 흉노는 멀리 물러갔다고 하였으므로, 즉시 글을 올려 마침 농번기이니 잠시 군대가 주둔하는 것을 멈추게 해 달라고 요청했다. 군대의 주둔을 멈춘 지한 달여 만에 흉노가 상곡과 어양에 대규모로 쳐들어왔다. 한안국의 성벽에는 700여 명이 있어 나가 흉노와 싸웠으나 이기지 못하고 다시 성으로 돌아왔다. 흉노는 백성 1000여 명과 가축과 재산을 약탈해 갔다. 천자는 이 소식을 듣고 노하여 사자를 보내 한안국을 꾸짖고 더 동쪽으로 옮겨 우북평군右北平郡에 주둔하게 하였다. 이때 흉노의 포로가 흉노 군대가 동쪽으로 들어올 것이라고 했다.

한안국은 처음에 어사대부이면서 호군이었으나, 나중에 점점 배척되고 멀어져 벼슬이 아래로 옮겨졌다. 그러나 새로 총애를 받게 된 장년의 장군 위청 등은 공을 세워서 더욱더 존귀한 신분이 되었다. 한안국은 이미 소원해져 묵묵히 보냈다. 그는 주둔군의 장수가 되었다가 또 흉노에게 속아 군사를 많이 잃게 되자 몹시 부끄럽게 여겼다. 그는 요행히 벼슬을 그만두고 돌아가 점점 더 동쪽으로 옮겨 주둔하게 되자, 마음이 불안하고 즐겁지가 않았다. 그는 몇 달 뒤에 병들어 피를 토하고 죽었다. 한안국은 원삭 2년에 죽은 것이었다.

태사공은 말한다.

"나는 호수와 함께 음률과 역법을 제정할 때, 한장유는 의리 있고 호수는 생각이 깊으며 중후함을 감추고 있음을 보았다. 세상 사람들이 양나라에 장자長者가 많다고 하는데 헛된 말이 아니구나! 호수의 벼슬은 첨사詹事황후와 태자의 집안일 관장에 이르렀는데, 천자는 그를 신임하여 한나라의 승상으로 삼으려고 하였으나 마침 세상을 떠났다. 그렇지 않았다면 호수는 청렴한 마음과 올바른 품행으로 삼가고 직분을 다하는 군자가 되었을 것이다."

49

이 장군 열전
李將軍列傳

이광은 한나라 경제, 무제 때의 장수로 사냥하던 중 풀더미 속 바위를 호랑이로 잘못 알고 쏜 화살이 바위를 뚫었다는 이야기로 유명하다. 그는 전한 시대에 흉노와 70여 차례 싸워 혁혁한 공을 세워 흉노로부터 비장군飛將軍으로까지 불렸다. 그는 부하를 사랑하는 마음이 각별하여 행군 도중에 부하들이 목마름과 굶주림으로 고통을 받으면 그들에게 먼저 물을 먹이고 음식을 주었다. 이 때문에 부하들은 이광을 위해 죽는 것을 가장 큰 기쁨으로 여겼다. 그의 전공에 비하면 벼슬은 보잘것없는 구경에 불과했다. 그런데 당시 대장군 위청은 그의 재능을 시기하여 일부러 불리한 위치에서 싸우게 하여 어떤 전공도 세우지 못하게 만들어 결국 궁지에 몰아넣는 궁정 사회의 폐단이 여실히 드러난다.

따라서 사마천은 한편으로는 이 장군의 재능을 구체적으로 서술하면서, 또 한편으로는 그와 그 가족들의 불행에 깊은 동정을 보이면서 경제 때의 국내적 상황과 무제 때의 대외 전쟁 등으로 야기된 당시의 시대적 아픔을 행간마다 비분강개한 필치로 드러내었다. 이 편은 서사적 표현과 비유로 이광을 품평하고 있으나, 문체는 소박하고 꾸민 흔적이 별로 없다. 그럼에도 독자가 받는 감명의 폭은 깊다. 여기서 주목할 것은 이광을 같은 시대의 위청, 곽거병과 대비시키기 위하여 「이 장군 열전」 뒤에 「흉노 열전」을 두어 당시 흉노 정벌의 선봉에 섰던 장수들을 비교한 점이다. 출신이 미천한 이광과 귀족 출신 장수 위청, 곽거병을 대비함으로써 이광의 인품을 더욱 부각시키려 한 의도를 엿볼 수 있다.

호랑이인 줄 알고 바위를 쏘아 뚫은 이광.

때를 만났다면 만호후쯤은 문제없었을 텐데

　장군 이광李廣은 농서군隴西郡 성기成紀 사람이다. 그의 선조 이신李信은 진秦나라 때 장군이 되어 연나라 태자 단丹을 추격해 잡은 일이 있다. 그는 본래 괴리현槐里縣에서 살았는데 나중에 성기현成紀縣으로 이사하였다. 이광의 집은 대대로 궁술을 전수받았다.

　효문제 14년에 흉노가 소관蕭關으로 대거 쳐들어왔을 때 이광은 양가의 자제로서 종군하여 흉노를 공격했다. 그는 기마술과 활쏘기에 뛰어나 적의 머리를 베고 포로를 많이 잡아 한나라의 중랑中郎이 되었고, 사촌 동생 이채李蔡도 중랑이 되었다. 두 사람 모두 무기상시武騎常侍에 임명되어 봉록 800석을 받았다. 일찍이 〔황제의〕 행차를 따르다가 위험을 무릅쓰고 무용을 드러내었으며, 맹수를 주먹으로 쳐서 죽인 일도 있었다. 문제가 말했다.

　"안타깝게도 그대는 때를 만나지 못했으니! 만일 고제 때 살았더라면 만호의 제후쯤은 어찌 말할 필요가 있었겠는가."

　효경제가 막 즉위했을 때 이광은 농서도위가 되었다가 기랑장騎郎將으로 자리를 옮겼다. 오나라와 초나라 등이 〔일곱 나라가〕 반란을 일으켰을 때 이광은 효기도위驍騎都尉가 되어 태위 주아부를 따라 오나라와 초나라 군대를 쳐 깃발을 빼앗고, 창읍昌邑의 성 밑에서 공을 세워 이름을 떨쳤다. 〔그러나〕 그는 양왕에게 장군의 인수를 받아 돌아왔으니 포상을 받지 못했다. 상곡군上谷郡 태수로 옮겨서 날마다 흉노와 맞서 싸웠다. 전

속국典屬國관직 공손곤야公孫昆邪가 울면서 효경제에게 말했다.

"이광의 재능은 천하에 둘도 없습니다. 그는 자기 능력을 과신하여 걸 핏하면 오랑캐와 싸우곤 합니다. 이광을 잃을까 두렵습니다."

이에 곧 황제는 이광을 옮겨 상군上郡 태수로 삼았다. 뒤에 이광은 변 방에 있는 각 군의 태수로 자리를 옮겼다가 다시 상군으로 옮겼다. 그는 일찍이 농서, 북지, 안문, 대군, 운중의 태수를 지냈으며 모두 힘껏 싸워 서 이름을 날렸다.

흉노가 상군으로 대거 쳐들어오자, 천자는 중귀인中貴人환관에게 이광 을 따라 군사를 통솔하고 훈련시켜 흉노를 치도록 명령했다. 중귀인은 기병 수십 명을 이끌고 사방으로 달리다가 흉노의 군사 세 명을 발견하 고 싸우게 되었다. 그러나 세 사람은 중귀인 쪽으로 몸을 돌리더니 활을 쏘아 중귀인에게 상처를 입히고, 뒤따르던 한나라 기병을 거의 다 죽이 려 하였다. 중귀인이 이광이 있는 곳으로 달려 들어오자 이광이 말했다.

"그들은 틀림없이 수리를 쏘는 사수이다."

이광은 기병 100명을 이끌고 세 사람을 뒤쫓아 달려갔다. 세 사람은 말이 없어 걸어서 달아났으므로 몇십 리밖에 가지 못했다. 이광은 기병 들에게 좌우로 날개처럼 벌리도록 하고 자신이 그 세 사람을 쏘아 두 사 람을 죽이고 하나를 사로잡았다. 잡고 보니 정말 흉노 가운데 수리를 쏘 는 사수들이었다. 이광이 이들을 묶은 뒤 말 위에 올라 흉노 쪽을 바라 보니 기병 몇천 명이 눈에 띄었다. 흉노는 이광을 보고 자신들을 유인하 러 온 기병으로 알고 모두 놀라서 산 위로 올라가 진을 쳤다. 이광이 이 끄는 기병 100명도 모두 매우 두려워하여 말머리를 돌려 물러나려고 했 으나 이광이 말했다.

"우리는 [본진의] 대군에서 몇십 리 떨어져 있다. 만일 지금 이러한 상황에서 기병 100명으로 달아난다면 흉노들이 우리에게 활을 쏘며 뒤쫓아 와 순식간에 전멸될 것이다. 지금 우리가 [이곳에] 머물러 있으면 흉노들은 틀림없이 우리를 대군을 낀 유인병으로 알고 감히 공격하지 못할 것이다."

이광은 모든 기병에게 명령을 내렸다.

"전진하라!"

또 흉노의 진지 앞 2리쯤에서 멈춰 이렇게 명령했다.

"모두 말에서 내려 안장을 풀어라."

그러자 기병들이 물었다.

"흉노는 수가 많으며 바로 눈앞에 있습니다. 만일 급습해 오면 어떻게 합니까?"

이광이 말했다.

"저 오랑캐들은 우리가 달아날 것으로 알고 있다. 지금 모두 안장을 풀어서 달아나지 않는다는 것을 보여 우리가 유인병이라는 생각을 굳히게 하려는 것이다."

정말 흉노 기병들은 끝까지 감히 공격해 오지 않았다.

백마를 탄 적군의 장수가 앞으로 나와 그들 군대를 보호하고 있었다. 이광은 기병 10여 명과 말을 달려 백마를 타고 있던 적장을 활로 쏘아 죽인 뒤 그 기병 속으로 다시 돌아와 말안장을 내려놓고는 기병들에게 모두 말을 풀어 놓고 누워 있도록 하였다.

이때 마침 날이 저물자 흉노 군사들은 이를 이상하게 여겨 감히 습격하려고 하지 않았다. 한밤중이 되자 흉노 군사들은 또 가까운 곳에 한나라의 복병이 있어 어둠을 타고 습격해 오지 않을까 의심하여 군사를 모두 이끌고 떠났다. 이튿날 새벽에 이광은 즉시 한나라 진영으로 돌아왔다. 한나라 진영에서는 이광이 어느 곳으로 갔는지 몰라서 뒤따라오지 못했던 것이다.

반드시 산 채로 잡아 오라

세월이 흘러 효경제가 죽고 무제가 즉위하였다. 주위에 있는 자들이 이광을 명장이라 하므로 이에 이광은 상군 태수로 있으면서 미앙궁의 위위를 겸했다. 정불식程不識도 장락궁의 위위가 되었다. 정불식은 전에 이광과 함께 변방 태수로서 주둔군을 인솔하던 장수였다. 오랑캐를 치러나갈 때 이광은 행군하면서 부대를 편성하거나 진형을 취하지도 않고 물풀이 무성한 곳에 주둔하였다. 머물러 있으면서 사람들은 자유로웠고, 조두刁斗구리로 만든 그릇으로 밤에 이것을 쳐서 경비를 했음를 쳐서 경계하는 일도 없었다. 장군의 진영 안에서는 [가능하면] 문서와 장부 같은 것을 생략했으며, 척후병을 먼 데까지 보내어 일찍이 적의 습격으로 인한 피해를 받은 일이 없었다. [이와 반대로] 정불식은 부곡部曲항오行伍 또는 부오部伍라고 함, 수오隊伍대오, 숙영진영을 규범에 맞게 하고 조두를 쳐 경계하였으며 사졸들은 날이 밝아 올 때까지 군의 문서를 처리하였으므로 군사들은 쉴 수가 없었다. 그런데 그도 적에게 습격을 받은 일은 없었다. 정불식이 말했다.

"이광의 군사는 무장이 간단하여 적이 갑자기 습격해 오면 막아 낼 방법이 없을 것이다. 그렇지만 사졸들은 편안하고 즐겁게 지내므로 모두 그를 위해 즐겁게 죽을 생각을 하고 있다. 우리 군대는 일이 번잡하지만 오랑캐들은 우리를 침범해 오지 못한다."

그 무렵 한나라의 변방 고을에서 이광과 정불식은 둘 다 이름 있는 장수였다. 그러나 흉노는 이광의 지략을 두려워하였고, 사졸들도 이광의 밑에 있기를 좋아하고 정불식의 부대에서 일하는 것을 고통스러워했다. 정불식은 효경제 때 직간을 자주 하여 태중대부가 되었다. 그는 사람됨이 청렴하고 조정의 법령을 지키는 데 엄격했다.

그 뒤에 한나라는 마읍성을 미끼로 선우를 유인하고, 대군을 마읍 부근 골짜기에 숨겨 놓은 일이 있었다. 이때 이광은 효기장군이 되어 호군장군한안국에 배속되었다. 당시 선우는 그 계략을 눈치채고 군사를 이끌고 달아났으므로 한나라 군사들은 모두 전공을 세울 수 없게 되었다. 그 뒤 4년이 지나 이광은 위위 신분으로 장군이 되어 안문을 나가 흉노를 쳤다. 〔그러나〕 흉노의 대군을 만나 이광의 군대는 싸움에서 지고 이광은 사로잡혔다. 선우는 전부터 이광이 현명하다고 들었으므로 이렇게 명령했다.

"이광을 잡거든 반드시 산 채로 데리고 오라."

오랑캐군은 이광을 사로잡았으나, 이광이 당시 부상을 입었으므로 말두 필 사이에 그물을 엮고 그 위에 눕혔다. 10여 리쯤 갔을 때 이광은 죽은 척하고 누워서 곁눈질로 살펴보니 곁에 오랑캐 소년이 좋은 말을 타고 있었다. 이광은 갑자기 뛰어 일어나서 오랑캐 소년의 말에 올라타 그 소년을 밀어 떨어뜨리고 그의 활을 빼앗아 말을 달려 남쪽으로 수십 리를 가서야 다시 남은 군사들을 얻어 그들을 이끌고 요새로 들어갔다. 흉노 기병 수백 명이 뒤쫓았으나 이광은 빼앗은 활로 이들을 쏘아 죽이고 무사히 달아났다. 이렇게 하여 한나라로 되돌아왔는데, 한나라에서는 이광을 형리에게 넘겨 문초하게 하였다. 한나라에서는 이광이 많은 부하를 잃고 적에게 사로잡힌 죄를 들어 참수해야 한다고 하였으나, 속죄금을 내고 평민이 되었다.

돌에 박힌 화살

눈 깜짝할 사이에 이광이 집에 들어앉은 지 몇 년이 되었다. 이광은 영음후潁陰후의 손자와 함께 물러나와 시골에 살면서 남전藍田의 남쪽 산속에서 활쏘기와 사냥을 하곤 했다. 어느 날 밤 기병 한 명을 데리고 밖으로 나갔다가 사람들과 야외에서 술을 마셨다. 집에 돌아오는 길에 패릉정霸陵亭에 이르렀을 때, 패릉현의 위尉가 술에 취하여 이광을 큰소리로 꾸짖으며 보내 주지 않았다. 이광의 기병이 말했다.

"이분은 옛날의 이 장군이시다."

그러자 정위가 말했다.

"현직에 있는 장군도 밤에는 돌아다니지 못하거늘 하물며 예전 장군임에랴!"

그러고는 이광을 붙잡아 두고 역정驛亭에서 밤을 보내게 했다. 이 일이 있고 나서 얼마 뒤에 흉노가 쳐들어와 요서군 태수를 죽이고 한 장군韓

將軍한안국을 패배시켰다. 뒤에 한 장군은 우북평右北平으로 옮겨졌다. 그래서 천자는 이광을 불러 우북평의 태수로 삼았다. 이광은 곧 천자에게 패릉의 위를 함께 가도록 해 달라고 요청하여 그가 진영 안으로 오자 목을 베었다.

이광이 우북평에 머물자 흉노는 그 소문을 듣고 '한나라의 비장군飛將軍'이라고 부르며 피하여 몇 년 동안은 감히 우북평에 쳐들어오지 않았다.

이광이 사냥을 나갔다가 풀숲에 있는 돌을 호랑이로 잘못 보고 활을 쏘았더니 그 화살촉이 돌 속으로 들어가 버렸다. 자세히 보니 돌이었으므로 한 번 더 쏘았으나 〔화살촉이 박혀〕 더 이상 다시 들어가지 않았다. 이광은 자신이 부임한 군에 호랑이가 있다는 소리를 들으면 일찍이 혼자 나가서 활로 쏘곤 하였다. 우북평에 있을 때 이광의 화살을 맞은 호랑이가 달려들어 그에게 상처를 입혔지만, 결국 이광이 호랑이를 쏘아 죽인 적도 있었다.

이광은 청렴하여 상을 받으면 그것을 번번이 부하들에게 나눠 주고, 음식도 병사들과 함께 먹었다. 이광은 죽을 때까지 40여 년에 걸쳐 봉록 2000석을 받는 관직에 있었으나 집에는 남아 있는 재물이 없었으며, 끝까지 집안의 재산에 대해서는 말하는 일이 없었다.

이광은 태어날 때부터 키가 크고 팔이 원숭이처럼 길었다. 그가 활을 잘 쏘는 것도 천부적인 재능이어서 그 자손이나 남들이 아무리 배워도 이광에게는 미치지 못했다. 이광은 말을 더듬고 말수가 적었으며, 다른 사람과 한가하게 있을 때는 땅바닥에 군사 진형을 그려 놓고, 또 땅의 넓고 좁은 것을 재어 표적을 만든 뒤 활을 쏘아 누가 멀고 가까운가를 비교하여 내기 술을 마시곤 하였다. 이처럼 활쏘기를 즐거움으로 삼다가 일생을 마쳤다.

이광은 군대를 인솔할 때 식량과 물이 부족한 곳에서 물을 보아도 병졸들이 물을 다 마시기 전에는 물에 가까이 가지 않았으며, 병졸들이 음식을 다 먹고 난 뒤에야 비로소 음식을 먹었다. 이렇듯 사람들에게 관대하면서 까다롭지는 않아 병졸들은 그에게 지휘 받기를 좋아했다. 또 활을 쏠 때는 적이 습격해 와도 거리가 수십 보 안에 들어오지 않거나 명중시킬 자신이 없으면 쏘지 않았는데, 쏘기만 하면 활시위 소리가 나자마자 고꾸라졌다. 이 때문에 그는 싸움터에서 자주 적에게 포위되거나 곤욕을 당했고, 맹수를 쏠 때도 부상을 당하는 일이 많았다고 한다.

위기가 닥치면 침착하라

얼마 지나지 않아 석건이 죽자 황상은 이광을 불러서 석건 대신 낭중령으로 삼았다. 원삭 6년에 이광은 다시 후장군後將軍이 되어서 대장군 위청을 따라 정양군定襄郡에 나가 흉노를 공격하였다. 여러 장수 중에는 적의 머리를 베고 포로를 잡은 공로가 법령의 상을 주는 기준에 맞아 제후에 봉해진 자가 많았는데, 이광의 군대는 공을 세우지 못했다. 2년이 지난 뒤 이광은 낭중령으로서 기병 4000명을 거느리고 우북평을 출발했다. 박망후博望侯 장건張騫도 기병 1만 명을 이끌고 이광과 길을 달리하여 정벌길에 올랐다. 수백 리쯤 행군했을 때 이광은 흉노 좌현왕左賢

王이 거느린 기병 4만 명에게 포위되었다. 이광의 군사가 모두 겁에 질리자, 이광은 그 아들 이감李敢에게 명해 적군을 돌파하게 했다. 이감은 겨우 기병 수십 명만을 거느리고 홀로 오랑캐의 한가운데를 돌파하여 적을 좌우로 갈라 놓고 이광에게 이렇게 말했다.

"오랑캐 따위는 쉽게 상대할 수 있습니다."

군사들은 그제야 안심하였다. 이광은 진을 동그랗게 치고 밖을 향하게 하였는데, 흉노 군대가 급히 내달아 와 공격하며 화살을 소나기처럼 쏘았다. 한나라 군대는 죽은 자가 절반을 넘었고 화살도 거의 떨어졌다. 그래서 이광은 군사들에게 활에 살을 메워 한껏 잡아당기되 쏘지는 말도록 명령하고 자신이 직접 대황大黃이라는 활로 적의 비장을 쏜 뒤 몇 사람을 죽이니 흉노 군사들의 포위망이 점점 풀리기 시작했다. 때마침 날이 저물자 군리와 군사들은 모두 〔겁에 질려〕 사색이 되었으나 이광의 감정은 평상시나 다름없이 군대를 정돈하고 격려하였다. 군사들은 이로 인해 이광의 용기에 탄복했다. 이튿날 다시 치열한 싸움이 벌어졌는데, 박망후의 군사가 도착하였으므로 흉노의 군사는 〔포위망을〕 풀고 물러갔다. 그러나 한나라 군대는 지쳐서 뒤쫓아 공격할 수 없었다. 이때 이광의 군대는 거의 전멸 상황까지 가서 싸움을 끝내고 돌아왔다. 한나라 법에 의하면 박망후가 꾸물대어 제때에 도착하지 못한 것은 사형에 해당되었는데 그는 속죄금을 내고 서민이 되었다. 이광은 공적과 과실이 비슷하여 상은 받지 못했다.

항복한 자를 죽이면 화가 닥친다

처음에 이광의 사촌 동생 이채는 이광과 함께 효문제를 섬겼다. 경제 때 이채는 공을 쌓아 2000석이 되었고, 효문제 때는 대나라의 승상에 이르렀다. 원삭 5년에는 경거장군輕車將軍이 되어 대장군을 따라가 우현왕右賢王을 쳤는데, 공로가 법령의 상을 주는 규정에 맞아 낙안후樂安侯로 봉해졌다. 원수 2년에 공손홍公孫弘을 대신하여 승상이 되었다. 이채의 사람됨은 하품에서 중간이며 명성은 이광보다 훨씬 떨어졌다. 그런데 이광은 작위나 봉읍도 얻지 못하고 벼슬도 구경九卿에 불과했으나, 이채는 열후가 되고 작위는 삼공까지 이르렀다. 이광의 군리와 사졸들 중에도 후에 봉해진 자가 있었다. 이광은 일찍이 구름의 기운을 보고 길흉화복을 점치는 왕삭王朔과 이야기하다가 이런 말을 했다.

"한나라가 흉노를 공격한 이래로 지금까지 나 이광은 일찍이 참가하지 않은 적이 없소. 부대의 교위 이하 사람들 중에 재능은 중간치도 못 되지만 오랑캐를 친 공으로 후가 된 이가 수십 명이오. 나 이광은 뒤떨어지는 사람이 아닌데도 봉읍을 얻을 만한 조그마한 군공도 없으니 이것은 무슨 까닭이오? 어찌 내 관상이 후를 감당하지 못하겠소? 아니면 정녕 운명이오?"

왕삭이 말했다.

"장군께서 스스로 생각하시기에 설마 한스러운 일이 있었습니까?"

이광이 말했다.

"일찍이 내가 농서군 태수로 있을 때 강족羌族이 모반한 일이 있소. 나는 그들을 달래 항복을 권했소. 항복한 자가 800여 명이었는데 내가 그들을 속여 같은 날에 다 죽였소. 지금까지 크게 후회되는 일은 이것 하나뿐이오."

왕삭이 말했다.

"항복한 자를 죽이는 것보다 큰 화는 없습니다. 이것이 바로 장군께서 후가 되지 못하는 까닭입니다."

그로부터 2년 뒤, 대장군과 표기장군이 대대적으로 흉노 공격에 나서자 이광은 자기도 싸움에 나가고 싶다고 여러 번 청했다. 천자는 그가 늙었다고 생각하여 허락지 않다가 한참 뒤에야 허락하고 전장군前將軍으로 삼았다. 이해가 원수 4년이었다.

이광은 대장군 위청을 따라 흉노를 공격했다. 요새를 나왔을 때 위청은 적병을 잡아 선우가 있는 곳을 알아내어 스스로 정병을 이끌고 그곳으로 가면서, 이광에게는 우장군右將軍의 군대와 합류하여 동쪽 길로 나가도록 했다. 동쪽 길은 약간 멀리 돌아가야 하는 데다가 큰 군대가 물과 풀이 적은 곳으로 가야 하므로 이러한 상황에서는 주둔하기도 앞으로 나아가기도 어려웠다. 이광은 직접 대장군에게 청원했다.

"신의 부서는 전장군인데, 지금 대장군께서는 신에게 자리를 옮겨 동쪽 길로 나가도록 하셨습니다. 신은 젊을 때부터 계속 흉노와 싸워 왔는데 이제야 선우와 맞닥뜨려 싸울 수 있는 기회가 왔으니 앞에 서서 목숨을 걸고 선우와 싸우기를 원합니다."

그러나 대장군 위청은 은밀히 천자로부터 이런 경계의 말을 들었다.

"이광은 늙고 운수가 사나운 사람이니 선우와 대적하게 해서는 안 된다. 대적한다고 해도 바라던 바를 이루지 못할 것이다."

이때 공손오는 후 신분을 잃은 채 중장군中將軍이 되어 대장군을 수행하고 있었다. 대장군은 공손오와 함께 선우에 대적하고자 하여 전장군 이광의 부서를 옮겼다. 이광은 이런 사실을 알고 대장군에게 〔동쪽으로 나가는 것을〕 한사코 사양했다. 그러나 대장군은 이광의 요청을 받아들이지 않고는 장사長史를 시켜 이광에게 봉서封書를 주어 군영으로 돌려보내며 이렇게 말했다.

"빨리 부서로 가서 편지에 적은 대로 하시오."

이광은 대장군에게 인사도 하지 않고 일어나 나왔다. 그는 마음속에 분노가 가득 찬 채로 부서에 가서 군사들을 이끌고 우장군 조이기趙食其와 합류하여 함께 동쪽 길로 나아갔다. 〔그러나〕 군대에 길을 안내하는 자가 없으므로 때때로 길을 잘못 들어 대장군보다 늦었다. 대장군은 선우와 접전하였으나 선우가 달아나자 잡지 못하고 돌아오다가 남쪽 사막을 지나서야 전장군과 우장군을 만났다. 이광은 대장군을 만난 뒤 자기 군영으로 돌아왔다. 대장군은 장사를 시켜 말린 밥과 탁주를 들려 이광에게 보내고, 이광과 조이기가 길을 잘못 들어 늦게 된 상황을 물었다. 위청은 천자께 글을 올려 군대 상황을 자세히 보고하려 하였으나 이광은 대답하지 않았다. 대장군은 장사를 시켜 이광의 막부로 가서 문서에 의해 사실을 심문하고 엄히 질책하였다.

이광이 말했다.

"모든 교위들에게는 죄가 없고, 내가 스스로 길을 잘못 든 것이오. 내가 지금 직접 가서 심문을 받겠소."

〔이광은〕 자기 막부로 돌아와 부하들에게 이렇게 말했다.

"나 이광은 젊은 시절부터 흉노와 70여 차례 크고 작은 싸움을 했다.

이제 다행히도 대장군을 따라 출전하여 선우의 군사와 맞서 싸우려고 했는데 대장군이 내 부서를 옮겨 길을 멀리 돌아가게 하였고, 더욱이 길을 잃기까지 하였으니, 어찌 천명이 아니겠는가? 하물며 내 나이 예순이 넘었으니 지금에 와서 도필리의 심문에 대답할 수는 없다."

그러고는 칼을 빼어 스스로 목을 찔러 죽었다. 이광이 거느리던 군대의 사대부일반적으로 문관과 무관의 총칭으로 쓰이는데, 여기서는 장사將士를 말함들이 모두 소리 높여 울었다. 백성도 이 소식을 듣고 그를 아는 사람이건 모르는 사람이든 늙은이든 젊은이든 할 것 없이 모두 〔그를〕 위하여 눈물을 흘렸다. 우장군은 형리에게 넘겨져 사형 판결을 받았는데 속죄금을 물고 서민이 되었다.

이광의 세 아들

이광에게는 아들 셋이 있었는데 당호當戶, 초椒, 감敢으로 불렸으며 낭관이 되었다. 천자가 한언韓嫣과 장난을 하고 있었는데, 한언의 행동이 좀 불손하여 이당호가 한언을 치자 한언이 달아났다. 그 때문에 천자는 이당호가 용기 있다고 생각했으나 일찍 세상을 떠났으므로 이초를 대군 태수로 삼았는데, 그도 이광보다 먼저 세상을 떠났다. 이당호에게는 이릉李陵이라는 유복자가 있었다. 이광이 전투에서 죽었을 때 이감은 표기장군을 따라 출전했다. 이광이 죽은 이듬해에 승상 이채는 효경제의 능원 담장 밖에 있는 땅을 침범한 죄로 형리에게 넘겨져 법에 따라 벌을 받게 되었다. 〔그런데〕 이채가 스스로 목숨을 끊어 심문을 받지 않으려고 했으므로 봉국이 몰수되었다. 이감은 교위 신분으로 표기장군을 따라 오랑캐 좌현왕을 공격하였을 때 온 힘을 다해 싸워 좌현왕의 북과 깃발을 빼앗고 적군의 머리를 많이 베었다. 그 공으로 관내후 작위와 식읍 200호를 받았으며 이광을 대신하여 낭중령이 되었다. 그로부터 얼마 뒤 대장군 위청이 자기 아버지가 원한을 품고 죽게 만든 것을 원망하여 대장군을 쳐서 상처를 입혔으나, 대장군은 이 일을 숨기고 드러내지 않았다. 그러나 그 뒤에 이감이 황상의 행차를 따라 옹산雍山으로 올라가서 감천궁에 이르러 사냥을 할 때 위청과 친척인 표기장군 곽거병霍去病이 이감을 활로 쏘아 죽였다. 당시 곽거병은 황상의 총애를 받고 있었으므로 황상은 이 사실을 숨기고 사슴뿔에 받혀서 죽었다고 말했다. 그로부터 1년쯤 지나 곽거병이 죽었다. 이감에게 딸이 있었는데 무제의 중인中人궁녀이 되어 총애를 받았다. 이감의 아들 이우李禹도 태자에게 총애를 받았으나 이익을 탐했다. 이씨 가문은 점점 몰락하였다.

폐하께 보고할 면목이 없다

이릉은 장성하자 건장감建章監이 되어 여러 기병을 감독했다. 그는 활을 잘 쏘고 병사들을 아꼈다. 천자는 이씨 집안이 대대로 장군을 지낸 것을 생각하여 이릉에게 기병 800명을 이끌도록 했다. 〔이릉은〕 일찍이 흉노 땅 안으로 2000여 리나 깊숙이 들어가 거연현居延縣을 지나 지형을 살폈지만 오랑캐를 보지도 못하고 돌아왔다. 그는 기도위騎都尉로 임명되어 단양丹陽의 초나라 사람 5000명의 장수가 되자, 주천군酒泉郡과 장액군張掖郡에서 활쏘기를 가르쳐 흉노의 침입에 대비했다.

여러 해가 지나고 천한天漢 2년 가을에 이사장군貳師將軍 이광리李廣利는 3만 명의 기병을 이끌고 흉노 우현왕을 기련祁連천산天山 방면에서 치게 되었다. 이릉에게 궁사와 보병 5000명을 이끌고 거연 북쪽에서 1000여 리나 나가도록 하여, 흉노 군대를 둘로 나누어 적병이 이사장군에게만 모이지 않도록 하려고 하였다. 이릉이 기일이 되어 돌아오려는데 선우가 군사 8만 명으로 이릉의 군대를 에워싸고 공격해 왔다. 이릉의 군사 5000명은 무기와 화살이 이미 다 떨어지고 싸우다 죽은 자도 절반을 넘었다. 그러나 죽인 흉노 병사도 1만여 명이나 되었다. 이릉은 한편으로는 물러나고 한편으로는 싸워 가며 여드레 동안 싸움을 계속했다. 거연에서 100여 리쯤 떨어진 곳에 이르렀을 때 흉노는 좁은 길을 막아 끊었다. 이릉의 군대는 양식이 떨어진 데다가 구원병도 오지 않았다. 오랑캐는 거세게 공격하며 이릉에게 항복을 권하였다. 이릉이 말했다.

"폐하께 보고할 면목이 없다."

그는 마침내 흉노에게 항복했다. 이릉의 병사는 거의 다 죽고 그 나머지 가운데 이리저리 흩어져 도망쳐 한나라로 돌아온 자가 겨우 400여 명에 불과했다.

선우는 이릉을 잡은 뒤, 평소에 그의 집안 명성을 들은 데다 싸움에 임해서도 용감했으므로 자기 딸을 이릉에게 아내로 주고 귀하게 대우했다. 한나라에서는 이 소식을 듣고 이릉의 어머니와 처자식을 몰살했다.

이 뒤부터 이씨 일가의 명성이 실추되어 농서군의 선비는 모두 이씨 문하에 있었던 것을 부끄럽게 여겼다.

태사공은 말한다.

"전해 오는 말에 '자기 몸이 바르면 명령하지 않아도 시행되며, 자기 몸이 바르지 못하면 명령해도 따르지 않는다.'라고 하는데 아마도 이 장군을 두고 하는 말인가? 나는 이 장군을 본 적이 있는데 시골 사람처럼 투박하고 소탈하며 말도 잘하지 못했다. 그가 죽던 날 그를 알든 모르든 세상 사람 모두가 슬퍼했으니, 그 충실한 마음씨가 정녕 사대부의 신뢰를 얻은 것인가? 속담에 말하기를 '복숭아나 오얏은 말을 하지 않지만 그 밑에는 저절로 샛길이 생긴다.'라고 하였다. 이 말은 사소한 것이지만 큰 이치를 설명할 수 있으리라."

50

흉노 열전
匈奴列傳

본래 흉노는 하후夏后의 후예로서 한나라와 동족인데, 한나라에 따르지 않고 북방 초원으로 쫓겨나 사냥과 목축을 하면서 점차 한나라와 멀어졌다. 이들은 식량이 부족해서 자주 남침하므로 한나라의 골칫거리였다.

한나라 무제의 흉노 정벌 정책은 중국의 정치와 역사 면에서 보면 강력하기 이를 데 없었다. 그래서 그의 지나친 강경책에 대해 논쟁의 소지가 있는 것도 사실이다. 그가 대원과 두 월나라를 정벌하고 서남쪽의 이족을 친 것도 따지고 보면 흉노를 정벌하기 위함이었다. 무제가 측은지심을 가지고 흉노를 남쪽으로 불러 편안한 삶을 보장해 주었다면 감화될 수 있었을 것이라는 견해도 있다. 당시 중국은 남방 지역 인구가 상당히 적어 수천 리나 되는 옥토에 사람이 거의 살지 않았기 때문이다. 본래 무제는 언제나 지존의 위치에 있으면서 항복한 적들도 그 씨족을 멸할 정도로 가혹한 인물이었다.

양계초가 「흉노 열전」을 『사기』의 10대 명편 중 하나라고 한 것은 흉노라는 이족에 대한 사마천의 역사의식을 엿볼 수 있게 한다는 점에 의의를 둔 것이다. 사마천은 「흉노 열전」을 통해 어진 장수를 가려 쓰는 방법을 논하고, 공자의 『춘추』를 인용하여 자신의 뜻을 기탁하였다. 그는 위청과 곽거병이 존귀해졌으나 일컬어지지 않는 것은 무제가 사람을 잘못 썼음을 의미한다고 보았다.

이 열전은 중국의 역사서에서 가장 체계적이고 완정한 형태의 흉노 역사의 기록으로 꼽힌다. 사마천은 객관적이고 공정한 태도로 흉노의 역사적 변천, 사회 제도 풍속 및 그 주변 민족과의 관계 등을 서술하였으며, 그들과 한족, 특히 진·한 제국의 장기간에 걸친 서로 간의 복잡한 관계의 역사를 서술하고 있다. 사마천은 가능한 한 편견 없이 흉노 발전에 공헌을 세운 묵돌 선우에 대해 묘사하고 한나라와 흉노와의 관계 설정에 대한 그의 공을 인정하고 있다. 이러한 사마천의 역사적 안목은 사실 한 무제의 정벌 정책에 대한 예리한 비판에서 비롯된 것이며, 이는 경제 때 추구한 화친 정책의 긍정적 측면을 부각시킴으로써 훨씬 더 빛을 발한다.

이 편은 편폭이 비교적 긴데, 「대원 열전」, 「조선 열전」, 「남월 열전」, 「서남이 열전」, 「동월 열전」과 비교해 가며 읽어야 한다. 또한 한나라와 흉노의 전반적인 상황을 제대로 알기 위해서는 「위 장군 표기 열전」, 「한장유 열전」, 「이 장군 열전」, 「평준서平準書」 등도 함께 읽으면 도움이 된다.

匈奴

사냥한 짐승의 가죽으로 옷을 입고, 어린아이도 활을 쏠 줄 아는 흉노.

흉노의 풍습은 다르다

흉노는 그 조상이 하후씨夏后氏의 먼 후손으로 순유淳維라고도 한다. 당우唐虞요순 이전에는 산융山戎, 험윤獫狁, 훈육葷粥 등이 북쪽의 오랑캐 땅에서 살면서 기르던 가축을 따라 이곳저곳으로 옮겨 다녔다. 그들이 기른 가축은 대체로 말, 소, 양이고 특이한 가축으로는 낙타, 나귀, 노새, 버새, 도도騊駼푸른 말, 탄해驒騱야생마가 있다. 〔그들은〕 물과 풀을 따라 옮겨 다녀서 성곽이나 일정한 주거지가 없고 밭 가는 일도 하지 않았으나, 각자 땅만은 나누어 가졌다. 문자나 책이 없으며 말로 약속을 했다. 어린아이도 양을 타고 활시위를 당겨 새나 쥐를 쏠 줄 알고, 좀 더 자라면 여우나 토끼를 쏘아 식량으로 삼았다. 남자는 활을 당길 만한 힘이 있으면 모두 무장한 기병이 되었다.

그들의 풍속은 한가할 때는 가축을 따라다니며 새나 짐승을 사냥하는 것을 생업으로 삼고, 위급할 때는 모두가 싸움에 참여하여 침략하고 공격하는데 이것이 그들의 천성이다. 그들이 먼 거리에 쓰는 무기로는 활과 화살이 있고, 가까운 거리에 쓰는 무기로는 칼과 작은 창이 있다. 〔싸움이〕 유리하면 앞으로 나아가고 불리하면 뒤로 물러서며 달아나는 것을 부끄러운 일로 여기지 않았다. 만일 조금이라도 이익이 있으면 예의라는 것을 알지 못했다. 군왕으로부터 아랫사람에 이르기까지 모든 사람이 가축의 살코기는 먹고 그 가죽은 옷을 만들어 입거나 이불로 덮어 썼다. 장정들이 살지고 맛있는 고기를 먹고 노인은 그 나머지를 먹었다.

건장한 자를 소중하게 여기고 노약자를 가볍게 여기는 것이다. 아버지가
죽으면 아들이 아버지의 후처를 아내로 삼고, 형제가 죽으면 남아 있는
형제가 그 아내를 자기 아내로 삼았다. 그들의 풍속은 이름은 있었으나
피휘避諱선왕이나 선조의 이름자가 나타나면 꺼려 쓰지 않은 것하지 않았으며, 성
이나 자字가 없었다.

흉노의 역사와 계보

하夏나라의 도道가 쇠하자, 공류公劉후직의 증손가 그의 직관稷官농사
일을 관장하는 벼슬 벼슬을 잃고 서융西戎에서 변화를 일으켜 빈豳에 도읍
을 세웠다. 그 뒤 300여 년 만에 융적戎狄이 대왕 단보亶父를 치자 단보
는 기산岐山 기슭으로 패망하여 달아났다. 빈 땅의 사람들이 모두 단보
를 따라 이곳으로 와서 도읍을 이루니 주周나라가 일어나게 되었다. 그
뒤 100여 년이 지나서 주나라의 서백西伯 창昌문왕이 견이지畎夷氏견융犬
戎를 정벌했다. 그로부터 10년 뒤, [주나라] 무왕武王이 [은殷나라] 주왕
紂王을 치고 낙읍雒邑낙양을 경영했다. 또 풍酆호鄗에 살며 융이戎夷를 경
수涇水와 낙수洛水 북쪽으로 내쫓고 철마다 조공을 바치게 했으며, [그
지역을] '황복荒服'이라고 불렀다. 그 뒤 200여 년이 지나서 주나라의 도
가 쇠하자, 목왕穆王이 견융犬戎을 정벌하고 흰 이리 네 마리와 흰 사슴
네 마리를 잡아서 돌아왔다. 이때부터 황복에서는 [조공을] 바치러 오
지 않았다. 그래서 주나라는 보형[1]이라는 법을 만들었다.

목왕 이후 200년이 지나서 주나라 유왕幽王은 총애하던 비첩 포사褒
姒의 일로 인해 신후申侯와 틈이 벌어졌다. 신후가 노여워서 견융과 함께
쳐들어와 주나라 유왕을 여산驪山 기슭에서 죽이고, 마침내 주나라의
초호焦穫를 차지하여 경수와 위수 사이에 살면서 중원을 침범하고 약탈
했다. 이에 진秦나라 양공襄公이 주나라를 구원해 주었으므로 주나라
평왕平王은 풍호를 떠나 동쪽 낙읍으로 도읍을 옮겨 갔다. 이때 진나라
양공은 견융을 치고 기산까지 이르러 비로소 제후 반열에 들어섰다.

이로부터 65년 뒤 산융이 연나라를 넘어와 제나라를 치자 제나라 희
공釐公은 제나라 교외에서 그들과 싸웠다. 그로부터 44년 뒤에 산융이
연나라를 쳤다. 연나라가 제나라에 위급한 상황을 알려 오자, 제나라 환
공이 북쪽으로 산융을 공격하니 산융은 달아났다. 그로부터 20여 년 뒤
융적이 낙읍으로 들어와서 주나라 양왕을 치니, 양왕은 정나라 범읍氾
邑으로 달아났다. 애당초 주나라 양왕은 정나라를 치려고 하여 일부러
융적의 딸을 후后로 삼고 융적의 군사들과 함께 정나라를 쳤다. 얼마 뒤
에 적후狄后를 쫓아내자 적후는 왕을 원망했다. 양왕의 계모 혜후惠后에
게 자대子帶라는 아들이 있었다. 혜후는 자기 아들 자대를 왕으로 세우
려 하였으므로 이에 혜후는 적후, 자대와 함께 내통하여 융적에게 성문
을 열어 주니, 융적이 그 틈에 쳐들어와 주나라 양왕을 쳐부수어 쫓아내
고 자대를 천자로 삼았다. 그 후 융적은 육혼陸渾에서 살기도 하고 동쪽
으로 위衛나라에까지 이르러 중원을 침략하고 도적질하며 포악한 짓을

─────

│ '보형지벽甫刑之辟'을 옮긴 말인데 '벽'은 '법法'이고, '보형'은 '여형呂刑'이라고도 한다. 목왕穆王이
여후에게 이 법을 만들라고 해서 붙여진 이름이다.

일삼았으므로 중원에서는 그들을 미워하였다. 그래서 시인은 이렇게 노래했다.

융적을 이에 공격한다.『시경』「노송·비궁閟宮」

여기에 험윤을 쳐부수어
대원에 이른다.『시경』「소아·유월六月」

많은 수레를 내어
저 북방에 성을 쌓는다.『시경』「소아·출거出車」

주나라 양왕은 도성 밖에서 산 지 4년이 되어 진晉나라에 사신을 보내 위급함을 알렸다. 〔그러자〕진나라 문공은 막 즉위하여 패업을 이루고자 하여, 군대를 일으켜 융적을 쳐서 내쫓고 자대를 죽인 다음 주나라 양왕을 맞아들여 낙읍에 살게 했다.

이 무렵에는 진秦나라와 진晉나라가 강국이었다. 진晉나라 문공은 융적을 쫓아내 하서河西 지방의 은수圖水와 낙수 사이에 살게 했는데 그들을 적적赤翟, 백적白翟이라고 불렀다.

진秦나라 목공穆公은 유여由余를 얻어 서융의 여덟 나라를 진나라에 복속시켰다. 그래서 농隴 서쪽에는 면저縣諸와 곤융緄戎과 적翟과 원獂이라는 융족이 있고, 기산과 양산梁山과 경수와 칠수漆水 북쪽에는 의거義渠와 대려大荔와 오지烏氏와 구연朐衍이라는 융족이 있었다. 그리고 진晉나라 북쪽에는 임호林胡와 누번樓煩이라는 융족이 있으며, 연나라 북쪽에는 동호東胡와 산융이 있었다. [이들은] 각각 계곡에 흩어져 살며 저마다 군장君長도 있었다. 더러는 100여 개의 융족이 모이기도 하였지만 아무도 서로 하나가 되지는 못했다.

이로부터 100여 년 뒤 진晉나라 도공悼公이 위강魏絳을 사자로 보내서 융적과 화친을 맺음으로써 융적이 진나라에 입조하게 되었다. 100여 년 뒤 조양자趙襄子가 구주산句注山을 넘어서 대代를 깨뜨려 병합하고 호맥胡貉까지 이르렀다. 그 뒤 [조양자는] 곧 한韓나라, 위魏나라와 함께 지백智伯을 멸망시키고 진晉나라 땅을 나눠 가졌으니, 조나라는 대나라와 구주산 북쪽을 차지했고, 위나라는 하서와 상군上郡을 차지하여 융과 경계를 마주하게 되었다. 그 뒤 의거義渠의 융족이 성곽을 쌓아 스스로 지켰으나, 진秦나라가 조금씩 누에가 먹이를 먹듯이 들어가 혜왕惠王 때에 이르러서는 드디어 의거의 성 스물다섯 개를 차지했다. 혜왕이 위魏나라를 치자 위나라는 서하군西河郡과 상군을 모두 진나라에 주었다.

진秦나라 소왕 때, 의거의 융왕이 선 태후宣太后소왕의 어머니와 난잡한 짓을 하여 두 아들을 낳았다. 선 태후는 의거의 융왕을 속여 감천궁甘泉宮에서 죽인 뒤 드디어 군사를 일으켜 의거를 쳐서 멸망시켰다. 이렇게 하여 진나라는 농서, 북지, 상군을 차지하게 되었고 장성을 쌓아 흉노를 막아 내게 했다. 그리고 조나라 무령왕도 풍속을 바꿔 호복胡服을 입고 말타기와 활쏘기를 익혀 북쪽으로 임호와 누번을 깨뜨리고 장성을 쌓아 대代에서부터 음산산맥陰山山脈 기슭을 따라 고궐高闕에 이르는 지역을 요새로 만들어 운중군雲中郡, 안문군鴈門郡, 대군代郡을 두었다.

그 뒤 연나라의 현명한 장군 진개秦開가 호족胡族에 볼모로 잡혀 있었는데 호족들은 그를 매우 믿었다. 진개는 연나라로 돌아오자 동호를 습격하여 쳐부수어 쫓아내자, 동호는 1000여 리나 물러갔다. 형가荊軻와 함께 진秦나라 왕 정政을 찌르러 갔던 진무양秦舞陽은 진개의 손자이다. 연나라도 조양造陽에서 양평襄平에 이르는 장성을 쌓고 상곡군上谷郡, 어양군漁陽郡, 우북평군右北平郡, 요서군遼西郡, 요동군遼東郡을 두어 흉노를 방어했다.

이 무렵 관을 쓰고 속대를 하는 전국 칠웅戰國七雄제, 연, 초, 한韓, 위魏, 조, 진秦 가운데 세 나라연, 조, 진는 흉노와 국경을 마주하고 있었다. 그 뒤 조나라 장수 이목李牧이 있을 때는 흉노가 감히 조나라의 변경으로 쳐들어오지 못했다. 그 뒤 진秦나라가 여섯 나라를 멸망시켰고 시황제는 몽염에게 군사 10만 명을 이끌고 북쪽으로 가서 흉노를 치게 하여 하남河南 땅을 모두 손에 넣었다. 하수를 따라 요새를 만들고, 하수에 다다라 현성縣城 마흔네 개를 쌓고 죄수들을 수자리로 삼아 이곳에 옮겨 와 살게 했다. 그리고 구원九原에서 운양雲陽까지 쭉 뻗은 길을 개통시켰다. 험준한 산을 국경으로 삼고 골짜기를 이용하여 참호로 삼았으며, 보수할 수 있는 곳은 보수하였는데, 임조에서 요동까지 만여 리에 달하였다. 또 하수를 건너 양산陽山과 북가北假까지 차지했다.

이 무렵에는 동호와 월지의 세력이 강성했다. 〔당시에는〕 흉노의 선우를 두만頭曼이라 했다. 두만은 진秦나라를 이기지 못하여 북쪽으로 옮겨 살았다.

10여 년 만에 몽염이 죽고 제후들이 진나라를 배반하여 중원이 소란스러워지자, 진나라가 변경으로 수자리 보냈던 죄수들도 모두 돌아왔다. 그래서 흉노는 숨을 돌리고 다시 차츰차츰 하수를 건너서 남쪽으로 내려와 원래의 변방에서 중원과 경계를 맞대게 되었다.

어찌 이웃 나라에 여자 하나를 아끼겠는가

선우에게는 이름이 묵돌冒頓인 태자가 있었다. 나중에 총애하는 연지燕支흉노 군주의 정실 부인의 호칭에게서 작은아들을 얻게 되자, 선우는 묵돌을 폐위시키고 작은아들을 (태자로) 세울 목적으로 묵돌을 월지국에 볼모로 보냈다. 묵돌이 월지국에 볼모로 있을 때 두만은 갑자기 월지국을 공격했다. 월지국에서 묵돌을 죽이려 하자 묵돌은 그 나라의 좋은 말을 훔쳐 타고 도망쳐 돌아왔다. 두만은 (그 용기를) 장하게 여겨 기병 1만 명을 거느리는 대장으로 삼았다. 묵돌은 명적鳴鏑쏘면 소리를 내는 화살을 만들어 기병에게 활쏘기를 익히도록 한 뒤 명을 내려 말했다.

"명적으로 쏘아 맞히는 곳을 일제히 쏘라. 그렇게 하지 않는 자는 베어 죽이겠다."

그리고 새와 짐승을 사냥하러 나가 자신의 명적으로 맞힌 곳을 쏘지 않는 자가 있으면 별안간 목을 베었다. 얼마 뒤에 묵돌은 명적으로 자기 애마를 쏘았다. 좌우에서 감히 쏘지 못하는 자가 있자 묵돌은 자기 애마를 쏘지 않은 자를 그 자리에서 베었다. 조금 뒤 다시 자기 애처愛妻를 향해 명적을 날렸는데 좌우 군사들 중에서 두려워하며 감히 쏘지 못하는 자가 있자 묵돌은 또다시 그들을 베었다. 얼마 뒤 사냥하러 나가 명적으로 선우의 명마를 쏘았는데 곁에 있던 자들이 일제히 그 말을 쏘았다. 이에 묵돌은 그의 좌우에 있는 자들이 모두 쓸 만하게 된 것을 알았다. 그는 아버지 두만 선우를 따라 사냥하러 나갔을 때 명적으로 두만을 쏘았다. 그러자 그 부하들도 명적이 맞힌 곳을 따라 두만 선우를 쏘아 죽였다. 마침내 묵돌은 그의 계모와 아우 및 자기를 따르지 않는 대신을 모조리 죽이고 스스로 자리에 올라 선우가 되었다.

묵돌이 자리에 오른 이때는 동호의 세력이 강성하였다. 〔동호에서는〕 묵돌이 아버지를 죽이고 스스로 자리에 올랐다는 말을 듣고 사자를 보내 두만이 살아 있을 때 타던 천리마를 달라고 했다. 묵돌이 신하들에게 물으니, 신하가 모두 이렇게 말했다.

"천리마는 흉노의 보배로운 말이니, 주지 마십시오."

묵돌이 말했다.

"어떻게 남과 이웃 나라로 있으면서 말 한 마리를 아끼겠소?"

결국 동호에게 천리마를 주었다.

얼마 뒤 동호에서는 묵돌이 자기들을 두려워한다고 여겨 사자를 보내 묵돌에게 선우의 연지 중 한 사람을 달라고 말하게 했다. 묵돌은 또 곁에 있는 자들에게 이 일을 어떻게 할지 묻자, 주위에 있던 자들은 화를 내며 말했다.

"동호는 무도하기 때문에 연지를 요구하는 것입니다. 청컨대 그들을 치십시오."

묵돌이 말했다.

"어찌 남과 이웃 나라로 있으면서 여자 하나를 아끼겠소?"

그리하여 사랑하는 연지를 동호에게 보냈다.

동호의 왕은 더욱더 교만해져서 서쪽으로 침략해 왔다. 〔동호와〕 흉노 사이 한가운데에 아무도 살지 않는 버려진 땅 1000여 리가 있었는데, 두 나라는 각각 변방에 방비할 거점을 세워 놓고 있었다. 동호가 묵돌에게 사자를 보내서 이렇게 말했다.

"흉노가 우리와 경계로 삼고 있는 거점 밖의 버려진 땅은 흉노가 올 수 없는 곳이니 우리가 그곳을 차지하려 하오."

묵돌이 여러 신하들에게 물으니, 신하들 가운데 이렇게 말하는 자가 있었다.

"이곳은 버려진 땅이니 그들에게 주어도 좋고 주지 않아도 좋습니다."

그러자 묵돌은 몹시 화를 내며 말했다.

"땅이란 국가의 근본인데, 어찌 이것을 줄 수 있단 말이오?"

묵돌은 그 땅을 주자고 한 자를 모조리 베어 죽이고 말 위에 올라 온 나라에 뒤늦게 출전하는 자는 베어 버리겠다고 명을 내리고는 드디어 동쪽으로 달려가 동호를 공격했다. 동호는 애초부터 흉노를 하찮게 여겼으므로 대비도 하지 않고 있었다. 묵돌은 병사를 이끌고 쳐들어가 동호를 깨뜨리고 왕을 죽이고, 그 백성과 가축을 노획했다. 돌아와서는 서쪽으로 월지를 쳐서 달아나게 하고, 남쪽으로 하남의 누번과 백양白羊의 하남왕河南王의 토지를 손아귀에 넣었다. 〔또 연 땅과 대 땅을 공격하여〕진나라가 몽염을 시켜 빼앗아 갔던 흉노 땅을 모조리 되찾았다. 그리고 한漢나라의 국경인 예전 하남의 요새에 관문을 맞대고 조나朝那, 부시膚施까지 진출하였으며 마침내 연 땅과 대 땅까지 쳐들어갔다.

이 무렵 한나라 군대는 항우의 군대와 서로 대치하고 있어 중원은 전쟁으로 지쳐 있었다. 그래서 묵돌은 스스로 강대해질 수 있었고 활시위를 당기는 군사가 30만여 명이나 되었다.

순유에서 두만에 이르기까지 1000여 년 동안 〔흉노는〕 때로는 강대해지고 때로는 약소해지면서 흩어졌다 모였다 한 것이 오래되었으므로 그들의 전해 오는 계보를 차례대로 기록할 수는 없다. 그러나 묵돌에 이르러 흉노가 가장 강대해져서 북쪽으로는 오랑캐를 모조리 복종시키고, 남쪽으로는 중원과 적국이 되었다. 그들 대대로 전해 오는 나라의 관직 명칭을 기록하면 다음과 같다.

〔선우 밑에는〕 좌우현왕左右賢王, 좌우곡려왕左右谷蠡王, 좌우대장左右大將, 좌우대도위左右大都尉, 좌우대당호左右大當戶, 좌우골도후左右骨都侯를 두었다. 흉노에서는 현명한 것을 일컬어 '도기屠耆'라고 하였으므로 언제나 태자를 좌도기왕左屠耆王이라고 했다. 좌우현왕에서 당호에 이르기까지 크게는 기병 1만 명부터 작게는 수천 명까지 모두 스물네 장長이 있었는데, 이들을 '만기萬騎'라고 불렀다. 여러 대신은 모두 관직을 세습했으며 호연씨呼衍氏와 난씨蘭氏, 그리고 그 뒤에 있었던 수복씨須卜氏 이세 성씨는 〔흉노의〕 귀한 종족이었다. 모든 좌방左方의 왕과 장將은 동쪽에 살고 있어 상곡군 동쪽으로 예맥 및 조선과 접하고 있었다. 우방右方의 왕과 장들은 서쪽에 살고 있어 상군 서쪽의 월지, 저氐, 강羌과 접하고 있었다. 선우가 머물고 있는 곳왕정王庭이라 함은 대군과 운중군을 마주하고 있었다. 제각기 영역이 있었고 물과 풀을 따라 옮겨 다녔다. 그들 중에서 좌우현왕과 좌우곡려왕의 영역이 가장 크고, 좌우골도후는 〔선우의〕 정치를 보좌했다. 스물네 명의 장은 또한 각각 스스로 천장千長, 백장百長, 십장什長, 비소왕裨小王, 상相, 봉封, 도위都尉, 당호當戶, 저거且渠 등의 속관을 두었다.

매년 정월에는 여러 장長이 선우의 왕정에서 소규모 집회를 열고 봄 제사를 지냈다. 5월에는 농성蘢城에서 대규모 집회를 열어 그들의 조상과 하늘과 땅과 귀신들에게 제사를 지냈다. 가을날 말이 살찔 무렵에는 대림蹄林에서 대규모 집회를 열어 백성과 가축의 숫자를 조사했다. 그들의 법에는 칼을 뽑아 한 자 이상 상처를 낸 자는 사형에 처하고, 도둑질하는 자는 그 가족과 재산을 다 빼앗으며, 가벼운 죄가 있는 자는 알형軋刑칼로 얼굴을 가르거나 수레바퀴 밑으로 몸을 넣어 뼈를 부수는 형벌에 처하고, 큰 죄를 지은 자는 사형에 처했다. 옥에 가두는 것은 길어도 열흘을 넘지 않았으며 온 나라의 죄수는 몇 명에 지나지 않았다.

선우는 매일 아침 군영에서 나와 해돋이를 보고 절하고 저녁에는 달을 보고 절했다. 앉는 자리는 왼쪽을 높이 여기고 북쪽을 향했다. 날은 무일戊日과 기일己日을 길일로 숭상했다. 장례식에는 관곽棺槨에 금, 은, 옷, 갖옷을 넣을 뿐 봉분을 하거나 나무를 심는 일은 없으며 상복도 입지 않았다. 〔선우가 죽으면〕 가까이서 총애를 받던 신하나 애첩을 순장했는데, 많을 때는 수천 수백 명에 이르기도 했다. 전쟁을 일으킬 때는 별과 달의 상태를 보았으니, 달이 차고 커지면 공격하여 싸우고 달이 이지러지면 군대를 물렸다. 공격하여 싸우는 중에 목을 베거나 포로를 잡은 자에게는 술 한 잔을 상으로 내리고, 노획품은 그것을 얻은 사람에게 주었으며, 〔포로를〕 잡은 사람이 노비로 삼게 했다. 그래서 싸울 때는 사람들마다 자기 이익을 좇아 교묘히 적을 꾀어내어 포위하는 데 뛰어났다. 그들은 적을 발견하면 새처럼 모여들어 이익을 다투었으나, 그들이 곤욕을 치르고 패했을 때는 기와가 깨지고 구름이 흩어지는 듯했다. 싸움에서 죽은 자를 거두어 수레에 태워 온 자에게는 죽은 자의 재산을 모두 가질 수 있게 했다.

그 뒤 〔묵돌은〕 북쪽으로 혼유渾庾, 굴야屈射, 정령丁零, 격곤鬲昆, 신리薪犁 같은 나라들을 복속시켰다. 이에 흉노의 귀족이나 대신들은 모두 탄복하여 묵돌 선우를 현명하다고 하였다.

이 무렵 한漢나라는 처음으로 중원을 평정하고 한왕韓王 신信을 대군으로 옮겨 마읍馬邑에 도읍을 정하게 했다. 흉노가 대대적으로 공격하여 마읍을 포위하자 한왕 신은 흉노에게 항복했다. 흉노는 한왕 신을 얻자, 병사를 이끌고 남쪽으로 구주산을 넘어 태원군太原郡을 치고 진양성晉陽城 아래까지 이르렀다. 고조는 몸소 병사를 이끌고 가서 그들을 공격하였는데, 때마침 겨울이어서 몹시 춥고 진눈깨비가 내려 병졸들 가운데 손가락이 떨어져 나간 자가 열에 두세 명은 되었다.

이에 묵돌은 거짓으로 싸움에서 져 달아나는 척하여 한나라 군대를 유인했다. 한나라 군대는 묵돌을 추격하였다. 묵돌은 정예 병사를 숨겨 둔 채 어리고 약한 병사들만을 보이는 곳에 배치했다. 그러자 한나라는 전군을 투입하여 보병을 32만 명으로 늘리고 북쪽으로 그들을 쫓아갔다. 고조가 먼저 평성平城에 이르렀는데 보병이 아직 다 도착하기 전에 묵돌은 정예 기병 40만 명을 풀어 고조를 백등산白登山에서 이레 동안 포위하였다. 한나라 군대는 포위망의 안팎에서 서로 구원할 수도 식량을 보급할 수도 없었다. [백등산을 포위한] 흉노의 기병 중 서쪽에 있는 자는 모두 백마를 타고 있고, 동쪽에 있는 자는 모두 청방마靑駹馬청마靑馬를 타고 있으며, 북쪽에 있는 자는 모두 오려마烏驪馬흑마黑馬를 타고 있고, 남쪽에 있는 자는 모두 성마騂馬적황마赤黃馬를 타고 있었다.

고조가 사자를 보내 연지에게 선물을 후하게 주자, 연지는 묵돌에게 이렇게 말했다.

"두 나라의 군주가 서로 곤경에 처하게 되어서는 안 됩니다. 지금 한나라 땅을 얻는다 하더라도〔그곳은〕선우께서 도저히 살 만한 곳이 못 됩니다. 또 한왕漢王은 신神의 도움을 받고 있다고 하니, 선우께서는 이러한 점을 살피십시오."

묵돌은 한왕 신의 장수 왕황王黃, 조리趙利의 군대와 합류하기로 기약했지만 그들 또한〔제 날짜에〕오지 않아 한漢나라와 공모하였을 것으로 의심하던 중이므로 연지의 말을 받아들여 한 모퉁이 포위망을 풀어 주었다. 따라서 고조는 병사들을 모두 가득 끌어가지고 활시위를 한껏 잡아 당겨 밖으로 겨누게 하고는 포위가 풀린 한 모퉁이로 탈출하여 마침내〔밖에 있던〕대군과 합류할 수 있었다. 묵돌은 마침내 군대를 이끌고 돌아갔고, 한漢나라도 군대를 이끌고 돌아갔다.〔한나라는〕유경劉敬을 사신으로 보내 화친 맹약을 맺게 했다.

그 뒤 한왕 신은 흉노의 장군이 되었고, 조리와 왕황 등은 자주〔화친〕맹약을 어기고 대군과 운중군으로 쳐들어와 도적질을 일삼았다. 얼마 지나지 않아 진희陳豨가 모반을 꾀하고, 또다시 한왕 신과 공모하여 대군을 공격하였다. 한나라는 번쾌를 보내 이들을 치게 하여 대, 안문, 운중의 여러 군현을 다시 탈환하기는 했지만 국경의 요새 밖으로 출동시키지는 않았다.

이 무렵 한나라 장수 가운데 흉노에 투항하는 자가 많으므로 묵돌은 언제나 대군 지역을 넘나들면서 약탈했다. 한나라 고조는 고민 끝에 유경을 시켜 종실의 여자를 공주라고 바쳐 선우의 연지로 삼게 하고 해마다 흉노에게 일정량의 무명, 비단, 술, 쌀 같은 식품을 보내 주어 형제 나라가 되기로 화친하였다. 묵돌은 침략을 잠시 멈추었으나, 그 뒤 연나라 왕 노관이 〔한나라를〕 배반하고 그 일당 수천 명을 이끌고 흉노에게 투항하여 상곡군 동쪽 지역을 오가며 괴롭혔다.

고조가 세상을 떠나고 효혜제와 여 태후 시대에 들어와 한나라는 비로소 안정을 찾았으나 여전히 흉노는 교만했다. 묵돌이 고후에게 편지를 보내 망령된 말을 했다. 고후는 흉노를 치려 했으나 여러 장수가 말했다.

"고제께서는 현명하고 용감했지만 오히려 평성에서 곤욕을 치렀습니다."

그리하여 고후는 공격하지 않고 다시 흉노와 화친했다.

효문제가 막 즉위하자 다시 화친에 관한 사안을 점검했다. 그런데 효문제 3년 5월에 흉노 우현왕이 하남 지역으로 쳐들어와 있으면서 상군의 요새를 공격하여 〔한나라를 위해〕 수비하고 있던 만이蠻夷를 침략하고 백성을 죽이고 약탈했다. 그리하여 효문제는 승상 관영에게 조서를 내려 전차와 기병 8만 5000명을 출동시켜 고노高奴로 가서 우현왕을 치게 했다. 우현왕은 변방으로 도망쳐 버렸다. 그런데 효문제가 태원까지 행차했는데 이때 제북왕이 반란을 일으켰으므로, 효문제는 돌아와야 했고, 승상 지휘하의 흉노 토벌을 멈출 수밖에 없었다.

그 이듬해에 선우는 한나라에 다음과 같은 글을 보내 말했다.

하늘이 세운 흉노의 대선우는 삼가 묻노니, 황제께서는 무탈하십니까? 예전에 황제께서 화친에 관한 말을 했을 때 그 글의 취지가 마음에 들어 기꺼이 화친을 맺었습니다. 그런데 한나라의 변방 관리가 우리 우현왕을 침범하여 모욕을 주었으므로 우현왕은 나 선우에게도 알리지 않고 후의後義, 노후盧侯, 난지難氏 등의 계책을 받아들여 한나라 관리와 싸워 두 나라 군주 사이에 맺은 맹약을 깨뜨리고 형제로서의 친애의 정마저 떼어 놓았습니다. 문책하는 황제의 서신이 두 차례나 왔으므로 사자를 보내 편지로 회답했는데, 〔우리 사자도〕 돌아오지 않았고 한나라 사자도 오지 않았습니다. 이렇게 해서 한나라가 화친하지 않겠다면 이웃하고 있는 우리 나라도 가까이 지낼 수 없습니다. 지금 낮은 관리들이 약속을 깨뜨렸기 때문에 우현왕에게 그 벌로 서쪽 월지를 치게 하였는데 하늘의 가호와 정예 병사와 강력한 말로써 월지를 전멸시키고 그들을 모두 베어 죽여 항복시켰으며 누란樓蘭, 오손烏孫, 호걸呼揭 및 그 곁의 스물여섯 나라를 평정하여 모두 흉노에 귀속시켰습니다. 활을 당길 수 있는 모든 백성이 모여 한집안이 되었습니다. 북쪽 지역은 안정되었으니, 원컨대 싸움을 멈추고 사졸들을 쉬게 하며 말이나 길러 앞서 있었던 불화를 불문에 부치고 옛날의 맹약을 회복시켜 변방의 백성을 안정시키고, 처음 응대했던 옛날처럼 젊은이들이 잘 자라게 하고 노인들이 그들의 거처에서 편안하며 대대로 평화와 안락을 누리게 하십시오. 그러나 황제의 뜻을 알 수 없어 낭중郎中 계우천係雩淺을 시켜 이 편지를 드리도록 하고 낙타 한 마리, 승마 두 필, 마차에 맬 말 여덟 필을 바칩니다. 황제께서 흉노가 변방 요새 가까이 오는 것을 원치 않는다면 관리와 백성에게 조서를 내려 멀리 떨어져서 살도록 해 주기 바랍니다. 사자가 이르는 즉시 돌려보내 주십시오.

그 사자는 6월 중에 신망新望 땅에 이르렀다.

편지가 도착하자 한나라에서는 공격과 화친 가운데 어느 쪽이 유리한가를 의논했다. 공경들은 한결같이 말했다.

"선우는 막 월지를 깨뜨리고 승세를 타고 있어 공격해서는 안 됩니다. 또한 흉노 땅을 얻게 되더라도 늪과 소금기가 많아 살 만한 곳이 못 되므로 화친하는 편이 훨씬 유리합니다."

그래서 한나라는 화친을 허락했다.

효문제 전원前元 6년에 한나라는 흉노에게 이러한 편지를 보냈다.

황제는 삼가 흉노의 대선우에게 묻노니 무탈하십니까? 낭중 계우천을 통해 짐에게 보낸 편지에서 "우현왕은 나 선우에게도 알리지 않고 후의, 노후, 난지 등의 계책을 받아들여 [한나라 관리와 싸워] 두 나라 군주 사이에 맺은 맹약을 깨뜨리고 형제로서의 친애의 정마저 떼어 놓았습니다. 이렇게 해서 한나라가 화친하지 않겠다면 이웃하고 있는 우리 나라도 가까이 지낼 수 없습니다. 지금 낮은 관리들이 약속을 깨뜨렸기 때문에 우현왕에게 그 벌로 서쪽 월지를 치게 하였는데 북쪽 지역은 다 안정되었으니, 원컨대 싸움을 멈추고 사졸들을 쉬게 하며 말이나 길러 앞서 있었던 불화를 불문에 부치고 옛날의 맹약을 회복시켜 변방의 백성을 안정시키고, 옛날처럼 젊은이들이 잘 자라게 하고 노인들이 그들의 거처에서 편안하며 대대로 안정된 생활을 하여 평화와 안락을 누리게 하십시오."라고 하였습니다. 짐은 이 말을 매우 가상히 여깁니다. 이것이야말로 옛 성스러운 군주의 뜻입니다. 한나라는 흉노와 약속하여 형제 나라가 되었으므로 선우에게 매우 후한 선물을 보내고 있었는데 맹약을 어기고 형제로서의 친애의 정을 벌어지게 한 것은 언제나 흉노 쪽이었습니다. 그러나 우현왕이 일으킨 일은 한나라에서 사면령을 내리기 전의 일이므로 선우는 그를 심하게 처벌하지는 마십시오. 만일 선우가 이 편지의 뜻에 찬동하여 당신 나라의 관리들에게 분명하게 알려서 맹약을 저버리지 않고 신의를 지키게 한다면, 삼가 선우께서 보낸 편지 내용과 같이 하겠습니다. 사자의 말에 의하면 선우께서 스스로 병사들을 이끌고 나가 여러 나라를 쳐서 공을 세웠으나 전쟁으로 인한 수고로움도 크다 하니, 짐이 입는 수겹기의繡袷綺衣, 수겹장유繡袷長襦, 금겹포錦袷袍 각각 한 벌, 비여比余장식으로 머리에 꽂는 빗 한 개, 황금으로 장식한 허리띠 한 개, 황금으로 꾸민 띠와 고리 한 개, 수놓은 비단 열 필, 비단 서른 필, 붉은 비단과 푸른 비단 각각 마흔 필을 중대부 의意와 알자령謁者令슝문서를 전달하는 관직 견肩을 시켜 선우에게 보냅니다.

그 뒤 얼마 안 가서 묵돌이 죽고 아들 계육稽粥이 자리에 올라 노상선우老上單于라 했다.

중항열의 배반과 한나라의 근심거리

노상계육 선우가 막 자리에 오르자 효문제는 또 종실의 딸을 공주라 하여 선우에게 보내 연지로 삼게 하고, 연나라 출신의 환관 중항열中行說을 공주의 부傅로 삼았다. 중항열은 가기 싫지만 한나라에서 억지로 그를 사자로 보내려 하자 그가 말했다.

"반드시 내가 가야 한다면 한나라의 골칫거리가 될 것이다."

중항열은 〔흉노에〕 도착하자, 곧 선우에게 귀순했다. 선우는 그를 매우 가까이하고 총애했다.

애초에 흉노는 한나라의 비단과 무명과 먹거리를 좋아했는데, 중항열이 말했다.

"흉노의 인구는 한나라의 군 하나에도 미치지 못합니다. 그러면서도 강한 이유는 먹고 입는 것이 〔한나라와〕 달라 한나라에 바라지 않기 때문입니다. 지금 선우께서 풍속을 바꾸어 한나라의 물자를 좋아하게 된다면 흉노가 한나라 물자의 10분의 2를 채 쓰기도 전에 흉노 백성은 모두 한나라에 귀속될 것입니다. 한나라 비단과 무명을 얻어 옷을 지어 입고 말을 타고 풀이나 가시덤불 속을 달려 보십시오. 웃옷과 바지는 모두 찢어져서 못 쓰게 될 것입니다. 이렇게 함으로써 백성에게 비단옷이나 무명옷이 털옷이나 가죽옷만큼 완벽하거나 좋지 않음을 보이십시오. 또 한나라의 먹을거리를 얻게 되면 모두 버려서 그것들이 젖과 유제품의 편리함과 맛만 못함을 보이십시오.”

그리하여 중항열은 선우의 좌우에 있는 신하들에게 숫자를 기록하는 방법을 가르쳐 인구와 가축 수를 헤아려 세금을 매기도록 했다.

한나라가 선우에게 편지를 보내올 때는 목판木板을 한 자 한 치 크기로 썼는데, 문장은 이러했다.

황제는 삼가 흉노의 대선우에게 묻노니 무탈하십니까? 보내는 물품과 언어는 이러합니다.

중항열은 선우가 한나라에 편지를 보낼 때는 목판을 한 자 두 치 크기로 쓰게 하고 봉인封印도 모두 〔한나라보다〕 넓고 크고 길게 하도록 하였으며, 그 문구도 거만하게 이렇게 쓰게 했다.

천지가 낳으시고 일월이 세워 주신 흉노의 대선우는 삼가 묻노니 한나라 황제께서는 무탈하십니까? 보내는 물품과 언어는 이러합니다.

한나라의 어떤 사자가 말했다.

"흉노에는 노인을 천대하는 풍습이 있소."

중항열은 한나라 사자를 꾸짖으며 말했다.

"당신네 한나라 풍습에도 수자리를 살러 군대를 따라 막 출발하려고 하는 사람이 있다면 그의 늙은 어버이가 자신의 따뜻하고 두터운 옷을 벗어 주고 영양 많고 맛있는 음식을 나누어 주어 수자리를 보내지 않소?"

한나라 사자가 말했다.

"그렇소."

중항열은 말했다.

"흉노는 분명 싸움의 공적을 일삼는 종족이므로 늙고 약한 사람이 싸울 수는 없소. 그래서 영양 많고 맛있는 음식을 건장한 사람들에게 먹이는 것이오. 이렇게 하여 스스로를 지키고 아버지와 아들이 서로 오랫동안 보존할 수 있는 것이니, 어떻게 흉노가 노인을 천대한다고 하겠소?"

한나라 사자가 말했다.

"흉노는 아버지와 아들이 같은 막사에서 살며 아버지가 죽으면 아들이 그 계모를 아내로 삼고, 형제가 죽으면 남아 있는 형제가 그의 아내를 맞아 자기 아내로 삼소. 관을 쓰고 속대를 하는 꾸밈이나 조정에서의 예의도 없소."

중항열이 말했다.

"흉노의 풍습에 사람은 가축의 고기를 먹고 그 젖을 마시며 그 가축으로 옷을 만들어 입소. 가축은 풀을 먹고 물을 마시며 철마다 옮겨 다니오. 그래서 그들은 급박할 때에는 말타기와 활쏘기를 익히고 한가할 때에는 일 없는 것을 즐기고 있소. 그들의 약속은 간편하여 실행하기 쉽고, 군주와 신하의 관계는 간단하고 쉬워 한 나라의 정치가 마치 한 몸인 듯하오. 아버지, 아들, 형, 동생이 죽으면 그들의 아내를 맞아들여 자기 아내로 삼는 것은 종족의 성씨가 끊길까 염려하기 때문이오. 그래서 흉노는 어지러워져도 한 핏줄의 종족을 세울 수 있는 것이오. 지금 중원에서는 드러내 놓고 자기 아버지와 형의 아내를 아내로 삼는 일은 없지만 친족 관계가 더욱 멀어져 서로 죽이기도 하고, [혁명이 일어나] 천자의 성을 바꾸기도 하는데 모두 이런 데서 생기는 것이오. [마음속으로 생각하는 것과는 달리] 예의만을 지키다 보면 윗사람과 아랫사람이 서로 원망만 하게 되오. 궁실과 가옥을 지나치게 아름답게 꾸미다 보면 생산할 힘을 다 쓰게 되오. 대체로 [한나라는] 밭을 갈고 누에를 쳐서 먹거리와 입을 것을 구하고 성곽을 쌓아서 스스로 방비하기 때문에 그 백성들은 다급할 때에는 싸워서 공을 이루는 것이 익숙하지 않고, 평상시에는 생업에 지쳐 있소. 슬프구나! 흙으로 지은 집에 사는 한나라 사람들이여! 자신을 돌아보고 마음대로 말하지 마시오. 옷자락을 살랑살랑 움직이고 다니지만 머리에 관을 쓴다고 한들 무슨 쓸모가 있겠소?"

이때 이후로 한나라 사자가 변론을 하려 하면 중항열은 그때마다 말했다.

"한나라 사자여! 쓸데없는 말을 하지 마시오. 한나라가 흉노에게 보내는 비단, 무명, 쌀, 누룩의 수량이 정확히 맞고 품질이 좋으면 그만이오. 달리 무슨 말이 필요하겠소? 보내는 물품이 갖추어지지 않았거나 질이 나쁘면 곡식이 익는 가을을 기다렸다가 기마를 달려 당신네 농작물을 짓밟아 버릴 것이오."

그러고는 선우에게 밤낮으로 한나라 침공에 유리한 지점을 살피도록 지도했다.

한나라 효문제 14년에 흉노 선우의 기병 14만 명이 조나와 소관으로 쳐들어와 북지군北地郡의 도위 앙卬을 죽이고 많은 백성과 가축을 사로잡아 갔다. 드디어 팽양彭陽까지 쳐들어와 기습병을 풀어 회중궁回中宮을 불사르고, 척후斥候의 기병은 옹주雍州에 있는 감천궁까지 이르렀다. 효문제는 중위中尉 주사周舍와 낭중령 장무張武를 장군으로 삼아 전차 1000대, 기병 10만 명을 동원하여 장안 근처에서 진을 치고 흉노의 침략에 대비했다. 그리고 창후昌侯 노경盧卿을 상군장군上郡將軍으로, 영후甯侯 위속魏遫을 북지장군北地將軍으로, 융려후隆慮侯 주조周竈를 농서장군隴西將軍으로, 동양후東陽侯 장상여張相如를 대장군으로, 성후成侯 동적董赤을 전장군前將軍으로 삼아 전차와 기병을 크게 동원하여 흉노를 치게 했다. 선우는 요새 안에서 머무른 지 한 달여 만에 돌아갔다. 한나라 군대는 요새 밖까지 출동하여 쫓아갔지만 되돌아와 흉노를 죽이지도 못했다. 흉노는 날이 갈수록 교만해져 해마다 변경으로 쳐들어와 백성과 가축을 죽이고 약탈하는 일이 매우 많았는데 운중군과 요동군이 가장 심했으며, 대군에서도 1만 명 이상이 피해를 입었다.

한나라는 이것을 걱정하여 사신을 시켜서 흉노에게 편지를 보냈고, 선우도 당호當戶를 시켜 사과하고 다시 화친을 논의했다.

하늘과 땅은 치우치지 않는다

효문제는 후원 2년에 사신을 시켜 흉노에게 이러한 편지를 보냈다.

황제는 삼가 흉노의 대선우에게 문안하노니 무탈하십니까? 당호를 겸한 저거且居 조거난雕渠難과 낭중 한료韓遼를 시켜 짐에게 보낸 말 두 필이 도착하여 삼가 받았습니다. 우리 선제先帝고조 유방의 조칙에는 "장성 북쪽으로 활을 당기는 나라는 선우에게 명령을 받고, 장성 안쪽의 의관 속대를 차는 나라는 짐이 통솔하여 백성에게 밭을 갈고 베를 짜고 사냥을 하고 먹고 입게 하여 아버지와 아들이 헤어지는 일이 없고 군주와 신하가 서로 편안히 하여 모두 포악하거나 거스르는 일이 발생하는 일이 없게 하라."라고 하였습니다. 그런데 지금 들리는 바로는 사악한 백성이 탐욕스럽게도 이익에 눈이 멀어 의리를 저버리고 약속을 어기며 백성의 생명을 망각하고 두 나라 군주의 우의를 떼어 놓았다고 합니다. 그러나 그것은 이미 지난 일입니다. 당신 편지에도 "두 나라는 이미 화친하고 두 군주가 함께 즐기며 싸움을 그치고, 병사들을 쉬게 하고 말을 길러 대대로 번영과 화락을 위해서 새 출발합시다."라고 했으니 짐은 이것을 매우 가상히 여깁니다. 성인은 날마다 새롭게 고쳐서 보다 나은 정치를 하여 늙은이가 쉴 곳을 얻도록 하고, 어린이들이 잘 자랄 수 있도록 하여, 각자가 그 생명을 보존하여 하늘에서 준 수명을 살다가 마칠 수 있게 합니다. 짐이 선우와 함께 이 도道를 따라 하늘에 순응하고 백성을 돌보며 대대로 전하여 끝없이 베푼다면 천하에서 편안하지 않은 사람은 없을 것입니다. 한나라와 흉노는 서로 이웃하여 필적하는 나라입니다. 흉노는 북쪽 땅에 자리잡고 있어 춥고 살벌한 기운이 일찍 내리기 때문에 관리에게 조서를 내려 선우에게 해마다 수량을 정하여 차조, 누룩, 황금, 비단, 무명 및 그 밖의 물건들을 보내게 했습니다.

지금 천하는 아주 평화로우며 백성은 즐거워하고 있으니, 짐과 선우는 백성의 부모입니다. 짐이 지난 일을 돌이켜 생각해 보건대 모두 모신들의 잘못된 계책에서 기인한 하찮은 일이었으므로 모두 형제 나라로서의 즐거움을 떼어 놓을 만한 것은 못 됩니다. 짐이 듣건대 하늘은 치우쳐 덮지 않으며, 땅은 치우쳐 싣지 않는다고 합니다. 짐과 선우는 모두 지난날의 사소한 일들은 흘려보내고 대도大道를 걸으며 과거 나빴던 것을 제거하고 장구한 앞날에 대한 계책을 세워 두 나라의 백성을 한집안 자식처럼 대해야 합니다. 선량한 모든 백성과 아래로는 물고기나 자라에 미치고 위로는 나는 새에 이르기까지 발로 걷고 입으로 숨 쉬며 꿈틀거리는 것조차도 편안하고 이익을 얻도록 나아가게 하고 위태로움을 피하지 못하는 자가 없게 하고 싶습니다. 그러므로 오는 것을 막지 않는 것이 하늘의 도입니다. 다 함께 지난 일은 잊어버립시다. 짐은 흉노로 달아난 백성을 사면하겠으니 선우도 장니章尼한나라에 항복한 흉노 사람 등과 같은 자들을 나무라지 마십시오. 짐이 듣건대 옛날 제왕은 약속을 분명히 하고 식언하는 일이 없었다고 합니다. 선우가 〔화친에〕 마음을 두면 천하는 크게 편안할 것입니다. 화친한 뒤에는 한나라가 먼저 약속을 어기는 잘못을 범하지 않을 것입니다. 선우는 이 점을 살펴보십시오.

선우가 이미 화친을 약속하자, 효문제는 어사御史에게 조서를 내렸다.

흉노의 대선우는 짐에게 편지를 보내 화친을 제안했고, 화친은 이미 결정되었소. [흉노에서] 도망쳐 온 자들은 인구를 더해 주거나 땅을 넓히는 데도 도움이 못 될 것이오. 흉노는 변방까지 침입하지 않을 테니 한나라도 변방을 벗어나서는 안 되오. 이러한 맹약을 어기는 자는 사형에 처할 것이니 오래 화친할 수 있을 테고, 뒷날에도 문제가 생기지 않을 테니 모두에게 이로울 것이오. 짐은 화친을 허락하였으니 천하에 포고하여 명백히 알리시오.

그 뒤 4년이 지나 노상계육 선우가 죽고, 그 아들 군신軍臣이 자리에 올라 선우가 되었다. 군신 선우가 즉위하자 효문제는 다시 흉노와의 화친을 점검했다. 중항열은 다시 군신 선우를 섬겼다.

마읍 사건

군신 선우가 자리에 오른 지 4년 만에 흉노는 다시 화친을 끊고 상군과 운중군에 각각 기병 3만 명을 이끌고 대대적으로 들어와 많은 사람을 죽이고 약탈한 뒤 물러갔다. 그래서 한나라는 세 장군장무張武, 소의蘇意, 영면令勉의 군대를 북지군에 주둔시켰으니 대나라에서는 구주산에 주둔시키고, 조나라에는 비호飛狐의 입구에 주둔시켰으며, 변방 지대에도 각각 수비를 튼튼히 하여 흉노의 침입에 대비했다. 또 [다른] 세 장군주아부, 서려徐厲, 유례劉禮을 배치시켜 장안 서쪽의 세류細柳, 위수渭水 북쪽의 극문棘門과 패상霸上에 진을 치고 흉노에 대비하도록 했다. 흉노 기병이 대의 구주산 변방으로 쳐들어왔다. 봉화가 감천에서 장안까지 전해졌으나, 여러 달이 걸려 한나라 군대가 변방까지 이르렀으나 흉노는 변방 멀리 물러간 뒤였으므로 한나라 군대도 철수했다. 그 뒤 1년여 만에 효문제가 죽고 효경제가 즉위하자, 조나라 왕 수遂한고조의 손자 유수劉遂가 몰래 흉노로 사람을 보내 오나라와 초나라가 모반한 틈을 타 조나라와 모의하여 변방을 침입하도록 했다. 그러나 한나라 군대가 조나라를 포위하여 깨뜨렸으므로 흉노도 [침략을] 포기했다. 그 뒤 효경제는 흉노와 다시 화친을 맺고, 본래 맹약한 대로 관시關市에서 교역하고 흉노에게 물자를 보내며 한나라 공주도 보내 주었다. 효경제 시대가 끝날 때까지 흉노는 사소하게 변방으로 침입하여 훔치는 일이 있었으나 대규모로 침략하지는 않았다.

지금의 황제효무제는 즉위하자 [흉노와] 화친 맹약을 명확히 하고 후하게 대우했으며, 관시에서 교역하고 흉노에게 넉넉한 물자를 보내 주었다. 흉노는 선우 이하가 모두 한나라와 친해져 장성長城 부근까지 왕래했다. 그런데 한나라에서 마읍성 밑에 사는 섭일聶壹이라는 노인에게 법금法禁을 어기고 [변방을 넘어] 물자를 반출하여 흉노와 교역하도록 하고 거짓으로 마읍성을 파는 척하여 선우를 유인하도록 했다. 선우는 그의 말만 믿고 마읍의 재물을 탐내 10만 명의 기병을 이끌고 무주武州의 변방으로 들어왔다. 한나라는 병력 30만 명을 마읍 주위에 매복시키고는 어사대부 한안국을 호군護軍으로 삼아 네 장군을 통솔하여 선우를 습격했다. 선우는 한나라 변방으로 들어와 마읍으로부터 100리쯤 떨어진 곳에 이르렀으나 들에는 가축들만 흩어져 있을 뿐 가축을 먹이는 사람들이 보이지 않는 것을 괴이하게 여겨 정장亭障을 공격했다. 이때 안문군의 위사尉史가 순시하다가 오랑캐가 쳐들어오는 것을 보고 정장을 지키고 있었는데, 그는 한나라 군대의 모략을 알고 있었다. 선우가 그를 붙잡아 죽이려 하자, 그는 선우에게 한나라 군대가 있는 곳을 일러 주었다. 선우는 몹시 놀라며 말했다.

"나는 정녕 의심스러웠다."

그래서 병력을 이끌고 돌아와 〔변방을〕 벗어나자 말했다.

"내가 위사를 잡은 것은 하늘의 뜻이니 하늘이 그대를 시켜 말한 것이다."

그러고는 위사를 '천왕天王'이라고 불렀다. 한나라 군대는 선우가 마읍으로 들어오면 군사를 내어 치자고 약속해 두었지만 선우가 오지 않았으므로 한나라 군대는 아무런 소득도 얻지 못했다. 한나라 장군 왕회의 부대는 대에서 나와 흉노의 보급 부대를 치기로 되어 있었으나 선우의 철수 병력이 많다는 말을 듣고 감히 나가지 못했다. 한나라에서는 왕회가 원래 이 전략을 세워 놓고 진격하지 않았다 하여 왕회를 참형에 처했다.

이로부터 흉노는 한나라와 화친을 끊고 흉노가 다니는 길에 위치한 요새를 공격했으며, 한나라 변방 지대에서 노략질하는 일이 이루 헤아릴 수 없이 많았다. 그러면서도 흉노는 탐욕스러워 여전히 관시의 교역을 즐기며 한나라의 재물을 좋아했다. 한나라도 여전히 관시의 교역을 끊지 않고 흉노에게 맞추어 주도록 했다.

흉노와 한나라의 지리멸렬한 싸움

마읍 사건이 있은 지 5년이 지난 가을에 한나라는 장군 네 명에게 각각 기병 1만 명을 이끌고 가서 관시 근처에서 흉노를 공격하도록 했다. 장군 위청은 상곡군에서 출동해 용성에 이르러 흉노의 수급과 포로 700명을 얻었다. 공손하는 운중군에서 출동하였으나 이렇다 할 소득이 없었고, 공손오는 대군에서 출동해 흉노에게 패하여 700여 명을 잃었다. 이광은 안문군에서 출격해 흉노에게 패하고 사로잡혔지만 나중에 도망쳐 돌아왔다. 한나라는 공손오와 이광을 옥에 가두었는데 이들은 속죄금을 내고 평민이 되었다.

그해 겨울에 흉노는 변경을 자주 침입하여 노략질했는데, 어양군漁陽郡이 특히 심하였다. 한나라는 장군 한안국을 어양군에 주둔시켜 흉노에 대비하도록 했다. 그 이듬해 가을에 흉노 기병 2만 명이 한나라에 쳐들어와 요서군 태수를 죽이고 2000여 명을 잡아갔다. 흉노가 또 쳐들어와 어양군 태수의 군대 1000명을 패배시키고 한나라 장수 한안국을 에워쌌다. 한안국은 그때 기병 1000명만을 가지고 있으며 그마저도 다 없어진 상태였다. 마침 연나라에서 구원병이 왔으므로 흉노군이 물러갔다. 흉노는 또 안문군으로 쳐들어와 1000여 명을 죽이거나 잡아갔다. 그래서 한나라는 장군 위청에게 기병 3만 명을 이끌고 안문군에서 출동하도록 하고, 이식李息에게는 대군에서 출동하여 흉노를 치게 하여 수급과 포로 수천 명을 얻었다. 그 이듬해에 위청은 다시 운중군 서쪽으로 출동하여 농서군에 이르러 흉노의 누번왕과 백양왕을 하남에서 깨뜨리고, 흉노의 수급과 포로 수천 명과 소와 양 100여만 마리를 얻었다. 그리하여 한나라는 마침내 하남 땅을 점령하여 삭방군에 요새를 쌓고, 또 옛날 진 나라 때 몽염이 쌓은 요새를 다시 수리하고 하수河水를 따라 방비를 굳 건히 했다. 한나라는 또한 상곡군의 열 개의 치우쳐 있는 마을을 버리고 조양현 땅을 흉노에게 넘겨주었다. 이해가 한나라 원삭 2년이었다.

그 이듬해 겨울에 흉노의 군신 선우가 죽었다. 군신 선우의 아우 좌녹 려왕 이치타伊稚斜가 스스로 선우가 되어 군신 선우의 태자 오단於單을 깨뜨렸다. 오단이 달아나 한나라에 항복하였다. 한나라는 오단을 섭안후 涉安侯로 봉했지만 몇 달 뒤에 죽었다.

이치사 선우가 즉위하자, 그해원삭 3년 여름에 흉노의 기병 수만 명이 쳐들어와 대군 태수 공우恭友를 죽이고 1000여 명을 노략질했다. 그해 가을에 흉노가 또 안문군으로 쳐들어와 1000여 명을 죽이거나 노략질 했다. 그 이듬해에 흉노는 또다시 대군, 정양군, 상군에 각각 기병 3만 명 을 이끌고 쳐들어와 수천 명을 죽이거나 노략질했다. 흉노 우현왕은 한 나라가 그들의 하남 땅을 빼앗고 삭방군에 요새 쌓은 일을 원망하여 변 경으로 자주 쳐들어와 노략질하고 하남으로 들어와서 삭방군을 소란스 럽게 하며 관리와 백성을 죽이거나 약탈했는데 매우 심했다.

이듬해 봄에 한나라는 위청을 대장군으로 하여 장군 여섯 명과 10여 만 병력을 이끌고 삭방과 고궐에서 출동하여 흉노를 치게 했다. 〔이때〕 우현왕은 한나라 군대가 그곳까지 쳐들어올 수는 없을 것으로 여겨 술 을 마시고 취해 있었다. 한나라 군대는 요새에서 600~700리나 나아가 야밤에 우현왕을 포위했다. 우현왕이 매우 놀라 몸을 돌려 달아나니 정 예 기병들도 제각기 그 뒤를 따라 달아났다. 한나라 군대는 우현왕에게 딸려 있는 남녀 1만 5000명, 비소왕 10여 명을 잡았다. 그해 가을에 흉노 기병 1만 명이 쳐들어와 대군의 도위 주영을 죽이고 1000여 명을 잡아갔다.

그다음 해 봄에 한나라는 또 대장군 위청에게 장군 여섯 명과 기병 10여만 명을 거느리고 다시 정양에서 수백 리를 나아가 흉노를 치게 하여 앞뒤를 통하여 수급과 포로 1만 9000여 명을 얻었다. 그러나 한나라도 장군 두 명과 기병 3000여 명을 잃었다. 우장군 소건蘇建은 몸만 빠져나왔고, 전장군 흡후翕侯 조신趙信의 군사는 전세가 불리하여 흉노에게 항복했다. 조신은 본래 흉노의 소왕小王이었으나 한나라에 항복하자, 한나라가 흡후로 봉한 사람이었다. 조신은 전장군으로서 우장군의 군대와 힘을 합쳐 주력부대와 별도로 진군하다가 단독으로 선우의 군대를 만나 전멸한 것이다. 선우는 흡후를 얻게 되자 자차왕自次王으로 삼아 자기 누이를 그에게 시집보내고, 함께 한나라에 대한 전략을 논의했다. 조신은 선우에게 좀 더 북쪽으로 물러서서 사막을 가로질러 한나라 군대를 유인하여 피로하게 만든 뒤 극도로 지쳤을 때 공격하고, 요새를 가까이하지 말라고 가르쳤다. 선우는 그 계책을 따랐다.

그 이듬해에 흉노 기병 1만 명이 상곡군으로 쳐들어가 수백 명을 죽였다. 다시 그 이듬해 봄에 한나라는 표기장군 곽거병을 시켜 기병 1만 명을 인솔하고 농서군에서 출격하게 하여 언지산焉支山에서 1000여 리나 지나서 흉노를 쳤다. 흉노의 수급과 포로 1만 8000여 명을 얻고 휴도왕休屠王을 깨뜨린 데다가 하늘에 제사를 지낼 때 쓰는 황금으로 만든 상像까지 손에 넣었다. 그해 여름에 표기장군은 다시 합기후合騎侯와 함께 기병 수만 명을 이끌고 농서군과 북지군에서 2000리를 나아가 흉노를 쳤다. 거연居延을 지나 기련산祁連山을 공격하고 흉노의 수급과 포로 3만여 명과 비소왕 이하 70여 명을 얻었다. 이때 흉노도 쳐들어와 대군과 안문군에서 수백 명을 죽이거나 잡아갔다. 한나라는 박망후와 장군 이광에게 우북평군에서 진격하여 흉노 좌현왕을 치게 했으나 오히려 좌현왕이 이 장군을 포위했는데 (이 장군의) 군사는 4000명가량으로 전멸할 지경이었으나 이쪽이 입은 손실보다 더 많은 적을 죽이거나 사로잡았다. 때마침 박망후의 구원병이 와서 이 장군은 (위기에서) 벗어날 수 있었다. 그러나 한나라는 기병 수천 명을 잃었다. 합기후는 표기장군과 약속한 날짜보다 늦게 도착하여 박망후와 함께 모두 사형을 당하게 되었으나 속죄금을 물고 서민이 되었다.

그해 가을 선우는 혼야왕渾邪王과 휴도왕이 서쪽에 있을 때 한나라 군대에게 죽거나 포로가 된 자가 수만 명이나 된 것에 노하여 이들을 불러들여 주살하려고 했다. 혼야왕과 휴도왕은 두려워 한나라에 항복하려고 했고, 한나라는 표기장군에게 가서 이들을 맞이하게 했다. 혼야왕은 휴도왕을 죽이고 그의 군사와 백성을 함께 인솔하여 와서 한나라에 항복했다. 그 군사의 수는 대체로 4만여 명이었으나 10만 명이라고도 했다. 이렇게 하여 한나라는 혼야왕을 얻었으므로 농서, 북지, 하서河西 지역은 흉노의 도적질이 더욱 줄어들었다. 그래서 함곡관 동쪽의 가난한 백성을 흉노로부터 빼앗은 하남과 신진중新秦中으로 옮겨 살게 하여 이 지역을 채우고, 북지군 서쪽의 수자리 병사들은 절반으로 줄였다. 그 이듬해에 흉노가 우북평군, 정양군으로 각각 쳐들어왔는데 각각 기병이 수만 명이나 되었다. (이들은) 1000여 명을 죽이거나 사로잡아서 돌아갔다.

그 이듬해 봄에 한나라에서 전략을 세워 "흡후 조신이 선우를 위해 계책을 세우기 때문에 선우는 사막 북쪽에 있으면서 한나라 군사가 그곳까지는 올 수 없을 것으로 생각하고 있다."라고 말한 뒤, 말을 배불리 먹여 기병 10만 명을 출동시켰다. 보급품을 실은 말 이외에 개인 물건을 싣고 따르는 말이 14만 필이었다. 대장군 위청과 표기장군 곽거병에게 군사를 반으로 나눠 인솔하게 하고, 대장군은 정양에서 출격하고 표기장군은 대군에서 출격하게 하여 모두가 사막을 가로질러 흉노를 치기로 약속했다. [흉노의] 선우는 이 소식을 듣고 그의 보급품을 먼 곳으로 대피시킨 뒤 정예군만 이끌고 사막 북쪽에서 기다리다가 한나라 대장군과 접전을 벌였다.

접전을 벌이던 어느 날 해질 무렵에 때마침 큰 바람이 일었다. 한나라 군대는 이 틈을 타서 좌우의 군사를 놓아 선우를 포위했다. 선우는 스스로 이 싸움에서는 한나라 군대를 당할 수 없다고 생각하고 드디어 홀로 용감한 기병 수백 명만 데리고 한나라의 포위망을 뚫고 북서쪽으로 달아났다. 한나라 군대는 [선우를] 밤새 뒤쫓았으나 잡지 못하고, 가는 길에 흉노의 수급과 포로를 베거나 잡은 것이 1만 9000명이나 되었다. [한나라 군대는] 북쪽 전안산闐顔山에 있는 조신의 성까지 쳐들어갔다가 돌아왔다. 선우가 달아날 때 그의 병사들은 이따금 한나라 군대와 뒤섞여서 선우를 뒤쫓아 갔으므로 선우는 오랫동안 자기 부대와 만날 수 없었다. 그 뒤 우곡려왕은 선우가 죽은 줄 알고 자리에 올라 선우라고 하였다. 그러나 진짜 선우가 살아서 돌아와 다시 군을 장악하자 우곡려왕은 선우라는 호칭을 버리고 다시 우곡려왕이 되었다.

한나라 표기장군은 대군에서 출격하여 2000여 리를 나와 좌현왕과 맞서 싸웠다. 이때 한나라 군대는 흉노의 수급과 포로를 7만여 명 얻었으나, 좌현왕의 장군들은 모두 달아났다. 표기장군은 낭거서산狼居胥山에서 봉제封祭흙을 쌓아 놓고 하늘에 지내는 제사를 지내고, 고연산姑衍山에서 선제禪祭땅에 지내는 제사를 드린 뒤 한해翰海까지 갔다가 돌아왔다.

그 뒤로 흉노는 멀리 달아나서 사막 남쪽에는 흉노의 왕정이 없었다. 한나라는 황하를 건너 삭방군 서쪽으로부터 영거令居에 이르기까지 곳곳에 관개용 물길을 내고 밭 관리관을 두니, 그곳에 머무는 관리와 병졸은 5~6만 명이나 되었으며 점차 흉노 땅을 갉아먹고 들어가 흉노의 북쪽 땅과 접하게 되었다.

처음에 한나라 장군 두 명이 대거 출격하여 선우를 포위하고 죽이거나 포로로 잡은 것이 8~9만 명이나 되었지만 한나라 사졸도 수만 명이 죽고 한나라 말도 10여만 마리나 죽었다. 흉노는 피폐하여 멀리까지 달아났지만 한나라 군대도 말이 줄어들어 더 이상 출격할 수 없었다. 그 뒤 흉노는 조신의 계책을 받아들여 한나라로 사자를 보내 부드러운 말로 화친을 요청했다. 천자가 이에 관한 일을 신하들에게 논의하게 하자, 어떤 자는 화친을 주장하고 어떤 자는 끝내 흉노를 신하로 삼아야 한다고 주장했다. 승상의 장사長史 임창任敞이 말했다.

"흉노는 무너진 지 얼마 되지 않아 곤궁한 처지에 있으니, 마땅히 속국으로 삼아 변경에서 입조의 예를 하도록 하는 것이 좋습니다."

한나라는 임창을 선우에게 사자로 보냈다. 선우는 임창의 계책을 듣고 몹시 노하여 그를 잡아 두고 돌려보내지 않았다. 이보다 앞서 한나라에도 귀순해 온 흉노의 사자가 있었으므로 선우도 한나라 사자를 잡아 두어 이에 대항한 것이다. 한나라가 사졸과 군마를 징집하려 하는데 마침 표기장군 곽거병이 죽으니, 이에 한나라는 오랫동안 북상하여 흉노를 치지 않았다.

몇 년 뒤 이치사 선우가 즉위한 지 13년 만에 죽자, 그 아들 오유烏維가 자리에 올라 선우가 되었다. 이해는 한나라 원정元鼎 3년이었다. 오유 선우가 자리에 오르자 한나라 천자는 처음으로 군현을 순시하러 나왔다. 그 뒤 한나라는 남쪽으로 동월과 남월의 임금을 베었지만 흉노는 치지 않았고 흉노도 변경으로 쳐들어오지 않았다.

오유 선우가 자리에 오른 지 3년 만에 한나라는 남월을 멸망시키고 예전에 태복을 지낸 공손하에게 기병 1만 5000명을 이끌고 가서 흉노를 치도록 했는데, 구원九原에서 2000여 리나 진격하여 부저정浮苴井까지 갔지만 흉노라곤 한 사람도 보지 못하고 돌아왔다. 한나라는 다시 예전의 종표후從驃侯 조파노趙破奴에게 기병 1만여 명을 몰아 영거에서 수천리를 나아가게 하여 흉하수匈河水까지 갔지만 흉노 한 사람도 보지 못하고 돌아왔다.

이때 천자는 변경 지대를 순시하여 삭방군에 이르러 기병 18만 명을 거느려 위세와 절도를 과시하고, 곽길郭吉을 시켜 선우에게 한나라의 위세를 알려 깨우쳐 주도록 했다. 곽길이 흉노에 이르자 흉노의 주인과 손님이 사자가 온 뜻을 물었다. 곽길은 예의를 갖추어 겸손하게 좋은 말로 말했다.

"선우를 뵙고 제 입으로 말씀드리겠습니다."

곽길은 선우를 만나자 이렇게 말했다.

"남월왕의 목은 이미 한나라 북문에 걸려 있습니다. 지금 선우께서 가능하다면 앞으로 나와 한나라와 싸우십시오. 천자께서 몸소 병사를 거느리고 변경에서 기다리고 있습니다. 선우께서 만약 그것이 불가능하다면 남쪽을 향하여 한나라의 신하가 되십시오. 어찌하여 부질없이 멀리까지 달아나 사막 북쪽의 춥고 괴롭고 물도 풀도 없는 땅에 숨어 지내십니까? (그렇게) 해서는 안 됩니다."

곽길의 말이 끝나자 선우는 매우 노하여 그 자리에서 곽길을 만나게 한 주인과 손님의 목을 베고, 곽길을 붙들어 놓고 돌려보내지 않고는 북해 근처로 옮겼다. 그러나 선우는 끝내 한나라 변경으로 쳐들어가지 않고 쉬면서 병사와 말도 쉬게 하고 사냥하여 활쏘기를 익히게 했다. 그러고는 자주 한나라로 사신을 보내 좋은 말과 달콤한 목소리로 화친을 청했다.

한나라는 왕오王烏 등에게 흉노를 살피게 했다. 흉노의 법에 의하면 한나라 사자라도 부절을 버리고 얼굴에 먹물을 들인 자가 아니면 (선우의) 막사 안으로 들어갈 수 없었다. 왕오는 북지군 출신으로 흉노의 풍습에 익숙했으므로 부절을 버리고 얼굴에 먹물을 들여 막사로 들어갈 수 있었다. 선우는 그에게 호의를 가지고 그 의견을 듣는 척하며 듣기 좋은 말로 태자를 한나라에 볼모로 보내서 화친하고 싶다고 했다.

한나라는 양신楊信을 흉노에 사자로 보냈다. 이 무렵 한나라는 동쪽으로 예맥과 조선을 함락시켜 군으로 삼고, 서쪽으로는 주천군酒泉郡을 두어 흉노가 강족羌族과 통하는 길을 끊었다. 또 한나라는 서쪽으로 월지, 대하와 우호 관계를 맺고 공주를 오손왕烏孫王에게 시집보내기도 하여 흉노를 지원하던 서쪽 여러 나라를 떼어 놓았다. 또 북쪽으로는 농지를 더욱 늘려 현뢰胘雷까지 이르고 요새를 쌓았다. 이렇게 했음에도 불구하고 흉노는 한마디도 없었다. 이해에 흡후 조신이 죽었다. 한나라의 정권을 잡고 있는 자들은 흉노가 이미 쇠약하므로 신하로 복종시킬 수 있을 줄로 여겼다. 양신은 됨됨이가 강직하며 굽힐 줄 모르는 사람이었으나, 본래 지위 높은 신하가 아니므로 선우는 가까이하려고 하지 않았다. 선우가 〔막사〕 안으로 불러들이려 했지만 그가 부절을 버리려 하지 않으므로 선우는 막사 밖에 앉아서 양신을 만났다. 양신은 선우를 보자 설득하여 말했다.

"만일 화친을 원한다면 선우의 태자를 한나라에 볼모로 보내십시오."

선우가 말했다.

"그것은 이전에 했던 약속과 다르오. 이전에 했던 약속에 따르면 한나라가 언제나 공주를 보내고 비단, 무명, 먹을 것 등 여러 물건을 보내 주어 화친할 때 흉노도 한나라의 변경을 소란스럽게 하지 않는다는 것이었소. 이번에는 옛날 약속과 달리 우리 태자를 볼모로 삼으려 하니, 그렇게 하지 않겠소."

흉노의 풍속상 한나라 사자가 중귀인中貴人이 아닌 것을 보면 그가 유생儒生일 경우는 설득하러 왔다고 보고 언변을 꺾으려 했고, 나이가 젊은 사람인 경우에는 칼로 찌르러 온 줄 알고 기세를 꺾으려 했다. 한나라 사자가 흉노로 들어올 때마다 흉노에서도 사자를 보냈고, 한나라에서 흉노의 사자를 붙잡아 두면 흉노에서도 한나라 사자를 붙잡아 두는 등 반드시 대등한 수단을 강구해 놓은 뒤에야 그만두었다.

양신이 돌아온 뒤 한나라는 왕오를 사자로 보냈다. 선우는 한나라의 재물을 많이 얻기 위해 달콤한 말로 아첨하고 왕오에게 이렇게 거짓말을 했다.

"내가 직접 한나라로 들어가 천자를 뵙고 그 앞에서 형제 나라가 되기로 약속하고 싶소."

왕오가 돌아와서 한나라에 보고하자, 한나라는 선우를 위하여 장안에 저택까지 지었다. 〔그런데〕 흉노가 말했다.

"한나라가 지위가 높은 사람을 사자로 보내지 않으면 나는 그와 더불어 성의 있는 참된 말을 하지 않겠소."

흉노에서 지위가 높은 사람을 한나라에 사자로 보내왔는데, 그가 병이 들어 한나라에서 약을 주어 치료하려 했지만 불행하게도 죽고 말았다. 한나라는 노충국路充國에게 2000석 인수를 주어 사신으로 가게 하고, 유해를 보내 수천 금을 들여 후한 장례를 치르도록 하고는 말했다. 노충국이 자신이 한나라의 지위가 높은 사람이라고 말했다. 선우는 한나라가 자기의 지위 높은 사자를 죽였다고 여겨 노충국을 붙잡아 둔 채 돌려보내지 않았다. 지금까지 말한 여러 이야기는 선우가 단지 왕오를 속인 것일 뿐 한나라로 들어온다든지 태자를 볼모로 보낼 생각은 전혀 없었다. 그래서 흉노는 자주 기습병을 보내 한나라 변경을 침범했다. 한나라는 곽창郭昌을 발호장군拔胡將軍으로 삼고, 또 착야후涊野侯를 삭방군 동쪽에 주둔시켜 흉노에 대비했다.

노충국이 흉노에 억류된 지 3년 만에 오유 선우가 죽었다.

오유 선우는 즉위한 지 10년 만에 죽고, 아들 오사려烏師廬가 자리에 올라 선우가 되었다. 그는 나이가 어리므로 아선우兒單于라 불렸다. 이해는 한나라 원봉元封 6년이었다. 이로부터 선우는 〔병력을〕 북서쪽으로 늘려 좌익의 군사는 운중군과 맞서고, 우익의 군사는 주천군과 돈황군燉煌郡에 맞섰다.

아선우가 즉위하자 한나라는 사신 두 명을 보내 한 사람은 선우를 조문케 하고, 또 한 사람은 우현왕을 조문케 하여 서로를 이간시키려 했다.

그러나 사자가 흉노로 들어가자 흉노는 두 사람을 모두 선우에게로 데리고 갔고, 선우는 노하여 이들을 모두 붙들어 두었다. 한나라 사신으로서 흉노에 붙들려 있는 자는 앞뒤로 하여 10여 명이나 되었는데, 흉노 사신이 오면 한나라도 붙들어 두어 같은 수가 되도록 했다.

이해에 한나라는 이사장군貳師將軍 이광리를 시켜 서쪽으로 대원을 치게 하고, 인우장군因杅將軍 공손오를 시켜 수항성受降城을 쌓게 했다. 그해 겨울 흉노 땅에 큰 눈이 내려 많은 가축이 굶주리고 얼어 죽었다. 아선우는 나이가 어리고 살육과 정벌을 좋아하여 백성 대부분이 불안에 떨었다. 그래서 좌대도위는 선우를 죽이려고 한나라에 남몰래 사람을 보내 이렇게 말했다.

"나는 선우를 죽이고 한나라에 항복하고 싶으나 한나라가 멀어 만일 한나라 군대가 와서 나를 맞아 준다면 나는 즉시 반란을 일으키겠습니다."

처음에 한나라는 이 말을 듣고 수항성을 쌓았으나 여전히 〔거리가〕 멀다고 생각했다.

그래서 그 이듬해 봄에 한나라는 착야후 조파노를 시켜 기병 2만여 명을 이끌고 삭방군 북서쪽으로 2000여 리까지 나아가 준계산浚稽山까지 갔다가 돌아오기로 기약했다. 착야후가 기약한 곳까지 갔다가 돌아왔으나 좌대도위의 모반 계획은 발각되고 말았다. 선우는 그를 베어 죽이고 좌익의 병사를 동원하여 착야후를 쳤다. 착야후는 돌아가는 도중에 수급과 포로 수천 명을 얻었으나 수항성으로부터 400리가 채 못 되는 곳에서 흉노 기병 8만 명에게 에워싸였다. 착야후는 밤에 직접 물을 찾으러 나갔다가 숨어 있던 흉노에게 사로잡혔다. 흉노는 이 기회를 틈타 한나라 군대를 급습했다. 한나라 군중에서는 곽종郭縱이 호군護軍이 되고, 유왕維王이 거수渠帥가 되어 서로 상의하여 말했다.

"여러 교위들까지 장군을 잃고 도망쳐 온 사람은 목이 베이므로 돌아가기를 권하는 이가 한 사람도 없다."

이에 전군이 흉노에게 투항했다. 흉노의 아선우는 크게 기뻐하여 드디어 기습병을 보내 수항성을 치게 했으나 함락시키지 못하고 변경으로 쳐들어왔다가 물러갔다. 그 이듬해에 선우는 스스로 수항성을 치려 했지만 수항성에 이르기도 전에 병이 나 죽었다.

아선우는 즉위한 지 3년 만에 죽었다. 그 아들은 나이가 어리므로 흉노는 아선우의 숙부인 오유 선우의 아우 우현왕 구리호呴犁湖를 세워서 선우로 삼았다. 이해가 태초太初 3년이었다.

구리호 선우가 즉위하자, 한나라는 광록대부 서자위徐自爲를 오원군五原郡의 요새에서 나가 가깝게는 수백 리에서 멀게는 1000여 리까지 진출하여 성채와 망루를 쌓고 여구산盧朐山까지 이르게 하였다. 그리고 유격장군遊擊將軍 한열韓說, 장평후長平侯 위항衛伉을 그 곁에 주둔시키고, 강노도위彊弩都尉 노박덕路博德을 시켜 거연택居延澤 근처에 요새를 쌓도록 했다.

그해 가을 흉노군은 정양군과 운중군에 크게 쳐들어와 수천 명을 죽이거나 사로잡고 봉록이 2000석인 고관 몇 명을 깨뜨린 뒤 돌아가는 길에 광록대부가 쌓은 성채와 망루를 파괴했다. 또 우현왕이 주천군과 장액군으로 쳐들어와 수천 명을 죽이거나 사로잡았지만 때마침 한나라 장수 임문任文이 공격하여 구원함으로써 흉노는 손에 넣었던 것을 모두 잃고 물러갔다. 이해에 이사장군이 대원을 깨뜨리고 그 왕을 베고 돌아왔

다. 흉노는 그의 귀로를 끊으려 했지만 미치지 못했다. 그해 겨울에 흉노
는 수항성을 공격하려 했으나 마침 선우가 병들어 죽었다. 구리호 선우
가 자리에 오른 지 1년 만에 죽자 흉노는 그 아우 좌대도위 저제후且鞮侯
를 세워서 선우로 삼았다.

한나라가 대원을 무찌른 뒤로 그 위세는 외국에까지 떨쳤다. 그러나
천자는 흉노를 괴롭히려는 뜻이 있으므로 다음과 같은 조서를 내렸다.

고조 황제께서는 짐에게 평성에서의 원한을 남겼고, 또 고후 때에는 선우
가 매우 무도한 편지를 보냈다. 옛날 제나라 양공은 아홉 대나 묵은 원수를
갚았는데 『춘추』에서는 이것을 대대적으로 칭송했다.

이해는 태초 4년이었다.

어린애가 어찌 천자를 상대하겠는가

저제후 선우가 자리에 오른 뒤, 한나라 사자 가운데 〔흉노에〕 귀순하
지 않은 자를 모두 돌려보냈으므로 노충국 등도 돌아올 수 있었다. 선우
가 막 자리에 올랐을 때, 한나라가 그를 습격할까 두려워하여 스스로 이
렇게 말했다.

"나 같은 어린애가 어찌 감히 한나라 천자와 대등하기를 바라겠는가!
한나라 천자는 내 연장자뻘 되는 항렬이다."

한나라는 중랑장 소무蘇武를 선우에게 보내 후한 예물을 주었다. 선우는 점점 교만해지고 오만하고 무례해졌으니, 이는 한나라가 바라던 바가 아니었다. 그 이듬해에 착야후 조파노는 달아나 한나라로 돌아올 수 있었다.

그 이듬해에 한나라는 이사장군 이광리에게 기병 3만 명을 이끌고 주천군으로 나가 천산天山에서 우현왕을 치게 하여 흉노의 수급과 포로 1만여 명을 얻어 돌아오던 중 흉노에게 크게 포위되어 거의 벗어날 수 없게 되었다. 한나라 병사는 열 명 중 예닐곱 명이 죽었다. 한나라는 인우장군 공손오를 서하군으로 나가 강노도위와 탁야산涿涂山에서 합류하도록 했으나 전과는 없었다. 또 기도위 이릉에게 보병과 기병 5000명을 거느리고 거연 북쪽으로 1000여 리까지 나가 선우와 부딪쳐 싸우도록 했는데, 이릉이 적군 1만여 명을 살상하였다. 병력과 식량이 다 떨어져 전투태세를 풀고 돌아오려 했으나 흉노가 이릉을 에워쌌으므로 그는 흉노에게 투항했다. 그의 병사는 거의 전멸하고 [한나라로] 돌아온 자는 400명이었다. 선우는 이릉을 귀하게 여겨 자기 딸을 그에게 시집보냈다.

그로부터 2년 뒤, 다시 이사장군에게 기병 6만 명과 보병 10만 명을 거느리고 삭방군으로 출동하게 했다. 강노도위 노박덕은 1만여 명을 이끌고 이사장군과 만났다. 유격장군 한열은 보병과 기병 3만 명을 이끌고 오원에서 출격했다. 인우장군 공손오는 기병 1만 명과 보병 3만 명을 이끌고 안문에서 출동했다. 흉노는 이 소식을 듣자 처자식과 재산을 모두 멀리 여오수余吾水 북쪽으로 대피시킨 뒤 선우가 기병 10만 명을 이끌고 여오수 남쪽에서 이사장군과 접전을 벌였다. 이사장군은 포위망을 풀고 군대를 이끌어 돌아오려 했지만 선우와 열흘 넘게 계속 싸운 데다가 자기 가족들이 무고巫蠱[2]의 사건으로 몰살되었다는 소식을 듣고 이끌고 있던 군사들과 함께 흉노에 투항했다. 그의 군사 중에서 한나라로 살아 돌아온 자는 1000명 중 한두 명뿐이었다. 유격장군 한열도 전과가 없었고, 인우장군 공손오도 좌현왕과 싸웠으나 전세가 불리하여 군대를 이끌고 돌아왔다. 이해에 한나라 군사로서 흉노에 출정한 사람 중에 군공의 많고 적음을 논할 만한 자가 없었다. 공을 세운 자도 그 공에 적절한 보답을 받지 못했다. 조서를 내려 태의령太醫令 수단隨但을 체포했는데, 그는 이사장군의 가족이 몰살된 것을 말하여 이광리가 흉노에 투항하게 했기 때문이다.

태사공은 말한다.

"공자는 『춘추』를 지으면서 〔노나라〕 은공隱公, 환공桓公 사이에 있었던 일은 명료하게 서술하였으나 〔자신과 같은 시대의〕 정공定公, 애공哀公 사이의 일은 〔기록이〕 미미하다. 〔이는〕 그 당시의 세태가 절실했기에 찬미하는 것도 없었고 피하거나 꺼리는 것도 없었다. 세속 사람들이 흉노를 말하는 것은 한때의 권세를 얻기 위해 힘써 아첨하여 자기 주장이 채택되도록 하고 편견에 사로잡혀 서로흉노와 한나라를 고려하지 못하는 경향이 있다고 걱정한다. 장수들은 중원이 광대한 것만을 믿고 의기충천했으며, 남의 주인 된 자천자는 그들의 의견에 따라 계책을 결정했으므로 좋은 성과를 거두지 못했다. 요堯는 현명했지만 사업을 일으켜 성공

---

2 무술巫術로 남을 속이는 미신의 하나이다.

하지 못하고 우禹를 얻고 나서야 구주九州가 편안해졌다. 만일 성왕의 전통을 일으키려 한다면 오직 장군이나 재상을 가려서 임명하는 데 달렸을 뿐이구나! 오직 장군이나 재상을 가려서 임명하는 데 달렸을 뿐이구나!"

51

위 장군 표기 열전
衛將軍驃騎列傳

이 편은 미미한 출신임에도 불구하고 명장의 반열에 오른 위청과 곽거병 두 사람의 사적 외에도 한나라 무제의 흉노 정벌에 공을 세운 공손하를 비롯하여 열여섯 명을 덧붙였다. 따라서 이 편은 무제가 흉노를 정벌한 공적의 명부인 셈이다. 위청은 무제와 같은 나이로 일곱 차례 정벌에 나서 적군 5만여 명의 머리를 얻었고, 곽거병은 청년 장군으로 네 번의 싸움에서 적군 11만여 명의 머리를 얻었으니 두 사람의 공적은 상당했다. 흉노와 한나라의 관계에 대한 대책 중에서 무제는 만리장성에 만족하지 않고 흉노 깊숙이 쳐들어가 전쟁을 일으키는 방법을 썼는데, 위청과 곽거병은 무제의 이러한 정책을 충실히 이행한 충복이었다.

사마천은 무제가 젊고 재능이 출중한 위청과 곽거병을 파격적으로 기용하여 나라의 안정을 꾀한 부분을 높이 칭송하면서도, 무제 딸의 간통 사실을 직접 서술하여 그가 집안 하나도 엄히 다스리지 못하면서 다른 사람에게는 지나치게 가혹한 것을 빗대었다.

사마천은 이 편에서 한 무제에 대해 비판적인 논조를 곳곳에서 각인시키면서 이 두 사람의 공적과 허물을 비교적 공정한 태도를 견지하여 서술하는 실록 정신을 보여 준다. 이 편은 「평준서」, 「흉노 열전」과 함께 읽으면 더 깊이 이해할 수 있다.

한 무제가 흉노를 물리친 곽거병의 전공을 기려 만든 석각. 말 아래 흉노가 있다.

종으로 태어났지만 귀상인 위청

대장군 위청衛靑은 평양현平陽縣 사람이다. 그 아버지 정계鄭季는 관리가 되어 평양후平陽侯조참의 증손자 조수曹壽의 집에서 일하다가 평양후의 첩 위온衛媼과 남몰래 정을 나눠 청靑을 낳았다. 위청의 동복형은 위장자衛長子이다. 누이 위자부衛子夫가 평양 공주平陽公主[1]를 섬기다가 〔뒤에 궁궐로 들어가〕 천자의 총애를 받게 되었으므로 위청도 성을 위씨衛氏로 일컫게 되었다. 위청의 자는 중경仲卿이고, 장자는 자를 장군長君으로 고쳤다. 장군의 어머니를 위온이라 했는데 위온의 맏딸이 위유衛孺, 둘째 딸이 소아少兒, 셋째 딸이 바로 자부이다. 뒷날 자부의 남동생 보광步廣도 위씨 성을 가졌다.

위청은 평양후의 가복家僕으로 있다가 젊을 때 아버지에게로 돌아갔다. 위청의 아버지는 그에게 양 치는 일을 시켰다. 본처 자식은 모두 위청을 종으로 취급하고 형제로 여기지 않았다. 위청이 일찍이 어떤 사람을 따라 감천궁 안의 감옥에 간 일이 있는데, 한 겸도鉗徒목에 칼을 쓴 죄인가 위청의 인상을 보고 이렇게 말했다.

"귀인상이로다. 벼슬은 후侯로 봉해질 것이다."

위청이 웃으면서 말했다.

---

1 한나라 경제景帝의 딸로 원래는 양신 장공주陽信長公主로 불렸는데, 평양후 조수에게 시집갔기 때문에 평양 공주로 일컫게 되었다.

"남의 종으로 태어났으니 매질 안 당하고 욕이나 안 먹으면 그만이지 어떻게 후로 봉해질 수 있겠습니까?"

위청은 장년이 되자 평양후 집의 기사騎士가 되어 평양 공주를 모셨다. 건원 2년 봄에 위청의 누이 위자부가 궁중으로 들어가 황제에게 총애를 받게 되었다. 황후는 당읍후堂邑侯 진오陳午의 부인 대장공주大長公主황제의 고모를 일컫는 명칭임의 딸로서 아들이 없으며 질투가 심했다. 대장공주는 위자부가 황제에게 총애를 받아 임신했다는 소식을 듣고 질투가 나서 사람을 보내 위청을 체포하게 했다. 위청은 건장建章에서 일을 맡고 있었는데 아직 이름이 알려지지 않은 때였다. 대장공주는 위청을 잡아 가두고 죽이려 했으나, 그 친구 기랑騎郎황제의 시종관 공손오가 장사들과 함께 구해 주었기 때문에 죽음만은 면할 수 있었다.

황상은 이 소식을 듣고 위청을 불러 건장궁의 감監궁궐의 사무를 관장하는 장관 겸 시중으로 삼았다. 그의 동복형제도 모두 귀한 신분이 되었고, 황상이 단 며칠 동안에 내린 상이 수천 금이나 되었다. 그의 맏누이 위유는 태복 공손하의 아내가 되었고, 둘째 누이 소아는 본래 진장陳掌과 사통하고 있었는데 황상은 진장을 불러 높은 지위에 오르게 했다. 공손오는 위청을 구해 준 일로 더욱더 존귀해졌고, 위자부는 부인夫人제왕의 소첩이 되었으며, 위청은 태중대부太中大夫궁중 고문관가 되었다.

원광 5년에 위청은 거기장군이 되어 흉노를 토벌하기 위해 상곡군에서 출격했고, 태복 공손하公孫賀는 경거장군輕車將軍이 되어 운중군에서 출격했으며, 태중대부 공손오公孫敖는 기장군騎將軍이 되어 대군代郡으로 출격하고, 위위 이광은 효기장군驍騎將軍이 되어 안문군에서 출격했는데 각 군대는 기병 1만 명으로 편성되었다. 위청은 농성龍城흉노가 하늘에 제사를 지내는 지역까지 진격하여 적군의 머리를 베거나 포로로 잡은 것이 수백 명이었다. 기장군 공손오는 기병 7000명을 잃었고, 위위 이광은 흉노에게 사로잡혔다가 탈출하여 돌아왔다. 두 사람은 모두 참형에 해당되었으나 속죄금을 물고 평민이 되었다. 공손하 역시 아무 공도 세우지 못했다.

원삭 원년 봄에 위 부인이 아들을 낳아 황후의 자리에 올랐다. 그해 가을 위청은 거기장군이 되어 안문군에서 기병 3만 명을 이끌고 출격하여 흉노를 쳐 수천 명의 머리를 베거나 포로로 잡았다. 그 이듬해에 흉노가 쳐들어와 요서군 태수를 죽이고, 어양군의 2000여 명을 포로로 잡아갔으며, 장군 한안국의 군사를 깨뜨렸다. 한나라는 장군 이식에게 대군에서 출격하게 하고, 거기장군 위청에게 운중군에서 출격하여 서쪽으로 고궐까지 진격하도록 해 하남 일대를 공략하고 농서군에 이르렀다. 적군의 목을 베거나 포로로 사로잡은 자가 수천 명이고, 가축 수십만 마리를 얻었으며, 백양의 왕과 누번의 왕을 패주시키고 하남 땅에 삭방군을 두었다. 위청에게 식읍 3800호를 주고 장평후長平侯로 삼았다. 위청의 교위 소건蘇建도 공이 있어 1100호로 봉하여 평릉후平陵侯로 삼고, 그에게 삭방성을 쌓게 했다. 위청의 교위 장차공張次公도 공이 있어 봉해져 안두후岸頭侯가 되었다. 천자는 이때 다음과 같이 말했다.

"흉노는 천리天理를 거스르고 인륜을 어지럽히며 나이 많은 사람들을 혹사시키고 노인을 학대하며 도적질을 일삼고 여러 만이족을 속이고 모략을 꾸며 그들의 병력을 빌려서 자주 변경을 침략하였다. 그래서 〔한나라는〕 군대를 일으키고 장수를 보내 그들을 응징하도록 했다.

『시』에도 이렇게 말하지 않았는가. '험윤을 쳐서 태원에 이르렀네.' '전차 소리 요란하고, 저 삭방에 성을 쌓네.' 지금 거기장군 위청이 서하를 건너 고궐에 이르러 적의 머리를 베거나 포로로 잡은 것이 2300명이고, 전차와 군수품 및 가축을 죄다 노획했다. 위청은 열후로 봉해진 뒤에도 서쪽으로 하남 일대를 평정하여 유계楡谿의 옛 요새를 순찰하고 재령梓嶺을 넘어 북하北河에 다리를 놓고, 포니蒲泥를 치고 부리符離를 깨뜨렸다. 적군의 정예 병사들을 베어 죽이고 복병과 정찰병을 잡은 것이 3071명이고, 포로를 심문하여 적국의 많은 군사를 얻었으며, 말과 소와 양 100여만 마리를 몰아 군대를 온전히 하여 돌아왔으니 위청에게 3000호를 더 봉한다."

이듬해에 흉노가 대군으로 쳐들어와 태수 공우共友를 죽이고, 안문군으로 쳐들어와 1000여 명을 노략질해 갔다. 그다음 해에도 흉노는 대군, 정양군, 상군으로 크게 쳐들어와 한나라 백성 수천 명을 죽이거나 노략질해 갔다.

그 이듬해인 원삭 5년 봄에 한나라는 거기장군 위청에게 기병 3만 명을 이끌고 고궐에서 출격하도록 했다. 위위 소건을 유격장군으로 삼고, 좌내사 이저李沮를 강노장군彊弩將軍으로, 태복 공손하를 기장군으로, 대나라 재상 이채를 경거장군으로 삼아 모두 거기장군에게 예속되어 삭방군으로 출격하게 하고, 또 대행大行 이식과 안두후 장차공을 장군으로 삼아 우북평에서 출격하여 일제히 흉노를 공격하도록 했다. 흉노의 우현왕은 위청 등의 군대를 상대하고 있었는데, 한나라 군사가 그곳까지 오리라고는 생각지 못하고 술에 취해 있었다. 한나라 군사가 한밤에 진격하여 우현왕을 에워쌌다. 우현왕은 깜짝 놀라 한밤중에 애첩 한 명과 건장한 기병 수백 명만을 데리고 말을 달려 포위망을 뚫고 북쪽으로 달아났다. 한나라의 경기교위輕騎校尉 곽성郭成 등이 수백 리나 뒤쫓아 갔지만 잡지 못하고 우현왕 아래에 있던 비왕裨王 10여 명과 남녀 1만 5000명, 가축 수천 마리를 얻어 군사를 이끌고 돌아왔다. 요새에 도착하자 천자가 사자에게 대장군 인수를 가지고 군중으로 나아가게 하여 거기장군 위청을 대장군으로 승진시켰다. 여러 장수가 모두 자기 군사를 인솔하여 대장군 밑으로 들어갔다. 위청은 대장군 관호官號를 내세우고 〔조정으로〕 돌아왔다. 천자가 〔위청에게〕 말했다.

"대장군 위청은 몸소 군대를 이끌고 가서 큰 승리를 거두어 흉노 왕 10여 명을 포로로 잡았다. 위청에게 6000호를 더하여 봉한다."

그리고 위청의 아들 위항衛伉을 의춘후宜春侯에, 위불의衛不疑를 음안후陰安侯에, 위등衛登을 발간후發干侯에 봉하였다. 위청은 굳이 사양하여 말했다.

"신은 다행히 군대 안에서 직책을 얻었고 폐하의 신령하심에 힘입어 한나라 군대가 큰 승리를 거두었으니 모두 여러 교위가 힘껏 싸운 공입니다. 폐하께서는 다행히 신 위청에게 이미 봉읍을 더해 주셨습니다. 신

위청의 자식들은 아직 강보에 싸여 있어 아무것도 한 일이 없는데, 폐하께서 황송하게도 땅을 갈라 세 자식을 열후에 봉하시는 것은 소신을 대장으로 기용하시어 병사들에게 힘껏 싸울 것을 권장하는 뜻에 맞지 않습니다. 위항 등 세 사람이 어떻게 감히 봉후를 받을 수 있겠습니까!"

천자가 말했다.

"내가 여러 교위의 공훈을 잊은 것이 아니다. 이제부터 공을 논할 것이다."

그러고는 어사대부에게 조서를 내렸다.

호군도위 공손오는 세 차례나 대장군을 따라 흉노를 치면서 언제나 군을 호위하고 교위를 어우러지게 하여 흉노 왕을 사로잡았다. 공손오에게는 봉읍 1500호를 내리고 합기후合騎侯로 삼는다. 도위 한열은 대장군을 따라 유혼窳渾에서 출격하여 흉노 우현왕의 궁궐까지 진격하고 대장군의 지휘 아래 싸워 흉노 왕을 사로잡았으니 한열에게는 봉읍 1300호를 내리고 용액후龍頟侯로 삼는다. 기장군 공손하는 대장군을 따라 흉노 왕을 사로잡았으니 공손하에게 식읍 1300호를 주고 남교후南窌侯로 삼는다. 경거장군 이채는 두 차례 대장군을 따라 흉노 왕을 사로잡았으니 이채에게는 봉읍 1600호를 주고 낙안후樂安侯로 삼는다. 교위 이삭李朔, 교위 조불우趙不虞, 교위 공손융노公孫戎奴는 각각 세 차례 대장군을 따라 흉노 왕을 사로잡았으니 이삭에게는 봉읍 1300호를 주어 섭지후涉軹侯로 삼고, 조불우에게는 봉읍 1300호를 내리고 수성후隨成侯로 삼으며, 공손융노에게는 봉읍 1300호를 내리고 종평후從平侯로 삼는다. 장군 이저, 이식, 교위 두여의豆如意에게도 공이 있으므로 관내후에 봉하고 각각 식읍 300호를 내린다.

그해 가을에 흉노가 대군代郡으로 쳐들어와 도위 주영을 죽였다.

신하가 권력을 함부로 휘두르면 안 되는 이유

그 이듬해 봄에 대장군 위청이 정양定襄에서 출격할 때 합기후 공손오가 중장군中將軍이 되고, 태복 공손하는 좌장군이 되었으며, 흡후 조신은 전장군이 되고, 위위 소건은 우장군이 되었으며, 낭중령 이광은 후장군이 되고, 좌내사 이저는 강노장군이 되어 모두 대장군에게 예속되어 적군 수천 명의 머리를 베고 돌아왔다. 한 달 남짓 지나 모두 다시 정양에서 출병하여 흉노를 쳐서 1만여 명의 머리를 베거나 포로로 잡았다. 그러나 우장군 소건과 전장군 조신은 기병 3000여 명을 합쳐 홀로 선우의 군대와 맞서 하루 남짓 싸우다가 한나라 군대는 거의 전멸할 지경에 이르렀다. 전장군 조신은 본래 흉노 사람으로 [한나라에 귀순하여] 흡후가 된 자이다. 그의 처지가 위급해진 것을 보고 흉노가 투항하기를 권유하니, 전장군은 기병 800여 명을 이끌고 선우에게 달려가 항복하고 말았다. 우장군 소건은 군사를 모두 잃고 홀로 도망쳐 대장군에게로 돌아왔다. 대장군은 군정軍正지금의 군법무관 굉閎, 장사長史지금의 참모장 안安, 의랑議郎 주패周霸 등에게 그 죄를 물었다.

"소건을 어떻게 처리해야 되겠소?"

주패가 대답했다.

"대장군께서는 출정한 이래 일찍이 비장裨將을 벤 일이 없습니다. 지금 소건은 군사를 버리고 왔으니 그 목을 베어 장군의 위엄을 분명히 해야 합니다."

그러나 굉과 안은 말했다.

"그렇지 않습니다. 병법에 '적은 병력의 군대가 끝까지 싸우면 결국 큰 병력을 가진 군대의 포로가 된다.'라고 했습니다. 이번에 소건은 수천 명의 병력으로 선우의 수만 병력을 상대로 하루 넘게 힘껏 싸우다가 군사가 모두 죽긴 했지만 두마음을 품지 않고 스스로 돌아왔습니다. 스스로 돌아왔는데도 그를 벤다면 이는 앞으로는 돌아오지 말라는 뜻을 보이는 것입니다. 베면 안 됩니다."

대장군이 말했다.

"나 위청은 다행히 폐하와 인척인 관계로 대장군에 임용되어 위엄이 없을까 하고 근심하지는 않소. 주패는 나에게 위엄을 분명히 하라고 했으나 내 뜻과는 사뭇 다르오. 또 내 직책상 비장을 벨 수 있다고는 하나 폐하의 총애를 받는다고 하여 국경 밖에서 내 마음대로 죽일 수는 없소. 천자께 이 일을 상세히 보고하여 천자께서 스스로 재가하시도록 하겠소. 이렇게 함으로써 남의 신하 된 자가 감히 권력을 함부로 휘두르지 않음을 보이는 것도 좋지 않겠소?"

군관이 모두 말했다.

"좋습니다."

드디어 소건을 가두어 행재소行在所천자가 임시로 머무는 곳로 보내고 요새로 들어가 싸움을 끝냈다.

권세를 좇아 움직이다

이해에 대장군 위청 맏누이의 아들 곽거병霍去病은 열여덟 살로 총애를 받아 천자의 시중이 되었다. 말타기와 활쏘기에 뛰어나 두 차례 대장군을 따라 출정했는데 대장군이 조서를 받아 곽거병에게 병사들을 주어 표요교위剽姚校尉로 삼았다. 곽거병은 날쌔고 용감한 기병 800명과 함께 곧장 수백 리 떨어진 싸움터로 달려 나가 매우 많은 적의 머리를 베거나 사로잡았다. 그래서 천자는 말했다.

"표요교위 곽거병이 적의 머리를 베거나 사로잡은 자가 2028명이나 되는데 그중에는 〔흉노의 관직인〕 상국相國과 당호當戶도 포함되었다. 선우의 대부항大父行할아버지뻘 되는 사람인 적약후籍若侯 산산을 베고 선우의 계부季父 나고비羅姑比를 사로잡았다. 그의 공은 두 차례나 전군에서 으뜸이었다. 곽거병을 1600호에 봉하고 관군후冠軍侯로 삼는다. 상곡 태수 학현郝賢은 네 차례나 대장군을 따라 출정하여 적의 머리를 베거나 사로잡은 것이 2000여 명이나 되므로 1100호에 봉하고 중리후衆利侯로 삼는다."

그러나 〔위청은〕 이해에 두 장군소건과 조신의 군사를 잃었고, 흡후 조신이 달아났으며, 공이 보잘것없어 봉封을 더하지는 못했다. 우장군 소건이 압송되어 왔으나 천자는 그를 죽이지 않고 죄를 용서하였다. 그는 속죄금을 내고 평민이 되었다. 대장군이 돌아오자 천자는 1000금을 내렸다.

이 무렵 왕 부인이 황상에게 총애를 받고 있었는데, 영승甯乘이라는 자가 대장군을 이렇게 설득했다.

"장군께서 아직 공이 많지 않은데 만 호의 식읍을 받고 세 아들 모두 후에 봉해진 까닭은 오직 위 황후가 계시기 때문입니다. 이제 왕 부인이 총애를 받고 있는데 그 일족은 부귀하지 못합니다. 바라건대 장군께서 받은 1000금을 바쳐 왕 부인의 부모님을 축수해 드리십시오."

대장군은 그 말을 받아들여 500금으로 축수했다. 천자가 이 소문을 듣고 대장군에게 물으니 대장군이 사실대로 말했다. 황상은 즉시 영승을 동해군 도위로 삼았다.

장건張騫[2]은 대장군을 따라 출병했을 때 일찍이 대하大夏에 사신으로 가다가 흉노에게 오랫동안 억류되어 있었기 때문에 군대를 물과 풀이 풍부한 곳으로만 이끌고 다녀 굶주림과 갈증을 면하게 하였다. 그는 앞서 먼 나라에 사신으로 갔던 공이 있어서 박망후博望侯에 봉해졌다.

패기만만한 곽거병과 날개 꺾인 위청

관군후 곽거병은 후가 된 지 3년째인 원수 2년 봄에 표기장군이 되었다. 그가 기병 만 명을 이끌고 농서에서 출병하여 공을 세우자 천자가 말했다.

---

2 무제 때 대월지大月氏, 오손烏孫, 대원大宛, 강거康居, 대하大夏 등과 문화적 경제적 교류를 가능하게 한 것으로 유명하다. 뒤의 「대원 열전」에 내용이 자세하다.

"표기장군은 병사를 이끌고 오려산烏鱺山을 넘어 속복遬濮을 치고, 호노수狐奴水를 건너 다섯 왕국을 거쳐 지나가면서 군수품과 겁먹고 떨고 있는 군사들을 약탈하지 않고 선우의 아들만 잡기를 바랐다. 〔그는〕 여기저기 옮겨 다니며 엿새 동안 싸우다가 언지산焉支山을 지나 1000여 리를 나가 칼을 손에 쥐고 붙어 싸워 절란왕折蘭王을 죽이고 노호왕盧胡王의 목을 베었다. 무장한 적군을 주살하고 혼야왕의 아들과 상국과 도위 등 8000여 명을 베거나 사로잡았으며, 휴도왕이 하늘에 제사를 지낼 때 쓰던 금상金像까지 빼앗았으니 곽거병에게 2000호를 더 봉한다."

그해 여름 표기장군은 합기후 공손오와 함께 북지군에서 출병하여 길을 달리하여 전진하고, 박망후 장건과 낭중령 이광은 함께 우북평에서 길을 달리하여 나아가 일제히 흉노를 공격했다. 낭중령은 기병 4000명을 이끌고 앞서갔고, 박망후는 기병 만 명을 이끌고 나중에 도착했다. 흉노 좌현왕이 기병 수만 명을 이끌고 낭중령을 포위하자 낭중령은 그들과 이틀 동안 싸워 죽은 자가 절반이 넘었으나 〔흉노의〕 전사자도 이편보다 더 많았다. 박망후의 군대가 도착하자 흉노 군사는 물러났다. 박망후가 머뭇거리며 늦게 온 것은 참형에 해당하는 죄였으나 속죄금을 내고 평민이 되었다. 그리고 표기장군은 북지군에서 나아가 적지로 깊숙이 들어갔지만 합기후와 길이 어긋나 서로 연락이 끊어졌는데 표기장군은 거연을 지나 기련산에 이르러 적의 머리를 베거나 포로로 잡은 자가 대단히 많았다. 천자가 말했다.

"표기장군은 거연을 넘어 소월지국小月氏國을 지나 기련산을 공격하여 추도왕酋涂王을 사로잡았다. 무리를 지어 항복한 자가 2500명, 목을 베거나 포로로 잡은 자가 3만 200명, 다섯 왕과 그들의 어머니, 선우의 연지와 왕자 59명, 상국과 장군과 당호와 도위 63명을 사로잡았다. 그러나 아군은 10분의 3을 잃었을 뿐이다. 곽거병에게 5000호를 더 봉한다. 교위로서 곽거병을 따라 소월지국까지 출정한 자에게는 좌서장左庶長 작위를 내린다. 또 응격사마鷹擊司馬 조파노는 두 차례 표기장군을 따라 속복왕을 베고 계저왕稽沮王을 사로잡았다. 천기장千騎將은 왕과 왕의 어머니 각각 1명, 왕자 이하 41명을 사로잡았고, 포로가 3330명이나 되며, 그의 전위부대가 포로로 사로잡은 사람만도 1400명이나 된다. 조파노를 식읍 1500호에 봉하여 종표후從驃侯로 삼는다. 교위 구왕句王 고불식高不識은 표기장군을 따라 호우도왕呼于屠王과 왕자 이하 11명을 사로잡고 1768명을 포로로 잡았으므로 1100호에 봉하여 의관후宜冠侯로 삼는다. 또 교위 복다僕多에게도 공로가 있으니 휘거후煇渠侯로 삼는다.”

합기후 공손오는 행군을 지체하여 표기장군과 합류하지 못한 죄가 참형에 해당했으나 속죄금을 내고 평민이 되었다. 한나라의 여러 노련한 장수가 거느리는 병마兵馬도 표기장군만은 못했다. 표기장군이 거느리는 군사는 언제나 엄선된 정예 부대로 이루어졌다. 게다가 표기장군은 과감하게 적진 깊숙이 들어갔는데 언제나 용감한 기사와 함께 그의 주력군보다 앞장서서 진격했다. 그의 군대에게는 또 천행이 따라 아직까지 단 한 번도 곤경에 빠진 적이 없었다. 그러나 여러 노련한 장수는 언제나 진격이 지체되는 죄를 받아 불우했다. 이런 까닭에 표기장군은 날로 천자의 신임을 받고 존중되어 대장군의 위세와 맞먹게 되었다.

그해 가을에 선우는 혼야왕이 서쪽에 머물면서 한나라 군대에게 자주 깨져 수만 명의 군사를 잃은 것이 표기장군의 군대 때문임을 알고 격분했다. 몹시 화가 난 선우는 혼야왕을 불러 목을 베려고 했다. 혼야왕은 휴도왕과 공모하여 한나라에 투항할 마음을 먹고 먼저 변경으로 사람을 보내 자신의 뜻을 전하게 했다. 이때 마침 대행 이식이 하수 가에서 요새를 쌓고 있다가 혼야왕의 사자를 만나 보고, 그 즉시 파발마를 보내 조정에 보고했다. 천자는 이 보고를 듣고 거짓으로 투항하는 척하다가 변경을 습격하지나 않을까 두려운 마음이 들어 표기장군에게 병사를 이끌고 가서 혼야왕을 맞이하도록 했다.

표기장군이 하수를 건너 혼야왕의 무리와 서로 마주 바라보게 되었다. 혼야왕의 비장들은 한나라 군사를 보자 대부분 투항하지 않으려 하여 상당수가 달아났다. 표기장군은 흉노의 진중으로 달려 들어가 혼야왕과 맞서 달아나려는 자 8000명을 베어 죽이고 혼야왕만을 파발마에 태워 먼저 행재소로 보낸 뒤, 혼야왕의 무리를 모두 이끌고 하수를 건너 돌아왔다. 이때 투항한 자는 수만 명이었으나 10만 명이라고 했다. 장안에 이르자 천자가 수십만 금을 상으로 내렸다. 혼야왕에게 만 호를 봉하고 탑음후漯陰侯로 삼고, 그의 비왕裨王 호독니呼毒尼를 봉하여 하마후下摩侯로 삼았으며, 응비鷹庇를 휘거후煇渠侯, 금리禽黎를 하기후河綦侯, 대당호大當戶 동리銅離를 상락후常樂侯로 삼았다. 그러고 나서 천자는 표기장군의 공로를 가상히 여겨 말했다.

"표기장군 곽거병이 군사를 이끌고 흉노를 공격하여 서역의 왕인 혼야왕과 그 백성 모두가 우리에게 투항했다. 곽거병은 군량으로 그들의 식량을 대 주었고 아울러 궁수 만여 명을 이끌고 거칠고 사나운 자는 베고, 8000여 명을 참수하거나 포로로 잡았다. 다른 나라 왕을 서른두 명이나 항복시켰고, 우리 군사는 부상자도 없이 10만 명이나 되는 흉노 무리를 모두 모여와서 귀순하도록 했다. 곽거병의 잦은 정전征戰의 노고 덕분에 이제 하수의 요새는 오래도록 밖의 걱정거리 없이 평화로울 수 있게 되었다. 표기장군에게 1700호를 더 봉한다."

농서군, 북지군, 상군의 수비병 수효를 절반으로 줄여 천하의 부역을 줄였다.

그로부터 얼마 뒤 항복해 온 자들을 변경의 다섯 군농서군, 북지군, 상군, 삭방군, 운중군 즉 요새 밖으로 나누어 이주시켰다. 이들을 모두 고유의 풍속을 유지한 채로 하남에 살게 하고 [한나라의] 속국으로 삼았다. 그다음 해에 흉노는 우북평과 정양으로 쳐들어와 한나라 사람 1000여 명을 죽이거나 잡아갔다.

그다음 해에 천자는 여러 장수와 상의하고는 말했다.

"흡후 조신이 선우를 위하여 계책을 세우는데, 한나라 군대가 사막을 넘어서면 오래 버티기 어렵다고 생각한다. 지금 이쪽에서 대규모로 군사를 동원하여 공격한다면 형세로 보아 반드시 우리가 하려는 바를 이룰 수 있을 것이다."

이해는 원수 4년이었다.

원수 4년 봄에 황상은 대장군 위청과 표기장군 곽거병에게 각각 기병 5만 명을 통솔하게 하고, 보병과 군수품 운반 병사 수십만 명이 그 뒤를 따르게 했다. 그리고 그 가운데 용감하게 적진 깊숙이 들어가 힘껏 싸울 만한 병사는 모두 표기장군 밑에 소속되었다. 표기장군은 애초에 정양에서 출격하여 선우와 맞설 생각이었으나, 포로가 선우가 동쪽으로 갔다고 말했으므로 천자는 표기장군을 대군에서 진격하도록 하고 대장군을 정양에서 진격하도록 했다. 낭중령 이광은 전장군, 태복 공손하는 좌장군, 주작도위主爵都尉 조이기趙食其는 우장군, 평양후平陽侯 조양曹襄

은 후장군이 되어 모두 대장군에게 소속되었다. 대략 5만 기나 되는 군사들은 바로 사막을 건너 표기장군 등과 함께 일제히 흉노의 선우를 공격했다. 한편 조신은 선우를 위해 계책을 도모하여 이렇게 말했다.

"한나라 군대는 사막을 건너왔으므로 병사나 말이 모두 지쳐 있을 것입니다. 우리는 가만히 앉아서 포로들을 거두어들이기만 하면 됩니다."

그리하여 선우는 군수 물자를 멀리 북쪽으로 옮긴 뒤 정예 부대만으로 사막 북쪽에서 기다리고 있다가 때마침 대장군과 맞부딪쳤다. 대장군의 군대는 요새에서 1000여 리 떨어진 곳까지 나와서야 선우의 군사가 진을 치고 기다리고 있는 것을 발견했다. 대장군은 무강거武剛車덮개가 있어 몸을 보호할 수 있는 전쟁용 수레를 본영 주변에 둥글게 벌여 놓고 기병 5000명을 내보내 흉노군 쪽으로 돌진하여 대적하게 했다. 흉노도 기병 만 명가량을 내놓았다. 때마침 해가 저물어 가고 거센 바람이 일어 모래와 자갈이 얼굴로 몰아치자 양군은 서로를 알아볼 수 없었다. 한나라 군대는 좌우 양쪽으로 날개를 벌리듯이 군사를 풀어 선우를 조여들어 갔다. 선우는 한나라 군대의 병력이 많고 병사나 군마가 막강하여 싸워도 흉노군이 불리하다는 판단을 내렸다. 땅거미가 질 무렵 선우는 드디어 노새 여섯 마리가 끄는 전차에 올라 용감한 기병 수백 명만을 데리고 곧장 한나라의 포위를 뚫고 북서쪽으로 달아났다. 이미 해가 져 어두우므로 한나라와 흉노는 서로 뒤엉켜 싸워 양쪽 모두 사상자를 비슷하게 냈다. 한나라 군대 좌익의 교위가 잡은 포로가 선우가 해가 지기 전에 달아났다고 하므로 한나라 군대는 그날 밤에 날랜 기병을 보내 선우를 추격했고, 대장군 군대도 그 뒤를 따랐다. 흉노 병사들 역시 뿔뿔이 흩어져 달아났다. 한나라 군대는 동틀 무렵까지 200여 리나 추격했으나 선우를 잡지 못했다. 그러나 목을 베거나 포로로 잡은 적군이 만여 명이나 되었다. 드디어 전안산寶顔山의 조신성趙信城에 이르러 흉노가 쌓아 둔 식량을 찾아내 한나라 병사들에게 먹였다. 한나라 군대는 그곳에서 하루를 머무르고 돌아왔는데, 그때 조신성에 남아 있는 곡식을 죄다 불살라 버렸다.

대장군이 선우와 맞붙어 싸울 때 전장군 이광과 우장군 조이기의 군사는 따로 갈라져서 동쪽 길로 진격했는데 길을 잃어 헤매다가 선우를 공격할 시기에 늦었다. 대장군이 철수하여 사막 남쪽 지역을 지날 때 비로소 전장군과 우장군을 만났다. 대장군이 사자를 보내서 천자에게 보고하기 위해 장사長史를 시켜 전장군 이광을 문서에 적힌 죄상대로 심문하게 하니 이광이 자살했다. 그러나 우장군은 장안으로 돌아온 뒤 형리에게 넘겨졌다가 속죄금을 내고 평민이 되었다. 대장군이 요새 안으로 들어왔는데 흉노의 머리를 베거나 포로로 잡은 것이 1만 9000명이나 되었다.

이때 흉노 무리는 열흘 넘게 선우를 잃었다. 우곡려왕이 이 소식을 듣고 스스로 서서 선우가 되었으나 뒷날 진짜 선우가 나타나 그 무리를 만나게 되자 우곡려왕은 선우 칭호를 버렸다.

표기장군도 기병 5만 명을 거느렸으며, 전차와 군수 물자도 대장군 군대와 같았으나 비장이 없어 이감 등을 모두 대교大校[3]로 삼아 비장 역할을 하게 했다. 표기장군은 대군과 우북평군에서 1000여 리나 진격하여 흉노 좌익의 군사와 대결했는데 적을 참수하거나 포로로 잡은 공은 이미 대장군보다 컸다. 군대가 돌아오자 천자가 말했다.

---

3 교위校尉를 말한다. '대大' 자는 임시의 특수 직권임을 나타낸다.

"표기장군 곽거병은 군대를 거느리고 자신이 사로잡은 훈육董粥흉노를 이르는 말로 '훈죽'이라고도 읽음 군사까지 이끌고 군장과 군수 물자를 가볍게 하여 큰 사막을 가로질러 강을 건너 장거章渠를 사로잡고 흉노 왕 비거기比車耆를 주살했으며, 되돌아 좌대장左大將을 쳐서 군기軍旗와 군고軍鼓를 빼앗았으며, 이후산離侯山을 넘고 궁려弓閭를 건너 둔두왕屯頭王과 한왕韓王 등 세 사람 및 장군과 상국과 당호와 도위 83명을 사로잡고, 낭거서산狼居胥山에서 제단을 쌓아 천신에게 제사를 지내고 고연산姑衍山에서 지신에게 제사 지낸 뒤 한해翰海 부근의 산에 올랐다. 사로잡은 포로가 7만 443명이나 되었으나 군사는 10분의 3이 줄었을 뿐이다. 적에게 식량을 빼앗아 얻음으로써 먼 곳까지 진격하면서도 군량이 떨어진 일이 없었다. 표기장군에게 5800호를 더 봉한다."

우북평군의 태수 노박덕은 표기장군에게 소속되어 여성與城에 합류하는 시기를 잃지 않았고, 도여산檮余山에 이르러 적군의 목을 베거나 포로로 잡은 것이 2700명이나 되었으므로 노박덕을 1600호로 봉하여 부리후符離侯로 삼았다. 북지군의 도위 형산邢山은 표기장군을 따라 흉노 왕을 사로잡았으므로 그에게 1200호를 봉하여 의양후義陽侯로 삼았다. 본래 흉노 사람으로 귀순해 온 인순왕因淳王 복육지復陸支와 누전왕樓專王 이즉간伊卽靬은 둘 다 표기장군을 따라가 전공을 세웠으므로 복육지는 1300호로 봉하여 장후壯侯로 삼고, 이즉간은 1800호로 봉하여 중리후衆利侯로 삼았다. 종표후 조파노와 창무후昌武侯 조안계趙安稽는 표기장군을 따라 종군하여 군공이 있으므로 각각 300호씩을 더 봉했다. 교위 이감은 적의 군기와 군고를 빼앗았으므로 관내후로 삼아 식읍 200호를 주고, 교위 서자위徐自爲에게는 대서장大庶長 작위를 주었다. 이

밖에도 표기장군의 군관과 병졸 가운데 관위를 받고 포상을 받은 자가 매우 많았지만, 대장군은 증봉되지도 못하고 그 군관과 병졸 중에도 후로 봉해진 자가 없었다.

두 장군의 군대가 요새를 나설 때 검열한 관마官馬 및 사마私馬는 대략 14만 필이었으나 다시 요새로 돌아온 것은 3만 필도 되지 않았다. 그래서 대사마大司馬 관직을 증설하여 대장군 위청과 표기장군을 모두 대사마로 삼았다. 또한 칙령을 내려 표기장군의 품계와 봉록을 대장군의 것과 같게 했다. 이때부터 대장군 위청의 권위는 날로 쇠퇴하고 표기장군은 날로 더욱 존귀해졌다. 대장군의 옛 친구들과 문하 사람들 가운데 대장군을 떠나 표기장군을 섬기다가 벼슬과 작위를 얻는 자가 많았다. 그러나 오직 임안任安만은 대장군을 떠나 표기장군에게 가려 하지 않았다.

표기장군은 사람됨이 말수가 적고 함부로 말하지 않으며 기백이 있어 과감하게 일을 했다. 천자는 일찍이 그에게 손자, 오자의 병법을 가르치려 한 적이 있는데 그때 그는 이렇게 대답했다.

"원컨대 어떤 전략을 쓸 것인가만 생각하면 될 뿐이며, 옛날 병법을 배울 필요가 없습니다."

천자가 그를 위하여 저택을 마련해 놓고 가서 보도록 하니, 그가 이렇게 대답했다.

"흉노가 아직 망하지 않았으니 집은 소용없습니다."

이런 일이 있은 뒤 천자는 그를 더욱더 소중히 여기고 아꼈다. 그러나 그는 젊은 나이에 천자의 시중이 되고 존귀해져서 사병들을 잘 살필 줄 몰랐다. 그가 전쟁터에 나갔을 때 천자가 그를 위하여 태관太官을 시켜 수레 수십 대분의 식품을 보내 주었는데, 돌아온 뒤 물품 수레에는 좋은 쌀과 고기가 남아 버릴 정도였지만 병사들 중에는 굶주린 자가 있었다. 그가 요새 밖에 있을 때 병사들은 식량이 모자라 어떤 병사는 기력이 쇠한 나머지 스스로 일어설 수 없는 지경이었지만 표기장군은 오히려 땅에 줄을 그어 구역을 정해 놓고 공차기를 즐겼다. 그에게는 이와 비슷한 일이 많았다. 대장군은 사람됨이 어질고 선량하며 겸손하고 양보심이 있고 부드러워 천자의 환심을 샀지만 세상에서는 그를 칭찬하는 사람이 없었다.

표기장군은 원수 4년의 출정이 있은 지 3년 뒤인 원수 6년에 죽었다. 천자는 그의 죽음을 애도하여 장안에서 무릉까지 속국의 철갑으로 무장한 병사들에게 행진하도록 하고, 그곳에 기련산을 본뜬 분묘를 만들었다. 시호는 무용武勇을 뜻하는 '경景' 자와 땅을 넓혔다는 뜻의 '환桓' 자를 합쳐 경환후景桓侯라고 했다. 그 아들 곽선霍嬗이 대신 후가 되었다. 곽선은 나이가 어렸는데 자를 자후子侯라 했다. 천자는 그를 사랑하여 장년이 되면 장수로 삼으려 했으나, 6년이 지나 원봉 원년에 죽었으므로 애후哀侯라는 시호를 내렸다. 그에게는 아들이 없어서 후대가 끊기고 봉국도 없어졌다.

표기장군이 죽은 뒤, 대장군의 맏아들 의춘후 위항이 법에 저촉되어 후 지위를 잃었다. 그로부터 5년 뒤 위항의 아우 음안후 위불의와 발간후 위등 두 사람 모두 주금법酎金法[4]에 연좌되어 후 지위를 잃었다. 그들이 후 지위를 잃은 지 2년 뒤 관군후표기장군의 봉국도 취소되었다. 그로

---

4 한나라 때 임금이 처음으로 익은 술을 종묘 제사에 바칠 때 제후왕과 열후들은 일정량의 돈을 헌납해야 했다. 그런데 만일 헌납금이 기준에 미달하면 작위와 봉토를 박탈했다.

부터 4년 뒤에 대장군 위청이 죽자 시호를 열후烈侯라고 했다. 아들 위
항이 대신 장평후長平侯가 되었다. 대장군은 선우를 포위한 지 14년 만
에 죽었다. 끝까지 다시 흉노를 치지 않은 것은 한나라에 군마가 적고 남
쪽으로 동월과 남월을 치고, 동쪽으로 조선을 치고, 강족羌族과 남서쪽
지역의 만족蠻族을 치고 있었기 때문이다. 그래서 오랫동안 흉노를 치지
않았다. 대장군이 평양 공주를 아내로 맞이하였기 때문에 장평후 위항
이 대신해서 후가 되었지만, 6년 뒤 법에 연좌되어 후 작위를 잃었다.

장수와 그 비장들

다음은 두 명의 장군과 여러 비장에 대해 적은 것이다.

대체로 대장군 위청은 일곱 차례 나가 흉노를 쳐서 머리를 베거나 포
로로 잡은 자가 5만여 명이나 된다. 한번은 선우와 싸워 하남의 땅을 손
에 넣은 뒤 삭방군을 두었다. 두 차례 봉호가 더해져 모두 1만 1800호에
달하였다. 세 아들이 모두 후로 봉해졌고 후마다 1300호를 받았으니, 이
것을 합치면 1만 5700호가 된다. 그의 교위나 비장으로 대장군을 따라
출병하여 후가 된 사람이 9명이고, 그의 비장이나 교위로서 장군이 된
사람이 14명이나 된다. 비장 가운데 이광이 있었는데, 그에 대해서는 따
로 전傳이 있다. 전이 없는 자는 다음과 같다.

장군 공손하는 의거義渠 사람으로 그 조상은 흉노의 종족이다. 공손
하의 아버지 혼야는 효경제 때 평곡후平曲侯가 되었으나 법을 어겨 후

지위를 잃었다. 공손하는 효무제가 태자일 때 가신으로 있었다. 효무제가 즉위한 지 8년째 되던 해에 태복 신분으로 경거장군이 되어 마읍馬邑에 주둔했다. 그로부터 4년 뒤 경거장군으로서 운중군에 출격했다. 5년이 지나 기장군으로서 대장군을 따라 출격하였다가 공을 세워 남교후南窌侯로 봉해졌다. 그로부터 1년 뒤 좌장군이 되어 또다시 대장군을 따라 정양에서 출격하였지만 공을 세우지 못했다. 4년 뒤 주금법을 어겨 후 지위를 잃었다. 8년이 지나서 부저장군浮沮將軍으로 오원五原에서 2000여 리를 진격했으나 공이 없었다. 그로부터 8년이 지나자 태복에서 승상으로 승진하여 갈역후葛繹侯로 봉해졌다. 공손하는 일곱 차례 장군이 되어 흉노로 출격했으나 큰 공을 세우지는 못했다. 그러나 두 번 후가 되고 승상이 되었다. 그 아들 공손경성公孫敬聲은 양석 공주陽石公主와 사사로이 정을 나누고 무술巫術로 남을 저주한 죄로 일족이 몰살되고 후사가 끊겼다.

　장군 이식은 욱질郁郅 사람으로 효경제를 섬겼다. 효무제가 즉위한 지 8년째 되었을 때 그는 재관장군材官將軍이 되어 마읍에 주둔했다. 그로부터 6년 뒤에 장군이 되어 대군에서 출격했다. 3년이 지나자 장군이 되어 대장군을 따라 삭방군에서 출격했으나 모두 공을 세우지 못했다. 세 차례 장군이 되었고, 그 뒤로는 늘 대행 벼슬에 있었다.

　장군 공손오는 의거 사람이며 낭관 신분으로 효무제를 섬겼다. 무제가 즉위한 지 12년째 되던 해에 기장군이 되어 대군에서 출격하였으나 사졸 7000명을 잃어 그 죄가 참수형에 해당했는데 속죄금을 내고 평민이 되었다. 그로부터 5년 뒤에 교위로서 대장군을 따라 출정하여 공을 세워 합기후合騎侯가 되었다. 1년 뒤에 중장군 신분으로 대장군을 따라 다시 정양에서 출병하였으나 공을 세우지 못했다. 2년 뒤에 장군 신분으로 북지군에 출격했지만 표기장군과 약속한 기일에 이르지 못하고 늦어 그 죄가 참수형에 해당했는데 속죄금을 내고 평민이 되었다. 2년 뒤에 교위로서 대장군을 따라 출격했으나 공이 없었다. 14년 뒤에 인우장군因杅將軍으로서 수항성受降城을 쌓았다. 7년 뒤에 다시 인우장군으로서 흉노를 공격했으나 여오수余吾水에 이르러 많은 사졸을 잃었다. 이로 인해 형리에게 넘겨져 참형을 당하게 되었는데 거짓으로 죽은 척하고 달아나 민간에서 5~6년 동안 숨어 지내다가 뒤에 발각되어 다시 옥에 갇혔다. 그아내가 무술로 남을 저주한 죄로 일족이 몰살되었다. 그는 모두 네 차례 장군이 되어 흉노를 공격했고 한 차례 후가 되었다.

장군 이저는 운중군 사람으로 효경제를 섬겼다. 효무제가 즉위한 지 17년째 되었을 때 좌내사로서 강노장군이 되었다. 1년 뒤에 다시 강노장군이 되었다.

장군 이채는 성기成紀 사람으로 효문제, 효경제, 효무제를 섬겼다. 경거장군으로 대장군을 따라 출격했다가 공이 있어서 낙안후樂安侯에 봉해졌다. 그 뒤 승상이 되었지만 법을 어겨 죽었다.

장군 장차공張次公은 하거河車 사람이다. 그는 교위로서 장군 위청을 따라 출격하여 공을 세워 안두후岸頭侯로 봉해졌다. 그 뒤 태후가 죽자 장군이 되어 북군北軍수도를 지키던 군대로 장안성 북쪽에 주둔하였으므로 붙여진 명칭임에 주둔했다. 1년 뒤에 장군이 되어 대장군을 따라 출정했다. 뒤에 다시 장군이 되었으나 법에 저촉되어 후 지위를 잃었다. 장차공의 아버지 융隆은 경거輕車가벼운 전차를 타고 싸우는 기병 부대의 사수로 활을 잘쏘아 경제가 가까이 두고 총애했다.

장군 소건은 두릉杜陵 사람이다. 그는 교위로서 장군 위청을 따라 출정하여 공을 세워 평릉후平陵侯가 되었고, 장군으로서 삭방군에 요새를 쌓았다. 4년 뒤에 유격장군이 되어 대장군을 따라 삭방으로 출격했다. 1년이 지나 우장군으로서 다시 대장군을 따라 정양군에서 출격했다. 흡후 조신이 달아나고 군사를 잃어 그 죄가 참형에 해당하나 속죄금을 내고 평민이 되었다. 그 뒤 대군 태수가 되었다가 죽었다. 그의 분묘는 대유향大猶鄕에 있다.

장군 조신은 흉노의 상국으로서 한나라에 귀순하여 흡후가 되었다. 효무제가 즉위한 지 17년째 되던 해에 전장군이 되어 선우와 싸워 패하자 흉노에게 투항했다.

장군 장건은 사신으로 대하에 갔다 돌아와 교위가 되었다. 대장군을 따라 출전하여 공을 세워 박망후에 봉해졌다. 그로부터 3년 뒤에 장군이 되어 우북평에서 출정하였으나 약속 기일을 지키지 못하고 늦었다. 그 죄가 참형에 해당하나 속죄금을 내고 평민이 되었다. 그 뒤 사신이 되어 오손과 국교를 열었고 대행 직책에 있다가 죽었다. 그의 분묘는 한중에 있다.

장군 조이기趙食其는 대우祋祤 사람이다. 효무제가 즉위한 지 22년째 되던 해에 주작도위로서 우장군이 되었다. 대장군을 따라 정양군에서 출정하였다가 길을 잃었으므로 그 죄가 참형에 해당하나 속죄금을 내고 평민이 되었다.

장군 조양趙襄은 평양후로서 후장군이 되어 대장군을 따라 정양에서 출전했다. 조양은 조참의 손자이다.

장군 한열은 궁고후弓高侯의 서손庶孫이다. 교위로서 대장군을 따라가 공을 세워 용액후龍額侯가 되었으나 주금법에 저촉되어 후 지위를 잃었다. 원정 6년에 대조待詔천자의 조서를 기다리는 후보 관원 신분으로 횡해장군橫海將軍이 되어 동월을 쳐서 공을 세웠으므로 안도후按道侯가 되었다. 태초 3년에 유격장군이 되어 오원五原 북쪽의 여러 성에 주둔했다. 광록훈光祿勳이 되었으나 위 태자衛太子·유거劉據의 궁궐 밑에서 나무 인형을 파냈다가 위 태자에게 피살되었다.

장군 곽창郭昌은 운중雲中 사람이다. 그는 교위로서 자주 대장군을 따라 출정했다. 원봉 4년에 태중대부 신분으로 발호장군拔胡將軍이 되어 삭방에 주둔하였고 돌아와 곤명을 쳤으나 공을 세우지 못해 〔장군의〕 인印을 빼앗겼다.

장군 순체荀彘는 태원군 광무현 사람이다. 마차를 모는 기술이 뛰어나 천자를 뵙고 시중이 되었다. 교위가 되어 자주 대장군을 따라 출정했고, 원봉 3년에는 좌장군이 되어 조선을 쳤으나 공을 세우지 못했다. 누선장군樓船將軍을 체포한 죄로 법에 걸려 죽었다.

표기장군 곽거병은 모두 여섯 차례 출정하여 흉노를 공격했는데, 그중 네 차례는 장군 신분으로 출정하여 11만 명을 포로로 잡거나 참수하였고, 혼야왕이 그의 무리 수만 명을 이끌고 귀순함에 따라 하서와 주천 땅을 개척하여 서쪽 흉노의 침략을 훨씬 줄어들게 했다. 그는 네 차례에 걸쳐 봉읍을 더 받아 1만 5100호나 되었다. 그의 부하 장교 중에서 공을 세워 후가 된 사람이 모두 6명이고, 뒤에 장군이 된 사람이 2명이었다.

장군 노박덕路博德은 평주현平州縣 사람이다. 우북평군 태수로서 표기장군을 따라 출정하여 공을 세워 부리후符離侯가 되었다. 표기장군이 죽은 뒤 노박덕은 위위로서 복파장군이 되어 남월을 쳐서 무찔러 봉읍을 더 받았다. 그 뒤 법에 걸려 후 지위를 잃고 강노도위가 되어 거연居延에 주둔하다가 죽었다.

장군 조파노趙破奴는 본래 구원九原 사람이다. 그는 일찍이 흉노로 도망쳐 들어갔다가 한나라로 돌아온 뒤 표기장군의 사마가 되어 북지군에서 출정했다. 그때 공을 세워 종표후從驃侯에 봉해졌다가 주금법에 걸려 후 지위를 잃었다. 1년 뒤 흉하장군匈河將軍이 되어 흉노를 쳐서 흉하수까지 진격했으나 공을 세우지 못했다. 2년이 지나서 누란왕樓蘭王을 공격하여 사로잡아 다시 착야후浞野侯로 봉해졌다. 6년 뒤에 준계장군浚稽將軍이 되어 기병 2만 명을 이끌고 가서 흉노 좌현왕과 싸웠는데, 좌현왕이 기병 8만 명으로 조파노를 포위했다. 조파노는 흉노에게 사로잡혔고 그 군사는 전멸했다. 그는 10년 동안 흉노에 억류되었다가 흉노 태자 안국安國과 함께 도망쳐 한나라로 돌아왔다. 그는 무술巫術로 남을 저주한 죄에 연루되어 일족이 몰살되었다.

위씨衛氏 일족이 일어나면서 대장군 위청이 제일 먼저 후로 봉해졌고 그 뒤로 후손 중에서 다섯 명이 후가 되었으나, 대략 24년 동안에 다섯 명이 모두 후 지위를 빼앗겨 위씨로서 후 지위에 있는 자가 없었다.

태사공은 말한다.

"소건이 나에게 말했다. '나는 일찍이 대장군을 책망하여 「대장군께서는 지극히 존귀한 지위에 계시지만 천하의 어진 대부들 중에서 대장군을 칭송하는 사람이 없습니다. 바라건대 장군께서는 옛날 유명한 장군들이 어진 사람을 골라 초빙한 일을 본받아 그렇게 하도록 힘써 주십시오.」라고 말했습니다. 그러나 대장군은 사절하면서 「위기후두영와 무안후

전분가 빈객들을 후대하자 천자는 늘 이를 갈았소. 사대부들을 가까이하고 어진 사람을 초빙하고 어리석은 자를 물리치는 일은 남의 군주가 된 자의 고유 권한입니다. 남의 신하가 된 사람은 법을 따르고 직책을 지키면 그만이지 어떻게 어진 선비들을 초빙하는 일에 관여하겠소!」라고 했습니다.' 표기장군 곽거병도 이러한 뜻을 본받았으니, 그들의 장수로서의 마음은 이러했다."

52

평진후 주보 열전
平津侯主父列傳

이 편은 평진후 공손홍公孫弘과 주보언主父偃 두 사람의 전기를 기록하고, 사상적으로 일관되는 서악徐樂과 엄안嚴安 두 사람을 덧붙였다.

공손홍은 어머니가 일찍 세상을 떠나 계모 슬하에서 자랐으나 지극한 효자였다. 향리에서 그를 문학文學으로 천거했지만 그는 다른 사람에게 양보하려 했고, 항상 베로 만든 옷을 걸치고 채식으로 일관할 정도로 검소했다.

무제는 이러한 공손홍을 뽑아 유학을 장려하여 학관을 힘쓰게 하였고, 주보언을 뽑아 제후들에게 사사로운 원한이 있던 유사를 포용하여 제후들을 다스리는 데 썼다.

당시 사람들은 공손홍을 곡학아세曲學阿世라는 말로 혹평하기도 했지만, 사마천은 그의 흉노 정책을 지지했고 또 그가 보인 민생에 대한 관심 등으로 인해 긍정적인 평가를 내리고 있다. 공손홍은 제후의 지나친 번영은 조정의 안위를 위협한다고 판단하여 제후의 봉토를 삭감해야 된다는 상주문을 올렸다.

공손홍이 흉노를 정벌해야 한다는 기본 입장을 고수하고 있었으므로 사마천은 이 열전을 「위 장군 표기 열전」과 「남월 열전」, 「서남이 열전」 사이에 끼워 넣었다.

한 가지 주목할 것은 열전의 쉰두 번째 편인 이 편부터 쉰여덟 번째 편인 「회남 형산 열전」까지 일곱 편이 한나라 무제 때의 영토 개척과 관련된 신하들의 전기라는 점이다. 공손홍은 '통서남이通西南夷'를 주장한 반면 사마상여는 이를 반대하였으므로 「남월 열전」, 「동월 열전」, 「조선 열전」, 「서남이 열전」을 두 열전 사이에 끼워 넣어 무제 때 흉노 정벌 문제를 놓고 벌어진 사상 논쟁을 반영하였다.

면직되었다가 다시 추천받다

승상 공손홍公孫弘은 제나라 치천국菑川國 설현薛縣 사람으로 자는 계季이다. 젊을 때 설현의 옥리로 있었으나 죄를 지어 면직되었다. 〔그는〕 집안이 가난하여 바닷가에서 돼지를 길렀다. 마흔이 넘어서야 『춘추』에 관한 여러 학설을 배웠다. 그는 계모를 효성을 다해 모셨다.

건원 원년에 천자효무제가 처음으로 제위에 오르자, 현량賢良의 선비와 문학文學[1]의 선비를 불러들였다. 이때 공손홍은 나이가 예순이었으나 현량으로 초빙되어 박사博士에 임명되었다. 그러나 그가 흉노에 사신으로 갔다 돌아와 보고한 것이 황상의 뜻에 부합하지 않았으므로 황상이 그를 무능하다며 노여워했다. 그는 병을 핑계로 벼슬을 그만두고 고향으로 돌아갔다.

원광 5년에 조서를 내려 문학의 선비를 초빙하게 되자 치천국에서는 공손홍을 다시 추천하여 올렸는데, 공손홍은 그 나라 사람들에게 사양하여 말했다.

"신은 일찍이 칙명을 받아 서쪽경사京師으로 갔다가 무능하다 하여 〔벼슬을〕 그만두고 돌아왔습니다. 바라건대 다른 사람을 추천해 주십시오."

〔그러나〕 나라 사람들이 한사코 공손홍을 추천하므로 그는 태상太常

---

1 현량과 문학은 한나라 때 관리를 선발하던 과목의 하나로 당시 유생들은 이것을 통해 벼슬길에 나갔다.

에게 갔다. 태상은 추천되어 온 유사儒士 100여 명에게 각각 대책對策[2]을 짓게 하였는데 그의 성적은 꼴찌에 가까웠다. 그러나 답안을 천자에게 올리니 천자가 그의 대책을 1등으로 뽑았다. [천자는] 공손홍을 불러 보고 용모가 매우 단아하므로 박사에 임명했다.

이 무렵 한나라는 서남이西南夷와 통하는 길을 열고 군을 두었는데, 파巴와 촉蜀의 백성이 부역으로 시달렸다. 천자는 조서를 내려 공손홍에게 그 상황을 살펴보도록 했다. 그는 돌아와서 그곳 상황을 보고하면서 서남이가 쓸모없다며 심하게 헐뜯었다. 그러나 황상은 그의 의견을 듣지 않았다.

공손홍은 사람됨이 넓고 비범하며 견문이 넓었으며, 그는 언제나 남의 임금이 된 자는 넓고 크지 못한 것을 염려하고, 남의 신하가 된 자는 검소하게 절약할 줄 모르는 것을 염려해야 한다고 말했다. 공손홍은 베로 이불을 만들어 덮고 밥 먹을 때는 고기반찬을 두 가지 이상 놓지 않았으며, 계모가 죽었을 때는 3년 동안 상복을 입었다. 조정에서 회의가 열릴 때면 그는 찬반의 실마리만을 진술하여 임금이 스스로 결정을 내릴 수 있도록 하고, 얼굴을 맞대고 상대방의 잘못을 지적하며 논쟁하기를 즐겨 하지 않았다. 이에 황상은 그의 행실이 돈후하고 변론에 여유가 있으며, 법률이나 관리 능력에도 뛰어나고, 또 유가 학설에서 근거를 찾는 것을 보고 꽤 좋아했다. 그래서 공손홍은 2년이 채 안 되어 좌내사左內史[3]까지 승진했다.

---

2 황제가 나라를 다스리는 방법을 질문한 것에 대한 응시자의 책략이다.
3 한나라 때 있던 내사內史 직책이 진나라로 들어서면서 좌내사左內史와 우내사右內史로 분리되었다. 그 뒤 좌내사는 좌풍익左馮翊으로, 우내사는 경조윤京兆尹으로 바뀌 불렸다.

그는 상주한 일을 허락받지 못해도 조정에서 그것을 따지는 법이 없었다. 그는 언제나 주작도위主爵都尉작위를 봉하는 일을 담당함 급암汲黯과 한가한 때에 황상에게 알현을 청하여 급암이 먼저 말을 꺼내고 자신은 뒤에 그 것을 찬성하였는데, 천자는 언제나 기뻐하며 말하는 것을 모두 들어주었 다. 그는 날로 더욱더 신임을 얻고 존중되었다.

신분 차이를 무너뜨리면 안 된다

일찍이 공손홍이 공경들과 어떤 일에 대한 논의를 약속해 놓고 천자 앞으로 나가서는 그 약속을 송두리째 저버리고 천자의 의견을 따른 일 이 있었다. 급암은 조정에서 공손홍을 꾸짖어 말했다.

"제나라 사람은 거짓말투성이고 진실한 데라곤 없습니다. 처음에 우 리와 이 문제에 관해 논의해 놓고 이제 와서 그것을 다 저버리니 불충 합니다."

황상이 공손홍에게 일의 경위를 묻자 공손홍은 사죄하며 말했다.

"대체로 신을 아는 사람은 신을 충성스럽다고 하지만 신을 모르는 사 람은 신을 불충하다고 합니다."

황상은 공손홍의 말이 옳다고 여겼다. 좌우의 충신들이 공손홍을 헐 뜯을 때마다 황상은 그를 더욱 후대했다.

원삭 3년에 장구張歐가 면직되자 공손홍을 어사대부로 임명했다. 이 무렵 한나라는 서남이와 왕래하고 동쪽에는 창해군을 두고 북쪽에는 삭방군에 성을 쌓고 있었다. 공손홍은 중원 지역을 지치고 쇠하게 하면서까지 쓸모없는 땅오랑캐가 살고 있는 땅을 경영하는 일을 멈춰 달라며 자주 간언했다. 그러자 천자는 주매신朱買臣 등을 시켜 삭방군을 두었을 때의 이로운 점을 들어 공손홍을 반박하도록 했다. 제시한 열 가지 중에서 공손홍은 하나도 반박하지 못했다. 공손홍이 즉시 사죄하여 말했다.

"산동의 촌놈이라 이처럼 유익함을 몰랐습니다. 바라건대 서남이와 창해군의 일은 멈추고 오로지 삭방군을 경영하는 데 힘쓰십시오."

황상은 이것을 받아들였다.

급암이 말했다.

"공손홍은 삼공의 지위에 있고 봉록을 많이 받는데도 베로 이불을 만들어 덮고 있다니, 이것은 위선적인 행동입니다."

황상이 〔이에 대해서〕 공손홍에게 묻자, 그는 사죄하면서 말했다.

"그런 일이 있습니다. 구경 중에서 급암만큼 신과 친한 사람은 없습니다. 그러나 오늘 그가 조정에서 신을 꾸짖었는데 신의 결점을 정확히 지적했습니다. 신이 삼공의 지위에 있으면서 베 이불을 만들어 덮은 것은 진실로 거짓된 행동으로 명성을 낚으려고 한 것입니다. 또 듣건대 관중은 제나라 재상이 되어 삼귀三歸까지 두었으며 군왕과 비길 만큼 사치스러웠습니다. 환공은 패자가 되었지만, 이것은 위로 군왕에게 분에 넘치는 행동을 한 것입니다. 그러나 안영은 제나라 경공의 재상으로서 식사할 때 고기반찬을 두 가지 이상 놓지 않게 했고 〔처와〕 첩에게 비단옷을 입히지 않았습니다만 역시 제나라를 잘 다스렸습니다. 이는 아래에 있는 백성과 비슷한 생활을 한 것입니다. 지금 소신 홍은 어사대부라는 지위에 있으면서 베 이불을 만들어 덮음으로써 대신에서 말단 관리에 이르기까지 차별이 없어지게 했습니다. 진실로 급암의 말과 같습니다. 또 급암의 충성이 아니었다면 폐하께 어떻게 이런 말을 들을 수 있겠습니까!"

천자는 공손홍을 겸허한 인물로 여기고 더욱더 후하게 대우했다. 드디어 공손홍을 승상으로 삼고 평진후平津侯에 봉했다.

공손홍은 됨됨이가 남을 시기하고, 겉으로는 너그러워 보이나 속은 각박한 사람이었다. 일찍이 그와 틈이 생긴 사람들에 대해서는 사이 좋게 지내는 척하면서도 남몰래 그들에게서 받은 재앙을 되갚아 주었다. 주보언主父偃을 죽이고 동중서董仲舒[4]를 교서로 쫓아낸 것은 모두 공손홍의 힘이 작용한 것이다. 〔그러나〕 그는 고기반찬 한 가지에 현미만을 먹으면서도 옛 친구나 친한 빈객들이 입을 것과 먹을 것을 얻으러 오면 봉록을 몽땅 털어 주었기 때문에 집에는 남는 것이 없었다. 사인들도 이것을 보고 그를 어진 인물로 평가했다.

묵묵히 앓다가 삶을 마감하겠다

회남왕과 형산왕이 반란을 일으켜 그들 일당에 대한 처벌이 바야흐로 긴박하게 진행될 때 공손홍은 중병을 앓고 있었는데 스스로 이렇게 생각했다.

---

4 한나라 때 철학가이며 경학가로서, 유가 학술을 존중하고 기타 제자 백가들을 내쫓기를 주장하여 등용되었다.

'공로도 없으면서 〔후侯로〕 봉해지고 지위가 승상까지 이르렀으니, 마땅히 현명한 군주를 보좌하여 나라를 안정시키고 사람들이 신하 된 도리를 지키도록 했어야 한다. 지금 제후들이 반역을 꾀한 것은 모두 내가 재상으로서 직분을 다하지 못한 탓이다. 만일 이대로 묵묵히 앓다가 죽으면 책임을 다할 길이 없을 것이다.'

그래서 다음과 같이 글을 올렸다.

신이 듣건대 천하에는 변하지 않는 도가 다섯 가지 있고, 이것을 실행하는 방법이 세 가지 있다고 합니다. 군신, 부자, 형제, 부부, 장유의 순서 이 다섯 가지는 천하의 변하지 않는 도입니다. 그리고 지智, 인仁, 용勇 이 세 가지는 천하에 변하지 않는 덕으로 그것을 실행하게 하는 방법입니다. 그러므로 "실행에 힘쓰는 것은 인에 가깝고, 묻기를 좋아하는 것은 지에 가까우며, 부끄러움을 아는 것은 용에 가깝다."라고 하는 것입니다. 이 세 가지를 알면 스스로 자신을 다스릴 줄 알게 되고, 스스로 자신을 다스릴 줄 안 뒤라야 남을 다스릴 줄 알게 됩니다. 천하에는 자기 자신도 다스릴 수 없으면서 남을 다스릴 수 있는 사람은 없습니다. 이것은 백대가 지나더라도 변하지 않는 원리입니다. 지금 폐하께서는 몸소 크게 효도를 실천하시며 〔하, 은, 주〕 삼대를 거울삼아 주나라의 정치 원리를 세워 주나라 문왕과 무왕의 모습을 모두 가지고 있으면서 어진 사람을 격려하여 봉록을 주시고 능력을 헤아려서 벼슬을 주십니다. 지금 소신 공손홍은 재능이 떨어지며 땀을 흘려 싸운 공로가 없는데도 폐하께서는 특별히 은혜를 내려 평민들 속에서 신을 뽑아 열후로 봉하고 삼공의 지위까지 오르게 해 주셨습니다. 신 공손홍의 덕행이나 재능은 언급할 만한 가치도 없습니다. 게다가 본래 신병이 있어 신의 진심을 다하기 전에 먼저 쓰러져 구덩이에 묻혀 끝내 소임을 다하여 홍은鴻恩에 보답하지 못할까 두렵습니다. 바라건대 후의 인수를 돌려 드리고 직책에서 물러나 어진 사람에게 길을 비켜 주고자 합니다.

천자가 대답했다.

옛날에는 공이 있는 자에게 상을 주고 덕이 있는 자를 표창하고, 이전 사람들이 이룬 사업을 지키고 문덕文德을 숭상하며, 혼란스러울 때는 무武를 숭상했는데 아직까지 이것을 바꾼 자는 없소. 짐은 일찍부터 그것을 바라고 있었고 지존의 자리를 이은 이래로 두려워하며 편하지 못했소. 짐이 누구와 함께 천하를 다스릴까 생각하고 있다는 것은 그대도 알 것이오. 군자는 선을 좋아하고 악을 미워하며, 그대가 성실하게 행동했다는 것을 나는 잠시도 잊은 적이 없소. 그대가 불행히도 서리와 이슬을 맞아 병에 걸렸으나 어찌 낫지 않겠소. 글을 올려 후를 돌려주고 직책에서 물러나겠다고 하는데, 이는 짐의 부덕함을 드러내는 것이오. 지금 나랏일이 조금 한가하니 그대는 염려하지 말고 마음을 한결같이 하여 의약의 도움을 받아 몸을 보존하기 바라오.

그러고는 공손홍에게 휴가를 주고 쇠고기와 술과 비단을 내렸다. 그로부터 몇 달 뒤 그는 병이 나아 나랏일을 보게 되었다.

원수 2년에 공손홍은 병들어 마침내 승상 자리에서 삶을 마쳤다. 아들 공손도公孫度가 작위를 이어 평진후가 되었다. 공손도는 산양山陽 태수가 되었지만 10년쯤 지나 법을 어겨 후 지위를 잃었다.

싸움을 즐기면 망한다

주보언主父偃은 제나라 임치臨菑 사람이다. 그는 처음에 전국 시대의 합종과 연횡술을 배웠으나 늘그막에는 『역』, 『춘추』, 제자백가의 학설을 배웠다. 제나라의 여러 유생과 교류하였으나 그를 두텁게 예우하는 이가 없었다. 제나라 유생들이 서로 짜고 그를 배척하였으므로 제나라에서 받아들여지지 못했다. 그는 집이 가난해서 남에게 돈을 빌리려 해도 빌려 주는 사람이 없었다. 그는 북쪽으로 연, 조, 중산 지역을 돌아다녔지만 그 어디서도 그를 두텁게 대우하는 이가 없어 나그네로 떠돌며 몹시 곤궁하게 지냈다.

효무제 원광 원년에 주보언은 제후의 나라들 중에는 가서 유세할 만한 이가 없다고 생각하고, 서쪽 관중關中으로 들어가 위 장군을 만났다. 위 장군은 그를 황상에게 여러 번 추천했으나 황상은 부르지 않았다. 그는 밑천도 다 떨어진 데다가 그곳에 머문 지도 오래되었으므로 여러 공公과 빈객 대부분이 그를 싫어했다.

그래서 그는 조정에 글을 올렸는데, 아침에 글을 올려 저녁에 부름을 받고 들어가 황상을 뵈었다. 그가 올린 아홉 가지 일 중에서 여덟 가지는 율령律令에 관한 것이고, 나머지 한 가지는 흉노 토벌에 관한 간언이었다. 그 상서문의 내용은 이렇다.

신이 들건대 현명한 군주는 간절한 충언을 미워하지 않고 널리 의견을 들어 보고, 충성된 신하는 감히 가혹한 벌을 피하지 않고 솔직하게 간언하므로 일에 실책이 없고 공을 만세에 전한다고 합니다. 지금 소신은 감히 충성심을 품고 죽음을 피하지 않고서 어리석은 계책을 말씀드립니다. 바라건대 폐하께서는 신을 용서하시고 잠시 살펴봐 주십시오.

『사마법司馬法』에 "나라가 크더라도 싸움을 좋아하면 반드시 멸망하고, 천하가 태평하더라도 전쟁을 잊고 있으면 반드시 위태로워진다."라고 했습니다. 천하가 태평스러운데도 천자가 대개大凱군대가 개선할 때 연주하던 음악을 연주하고, 봄에는 수蒐라는 사냥을 하고 가을에는 선獮이라는 사냥을 하며, 제후들이 봄에 군대를 정비하고 가을에 군사를 훈련시키는 까닭은 전쟁을 잊지 않기 위함입니다. 화를 내는 것은 덕을 거스르는 것이고, 무기는 흉기이며, 싸움은 작은 일입니다. 옛날 군주는 한 번 화를 내면 반드시 시체를 뒹굴게 하고 피를 보았기 때문에 영명한 군주는 이런 일을 신중하게 했습니다. 대체로 싸워 이기는 데에 힘을 쏟고 함부로 무력을 쓰는 자치고 후회하지 않는 이가 없습니다. 옛날 진나라 시황제가 싸워 이긴 위세에 기대 천하를 야금야금 먹어 들어가더니 전국戰國을 삼켜 버리고 하나로 통일한 공적은 삼대의 그것과 같습니다. 진시황이 싸워 이기는 데에만 힘써 쉬지 않고 흉노를 치려 하자 이사李斯가 이렇게 간했습니다.

"그것은 안 됩니다. 저 흉노는 성곽을 쌓아 일정하게 사는 곳이 없고 식량을 쌓아 놓고 지키지 않으며 새 떼가 모였다 흩어지듯이 이리저리 옮겨 다니므로 제압하기 어렵습니다. 가볍게 무장한 군사로 적진 깊숙이 쳐들어가면 반드시 식량이 떨어질 것이고, 군량을 잇따라 보급하면서 행군하면 행동이 둔해져 일을 제대로 할 수 없을 것입니다. 흉노 땅을 얻는다 해도 이익이 될 만한 것이 없으며, 흉노 백성을 후대할지라도 그들을 계속 부려서 지키게 할 수는 없을 것입니다. 그렇다고 하여 이기고 나서 그들을 죽인다면 그것은 백성의 부모 된 자의 도리가 아닙니다. 중원을 황폐시키면서까지 흉노와 싸우는 것을 만족하게 여기는 것은 좋은 계책이 아닙니다."

진나라 시황제는 이 말을 듣지 않고 드디어 몽염에게 병사를 이끌고 가서 흉노를 치게 하여 1000리의 땅을 개척하고 하수를 경계로 삼았습니다. 그러나 이 땅은 소금기가 많은 늪지로 오곡이 자라지 못했습니다. 그렇게 한 뒤 진나라는 천하의 장정들을 징발하여 북하北河 일대를 지키도록 했습니다. 병사들을 비바람 속에 내놓은 10여 년 동안에 헤아릴 수 없을 만큼 많은 사람이 죽었고, 결국 하수를 건너 북쪽으로 진격하지도 못했습니다. 이것이 어찌 병력이 부족하고 군사 장비가 갖추어지지 않은 탓이겠습니까? 형세가 그럴 수 없었기 때문입니다. 또 천하 사람들에게 말먹이와 군량을 운반시켰는데 황현黃縣, 수현腄縣, 낭야琅邪 등의 바다와 인접한 곳에서 북하까지 수송하면 대략 서른 종鍾을 보내 겨우 한 석石 정도 남아 도착할 뿐이었습니다. 남자들은 최선을 다해 농사를 지어도 군량이 부족하고, 여자들은 길쌈질을 하여도 군막을 만들기에는 부족하였습니다. 백성은 황폐해져 고아와 과부와 노인과 허약한 사람들을 부양할 수 없어서 길바닥에는 죽은 자가 서로 이어 있었습니다. 천하가 진나라를 배반하기 시작한 것입니다.

고조 황제는 천하를 평정할 무렵 변경 지대를 공격하고 흉노족이 대곡代谷 밖에 모여 있다는 말을 듣고 치려 하니, 어사 성成이 나아가 이렇게 간했습니다.

"그것은 안 됩니다. 대체로 흉노족은 짐승처럼 모였다가 새처럼 흩어지는 속성이 있어 이들을 뒤쫓는 건 그림자를 치는 것과 같습니다. 지금 폐하의 성덕으로 흉노를 친다 해도 신은 속으로 위험한 일로 봅니다."

그러나 고조 황제는 이 말을 듣지 않고 북쪽으로 대곡까지 이르렀다가 결국 평성에서 포위되고 말았습니다. 고조 황제가 이 일을 몹시 후회하고 유경劉敬을 보내서 화친 약속을 맺게 한 뒤에야 천하는 전쟁을 잊게 되었습니다. 그래서 병법에서는 "군사 10만 명을 동원하면 하루에 1000금을 쓰게 된다."라고 했습니다. 대체로 진나라에서는 언제나 백성을 모아 군사들을 변방으로 내보냈는데 그 수가 수십만 명이나 되었습니다. 적군을 뒤엎고 적장을 죽이고 흉노의 선우를 사로잡은 공은 있어도, 결국 그로 인해 적에게 원한을 사서 복수심만 깊게 만들었으므로 천하에서 소비한 것을 보상하기에는 부족했습니다. 대체로 위로는 국고를 텅 비게 하고 아래로는 백성을 황폐케 하면서 나라 밖을 정벌하는 일에 몰두하는 것은 완전한 일이 아닙니다.

저 흉노를 제압하기 어렵다는 것은 한 세대에 국한된 문제가 아닙니다. 그들이 감히 도둑질을 자행하며 쳐들어와 백성을 쫓아내기를 일삼는 것은 그들의 본성이 그렇기 때문입니다. 멀리 우虞나 하, 은, 주에 이르기까지 본래 규범을 두어 감독한 적이 없으며 금수처럼 여기고 길렀을 뿐 사람으로 취급하지 않았습니다. 위로 우나 하, 은, 주가 그들을 다스리던 방법을 살펴보지 않고 아래로 가까운 시대의 실책을 따르려는 것을 신은 몹시 우려하는 바이며 백성이 더없이 괴로워하는 일입니다. 게다가 싸움이 오래 지속되면 변란이 일어나고, 사태가 어려워지면 생각이 바뀌게 됩니다. 그래서 변방 지역의 백성은 지치고 시름에 잠겨 괴로우면 모반할 마음을 품게 되고, 장군과 관리들이 서로 의심하며 다른 나라와 내통하여 개인적인 이익을 구하게 되는 것입니다. 그러므로 위타와 장한이 그들의 야심을 이룰 수 있었습니다. 대체로 진나라의 통치가 불가능해진 까닭은 〔진나라의〕 권위가 〔위타와 장한〕 두 사람에게 나누어졌기 때문입니다. 이것은 무엇을 얻고 잃는지를 보여 준 구체적인 예입니다. 그래서 『주서周書』에서는 "〔국가의〕 안위는 임금의 명령에 달려 있고, 〔국가의〕 존망은 인물을 어떻게 쓰느냐에 달려 있다."라고 했습니다. 바라건대 폐하께서는 이 점을 자세히 살피시고 좀 더 깊이 생각해 주십시오.

천하의 근심은 토붕에 있다

이때 조나라 사람 서악徐樂과 제나라 사람 엄안嚴安도 글을 올려 각각 당면한 정사를 한 가지씩 말했다. 서악은 이렇게 말했다.

신이 듣건대 천하의 근심은 토붕土崩에 있지 와해瓦解에 있지 않다고 했는데, 예나 지금이나 마찬가지입니다. 무엇을 토붕이라고 합니까? 진나라의 말세가 이것입니다. 진섭陳涉은 천승의 높은 지위에 있지도 않았고 땅도 한 자 없었으며 신분도 왕공이나 대인이나 명족의 후손이 아니고, 향리에서도 명예가 없었으며, 공자나 묵자나 증자 같은 현인도 아니고, 도주陶朱[5]나 의돈猗頓[6] 같은 부자도 아니었습니다. 그러나 그가 가난한 골목에서 일어나 갈래진 창을 휘두르며 한쪽 팔을 걷어붙이고 큰 소리로 부르자, 천하 사람들이 바람에 휩쓸리듯이 그를 따랐습니다. 이것은 무엇 때문이겠습니까? 그것은 백성

---

5 범려范蠡. 월나라 왕 구천을 도와 오나라를 멸망시킨 뒤 제나라를 떠돌다가 도陶에서 살면서 부를 축적하여 도 주공으로 불렸다.
6 염전 경영으로 큰 부자가 되었다.

이 괴로워해도 군주가 그들을 불쌍히 여길 줄 모르고, 아랫사람이 원망해도 위에서는 알지 못하고, 풍속이 이미 어지러워져 정치를 제대로 할 수 없었기 때문입니다. 이 세 가지가 진섭의 밑천이 되었습니다. 이것을 토붕이라고 합니다. 그래서 천하의 근심은 토붕에 있다고 하는 것입니다.

무엇을 와해라고 합니까? 오, 초, 제, 조나라의 반란이 바로 이것입니다. 일곱 나라가 대역을 도모하고 저마다 만승의 천자라 일컬으며, 무장한 병사가 수십만 명이고, 위세는 그들의 영내를 압도할 만하며, 재력은 사민士民들을 끌어들이기에 충분했습니다. 그럼에도 서쪽으로 한 자 한 치의 땅도 빼앗지 못하고 중원에서 사로잡히는 처지가 되고 말았습니다. 그것은 무엇 때문이겠습니까? 그들의 권위가 보통 남자보다 가볍고 병력이 진섭보다도 약했던 탓이 아닙니다. 당시만 해도 선제先帝의 은택이 아직 쇠하지 않았으며, 그 땅에서 안주하여 풍속을 즐기는 백성이 많았기 때문에 제후들에게는 밖에서 도움을 주는 자가 없었습니다. 이것을 바로 와해라고 합니다. 그러므로 천하의 근심은 와해에 있지 않다고 한 것입니다. 이로부터 보면 천하가 진실로 토붕의 형세로 기울면 지위나 벼슬도 없이 궁핍하게 지내는 사람이라 할지라도 가장 악한 짓을 하여 천하를 위태롭게 할 수 있습니다. 진섭이 바로 그러한 경우입니다. 하물며 삼진三晉의 군주와 같은 〔천자의 자리를 탈취하려는〕 자가 있다면 어떻겠습니까? 천하가 아직 잘 다스려지지 않았더라도 진실로 토붕의 형세가 없다면 강한 나라와 강한 병사가 있을지라도 발뒤꿈치를 돌릴 겨를도 없이 사로잡힐 것입니다. 오, 초, 제, 조나라가 바로 이러했습니다. 하물며 신하나 백성이 어떻게 난을 일으킬 수 있겠습니까? 이 중요한 두 가지는 국가의 안위에 관계되는 명백하고도 긴요한 일이니, 현명한 군주라면 여기에 뜻을 두고 깊이 살핍니다.

요즈음 관동에서는 오곡이 여물지 않아서 연간 수확이 〔예전처럼〕 회복되지 못해 백성이 많은 어려움을 겪고 있습니다. 게다가 변방에는 일이 발생하고 있습니다. 이것을 사리에 따라 살펴보면 백성 중에 그곳을 편안하게 여기지 못하는 자가 있을 것이며, 편안하게 여길 수 없으면 동요하기 쉽습니다. 동요하기 쉬운 것은 토붕의 형세입니다. 따라서 현명한 군주는 만물 변화의 근원을 살펴서 국가 안위의 기틀을 분명히 하고 조정에서 이것을 해결하여 우환이 드러나기 전에 없애 버립니다. 중요한 것은 천하에 토붕의 형세가 없도록 하는 것뿐입니다. 〔이렇게만 한다면〕 설사 강한 나라와 강인한 군사가 있을지라도 폐하께서는 달리는 짐승을 쫓고 나는 새를 쏘고 연회를 여는 장소를 넓혀 마음껏 즐기고 사냥의 즐거움을 누리며 태연자약할 수 있을 것입니다. 종과 북, 거문고와 피리 소리가 귀에서 끊이지 않고 밀실에서의 사랑놀이, 배우, 주유侏儒난쟁이의 웃음소리가 앞에서 이어져도 천하에는 오래도록 근심이 없을 것입니다. 어찌 명성이 은나라 탕왕이나 주나라 무왕과 같기를 바라고, 풍속이 주나라 성왕이나 강왕 때와 같기를 바라겠습니까?

　비록 이와 같을지라도 신이 가만히 생각해 보면 폐하께서는 나면서부터 성덕을 갖추셨고 너그럽고 인자한 자질을 가지고 계시니 진실로 천하를 다스리는 일에 정성을 다하신다면 저 탕왕이나 무왕과 같은 명성을 얻는 일이 어렵지 않고, 또 성왕이나 강왕 때와 같은 풍속을 다시 일으킬 수 있을 것입니다. 이 두 가지를 이룬 뒤라야 높고 편안한 상태에서 당대에 명예를 널리 떨쳐 천하의 백성과 가까워지고 사방의 오랑캐를 감복시키며 남은 은덕이 몇 대에 걸쳐 융성하게 할 것입니다. 도끼 무늬를 수놓은 병풍을 등지고 남면하여 소매를 여미고 왕공들을 절하게 하는 것이 폐하께서 하실 일입니다. 신이 듣건대 왕 노릇 하는 것을 도모하다가 〔설령〕 그것을 이루지 못하더라도 그 결과는 세상을 안정시키기에 충분하다고 합니다. 천하가 안정되면 폐하께서 무엇을 구한들 얻지 못하고, 어떤 일을 한들 이루지 못할 것이 있으며, 어느 곳을 치더라도 복종하지 않겠습니까?

시대 변화에 따라 강약을 조절하라

엄안은 글을 올려 말했다.

신이 듣건대 주나라가 천하를 차지하여 잘 다스린 것이 300여 년인데 성왕과 강왕 때에 가장 융성하였으며, 형법이 있기는 하나 40여 년이나 버려 두었다고 합니다. 주나라는 쇠약해지는 과정 역시 300여 년이나 되었으므로 〔그동안에〕 오패가 번갈아 가면서 일어난 것입니다. 오패는 언제나 천자를 도와 이익이 되는 일은 일으키고 해악은 제거하였으며, 난폭한 자를 죽이고 간사한 일을 금하여 나라 안을 바로잡고 천자를 높였습니다. 오패가 몰락한 뒤로 현인과 성인이 이어 나오지 않아 천자는 외롭고 약해져 명령이 시행되지 못했으며, 제후들은 제멋대로 행동하여 강한 자가 약한 자를 업신여기고 큰 무리가 작은 무리를 학대하며, 전상田常전항田恒은 제나라를 찬탈하고,[7] 육경

---

7 전상은 춘추 시대 말 제나라 대신이다. 그는 간공簡公을 죽이고 평공平公을 옹립한 뒤, 스스로 재상이 되어 공족公族 가운데 세력이 강한 자들을 모조리 죽여 봉읍을 넓혀 나갔다. 이때부터 전씨가 제나라의 정권을 잡게 되었다.

六卿이 진晉나라를 나눠 가져 전국 시대로 들어섰습니다. 이로부터 백성의 괴로움이 시작됐습니다. 그래서 강한 나라는 침략을 일삼고 약한 나라는 지키기에 급급하여 혹은 합종을 하고 혹은 연횡을 하여 바퀴를 부딪치며 수레를 달리니, 투구와 갑옷에는 이가 들끓건만 백성은 호소할 곳이 없었습니다.

진나라 왕은 천하를 서서히 집어삼켜 전국戰國을 아우르고 황제라 일컬으면서 천하의 정권을 잡고, 제후의 성을 파괴하고, 그들의 무기를 녹여서 종과 종틀을 만들어 다시는 무기를 쓰지 않는다는 것을 보여 주었습니다. 선량한 백성은 이제는 전국의 불안에서 벗어나 현명한 천자를 얻었다고 하며 저마다 다시 태어났다고 생각했습니다. 그때 진나라가 형벌을 느슨하게 하고 부세를 줄이고 부역을 덜어 주고, 인의를 존중하고 권세와 이익을 가볍게 여기며, 독실하고 돈후한 것을 숭상하고 교활한 지혜를 나쁘게 여기고, 좋지 못한 풍속을 바꿔서 천하를 교화시켰더라면 대대로 편안했을 것입니다. 그런데 이러한 풍교風敎를 실천하지 않고 옛날 습관대로 교활한 지혜와 권세와 이익을 좇는 자는 끌어다 쓰고, 독실하고 돈후하며 충성스럽고 신의 있는 자는 물리치며, 법은 엄중하고 정치는 준엄했습니다. 아첨하는 자가 많아 황제는 날마다 자신을 찬미하는 말만 듣다 보니 야심이 커지고 마음이 교만해져서 천하에 위세를 마음껏 떨쳐 보고 싶어졌습니다. 그래서 몽염을 시켜 병사를 이끌고 북쪽으로 흉노를 쳐서 영토를 개척하여 국경을 넓히고, 북하北河에 군사를 주둔시키고 말먹이와 군량을 실어 그 뒤를 따르게 했습니다. 또 위관尉官 도수屠雎를 시켜 수군을 이끌고 남쪽으로 백월百越을 치게 하고, 감록監祿진나라 때 군郡을 감찰하던 어사 녹祿을 말함을 시켜 운하를 파서 양식을 옮겨 월나라에 깊숙이 쳐들어가게 했습니다. 그러자 월나라 사람들은 달아났습니다. 진나라 군사는 하는 일 없이 오랫동안 버티다 보니 식량이 떨어졌습니다. (이 사실을 안] 월나라 사람들이 공격하니 진나라 군대는 크게 패배했습니다. 진나라는 곧 위타를 시켜 병사를 거느리고 월나라 군대를 방어하게 했습니다. 이때 진나라의 재앙은 북쪽으로는 흉노 땅에 걸치고, 남쪽으로는 월나라에 뻗쳐 군대를 쓸모없는 곳에 주둔시켜 나아가지도 물러서지도 못하는 데 있었습니다. 10여 년간의 싸움에 장정들은 갑옷을 입고 여자들은 물자를 실어 나르느라 그 괴로움을 견딜 수 없어 삶을 마다하고 스스로 길가의 나무에 목을 매어 죽는 자가 끊이지 않았습니다.

진나라 시황제가 죽자 천하에 큰 반란이 일어났습니다. 진승陳勝과 오광吳廣은 진陳에서 군사를 일으켰고, 무신武臣과 장이張耳는 조나라에서 군사를 일으켰으며, 항량項梁은 오나라에서 군사를 일으켰고, 전담田儋은 제나라에서 병사를 일으켰으며, 경구景駒는 영郢에서 군사를 일으켰고, 주불周市은 위魏나라에서 군사를 일으켰고, 한광韓廣은 연나라에서 군사를 일으켰으며, 심산유곡에서까지 호걸들이 아울러 일어났으므로 다 적을 수 없습니다. 그러나 그들은 모두 공작이나 후작의 후손도 아니고 장관의 아전도 아니었습니다. 그들은 다 한 자 한 치의 조그마한 세력도 없이 거리에서 일어나 갈래진 창을 잡고 시대의 흐름에 따라 움직였습니다. 그들은 모의하지 않았지만 함께 일어났고, 약속하지 않았지만 함께 모였으며, 점거한 지역이 점점 커지고 넓어져서 패왕霸王이 되기에 이르렀습니다. 이것은 당시의 가르침진나라의 포악한 정치이 그렇게 만든 것입니다. 진나라가 천자의 귀한 자리에 있었고 천하를 소유할 만큼 부유했으면서도 후손이 끊기고 조상의 제사조차 끊어지게 된 것은 전쟁을 지나치게 일삼은 데서 비롯된 재앙입니다. 그러므로 주나라는 약해서 천하를 잃었고, 진나라는 강해서 천하를 잃었습니다. 시대 변화에 따라 바꾸지 못한 게 화근이었습니다.

이제 남이南夷를 부르고 야랑夜郎을 조정으로 들어와 복종하게 하고, 강북 羌僰을 항복시키고 예주濊州를 공략하고 성읍을 세우며, 흉노 땅으로 깊숙이 쳐들어가 농성蘢城을 불태우려고 합니다. 논의하는 자들은 이것을 좋다고 합니다만 그것은 남의 신하 된 자의 이익은 될지언정 천하를 위한 좋은 계책은 아닙니다. 지금 중원은 개 짖는 소리에 놀랄 일이 없을 만큼 태평스러운데, 나라 밖 먼 곳의 수비에 얽매여 국가를 황폐시키는 것은 백성을 자식처럼 여겨야 하는 자의 도리가 아닙니다. 끝없는 욕망을 실천하기 위해서 마음껏 행동하여 흉노와 원한을 맺는 것은 변경을 편안하게 하는 길이 아닙니다. 화가 맺혀 풀어지지 않고 전쟁이 그쳤는가 하면 다시 일어나, 가까이 있는 자는 걱정하고 괴로움을 겪을 것이며 멀리 있는 자는 놀랄 테니 이것은 천하를 오래도록 지탱하는 길이 아닙니다.

지금 천하는 갑옷을 단단히 입고 칼을 갈며 화살을 바로잡고 활줄을 매며 군량을 나름에 쉴 새가 없으니, 이것은 천하 사람이 모두 우려하는 바입니다. 대체로 전쟁이 오래 지속되면 변란이 일어나고 일이 복잡해지면 걱정거리가 생깁니다. 지금 바깥 군郡의 땅이 1000리쯤 되고 줄지어 있는 성이 수십 개나 되어 형세로 속박하고 토지로 제어하며 제후들을 위협하는데, 이것은 공실公室의 이익이 아닙니다. 옛날 제나라와 진晉나라가 멸망한 까닭은 공실은 낮아지고 쇠약해진 반면 육경六卿이 매우 성대해졌기 때문입니다. 또 최근에 진秦나라가 멸망한 까닭을 살펴보면 그 법령이 지나치게 엄하고 욕심이 커 끝이 없었기 때문입니다. 지금 군 태수의 권세는 육경보다 훨씬 무겁습니다. 땅이 사방 1000리쯤 되는 것은 [진승 등이] 마을을 근거로 삼은 것에 비할 바가 못 되고, 갑옷과 무기도 정교하여 갈래진 창의 쓰임에 비할 바가 안 됩니다. 만일 만세의 큰 변란이라도 일어난다면 나라는 멸망하고 말 것입니다.

상서가 천자에게 올려지자 천자는 세 사람을 불러 만나 보고 말했다.

"그대들은 모두 지금까지 어디에 있었소? 어째서 이토록 늦게 만나게 되었단 말이오!"

그리고 황상은 주보언과 서악과 엄안을 낭중으로 삼았다. 주보언이 자주 황상을 뵙고 글을 올려 나랏일을 말하였으므로 조서를 내려 그를 알자로 삼았다가 옮겨 중대부로 삼았다. 한 해 사이에 주보언은 네 차례나 승진했다.

제후들의 세력을 약화시키는 방법

주보언은 황상을 설득하여 말했다.

"옛날 제후들의 봉지는 사방 100리에 지나지 않아 강하건 약하건 그 형세를 제어하기 쉬웠습니다. 그러나 오늘날 제후들 가운데 어떤 이는 수십 개의 성을 잇따라 가졌고 봉지도 사방 1000리나 됩니다. 평상시에 교만해지고 사치하여 음란해지기 쉬우며, 비상시에는 자신의 강력함을 믿고 〔다른 제후들과〕 합종을 맹약하여 조정을 거스르게 됩니다. 이제 법으로 그들의 봉지를 삭감하려 하면 반역의 기운이 싹틀 것입니다. 전날 조조晁錯의 경우가 그러했습니다. 지금 제후의 자제들은 십 수 명이 되는 경우도 있지만 본처 소생의 맏아들만이 뒤를 이을 뿐 나머지 아들들은 골육임에도 불구하고 한 자 한 치의 봉지도 주어지지 않습니다. 이래서는 인과 효의 도가 펼쳐지지 않습니다. 바라건대 폐하께서는 제후들에게 명령을 내려 은덕을 넓혀 자제들에게 고루 봉지를 갈라 주어 후侯가 될 수 있도록 해 주십시오. 그렇게 하면 그들은 원하는 바를 얻게 되어 기뻐할 것이고, 폐하께서 은덕을 베푸는 것이 실은 제후들의 나라를 갈라 주는 것이므로 제후들의 땅을 삭감하는 일 없이도 서서히 약하게 할 수 있습니다."

이렇게 하여 황상은 그 계책을 따랐다. 주보언은 다시 황상에게 말했다.

"무릉茂陵이 막 섰습니다. 천하의 호걸과 부호와 혼란을 일으키는 백성은 모두 무릉으로 이주시키십시오. 이렇게 하면 안으로는 경사京師를 충실하게 하고 밖으로는 간사하고 교활한 무리를 제거할 수 있습니다. 이것이 이른바 베어 죽이지 않고도 해를 제거하는 방법입니다."

황상은 또 그의 계책을 따랐다.

해는 저물고 갈 길은 멀다

주보언은 위 황후를 존립한 일과 연나라 왕 유정국劉定國의 숨겨진 사생활8을 들추어내는 데도 공을 세웠다. 대신들 모두 그의 입을 두려워하

---

8 유정국은 자기 아버지의 첩뿐만 아니라 세 딸과도 간통 행위를 저질렀으며, 동생의 아내를 빼앗아 첩으로 삼기도 했다. 그의 이런 행실이 고발되자 고발한 사람들을 죽여 입을 막으려 했다. 그러나 뒤에 또다시 고발되어 사형에 해당되는 죄로 판정되자 스스로 목숨을 끊었다.

여 뇌물을 보낸 것이 수천 금에 이르렀다.

어떤 사람이 주보언에게 말했다.

"너무 전횡합니다."

주보언이 말했다.

"저는 젊어서부터 40년 넘게 떠돌며 배웠으나 뜻을 이루지 못했습니다. 부모님은 자식으로 여기지 않고 형제들은 거두어 주지 않았으며 빈객들은 저를 버렸습니다. 저는 오랜 시일을 곤궁하게 지내 왔습니다. 대장부가 살아서 오정식五鼎食[9]을 먹을 수 없다면 죽어서 오정에 삶겨질 뿐입니다. 해는 저물고 갈 길이 멀기 때문에 일반적인 도리를 따르지 못하고 서둘러 일을 하는 것입니다."

또 주보언은 강력히 주장했다.

"삭방은 땅이 비옥하고 밖은 하수로 막혀 있습니다. 몽염은 이곳에 성을 쌓아 흉노를 내쫓았습니다. 안으로 식량 수송이나 국경을 지키는 일과 수로로 운반하는 일을 덜고, 중원의 영토를 넓히는 일은 흉노를 멸망시키는 근본이 됩니다."

황상은 이 주장을 듣고 공경들에게 내려 의논하도록 했는데 모두 마땅치 않다고 말했다. 공손홍이 말했다.

"일찍이 진秦나라 때 대군 30만 명을 보내 북하 땅에 성을 쌓았으나 결국은 이루지 못하고 얼마 못 가서 이곳을 버렸습니다."

그러나 주보언이 그 편리한 점을 강력히 주장하자 황상은 마침내 그

---

[9] 고대 제후들이 연회 때 다섯 솥에 소, 돼지, 닭, 사슴, 생선을 놓고 먹던 식사로서 호사스러운 생활이나 고귀한 신분을 가리킨다.

의 계책을 받아들여 삭방군을 두었다.

일족이 몰살되니 시신도 거두는 자가 없다

원삭 2년에 주보언은 제나라 왕 유차경劉次景이 궁궐 안에서 음란하고 제멋대로이며 편벽된 행동을 일삼는다고 말했다. 천자는 주보언을 제나라 재상으로 삼았다. 주보언은 제나라에 이르자 형제들과 빈객들을 불러 500금을 풀어 나누어 주면서 잘못을 열거하여 꾸짖었다.

"처음에 내가 가난할 때 형제들은 나에게 입을 것과 먹을 것을 주지 않았고, 빈객들은 나를 문으로 들여보내지도 않았소. 그런데 내가 이제 제나라 재상이 되자 여러분 가운데 나를 1000리나 나와서 맞아 준 자도 있소. 나는 여러분과 절교하겠으니 다시는 내 집 문을 들어서지 마시오!"

주보언은 사람을 시켜서 제나라 왕이 그의 맏누이와 간통한 일을 가지고 제나라 왕을 위협했다. 왕은 결국 죄를 벗어날 길이 없다고 생각하고 연나라 왕처럼 사형에 처해질까 두려워 자살했다. 유사有司가 이 일을 [황상에게] 보고했다.

이보다 앞서 주보언이 평민일 때 일찍이 연, 조나라에서 노닌 적이 있는데 존귀한 신분이 되자 연나라의 비밀을 들추어냈다. 조나라 왕 유팽조劉彭祖는 자기 나라의 근심거리가 될 것을 두려워하여 글을 올려 주보언의 비밀을 말하려고 했으나, 주보언이 조정에 있으므로 감히 발설하지 못했다. 그가 제나라 재상이 되어 관중關中으로 나가자 [조나라 왕은]

사람을 시켜 글을 올려 주보언은 제후에게 뇌물을 받았으므로 제후의 자제들 가운데 봉토를 받은 자가 많았다고 아뢰었다.

제나라 왕이 자살하자 황상은 이 소식을 듣고 몹시 노여워하며, 주보언이 제나라 왕을 협박하여 자살하게 했을 것으로 보고 불러들여 형리에게 넘겨 다스리도록 했다. 주보언은 제후들로부터 뇌물을 받은 것은 시인했으나, 제나라 왕을 위협하여 자살하게 만들지는 않았다고 했다. 황상은 그를 주살하지는 않으려 했는데 어사대부 공손홍이 이에 대해 말했다.

"제나라 왕이 자살하였는데 후사가 없어 나라는 사라지고 군郡으로서 한나라에 편입되었습니다. 주보언은 그 원흉입니다. 폐하께서 주보언을 죽이지 않으시면 천하에 사과할 방법이 없을 것입니다."

천자는 드디어 주보언과 그 일족을 몰살시켰다.

주보언이 총애를 받는 귀한 신분일 때는 빈객이 수천 명이나 되었지만, 그 일족이 몰살되자 그 시신을 거두는 이가 한 사람도 없었다. 오직 효현洨縣의 공거孔車라는 사람만이 시신을 거두어서 장사를 지내 주었다. 천자는 뒤에 이 말을 듣고 공거를 장자長者라고 여겼다.

태사공은 말한다.

"공손홍은 도의를 지키는 면에서 훌륭한 사람이었지만 또한 때를 잘 만났다. 한나라가 일어난 지 80여 년에 천자가 학문에 마음을 쏟고 뛰어난 인재를 불러 유가와 묵가의 학설을 퍼뜨리려 할 때 공손홍은 제일 먼저 뽑혔다. 주보언이 요직에 있을 때는 모든 사람이 그를 칭찬했으나, 명성을 잃고 사형되자 선비들은 앞다투어 그의 나쁜 점만을 말했다. 슬픈 일이로다."

조상의 음덕은 후손이 받는다

태황태후太皇太后한나라 원제의 황후 왕정군王政君가 대사도大司徒승상와 대사공大司空어사대부에게 다음과 같은 조서를 내렸다.

대체로 들건대 나라를 다스리는 길은 백성을 잘살게 만드는 데서 시작하고, 백성을 잘살게 만드는 데 중요한 것은 절약과 검소함이라고 한다. 『효경』에서는 "위를 편안하게 하고 백성을 다스리는 길은 예禮보다 좋은 것이 없다."라고 했으며, "예는 사치스럽기보다는 차라리 검소한 것이 낫다."라고 했다. 옛날 관중은 제나라 환공의 재상이 되어 환공을 제후의 패자로 만들고, 제후들을 아홉 차례나 규합하여 천하를 하나로 바로잡은 공이 있었다. 그러나 공자는 관중이 예를 모른다고 했다. 그것은 관중의 사치가 군주에 비길 만큼 지나쳤기 때문이다. 하나라 우왕은 궁실을 누추하게 하고 남루한 옷을 입었지만 그 후세의 성인들조차도 이것을 따르지 못했다. 이로 미루어 볼 때 성대하게 다스려진다는 것은 덕망 있는 정치를 널리 펼쳤다는 것이다. 덕행에는 검소함보다 높은 것이 없다. 검소함으로 풍속과 백성을 교화시키면 존비尊卑의 질서가 서고 골육 간의 정이 두터워져 다툼의 근원이 사라지게 된다. 이것이 바로 집이 넉넉해져 형벌을 필요 없게 하는 근본인 것인가? 그렇게 되도록 힘쓰지 않을 수 있겠는가!

대체로 삼공은 모든 관리의 귀감이며 만민의 사표이다. 이제까지 곧은 기둥을 세워서 굽은 그림자를 얻은 자는 없다. 공자도 "그대가 바르게 이끈다면 누가 감히 바르지 않을 수 있겠는가?"라고 했으며, "착한 사람을 등용하여 덕행을 닦지 않은 사람을 가르치면 〔그들은〕 곧 노력할 것이다."라고 하였다. 한 나라가 일어난 이래로 수족 같은 신하들 중에서 몸소 검소하고 절약하는 생활에 힘쓰고 재물을 가벼이 여기며 의를 소중히 여겨 세상에 두드러지게 나타난 사람으로는 지난날 승상을 지낸 평진후 공손홍만 한 이가 없다. 그는 승상 지위에 있으면서도 베 이불을 덮고 현미밥에 고기반찬은 한 가지를 넘지 않았다. 옛 친구나 사이 좋은 빈객에게는 자기 봉록을 모두 털어 나눠 주어 집에는 남는 것이 없었다. 진실로 안으로는 스스로 극기와 검약에 힘쓰고, 밖으로는 제도를 따른 것이다. 급암이 이것을 힐책하자 공손홍은 조정에서 숨김없이 말했다. 이것은 정해진 제도보다 낮으나 시행할 만한 것이라고 할 수 있다. 덕은 넉넉하면 실행되고, 그렇지 못하면 그친다. 안으로는 사치를 일삼으면서도 겉으로는 기이한 옷을 걸쳐 헛된 명예를 얻으려는 자와는 부류가 다르다.

공손홍이 신병으로 벼슬을 그만두기를 청하자, 효무제는 "공이 있는 자에게 상을 주고 덕이 있는 자를 포상하고 선을 좋아하고 악을 미워한다는 것을 그대는 잘 알고 있을 것이오. 근심을 덜고 정신을 하나로 모아 의약의 도움을 받아 몸을 돌보시오."라고 명령했다. 그러고는 휴가를 주어 병을 치료하게 하고 쇠고기와 술과 비단 같은 것을 내렸다. 몇 달이 지나자 그는 병이 나아 일을 보았다. 원수 2년에 그는 마침내 승상 지위에서 세상을 떠났다. 대체로 신하를 아는 데는 군주만한 사람이 없다고 하는데, 이것이 그 증거이다. 공손홍의 아들 공손도는 작위를 물려받아 뒷날 산양 태수가 되었으나 법에 저촉되어 후 지위를 잃었다. 대체로 덕을 표창하고 의를 드러내는 것은 풍속을 이끌어 교화에 힘쓰는 것으로, 이는 성왕의 제도로서 바뀌지 않는 도이다. 공손홍의 후손으로 뒤를 이을 차례인 자에게 관내후 작위와 식읍 300호를 내린다. 그를 불러서 공거公車[10]로 나오게 하여 이름을 상서尙書에 올리면 내가 직접 조정으로 나가서 관직과 작위를 주겠다.

명신들의 목록

반고班固는 다음과 같이 말했다.

"공손홍과 복식ト式[11]과 예관兒寬은 모두 날아오르는 큰기러기比범한 인물들의 날개를 가졌으면서도 제비와 참새에게 시달림을 받아 멀리 양이나 돼지 무리 속에 섞여 살았다. 때를 만나지 못했다면 어떻게 이런 지위에 오를 수 있었겠는가? 당시는 한나라가 일어난 지 60여 년으로 온 천하가 태평스러우며 국고가 가득 찼지만, 사방의 오랑캐는 아직 복종하지 않고 제도에 부족한 점이 많았다. 황제는 바야흐로 문무의 인재를 등용하려고 하면서 그러한 인재들을 얻지 못할까 봐 애태우면서 구했다. 처음에 포륜蒲輪[12]으로 매승枚乘을 맞이했고, 주보언을 보고는 〔늦게 만난 것을〕 탄식했다. 이리하여 신하들이 흠모하여 따르고, 빼어난 재능이 있는 인사들이 잇달아 나오게 되었다.

복식은 양치기 신분에서 기용되었고, 상홍양桑弘羊은 장사꾼으로 있

---

10 궁궐의 사마문司馬門을 관리하고 상서와 공물 등을 관리하는 직책이다.
11 서한 시대의 목축업자로 재산을 모두 털어 조정을 도와 벼슬에 올라 뒤에 관내후로 봉해졌다.
12 부들풀로 바퀴를 감아 흔들리지 않게 한 수레로 인재를 맞이하는 것을 비유한다.

을 때 발탁되었으며, 위청은 종 신분에서 떨쳐 일어났고, 김일제金日磾는 항복한 흉노 속에서 나왔다. 이는 또한 옛날에 판版으로 담을 쌓거나 소에게 꼴을 먹이던 무리 중에서 인재를 뽑은 것과 다름없다.[13] 한나라가 인재를 얻는 것은 이때 성황을 이루었다. 고아한 학자로는 공손홍과 동중서와 예관이 있고, 행실이 돈독한 인사로는 석건과 석경이 있으며, 질박하고 정직한 인사로는 급암과 복식이 있고, 어진 사람을 추천하는 데는 한안국과 정당시가 있으며, 법령을 제정하는 데는 조우趙禹와 장탕張湯이 있고, 문장에는 사마천과 사마상여가 있고, 골계에 뛰어난 사람으로는 동방삭東方朔과 매고枚皐가 있으며, 손님을 접대하는 데는 엄조嚴助와 주매신이 있고, 역수曆數에는 당도唐都와 낙하굉落下閎서한의 천문 역법가이 있으며, 음률 조화에는 이연년李延年이 있고, 산수 회계算數會計에는 상홍양이 있으며, 외국에 간 사신으로는 장건과 소무蘇武[14]가 있고, 장군으로는 위청과 곽거병이 있으며, 유조를 받아 어린 천자를 보좌하는 데는 곽광霍光과 김일제가 있었다. 그 밖의 인물에 대해서는 이루 다 기록할 수 없다. 그래서 공업功業을 일으켜 세우고 제도와 문물을 남기니 후세에는 이때에 미칠 만한 시대가 없다.

효선제가 왕통을 잇자, 대업을 이어 정리하는 데 다시 육예를 강론하고 뛰어난 인재들을 불러 뽑았다. 그래서 소망지蕭望之와 양구하梁丘賀와 하후승夏侯勝과 위현성韋玄成과 엄팽조嚴彭祖와 윤갱시尹更始는 유학으로 등용되었고, 유향劉向과 왕포王褒는 문장으로 이름을 드러냈으며, 장

---

13 이것은 상商나라 부열傅說과 위衛나라 영척寧戚이 관리로 등용된 상황을 말한 것이다.
14 한나라 때 흉노에 사신으로 갔다가 억류되어 갖은 고초를 겪으면서도 절개를 굽히지 않았다.

상將相으로는 장안세張安世와 조충국趙充國과 위상魏相과 병길邴吉과 우
정국于定國[15]과 두연년杜延年이 있고, 백성을 다스리는 데는 황패黃霸[16]와
왕성王成과 공수龔遂와 정홍鄭弘과 소신신邵信臣과 한연수韓延壽와 윤옹
귀尹翁歸와 조광한趙廣漢 등이 있다.

　이들 모두 공적을 세워 후세에 전해져 알려졌다. 명신이 많은 점을 비
교해 보면 또한 효무제 때에 버금간다."

---

15 옥사獄史의 말직에 있다가 공정한 법 집행으로 승상 지위에까지 올랐다.
16 후세에 공수와 함께 순리循史의 전형적인 인물로 평가되었다.

53

남월 열전
南越列傳

남월은 진시황 때 진나라에 귀속된 지역이다. 중국의 남동 지역은 당시 월나라라고 불렸으며 다양한 이민족이 분포되어 있고 북방의 호족과 대비되는 개념이었다. 진시황 13년에 조타趙佗를 남해 용천의 우두머리로 임명했으나, 진나라 말기에 중원이 혼란스러워지자 조타가 스스로 왕이라 부르며 5대에 걸쳐 93년을 내려오다가 한 무제 원정 6년기원전 222년에 다시 한나라에 편입되었다. 이는 한나라가 영토상 단일 중국을 시도한 것이었다. 그러므로 이 편은 조타가 나라를 세우는 과정 및 진나라 말부터 무제에 이르기까지 중원과 남월의 관계를 자세히 서술하여 진귀한 사료적 가치를 보유하고 있다.

중국은 다민족으로 이루어진 나라로서 중국 민족의 역사는 소수 민족을 포괄하는 역사였다. 그러나 유가의 정통 사상은 일관되게 '이하지변夷夏之辨오랑캐와 중국의 구분' 정책을 고수하여 사방의 만족을 동이, 서융, 남만, 북적으로 폄하했다. 이런 점에서 사마천이 소수 민족을 각 편으로 구분하여 서술한 것은 소수 민족의 존재를 인정한 것으로, 당시의 대한족주의라는 시대적 배경에 비춰 볼 때 매우 독특하다.

사마천은 진나라 말 중원의 혼란기에 일어난 월나라의 영웅적인 기개에 의미를 부여하면서 그들이 갖고 있는 특유의 교활한 면모도 잘 그려 놓고 있다. 아울러 사마천은 고조와 문제 사이에 실행된 남월에 대한 평화 정책에 대해 상당히 긍정적인 평가를 내리고 있다. 또한 이 편은「평준서」,「흉노 열전」,「대원 열전」,「조선 열전」,「서남이 열전」과 자매편의 성격을 띠고 있다.

남월왕 묘에서 출토된 금인金印으로 '문제행새文帝行璽'라 새겨져 있다.

남월왕南越王 위타尉他[1]는 진정眞定 사람으로 성은 조씨趙氏이다. 진나라는 천하를 손아귀에 넣자 양월楊越을 공략해서 평정하여 계림군桂林郡, 남해군南海郡, 상군象郡을 두고 죄지은 자들을 그곳으로 옮겨 월나라 사람들과 섞여 살게 한 지 13년이 되었다. 위타는 진나라 때 남해군 용천령龍川令으로 임명되었다. 이세황제 때 남해군 위尉 임효任囂가 병들어 죽음이 임박하자 용천령 조타를 불러서 이렇게 말했다.

    "들건대 진승 등이 반란을 일으켰고 진나라가 무도하여 온 천하가 괴로워하더니 항우, 유계劉季유방, 진승, 오광 등이 주州나 군郡에서 제각기 군사를 일으키고 사람들을 끌어 모아 호랑이처럼 천하를 다투고 있소. 중원이 소란스러워 언제 안정될지 모르고 호걸들은 진나라를 배반하고 서로 왕이 되려 하고 있다 하오. 남해군은 한쪽으로 치우쳐 있기는 하지만 나는 그 도둑의 군사들이 여기까지 쳐들어올까 걱정스럽소. 그래서 나는 군사를 일으켜 새로 낸 길진나라에서 월나라로 통하는 길을 끊고 스스로 방비하여 제후들의 변란에 대비할 생각이었는데 뜻밖에도 병이 심해졌소. 하물며 이곳 번옹番禺은 험한 산을 등지고 남해로 막혀 있으며, 동쪽에서 서쪽까지 수천 리나 되는 데다가 중원 사람이 많아 서로

---

[1] 본래 성은 조趙인데 진나라 남해 위南海尉를 지낸 데서 위타라고 부른다.

돕고 있어서 이곳도 한 주의 중심지로 나라를 세울 만하오. 군 안에 있는 장리長吏 중에는 함께 상의할 만한 사람이 없기에 그대를 불러 의논하는 것이오."

임효는 거짓 조서를 만들어 조타에게 주고 남해군 위의 직책을 맡아 보게 했다. 임효가 죽자 조타는 즉시 횡포橫浦, 양산陽山, 황계湟谿 관소에 격문을 돌려 통보했다.

"도적의 군대가 쳐들어오려 한다. 서둘러 길을 끊고 군사를 모아 각자 지키도록 하라!"

이어서 조타는 법을 이용하여 진나라가 임명한 고관들을 서서히 죽이고, 자기편 사람을 가수假守군수 직무 대리로 삼았다. 진나라가 싸움에서 져 망하자, 조타는 계림군과 상군을 쳐서 병합하고 스스로 남월의 무왕武王이 되었다. 한나라 고조는 천하를 평정한 뒤에도 중국이 전란에 시달렸기 때문에 조타를 그대로 놓아둔 채 토벌하지 않았다. 한나라 고조 11년에 육가陸賈를 보내 그대로 조타를 남월왕으로 세우고 부절을 쪼개 주어 사신이 오가도록 했다. 또한 백월百越을 화목하게 하고 안정시켜 한나라 남쪽 변방 지역에서 근심거리나 해악이 발생하지 않게 했다. 이로써 남월은 장사長沙와 국경을 맞대게 되었다.

고후 때 담당 관리가 남월의 철기를 관시關市[2]에서 교역하는 것을 금지하도록 요청하자, 조타는 이렇게 말했다.

"고제께서는 나를 왕으로 세워 사신을 오가게 하고 물자를 교역하도록 했다. 그런데 지금 고후는 참소하는 신하의 말을 듣고 〔한족과〕 만이蠻夷의 차이를 구별하여 기물의 교역을 끊어 버렸다. 이는 틀림없이 장사왕의 계책으로 중국에 기대어 남월을 쳐 없앤 다음 이곳 왕이 되어 자기 공으로 삼으려는 것이다."

그러고는 조타는 스스로 존호를 높여 남월의 무제武帝라고 부르고 군사를 동원하여 장사의 변방 고을들을 쳐서 몇 현을 깨뜨린 뒤 물러갔다. 고후는 장군 융려후隆慮侯 주조周竈를 보내 치게 했으나 더위와 습기를 만나 많은 사졸이 전염병에 걸리는 바람에 양산령陽山嶺을 넘을 수 없었다. 한 해 남짓 지나 고후가 죽자 바로 공격을 멈췄다. 조타는 그 기회에 군사를 보내 변경을 위협하고, 또 민월閩越동월, 서구西甌구월甌越, 낙월駱越에 뇌물을 주어 속국으로 만드니 동서의 길이 만여 리나 되었다. 조타는 좌독左纛천자의 수레 왼쪽에 꽂던 깃발을 꽂은 황옥黃屋노란색 비단 덮개의 수레을 타고 황제로 일컬어 중원과 똑같이 했다.

효문제 원년에 이르러 처음으로 천하를 누르고는 어루만지고, 사신을 제후와 사방 오랑캐에게 사신을 보내 효문제가 대代에서 들어와 황제 자리에 오른 뜻을 알리고 융성한 덕을 일깨우도록 했다. 그리고 조타의 부모 무덤이 진정眞定에 있으므로 그곳에 무덤을 지키는 마을을 두어 세시歲時에 제사를 받들게 하고, 조타의 종형제들을 불러 벼슬을 높여 주고 후한 상을 내려 총애했다. 또 승상 진평陳平에게 조서를 내려 남월로 보낼 만한 사자를 추천하게 하자, 진평은 호치현의 육가가 선제 때 남월에 사자로 간 적이 있어서 그쪽 사정에 밝다고 말했다. 황제는 육가를 불러 태중대부로 삼고 남월에 사자로 보내 조타가 스스로 서서 황제가 되었으면서도 사자를 보내 보고한 일이 한 번도 없음을 꾸짖게 했다. 육가가 남월에 이르자, 조타는 몹시 두려워하며 글을 지어 사죄했다.

오랑캐의 우두머리인 늙은이 신 조타는 지난날 고후께서 남월을 유독 이단시하여 장사왕이 신을 참소한 것으로 의심했습니다. 또 멀리서 고후께서 조타의 일족을 모조리 베어 죽이고 조상의 무덤을 파내어 불태웠다고 듣고 그 때문에 자포자기하여 장사의 변경을 침범했던 것이었습니다. 게다가 남방은 지대가 낮고 습하며 오랑캐들의 중간에 있는데, 동쪽의 민월은 백성 1000명을 거느리고 왕이라 부르고, 서쪽의 구월과 낙월의 나국裸國그 지역이 너무 더워 사람들이 옷을 걸치지 않는 데서 이렇게 부름도 왕이라 부르고 있습니다. 늙은 신하인 제가 망령되게 황제 호칭을 훔쳐 사용한 것은 잠시 스스로 즐겨서 한 것일 뿐인데 어찌 감히 천자께 보고 드릴 수 있겠습니까!

조타는 머리를 조아려 사과하고 오래도록 한나라의 번신藩臣속국의 신하으로서 조공을 바치는 직분을 다하고자 했다. 그리하여 곧 그 나라 안에

영을 내렸다.

내 들건대 "두 영웅은 함께 설 수 없고, 두 어진 이는 한 세상에 나란히 서지 못한다."라고 한다. [한나라] 황제는 현명한 천자이시다. 오늘부터 제제帝制와 황옥과 좌독을 폐지한다.

육가가 돌아와 이러한 사실을 보고하자 효문제는 매우 기뻐했다. 조타는 효경제 때에 이르러 신하라 일컬으면서 사신을 보내 조회를 청했다. 그러나 자기 나라인 남월에서는 몰래 예전 칭호를 쓰고 천자에게 사자를 보낼 때만 왕이라 불렀다. 한나라 조정에서는 그를 제후로서 대우했다. 조타는 건원 4년에 죽었다.

남월이 한나라에 예속되어야 하는 까닭

조타의 손자 조호趙胡가 남월왕이 되었다. 이때 민월왕 영郢이 군사를 일으켜 남월의 변방 고을을 침범했으므로 조호는 사신을 보내 글을 올려 말했다.

두 월나라는 다 같이 한나라의 번신인 만큼 함부로 군사를 일으켜 서로 공격할 수 없습니다. 지금 민월이 군사를 일으켜 신을 침범했습니다만 신은 감히 군사를 일으키지 못하니, 천자께서 조서를 내려 주십시오.

그래서 천자는 남월이 의리를 지키며 번신으로서 직분과 분수를 넘지 않음을 가상히 여겨 그를 위해 군사를 일으키고 장수 두 명王恢, 한안국을 보내 민월을 치게 했다. 그러나 한나라 군사가 재를 넘기도 전에 민월왕의 아우 여선餘善이 영을 죽이고 항복했기 때문에 군대를 거두었다.

천자는 장조莊助에게 남월로 가서 남월왕에게 〔한나라 군대가 민월을 토벌한 상황과〕 자신의 뜻을 알리도록 했다. 남월왕 조호는 머리를 조아리며 말했다.

"천자께서 신을 위해 군사를 일으켜 민월을 토벌하셨으니, 죽어도 이 은덕을 갚지 못하겠습니다."

태자 영제嬰齊를 〔한나라로〕 들여보내 숙위를 맡게 하고 장조에게 말했다.

"나라가 막 외적의 침략을 받았으니 사자께서는 〔먼저〕 떠나십시오. 저는 밤낮으로 행장을 꾸려 들어가 천자를 뵙겠습니다."

장조가 떠난 뒤 대신들은 조호에게 간하였다.

"한나라가 군대를 일으켜 영을 베었고, 이 행동은 또 남월에게 경고하는 것입니다. 아울러 선왕께서는 '천자를 섬기는 데 예를 잃지 않아야 한다.'라고 말씀하셨으니, 요컨대 〔사자의〕 듣기 좋은 말을 듣고 〔수도로〕 들어가 〔천자를〕 만나서는 안 됩니다. 입조하였다가 돌아오실 수 없으면 그것은 나라가 멸망하는 형세입니다."

그래서 조호는 병을 핑계로 끝내 입조하여 알현하지 않았다. 그로부터 10여 년 뒤, 조호가 실제로 중병에 걸렸으므로 태자 영제는 청하여 남월로 돌아왔다. 조호가 죽자 시호를 문왕文王이라고 했다.

영제가 대를 이어 왕이 되자, 곧장 선조 무제가 쓰던 옥새를 감춰 버렸다. 영제는 〔전에〕 한나라로 들어와 장안에서 숙위로 있을 때, 한단의 규씨樛氏 딸을 얻어 흥興이라는 아들을 낳았다. 영제는 왕이 되자 곧 글을 올려 규씨의 딸을 세워 왕비로 삼고 흥으로 뒤를 잇게 하고 싶다고 청했다. 한나라에서는 자주 사신을 보내 영제에게 입조하도록 은근히 권했다. 그러나 영제는 오히려 제멋대로 사람을 죽이고 그것을 즐겼으므로 한나라에 들어가 천자를 뵈면 반드시 한나라 법에 따라 중원의 〔다른〕 제후들처럼 똑같이 처분될까 봐 두려워 끝내 병을 핑계로 조정에 들지 않고 아들 차공次公을 조정으로 들여보내 숙위를 맡게 했다. 영제가 죽자 시호를 명왕明王이라 했다.

태자 흥이 대를 이어 왕이 되었고, 그 어머니는 태후가 되었다. 태후는 영제의 총희가 되기 전에 일찍이 패릉霸陵의 안국소계安國少季안국은 성이고, 소계는 이름라는 자와 정을 통한 적이 있었다. 영제가 죽은 뒤 원정 4년에 한나라는 안국소계를 보내 남월왕과 그 태후에게 조정에 들어와 중원의 〔다른〕 제후들처럼 처분되도록 타이르게 했다. 〔그리하여〕 언변이 뛰어난 간대부諫大夫 종군終軍 등을 시켜 그 내용을 선포하게 하고, 용사 위신魏臣 등에게 왕과 태후가 결정을 내릴 수 있도록 돕게 하는 한편, 위위 노박덕路博德에게 군사를 이끌고 계양桂陽에 주둔하여 사신들을 기다리게 했다.

남월왕은 나이가 어린 데다 태후는 중원 사람으로서 일찍이 안국소계와 정을 통했던 터라, 그가 사신으로 오자 다시 몰래 정을 통했다. 남월 사람들은 그 사실을 알고 있었으므로 태후에게 복종하지 않는 자가 많았다. 태후는 반란이 일어날까 두려워 한나라의 위세에 의지할 생각으로 자주 왕과 신하들에게 한나라의 속국이 될 것을 청했다. 그래서 사자를 통해 글을 올려 중원의 다른 제후들과 마찬가지로 3년에 한 번 입조하고 변방의 관문을 없애 줄 것을 청했다. 천자는 이를 허락하고 남월의 승상 여가呂嘉에게 〔한나라의〕 은인銀印을, 내사內史와 중위中尉와 태부太傅에게는 각각 한나라 인印을 주고, 그 밖의 벼슬은 그 나라가 스스로 알아서 하도록 했다. 또 남월에 원래부터 있던 경형黥刑과 의형劓刑을 폐지하고 한나라 법을 쓰게 하여 중원 내의 제후들과 똑같게 했다. 한나라 사자는 모두 그곳에 머물면서 진무鎭撫하도록 했다. 왕과 왕태후는 행장을 꾸리고 예물을 두텁게 하여 조정에 들 준비를 했다.

남월의 승상 여가는 나이가 많고, 3대에 걸쳐 왕을 모시면서 재상으로 있었는데, 종족 중에 벼슬하여 높은 지위에 오른 사람이 70여 명이나 되었다. 아들은 모두 왕의 딸을 아내로 맞았고, 딸은 모두 왕자나 왕의 형제 또는 종실로 시집갔다. 또 창오蒼梧의 진왕秦王조광趙光[3]과는 사돈 사이였다.

나라에 사는 사람들이 여가를 대단히 중시했고, 월나라 사람들 중에는 여가를 믿고 그의 눈과 귀가 되어 일하는 사람이 많았다. 많은 사람의 마음을 얻고 있다는 점에서는 왕보다 나았다. 왕이 천자에게 글을 올리려 하니, 여가는 왕에게 그만두도록 자주 간했다. 그러나 왕이 끝내 듣지 않자 그는 모반할 마음을 품고 자주 병을 핑계로 한나라 사신을 만나지 않았다. 한나라 사신은 모두 여가를 눈여겨 살폈으나 아직 그를 베어 죽일 수 있는 상황이 아니었다. 왕과 태후도 여가 등이 앞질러 반란을

---

3 여가 가족과 창오왕 조광은 인척 사이로 조趙와 진秦은 성이 같기 때문에 조광을 진왕秦王이라 했다.

일으킬까 봐 두려워했다. 그래서 술자리를 열어 한나라 사신들의 권세를 빌려 여가 무리를 죽일 계획을 꾸몄다. 한나라 사신은 모두 동쪽을 바라보고 앉고, 태후는 남쪽을 바라보고 앉았으며, 왕은 북쪽을 바라보고 앉고, 승상 여가와 대신은 모두 서쪽을 바라보고 앉아 술을 마셨다. 여가의 아우는 장수로 군사들을 인솔하여 궁전 밖에 있었다. 술잔이 돌자 태후는 여가를 보고 말했다.

"남월이 한나라에 예속하는 것은 나라의 이익이오. 그런데 승상이 이롭지 않다고 염려하는 것은 무슨 까닭이오?"

이렇게 함으로써 한나라 사신들을 격분시키려 했으나, 사신들은 미심쩍은 듯 서로 미루며 나서는 이가 없었다. 여가는 귀와 눈으로 평상시와 다름을 느끼고 바로 일어나 나갔다. 이때 태후가 화를 내며 창으로 여가를 찌르려 했으나 왕이 태후를 말렸다. 여가는 드디어 밖으로 나가 아우의 군사들을 나누어 거느리고 집으로 돌아갔다. 그러고는 병을 핑계로 왕과 사신을 만나려 하지 않으면서 몰래 대신들과 반란을 일으키려 했다. 왕은 처음부터 여가를 죽일 생각이 없었고, 여가도 그것을 알고 있었기 때문에 몇 달 동안은 반란을 일으키지 않고 있었다. 태후는 자신의 음란한 행동으로 인해 나라 사람들이 따르지 않는 것을 알고 혼자라도 여가 무리를 죽여 없애고 싶었지만 할 수 있는 힘이 없었다.

천자는 여가가 왕의 명령을 듣지 않고, 왕과 태후는 힘이 약하고 고립되어 여가를 누를 수 없으며, 사신은 두려워하며 결단을 내리지 못하고 있다는 말을 들었다. 왕과 왕태후가 한나라에 복종한 이상 여가 혼자 반란을 일으킨다 해도 군사를 동원할 만한 일은 아니라고 생각하고 장삼莊參에게 군사 2000명을 주어 사신으로 보내려 하자 장삼이 말했다.

"친선을 위해 떠나는 것이라면 몇 사람이면 됩니다만 병력의 위세를 보이기 위해 가는 것이면 2000명으로는 부족합니다."

장삼이 명령을 받아들이려 하지 않자 천자가 장삼을 그만두게 했다. 그러자 옛날 제북의 승상이던 겹현郟縣의 장사 한천추韓千秋가 떨쳐 일어나 말했다.

"월나라는 보잘것없는 나라이고, 또 왕과 태후가 안에서 응하고 있습니다. 다만 승상 여가만이 방해가 될 뿐입니다. 용사 200명만 주신다면 반드시 여가의 목을 베어 보답하겠습니다."

천자는 한천추에게 남월 태후의 아우 규락樛樂과 함께 2000명을 이끌고 가도록 했다. 이들이 월나라 국경으로 들어갔을 때 마침 여가 등은 반란을 일으키고 나라 안에 영을 내렸다.

왕은 나이가 어리고, 태후는 중원 사람이면서 (한나라) 사신과 음란한 짓까지 하였다. 오로지 한나라에만 내속되어 선왕의 보배로운 기물을 모조리 가져다가 천자에게 바쳐 스스로 아첨하려 하고, 많은 사람을 장안으로 데리고 가서 팔아 노예로 삼으려 하고 있다. 그 자신은 한때의 화를 벗어나고 이익만을 얻으려 할 뿐 우리 조씨의 사직을 돌보아 만세의 계책을 세울 생각이 없다.

그리고는 아우와 함께 군사를 거느리고 왕과 태후 및 한나라 사신을 죽였다. 사람을 보내 창오의 진왕과 그 밖의 여러 군과 현에 알리고, 명왕의 월나라 아내가 낳은 맏아들 술양후術陽侯 건덕建德을 왕으로 추대했다.

한편 한천추의 군사는 남월로 들어가 몇 개의 작은 고을을 이어서 함락시키고 있었다. 그러자 월나라에서는 한천추에게 길을 열어 주고 식량을 공급하게 하였다. 한천추의 군사가 번옹에서 40리쯤 떨어진 곳에 이르렀을 때, 월나라는 군대를 이끌고 한천추 등을 공격하여 마침내 전멸시켰다. 그러고는 한나라 사신의 부절을 함에 넣어 요새 위에 놓아 두게 하고 그럴듯하게 말을 꾸며 사죄하는 한편 군사를 보내 요충지를 지키도록 했다. 천자는 말했다.

"한천추는 비록 공을 세우지는 못했지만 역시 군대의 가장 선봉에 섰다."

한천추의 아들 한연년韓延年을 성안후成安侯에 봉했다. 또 규락의 맏누이 왕태후가 먼저 한나라에 예속되기를 원하였으므로 규락의 아들 광덕廣德을 용항후龍亢侯에 봉했다. 황제는 사면령을 내려 말했다.

천자가 미약하여 제후들이 정벌 전쟁에 힘을 쓰는데도 신하로서 적을 쳐 멸망시키지 않은 것을 꾸짖는다. 지금 여가와 건덕 등은 반란을 일으키고 스스로 서서 태연하게 왕이라 일컫고 있으니, 죄인들과 강회江淮 남쪽의 수군 10만 명은 나아가 그자들을 토벌하라.

원정 5년 가을에 위위 노박덕은 복파장군이 되어 계양桂陽으로 나가 회수匯水로 내려가고, 주작도위主爵都尉작위를 봉하는 일을 관장함 양복楊僕은 누선장군이 되어 예장豫章으로 나가 횡포橫浦로 내려가고, 투항한 월후越侯 두 사람은 과선장군戈船將軍과 하려장군下厲將軍이 되어 영릉零陵으로 나가 한 사람은 이수離水로 내려가고 또 한 사람은 창오로 나아갔다. 또 치의후馳義侯에게는 파와 촉의 죄인들을 모으고 야랑夜郞의 군사를 동원시켜 장가강牂柯江을 내려가 모두 번옹에서 모이도록 했다.

원정 6년 겨울에 누선장군은 정예 부대를 이끌고 먼저 심협尋陜을 함락시키고 석문石門을 깨뜨려 남월의 배와 양식을 노획했다. 이틈에 밀고 나가 남월의 선봉을 꺾고 수만 명을 거느리고는 복파장군을 기다렸다. 그러나 복파장군은 죄수들을 인솔한 데다 길까지 멀어 약속한 날짜에 늦었고 누선장군과 만났을 때는 1000여 명뿐이었다. 두 군대는 함께 나아갔는데 누선장군이 앞장서서 먼저 번옹에 도착했다. 건덕과 여가 등은 모두 성안으로 들어가서 굳게 지키고 있었다. 누선장군은 스스로 편한 곳을 골라 동남쪽에 진을 치고, 복파장군은 서북쪽에 진을 쳤다. 때마침 날이 저물자, 누선장군이 공격하여 남월 군사를 깨뜨리고 불을 놓아 성을 불태웠다.

남월은 평소 복파장군의 명성을 듣고 있었으나 날이 저물어 그 병력이 얼마나 되는지 알지 못했다. 복파장군은 이에 진영을 만들고 사자를 보내 항복하는 사람들을 불러들였다. 항복한 자에게는 (후의) 인을 주고 다시 그들을 성안으로 보내 항복을 권유하게 했다. 누선장군은 힘껏 적과 싸우며 불로 공격하여 남월 군사들을 복파장군의 진영으로 내몰았다. 새벽녘에 성안에 있던 군사가 모두 복파장군에게 항복했다. 그러나 여가와 건덕은 한밤중에 그 부하 수백 명과 함께 달아나 배를 타고 바다로 들어가 서쪽으로 도망쳤다. 복파장군은 자신에게 항복해 온 귀인들에게 물어 여가가 달아난 곳을 알아내어 사람을 보내 그를 뒤쫓았다. 그 결과 교위 사마소홍司馬蘇弘은 건덕을 사로잡은 공로로 해상후海常侯에 봉해졌고, 남월의 낭관郞官 도계都稽는 여가를 사로잡은 공로로 임채후

臨蔡侯에 봉해졌다.

창오왕 조광은 남월 왕과 같은 성인데 한나라 군대가 온다는 소식을 듣고, 남월의 게양揭陽 현령 정定과 자진하여 한나라에 귀속하기로 하였다. 남월 계림의 군감郡監 거옹居翁은 구월과 낙월 두 나라를 설득하여 한나라에 귀속하게 했으므로 모두 후가 되었다. 과선장군과 하려장군의 군사와 치의후가 출동시킨 야랑의 군사가 내려오기도 전에 남월이 평정되었다. 드디어 아홉 군[4]을 설치했다. 복파장군은 봉읍을 더하고, 누선장군의 군사는 적의 튼튼한 진지를 함락시킨 공으로 장량후將梁侯에 봉해졌다.

남월은 조타가 처음 왕이 된 때부터 다섯 대 93년 만에 나라가 망했다.

태사공은 말한다.

"조타가 왕이 된 것은 원래 임효 때문이다. 한나라가 처음으로 천하를 평정하였을 때 〔조타는〕 제후 반열에 올랐다. 융려후가 습기와 전염병에 걸리자 조타는 더욱더 교만해졌다. 구월과 낙월이 서로 공격하니 남월이 동요하기 시작했다. 〔그때〕 한나라 군사가 국경에 이르자 영제가 입조하였다. 그 뒤 나라가 멸망하게 된 조짐은 규씨 딸로부터 시작되었다. 여가의 하찮은 충성심이 조타의 뒤를 끊고 말았다. 누선장군은 욕망만을 좇아 게으르고 오만하여 방탕하고 미혹스러웠고, 복파장군은 곤궁한 가운데서도 지혜가 더욱 많아져 화를 복으로 만들었다. 성공과 실패가 〔뒤바뀌며〕 도는 것이 비유하면 먹줄을 긋는 것과 같다."

---

[4] 담이儋耳, 주애珠崖, 남해南海, 창오蒼梧, 구진九眞, 울림鬱林, 일남日南, 합포合浦, 교지交趾를 말한다.

54
◎
동월 열전
東越列傳

동월은 남월의 동쪽 지역, 지금의 복건성 지역에 있던 나라로 민월閩越이라고도 한다. 본래 월나라는 여러 지파가 있으나 모두 월왕 구천의 후손으로 진나라 이전에는 제각기 절강, 복건 등 일정한 지역을 차지하고 왕이라 일컬었다. 그러나 진시황이 천하를 통일하면서 왕을 없애고 군으로 개편하였는데, 그 후 진나라 국력이 쇠약해지면서 제후들이 진나라에 반기를 들고 일어난 틈을 타 이들도 반기를 들었다. 한나라가 진나라를 멸하고 무저를 민월왕에 봉하고 요를 동해왕에 봉하였는데, 이 두 사람이 다스리던 나라를 동월이라 한다.

사마천은 동월의 존재를 긍정적으로 평가하고 있다. 조상의 훌륭한 덕행에 역사를 의지할 수 없다고 믿었던 사마천은 동월의 오랜 존속에 감탄한다. 이 편의 논찬에서 월나라가 소수 민족이면서도 대대로 공후가 될 수 있었던 것은 초기 지배층의 도덕 원칙에서 비롯되며, 특히 우임금이 남긴 공적 때문이라고 한 부분은 「항우 본기」와 「월 세가」와 「경포 열전」 등에서 여러 차례 언급한 부분과 상통한다.

민월왕閩越王 무저無諸와 월나라의 동해왕東海王 요搖는 다 월나라 왕 구천의 후예로 성은 추씨騶氏이다. 진나라가 천하를 통일하게 되었을 때, 그들의 왕위를 폐하여 군장君長오랑캐 지역의 우두머리으로 삼고 그 땅을 민중군閩中郡으로 삼았다.

그 뒤 제후들이 진나라에 반기를 들자 무저와 요는 월나라 사람들을 이끌고 파양鄱陽 현령 오예吳芮에게 귀순했다. 오예는 파군鄱君으로 불리는 자로 제후들을 따라 진나라를 멸망시켰다. 당시 항우가 제후들을 호령하고 있었는데, 〔무저와 요를〕 왕으로 삼지 않았으므로 〔그들도〕 초나라를 따르지 않았다. 한나라가 항우를 공격하자 무저와 요는 월나라 사람들을 이끌고 한나라를 도왔다. 한나라 5년에 다시 무저를 민월왕으로 삼아 민중군의 옛 땅에서 왕 노릇 하게 하고 동야東冶를 도읍으로 정하게 했다. 효혜제 3년에 고제 때 세운 월나라의 공적을 열거하여 민군閩君 요는 공로가 많으며, 그 백성은 그를 좋아하여 잘 따른다고 하여 요를 세워 동해왕으로 삼고 동구東甌에 도읍을 정하게 했다. 세상에서는 그를 동구왕이라고 불렀다.

그때부터 여러 대가 지나 효경제 3년에 이르러 오나라 왕 유비가 반란을 일으켜 민월을 자기편으로 끌어들이려 했으나 민월은 따르지 않고, 동구만이 오나라를 따랐다. 오나라가 멸망했을 때 동구에서는 한나라가 현상금을 내건 오나라 왕을 단도丹徒에서 죽였다. 이 때문에 동구 사람들은 죽음을 모면하고 자기 나라로 돌아갈 수 있었다.

오나라 왕의 아들 자구子駒는 민월로 달아나, 동구가 그 아버지를 죽인 것에 원한을 품고 언제나 민월에게 동구를 치라고 권유했다. 건원 3년에 이르러 민월은 군사를 일으켜 동구를 포위했다. 동구는 식량이 다 떨어져 곤란을 겪어 항복할 지경에 이르자 급히 천자에게 사신을 보내 보고했다. 천자가 그에 대한 처리를 태위 전분田蚡에게 묻자, 전분은 대답했다.

"월나라 사람끼리 서로 공격하여 싸우는 것은 본래 흔히 있던 일이며, 또 자주 배반과 귀순을 일삼습니다. 그러므로 중원을 번거롭게 하면서까지 가서 도울 필요는 없습니다. 〔월나라는〕 진나라 때부터 내버려 둔 채 굳이 귀속시키려 하지 않았습니다."

그러자 중대부 장조莊助가 전분을 힐책하며 말했다.

"단지 힘으로 월나라를 도울 수 없고, 덕으로 월나라를 덮을 수 없는 것이 걱정일 뿐입니다. 만일 참으로 그것이 가능하다면 무엇 때문에 버려두겠습니까? 진나라는 함양조차도 버렸는데 〔멀리 떨어져 있는〕 월나라야 어떠하겠습니까? 지금 작은 나라가 궁지에 빠져 천자께 달려와 위급함을 알렸는데, 천자께서 구원하지 않으면 그들은 어느 곳으로 가서 호소해야 합니까? 또 어떻게 모든 나라를 자식처럼 여긴다고 할 수 있겠습니까?"

〔그러자〕 황상이 말했다.

"태위는 함께 의논할 상대가 못 되오. 나는 즉위한 지 얼마 되지 않으므로 호부虎符[1]를 내어 군과 국에서 군사를 징발하고 싶지 않소."

---

[1] 호랑이 모양의 금속으로 이루어진 부符로 군사 이동 등에 쓰였다. 이것을 둘로 나누어 오른쪽은 황제 왼쪽은 군사 통솔자가 지녔다가 합쳐 보아 일치하면 병사를 일으키는 증표로 삼았다.

그러고는 장조에게 부절을 주어 회계군으로 가서 군사를 일으키게 했다. 그러나 회계 태수는 호부가 없다는 이유로 거부하고 군사를 징발하지 않으려 했다. 장조는 사마 한 사람의 목을 베어 천자의 뜻을 이해시킨 뒤에야 마침내 군사를 내어 바다를 건너 동구를 구원하러 갈 수 있었다. 그러나 한나라 군대가 도착하기도 전에 민월은 군사를 이끌고 물러갔다. 동구는 나라를 들어 중국으로 옮겨 올 것을 청한 뒤 백성을 이끌 강수와 회수 사이로 와서 살았다.

텅 빈 동월 땅

건원 6년에 이르러 민월이 남월을 쳤다. 남월은 천자와 한 약속을 지켜 감히 제멋대로 군사를 동원하여 치지 않았음이 〔조정에〕 알려지게 되었다. 황상은 대행 왕회를 예장으로 나가게 하고, 대농大農금전과 비단과 약물 등의 출입을 관리함 한안국을 회계로 나가게 하면서 모두 장군으로 삼았다. 한나라 군사가 재를 넘지도 않았는데, 민월왕 영郢이 군사를 보내 험한 곳에서 맞서 지키고 있었다. 이때 그의 아우 여선餘善이 재상, 종족들과 의논하여 이렇게 말했다.

"우리 왕은 마음대로 군사를 일으켜 남월을 치면서 〔천자에게〕 주청하지 않았으므로 천자의 군대가 주살하려고 왔다. 지금 한나라 군사는 많고 강하니, 지금 요행히 이긴다 해도 앞으로 더욱더 많은 군사가 쳐들어와서 결국 나라는 멸망하고 말 것이다. 지금 왕을 죽여 천자께 사죄하여 천자가 듣고 군사를 멈추면 정녕 나라는 무사할 수 있다. 그러나 만일 천자가 받아들이지 않으면 그때 가서 힘껏 싸우고 이기지 못하면 바다로 도망쳐 들어가자."

모두 말했다.

"좋습니다."

그들은 즉시 왕을 창으로 찔러 죽인 뒤, 사신을 보내 그 머리를 대행에게 바쳤다. 대행은 이렇게 말했다.

"우리가 온 목적은 민월왕을 주살하기 위해서였다. 그런데 지금 민월왕의 머리를 보내 사죄하였으니 싸우지 않고 제거되었으니, 이보다 더 큰 이익은 없다."

그래서 적당히 군대를 멈추게 하고 대농의 군대에 통보하고는 사람을 시켜 민월왕의 머리를 가지고 말을 달려 천자에게도 보고하게 했다. 천자는 조서를 내려 두 장군의 토벌을 멈추게 하고 이렇게 말했다.

"영 등은 원흉이거늘 유독 무저의 손자 요군繇君 추丑만은 모의에 가담하지 않았다."

그러고는 낭중장에게 축을 월나라의 요왕繇王으로 세워 민월 조상의 제사를 받게 했다.

여선이 영을 죽인 뒤로 그 위엄이 나라 안에서 떨쳐지니 많은 백성이 그에게로 붙었다. 여선이 남몰래 스스로 왕 노릇을 하였지만 요왕은 여선의 무리를 휘어잡아 바로잡을 수 없었다. 천자도 이 소식을 들었으나, 여선을 위해 다시 군대를 일으킬 것까지는 없다고 하며 이렇게 말했다.

"여선은 영과 함께 자주 반란을 모의하기는 했지만, 뒤에 앞장서서 영을 베었기 때문에 한나라 군대가 수고스럽게 고통을 겪지 않아도 되었다."

그러고는 여선을 동월왕으로 세워 요왕과 병립하게 했다.

원정 5년에 이르러 남월이 모반하자, 동월왕 여선은 글을 올려 군사 8000명을 이끌고 누선장군을 따라가 여가呂嘉 등을 치겠다고 주청했다.

〔여선의〕 군대가 게양揭揚에 이르렀을 때 바다에 파도가 거세다는 핑계로 더 나아가지 않고, 두마음을 품고 몰래 남월로 사람을 보냈다. 그리고 한나라 군사가 번웅을 깨뜨릴 때까지 도착하지 않았다. 이때 누선장군 양복이 사신을 보내 글을 올려 군사를 이끌고 동월을 치게 해 달라고 원했으나 황상은 사졸들이 지쳐 있다며 허락하지 않고는 군대를 철수시키고 교위들을 예장군의 매령梅領에 주둔시켜 명령을 기다리도록 했다.

원정 6년 가을에 여선은 누선장군이 자기를 죽일 것을 요청했으며 한나라 군사가 국경까지 와서 곧 쳐들어올 것이라는 소문을 듣고 드디어 모반을 일으켰다. 군대를 출동시켜 한나라 군사의 길을 막고 장군 추력騶力 등을 '탄한장군呑漢將軍'이라 부르며 백사白沙, 무림武林, 매령梅嶺으로 쳐들어가게 하여 한나라 교위 세 명을 죽였다. 이때 한나라는 대농령大農令 장성張成과 옛날 산주후山州侯였던 유치劉齒를 주둔군의 장군으로 삼았지만 감히 공격하지 못하고 오히려 안전한 곳으로 물러났으므로 모두 겁이 많아 적을 두려워한다는 죄목에 연루되어 주살되었다.

여선은 '무제武帝'라는 옥새를 새겨 스스로 자리에 올라 그 백성을 속이고 망언을 일삼았다. 천자는 횡해장군橫海將軍 한열韓說을 보내 구장句章으로 나가서 출동하여 바다를 건너 동쪽으로부터 나아가게 하고, 누선장군 양복에게 무림武林에서 출동하게 하며, 중위 왕온서王溫舒[2]에게 매령에서 출동하게 하고, 월후越侯 두 사람을 과선장군과 하뢰장군下瀨將軍으로 삼아 각각 약야若邪와 백사白沙에서 출동하게 했다. 원봉 원년 겨울에 다 같이 동월로 들어갔다. 동월은 평소에 군대를 보내 험한 곳을 지키고 순북장군徇北將軍에게 무림을 지키게 하였는데, 누선장군의 교위 몇 명을 깨뜨리고 장리를 죽였다. 그러나 이 싸움에서 누선장군이 거느린 전당錢唐 출신 원종고轅終古라는 자가 순북장군을 베고 어아후禦兒侯가 되었다. 한나라 군사가 출격하기 전의 일이다.

이전에 월나라 연후衍侯였던 오양吳陽은 전부터 한나라에 있었기 때문에 한나라는 그에게 돌아가 여선을 타이르게 했으나 여선은 받아들이지 않았다. 횡해장군이 먼저 도착하자 월나라 연후 오양은 자기 고을 사람 700명을 거느리고 모반하여 한양漢陽에서 월나라 군사를 공격했다. 그리고 건성후建成侯 오요吳敫를 따라 그의 무리와 함께 요왕 거고居股에게로 가서 모의하여 말했다.

"여선은 원흉으로 우리를 위협하여 지키게 하였습니다. 지금 한나라 군사가 이르렀는데 수도 많고 강하니 여선을 죽이고 스스로 한나라 장군들에게 귀순하는 계책을 세우면 다행히 죽음은 면할 수 있을 것입니다."

그러고는 드디어 여선을 죽인 뒤 부하들을 인솔하여 횡해장군에게 항복했다. 그로 인해 요왕 거고를 동성후東成侯로 봉하여 만호후萬戶侯가 되게 하고, 건성후 오를 개릉후開陵侯에 봉했으며, 월나라 연후 오양을

---

2 한나라 때의 유명한 혹리酷吏 중 한 사람이다.

북석후北石侯에 봉했다. 또 횡해장군 한열을 안도후案道侯에, 횡해 교위 橫海校尉 유복劉福을 요앵후繚鐪侯에 봉했다. 유복은 성양成陽 공왕共王 의 아들로서 원래는 해상후海常侯였는데 법에 연루되어 후 지위를 잃었 다. 옛날에 종군하여 군공이 없었으나 종실이기 때문에 후로 봉해졌다. 여러 장수들은 모두 공이 없어서 아무도 봉해지지 않았다. 동월 장수 다 군多軍은 한나라 군사가 쳐들어오자 자기 군대를 버리고 항복했으므로 무석후無錫侯에 봉해졌다. 이에 천자가 말했다.

"동월은 좁고 험한 곳이 많으며, 민월은 사람들이 사나워서 모반하는 일이 많았다."

그러고는 군리에게 조서를 내려 그곳 백성을 모두 강수와 회수 사이로 옮겨 살게 했다. 동월 땅은 마침내 텅 비게 되었다.

태사공은 말한다.

"월나라는 만이의 나라이기는 하나 그 조상은 백성에게 큰 공덕이 있 었던 모양이다. 어찌 그리 오래도록 유지되었는가! 여러 대를 지나오면서 언제나 군왕으로 있었고, 구천은 한 차례 패자로 일컬어졌다. 그렇지만 여선에 이르러서는 대역을 저질러 나라가 멸망하고 백성은 옮겨 살게 되 었다. 그러나 같은 조상의 자손인 요왕 거고 등은 오히려 만호후에 봉해 졌다. 이로써 월나라가 대대로 공후가 될 수 있었던 것은 우임금이 남긴 공덕 때문임을 알 수 있다."

55

조선 열전
朝鮮列傳

이 편에서 조선은 곧 동이東夷로서 그 선조가 기자箕子라는 설에 입각하여 서술하고 있다. 주나라 무왕이 기자를 조선에 책봉하였는데, 기자는 주나라에 복종하지 않고 자손을 40여 대에 전하였다.

전국 시대에 이르러 연나라가 진번眞番을 치니 조선은 연나라에 귀속되었다가 연나라가 진나라에게 멸망하자 요동의 변방으로 들어갔다. 한나라 초에 변란이 일어나 위만衛滿이 스스로 왕이라 칭하며 왕검에 도읍을 정했는데 이때는 혜제와 고후가 통치하는 시기였다. 이후 위만이 죽고 손자 우거右渠가 왕이 되려고 하자 한나라 무제는 공격하여 우거를 죽이고 조선을 한나라에 복속시켜 한사군漢四郡을 설치했다. 사마천은 한 무제의 영토 확장 야심에 대해 풍자하면서 한나라 조정의 부정과 부패가 백성들에게 준 심각한 피해를 서술하고 과거 중국과 조선 사이의 교섭사 양상을 조금이나마 알 수 있게 한다. 이러한 일련의 과정에서 사마천은 위만의 역할을 매우 긍정적으로 보고 있다.

조선왕 위만衛滿은 본래 연나라 사람이다. 연나라는 그 전성기 때 진
번眞番과 조선을 공격하여 복속시키고 관리를 두어 요새를 쌓았다. 조
선은 진나라가 연나라를 멸망시켰을 때 요동군의 국경 밖 나라였다. 한
나라가 일어났지만 그곳은 너무 멀어 지키기 어렵다고 다시 요동군에 요
새를 쌓고 패수浿水까지를 경계로 삼아 연나라에 속하게 하였다. 연나
라 왕 노관盧綰이 한나라를 배반하고 흉노로 들어가니, 위만도 망명하여
1000여 명의 무리를 모아 머리를 상투 모양으로 틀고 만이蠻夷의 차림새
로 동쪽으로 달아나 요새를 벗어났다. 그리고 패수를 건너 진나라의 옛
날 비어 있던 땅 상하장上下鄣에 살면서 점점 진번과 조선의 만이들과 옛
날 연나라와 제나라에서 망명해 온 자들을 복속시켜 왕이 되어 왕검王
儉원전에는 '검'이 '험險'으로 되어 있음에 도읍을 정했다.

그때는 마침 천하가 처음으로 안정된 효혜제와 고후 무렵이었다. 요동
태수는 위만과 이렇게 약속했다.

"외신外臣이 되어 요새 바깥의 만이를 보호하여 침범하거나 노략질하
는 일이 없도록 하라. 만이의 군장들이 한나라로 들어와 천자를 뵙고자
하면 막지 말라."

이 약속을 위에 아뢰니 천자가 허락했다. 이로써 위만은 군사와 재물
을 갖게 되어 주위의 작은 마을들을 침략해 항복받았고, 진번과 임둔臨
屯도 복속해 왔으므로 그 땅이 사방 수천 리나 되었다.

왕위가 그 아들에게 전해졌다가 다시 손자 우거右渠에게 이르니, 한나라에서 망명해 온 백성이 더욱 불어났다. 또 일찍이 한나라로 들어가 천자를 만난 적도 없고, 진번 주변의 여러 나라가 글을 올려 천자를 뵙고자 하면 길을 막아 한나라와 통하지 못하게 했다.

원봉 2년에 한나라는 섭하涉何를 보내 우거를 달랬으나 그는 끝내 조칙을 받들려 하지 않았다. 섭하가 길을 떠나서 국경 패수에 이르렀을 때, 수레를 끌던 사람을 시켜 섭하를 전송하러 나온 조선의 비왕裨王임금을 보좌하던 벼슬아치 가운데 으뜸 벼슬 장長사람 이름을 찔러 죽이고 패수를 건너 요새로 달려 들어갔다. 그리고 돌아와 천자에게 보고했다.

"조선의 장수를 죽였습니다."

황상은 그 공을 가상히 여겨 꾸짖지 않고 섭하를 요동의 동부 도위로 삼았다. 조선은 섭하에게 원한을 품고 군사를 출동시켜 그를 습격하여 죽였다.

조선 침공과 한사군 설치

천자는 죄수들을 모집하여 조선을 치도록 했다. 그해 가을에 누선장군 양복을 제나라에서 발해로 건너가게 했는데 군사가 5만 명이나 되었다. 좌장군 순체에게는 요동에서 나가 우거를 토벌하게 했다. 우거는 군사를 출동시켜 험준한 곳을 이용해 대항하고 있었다. 이때 좌장군의 졸정卒正군리의 우두머리 다多는 먼저 요동의 군사를 이끌고 진격했다가 패하여 흩어져 많은 수가 달아나 돌아왔으므로 군법에 연루되어 참수되고 말았다. 누선장군은 제나라 군사 7000명을 이끌고 먼저 왕검에 이르렀다. 우거가 성을 지키고 있다가 누선장군의 군사가 적은 것을 염탐하여 알고, 곧바로 성을 나와 누선을 공격하니 그 군대는 패하여 달아났다. 장군 양복은 그 부하들을 잃고 도망쳐 열흘 넘게 산속에 숨어 있다가 서서히 흩어졌던 군사들을 다시 모았다. 좌장군은 조선의 패수 서쪽 군대를 공격했으나 무찌르고 앞으로 나아갈 수가 없었다.

천자는 두 명의 장군으로는 전황이 불리하다고 여기고 위산衛山에게 군사의 위세를 업고 우거를 타이르게 했다. 우거는 사자를 보자마자 머리를 조아리며 사과했다.

"항복하려고 했지만 두 명의 장군이 신을 속여 죽일까 두려웠습니다. 이제 신뢰할 수 있는 부절을 보았으니 항복하고 싶습니다."

태자를 한나라로 들여보내 사과하고 말 5000필과 군량을 보내 바치기로 하였다. 군사 만여 명이 무기를 들고 패수를 건너려고 하자 (한나라) 사자와 좌장군은 그들이 혹시 변란을 일으킬까 의심스러워, 태자가 이미 항복했으니 군사들에게 무기를 지니지 말도록 명령하게 했다.

태자도 사자와 좌장군이 자기를 속여 죽일 것으로 의심하고 있던 터라 마침내 패수를 건너지 않고 다시 (무리를) 이끌고 되돌아갔다. 위산이 돌아와 천자에게 그 사실을 보고하자 천자는 위산의 목을 베었다.

좌장군은 패수 위의 군사들을 깨뜨리고 앞으로 나아가 성 아래에 이르러 그 서북쪽을 에워쌌다. 누선장군 역시 가서 군대를 만나고는 성의 남쪽에 진을 쳤다. 그러나 우거가 성을 굳게 지켜 여러 달이 지났지만 함락시킬 수 없었다.

좌장군은 본래 시중侍中으로 [천자의] 총애를 받았는데, 연나라와 대나라 군사들을 인솔하여 사나운 데다가 승세를 타고 있으므로 군인들은 대단히 교만했다. 누선장군은 제나라 군사들을 이끌고 바다로 들어갔다가 여러 차례 패한 적이 있었다. 또 앞서 우거와 싸웠다가 곤욕을 당해 군사를 잃었으므로 사졸들은 모두 두려워했고, 장수는 모두 속으로 부끄러워하였다. 그래서 우거를 포위했을 때마다 늘 온화하고 절제했다. 그런데 좌장군이 급습하려고 하자 조선의 대신들은 몰래 첩자를 놓아 누선장군에게 항복을 약속하는 말을 전하게 하면서도, 양쪽 사자들이 오가면서 [투항 조건을] 교섭만 할 뿐 결정을 내리지 않았다. 좌장군이 누선과 같이 좋은 날을 정하여 싸울 약속을 하려 한 것이 여러 차례였으나, 누선은 조선과의 약속을 빨리 이루려고 [좌장군과] 만나지 않았다. 또한 좌장군도 틈을 보아 조선에 사람을 보내 투항을 권했지만, 조선은 그 말을 들으려 하지 않고 계속 마음은 누선에게 기울었으므로 두 장군은 서로 협조하여 일할 수가 없었다. 좌장군은 마음속으로 이렇게 의심했다.

'누선은 앞서 군사를 잃은 죄가 있고, 이제는 조선과 몰래 친하며 항복도 시키지 않고 있으니 모반할 계획이 있지 않은가.'

그러나 감히 누구에게도 말하지는 않았다.

천자는 장수가 진격하지 못하기 때문에 위산을 보내 우거에게 투항을 권하도록 했으며, 우거는 태자를 [한나라에] 보내기로 했는데, 위산이 일관되게 과감히 처리하지 못하고 좌장군과 계책이 서로 달라 마침내 항복 약속을 망치고 말았으며 이제 두 장군이 적의 왕검성을 포위했으나 또 의견을 달리하고 있어 오래도록 해결하지 못하고 있다고 말했다. 그

러고는 제남 태수 공손수公孫遂를 보내 그 일을 바로잡고 나라에 이익이
되는 일은 임의로 처리할 수 있게 했다. 공손수가 도착하자 좌장군은 말
했다.

"조선은 마땅히 오래전에 함락되었어야 하지만 아직 함락되지 않은
데는 다른 까닭이 있습니다."

그리고 누선장군과 여러 차례 같이 싸우기로 약속하려 했으나 만나지
못했음을 말한 뒤 평상시 품고 있던 의혹을 공손수에게 자세히 이야기
했다.

"이제 이와 같은 자를 잡지 않으면 큰 변이 생길 것입니다. 누선은 조
선과 함께 우리 군사를 멸망시키려 할 것입니다."

공손수도 그 말을 그럴듯하게 여겼다. 그래서 부절을 주어 누선장군
을 부르고 좌장군의 진영으로 들어와 일을 계획하였다. 즉시 좌장군의
부하에게 명령하여 누선장군을 체포하고, 그 군대를 좌장군의 군대에
합병시키고 나서 천자에게 보고하자 천자는 공손수를 주살했다.

좌장군은 두 군대를 아우르고 곧바로 조선을 급습했다. 조선의 재상
노인路人과 한음韓陰, 이계尼谿의 재상 삼參, 장군 왕겹王唊 등이 서로 상
의하여 말했다.

"애초에 누선에게 항복하려 했으나 이제 누선은 체포되었고, 좌장군
이 두 군대를 아울러 거느리고 있어 전세가 더욱 다급해졌다. 그들과 싸
울 수는 없지만 우리 왕은 또 항복하려 하지 않을 것이다."

한음, 왕겹, 노인 등은 모두 도망쳐 한나라에 투항했으나 노인은 도중
에 죽고 말았다.

원봉 3년 여름에 이계의 재상 삼이 사람을 시켜 조선왕 우거를 죽이

고 투항해 왔다. 그러나 왕검성은 아직 함락되지 않았고, 우거의 대신大臣 성사成巳가 한나라를 배반하고 다시 관리들을 공격했다. 좌장군은 우거의 아들 장항長降과 재상 노인의 아들 최最를 시켜 백성을 달래어 성사를 죽였다. 그리하여 조선을 평정하고 네 군郡을 두었다. 삼은 획청후澅淸侯, 한음은 적저후狄苴侯, 왕겹은 평주후平州侯, 장항은 기후幾侯로 봉해졌다. 최는 아버지의 죽음을 무릅쓰고 공을 세웠다 하여 온양후溫陽侯로 봉해졌다.

좌장군은 조정으로 불려와 공을 다투고 서로 질투하며 계책을 어긋나게 하였다는 죄에 연루되어 기시의 형에 처해졌다. 누선장군 역시 그 군사가 열구洌口에 이르렀을 때 좌장군을 기다렸어야 하는데, 제멋대로 먼저 진격하여 많은 군사를 잃었으므로 주살되어야 했지만 속죄금을 내고 평민이 되었다.

태사공은 말한다.

"우거는 험한 요새와 견고한 지세만을 믿다가 나라의 제사가 끊기게 했고, 섭하는 전공을 속여 싸움의 실마리를 연 장본인이다. 누선장군은 적은 군사로 재난을 만나 죄를 얻게 되었고, 번옹에서의 실패를 후회하다가 도리어 의심을 샀다. 순체는 공로를 다투다가 공손수와 함께 죽음을 당했다. 두 장군의 군대는 모두 곤욕을 당하였으며 장수들 중 후로 봉해진 자는 없었다."

56

서남이 열전
西南夷列傳

서남이란 서이西夷와 남이南夷를 포함하며 지금의 운남성, 귀주성, 사천성 등 중국의 서남쪽 지역을 가리킨다. 이곳은 중원에서 멀리 떨어져 있어 문화적으로 황무지였다. 이들은 소수 민족으로 분류되어 북방의 흉노처럼 멸시의 대상이었다. 그러나 서남이는 평소에 한나라를 침범하는 일 없이 벽지에서 자신들의 삶을 꾸려 가며 평화를 모색하고 있었다. 말하자면 서남이는 다양한 민족이 뒤섞여 있고 부락이 많아 하나의 정체성 있는 국가로서 한나라와 관계를 설정한 것이 아니고, 각 부락 국가가 앞서거니 뒤서거니 하면서 한나라와 오갔다. 그럼에도 불구하고 한나라 무제는 영토를 넓혀 위세를 과시할 목적으로 군사를 일으켰고, 양쪽 모두 수없이 많은 사상자를 냈다.

이 편에서 사마천은 서남이의 지리적 분포, 사회 풍속과 중원 지역과의 관계 등을 비교적 공정한 입장에서 서술하고 있는데 한 무제의 서남이 개척 정신은 역사적으로 보면 오늘날의 다민족 정책의 큰 맥락을 열볼 수 있다는 점에서 가치가 있다. 물론 사마천은 한 무제의 영토 확장 정책에 대해 비판적이다.

서남이의 풍속

서남이의 군장君長은 열 명이었는데 야랑夜郎이 가장 강대했다. 그 서쪽에는 미막靡莫오랑캐의 무리가 열 부락이나 되었는데 전演이 가장 강대했다. 전으로부터 북쪽의 군장은 열 명이었는데 공邛이 가장 강대했다. 이들은 다 같이 머리를 상투 모양으로 묶고 농사를 지으면서 마을을 이루고 살았다. 그들의 바깥 서쪽으로는 동사同師 동쪽부터 북쪽으로 엽유楪楡에 이르기까지를 수嶲, 곤명昆明이라고 불렀다. 이들은 모두 머리를 땋아 내리고 가축을 따라 이리저리 옮겨 다니며 일정하게 사는 곳도 없고 군장도 없지만 그 땅은 사방 수천 리나 되었다. 수부터 동북쪽에 군장이 열 명 있는데 사徙와 작도筰都가 가장 강대했고, 작도부터 동북쪽에 군장이 열 명 있는데 염井과 방駹이 가장 강대했다. 그들의 풍습은 어떤 때는 정착하여 살고 어떤 때는 옮겨 다녔는데, 모두 촉군 서쪽에 있었다. 염과 방의 동북쪽에 군장이 열 명 있는데 백마白馬가 가장 크고다 저족氐族과 같은 무리였다. 이들은 모두 파와 촉의 서남쪽 바깥에 사는 만이蠻夷였다.

처음 초나라 위왕威王 때 장군 장교莊蹻로 하여금 군사를 이끌고 강수를 따라 올라가 파군巴郡과 검중군黔中郡 서쪽을 공략하게 했다.[1] 장교는

---

1 초나라 위왕은 기원전 339년부터 기원전 329년까지 재위했고, 초나라 경양왕은 기원전 298년부터 기원전 263년까지 재위했다. 진秦나라가 초나라의 파와 검중을 빼앗은 것은 기원전 279년

본래 초나라 장왕의 후예였다. 장교가 전지滇池에 이르니 사방이 300리
나 되고, 그 일대는 평지로 기름지고 풍요로운 평야가 수천 리에 걸쳐 있
어서 장교는 무력으로 그곳을 평정한 뒤 초나라에 복속되도록 했다. 〔그
는〕 돌아가 보고하려 했으나, 마침 진나라가 초나라의 파군과 검중군으
로 쳐들어와 빼앗는 바람에 길이 막혀 돌아갈 수 없었다. 그래서 장교는
그 부하들을 데리고 전지에서 왕이 되어 옷차림을 바꾸고 그곳 풍속을
따라 그들의 우두머리가 되었다.

　진나라 때는 상알常頞이 공략해 와 다섯 자 너비의 길을 개통시키고
이곳의 여러 나라에 관리를 두었다. 10여 년이 지난 뒤에 진나라가 멸망
했다. 한나라가 일어서자 이 나라들을 모두 버려두고 예전처럼 촉나라에
관새關塞를 두어 경계로 삼았다. 그렇지만 파와 촉의 백성은 몰래 관새
를 넘어 장사했는데 작筰의 말, 북僰의 노비, 모우旄牛를 가져왔기 때문
에 파와 촉 지역의 생활이 부유해졌다.

서남이 공격 문제

　건원 6년에 대행 왕회가 동월을 공격하자 동월은 자신들의 왕 영을
죽이고 보고했다. 왕회는 군대의 위세에 기대어 파양 현령 당몽唐蒙을

의 일이므로 경양왕이 옳다.

남월로 보내 넌지시 귀순하도록 권했다. 이때 남월에서는 당몽에게 촉에서 생산되는 구장枸醬을 대접했다. 당몽이 그 구장을 어디서 구했는지 물으니 이렇게 말했다.

"서북쪽의 장가강에서 가져왔습니다. 장가강은 너비가 몇 리나 되며 번옹의 성 밑으로 흐릅니다."

당몽이 장안으로 돌아와 촉나라 장사치에게 물어보니, 그 장사치가 대답했다.

"촉에서만 구장이 나오는데 많은 사람이 몰래 야랑으로 가지고 나와서 팔아넘깁니다. 야랑은 장가강 부근에 있는데, 강 너비는 100보가 넘어서 배로 건널 수 있습니다. 남월은 재물을 이용하여 야랑을 귀속시키고 서쪽으로 동사同師까지 이르고 있습니다. 그렇다고 하나 그들을 신하처럼 부릴 수는 없습니다."

그래서 당몽은 황상에게 글을 올려 말했다.

남월왕 조타의 손자 조호은 좌독左纛으로 꾸민 수레 황옥黃屋을 타고 땅은 동서로 만여 리나 되어 명분으로는 외신外臣이라고는 하나 실제로는 한 주의 군주입니다. 이제 장사와 예장의 군사를 동원하여 가려고 해 보았자 물길이 끊어지는 곳이 많아 가기 어렵습니다. 그러나 신이 가만히 들어 보니 야랑이 가지고 있는 정예 병사가 10만여 명이나 된다고 하니 그들을 이끌고 배로 장가강을 내려가 생각하지 못했던 곳을 덮치면, 이것이 남월을 통제할 수 있는 훌륭한 계책 중 하나가 될 것입니다. 만일 한나라의 강대함과 파와 촉의 풍요로움으로 야랑까지 가는 길을 연다면 관리를 두는 일은 아주 쉬울 것입니다.

황상은 이를 받아들였다. 당몽을 낭중장으로 삼아 군사 1000명과 식량, 군수 물자를 운반하는 만여 명을 거느리고 파촉의 작관筰關으로부터 야랑으로 들어가게 하였다. 당몽은 마침내 야랑후 다동多同을 만나 후한 선물을 준 뒤 [천자의] 위세와 덕망을 일깨우고, 그곳에 관리를 두기로 약속하고 그 아들로 하여금 현령으로 삼았다. 야랑 주변의 작은 고을들은 한결같이 한나라 비단과 명주를 탐내고 있었고, 한나라에서 이곳까지 오는 길이 험하기 때문에 끝까지 땅을 차지할 수 없을 것으로 여겨 당몽의 약속을 받아들였다. 당몽이 돌아와 보고를 올리자 한나라는 그 땅을 건위군犍爲郡이라 하였다. 파와 촉의 군사를 동원하여 길을 닦아 북도현僰道縣에서부터 장가강까지 통하게 했다. 이 무렵 촉군 사람 사마상여도 서이의 공邛과 작筰에는 군을 둘 만하다고 말했다. 그래서 [천자는] 사마상여를 낭중장으로 삼아 가서 [조정의 뜻을] 일깨우고 모든 것을 남이처럼 하여 도위 한 명과 10여 현을 두어 촉에 예속되게 했다.

바로 이때 파군과 촉군, [한중漢中과 광한廣漢] 등 네 군에서는 서남이로 가는 길을 열기 위해 국경을 지키면서 군량을 실어 보내고 있었다. 그러나 여러 해가 지나도 길은 개통되지 않았고, 군사들은 지치고 굶주린데다 습기에 시달려 죽는 사람이 매우 많았다. 게다가 서남이들의 잦은 반란으로 군사를 일으켜 공격하였으나 소모만 더해 갈 뿐 공을 세우지는 못했다. 황상은 이를 염려하여 공손홍을 보내 살펴보고 물어보게 했는데, 그는 돌아와 이익이 될 만한 것이 없다고 말했다. 공손홍이 어사대부가 되었을 때 마침 한나라는 삭방군에 성을 쌓고 하수河水를 거점으로 하여 흉노를 몰아내려고 했으므로, 공손홍은 서남이를 공략하는 것은 해로우니 잠시 멈추고 흉노의 일에만 온 힘을 기울여야 한다고 주장했다. 황상은 서이 공략을 멈추고 남이와 야랑 두 현에 도위 하나를 두고 건위군이 서서히 직접 보수하여 완성하게 했다.

화친 정책과 그 성과

원수 원년에 이르러 박망후 장건張騫이 대하大夏에 사신으로 갔다가 돌아와 보고하기를 대하에 있을 때 촉의 베와 공의 대나무 지팡이를 보고 어디서 들여온 것이냐고 물었더니 "동남쪽에 있는 신독국身毒國지금의 인도와 파키스탄 일대로 건독乾毒 혹은 천축天竺이라고도 함에서 들여왔는데 그곳은 몇천 리나 됩니다. 촉의 장사꾼이 시장에서 사 온 것입니다."라 했다고 말했다. 혹은 들으니 공의 서쪽 2000리쯤 되는 곳에 신독국이 있다고도 말했다.

장건은 이어서 강력히 말하기를 대하는 한나라 서남쪽에 있어 중원을 흠모하고 있지만 흉노가 한나라로 통하는 길을 막고 있어 안타까워하고 있으니 만일 촉에서부터 신독국에 이르는 길을 개통하면 편리하고 가까워 이익이 있을 뿐 해는 없을 것이라고 했다.

그래서 천자는 왕연우王然于, 백시창柏始昌, 여월인呂越人 등을 사자로 삼아 가만히 서이의 서쪽으로 나가서 신독국을 찾아보게 했다. 그들이 전滇에 이르자 전왕 상강嘗羌은 그들을 붙잡아 두었다. 서쪽으로 [신독국으로 통하는] 길을 찾아 나선 10여 명도 한 해 남짓 곤명昆明에 갇혀 신독국으로 가는 자가 없었다. 전왕은 한나라 사자에게 말했다.

"한나라와 우리 나라 중 어느 쪽이 더 큰가?"

야랑후도 이와 같이 물어보았다. 길이 통하지 않기 때문에 이들은 저마다 한 주의 군주라고 여기고 한나라의 넓고 큼을 몰랐다. 사신들은 돌아와 전滇은 큰 나라로서 가까이하여 귀속시킬 만한 가치가 있다고 강조했다. 천자는 그 말에 유의했다.

남월이 반란을 일으켰을 때, 황상은 치의후馳義侯에게 건위군에서 남이의 군사를 동원시키도록 했다. [그런데] 저란且蘭의 군주는 자기 군대가 멀리 가면 주변 나라들이 노약자들을 잡아갈까 봐 겁내어 자기 무리와 함께 반란을 일으켜 사자와 건위군 태수를 죽였다. 이에 한나라는 파와 촉의 죄인들 가운데 일찍이 남월을 공격한 일이 있는 자와 여덟 교위[2]를 보내 남월을 쳐부수도록 했다. 그러나 한나라의 여덟 교위는 때마침 월나라가 격파되었으므로 [남쪽으로] 내려가지 않고 군사를 이끌고 되돌아와 [저란으로] 가서 두란頭蘭을 정벌했다. 두란은 항상 전으로 가는 길을 가로막던 나라이다. 두란을 평정하고 드디어 남이도 평정하여 장가군牂柯郡을 두었다. 야랑후는 처음에는 남월에 기대고 있었으나 남월이 멸망하고 마침 한나라 군사들이 돌아와 모반한 자를 베니 야랑은 드디어 입조했다. 황상은 그를 야랑왕으로 삼았다.

남월이 멸망한 뒤 한나라가 저란과 공의 군주를 베어 죽이고 또 작후를 죽이자, 염과 방은 모두 두려운 나머지 한나라 신하가 되기를 원하며 한나라 관리를 두어 달라고 요청했다. 그래서 공도邛都를 월수군越嶲郡,

---

2 한나라 무제 때 설치된 직책으로 중루中壘, 둔기屯騎, 보병步兵, 월기越騎, 장수長水, 호기胡騎, 사성射聲, 호분虎賁 교위校尉를 말한다.

작도를 침리군沈犂郡, 엽과 방을 민산군汶山郡, 광한廣漢 서쪽의 백마白馬를 무도군武都郡으로 삼았다.

황상은 왕연우를 보내 월나라를 깨뜨리고 남이를 무찌른 한나라 군사의 위세를 자랑하여 전왕에게 입조하도록 넌지시 일깨웠다. 그러나 전왕은 그 무리가 수만 명이나 되고, 그 곁으로 동북쪽에 노침勞浸과 미막靡莫이 있는데 모두 같은 성이어서 서로 돕기 때문에 따르려고 하지 않았다. 노침과 미막에서 한나라 사자와 관리와 군졸들을 침범하는 일이 잦았다.

원봉 2년에 천자는 파군과 촉군의 군사를 동원하여 노침과 미막을 쳐서 멸망시키고 군대를 전滇에 주둔시켰다. 그러나 전왕은 처음부터 한나라에 호의를 가지고 있었기 때문에 죽음을 당하지는 않았다. 전왕은 서남이에서 떨어져 나와 나라를 들어 항복하고 한나라 관리를 두며 입조하기를 원했다. 그래서 그곳을 익주군益州郡으로 삼고 전왕에게 왕의 인을 주어 예전처럼 그곳 백성의 군장으로 있게 했다.

서남이의 군장은 100여 명이나 되지만 야랑과 전만이 왕의 인을 받았다. 전은 작은 나라지만 한나라의 총애를 가장 많이 받았다.

태사공은 말한다.

"초나라 조상은 어찌 하늘의 복을 가지고 있다고 할 수 있는가? 주나라 때에는 〔초나라의 선조 육웅鬻熊이〕 문왕의 스승이 되어 초나라에 봉해졌고, 주나라가 약해졌을 때에도 그 땅이 5000리나 되었다고 하며, 진나라가 제후들을 멸망시켰을 때에도 초나라의 후예장교만이 전왕으로 있었다. 한나라가 서남이를 무찔러 많은 나라가 멸망했지만 전만은 다시 천자에게 총애를 받는 왕이 되었다. 그러나 남이 정벌의 발단은 번웅에서 구장을 본 데서 시작되었고, 대하의 사건은 공현의 대나무 지팡이를 본 데서 비롯되었다. 서이는 뒤에 서쪽과 남쪽 둘로 갈라졌고 마침내 일곱 군이 되었다."

57

사마상여 열전
司馬相如列傳

사마상여는 일찍이 탁왕손卓王孫의 집에 있다가 그 딸 문군文君을 꾀어 달아나 함께 살 정도로 낭만적이면서도 경박한 인물이다. 그는 인상여의 인물됨을 흠모하여 정치에 깊이 참여하고 싶었지만, 그의 재능은 정치 무대가 아니라 문학 방면에서 큰 빛을 드러냈다.

교만하고 화려한 문사와 신선술을 좋아한 한나라 무제는 사마상여의 「상림부」, 「대인부」 등의 작품을 마음에 들어 했다. 사마상여는 그 시대의 웅대한 기상을 표현하면서도 정치상의 득실과 긴밀하게 연계시켜 풍간하려고 힘썼다. 특히 그는 「자허부」와 「상림부」에서 상림의 광대함을 찬양하여 무제의 대통일 정책을 적극 지지했다. 물론 그의 작품이 세상에 전해지는 것은 이 열전에 수록되어 있는 여덟 편에 의존한 덕이다.

사마천은 사마상여의 혼인 과정과 문화 창작 활동 및 벼슬살이 과정에서의 부침을 두루 다루면서 사마상여에 대한 애틋한 동정심을 드러내고 있다. 이 편은 가장 상세한 문학가의 인물 열전으로 평가되는데 이 또한 사마천 개인의 감정이 이입되어 문학가인 사마상여를 역사의 영역에 집어넣어 재평가를 내린 것이다.

이 편이 「서남이 열전」 뒤에 놓이게 된 것은 사마상여가 무제의 서남이 정책을 지지했기 때문이다. 즉 사마상여는 촉을 거쳐 서쪽 중앙아시아로 나가는 도로를 건설하려던 무제의 정책에 반대한 촉의 부로父老들에게 글을 쓸 정도로 무제를 옹호했던 것이다.

사마상여의 대표작이 수록된 이 편은 『사기』 중에서 가장 난해한 편명으로 손꼽히지만 사마상여의 작품을 읽는 맛 또한 일품이다.

사마상여의 거문고 연주를 듣는 문군.

거문고 연주로 여자를 사로잡다

사마상여는 촉군蜀郡 성도成都 사람으로, 자는 장경長卿이다. 어려서 부터 책 읽기를 좋아하고 격검擊劍을 배웠으므로 그 부모는 그를 견자犬 子라고 불렀다. 사마상여는 공부를 마치자 인상여藺相如의 사람됨을 흠 모하여 이름을 상여相如로 바꾸었다. 그는 많은 돈을 내고 낭郎이 되었 다가, 효경제를 섬겨 무기상시武騎常侍800석을 받던 직책가 되었으나 이 벼 슬을 달가워하지 않았다. 〔당시〕 효경제는 사부辭賦를 좋아하지 않았다. 그 무렵 양나라 효왕이 입조하였는데, 이때 제나라의 추양鄒陽과 회음淮 陰의 매승枚乘과 오현의 장기부자莊忌夫子 등 유세객이 따라왔다. 사마 상여는 그들을 만나 보고 기뻐하며 병을 핑계로 벼슬을 그만두고 양나 라로 가서 두루 돌아다녔다. 양나라 효왕이 사마상여를 학자들과 같은 집에 머물게 하여, 그는 몇 해 동안 학자들이나 유세객과 같이 지낼 수 있었다. 이에 「자허부子虛賦」를 지었다.

마침 양나라 효왕이 죽었기 때문에 사마상여는 〔고향으로〕 돌아왔으 나 집안이 가난하고 스스로 직업으로 삼을 만한 일거리도 없었다. 그는 평소 임공臨邛의 현령 왕길王吉과 사이가 좋았는데 왕길이 말했다.

"장경 그대는 벼슬을 구하기 위하여 오래도록 밖에 나가 있었는데도 뜻을 이루지 못하였으니 나에게 와서 지내시오."

그래서 사마상여는 그를 찾아가 도정都亭에 살았다. 임공의 현령은 사마상여를 공경하는 척하며 날마다 문안하였다. 사마상여는 처음에는 그를 만났으나 나중에는 병을 핑계로 심부름하는 아이를 시켜 왕길을 만나지 않겠다고 거절하였다. 그렇지만 왕길은 더욱더 삼가며 사마상여를 공경하였다. 당시 임공현에는 부호가 많았는데 〔그중에서도〕 탁왕손卓王孫이라는 자에게는 노복이 800명이나 되고, 정정程鄭이라는 자에게도 〔노복이〕 수백 명이나 되었다. 이 두 사람은 서로 이렇게 말했다.

"지금 현령에게 귀한 손님이 와 있다고 하니 연회를 열어 함께 초대합시다."

그들은 현령도 함께 초대했다. 현령이 도착했을 때 탁씨의 빈객은 100명을 헤아렸다. 정오쯤 되어 사마상여를 초대했는데 그는 병 때문에 갈 수 없다며 공손히 거절하였다. 그러자 임공의 현령은 음식에 손도 대지 않고 몸소 사마상여를 맞으러 나갔다. 사마상여는 하는 수 없이 따라나섰다. 그 연회에 모인 사람들은 한결같이 사마상여의 풍채를 보고 흠모해 마지않았다. 술자리가 한창 무르익었을 때, 임공의 현령이 앞으로 나가 거문고를 타며 말했다.

"제가 들으니 장경께서는 거문고 솜씨가 뛰어나다고 하던데 직접 즐기시길 바랍니다."

사마상여는 극구 사양하다가 그를 위하여 한두 곡 연주하였다. 이때 탁왕손에게 과부가 된 지 얼마 안 되는 문군文君이라는 딸이 있었는데 음악을 좋아하였다. 그래서 사마상여는 현령과 서로 매우 존중하는 체

---

1 한나라 때는 10리마다 정亭을 하나씩 두고, 그곳 책임자로 정장亭長을 두어 치안이나 여행자 처우 등의 일을 담당하게 했다. 성안에 설치된 것은 도정都亭이라 하고, 성문에 설치한 것은 문정門亭이라고 했다.

하고 거문고에 의지하여 그녀의 마음을 사로잡으려 했던 것이다. 사마상여가 임공으로 갈 때 거마를 뒤따르게 하였는데, 그 행동이 조용하고 의젓하며 아름답고 품위가 있었다. 사마상여가 탁씨 집에서 술을 마시며 거문고를 탈 때 문군은 문틈으로 그를 엿보고 마음이 끌려 좋아하게 되었으며 그와 짝이 될 수 없을까 봐 염려하였다. 연회가 끝나자 사마상여는 사람을 시켜서 문군의 시종에게 후한 선물을 주어 자기 마음을 은근히 전했다. 그러자 문군은 그날 밤에 상여에게로 도망쳐 나왔다. 사마상여는 곧바로 그녀와 함께 성도로 달려 돌아왔다. 그의 집은 네 벽만이 서 있을 뿐이었다.

탁왕손은 몹시 화가 나서 말했다.

"딸은 아주 쓸모가 없다. 나는 차마 죽이지는 못하지만 재산을 한 푼도 나눠 주지 않겠다."

사람들 중에는 탁왕손의 마음을 돌려 보려는 자도 있었지만 그는 끝내 듣지 않았다. 문군은 그러한 생활이 오랫동안 지속되자 견디지 못하여 말했다.

"장경, 함께 임공으로 가서 형제들에게 돈을 빌리면 생계를 꾸려 나갈 수는 있을 것입니다. 무엇 때문에 이렇게까지 스스로 고생해야 합니까?"

사마상여는 문군과 함께 임공으로 가서 말과 수레를 모두 팔아 술집 하나를 사들여 술장사를 했다. 문군은 노罏흙을 쌓아 올려 술을 담을 수 있는 화로에 앉아 술을 팔고, 상여 자신은 독비곤犢鼻褌을 입고 머슴들과 함께 허드렛일을 하고 저잣거리에서 술잔을 닦았다. 탁왕손은 이 소문을 듣고 부끄러워 문을 닫아걸고 나가지 않았다. 형제들과 여러 공公들이 번갈아 가며 탁왕손에게 말했다.

"당신에게는 아들 하나와 딸 둘이 있고 재산은 부족하지 않습니다. 지금 문군은 사마상여에게 몸을 맡겼고, 상여는 오래도록 떠돌아다녀 가난하긴 하지만 그 사람됨과 재능만은 의지하기에 충분합니다. 또 그는 현령의 빈객입니다. 어찌하여 이처럼 그를 치욕스럽게 하십니까?"

결국 탁왕손은 어쩔 수 없이 문군에게 노복 100명과 100만 전錢과 시집갈 때 준비했던 옷, 이불, 재물 등을 나눠 주었다. 문군은 이에 상여와 성도로 돌아가 밭과 집을 사서 부자가 되었다.

유렵부: 향락이 지나치면 백성이 설 곳이 없어진다

오랜 시간이 지난 뒤 촉군 사람 양득의楊得意가 구감狗監천자의 사냥개를 관리하는 직책이 되어 황상을 모시게 되었다. 황상은 「자허부」를 읽더니 잘 썼다고 하면서 말했다.

"짐은 어찌 이 사람과 같은 시대에 살 수 없을까!"

양득의가 말했다.

"신의 마을에 사는 사마상여라는 자가 이 부를 지었다고 합니다."

황상은 놀라서 곧 상여를 불러들여 물었다. 상여가 말했다.

"신이 지었습니다. 그러나 이 부는 제후들의 일을 말한 것으로서 볼 만한 게 못 됩니다. 천자의 「유렵부游獵賦」를 짓게 해 주시면 부가 완성되는 대로 바치겠습니다."

황상은 이를 허락하고 상서尙書에게 붓과 찰札글을 쓸 수 있는 나뭇조각을 주도록 했다.

상여는 '빈말'이라는 뜻의 '자허子虛'로써 초나라의 아름다움을 칭찬하고, '어찌 이런 일이 있겠는가'라는 뜻의 '오유 선생烏有先生'으로써 제나라를 비난하였으며, '이 사람이 없다'라는 뜻의 '무시공無是公'으로써 천자의 대의를 밝히기로 하였다. 그는 이 세 사람의 가공 인물을 빌려서 문장을 만들어 천자와 제후의 원유苑囿²를 논하고, 그 마지막 장에서는 절약과 검소함을 논함으로써 풍간諷諫하려고 하였다. 천자에게 이 글을 올리자 천자는 매우 기뻐하였다. 그 부의 내용은 이렇다.

초나라에서 자허를 제나라에 사자로 보냈다. 제나라 왕은 나라 안의 선비를 죄다 부르고 대규모의 거마를 갖추어 사자와 함께 사냥을 나갔다. 사냥이 끝나자 자허는 오유 선생에게 들러 자랑했다. 마침 무시공도 그 자리에 있었다. 모두 자리를 잡고 앉으니, 오유 선생이 물었다.

"오늘 사냥은 즐거웠습니까?"

자허가 말했다.

"즐거웠습니다."

"많이 잡았습니까?"

[자허가] 말했다.

"조금 잡았습니다."

"그렇다면 무엇 때문에 즐거웠습니까?"

2 짐승을 기르던 곳으로 규모가 큰 곳을 '원苑'이라 하고, 작은 곳을 '유囿'라고 했다. '유'에는 담장이 쳐져 있다.

〔자허가〕 말했다.

"저는 제나라 왕이 저에게 수레와 말이 많음을 자랑하려고 했을 때 운몽雲 夢의 일로써 대답한 것이 즐거웠다는 말입니다."

〔오유 선생이〕 말했다.

"그 이야기를 들려줄 수 있습니까?"

자허가 말했다.

"좋습니다. 〔제나라〕 왕은 천승의 수레에 기병 만 명을 뽑아 바닷가에서 사 냥을 하였습니다. 죽 늘어선 사졸들이 골짜기를 가득 메웠고 그물은 온 산에 둘러쳐졌습니다. 토끼를 그물로 덮치고, 사슴을 수레바퀴로 깔아뭉갰으며, 고 라니를 쏘아 맞히고, 기린의 다리를 잡아 쓰러뜨리니 갯벌을 어지럽게 달린 수레바퀴는 찢긴 짐승의 피로 물들고 쏘아 맞혀 잡은 것이 많았습니다. 제나 라 왕은 스스로 공을 으스대면서 저를 돌아보며 이렇게 말했습니다.

'초나라에도 사냥할 만한 평원과 넓은 못이 있어 이와 같이 아주 즐거울 수 있소? 초나라 왕이 사냥하는 것과 내가 사냥하는 것을 비교하면 어떻소?'

저는 수레에서 내려와 대답했습니다.

'신은 초나라의 하찮은 사람입니다. 다행스럽게도 10여 년간 숙위를 맡아 볼 수 있었기에 때로는 왕을 모시고 나가 사냥한 일이 있는데 후원에서 사냥 을 했습니다. 어떤 곳은 가 보고 어떤 곳은 가 보지 않았는데 어찌 궁궐 밖의 못을 말할 수 있겠습니까!'

제나라 왕이 말했습니다.

'설사 그렇더라도 그대가 본 것만 대강 말해 보시오.'

그래서 저는 대답했습니다.

'예, 알겠습니다. 신은 초나라에 못이 일곱 개 있다고 들었는데, 일찍이 그중

하나만 보았을 뿐 그 나머지는 보지 못하였습니다. 신이 본 것은 대체로 그중에서 가장 작은 것으로 이름이 운몽雲夢이라 합니다. 운몽은 사방이 900리이고 그 가운데에 산이 있습니다. 그 산은 굽이져 서렸는가 하면 높이 치솟아 험하고, 산봉우리와 암석이 들쭉날쭉하여 해와 달을 다 가릴 때도 있고 한 부분만을 가려 이지러지게도 합니다. 서로 어지럽게 뒤섞여 위로는 푸른 구름을 뚫고 우뚝 솟았고, 산비탈은 완만하게 경사져서 그 아래로 강과 시내에 닿았습니다. 그 〔염색 원료로 쓰이는〕 흙은 주사朱砂, 석청石靑청색 염료를 만드는 데 씀, 자赭붉은 흙, 백악白堊흰 흙, 자황雌黃염색 재료로 쓸 수 있는 광물, 백부白坿, 석錫, 벽옥碧玉, 금, 은 따위의 갖가지 색깔로 광채를 내어 용의 비늘처럼 찬란하게 빛납니다. 그곳의 돌로는 적옥赤玉, 매괴玫瑰자주색 옥, 임림옥석, 민珉옥 다음가는 돌, 곤오琨珸아름다운 옥, 감륵瑊玏석石 다음가는 옥, 현려玄厲검정색 돌, 연석瑌石흰색과 붉은색이 도는 돌, 무부武夫붉은 바탕에 흰색 무늬가 있는 돌 등이 있습니다. 그 동쪽으로는 향기로운 풀이 자생하는 동산이 있는데 두형杜衡, 난蘭, 지芷와 약若, 사간射干, 궁궁芎藭, 창포昌蒲, 강리江離, 미무蘼蕪, 감자甘蔗, 박차猼且가 있습니다. 그 남쪽으로는 평원과 너른 계곡이 올라간 듯 내려간 듯 구불구불 구부러지고 길게 뻗쳐 있으며, 움푹 패어 들어갔다가 편편하고 넓게 퍼지곤 하며 큰 강에 잇닿아 무산巫山에서 끝이 납니다. 높고 건조한 곳에는 침葴, 사葴, 포苞, 려荔, 설薛, 사莎, 청번青薠이 자라나고 그 낮고 습한 곳에는 장랑藏莨, 겸가蒹葭, 동장東薔, 조호雕胡, 연우蓮藕, 고로菰蘆, 암려菴䕡, 헌우軒芋 등이 자라는데 온갖 것이 다 모여 있어 그 모습을 전부 그려 낼 수가 없습니다. 그 서쪽으로는 솟아오르는 샘물과 맑은 못이 있어 거센 물살이 서로 떠밀듯 흘러가는데, 그 위로는 연꽃과 마름꽃들이 피어 있고 그 아래로는 커다란 바위와 흰모래가 감추어져 있으며 그 가운데에는 신령스러운 거북과 교룡蛟龍과 대모玳瑁아름다운 껍데기를 가진 거북 모양의 바다 생물와 별원鼈黿자라 등이 살고 있습니다. 그 북쪽으로는 그늘질 정도로 울창한 숲과 큰 나무들이 있고 편남楩枏, 예장豫章, 계초桂椒, 목란木蘭, 벽리蘗離, 주양朱楊, 사리樝梸, 영률梬栗감 모양으로 크기가 작음, 귤유橘柚 등이 향기를 뿜어내고 있습니다. 그리고 그 나무들 위에는 적원赤猨, 구유蠷蝚원숭이와 비슷하며 황색임, 원추鵷鶵봉황과 비슷한 새, 공작孔雀, 난조鸞鳥, 등원騰遠, 사간射干여우와 비슷하게 생겼으나 몸집이 작고 나무를 기어올라 갈 수 있음이 살고 있고 그 나무 아래에는 백호白虎, 현표玄豹, 만연蟃蜒, 추貙너구리와 비슷한데 몸집이 작음, 한豻오랑캐 땅에 사는 들개로 여우와 비슷하지만 몸집이 작음, 시상兕象, 야서野犀, 궁기窮奇전설 속의 사악한 짐승으로 소와 비슷한 모습을 하고 사람을 먹음, 만연獌狿 등이 살고 있습니다.

이곳에서 전제專諸 같은 용사에게 이런 짐승들을 맨손으로 잡게 합니다. 초나라 왕은 길들여진 박駮털 색깔이 순수하지 않은 말 네 마리가 끄는 옥으로 꾸민 수레를 타고 물고기 수염으로 만든 가느다란 깃대의 명월주 깃발을 바람에 날립니다. 간장干將명검을 만드는 장인의 예리한 창을 높이 들고, 조각한 오호烏嘷고대 이름 있는 활 활을 왼쪽에 두고, 하나라 때의 화살통에 모진 화살을 담아 오른쪽에 두었습니다. 양자陽子춘추 시대 진나라 때 말을 잘 몰던 손양孫陽가 수레를 같이 타고, 섬아纖阿가 수레를 몰아 달립니다. 수레를 서서히 달려 전력을 다해 빨리 달리기도 전에 사나운 짐승을 따라잡습니다. 공공邛邛을 깔아 죽이고, 거허距虛를 짓밟아 잡고공공과 거허는 이름만 다를 뿐 전설 속에 나오는 말 형상의 푸른색 동물로 아주 잘 달림, 야생마를 들이받고 도도騊駼전설 속의 동물로 북해에서 살며 말 형상을 하고 있음를 수레 축으로 받습니다. 유풍遺風천리마을 타고 내달리는 기騏말과 비슷하게 생김를 쏘아 죽입니다. 수레와 말은 우레처럼 날쌔게 움직이고 질풍처럼 빠르고 유성처럼 흐르며 벼락처럼 내리칩니다. 활은 헛되이 발사되는 일 없이 명중시켜 반드시 짐승의 눈꼬리를 찢거나 가슴을 꿰뚫어 겨드랑이를 지나 심장의 힘줄을 끊습니다. 이렇게 잡은 짐승은 마치 비가 쏟아지듯 풀을 덮고 땅을 가립니다. 그때 초나라 왕은 말고삐를 잡고 여유 있게 배회하고, 새가 날개를 펴고 나는 듯이 부드러운 모습으로 소요하며 그늘질 정도의 무성한 숲을 살펴보고 장수들의 성난 모습과 맹수들의 두려워하는 모양을 둘러봅니다. 지친 짐승의 앞을 가로막고 힘이 다한 것을 잡아 여러 사물의 다양한 자태를 골고루 살핍니다.

그러면 정나라의 아름다운 여인들은 부드러운 비단을 몸에 두르고 가는 삼베와 비단으로 만든 치맛자락을 끌면서 각양각색의 비단을 몸에 걸치고 안개처럼 엷은 비단을 늘어뜨립니다. 그녀들의 주름 잡힌 옷은 마치 나무가 우거진 깊은 골짜기처럼 겹쳐져서 구불구불하지만 긴 소맷자락은 정연하여 가지런하고, 섬纖부녀자들이 옷옷에 늘어뜨린 긴 끈은 날리고 소髾옷에 제비 꼬리 모양으로 장식한 것는 드리워졌습니다. 수레를 붙들고 공손히 따라갈 때마다 옷에서 사각사각 하는 소리가 납니다. 옷자락 아래로는 난초와 혜초를 스치고 위로는 깃털로 장식한 수레 위의 비단 덮개를 쓸고, 비취새 털로 만든 목걸이에 구슬로 장식한 수레의 끈이 걸리며, 가볍게 솟아올랐다가 다시 내려지는 것이 신선의 모습을 방불케 합니다.

그리하여 모두 함께 한밤에 향기나는 풀이 자생하는 들녘으로 가서 사냥을 합니다. 숲속으로 서서히 달려들어 금처럼 튼튼한 제방으로 올라가 그물로 물총새를 잡고 화살로 준의鵕鸃를 쏘아 죽이고, 짧은 활에 가는 실을 매어 하늘 높이 날고 있는 흰 고니를 맞히고 잇달아 오리를 쏘고 학 두 마리를 쏘아 떨어뜨리니 검은 학이 소리에 맞춰 땅으로 떨어집니다.

귀찮으면 늦게 출발하여 푸른 연못 속에서 노닙니다. 물새 모양이 새겨진 배를 물에 띄우고, 계수나무 삿대를 올리고, 새털로 꾸민 장막을 치고, 새털로 꾸민 배 덮개를 세웁니다. 대모를 그물로 잡고 자패紫貝를 낚고, 황금 북을 치고 퉁소를 붑니다. 사공이 노래를 부르는데 그 노랫소리가 부드러웠다가 갑자기 장대해지니, 물속의 물고기들이 놀라고 파도가 끓어올라 분수를 내뿜는 것처럼 솟아올랐다가 한데로 모여 소용돌이칩니다. 물속의 돌들이 서로 부딪쳐서 울리는 소리는 수백 리 밖까지 들리는 우레 소리 같습니다.

사냥을 끝내고 돌아가려 할 때 북을 둥둥 치고 신호를 보내는 깃발을 올리면 수레가 행렬을 정돈하고 기병들은 각기 제 위치에 서며 실을 짜 놓은 것처럼 잇달아 서서히 앞으로 나아가는데, 마치 흐르는 물처럼 질서가 있습니다.

초나라 왕은 양운대陽雲臺에 올라 마음을 편안히 하고 조용히 있다가 작약으로 음식의 맛을 어우러지게 한 뒤에 먹습니다. 이것은 대왕께서 온종일 달리며 수레에서 내리지 않고 수레바퀴에다 피를 물들인 채 생고기를 찢어 소금을 찍어 입에 넣으며 스스로 즐거워하는 것과는 같지 않습니다. 신이 가만히 살펴보니 제나라는 초나라만 못한 것 같습니다.'라고 했습니다. 그러자 제나라 왕은 잠자코 저에게 아무 대답도 하지 못했습니다."

오유 선생이 말했다.

"어찌 이렇게 틀린 말씀을 하십니까! 당신은 1000리 길도 멀다 하지 않고 제나라에 와서 은혜를 내려 주셨습니다. 제나라 왕이 나라 안의 사졸을 모두 부르고 많은 수레와 말을 갖추어 당신을 모시고 사냥을 나간 것은 힘을 합쳐 짐승을 잡아 당신을 즐겁게 해 주려고 한 것이었는데 어찌하여 지나치게 자랑한다고 하십니까! 초나라에 그러한 곳이 있는가 없는가를 물은 것은 초나라 같은 큰 나라의 아름다운 풍속과 선생의 말씀을 들으려고 한 것이었습니다. 그런데 지금 당신은 초나라 왕의 두터운 덕행은 칭송하지 않고 오히려 운몽의 광대함만을 추켜세워, 스스로 대단한 것으로 생각하고 음탕한 즐거움을 지나치게 말하여 몹시 사치스럽다는 것을 드러냈습니다. 그대가 한 것을 내가 생각해 보니 취할 만하지 않습니다. 반드시 그대가 말한 바와 같다면 그것은 본디 초나라의 아름다움이 아닙니다. 만일 그런 일이 사실이라면 그것은 초나라 왕의 악행을 나타내는 것이고, 사실이 아니라면 그대의 신의를 손상시키는 것입니다. 그대 군주의 악행을 드러내고 사자의 신의를 손상시키는 것, 이 두 가지 중에서 하나도 옳은 것이 없습니다. 그런데도 선생이 그런 일을 하였으니 반드시 제나라는 당신을 가볍게 여길 것이고 초나라에 누를 끼치게 될 것입니다.

게다가 제나라는 동쪽에 큰 바다가 있고 남쪽에는 낭야산琅邪山이 있으며 성산成山에서 유람하고 지부산之罘山에서 활을 쏘며 사냥할 수 있습니다. 발해에 배를 띄우고 맹저孟諸에서 놉니다. 곁으로는 숙신국肅愼國과 이웃하고, 오른쪽으로는 탕곡湯谷으로 경계를 삼고 있습니다. 가을에는 청구靑丘에서 사냥하고 바다 밖에서 노닐기도 하는데 운몽 따위는 여덟아홉 개쯤 삼켜도 그 가슴속에 겨자 꼭지만큼도 걸리지 않을 것입니다.

이에 뛰어나고 비범하여 아름다운 문장, 진귀하고 특이한 물건과 여러 종의 기이한 새나 짐승을 말하면 물고기의 비늘처럼 그 가운데 가득 차 있어 다 적을 수 없습니다. 우임금일지라도 그것들의 이름을 다 말할 수 없을 것이며, 설契은나라 왕조의 시조도 그 수를 헤아릴 수 없을 것입니다. 그렇지만 제나라 왕은 제후 위치에 있기 때문에 감히 유렵의 즐거움이라든지 원유苑囿의 크기를 말하지 않을 것입니다. 그리고 선생을 빈객으로 모셨기 때문에 왕은 어떤 말로도 대답하지 않은 것입니다. 어찌 대답할 말이 없었겠습니까?"

무시공이 빙그레 웃으며 대답했다.

"초나라의 이야기도 틀렸지만 제나라의 이야기도 반드시 옳다고는 할 수 없습니다. 대체로 천자가 제후에게 공물을 바치도록 하는 것은 재물과 보배를 얻기 위해서가 아니라 그 직무를 이행하고 있는 상황을 진술하도록 하기 위해서이고, 흙을 쌓아 올려서 경계를 만드는 것도 수비와 방어를 위한 것이 아니고 분수를 넘는 행동을 막기 위해서입니다. 지금 제나라는 제후의 대열에 서서 동번東藩이 되었는데도 밖으로 숙신과 사사로이 왕래하여 제후국을 떠나 국경을 넘고 바다를 건너서까지 사냥하는 것은 제후의 본분상 해서는 안 되는 일입니다. 또 두 분의 논쟁은 군주와 신하의 도리를 밝히지도 않고 제후의 예의를 바로잡는 데에도 힘쓰지 않으며, 한갓 사냥의 즐거움과 동산 크기만을 다투면서 사치하는 것을 가지고 서로 이기려 하고 황음한 행동을 가지고 서로 뛰어나다고 자랑하고 있습니다. 이것은 명성을 드러내고 명예를 끌어올릴 수 있는 것이 아니라 군주를 깎아내리고 자신을 손상시키기에 알맞을 뿐입니다. 그리고 제나라와 초나라의 그러한 일이 어찌 말할 만하겠습니까? 여러분은 아직 저 거대하고 화려한 것을 보지 못한 듯합니다. 천자의 상림원上林苑에 대해서 들어 보지 못하였습니까?

〔상림원의〕동쪽에는 창오군蒼梧郡이 있고, 서쪽에는 서극西極이 있으며, 단수丹水가 그 남쪽을 흐르고, 자연紫淵이 그 북쪽을 가로질러 흐릅니다. 패수霸水와 산수滻水는 상림원 안에서 시작하고 끝나며, 경수涇水와 위수渭水는 상림원 밖에서 흘러 들어왔다가 밖으로 나갑니다. 풍酆, 호鄗, 요潦, 휼潏의 네 지류가 굽이굽이 뒤틀려 상림원 안을 돌다가 탕탕하게 흘러서 여덟 하천으로 갈라져 서로 등지고 각기 다른 모습으로 동서남북으로 뒤섞여 흘러가다가, 다시 산초나무가 자라고 있는 언덕 사이로 나와 섬의 물기슭에 이르러 계수나무 숲을 가로질러 넓은 들을 지납니다. 콸콸 흐르는 급류는 큰 구릉을

따라 흘러내려 좁은 해안 사이를 뚫고 나오면서 큰 돌에 부딪치고 툭 튀어나온 모래톱에 부딪혀 성난 듯 끓어오르고 세차게 출렁입니다. 물은 뛰어오르는가 하면 되돌아오고, 뭉쳤다가 솟아오르는가 하면 금방 또 달아나고 서로 부딪혀 소리를 냅니다. 옆으로 퍼졌다가 거꾸로 휘어져 포개지더니 가볍게 달리는데, 그 소리는 요란하고 세력에 기복이 있어 높았다 싶으면 갑자기 낮아지고 이어서 뒹굴어 한쪽으로 꼬부라지고 뒷 물결은 앞 물결을 넘어서 푹 꺼진 곳으로 달려가고, 물소리가 쏴아 하며 급류의 여울로 내려갑니다. 바위를 치고 구부러진 언덕을 찌르면서 달려가 치솟아 올랐다가 부서져 흩어집니다. 높은 곳까지 올라갔다가 낮은 곳으로 떨어지며 성나 부르짖는 물소리는 콸콸하며, 솥에서 끓어오르는 것처럼 물결을 달리게 하고, 물거품을 토해 내며, 급하게 내쏟아 달려서 저 아득한 곳에서 또 다른 아득한 곳으로 흘러가고, 소리도 없이 고요히 길게 흐릅니다. 그런 다음에는 끝도 없이 위풍당당하게 흐르다가 서서히 배회하며 흰색 물빛으로 떠돌다가 동쪽으로 흘러서 태호太湖로 들어가 넘쳐흘러 작은 못이나 호수에 모입니다.

이곳에 이르면 교룡蛟龍, 적리赤螭, 긍맹鯀鰽, 점리鰜離, 옹우鱅鯡 용거鱅, 건유鰨, 탁비魠, 우우禺禺, 허우鱋, 납납魶이 지느러미를 흔들고 꼬리를 움직이며 비늘과 날개를 힘껏 떨쳐 일어나고, 심연 속의 바위 아래에서는 물고기와 자라가 즐겁게 떠들며 무리를 이루고 있습니다. 명월明月과 주자珠子는 강기슭에서 반짝이고, 촉석蜀石과 황연黃碝과 수정이 산처럼 쌓여 찬란하게 빛나고 다투듯이 광채를 뿜어내 물 가운데 쌓여 있습니다. 홍곡鴻鵠, 숙보鸘鴇, 가아鴐鵝, 촉옥鸀鳿, 교청鵁鶄 긴 다리에 붉은 털을 가진 오리 모양의 물새, 환목鶢目, 번목煩鶩, 용거鸙鷉, 침자鰜鴜 검푸른 색 털을 가진 새, 교鷮, 노鸕 등 온갖 물새가 물 위로 떼 지어 떠서 물결 따라 떠가고 바람 따라 떠돕니다. 파도와 함께 흔들리기도 하고 풀이 우거진 물가로 몰려가 물풀을 쪼아 먹고 연과 마름을 씹습니다.

여기에 높이 치솟은 산이 있는데 산세가 험준합니다. 산에는 수목이 울창하고 거목과 높낮이가 가지런하지 않은 바위들이 있습니다. 구종산九嵕山은 높고 험준하며 종남산終南山은 깎아지른 듯합니다. 암벽은 기이한 형상을 하고 있고 높고 굽이지며 험준합니다. 시냇물은 계곡으로 쏟아져 내렸다가 다시 골짜기를 지나 굽이굽이 시내를 이루었습니다. 큰 입을 벌리고 있는 크고 작은 언덕과 따로 떨어져 있는 섬들이 있는데, 높고 험준하고 울퉁불퉁하여 평탄하지 않습니다. 산세는 경사져 있는데 밑으로 내려오면서 점점 평평해집니다. 계곡 사이로 흐르는 물은 천천히 내려가다가 아주 넓은 평야를 이룹니다.

언덕 위 1000리 땅에는 그 어느 곳도 평평하게 다듬지 않은 곳이 없습니다. 향기 좋은 초록색 혜초蕙草나 강리江離로 뒤덮여 있고, 미무蘪蕪와 유이流夷가 섞여 있으며, 결루結縷가 심어져 있고, 여사戾莎도 모여 있습니다. 게거揭車, 형란衡蘭, 고본槀本, 사간射干, 자강茈薑, 양하蘘荷, 짐증葴橙, 약손若蓀, 선지鮮枝, 황력黃礫, 장모蔣芧, 청번青蘋은 큰 못에 두루 자라거나 넓은 들에 가득합니다. 서로 이어져 넓게 퍼져 있으면서 바람 따라 쓰러져 흔들리며 여러 향기가 피어나 사람의 마음속까지 스며듭니다.

여기서 사방을 두루 살펴보면 뒤섞여 퍼져 있어 모양을 구분할 수 없고 직접 눈으로 보면 끝이 안 보이고 자세히 살펴보아도 끝이 없습니다. 해는 동쪽 못에서 나와 서쪽 언덕으로 사라집니다. 그 남쪽은 날씨가 따뜻하여 아주 추운 겨울에도 초목이 무성하게 자랄 수 있고 물이 살아 움직이고 물결이 일렁입니다. 짐승은 용蟜소의 일종, 모旄, 맥貘곰과 비슷하게 생겼으며 사납지 않음, 리犛검정색 들소, 침우沈牛무소, 주미麈麋, 적수赤首, 환제圜題, 궁기窮奇, 상서象犀 등이 있습니다. 그 북쪽은 한여름에도 얼음이 얼고 땅이 갈라지므로 옷자락을

걸어들고 빙판 위를 걸어서 내를 건넙니다. 그곳 짐승으로는 기린麒麟, 각단角
端돼지 형상을 하고 콧등에 뿔이 하나 있는 짐승, 도도騊駼, 낙타駱駝, 공공蛩蛩말 형
상의 청색 짐승, 탄해驒騱야생마, 결제駃騠매우 빨리 달리는 말, 여마驢馬, 라마騾馬
등이 있습니다.

이궁離宮과 별관別館이 산에 가득하고 골짜기에 걸쳐 있습니다. 높다란 회
랑은 사방으로 이어져 있고 층층의 높은 누각, 굽은 주랑走廊, 단청한 대들보
와 옥으로 꾸민 서까래 끝, 임금의 수레가 갈 수 있는 길이 즐비하게 이어져
있습니다. 처마 밑의 주랑은 길게 둘러져 있는데, 그 길이 멀어 반드시 하룻밤
을 묵어야 합니다. 종산嵕山을 편편하게 깎아 집을 짓고 누대를 겹쳐 쌓아 올
려서 바위 틈의 깊숙한 곳에 방을 꾸몄습니다. 그곳에서 아래쪽을 굽어보면
아득히 멀어서 보이는 것이 없고, 우러러보면 대들보가 높아 하늘을 만질 수
있을 것만 같습니다. 유성은 궁궐의 작은 문을 지나가고, 무지개는 난간에 길
게 걸려 있고, 청룡은 동상東箱으로 돌아 나가고, 상여象輿태평함을 상징하는 상
서로운 물건는 서상西箱에 서립니다. 영어靈圄신선 이름는 고요한 집에서 쉬고,
악전偓佺신선 이름의 무리는 남쪽 처마 끝의 햇볕 속에 몸을 드러내고 있습니
다. 달콤한 샘물은 깨끗한 방에서 솟아 흐르고, 밖에서 흘러 들어온 물은 안
뜰을 지납니다. 반석은 세밀하게 정리되어 있고 가지런하지 않은 작은 산을
닦고 높고 험준한 산봉우리를 정리하여 조각한 듯 기이한 천연석을 보존시
킵니다. 매괴玫瑰와 벽림碧琳의 구슬들과 산호珊瑚가 떨기를 이루어 수북하게
나 있고, 민옥瑉玉과 문석文石에는 무늬와 줄이 있으며, 적옥赤玉은 아롱진 무
늬를 띠고 그 사이에 섞여 있습니다. 수수垂綏, 완염琬琰, 화씨벽和氏璧이 이곳
에서 나옵니다.

여름에는 노귤盧橘이 익고 황감黃甘, 유자柚子, 비파枇杷, 소조小棗, 산리山

梨, 후박厚朴열매가 맛있고 껍질이 두꺼우며 약재로 쓰는 나무, 영조樗棗, 양매楊梅, 앵도櫻桃, 포도蒲陶, 은부隱夫, 울체鬱棣, 답답榙樨, 여지荔枝 등 온갖 과일이 후궁에 가득 열려 북쪽 동산까지 늘어서 있고 언덕에 이어지며 넓은 들로 내려갑니다. 푸른 나뭇잎과 붉은 줄기가 살아 움직이는 듯하고 붉은 꽃이 성난 듯 피어나고, 붉은 꽃봉오리는 광활한 들녘을 밝게 비춥니다. 사당沙棠, 역저櫟櫧, 화범華氾, 벽로檘櫨, 유락留落, 서여胥餘, 빈랑檳榔, 종려棕櫚, 단檀, 목란木蘭, 예장豫章, 여정女貞 등 진기한 나무들은 키가 큰 것은 천 길이나 되고 굵은 것은 아름드리입니다. 가지는 곧게 뻗어 시원스러우며 열매와 잎은 크고 무성합니다. 나무들은 한곳에 모여 있거나 서로 어우러져 의지하고 있고, 구불구불 서리고 뒤섞여 헝클어져 있습니다. 혹은 꼿꼿하게 혹은 비스듬하게 축축 휘어진 가지 사이로 꽃잎이 떨어져 나부낍니다. 무성한 나무는 바람을 따라 산들산들 흔들립니다. 바람이 불어 나뭇가지를 흔들 때 나는 빠른 소리는 종경鍾磬이나 피리 소리를 듣는 듯합니다. 이 여러 나무는 일정하지 않은 크기로 후궁을 빙 둘러싸고 자랍니다. 수많은 나무가 뒤섞여 겹쳐 있는가 하면 산을 뒤덮고 골짜기를 수놓으며 언덕을 따라 내려가 습한 지역으로 이어져, 이것을 보려면 끝이 없고 자세히 관찰하려 해도 끝이 없습니다.

현원玄猨, 소자素雌, 유蜼코가 올라가고 꼬리가 긴 원숭이, 확玃, 비류飛鸓, 질蛭날개가 네 개 달린 짐승, 조蜩, 구유蠷蝚, 점호螹胡, 각곡彀흰 여우, 궤蜛거북이와 비슷하게 생겼는데 몸은 흰색이고 머리는 붉은색들는 모두 그 사이에서 살며 길게 울부짖기도 하고 애달프게 울기도 하며 민첩한 행동으로 서로 오가기도 하고 나뭇가지에서 놀거나 나무에 거꾸로 매달려 있습니다. 짐승들은 끊어진 다리를 뛰어넘어 숲을 달려 지나가 늘어진 가지를 붙잡고 나뭇가지 드문 곳으로 훌쩍 건너뛰고 어지럽게 흩어져 먼 데로 이동합니다.

이러한 곳이 수천 수백 군데나 됩니다. 즐거이 유람하고 오가며 궁궐에서 자고 별관에서 쉴 수 있습니다. 그렇다고 하여 요리사를 〔먼 곳에서〕 데려올 필요가 없고 후궁을 찾아 데려올 일도 없으며 문무백관도 다 갖추어져 있습니다.

가을이 지나가고 겨울로 접어들면 천자는 목책을 만들어 놓고 사냥합니다. 상아로 꾸민 수레를 타고 구슬로 장식한 준마 여섯 마리를 세우고, 오색 찬란한 무지개 같은 깃발을 날리며, 용과 호랑이로 운기雲氣를 상징한 깃발을 나부낍니다. 혁거革車짐승 가죽으로 만든 수레는 앞에서 끌고, 도거道車와 유거游車가 뒤를 따릅니다. 손숙孫叔이 고삐를 잡고 위공衛公이 곁에 타고, 좌우 종횡으로 호위하며 병사들이 사방의 목책으로 나아갑니다. 북을 울려 행차를 엄중히 하고 사냥꾼을 내보냅니다. 강수와 하수를 막아서 짐승을 가두고, 태산을 망루로 삼고, 수레와 말은 우레처럼 일어나서 하늘을 흔들고 땅을 움직이며 흩어져 쫓아갑니다. 사냥하는 사람들이 길게 이어져 언덕을 타고 못까지 흘러 내려가는 모양은 마치 구름이 하늘을 가리고 비가 땅으로 쏟아지는 것과 같습니다.

비貔와 표豹를 사로잡고 승냥이와 이리를 두들겨 잡으며 곰과 큰곰을 손으로 잡고, 산양을 발로 차서 죽입니다. 할鶡새의 꼬리로 장식한 모자를 쓰고 백호 무늬 바지를 입고 야생마를 타고 가파른 언덕 위를 오르고 경사진 언덕을 내려가며 험준한 지름길을 달려서 골짜기를 넘고 물을 건넙니다. 비렴蜚廉몸은 새이고 머리는 사슴 모양을 한 짐승을 방망이로 차고 해치解豸사슴과 비슷한데 뿔이 하나임를 사로잡아 희롱하고, 하합䲡蛤을 두들겨 죽이고 맹씨猛氏곰과 비슷한데 몸집이 작음를 창으로 찌르고 요뇨騕褭하루에 만 리를 달릴 수 있는 준마로 붉은색 털에 황금색 입을 가지고 있음를 줄로 매어 붙들어 두고, 봉시封豕큰 돼지를 쏘아 맞힙니다. 화살을 구차하게 손상시키지 않고 〔짐승의〕 목을 가르고 머리를 부숩니다. 화살을 헛되이 쏘지 않아 시위 소리가 났는가 하면 어느새 짐승이 거꾸로 넘어져 있습니다.

그러면 천자의 수레는 깃대를 멈추고 배회합니다. 나는 듯이 오가면서 각 부대의 나아가고 물러남을 곁눈으로 바라보고 장수들이 지휘하는 모습을 살핍니다. 그리고 나서 서서히 앞으로 나아갔다가 아득히 먼 곳까지 빠르게 내달려서 하늘 위를 날고 있던 새들은 놀라 흩어지게 하고, 교활한 짐승을 짓밟으며, 흰 사슴을 깔아뭉개 죽이고 토끼를 잡는데 그 빠르기가 붉은 섬광을 앞질러 그 빛이 뒤에 남는 듯합니다. 신기한 것을 좇아 우주 밖으로 나가고, 번약繁弱하후씨의 활에 흰 깃이 달린 화살을 가득 메워 유효游梟사람과 비슷한 모습을 하고 있는데 혀가 길고 사람을 잡아먹음를 쏘고 비거蜚虡사슴 머리에 용 몸을 하고 있는 신령스러운 동물를 치며, 살찐 놈을 골라 화살을 겨누어 쏘는데, 맞히기 전에 먼저 명중할 위치를 정하고 화살을 쏩니다. 화살이 활을 벗어나는가 하면 짐승은 벌써 쓰러져 있습니다.

그렇게 한 뒤에 깃발을 달아 하늘에서 나부끼게 하여 거센 바람을 견디고, 허무虛無를 타고 천상에 올라 신선과 함께 노니는 기분으로 현학玄鶴은 천 살이 되면 푸른색이나 검정색으로 바뀐다는 전설이 있음을 짓밟고 곤계昆雞학과 비슷하며 황백색 털을 가졌음의 행렬을 어지럽히며, 공작孔雀과 난조鸞鳥를 쫓고 준의駿鸃를 재촉하며, 예조鷖鳥를 덮치고 봉황을 잡으며 원추鵷雛를 잡고 초명焦明서역 지역의 새을 덮칩니다.

더 나갈 길이 없는 곳까지 갔다가 수레를 돌려 돌아옵니다. 마음 가는 대로 돌아다니다가 멀리 북쪽 끝으로 내려와 모입니다. 곧바로 가기도 하고 돌기도 하면서 석궐관石闕觀을 지나고 봉만관封巒觀을 거치며, 모작관鷞鵲觀을 지나 노한관露寒觀을 바라봅니다. 당리궁棠梨宮으로 내려와 의춘궁宜春宮에서 쉬고 서쪽으로 의곡궁宣曲宮으로 달려가 우수牛首의 못에 배를 띄워 노를 젓고 용대龍臺에 올라가 세류관細柳觀에서 쉽니다. 사대부의 근면함과 지략을 관찰하고 사냥꾼의 포획물이 얼마만큼인지 살펴봅니다. 보병과 수레가 밟고 갈아붙인 것, 기마가 유린해 잡은 것, 백성이 발로 밟아 잡은 것, 그 밖에 짐승이 기진맥진하여 놀라 엎드려 칼에 찔리지도 않고 죽은 것이 뒤섞여 무수합니다. 구덩이에 넘쳐나고 골짜기에 가득하며 평지를 덮고 못을 메운 것을 볼 수 있습니다.

사냥 놀이에 싫증이 나면 호천대昊天台에 술을 벌여 놓고 넓은 집에 악기를 늘어놓습니다. 천 섬 무게의 큰 종을 치고 만 섬의 기둥을 세우며 비취 깃털로 꾸민 기를 세우고, 악어가죽으로 만든 북을 세워 두고 도당씨陶唐氏의 무악舞樂을 연주하고 갈천씨葛天氏의 노래를 듣습니다. 천 사람이 노래하면 만 사람이 화답하니, 산과 언덕이 그 소리에 진동하고 냇물과 골짜기는 그 때문에 일렁입니다. 파유巴兪의 춤과 송나라, 채나라, 회남淮南의 음악과 우차곡于遮曲과 문성현文成縣, 전현顚縣의 노래를 한꺼번에 연주하기도 하고 바꿔 가며 연주하기도 합니다. 금金과 고鼓는 교대로 울리는데 금석金石의 소리와 태고太鼓의 소리는 마음을 시원하게 확 뚫어 주고 귀를 놀라게 합니다. 형荊, 오吳, 정鄭, 위衛의 노랫소리와 소韶순임금의 음악, 호濩탕왕의 음악, 무武주 무왕의 음악, 상象주공의 음악의 음악과 주색을 탐하게 하는 음악인 속악俗樂 언鄢, 영郢의 음악이 어지럽게 뒤섞여 일어나며 격초激楚와 결풍結風을 연주합니다. 배우俳優와 난쟁이와 적제狄鞮의 명창이 있으니, 귀와 눈을 즐겁게 하고 마음을 기쁘게 하는 까닭이 앞에는 아름다운 음악이 흐르고 뒤에는 아름다운 미녀들이 있기 때문입니다.

저 청금靑琴신녀神女, 복비宓妃낙수의 여신 같은 여인들은 절세미인으로 세속을 초월하여 아름답고 우아하며 정숙합니다. 짙은 화장과 곱게 꾸민 모습은 경쾌하고 곱고 가냘프고 부드러우며 섬세하고 나긋나긋합니다. 비단 치맛자락을 끌고 서 있는 모습은 아리땁고 기다란 옷매무새가 마치 그림을 그려 놓은 것 같으며, 걸을 때마다 옷에 물결이 이는 것이 세속의 보통 옷과는 다릅니다. 짙고 좋은 향기를 풍기며, 흰 이를 가지런히 빛내고 웃으면 더욱 선명하게 빛나고, 가늘고 긴 눈썹은 그린 것 같고, 먼 곳을 바라보는 듯한 눈은 곁눈질을 하는 듯합니다. [여자의] 미색이 오고 [남자의] 혼백이 가서 서로 만나니 마음이 기울어 즐겁습니다.

술자리가 무르익고 풍악이 한창 흥을 돋우면 천자는 갑자기 생각에 잠겨 무엇인가를 잃어버린 듯 이렇게 말합니다.

'아, 이것은 지나친 사치로구나! 짐은 정치적인 일이 없고 한가로울 때 가을에는 사냥을 즐기며[3] 때때로 이곳에서 쉰다. 그렇지만 후세의 자손들이 사치와 화려함 속에 빠져들어 [처음의 근검하고 순박한 데로] 되돌아갈 수 없게 될까 두렵다. 이것은 선조가 후손들을 위하여 업을 일으켜 전통으로 남긴 본래 뜻이 아니다.'

그래서 곧 술자리를 끝내고 사냥을 멈춘 뒤 유사에게 이렇게 말했습니다.

'개간할 수 있는 땅은 모두 갈아 밭을 만들어 백성을 돕도록 하시오. 담을 헐고 도랑을 메워서 산골 백성이 이곳으로 올 수 있도록 하고, 저수지에서 물고기를 기르되 백성이 그것을 잡을 수 있게 하시오. 이궁과 별관을 비워 백성

---

3 당시는 농사가 끝난 가을 이후에만 사냥할 수 있었다. 그러므로 원문 천도天道는 가을로 풀이하였다.

을 궁궐의 하인으로 채우는 일이 없도록 하시오. 창고의 곡식을 풀어 가난한 자를 구제하고 모자라는 것을 보충해 주시오. 과부와 홀아비를 돌봐 주고 고아와 의지할 곳 없는 늙은이를 위로해 주시오. 황제의 은덕이 되는 명령을 내리고 형벌을 덜어 주고 제도를 고치고 옷 색깔을 바꾸고 역법을 고쳐 천하 백성과 함께 다시 시작하도록 하시오.'

그래서 길일을 가려 재계한 뒤 예복을 입고 육두 마차를 타고 비취 깃발을 세우고 방울을 울리면서 육예의 동산에서 놀고 인의의 길로 달리고 『춘추』의 숲을 돌아보고 '이수狸首고대 일시逸詩 중 하나로 활쏘기를 할 때 연주했음'를 쏘고 '추우騶虞『시경』「소남召南」 중 한 편'를 아우르고 현학玄鶴고대 음악 이름을 쏘고 간척干戚고대 춤 이름을 세우고 운한雲罕천자가 출행할 때 앞에 가는 자가 든 기을 꾸미고 「대아大雅」와 「소아小雅」를 망라하고 '벌단伐檀'(의 현명한 군주를 만나지 못한 것)을 슬퍼하고, '악서樂胥『시경』의 시에 나오는 말로 왕이 어진 신하 얻는 것을 좋아함을 가리킴'의 시를 즐기고, 『예예기』의 동산에서 위엄 있는 태도를 닦고, 『서』의 밭에서 배회하며 노닐고, 『역』의 도를 서술했습니다. 〔정원 안의〕 괴이한 짐승을 풀어 주고, 명당明堂에 올라 태묘에 앉아서 신하들에게 정치의 득실을 마음껏 말하게 하였습니다. 〔이렇게 하니〕 사해 안에서 천자의 은혜를 입지 않은 자가 없었습니다. 이때 천하의 백성은 매우 기뻐하여 바람에 귀 기울이고 물의 흐름에 따라 교화되었으며, 탄식하여 도를 제창하면 의로 가까이 옮겨 갔고 형벌은 있지만 쓰이지 않았습니다. 덕은 삼황三皇보다 높고 공은 오제五帝보다 많아졌습니다. 이와 같았기 때문에 사냥도 기뻐할 수 있는 것입니다.

온종일 비바람에 몸을 맡기고 말을 달려서 몸과 마음을 수고롭게 하여 지치고, 거마를 혹사시키며 정예 병사들의 사기를 손상시키고, 창고의 재물을 말리며 은택과 은혜를 많이 베풀지 않으면서 일신의 향락에만 힘쓰고, 백성을 돌보지 않고 국가의 정사를 잊은 채 꿩과 토끼 사냥만 탐하는 것은 어진 사람이 할 일이 아닙니다. 이렇게 보면 제나라와 초나라의 일이 어찌 슬프지 않겠습니까? 땅은 사방 1000리도 못 되는데 원유가 900리나 됩니다. 이곳에서는 초목을 개간할 수도 없고, 백성은 농사를 지어 먹을 수도 없습니다. 한낱 작은 나라의 제후로서 만승의 천자조차도 사치로 여기는 것을 즐긴다면 나는 백성이 그 해를 입을까 두렵습니다."

그러자 두 사람은 깜짝 놀라 안색을 바꾸고 멍하니 정신을 잃고 있다가 주춤주춤 자리에서 물러나며 말했다.

"시골뜨기라 고루해서 사양하고 겸손한 태도를 몰랐습니다. 오늘 가르침을 받았으니 삼가 말씀대로 하겠습니다."

이 부를 올리자, 천자는 상여를 낭으로 임명했다. 무시공이 천자의 상림원의 광대함과 산과 계곡 및 수천水泉의 만물을 말하고, 자허가 초나라 운몽택의 풍부함을 말하였는데 그것은 사실을 넘어선 매우 사치스러운 것이므로 도리상 숭상할 만한 게 아니었다. 그러므로 여기서는 그중 중요한 것만을 취하여 정도正道로 돌아갈 수 있도록 논했다.

사람의 도량이 어찌 이리도 다른가

사마상여가 낭이 된 지 몇 년이 되었을 때 마침 당몽唐蒙은 사자가 되어 야랑과 서북을 점령한 뒤 이곳과 통하려고 파군과 촉군의 관리와 사졸 1000명을 동원하였는데, 두 군에서 육로와 바닷길로 그들의 식량을 운송하기 위하여 내보낸 사람도 만여 명이나 되었다. 〔당몽이〕 군사 징발법을 발동하여 그 〔법을 어긴〕 수령을 베어 죽이자 파군과 촉군의 백성은 몹시 놀라고 두려워하였다. 황상은 이 소식을 듣고 사마상여에게 당몽을 꾸짖게 하고, 파군과 촉군의 백성에게 이 일이 황상의 뜻이 아니었음을 밝히도록 했다. 그 격문은 다음과 같다.

파군과 촉군 태수에게 알린다. 만이들이 제멋대로 행동하였으나 오래도록 토벌하지 않아 변방 지역을 침범하기도 하고 사대부를 수고롭게 하기도 하였다. 폐하께서 즉위하여 천하를 진무하시고 중원을 안정시키셨다. 이렇게 한 뒤에 군사를 일으키고 장수를 보내 북쪽으로 흉노를 정벌하게 하니 선우는 놀라고 두려워 양손을 마주 잡고 신하라고 일컬으며 무릎을 꿇어 화평을 청하였다. 강거康居와 서역西域의 나라들은 여러 차례 통역을 거쳐 입조하기를 청하여 머리를 조아리면서 공물을 바쳤다. 군대를 동쪽으로 옮겨 민閩과 월越을 이어 깨뜨리고 오른쪽으로 번옹에 이르니 태자들이 입조하였다. 남이의 군주들과 서북의 추장들은 언제나 공물을 바치며 감히 게을리하지 않았고, 목을 길게 빼고 발꿈치를 들어서 물고기가 입을 위로 향하듯 모두 다투어 의義로 돌아오고 신하가 되기를 원했지만 길이 멀고 산천이 가로막혀서 〔그들〕 스스로의 힘으로는 이룰 수 없었다. 저 순종하지 않던 자는 이미 베었으나, 착한 행동을 한 자들에게는 아직 상을 주지 못하였다. 그러므로 중랑장당몽을 보내 그들을 빈객으로 대우하고 파군과 촉군의 사졸과 백성 각각 500명을 징발하여 폐백을 받들고 가게 하는 한편, 불의의 사태에 대비하여 사자를 호위하게 하였으나 병사들을 동원하는 일이나 전투 같은 재난은 없었다. 그런데 이제 들으니 [중랑장은] 군사 징발법을 발동시켜 자제들을 놀라 두려움에 떨게 하며 장로들을 근심시켰으며, 아울러 군에서도 제 마음대로 식량을 운송하게 하였다는데 모두 폐하의 뜻이 아니다. 징발된 자 중에는 도망친 자도 있고 자살한 자도 있다고 하니, 이 또한 다른 사람의 신하 된 자가 취할 충절이 아니다.

저 변방 군현의 군사들은 봉수烽燧[4]가 올랐다는 말을 듣는 즉시 모두 활을 들고 달려가고 무기를 들고 뛰어가서 땀을 흘리며 서로 잇달아 모여 다른 사람보다 뒤지는 것을 두려워한다. [그들은 적의] 하얀 칼날에 부딪히고 날아오는 화살을 무릅쓰는 것을 의로 여겨 뒤돌아보지 않고 발꿈치를 돌리려는 생각조차 하지 않는다. 그들이 품고 있는 노여운 마음은 마치 사사로운 원수를 갚는 것 같다. 그들이라고 해서 어찌 죽는 것을 기뻐하고 사는 것을 싫어하겠는가? 그들인들 어찌 호적이 없는 백성으로 파군과 촉군의 사람들과 군주를 달리하고 있겠는가? 다만 그들은 계책이 깊고 멀리 내다보고 국가의 어려움을 가장 급한 일로 여기며 신하로서의 도리를 다하는 것을 즐겁게 생각하기 때문이다. 그러므로 부符를 쪼개 봉읍封邑을 주고, 규珪[5]를 나눠 작위를 주어 지위는 통후通侯[6]에 오르고 사는 집은 성 동쪽 저택가에 줄짓게 되며, 마침내 빛나는 이름을 후세에 남기고 토지를 자손에게 전하게 된다. 하는 일이 매우

---

4 봉수란 섶나무를 태워 변방의 위험을 알리는 것을 말한다. 이 일을 밤에 하면 봉烽이라 하고, 낮에 하면 수燧라고 한다.
5 긴 모양의 옥그릇인데 둘로 나누어 천자는 흰색 부분의 절반을 간직하고, 제후들은 푸른색 부분의 절반을 간직했다.
6 진나라의 열두 등급 중 가장 높은 등급이다.

충성스럽고 공경스러우며 머무는 지위는 매우 편하고 명성은 끝없이 전해지고 공적은 드러나 사라지지 않는다. 이 때문에 현인과 군자는 간과 뇌를 중원 땅에 바르고 기름과 피로 들풀을 적신다 해도 물러나지 않는 것이다.

지금 폐백을 받들고 가는 관리가 남이에 이르러서 즉시 자살하거나 달아나다가 목이 베인다면 자신이 죽은 뒤에 이름을 남길 수 없을 것이고, 시호도 이런 것을 일컬어 '지우至愚지극히 어리석다'라고 할 것이며, 그 치욕은 부모에게까지 미쳐 천하의 웃음거리가 될 것이다. 사람의 도량이 서로 다름이 어찌 이렇듯 클까! 그러나 이것은 그 혼자 행동하는 자만의 죄가 아니다. (그것은) 앞서 아버지와 형이 먼저 가르치지 않아 자제들의 행위가 신중하지 못한 것이며, 백성은 청렴하게 생활하거나 부끄러워하는 경우가 적기 때문에 풍속이 오래도록 돈후하지 않은 것이다. 그들이 형벌을 받는 것은 또한 당연하지 않은가!

폐하께서는 사자와 담당 관리가 저 중랑장과 같을까 염려하시고, 못나고 어리석은 백성이 이와 같이 행동하는 것을 슬퍼하신다. 그러므로 사자를 보내 백성에게는 병사들을 동원하게 된 까닭을 알려 주고, (나라를 위하여) 충성할 수 없어 죽거나 달아난 것을 꾸짖고, 삼로三老와 효제孝弟삼로와 같이 현이나 군에서 백성을 가르쳐 교화시키는 직책에게는 (백성을) 가르쳐 깨우쳐 주지 못한 허물을 문책하는 것이다. 마침 밭 가는 시절이지만 또 백성을 번거롭게 해야겠다. 가까운 현에 사는 사람은 직접 볼 수 있을지라도 멀리 떨어진 곳의 계곡과 두메산골의 백성이 두루 듣지 못할까 두렵다. 이 격문이 도착하거든 급히 현 안의 오랑캐 부락에 전하여 모든 사람이 폐하의 뜻을 알게 하고 소홀함이 없도록 하라.

상여가 돌아와 천자에게 보고하였다.

당몽은 이미 야랑을 공략하여 통하게 하고, 이 틈을 타서 서남이와 길을 열려고 파군과 촉군과 광한의 군사를 징발하였는데 노역자가 수만 명이었다. 길을 닦은 지 2년이 지나도록 길은 완성되지 않고, 사졸 대다수가 죽고 거만금의 경비가 들었다. 촉나라 백성과 한나라의 일을 하는 신하들 중에는 그 일이 불리하다고 말하는 이가 많았다. 이때 공邛과 작筰의 군장은 남이가 한나라와 교통하여 많은 상을 받았다는 소식을 듣고 한나라에 예속되어 신하가 되기를 원하면서 청하고 남이와 똑같이 관리가 되기를 바라는 자가 많았다. 천자가 상여에게 물으니 상여가 대답했다.

"공, 작, 염, 방은 촉군에 가까워 길을 열기 쉽습니다. 일찍이 진나라는 이들과 통하여 군과 현을 두었는데, 한나라가 일어나면서 폐지하였습니다. 이제 진실로 다시 통하여 군과 현을 둔다면 (그 가치는) 남이보다 나을 것입니다."

천자는 옳다고 생각하여 상여를 중랑장으로 임명하고 사자의 부절을 세워 사신으로 가게 했다. 부사副使 왕연우王然于와 호충국壺充國과 여월인呂越人이 사두마차의 전마傳馬를 달려 파군과 촉군의 관리를 통해 폐물을 서이에게 뇌물로 주었다. 촉군에 이르자 촉군 태수와 아래 관리들이 모두 교외까지 나와 맞이하고, 현령은 몸소 활과 화살을 지고 앞에서 길을 안내했다. 이처럼 촉군 사람들은 (상여를 맞이하는 것을) 영광으로 여겼다. 이에 탁왕손과 임공현의 모든 부로가 저마다 상여의 문하를 통하여 소와 술을 바쳐 환심을 사려고 하였다. 탁왕손은 좀 더 일찍 사마장경에게 딸을 시집보내지 못한 것을 안타까워하고 탄식하며 재물을 많이 나눠 주어 아들과 공평하게 했다. 사마장경은 곧바로 서이를 평정하니, 공, 작, 염, 방, 사유斯楡의 군장은 모두 와서 신하가 되기를 청하였다. 변경의 관소를 없애고 변관邊關을 더욱더 넓혔다. 서쪽으로는 말수沫水와 약수若水를, 남쪽으로는 장가강을 변방의 경계로 만들고 영관零關의 길을 통하게 하였으며 손수孫水에 다리를 놓아 공도邛都와 통하게 하였다. 돌아와 천자에게 보고하니 천자가 크게 기뻐하였다.

상여가 사자로 갔을 때, 촉군 장로는 대부분 서남이와 교통해도 소용없을 것이라고 말했으며, 게다가 대신들도 그렇다고 하였다. 상여는 천자에게 간하려고 하였으나 이미 계획이 서 있으므로 감히 진언하지 않았다. 그는 글을 지어 촉군 부로의 말을 빌려 상대방을 힐난함으로써 천자를 풍간하였다. 또 이어 그가 사신으로 온 목적을 말하여 백성이 천자의 뜻을 알도록 하였다. 그 글은 다음과 같다.

한나라가 일어난 지 78년, 융성한 은덕이 여섯 대[7]에까지 전해졌고 위무威武는 성대하고 은덕은 깊고 넓었으며 모든 백성을 촉촉히 적셔 주어 먼 곳까지 차서 넘쳐흘렀다. 그래서 사자를 서쪽으로 보내 물의 흐름을 막으니 바람이 불어오면 (초목 가운데) 쓰러지지 않는 것이 없는 것처럼 되었다. 그리하여 염冄나라를 조정으로 들어오게 하고, 방駹나라를 복종시켰으며, 작筰나라

---

7 고조, 혜제, 고후, 문제, 경제, 무제를 가리킨다.

를 평정하고, 공邛의 백성을 어루만지며, 사유斯楡를 공략하고, 포만苞滿을 점령했다. 그 뒤 수레를 돌려 돌아와서 동쪽을 향하여 [천자에게] 보고하려고 하여 촉의 수도에 이르렀다. 기로耆老[8]와 대부와 그 지역의 유력 인사 스물일곱 명이 엄숙한 태도로 찾아왔다. 인사를 마치자마자 그들은 나아가 말했다.

"대체로 듣건대 천자는 이적夷狄을 말고삐를 죄었다 풀었다 하듯 의로써 그 관계를 유지한다고 합니다. 이제 세 군의 군사를 피로하게 하면서 야랑으로 가는 길을 열려고 한 지 3년이 되었습니다만 사업은 완성되지 않고 사졸들은 피곤하고 모든 백성의 생계는 풍족하지 않은데 지금 또 이어 서이와 교통하려고 하니 백성은 힘이 다하여 일을 마칠 수 없을까 두려워합니다. 이것은 사자의 허물이며 우리는 은근히 당신을 위하여 걱정하고 있습니다. 또 저공, 작, 서북이 중원과 나란히 한 지는 여러 해가 많이 지나 [그 역사를] 다 기록할 수 없습니다. [중원의] 어진 자는 덕으로 그들을 따르게 하지 못하였고, 강한 자는 무력으로 그들을 병합하지 못하였으니 생각해 보면 그것은 거의 불가능한 일입니다. 지금 제나라 백성의 재물을 쪼개어 이적에게 가져다주고, [당신이] 의지하려는 바백성를 해치면서까지 쓸모없는 사람들이적을 받들려고 하니, 비루한 이 사람은 고루하여 당신이 하려는 뜻을 모르겠습니다."

사자상여를 가리킴가 말했다.

"어찌 이렇게 말씀하실 수 있습니까? 반드시 여러분의 말과 같다면 촉 땅 사람들은 만이의 옷을 바꾸지 않았을 것이며, 파 땅 사람들의 풍속도 중원 풍속으로 바뀌지 않았을 것입니다. 나 같은 사람도 이러한 말을 듣기는 싫습

8 '기耆'는 예순 살을 말한다. 따라서 기로란 나이 많은 사람을 가리킨다.

니다. 더욱이 이 일은 중대하여 본시 밖에서 보는 자가 볼 수 있는 것이 아닙니다. 나는 급히 돌아가 보고해야 하므로 상세하게 말씀드릴 수는 없으나, 이제 대부들을 위하여 그 대략을 거칠게나마 말씀드리겠습니다.

대체로 세상에는 반드시 비범한 인물이 있고 난 다음에 비범한 일이 있게 되고, 비범한 일이 있고 난 다음에 비범한 공적이 있게 됩니다. 비범함이란 본래 평범한 것과는 다릅니다. 그러므로 보통 사람들은 비범한 일의 시초를 알기 어렵고 두려워한다고 합니다. 그렇지만 그것이 성공하면 천하가 편안해집니다.

옛날 홍수로 인하여 넘쳐나자 백성은 짐을 꾸려서 높은 곳과 낮은 곳을 오르내리면서 이사를 다녔는데 길이 구불구불하여 편안하지 못하였습니다. 하후씨가 이것을 걱정하여 곧 홍수를 다스려 강을 트고 물길을 소통시켜 물이 깊이 차는 곳을 분산시킴으로써 재해를 줄였으며, 〔물의 흐름을〕 동쪽으로 돌려 바다로 모이게 하니 천하가 영원히 편안해졌습니다. 당시 어찌 백성만 수고로웠겠습니까? 〔하후씨는〕 마음으로는 번민하고 걱정했지만 몸소 노동하였으므로 몸이 말라 살집이 없어지고 피부에는 털도 자라지 않았습니다. 그러므로 그의 아름다운 공적은 끝없이 드러나고 그 명성이 오늘날까지 전해지고 있습니다.

또한 어진 군주가 즉위하면 어찌 자질구레한 일을 처리하며 문자에 얽매이고 습속에 매이고 구습舊習을 따라 하며 그 시대의 의견 듣기만을 좋아하겠습니까! 틀림없이 숭고하고 원대한 논의를 생각하고 사업을 열어 법통을 세워 만세의 모범이 되려고 할 것입니다. 그러므로 모든 나라를 포용하고 사방의 이적을 끌어안는 일에 힘써 〔대업을〕 천지와 나란히 하려고 합니다. 하물며 『시』에서 '넓은 하늘 아래 왕의 땅 아닌 곳 없고, 온 땅 위에 왕의 신하 아닌 자 없다.'

라고 하지 않았습니까? 이것은 육합六合천하의 안과 팔방八方 밖까지 물이 스며들어 넘쳐흐르는 것과 같아 생명을 가진 생물 중에 군자의 은택으로 윤택하지 않은 자가 있다면 어진 군주는 그것을 부끄럽게 여길 것입니다.

이제 경계 안의 땅에서 의관을 갖춘 무리는 모두 아름다운 복을 입어 한 사람도 빠진 자가 없습니다. 그러나 이적은 풍속을 달리하는 나라인 데다가 멀리 떨어져 있으며 이민족의 땅이라서 배와 수레도 통하지 않고 인적도 드물며, 정치와 교화가 아직 미치지 않고 천자의 덕화德化도 미미합니다. 이들은 안으로 들어와서는 변경에서 의를 범하고 예를 침범하며, 밖으로 나가서는 제멋대로 간사한 행동을 하여 그들의 군주를 내쫓고 죽였습니다. 군주와 신하의 위치를 바꿔 놓고 높은 자와 낮은 자가 차례를 잃게 하고, 아버지와 형은 죄 없이 형벌을 받고, 어린이와 고아는 종이 되어 매인 채 울게 하였습니다. 그리고 중원을 원망하여 〔이렇게〕 말했습니다.

'대체로 듣건대 중원에는 아주 어진 이가 있어서 덕이 성대하고 은택이 널리 퍼져 만물 가운데 제자리를 얻지 못한 것이 없다고 하는데, 이제 어찌 우리만 버려두었는가?'

그들은 가뭄에 비를 기다리듯 발뒤꿈치를 들고 사모하고 있다고 합니다. 포악한 자도 여기에 감동을 받아 눈물을 흘리는데, 하물며 황상의 성스러움으로 어찌 그대로 둘 수 있겠습니까? 그러므로 북쪽으로 군대를 출동시켜 강한 오랑캐를 토벌하고, 남쪽으로 사자를 보내 강한 월나라를 문책한 것입니다. 그러자 사방이 덕에 감화되고, 물고기가 물의 흐름을 따르듯 우러러보며 작호爵號를 받기 원하는 서이와 남이의 군주가 헤아릴 수 없을 정도입니다. 그러므로 말수와 약수에 관소를 두고 장가강을 경계로 삼았으며, 영산靈山을 뚫어 길을 열고 손수孫水의 원류에 다리를 놓았습니다. 도덕의 길을 세우고 인의의 전통을 드리워 은혜를 널리 베풀고, 먼 곳 백성을 어루만져 소원한 자가 막히지 않게 하며, 막혀 미개한 자들에게 광명의 빛을 얻게 함으로써 한편으로 군사들을 움직이지 않을 수 있고, 또 한편으로는 토벌을 그치게 하려는 것입니다. 먼 곳과 가까운 곳이 하나가 되며 안과 밖을 행복하게 할 수 있으니, 이것이 또한 즐거운 일 아니겠습니까? 대체로 백성을 어려움 속에서 구제하고 고상한 미덕을 받들어 말세의 쇠미한 형세를 [본래 상태로] 되돌려 놓고 주나라의 끊어진 사업을 잇는 것, 이것은 천자가 서둘러 해야 될 일입니다. 백성이 수고로울지라도 어찌 그칠 수 있겠습니까?

또한 제왕의 일은 진실로 근심하고 부지런한 데서 시작하고, 편안하고 즐거워하는 데서 끝나지 않는 것이 없습니다. 그렇다면 천명을 받은 조짐은 바로 여기에 있는 것입니다. 지금 천자께서는 태산에서 봉제封祭단을 쌓아 하늘에 제사 지내는 것을 올리고 양보산梁父山에서 제의祭儀를 올리며 수레 방울을 울리고 음악과 송頌을 연주하여 위로는 오제와 같고 아래로는 삼왕과 같아지려 합니다. 곁에서 보는 자가 일의 근본 요지를 보지 못하고 듣는 자가 [황상의] 목소리를 듣지 못하니, 이는 초명鷦明다섯 방위를 지키는 전설 속의 신령스러운 새은 이미 하늘을 날고 있는데도 새그물을 치는 자는 숲과 못을 들여다보고 있는 것과 같은 이치입니다. 슬픈 일입니다."

그래서 여러 대부는 망연자실하여 그들이 품고 있던 생각을 잊었고, 또 나아가 간언하려던 말을 잊었다. 그들은 모두 탄식하고 일컬어 말했다.

"한나라의 은덕은 진실로 위대합니다. 이것은 저희들이 듣고 싶어 하던 것입니다. 비록 백성이 게으를지라도 우리 스스로 앞장서서 실천하겠습니다."

그러고는 낙담하여 고개를 떨구고 작별 인사를 하고 물러갔다.

그 뒤에 어떤 사람이 사마상여가 사자로 갔을 때 뇌물을 받았다고 글을 올려 아뢰어 〔상여는〕 벼슬을 잃었으나 한 해 남짓 뒤에 다시 부름을 받고 낭이 되었다.

앞을 내다보는 자는 미리 막는다

사마상여는 말은 어눌하나 글을 잘 지었다. 그는 평소 소갈증을 앓았지만 탁문군과 결혼하여 재물이 넉넉하였다. 그는 벼슬에 나갔으나 일찍이 공경이나 나랏일에는 관여하지 않으려 했고, 질병을 핑계 삼아 한가하게 살면서 관직과 작위를 흠모하지 않았다. 그는 항상 황상을 좇아 장양궁長楊宮으로 가서 사냥하였다. 이때 천자는 사냥을 좋아하여 친히 곰과 멧돼지를 쏘고 말을 달려 들짐승을 쫓곤 하였다. 상여가 글을 올려 간언하였으니 그 문사는 이러하다.

신이 듣건대 만물에는 같은 부류라 할지라도 능력을 달리하는 자가 있으므로 힘은 오획烏獲[9]을 일컫고, 날랜 것은 경기慶忌오왕 요僚의 아들을 말하며, 용감한 것은 맹분孟賁과 하육夏育을 기대한다고 합니다. 신의 어리석은 생각으로는 사람에는 진실로 그러한 면이 있고, 짐승 또한 마땅히 이와 같을 것입니다. 지금 폐하께서는 막히고 험난한 곳을 돌아보지 않고 맹수를 쫓아가 쏘

---

[9] 1000균 무게를 들 수 있는 진나라의 역사力士이다.

는 것을 즐기십니다. 그러나 갑자기 아주 사나운 짐승이라도 만나 그것이 놀라 폐하를 따르던 수레여든한 대임가 일으킨 먼지 속으로 달려들기라도 한다면 수레는 바퀴를 되돌릴 겨를이 없을 것이고, 사람도 재치를 발휘할 틈이 없을 것입니다. 이때에는 오획과 봉몽逢蒙의 〔활 쏘는〕 기량이 있어도 힘을 쓸 수 없을 것이니 마른나무와 썩은 그루터기라도 모두 해가 될 수 있습니다. 이것은 마치 호나라와 월나라가 수레바퀴 밑에서 일어나고, 강羌과 이夷가 수레 뒤의 횡목橫木으로 달려드는 것과 같으니 어찌 위태롭지 않겠습니까? 만반의 준비를 하여 화가 발생할 염려가 없다고 할지라도 천자께서 마땅히 가까이 갈 만한 곳이 못 됩니다.

대체로 길을 깨끗이 한 다음에 가고, 도로의 중앙을 달려도 때로는 말의 재갈이 벗겨져 날뛰는 변이 있을 수 있습니다. 하물며 무성한 풀 속을 지나 구릉을 달리면서 눈앞의 짐승을 쫓아가는 즐거움에 팔려 생각지 못한 변고를 경계하는 마음이 없으니, 그것이 화로 변하게 되는 것도 어려운 일이 아닐 것입니다. 만승천자의 소중한 몸을 가볍게 여기시는 것을 안전하고 즐겁다고 할 수는 없으며, 만의 하나 위험한 길로 나가는 것을 오락거리로 삼으신다면 신은 폐하를 위해 이런 일은 취할 바가 아니라고 생각합니다.

대개 밝은 자는 〔일이〕 싹도 트기 전에 미리 알고, 지혜로운 자는 위험이 나타나기 전에 피합니다. 재앙이란 본래 대부분 드러나지 않고 미묘한 곳에 숨어 있다가 사람들이 소홀히 하는 곳에서 나타납니다. 그러므로 속담에도 "집에 천금을 쌓아 놓으면 〔그 집 자식들은〕 마루 끝에 앉지 않는다."라고 한 것입니다. 이 말은 하찮은 듯하나 그것으로써 큰 것을 비유할 수 있습니다. 신은 폐하께서 이 점에 유의하시어 신의 마음을 살펴 주시기를 바랍니다.

황상은 잘 썼다고 생각하였다.

찾는 이 없는 진나라 이세황제의 무덤

돌아오는 길에 의춘궁宜春宮을 지나면서 상여는 부를 지어 진나라 이세황제의 과실을 슬퍼하였다. 그 문사는 이러하다.

가파른 긴 언덕을 올라 층층이 높게 솟아 줄지어 있는 궁전으로 들어선다. 곡강曲江의 물가를 굽어보며 고르지 못한 남산을 바라본다. 높디높은 산은 공허하고 심대하며 확 트인 골짜기는 산간에 있다. 물의 흐름은 가볍고도 급하게 멀리 흘러가 평원의 넓고 평평한 연못으로 쏟아진다. 무성하게 자란 온갖 나무의 울창한 그늘을 보고, 대나무 숲의 무성함을 본다. 동쪽으로는 토산土山으로 달려가고, 북쪽으로는 옷을 걷고 돌 있는 여울물을 건넌다. 잠시 조용히 걸으면서 진 이세의 유적을 살펴 조문한다. 진 이세는 몸가짐을 삼가지 않아 나라를 멸망케 하고 권세도 잃었다. 참언을 믿고 깨어 있지 못하여 종묘사직을 끊어 없어지게 하였다. 아, 슬프구나! 그는 품행이 좋지 못하였기에 무덤에 풀이 수북해도 돌보는 이가 없고 영혼은 돌아갈 곳이 없으며〔제삿밥도〕 먹지 못한다. 아득히 세월이 멀리 흐를수록 더욱더 오래되고 황폐해져 암담할 것이다. 정령精靈은 의지할 곳 없이 저 높은 하늘로 날아올라 돌아오지 않는다. 아 슬프구나!

대인부: 천자가 그리는 선인의 모습

사마상여는 효문원孝文園의 영令으로 제수되었다. 천자는 이미 「자허부」를 훌륭하다고 평가했는데, 상여는 황상이 신선의 도를 좋아함을 알고 말했다.

"상림의 일은 아름답다고 하기에 부족합니다. 이보다 더 아름다운 것이 있습니다. 신은 일찍이 「대인부大人賦」를 지으려 했으나 아직 완성하지 못하였으니 청컨대 완성하여 바치겠습니다."

사마상여는 『열선전列仙傳』에는 선인仙人들이 산과 못 사이에 살고 그 모습이 너무 파리하게 그려져 있어, 이것은 제왕이 그리는 선인의 모습이 아니라 여기고 드디어 「대인부」를 지었다. 그 문사는 이러하다.

세상에 대인大人성인이 재위하는 것을 대인이라 하는데 여기서는 천자를 비유함이 있어 중주中州중국에 살았다. [그는] 저택이 만 리에 가득 찼건만 일찍이 잠시나마 머무를 만하다고 여기지 않았다. 세속이 각박하고 비좁은 것을 비탄해하며 가볍게 날아가 머나먼 곳에서 노닐었다. 붉은색 깃발과 흰 무지개를 타고 올라가고 구름 기운을 싣고 위로 떠 올라갔다. 황백黃白의 긴 장대를 세우고 빛나는 깃발을 매달았으며, 깃발 끝은 오색 빛깔을 늘어뜨려 꾸미고, 혜성을 끌어당겨 깃발의 드리운 깃털로 삼았다. 깃발은 바람을 따라 높이 나부끼고 아리따운 자태로 흔들린다. 참欃, 창槍을 따다가 깃발로 삼고 깃발 장대 위에 둥그런 무지개를 길게 엮어 도鞱를 삼는다. 하늘에는 붉은빛이 아득히 멀리 퍼지나 암담하여 빛도 없고 바람처럼 솟아오르고 구름처럼 떠오른다. 응룡應龍날개 달린 용 모양의 수레를 타고 적룡과 청룡을 부마副馬로 삼으니 오르내리는 것이 기운차다. 목을 꼿꼿이 세우고 달리고, 굽혔다가 우뚝 일어나 뛰는가 하면 똬리를 틀곤 한다. 머리를 끄덕끄덕 흔들더니 목덜미를 길게 빼고 앞으로 나아가기도 하고 때로는 머리를 들어 나아가지 않기도 한다. 때로는 방자하고 자유로우며 머리를 치켜드는 것이 가지런하지 않고, 재빨리 앞으로 나아갔다가는 뒤로 물러서며, 눈을 움직이고 혀를 내민다. 쭉 위로 날아올라 좌우로 서로 따르고 여러 번 머리를 흔들며 달려서 서로 의지하여 뒤엉키고 이끌며 부른다. 땅을 밟고 내려섰는가 하면 훌쩍 날아오르고, 날아올라서는 미친 듯이 달리고, 나란히 날아가 서로 좇곤 한다. 번개처럼 빠르고 갑자기 밝아지며 안개처럼 사라지고 구름처럼 흩어진다.

비스듬히 동극東極을 건너 북극北極에 오르니 신선들과 서로 교유한다. 진인眞人신선이 서로 만나 오른쪽으로 돌았다가 옆으로 비천飛泉을 건너 오르니 정동正東으로 간다. 여러 신선을 불러 뽑아 정하고 요광瑤光에서 여러 신선을 배치한다. 오제五帝를 길잡이로 삼고 태일太一을 제자리로 돌려보내며, 능양陵陽을 시종으로 따르게 하고, 현명玄冥고대 물의 신을 왼쪽에 함뢰含雷를 오른쪽에, 육리陸離를 앞에 휼황潏湟을 뒤에 있게 한다. 선인 정백교征伯僑를 부리고 선문羨門에게 일을 부린다. 기백岐伯에게 명하여 의방醫方을 맡기고 축융祝融불의 신에게 경호하도록 하여 나아가는 사람을 멈추게 하고 악기惡氣를 맑게 한 뒤에 나아간다. 나는 수레 만승을 모아 오색구름을 수레 덮개로 삼고 화려한 깃발을 바로 세운다. 구망句芒에게 시종들을 인솔하게 하여 남쪽으로 가서 즐기려고 한다.

숭산崇山에서 당요唐堯를 찾아보고, 구의九疑로 우순虞舜을 찾아간다. 수레 행렬이 어지럽게 뒤섞이고 겹치고 서로 교차하여 이어져 나란히 달려가려고 하는데 서로 부딪쳐 시끄러운 소리로 가득 차 앞으로 나갈 수 없더니, 이제야 물이 아래로 흐르는 것처럼 행렬이 움직인다. 잇달아 모여드는 것이 마치 모아 놓은 듯하고, 넓게 퍼져 흩어지는 것은 또한 광막하게 섞여 있는 듯하다. 우레 소리는 우르르 쾅쾅 하며 뇌실轟室뇌신雷神이 드나드는 곳로 들어가고, 귀곡鬼谷은 울퉁불퉁한 곳을 빠져나온다. 팔굉八紘가장 먼 곳을 두루 보고 사황四荒을 본 뒤에 떠나 구강九江을 건너고 오하五河를 넘어 염화산炎火山을 지나 약수弱水에 배를 띄워 지나가고 작은 주洲를 건넌다. 사막을 건너 총령산蔥嶺山에서 쉬며 물장난을 친다. 여와女媧에게 비파를 타게 하고 풍이馮夷에게 춤추게 한다. 때때로 정신이 아득히 어두워지고 그늘이라도 지면 병예屛翳를 불러 풍백風伯을 죽이고 우사雨師에게 형벌을 내린다. 서쪽으로 선명하게 드러나지 않는 곤륜산昆侖山의 모습을 바라보다가 곧장 삼위산三危山으로 달려간다. 창합閶闔천문天門을 밀어젖히고 천제의 궁궐로 들어가 옥녀玉女를 태워 함께 돌아온다. 낭풍산閬風山에 올라 먼 곳에서 멈추니 마치 까마귀가 높이 날아오른 뒤 한 번 멈춰 쉬는 것과 같다. 음산陰山을 낮게 돌아 완곡하게 날아올라 내가 지금 본 서왕모西王母를 만난다. 〔그녀는〕 하얀 머리에 옥으로 장식한 꾸미개를 쓰고 동굴 속에서 사는데, 다행히 세 발 달린 까마귀가 있어서 그녀를 위해 일한다. 반드시 영원히 살아 이와 같이 죽지 않으면 만대를 살아도 기뻐할 것이 부족하다.

수레를 돌려 돌아오는 길에 부주산不周山 옆으로 넘어 유도산幽都山에서 회식한다. 북방의 밤기운을 마시고 아침 이슬을 먹고, 지초芝草의 꽃잎을 씹고 경수瓊樹의 꽃잎을 먹는다. 머리를 들어 서서히 하늘 높이 날아오른다. 천문天門의 거꾸로 달린 그림자를 뛰어오르듯 꿰뚫고 나가, 뭉게뭉게 피어나는 구름을 건너 유거游車와 도거道車를 달려 기다란 길로 내려가며 안개를 뒤로 남긴 채 멀리 달려간다. 인간 세상을 비좁다고 여겨 깃발을 펼쳐 들고 북극으로 나간다. 주둔한 기병은 현궐玄闕에 남겨 두고 선구先驅에게 한문寒門에서 앞질러 가게 한다. 아래는 깊고 멀어서 땅이 보이지 않고 위는 넓고 넓어 하늘이 없다. 보려고 해도 눈이 아물거려 볼 수 없고 들으려 해도 귀가 황홀하여 들리는 것이 없다. 허무를 타고 올라 멀리 나아가니 초연히 벗도 없이 홀로 남아 있다.

사마상여가 「대인부」의 노래를 바치자, 천자는 크게 기뻐하며 갑자기 구름 위로 두둥실 올라간 듯하고 마음이 천지 사이에서 자유로이 노니는 것 같았다.

봉선서封禪書

사마상여는 이미 병들어 벼슬을 그만두고 무릉茂陵의 집에서 살고 있었다. 천자가 말했다.

"사마상여의 병이 위독하다니 가서 그의 책을 모두 가져오는 것이 좋겠다. 만일 그렇게 하지 않으면 뒤에 그것을 잃게 될 것이다."

천자가 소충所忠을 보냈지만 상여는 이미 죽고 집에는 책이 없었다. 그 아내에게 물으니 이렇게 대답했다.

"장경은 본래 일찍이 책을 지닌 적이 없습니다. 때때로 글을 지어도 사람들이 가져가 집에는 책이 없습니다. 장경이 죽기 전에 책을 한 권 지었

는데 '사자가 와서 책을 찾거든 이것을 올리시오.'라고 하였습니다. 그 밖에 다른 책은 없습니다.'

그가 남겨 놓은 서찰 형태의 글은 봉선封禪[10]에 관한 것이었다. 상여의 아내가 소충에게 그것을 주어 소충이 천자에게 바치니, (천자는) 그 글을 소중하게 여겼다. 그 글은 다음과 같다.

상고 시대에 천지가 처음 열려 하늘이 백성을 낳은 이래 역대의 군주를 거쳐서 곧 진秦나라에 이르렀습니다. 가까운 시대 군주들의 족적을 더듬어 가며 살피고 먼 옛날의 유풍을 들어 보면, 예부터 군주가 된 자는 많지만 이름이 묻혀 기록으로 남아 있지 않은 자는 이루 다 셀 수 없습니다. 순임금과 우임금의 뒤를 이어 밝고 큰 덕을 계승하여 생전의 이름과 사후의 시호를 후세에 높이 받들어 일컬을 만한 자는 대략 일흔두 명이 있습니다. 착한 행동을 따라 하여 창성하지 않은 자는 없고, 누구든지 이치를 거스르면 오래 존속할 수 있겠습니까?

헌원씨軒轅氏황제黃帝를 비유함 이전의 일은 시간이 오래되고 아득하여 그 자세한 상황을 들을 수 없으나, 오제와 삼왕의 사적을 비롯하여 육경 등의 서적에 전하는 것은 대체적으로 볼 수 있습니다. 『서』에 "원수元首군주는 현명하고 신하들은 선량하구나."라고 하였는데, 이것에 의하면 군주로는 당요唐堯보다 성대한 이가 없고 신하로는 후직后稷보다 어진 이가 없습니다. 후직은 당唐에서 처음으로 사업을 하였고, 공류公劉는 서융西戎에서 공적을 드러내었습

---

10 태산에 단을 쌓아 놓고 하늘에 지내는 제사를 봉封이라 하고, 양보산에서 땅에 지내는 제사를 선禪이라고 한다.

니다. 문왕文王이 제도왕업를 고치자 주나라가 크게 융성하고 대도大道가 비로소 이루어졌습니다. 그 뒤로 점차 쇠미해져 1000년 동안 누린 뒤에는 멸망했습니다. 어찌 처음도 잘하고 끝도 잘한 것이 아니겠습니까? 그렇게 된 데는 다른 까닭이 있는 것이 아닙니다. 앞의 것창업의 규범을 신중히 따르고, 뒷세대에는 교화를 삼가 지켜 왔기 때문입니다. 그러므로 주나라의 사적은 평범하여 따르기 쉽고, 은덕은 깊고 넓어 풍성하며, 법도는 명백하여 본받기 쉽고, 법통을 드리우는 것이 이치를 따랐기 때문에 계승하기 쉬웠던 것입니다. 그래서 왕업은 성왕成王 때 이루어졌고, 공적은 이후二后문왕과 무왕 때 으뜸이었습니다.

그러나 그 처음과 끝을 살펴보면 특별히 상식을 뛰어넘는 사적이라고 할 만한 것은 없으므로 지금의 한나라와 비교됩니다. 그렇지만 〔주나라 사람들은〕 양보산을 오르고 태산에 올라 봉선하여 영광스러운 봉호封號를 세우고 높은 명성을 베풀었습니다. 위대한 한나라의 은덕은 수원水源처럼 솟구쳐 올라 널리 사방에 미칩니다. 그것은 구름처럼 퍼지고 안개처럼 흩어져서 위로는 구천九天하늘까지 뻗치고 아래로는 팔방의 극까지 흘러가는 것 같습니다. 살아 있는 모든 것은 천자의 은택에 젖어 윤택해지고, 화창한 기운은 옆으로 흘러넘치며, 당당한 절조는 질풍처럼 멀리 갑니다. 가까운 곳에 사는 사람은 그 은택의 근원에서 놀고, 먼 곳에 사는 사람은 그 은택의 말류에서 헤엄치는 것 같습니다. 엄청난 악을 지은 자는 연기처럼 사라지고, 어리석은 자는 지혜를 얻었습니다. 〔하등 동물인〕 곤충까지도 화락하여 모두 머리를 안쪽으로 돌려 천자의 은택을 바라고 있습니다. 그렇게 된 뒤에 추우騶虞 같은 상서로운 짐승을 동산에서 기르고, 미록麋鹿 같은 기이한 짐승을 잡습니다. 한 줄기에서 여섯 이삭이 달린 쌀을 푸줏간에서 가려 종묘에 바치고, 뿔이 한쪽에 쌍으로 돌아난 백린白麟을 희생으로 종묘에 제사 지내며, 주나라 때 남긴 구정을 얻고, 놓아주었던 거북이를 기수岐水에서 잡고, 취황색翠黃色 용을 못에서 부르고, 신마神馬를 시켜 영어靈圉(신선 이름)를 만나 한가로운 관사에서 빈객으로 머물게 합니다. 기이하고 웅장한 물건의 괴이하고도 다양한 변화는 이보다 더 할 수 없습니다. 삼가 받들어야 할 일입니다.

상서로운 조짐이 여기에 이르렀건만 오히려 덕망이 엷다고 생각하며 감히 봉선에 관한 것을 말하지 않습니다. 대체로 주나라에서는 [무왕이 주왕을 칠 때에] 백어白魚가 튀어 올라 배 안으로 떨어진 것을 두고 상서로운 조짐이라고 하여 구워서 하늘에 제사를 지냈습니다. 이 같은 작은 일을 징험이라고 하여 태산에 올라가 봉선하였으니 또한 부끄럽지 않습니까? 주나라의 앞섬과 한나라의 겸양의 도리가 어째서 이렇게 다릅니까?

이에 대사마大司馬(상공上公)가 진언하여 이렇게 말했다.

"폐하께서는 어짊으로써 천하의 백성을 기르시고, 도의로써 종속되려 하지 않는 자를 정벌하셨습니다. 중원 안의 제후들은 기꺼이 공물을 받들고, 모든 만이는 폐백을 가지고 와 바쳤습니다. 덕은 상고 시대의 제왕과 비견되고, 공은 함께할 만한 자가 없으며, 아름다운 공적은 두루 미치지 않는 데가 없고, 상서로운 조짐은 여러 모습으로 변하여 나타나며, 시기를 따라 계속 이어지고 유독 처음 나타난 것은 없습니다. 생각건대 이것은 태산泰山과 양보산에 제단을 설치하여 폐하께서 오셔서 지난날의 영광에 비유하라는 것입니다. 이는 대체로 이름을 세워 영광을 드러나게 하려는 것입니다. 즉 하늘이 은혜를 내려 복을 쌓고 제사를 지내 성공을 아뢰려는 것입니다. 그런데도 폐하께서는 겸양하여 출발하려 하지 않으시니 그것은 삼신三神상제上帝, 태산泰山, 양보粱父의 환심을 끊고 왕도의 예의를 잃는 것으로서 여러 신하가 부끄러워합니다. 어떤 사람은 '하늘의 뜻은 어두워서 말로 하지 않고 상서로운 징조로서 그 뜻을 나타낸다. 상서로운 징조가 있으면 사양할 수 없다.'라고 말했습니다. 만일 이것을 사양한다면 그것은 옛날부터 태산에는 기記를 세울 기회가 없었을 것이고 양보산도 제사를 받을 가능성이 없었을 것입니다. 또한 각각 때에 따라 한때의 영화를 다하고 그 세상을 지나는 데 그쳤을 뿐이라면 뒷세상에서 이야기하는 자가 어떻게 일흔두 명의 군주가 있었다고 말할 수 있겠습니까?

대체로 덕을 닦은 이에게 부서符瑞를 주면, 그것을 받들어 봉선을 행하는 것은 예의를 벗어난 행위가 아닙니다. 그러므로 성왕聖王께서는 봉선의 예를 폐하지 않고 예를 닦아 자기를 공경하고 정성을 다하여 천신을 기다리며, 중악中嶽숭산에 공을 새겨서 지존한 신분임을 드러내고, 성덕을 서술하여 영광스러운 이름을 나타내며, 두터운 복을 받음으로써 모든 사람이 은혜를 입도록 한 것입니다. 이 일이 얼마나 빛나고 성대한 것입니까! 이것은 천하의 장관이며, 왕의 위대한 사업이니 가볍게 여길 수 없습니다. 바라건대 폐하께서는 이 일을 완성하십시오. 그렇게 한 뒤에 유학자들의 학술과 책략을 빌려서 일월의 찬란한 빛을 우러르는 것처럼 그것으로써 관직을 지키고 일을 처리하게 하며, 아울러 그 의를 바르게 처리하도록 하고 그 글을 교감하여 『춘추』 같은 경서를 짓게 하십시오. 그래서 종래의 육경을 칠경七經이 되게 하고, 후세에 길이 전하여 만세에 걸쳐 맑게 흐르도록 하여 그 미묘한 여파를 높이고 아름다운 명성을 드날려서 풍성한 재능을 진동시키도록 하십시오. 옛날 성왕들이 길이 큰 명성을 보전하여 언제나 으뜸으로 칭송되는 까닭은 이러한 도를 실천하였기 때문입니다. 마땅히 장고掌故에게 명하여 봉선의 의미를 모두 아뢰게 해 참고하십시오."

천자는 매우 감동하여 낯빛을 바꾸고 말했다.

"옳구나! 짐이 이 일을 시험해 보아야겠다."

즉시 생각을 바꾸고 마음을 돌려 공경들의 의견을 종합하여 봉선의 일을 물었다. 그리고 천자의 덕택이 큰 것을 시로 읊게 하고, 부서符瑞의 풍부함을 넓혀서 즉시 송頌으로 짓게 하였으니 내용은 이렇다.

내 하늘을 덮은 구름 유유히 떠다닌다. 단이슬과 단비 저 대지를 충분히 적셔 준다. 영양가 있는 유액 땅에 깊숙이 스며드니 어떤 생물인들 자라지 않으리. 아름다운 곡식 한 줄기에 여섯 이삭이 달렸는데 내가 수확했으니 어찌 쌓이지 않으리!

비를 내려 적셔 줄 뿐만 아니라, 또 만물을 윤택하게 하네. 윤택하게 할 뿐만 아니라 널리 퍼지게 하네. 만물이 기뻐하며 그리워서 사모하네. 명산이 〔봉선 장소를〕 분명히 나타내며 우리 군주께서 오시기를 바라네. 군주여, 군주여! 어찌하여 〔봉선하러〕 나가지 않으십니까!

무늬 아름다운 짐승이 우리 군주의 동산에서 즐기네. 흰 바탕에 검은 무늬 그 모습 아름답구나. 화목한 모습이 바로 군자의 자태로구나. 일찍이 그 명성을 들었으나 이제야 나타난 것을 보네. 그것이 어디서 왔는지 알 수 없지만 하늘에서 내린 상서로운 조짐이라네. 이 짐승은 순임금 때도 나타났고, 우씨虞氏가 그로 인하여 일어났지.

살찐 기린이 저 제단 뜰에서 노니네. 10월 한겨울에 〔우리〕 군주가 교사郊

祀를 지낼 때, 저 기린 우리 군주의 수레 앞으로 달려와 우리 군주 그것으로 제사를 지냈네. 삼대 이전에는 일찍이 이러한 〔상서로운〕 조짐 없었네.

굽혔다 폈다 하는 황룡이 지극한 덕에 감동하여 날아오르니, 그 채색이 찬란하게 빛나고 휘황찬란하네. 진정한 용이 모습을 보여 〔몽매한〕 백성을 깨우쳐 주었네. 고서에도 육룡六龍을 타고 하늘에 오른다고 하였네.

용은 천명을 받은 자가 타는 것이고 천명은 조짐으로써만 받을 뿐, 말하지 않고 사물에 기탁하여 태산에 봉선할 것을 군주에게 알려 주네.

육경을 펼쳐 보니, 하늘과 사람이 서로 합치되고 위와 아래가 서로 상서로움을 나타내어 성스러운 천자의 덕망을 찬양하는데도 성스러운 천자는 언제나 자신의 부덕함을 두려워하고 삼가네. 그러므로 "일어날 때는 반드시 쇠락할 것을 염려하고, 편안할 때는 반드시 위태롭게 될 때를 생각하라."라고 말하였지. 따라서 〔은나라〕 탕왕과 〔주나라〕 무왕은 지극히 존엄한 지위에 있으면서도 존경과 삼감을 잃지 않았으며, 순임금은 큰 법칙을 밝혀 언제나 스스로 되돌아보고 자기 잘못을 살폈으니 이런 일들을 두고 말하는 것이네.

사마상여가 죽은 지 5년이 지나서야 천자는 비로소 후토后土토지신에 제사를 지냈고, 8년 뒤에는 먼저 중악에 제례를 올렸고 태산에 봉封하고 양보산의 숙연산肅然山소산小山에서 선禪하였다.

상여가 지은 다른 글로는 「유평릉후서遺平陵侯書」, 「여오공자상난與五公子相難」, 「초목서草木書」 같은 것이 있으나 여기에는 싣지 않고 그 저서들 중 특히 공경들 사이에 이름난 것만을 기재했다.

태사공은 말한다.

"『춘추』는 드러난 사실을 추론하여 은미한 것까지 이르렀고, 『역』은 은미한 것을 바탕으로 명백한 사실에 이르고 있으며, 「대아」는 먼저 왕공王公과 대인大人의 덕을 말하여 백성에게 이르렀고, 「소아」는 비천한 자신의 행위를 말함으로써 정치의 선악을 풍자하여 왕공 대인에게까지 〔영향이〕 미쳤다. 그러므로 『춘추』, 『역』, 「대아」, 「소아」에서 말하는 것은 겉으로는 서로 다르지만 그것이 모두 덕에 합치된다는 점에서는 같다. 상여의 글에는 공허한 문사와 함부로 하는 말이 많으나 그 주된 뜻은 절약과 검소함으로 귀결된다. 이것이 『시』에서 말하는 풍간과 무슨 차이가 있겠는가? 양웅楊雄은 '사치스럽고 화려한 상여의 부는 백 가지를 칭찬하고 한 가지를 풍유하였는데 마치 정鄭나라와 위衛나라의 〔음란한〕 음악으로 치닫다가 끝에 아악雅樂을 연주하는 것과 같으니 〔본래 취지를〕 훼손시킨 것이 아닐까?'라고 말했다. 나는 그의 말 중에서 논의할 만한 가치가 있는 것만을 취해 이 편을 지었다."

58

회남 형산 열전

淮南衡山列傳

이 편은 한나라 고조의 막내아들 유장劉長과 그 아들 유안劉安과 형산왕 유사劉賜 등
세 사람의 일을 서술한 것이다. 세 사람은 잇달아 모반을 꾀하다가 주살되었으므로
세가에 들어가지 못하고 열전에 끼어들게 되었다. 유장은 성격이 포악하고 교만하여
그 형 문제가 즉위했을 때 파와 촉으로 추방되어 가다가 도중에 죽었다. 문제는 동생
을 죽였다는 비난이 두려워 회남국을 셋으로 나눠 유장의 세 아들에게 나눠 주고 왕으
로 삼았으니 유안이 회남왕이 되고, 유사가 형산왕이 되었다. 유장은 법을 자주 어기
더니 결국 모반을 일으키려다 실패하여 죽은 데 반해, 모반에 가담했던 유안이 책 읽기
와 음악을 좋아하고 백성을 보살피며 결단력 있게 행동했다는 것을 아울러 적기도 했
다. 이 편은 「여 태후 본기」, 「오왕 비 열전」, 「양 효왕 세가」 등과 상통하는 면이 있다.
사마천이 던진 질문은 왜 황제와 골육지친의 관계이면서도 대의를 펼치지 못하고 모반
이라는 극단적인 행동을 취하여 개인뿐만 아니라 사직의 위기도 자초했느냐는 것이다.
특이한 점은 오피의 입을 빌려 한 무제 때의 정치와 위청의 사람됨에 대해 다소 긍정적
평가를 내리고 있다는 것으로 『사기』의 다른 편에서 보여지는 비판적 태도와는 꽤 다
른 양상이다.
또한 모반 문제를 둘러싸고 회남왕과 오피 사이에 오가는 대화는 그 당시 긴박한 상황
속에서 군신 간의 격의 없는 정치 문화가 존재했음을 보여 준다는 데 특이점이 있다.
결국 오피는 비극적인 죽음을 맞이했지만 말이다.

원통하게 죽은 어머니를 위해 살인하다

회남의 여왕厲王 유장劉長은 한나라 고조의 막내아들이다. 그의 어머니는 본래 조나라 왕 장오張敖의 미인이었다. 고조 8년에 고조가 동원東垣에서 〔돌아오는 길에〕 조나라를 지났는데, 조나라 왕이 미인을 바쳤다. 여왕의 어머니는 고조의 총애를 받아 임신하게 되었다. 〔고조가 떠나간 뒤〕 조나라 왕 장오는 감히 그녀를 궁궐 안으로 들여놓을 수 없어 따로 밖에 궁전을 지어 그곳에서 머물도록 했다.

관고貫高 등이 반란을 꾀하여 박인柏人에서 고조를 죽이려 한 일이 발각되었다. 조나라 왕도 이 일에 연루되어 왕의 어머니와 형제와 미인들이 모조리 붙잡혀 하내河內에 갇혔다. 여왕의 어머니도 옥에 갇혔는데 옥리에게 알려 말했다.

"황상의 총애를 받아 홀몸이 아닙니다."

옥리는 곧 고조에게 그 사실을 보고하였으나, 고조는 마침 조나라 왕에게 몹시 화가 나 있던 터라 여왕 어머니의 일을 처리하지 않았다. 그래서 여왕 어머니의 동생 조겸趙兼이 벽양후辟陽侯심이기를 통해 여후에게 이 사실을 알렸다. 그러나 여후는 질투심 때문에 고조에게 말하려 하지 않았고, 벽양후 역시 애써 청하지는 않았다. 여왕 어머니가 여왕을 낳은 뒤 원한에 사무쳐 스스로 목숨을 끊자, 옥리가 여왕을 받들고 가서 고조에게 바쳤다. 고조는 뉘우치면서 여후에게 어머니가 되어 기르게 하고, 여왕 어머니를 진정眞定에 묻어 주었다. 진정은 여왕 어머니의 생가가 있고, 조상 대대로 살아온 고을이다.

고조 11년 7월에 회남왕 경포黥布가 반란을 일으켰다. 고조는 그 아들 장長을 회남왕으로 삼아 경포의 옛 땅을 다스리게 했는데 모두 네 군[1]이었다. 고조가 몸소 군사를 이끌고 가서 경포를 쳐서 무찌르자 마침내 여왕이 왕위에 올랐다. 여왕은 일찍이 어머니를 여의고 늘 여후를 의지하였다. 이런 이유로 효혜제와 여후의 시대에는 총애를 받아 다른 해를 입을까 걱정하는 일이 없었다. 마음속으로는 늘 벽양후를 원망하였지만 함부로 겉으로 드러내지는 않았다. 효문제가 즉위하자 회남왕은 자신이 황제와 가장 친하다는 생각에서 교만하게 거드름을 피우며 한나라의 법을 어기는 일이 잦았다. 그러나 황제는 형제라 하여 언제나 너그럽게 용서했다.

효문제 3년에 여왕이 입조하였는데 대단히 오만하였다. 여왕은 황제를 따라 원유苑囿에 들어가 사냥했는데, 황제와 수레를 함께 탔으며 황제를 늘 '큰형님'이라고 불렀다. 여왕은 재주와 힘을 갖추고 있었는데 그 힘이 솥을 들어 올릴 정도였다. 그는 벽양후를 찾아가 만나기를 청했다. 벽양후가 그를 만나러 나오자 소매 속에 감춰 두었던 철추를 꺼내 후려친 다음 따르던 위경魏敬에게 그 목을 베도록 했다. 여왕은 즉시 대궐로 달려가 엎드려 웃옷을 벗고 사죄하며 말했다.

"신의 어머니는 조나라 왕 사건에 연루시키지 말아야 했습니다. 당시 벽양후가 힘을 썼다면 여후의 보호를 받을 수 있었지만 간하지 않았으

---

1 구강군九江郡, 형산군衡山郡, 여강군廬江郡, 예장군豫章郡을 말한다.

니, 이것이 〔그의〕첫 번째 죄입니다. 조나라 왕 여의如意 모자는 죄를 짓지 않았는데도 여후가 그들을 죽였으나 벽양후는 간하지 않았으니, 이것이 〔그의〕두 번째 죄입니다. 여후가 여러 여씨를 왕으로 세워 유씨를 위태롭게 하고자 했으나 벽양후는 간하지 않았으니, 이것이 〔그의〕세 번째 죄입니다. 신은 삼가 천하를 위해 적신 벽양후를 주살하여 어머니의 원수를 갚고 대궐 아래 엎드려 죄를 청합니다.”

효문제는 여왕의 행동이 부모를 위하는 마음에서 나온 것이므로 가엾게 여겨 죄를 다스리지 않고 용서했다. 그러나 당시 박 태후薄太后고조의 비와 태자유계劉啓, 여러 대신은 모두 여왕을 두려워하고 꺼렸다. 이리하여 여왕은 자기 나라로 돌아와 더욱 교만하고 방자해져 한나라 법을 사용하지 않았다. 드나들 때엔 경필警蹕일반인의 통행을 금지시키는 것을 청하고, 자기 명령을 제制천자의 명령라 하며 스스로 법령을 만들어 마치 천자처럼 행동했다.

차마 법대로 다스리지 못하다

〔효문제〕6년에 남자男子관직이나 작위가 없는 성년 남성 단但 등 70명에게 극포후棘蒲侯 시무柴武의 태자 기奇와 공모하여 큰 수레 40대를 이끌고 곡구谷口에서 반란을 일으키게 하고, 민월과 흉노로 사자를 보낸 일이 있었다. 〔일이〕발각되자 〔황상은〕그 일을 치죄하기 위해 사자를 보내 회남왕을 불러들였다. 회남왕이 장안에 도착했다.

"승상인 신 장창張蒼과 전객典客소수 민족을 접대하는 직책 신臣 풍경馮敬과 행어사대부사行御史大夫事 종정宗正황족 관리를 맡아봄 신 일逸과 정위 신 하賀와 비도적중위備盜賊中尉 신 복福이 죽음을 무릅쓰고 이렇게 말씀드립니다. 회남왕 유장은 선제의 법을 폐지하고 천자의 조서를 듣지 않으며 거처하는 데에도 법도가 없으며 누런 비단 덮개를 한 〔천자용〕 수레를 타고 드나들면서 천자처럼 행세하고 있으며, 법령을 마음대로 만들고 한나라 조정의 법을 쓰지 않습니다. 또 관리를 두는 일에서는 자기 낭중인 춘春을 승상으로 삼고, 한나라 제후들의 신하나 죄가 있어 망명한 자들을 거두어 들여 숨겨 주고 머무를 집을 마련해 주는가 하면, 재물과 작위와 봉록과 전택田宅을 주었습니다. 어떤 이는 작위가 관내후에 이르고 봉록을 2000석이나 받았습니다. 이런 것들은 〔회남왕이〕 할 수 없는 일인데도 그같이 한 것은 뭔가 하고자 하는 것이 있었기 때문입니다.

대부 단但과 사오士五죄를 지어 벼슬을 잃은 사람 개장開章 등 70명은 극포후의 태자 기畸와 함께 반란을 꾀하여 종묘사직을 위태롭게 하려 하고 있습니다. 〔그들은〕 개장을 보내 유장에게 몰래 알려 민월과 흉노가 군대를 동원하게 하려 했습니다. 개장이 회남으로 가서 유장을 만났을 때 유장은 개장과 여러 차례 자리를 같이하여 이야기를 하고 음식을 나누었고, 또 그를 위해 집을 마련해 주고 아내를 얻어 주고 2000석의 봉록에 봉했습니다. 개장은 사람을 단에게 보내 이미 회남왕에게 말했다고 했습니다. 또 〔승상〕 춘은 사자를 보내 그런 사실을 단 등에게 알렸습니다.

관리가 이 일을 알고 장안의 위尉 기畸 등을 시켜 개장을 잡아 오게 했으나 유장은 그를 숨기고 내놓지 않았으며, 이전에 중위였던 간기蕑忌와 짜고 개장을 죽여 그 입을 틀어막았습니다. 그러고는 옷을 갖추어 비

릉읍肥陵邑에 묻고 관리를 속여 어디에 있는지 모른다고 말했습니다. 또 거짓으로 흙을 모아 무덤처럼 만들어 놓고 그 위에 나무를 세워 '개장이 죽어 이 밑에 묻혔다.'라고 써 놓았습니다. 유장은 제 스스로 죄 없는 한 사람을 죽이고 관리를 시켜 죄 없는 여섯 사람을 논죄하여 죽였으며, 기시에 처할 죄인 망명자를 숨겨 주고 죄 없는 사람을 잡아 그 수를 채움으로써 기시에 해당하는 죄를 지은 망명자를 벗어나게 했습니다. 제멋대로 사람에게 죄를 씌우므로 죄인들은 [억울해도] 호소할 곳이 없어서 성단용城旦春[2] 이상의 죄로 판결된 자가 14명이나 되고, 사면시켜 준 죄인은 죽을죄에 해당하는 자가 18명, 성단용 이하가 58명이나 됩니다. 또 작위를 내려 준 것이 관내후 이하가 94명입니다. 전날에 유장이 병을 앓을 때 폐하께서 걱정스러워 사자를 시켜 친서와 대추와 건포를 내려 주셨습니다. [그러나] 유장은 하사품을 받으려 하지 않고 사자를 만나려고도 하지 않았습니다.

또 남해南海에 사는 백성으로 여강군廬江郡 경내에 있는 자들이 반란을 일으키자 회남의 관리와 군사들이 이를 공격했습니다. [이때도] 폐하께서 회남 백성이 빈곤하다고 여겨 유장에게 사자를 보내 비단 5000필을 하사하여 군사들 가운데 노고가 있는 자에게 주도록 하셨습니다. 그런데도 유장은 하사받으려 하지 않으며 노고한 사람이 없다고 거짓말을 했습니다. 남해 백성 왕직王織이라는 자가 폐하께 구슬을 올리고 싶다는 글을 올렸을 때 간기는 제멋대로 그 글을 불태우고 보고하지 않았습니

---

2 '성단'이란 진나라의 형벌로서 범법자가 남자일 경우 낮에는 변방을 지키고 밤에는 성을 쌓았다. '용'은 한나라 형벌로서 여자가 죄를 지으면 곡식을 찧게 했다.

다. 그래서 관리가 간기를 불러 다스리기를 청했으나 유장은 그를 보내주지 않고 간기는 병을 앓고 있다고 거짓말을 했습니다. 또 〔승상〕 춘이 유장에게 한나라 조정에 입조하고 싶다고 청하자, 유장은 노하여 '그대는 나를 떠나 한나라에 붙기를 원하는구나.'라고 말했습니다. 유장을 마땅히 기시에 처해야 하니 신들은 법에 따라 그의 죄를 다스리기를 청합니다."

〔황제는〕 조서를 내려 말했다.

"짐은 차마 왕회남왕을 법대로 처리할 수 없으니, 그 일은 2000석을 받는 열후들과 의논하라."

"신臣 창倉, 경敬, 일逸, 복福, 하賀는 죽음을 무릅쓰고 말씀드립니다. 신들은 삼가 열후와 2000석을 받는 관원 하후영 등 43명과 함께 의논하였습니다. 모두 '유장은 법도를 받들지 않고 천자의 조서를 듣지 않았으며, 은밀히 도당 및 모반한 자들을 불러 모으고 망명자들을 후하게 대우하여 반란을 일으키려 한다.'라고 합니다. 신등은 법대로 다스려야 한다고 의논했습니다."

〔황제는〕 조서를 내려 말했다.

"짐은 차마 왕을 법대로 처리할 수 없으니, 그 일은 유장의 죽을죄를 용서하고 왕위를 폐하라."

"신 창 등은 죽음을 무릅쓰고 말씀드립니다. 유장이 큰 죽을죄를 지었는데도 폐하께서는 차마 법대로 처리하지 못하시고, 그의 죄를 용서하여 왕위만을 폐하도록 하셨습니다. 신들이 청컨대 유장을 촉군의 엄도현嚴道縣 공우邛郵로 보내고, 그 아들을 낳은 희첩들을 딸려 보내 함께 살게 하며, 또 현에서는 유장을 위해 집을 짓고 양식 등 일체를 관에서 대

주고 땔나무와 채소와 소금과 된장과 취사도구와 자리를 주게 하십시오. 신등은 죽음을 무릅쓰고 청하오니 이 일을 천하에 널리 알리십시오."

〔황제는〕 조서를 내려 말했다.

"유장의 먹을 것으로는 매일 고기 다섯 근, 술 두 말을 주시오. 미인과 재인才人 등 총애를 받은 사람 열 명이 유장을 따라가 살게 하고, 그 밖의 일은 의논한 대로 하라."

그러고는 회남왕과 함께 반역을 꾀한 자는 모조리 베어 죽였다. 이리하여 회남왕을 치거輜車덮개가 있는 수레에 태우고 현에서 현으로 차례로 호송하여 보내도록 했다.

형제는 베 한 자도 같이 입어야 하거늘

이때 원앙이 황상에게 간언하여 말했다.

"황상께서 평소 교만한 회남왕을 그대로 내버려 두시고, 엄격한 태부와 승상을 두지 않아서 이 지경에 이르게 된 것입니다. 게다가 회남왕은 사람됨이 강직한데 지금 갑자기 꺾이게 되었습니다. 신은 회남왕이 졸지에 나쁜 기후를 만나 병들어 죽을까 염려되니 이렇게 된다면 폐하께서는 아우를 죽였다는 말을 듣게 될 텐데 어찌 하시겠습니까?"

황제가 말했다.

"나는 이 일로 고심하고 있을 뿐이오. 〔그가 잘못을 깨달으면〕 지금 돌아오게 할 생각이오."

각 현마다 회남왕을 호송하는 자들은 모두 수레 포장을 봉한 채 감히 열려 하지 않았다. 그래서 회남왕은 시종에게 일러 말했다.

"누가 나를 용감한 사람이라고 했는가? 내가 어떻게 용감한 사람이 될 수 있겠는가? 나는 교만해서 내 허물을 들으려 하지 않아 이 지경에 이르렀다. 사람이 일생 동안 어떻게 이처럼 걱정하고 번민하며 지낼 수 있겠는가?"

그러고는 굶어 죽었다. 수레가 옹현雍縣에 이르러 옹현 현령이 수레의 봉한 문을 열고야 비로소 [황제에게] 왕의 죽음을 알렸다. 황제는 소리 내어 울고 몹시 슬퍼하면서 원앙에게 말했다.

"내가 그대의 말을 듣지 않아 결국 회남왕을 잃었소."

원앙이 말했다.

"어쩔 수 없는 일입니다. 바라건대 폐하께서는 스스로 마음을 너그럽게 가지십시오."

황제가 말했다.

"어떻게 하라는 말이오?"

원앙이 말했다.

"단지 승상과 어사의 목을 베어 천하에 사과하면 됩니다."

황제는 곧 승상과 어사에게 명하여 각 현에서 회남왕을 호송하면서 수레의 봉한 문을 열지 않은 자, 음식을 보낸 자, 시중을 든 사람을 모조리 잡아들여 모두 기시에 처했다. 그리고 열후의 예로써 회남왕을 옹현에 묻고 그 무덤을 지키는 서른 호를 두었다.

효문황제 8년에 황제는 회남왕을 가엾게 여겼다. 회남왕에게는 아들이 네 명 있었는데 모두 나이가 일고여덟 살로 어렸다. 아들 유안劉安을 부릉후阜陵侯로, 유발劉勃을 안양후安陽侯로, 유사劉賜를 양주후陽周侯로, 유량劉良을 동성후東成侯로 각각 봉하였다.

효문제 12년에 민간에서는 회남의 여왕을 위해 다음과 같은 노래를 지어 불렀다.

베 한 자도 오히려 꿰매어 입을 수 있고
곡식 한 말도 오히려 찧어 나눌 수 있는데
형제 두 사람은 서로 용납하지 못하네.

황제는 이 노래를 듣고 탄식하며 말했다.

"요임금과 순임금은 골육을 내쫓았고, 주공은 관숙과 채숙을 죽였어도 천하에서는 그들을 성인이라 부른다. 무엇 때문인가? 사사로움으로써 공적인 것을 해치지 않았기 때문이다. 천하는 어찌하여 짐이 회남왕의 땅을 탐냈다고 할까?"

이리하여 성양왕城陽王을 회남의 옛 땅으로 옮겨 왕으로 삼고, 회남왕을 추존하여 여왕이라는 시호를 내렸으며, 능원을 만들어 제후왕으로서의 위의를 갖추어 주었다.

여왕의 세 아들

효문황제 16년에 회남왕 희흡를 옛 성양왕으로 회복시켰다. 황제는 회남의 여왕이 한나라 법을 폐지하고 따르지 않다가 스스로 나라를 잃고 일찍 죽은 것을 불쌍히 여겨 그의 세 아들을 왕으로 세웠다. 〔즉〕 부릉후 유안을 회남왕으로, 안양후 유발을 형산왕으로, 양주후 유사를 여강왕으로 삼아 세 사람에게 모두 여왕 때의 봉지를 다시 얻게 해 주고 나누어 다스리게 했다. 동성후 유양은 이 일 이전에 죽어 후사가 없었다.

효경황제 3년에 오, 초 등 일곱 나라가 반란을 일으켰다. 오나라 사자가 회남에 이르자 회남왕은 군사를 출동시켜 호응하려고 했다. 회남왕의 승상이 말했다.

"대왕께서 굳이 군사를 출동시켜 오나라에 호응하실 생각이면 신이 이 장수가 되길 바랍니다."

그래서 왕은 승상에게 군사를 맡겼다. 회남의 승상은 군대를 거느리게 되자 성을 굳게 지킬 뿐 왕의 명령을 듣지 않고 한나라를 도왔다. 한나라도 곡성후曲城侯를 장수로 삼아 회남을 구원하게 하여 그로 인해 회남은 온전할 수 있었다. 오나라 사자가 여강에 이르렀으나 여강왕은 응하지 않고 월나라로 사자를 보내 연락을 취했을 뿐이었다. 오나라 사자가 형산에 이르렀으나 형산왕은 굳게 지키면서 〔한나라에 대해〕 두마음을 품지 않았다. 효경제 4년에 오나라와 초나라는 패하고 형산왕이 한나라에 입조했다. 황제는 형산왕을 곧고 믿음이 있다고 여겨 그의 노고를 위로하여 말했다.

"남쪽은 지대가 낮고 습한 곳이다."

그러고는 형산왕을 옮겨 제북왕濟北王으로 삼았으니 그를 포상한 것이다. 〔형산왕이〕 죽자 정왕貞王이란 시호를 내렸다. 여강왕은 월나라와 이웃하고 있어서 여러 차례 사자를 보내 서로 왕래했기 때문에 형산왕으로 옮겨 봉하고 강북江北 땅을 다스리도록 했다. 회남왕은 예전처럼 그대로 두었다.

혜성 출현은 반란의 징조이다

회남왕 유안은 사람됨이 책 읽기와 거문고 타기를 즐기고 주살을 쏘아 사냥하거나 말을 달리는 것 따위는 좋아하지 않았다. 또 음덕을 베풀어 백성을 두루 보살피며 명성을 천하에 떨치려고 했다. 그는 때때로 여왕의 죽음을 원망하여 반란을 일으키려고 했으나 아직 이유를 찾지 못했다.

건원 2년에 회남왕이 [한나라에] 입조하였다. [회남왕은] 평소 무안후武安侯와 가까이 지냈다. 당시 무안후는 태위로 있었는데, 회남왕을 패상霸上에서 맞아 함께 얘기하며 말했다.

"지금 황상에게는 태자가 없습니다. 왕께서는 고황제의 손자로서 인의를 실행하고 있다는 것을 온 천하가 다 알고 있습니다. 황상께서 하루아침에 돌아가시면 대왕이 아니고 누가 자리를 감당하겠습니까?"

회남왕은 크게 기뻐하면서 무안후에게 금과 재물을 후하게 보내 주고, 은밀히 빈객들과 결탁하여 백성을 어루만지고 위로하며 반역을 꾀하였다.

건원 6년에 혜성이 나타나자 회남왕은 마음속으로 이것을 이상하게 여기고 있었는데, 어떤 사람이 회남왕을 설득하여 말했다.

"앞서 오나라 군사가 반란을 일으켰을 때에도 혜성이 나타났는데, 그 길이는 몇 자에 지나지 않았습니다만 피를 1000리나 흘렸습니다. 지금 혜성의 길이는 하늘을 덮을 지경이니 천하의 군사들이 크게 일어날 것이 분명합니다."

회남왕은 속으로 황상에게는 태자가 없으니 천하에 변란이 일어나면 제후들은 서로 다툴 것이라고 생각하였다. 그래서 무기와 전쟁에 필요한 모든 병기를 만드는 데 더욱 힘쓰고, 돈을 모아 군국郡國 제후들의 유사游士와 기이한 재능을 가진 사람들을 매수했다. 여러 변사와 방략方略을 일삼는 자들이 괴상한 말을 지어 왕에게 아첨하자, 왕은 기뻐서 많은 돈을 내리니 반역의 음모는 더욱 심해져 갔다.

회남왕에게는 유릉劉陵이라는 딸이 있는데 슬기롭고 말재간이 있었다. 회남왕은 유릉을 몹시 사랑하여 늘 많은 돈을 주고 장안에 머물게 하면서 황상의 측근들과 교제하며 정탐하게 했다.

꿈틀대는 반역 음모

원삭 3년에 황상은 회남왕에게 안석과 지팡이를 내리고 입조하지 말라고 했다. 회남왕의 왕후는 도荼인데 왕의 총애를 받았다. 왕후는 태자 천遷을 낳았고, 천은 왕황태후王皇太后효무제의 어머니의 외손인 수성군修成君의 딸을 맞아 비로 삼았다. 왕은 반역 음모를 태자비가 눈치채어 이 일이 밖으로 새 나가게 될까 두려워, 태자와 모의하여 그녀를 사랑하지 않는 것처럼 꾸미고 석 달 동안 〔비와〕 자리를 같이하지 않도록 했다. 왕은 태자에게 거짓으로 화를 내고 태자를 비와 석 달 동안 한곳에 있도록 하고 문을 봉쇄했으나 태자가 끝내 비를 가까이하지 않았다. 비가 돌아가고 싶다고 간청하니, 왕은 〔황상에게〕 글을 올려 사죄하고 그녀를 돌려보냈다. 왕후 도와 태자 천과 딸 능은 왕의 총애를 믿고 나라의 권세를 마음대로 휘둘러 백성의 밭과 집을 빼앗고 사람들을 멋대로 잡아들여 옥에 가두곤 했다.

원삭 5년에 태자는 검술을 배웠는데 자기와 견줄 자가 아무도 없다고 여겨, 낭중 뇌피雷被가 검술이 뛰어나다는 소문을 듣고는 그를 불러 겨루었다. 뇌피는 거듭 사양하다가 잘못하여 태자를 찌르게 되었는데 태자가 화를 내므로 뇌피는 두려워했다. 당시는 군대에 나가기를 원하는 사람이 있으면 곧바로 경사京師로 보내 주었으므로 뇌피는 흉노를 물리치는 일에 온 힘을 다하기를 원했다. 그러나 태자 천이 왕에게 뇌피에 대해 수시로 중상모략을 일삼자, 왕은 낭중령에게 그를 배척하고 파면시키도록 하였다. 이렇게 함으로써 뒷사람들이 감히 따라 하지 못하도록 경계시키려 한 것이다. 뇌피가 도망쳐 장안에 이르러 글을 올려 자신의 입장을 밝히자, 〔황상은〕 정위와 하남군에 조서를 내렸다. 하남을 조사하다가 회남의 태자를 체포하려고 하자 왕과 왕후는 태자를 넘겨주지 않을 방법을 생각하다가 군사를 동원하여 반란을 일으킬 계략을 꾸몄다. 하지만 계획이 미루어져 열흘 넘도록 결정을 내리지 못하고 있는 사이에 마침 태자를 심문하라는 조서가 내려왔다. 이때 회남의 재상은 수춘壽春의 승丞죄수의 형벌 담당 관리이 태자의 체포를 미루고 넘겨주지 않는 것에 노여워하며 승의 불경을 탄핵하려 했다. 이에 회남왕은 재상에게 부탁했으나 재상이 받아들이지 않자 회남왕은 사신을 보내 글을 올려 재상을 고발했다. 〔황상이〕 정위를 시켜 그 사건의 진상을 밝히도록 하니 왕도 그 일에 관련되었음이 드러났다. 회남왕은 사람을 보내 조정에 있는 공경들의 동향을 살펴보게 하였는데, 공경들이 회남왕을 체포하여 사건을 처리하도록 주청하였다. 왕이 일이 발각될까 두려워하자 태자 천이 꾀를 내어 말했다.

"한나라가 사신을 보내 왕을 체포하려 하거든, 왕께서는 사람을 시켜 위사衛士의 옷을 입고 어전 안에서 창을 들고 서 있다가 왕의 곁에서 이상한 행동이 있으면 바로 사신을 찌르십시오. 신도 사람을 시켜 회남의 중위中尉를 찔러 죽이겠습니다. 그러고 나서 군사를 일으켜도 늦지 않을 것입니다."

이때 황상은 공경들의 요청을 받아들이지 않고 한나라 중위 은굉殷宏을 보내 회남왕을 심문하고 조사하도록 했다. 회남왕은 한나라 사신이 온다는 소식을 듣고 태자의 계책에 따라 손을 써 두었다. 한나라 중위가 도착했는데 회남왕이 그 얼굴빛을 살펴보니 부드럽고, 왕을 심문하는 데도 뇌피를 파면한 내용만을 물을 뿐이었다. 왕은 어떤 〔위험한〕 일이 없을 것으로 스스로 판단하고 반란을 일으키지 않았다. 중위는 〔조정으로〕 돌아와 들은 사실을 보고했다. 〔회남왕을〕 치죄하도록 요청했던 공경들이 말했다.

"회남왕 유안은 흉노를 힘써 물리치려고 한 뇌피 등을 가로막아 밝은 조서가 실시되지 못하게 방해했으니 마땅히 기시에 처해야 됩니다."

〔황상이〕 조서를 내려 허락하지 않았다. 공경들이 왕위를 폐하라고 청했으나 〔황상은〕 또 조서를 내려 허락하지 않았다. 공경들이 회남왕의

봉지 중 다섯 현을 삭감하기를 청했으나 황상은 두 현만을 삭감하도록 했다. 중위 은굉을 시켜 회남왕의 죄를 용서하고 땅을 삭감하는 벌만을 내리게 했다. 중위는 회남 경계로 들어가 왕을 용서한다고 선언했다. 왕은 처음에 한나라 공경들이 자기를 베어 죽이라고 요청했다는 말은 들었으나, 봉토를 깎는 벌을 주었다는 말은 듣지 못했다. 그래서 한나라 사신이 온다는 말을 듣자 체포될까 봐 겁내며 태자와 전처럼 사자를 찔러 죽일 계책을 세웠다. 그런데 중위가 도착하여 왕을 축하하므로 왕은 군사를 일으키지 않았다. 그 뒤 왕은 혼자 슬퍼하며 말했다.

"나는 인의를 행했다가 봉토를 깎였으니 참으로 부끄럽다."

그러나 회남왕은 봉토를 깎인 뒤에도 반역의 음모가 더욱 심해졌다. 장안에서 온 사신들은 터무니없는 말들을 지껄여 황상에게는 아들이 없고 한나라는 제대로 다스려지지 않고 있다고 하면 기뻐했지만, 한나라 조정이 제대로 다스려지고 [뒤를 이을] 아들이 있다고 하면 화를 내면서 그것은 요사스러운 말로서 옳지 않다고 하였다.

왕이 천하를 버리지 천하가 왕을 버리는 일은 없다

회남왕은 밤낮으로 오피伍被, 좌오左吳 등과 여지도輿地圖전국 지도를 들여다보면서 군대로 한나라를 침입할 곳과 부서를 정했다. 왕이 말했다.

"황상께는 태자가 없으니 황상께서 돌아가시기라도 한다면 한나라 조정의 신하들은 틀림없이 교동왕膠東王이나 아니면 상산왕常山王을 부를 것이고, [그렇게 되면] 제후들은 서로 맞서 싸울진대 내 이를 대비하지 않을 수 있겠는가? 또 나는 고조의 손자로서 몸소 인의를 실행해 왔고 폐하께서 나를 후대해 주었으므로 지금까지 참아온 것이다. 그러나 폐하께서 돌아가시기라도 한다면 내 어찌 북면北面하여 신하 노릇을 하며 어린 것들을 [임금으로] 섬길 수 있겠는가?"

왕은 동궁東宮에 들어앉아 오피를 불러 함께 의논하여 말했다.

"장군은 [전殿으로] 오르시오."

오피는 창백해진 얼굴로 말했다.

"황상께서는 대왕을 너그럽게 용서하셨는데, 왕께서는 또다시 어찌하여 나라를 망칠 말씀을 하십니까? 신이 듣건대 옛날 오자서가 오나라 왕에게 간언했지만 오나라 왕이 받아들이지 않자 '신은 이제 사슴들이 고소대姑蘇臺에서 노는 것을 볼 것입니다.'라고 말했다고 합니다. 이제 신도 궁중에 가시덤불이 무성하게 자라고 이슬에 옷이 젖는 것을 보게 될 것입니다."

회남왕은 노여워서 오피의 부모를 붙잡아 석 달이나 가둬 두었다. 다시 [오피를] 불러 물었다.

"장군은 과인의 뜻에 찬성하겠소?"

오피가 말했다.

"못합니다. 신이 단지 온 것은 대왕을 위해 계책을 세워 드리기 위해서입니다. 신이 듣건대 '귀가 밝은 사람은 소리 없는 곳에서 듣고, 눈이 밝은 사람은 형상이 없는 곳에서 본다.'라고 합니다. 그러므로 성인은 모든 행동에 만전을 기합니다. 옛날 주나라 문왕은 한 번 움직여 그 공을 천세千世에까지 나타내어 삼대에 나열되었습니다. 이는 이른바 하늘의 뜻을 따라 움직인 것으로, 해내海內는 기약도 하지 않았는데 그를 따랐습니다. 이것은 1000년 전 일이지만 본받아야 합니다. 100년 전 진나라와 근세의 오나라, 초나라를 보면 또한 국가가 존재하는 경우와 망하는 경우를 알기에 충분합니다. 신도 감히 오자서와 같은 죽음을 피하려 하지 않으니, 대왕께서도 오나라 왕처럼 충성스러운 간언을 받아들이지 않는 일이 없으시기 바랍니다.

옛날 진나라는 성인의 도를 끊고 술사術士를 죽이며 『시』와 『서』를 불사르고, 예의를 버리고 속임수와 폭력만 숭상하고, 임의로 형벌을 사용하고 해변에서 생산되는 곡식을 서하西河황하로 실어 보냈습니다. 당시 남자들은 애써 농사를 지어도 술지게미와 쌀겨조차 넉넉히 먹을 수 없고, 여자들은 길쌈을 해도 옷으로 제 몸조차 제대로 가릴 수 없었습니다. 또 몽염을 보내 동서 수천 리에 걸쳐 장성을 쌓느라 군사들은 몸을 비바람에 그대로 내맡기고 장수들도 노숙하였는데, 그 수가 수십만 명에 달했습니다. 죽은 사람은 이루 다 헤아릴 수 없이 많고 시체는 1000리에 이어졌으며, 들판은 흐르는 피로 물들었습니다. 백성은 힘이 다하여 반란을 일으키려는 사람이 열 집 중 다섯 집은 되었습니다.

또 서복徐福을 바다로 보내 기이한 물건을 찾아오게 했습니다만 서복은 돌아와 이렇게 거짓말했습니다.

'신이 바다 속으로 들어가 대신大神을 만났는데 대신이 저에게 서황西皇시황제의 사신이냐고 묻기에, 신은 그렇다고 대답했습니다. 대신이 무엇을 찾느냐고 물어서 오래 살 수 있는 약을 얻고 싶다고 했습니다. 대신은 진나라 왕의 예물이 적으므로 그 약을 볼 수는 있으나 가져갈 수는 없다고 하고는 신을 데리고 동남쪽에 있는 봉래산蓬萊山으로 가서 영지靈芝로 만들어진 궁궐을 보여 주었습니다. 사자가 있는데 구릿빛에 용 모습을 하였으며, 그 광채가 하늘을 가득 비추었습니다. 그래서 신이 두 번 절하고 어떤 물건을 바치면 되겠느냐고 물었더니 해신海神은 좋은 집 안의 사내아이와 계집아이, 그리고 온갖 장인匠人들을 바치면 약을 얻을 수 있다고 했습니다.'

진나라 황제는 크게 기뻐하여 좋은 집안의 사내아이와 계집아이 3000명을 보내고, 이들에게 오곡과 온갖 장인匠人들을 주었습니다. 그렇 지만 서복은 평평한 들판과 드넓은 못이 있는 곳까지 오더니 〔그곳에〕 머물러 왕 노릇을 하며 다시 돌아오지 않았습니다. 이리하여 백성은 비 통해하고 서로 그리워하면서 반란을 일으키기를 원하는 사람이 열 집에 여섯 집은 되었습니다.

또 위타를 시켜 오령五嶺을 넘어 백월百越월나라에는 마을이 많기 때문에 이 렇게 부름을 치게 했습니다. 그러나 위타는 중원이 극도로 황폐해졌음을 알고 〔그곳에〕 머물러 왕 노릇을 하며 돌아오지 않았습니다. 그리고 사 람을 보내 글을 올려 사졸들의 옷을 수선해야 한다며 출가하지 않은 여 자 3만 명을 요구했습니다. 진나라 황제는 1만 5000명만을 허락했습니 다. 이리하여 백성은 마음이 기왓장 부서지듯 흩어지고 반란을 일으키 려 한 사람이 열 집 가운데 일곱 집이나 되었습니다.

어느 빈객이 고황제에게 '때가 왔습니다.'라고 말했습니다. 고황제께서 는 '잠깐 기다려라. 성인이 동남쪽에서 일어날 것이다.'라고 했습니다. 〔그 로부터〕 1년이 채 못 되어 진승과 오광이 일어났습니다. 고제께서 풍읍 豐邑과 패현沛縣에서부터 한 차례 의병을 일으키자 천하는 기약하지도 않았는데 호응해 온 사람이 헤아릴 수 없을 정도로 많았습니다. 이는 이른바 약점을 노려서 틈을 엿보는 것으로서 진나라가 멸망하는 시기를 타고 일어난 것입니다. 백성이 바라는 것은 가뭄에 단비를 기다리는 것과 같았기 때문에 대오 속에서 일어나 즉위하여 천자가 될 수 있었습니다. 그 공업功業은 삼왕보다 높고 덕은 끝없이 전해졌습니다.

〔그런데〕 이제 대왕께서는 고황제께서 천하를 쉽게 차지한 것만을 보고, 근세의 오나라와 초나라는 왜 보지 않으십니까? 대체로 오나라 왕은 명호名號를 받아 유씨의 좨주祭酒³가 되었고, 한나라에 입조하지 않아도 되는 혜택을 받았으며, 사군四郡동양東陽, 장장, 오吳, 예장豫章 백성의 왕이 되어 봉지가 사방 수천 리나 되었습니다. 안으로는 구리를 끓여 돈을 만들고, 동쪽에서는 바닷물을 끓여 소금을 만들며, 위에서는 강릉의 나무를 베어 배를 만들었습니다. 그 배 한 척에 실을 수 있는 양은 중원의 수레 수십 대에 맞먹었습니다. 나라는 부유하고 백성은 많았습니다. 주옥과 황금과 비단을 나누어 제후와 종실과 대신들에게 뇌물로 주었으나, 〔외척〕 두씨竇氏만은 참여하지 않았습니다. 그리하여 계책이 정해지고 모의가 이루어지자 군사를 일으켜 서쪽으로 나갔습니다. 그러나 대량大梁에서 깨지고 호보狐父에서 패하여 쫓겨 달아나 동쪽 단도丹徒에 이르렀으나 월나라 사람에게 사로잡혀 자신은 죽고 제사도 끊어져 천하의 웃음거리가 되었습니다. 저 오나라와 초나라의 무리로도 성공할 수 없었던 것은 무엇 때문입니까? 실로 천도天道를 거스르고 때를 알지 못했기 때문입니다. 지금 대왕의 군사와 백성은 오나라와 초나라의 10분의 1도 안

---

3 고대 향연饗宴 때 술을 부어 신에게 제사 지내던 우두머리인데, 나중에는 나이가 많거나 지위가 높은 사람을 가리키는 뜻으로 쓰이게 되었다.

되고, 천하는 진나라 때보다 만 배나 안정되어 있습니다. 바라건대 대왕께서는 신의 계책을 따라 주십시오. 만일 대왕께서 신의 계책을 따르지 않으신다면 이제 대왕의 일은 반드시 실패할 것이며, [반란을 일으키려 한다는] 말이 먼저 새어 나가는 것을 보게 될 것입니다.

신이 들건대 미자微子는 고국을 지나다가 슬퍼하여 「맥수지가麥秀之歌」를 지었는데, 이것은 주왕이 왕자 비간의 말을 듣지 않은 것을 비통해한 것입니다. 그러므로 『맹자』에 '주왕은 천자의 높은 지위에 있었으나 죽어서는 필부만도 못하다.'라고 하였습니다. 이것은 주왕 스스로 천하를 저버린 지 오래된 것이지, 그가 죽은 날에 천하가 그를 버린 게 아닙니다. 지금 신도 대왕께서 천승의 임금을 버리려 하는 것을 남몰래 슬퍼합니다. [장차 조정에서] 목숨을 끊으라는 글을 내리시면 신하들보다 앞서서 이 동궁에서 죽겠습니다.”

여기까지 이르자 회남왕은 가슴이 답답하고 울적해져 눈물을 떨구었다. [오피는] 곧바로 일어나 계단을 한 걸음씩 밟고 물러갔다.

안정된 때 일으키는 반란은 실패한다

회남왕에게 유불해劉不害라는 서자가 있었는데, [자식 중에서] 나이가 가장 많았으나 왕은 총애하지 않았고, 왕이나 왕후나 태자 모두 유불해를 자식이나 형제로 생각하지도 않았다. 유불해에게는 유건劉建이라는 아들이 있었는데 재능이 뛰어나고 기개가 있었으며, 늘 태자가 자기 아버지를 돌보지 않음을 원망하였다. 또 당시 제후는 모두 자제들에게 봉토를 나눠 주어 후侯로 삼을 수 있었는데, 회남왕은 아들이 둘밖에 없는데도 한 사람은 태자로 삼고 유건의 아버지는 후로 삼지 않으므로 원망하였다. 그래서 유건은 남몰래 다른 사람과 결탁해 태자를 고발하여 몰아내고 자기 아버지가 그를 대신하게 하려고 했다. 그러나 태자가 그것을 알아차리고 유건을 여러 차례 붙들어 묶고 매질했다. 유건은 태자가 한나라 중위를 죽이려 한 음모를 알고 있으므로, 알고 지내던 수춘현 사람 장지莊芷를 시켜 원삭 6년에 〔다음과 같은〕 글을 천자에게 올리도록 했다.

독한 약은 입에 쓰지만 병에 좋고, 충성된 말은 귀에 거슬리지만 행하는 데 도움이 된다고 합니다. 지금 회남왕의 손자 유건은 재능이 뛰어난 사람이지만 회남왕의 왕후 도荼와 도의 아들 태자 천遷이 늘 유건을 시기하여 해치려고 합니다. 유건의 아버지 불해는 아무런 죄도 짓지 않았는데 멋대로 건을 잡아 가두고 죽이려 한 것이 여러 차례입니다. 지금 유건이 살아 있으니 그를 불러 물어보시면 회남왕이 은밀하게 하고 있는 일까지 다 알 수 있을 것입니다.

글을 들은 황상은 이 사건을 정위에게 내려 주었고, 정위는 하남에 내려 다스리도록 했다. 이때 벽양후의 손자 심경審卿은 승상 공손홍과 친한 사이였는데, 회남의 여왕이 그 할아버지를 죽인 것에 원한을 품고 있었다. 심경은 공손홍에게 회남의 일을 부풀려 말했다. 공손홍은 회남에 반역의 음모가 있는 것으로 의심하여 이 사건을 철저히 규명하도록 했다.

하남에서 유건을 심문하자, 그의 말은 회남의 태자와 그 일당에게까지 미쳤다. 회남왕은 이를 걱정하여 반란을 일으키려고 오피에게 물었다.

"한나라 조정은 다스려지고 있소? 어지럽소?"

오피가 말했다.

"천하는 다스려지고 있습니다."

왕은 마음속으로 탐탁지 않게 여기며 오피에게 물었다.

"공은 무엇으로 천하가 다스려진다고 말하시오?"

오피가 대답했다.

"신이 가만히 조정의 정치를 살펴보니 군주와 신하의 의義, 아버지와 아들의 친親, 남편과 아내의 별別, 어른과 어린아이의 서序가 모두 그 도리를 얻었고 황제의 모든 행동은 옛 도를 따르고 있으며 풍속과 기강에도 빠진 것이 없습니다. 많은 물건을 실은 부유한 장사치들은 천하를 두루 돌아다녀도 길이 통하지 않는 곳이 없습니다. 외국과 교역의 길도 트여 있고, 남월은 복종하고 강羌과 북북僰은 입조하여 조공을 바치고 있으며, 동구東甌는 들어와 항복하고 장유長楡의 요새를 넓히고 삭방군을 개척하니 흉노는 힘이 꺾이고 상하여 원조마저 잃고 힘을 떨치지 못하고 있습니다. 옛날 태평스러운 시대에는 미치지 못하지만 다스려지고 있다고 할 수 있습니다."

회남왕이 화를 내자 오피는 죽을죄를 지었다며 사과했다. 왕은 오피에게 또 이렇게 말했다.

"산동에서 전쟁이 일어나면 한나라는 반드시 대장군 위청을 장수로 삼아 산동을 제압하려 할 것이오. 공은 대장군을 어떤 인물로 생각하시오."

오피가 대답했다.

"신이 잘 아는 황의黃義라는 자가 대장군을 따라 흉노를 친 일이 있었는데 돌아와 뒤에 신에게 이렇게 말했습니다. '대장군은 사대부를 대하는 데 예의가 바르고 사졸들에게 은덕이 있어 사람들은 모두 대장군을 위해 쓰이기를 좋아한다. 말을 타고 산을 오르내리는 것이 마치 날아다니는 것 같고, 그의 재간은 다른 사람들보다 뛰어나다.' 신은 대장군의 재능이 이 같은 데다가 여러 차례 장수가 되어 군사 업무를 익혔다고 하니 감당하기란 쉬운 일이 아니라고 생각합니다. 알자 조량曹梁이 장안에 사신으로 다녀와서 '대장군은 호령이 분명하고, 적을 대할 때는 용감하여 언제나 사졸들의 맨 앞에 섭니다. 군막을 치고 쉴 때 우물을 파서 물이 충분하지 않으면 사졸들이 물을 다 마신 뒤에야 자기가 마십니다. 군대를 후퇴시킬 때에는 사졸들이 모두 강을 건넌 뒤에 건넙니다. 황태후가 내린 돈이나 비단은 군리들에게 모두 나눠 줍니다. 옛날의 명장이라 할지라도 대장군보다 훌륭하지는 않을 것입니다.'라고 했습니다."

　회남왕은 아무 말이 없었다.

재앙은 알 수 있지만 복은 알 수 없다

　회남왕은 유건이 불려가 심문받는 것을 보고 나라의 음모가 탄로날까 두려워 군사를 일으키려고 했다. 그러나 오피가 어렵다고 하므로 회남왕은 다시 오피에게 물었다.

　"공의 생각으로는 오나라가 군사를 일으킨 것이 옳소? 그르오?"

오피가 대답했다.

"그르다고 생각합니다. 오나라 왕은 지극히 부귀했으므로 일을 일으킨 것은 옳지 않습니다. 그 자신은 단도에서 죽어 머리와 발이 따로 떨어지고 자손 중에 살아남은 자가 없습니다. 신이 듣건대 오나라 왕은 이 일을 몹시 후회했다고 합니다. 바라건대 왕께서는 이것을 깊이 살펴서 오나라 왕처럼 후회할 일을 하지 마시기 바랍니다."

회남왕이 말했다.

"대장부가 〔모반한다는 말을 했으면 그〕 한마디를 위해 죽기를 원하오. 오나라 왕이 어찌 반역의 방법을 알았겠소? 한나라의 장수로 성고成皐를 지나는 자가 하루에 마흔 명가량이나 된다고 하지만 지금 나는 누완樓緩에게 먼저 성고 어귀를 차단하게 하고, 주피周被에게 영천군의 군사를 움직여 환원轘轅과 이궐伊闕의 길목을 막게 하며, 진정陳定에게 남양南陽의 군사를 일으켜 무관武關을 지키게 하면 하남 태수는 혼자 낙양을 지키게 되니 걱정할 필요가 없소. 그러나 이들 북쪽으로는 아직도 임진관臨晉關과 하동河東과 상당上黨과 하내河內와 조나라 등이 있소. 사람들은 '성고 어귀를 끊으면 천하는 통하지 않는다.'라고 말하오. 삼천三川이수, 낙수, 하수의 험난한 지형에 의지하여 산동의 군사를 부르는 것이오. 일을 일으키는 것이 이와 같다면 공은 어떻게 생각하시오?"

오피가 말했다.

"신은 그 재앙은 알 수 있지만 그 복은 알 수 없습니다."

회남왕이 말했다.

"좌오左吳와 조현趙賢과 주교여朱驕如는 모두 복이 있어 열에 아홉은 성공한다고 보는데 공만 혼자 재앙만 있고 복이 없다고 하니 어째서 그렇소?"

"왕의 여러 신하 가운데 가까이 두고 총애하던 자 중에 평소 사람을 잘 통솔할 수 있던 자는 모두 조옥詔獄[4]에 끌려가 갇혀 있습니다. 지금 남은 사람 중에는 쓸 만한 이가 없습니다."

회남왕이 말했다.

"진승과 오광은 송곳을 세울 만한 땅조차 없었으나 1000명의 무리를 모아 대택大澤에서 일어나 팔을 휘두르며 크게 외치자 천하가 호응했고, 서쪽으로 나아가 희수戲水에 이르렀을 때에는 군사 120만 명을 가지게 되었소. 지금 우리 나라는 비록 작기는 하지만 정예 군사만도 10여만 명이나 되오. 이들은 (죄를 지어) 변방에서 국경을 지키던 무리도 아니고, 무기도 낫이나 끌이나 나무를 베는 도구가 아니오. 그런데 경은 어째서 재앙만 있고 복이 없다고 하시오?"

오피는 이렇게 말했다.

"지난날 진나라는 무도한 짓을 일삼아 천하 백성을 손상시키고, 만승의 수레를 동원하여 아방궁을 짓고, 백성 수입의 대부분을 세금으로 거둬들이고, 마을에서 소외된 백성을 징발하여 변방으로 보내 지키도록 했습니다. 그로 인해 아버지는 자식을 돌보지 못하고, 형은 아우를 지켜줄 수 없었습니다. 정치는 가혹하고 형벌은 준엄하여 천하는 마치 활활 타오르는 불속에 있는 것만 같고, 백성은 모두 목을 길게 빼고 갈망하며 귀 기울여 듣고 슬피 부르짖으며 하늘을 우러러보고 가슴을 치며 천자

4 황제의 조서를 받아 일을 처리하거나 죄인을 치죄하던 곳이다.

를 원망했습니다. 그렇기 때문에 진승이 크게 외치자 천하가 호응한 것입니다. 그렇지만 지금 폐하께서는 천하에 군림하며 다스리고 해내를 통일시켜 널리 백성을 사랑하고 덕을 펴고 은혜를 베풀고 있으므로 입을 열어 말하기도 전에 그 소리는 우레보다 빠르게 전해지고, 조령詔令을 내리기도 전에 신처럼 교화되며, 마음속에 생각하는 것이 있으면 그 위엄은 만 리까지 움직입니다. 아래에서 위에 호응하는 것이 마치 그림자가 형체를 따라가고 메아리가 소리에 응하는 것과 같습니다. 또 대장군 위청의 재능은 장한章邯이나 양웅楊熊에 비할 정도가 아닙니다. 대왕께서는 진승과 오광을 들어 비유하시는데 신은 잘못이라고 생각합니다."

회남왕이 말했다.

"만일 공의 말과 같다면 요행조차 바랄 수 없다는 것이오?"

오피가 말했다.

"신에게 어리석은 계책이 있습니다."

회남왕이 말했다.

"무엇이오?"

오피가 말했다.

"지금 제후들은 다른 마음을 가지고 있지 않고, 백성은 원망하는 기색이 없습니다. 삭방군 땅은 넓고 강물과 초목은 아름답지만 옮겨 사는 사람이 적어서 그 땅을 채우지 못하고 있습니다. 신의 어리석은 계책이란 승상과 어사가 주청하는 글을 위조하여 군국의 호걸과 협객, 그리고 내죄耐罪2년 이상의 도형徒刑 판결을 받은 죄 이상의 죄인들은 사면령을 내려 그 죄를 용서하고, 50만 이상의 재산을 가진 사람은 모두 그 권속을 북쪽 군국으로 옮겨 가도록 하며, 군사들을 자주 보내 그들이 빨리 모여 출발하도록 다그치라고 요청하는 것입니다. 또 좌우도사공左右都司空과 상림上林과 중도관中都官 등이 칙명에 따라 죄인을 다스리는 문서를 위조하여 제후들의 태자와 총애하는 신하들을 체포하게 하는 것입니다. 이같이 하면 백성은 [천자를] 원망하고 제후들은 두려워할 것입니다. 이때에 변사들을 보내 설득시키면 혹시 요행으로 열에 하나쯤은 얻을 수 있을 것입니다."

회남왕이 말했다.

"그것도 좋소. 그러나 나는 그렇게까지 되지는 않을 것이라 생각하오."

이리하여 회남왕은 관노官奴를 궁중으로 들여보내 황제의 옥새와 승상, 어사, 대장군, 군리, 중中2000석[5], 도관령都官令, 승丞의 인과 가까운 군의 태수, 도위의 인과 한나라 사자의 관冠을 만들어 오피의 계책대로 하려고 했다. 또 사람을 시켜 거짓으로 죄를 지은 것처럼 꾸며 서쪽장안으로 들어가 대장군과 승상을 섬기는 척하다가 하루아침에 군사를 일으키면 그들을 시켜 대장군 위청을 찔러 죽이고 승상을 설득하여 항복시키는 것은 [머리에서] 두건을 벗는 것처럼 쉬운 일이라고 생각했다.

---

5 한나라 때 군수, 구경, 경조윤, 중위 등이 받은 봉록으로 '중中'은 '만滿'을 뜻한다.

회남왕은 나라 안의 군사를 일으키려 했지만 상국과 2000석의 관원들이 따르지 않을까 염려되어 오피와 상의하여 먼저 상국과 2000석의 관원들을 죽이려고 했다. 거짓으로 궁중에 불을 지르고 상국과 2000석의 관원들이 불을 끄러 달려오면 즉시 죽이기로 하였다. 그러나 그런 계책을 아직 확정하지 못했다. 또 사람을 시켜 구도求盜도둑을 잡는 군졸의 옷을 입고 우격羽檄닭털을 꽂은 격문으로 위급한 상황을 나타냄을 들고 동쪽으로부터 와서 '남월의 군대가 국경을 침범했다.'라고 외치게 한 뒤, 그것을 구실로 하여 군사를 일으키려 했다. 그래서 사람을 여강과 회계로 보내 구도로 가장하게 했다. 아직 군사를 일으키기 전에 회남왕은 오피에게 물었다.

"내가 군사를 일으켜 서쪽으로 향하면 제후들 가운데 반드시 호응하는 사람이 있을 것이오. 그러나 만일 호응하는 사람이 없으면 어떻게 하면 되겠소?"

오피가 말했다.

"남쪽으로 형산을 빼앗고 여강을 친 뒤 심양의 배를 차지하여 하치下雉의 성을 지키며, 구강의 포구와 연결하고 예장 어귀를 끊으십시오. 그렇게 한 뒤 뛰어난 사수에게 기슭에서 지키도록 하여 남군南郡의 적군이 내려오지 못하도록 막는 것입니다. 동쪽으로는 강도江都와 회계를 공격하여 거두고, 남쪽으로는 강한 월나라와 손을 잡고 강수와 회수 사이에서 강약을 조절해 가며 굳게 지킨다면 시간을 늦출 수 있을 것입니다."

회남왕이 말했다.

"좋소. 이보다 더 좋은 계책은 없소. 만일 사태가 급박해지면 월나라로 달아나면 그뿐이오."

그러는 동안 정위는 회남왕의 손자 유건의 이야기가 회남왕의 태자 유천과 관련이 있다고 보고했다. 황제는 정위감을 보내 회남의 중위로 삼고 이 기회에 태자를 체포하게 했다. 중위가 회남에 도착했다. 회남왕은 이 소식을 듣고 태자와 모의하여 상국과 2000석의 고관들을 불러 죽인 뒤 군사를 일으키려고 했다. 상국은 부르자 곧 왔지만, 내사內史는 마침 〔일이 있어〕 밖에 나갔다며 들어오지 않았다. 중위가 이렇게 말했다.

"신은 조서를 받들어 사신으로 왔기 때문에 왕을 뵐 까닭이 없습니다."

회남왕은 상국을 죽인다 해도 내사와 중위가 오지 않으면 소용없으므로 상국을 그대로 돌려보냈다. 회남왕은 망설이며 계책을 결정짓지 못했다. 태자는 자신이 지은 죄는 한나라 중위를 찔러 죽이려고 한 것인데, 함께 모의했던 사람들은 이미 죽어 입을 열 사람이 없다고 생각하고 왕에게 이렇게 말했다.

"신하 가운데 쓸 만한 사람은 전에 모두 옥에 갇혀 이제 함께 일을 일으킬 만한 사람이 없습니다. 왕께서 때가 아닌데 군사를 일으켰다가 성공하지 못할까 두렵습니다. 신이 체포되도록 허락해 주십시오."

회남왕도 그렇게 생각하고 잠시 군사 일으키는 일을 늦추기로 하고 태자의 청을 들어주었다. 태자는 곧 스스로 목을 찔렀으나 죽지는 않았다. 이때 오피는 조서를 받고 온 관리를 직접 찾아가 자기가 회남왕과 반역을 꾀한 일과 그 내막을 상세하게 말했다.

관리들은 이로 인해서 태자와 왕후를 체포한 뒤 왕궁을 포위했다. 왕과 함께 반역 음모에 가담한 빈객 가운데 나라 안에 있는 사람을 모두 체포하고, 또 반역에 쓰려던 무기들을 찾아내 보고했다. 황제는 공경들에게 사건을 다스리도록 했다. 회남왕의 반역 음모에 연루된 열후와 2000석의 관원과 호걸 수천 명은 모두 죄의 경중에 따라 처벌을 받았다. 형산왕 유사劉賜는 회남왕의 동생으로 당연히 회남왕의 반역 음모에 연좌되어 체포되어야 했다. 담당 관리가 형산왕을 체포하기를 청했으나 천자는 이렇게 말했다.

"제후들은 각기 자기 나라를 근본으로 하오. 서로 연좌되는 것은 마땅하지 않소. 〔담당 관리들은〕 제후왕, 열후와 함께 승상이 있는 곳으로 가서 의논하시오."

조나라 왕 팽조彭祖와 열후 조양曹讓 등 마흔세 명이 상의하여 모두 이렇게 말했다.

"회남왕 유안은 심히 대역무도하고 반역을 모의한 것이 명백하므로 마땅히 목을 베어 죽여야만 합니다."

교서왕 유단劉端은 이렇게 주장했다.

"회남왕 유안은 법을 폐지하고 사악한 일을 저질렀으며, 거짓된 마음을 품어 천하를 어지럽히고 백성을 현혹시켰으며, 종묘를 배반하고 함부로 요사스러운 말들을 퍼뜨렸습니다. 『춘추』에 '신하는 모반하는 마음을 가져서는 안 된다. 모반할 마음을 품으면 죽여야 한다.'라고 했습니다. 유안의 죄는 반역할 마음을 품은 것보다 더 무겁습니다. 반역의 계획이 이미 서 있었습니다. 신 유단이 본 위조 문서와 부절과 인장과 지도만으로도 반역의 증거가 분명합니다. 이는 심히 대역무도한 것들로 마땅히 법에 따라 처형되어야 합니다. 나라의 관리로서 200석 이상인 자와 비比200

석 이상인 자, 종실에 가까운 신하로 왕의 총애를 받으면서 법을 어기지는 않았지만 서로 잘 일깨워 주며 가르치지 못한 자는 모두 벼슬에서 물러나게 하고 작위를 깎아 사졸로 만들어 다시는 벼슬살이를 하지 못하도록 해야 합니다. 그 밖에 관리가 아닌 사람들은 속죄금으로 금 두 근 여덟 냥을 바쳐야 합니다. 이로써 신하 유안의 죄행에 대한 처리 방법을 밝혀 천하 사람들이 신하의 도리를 분명히 알게 하여 다시는 감히 사악한 모반의 뜻을 품는 일이 없도록 해야 합니다."

승상 공손홍公孫弘과 정위 장탕張湯 등이 이것을 〔천자에게〕 보고했다. 천자는 종정宗正에게 부절을 가지고 가서 회남왕을 다스리게 했다. 그러나 사자가 이르기 전에 회남왕 유안은 스스로 목을 찔러 죽었다. 왕후 도와 태자 천과 모반에 가담한 사람들은 다 멸족되었다. 천자는 오피가 평소 한나라를 아름다운 말로 여러 차례 칭찬했으므로 사형시키지 않으려고 했으나, 정위 장탕이 말했다.

"오피가 반역을 꾀한 주모자이기 때문에 그 죄를 용서해서는 안 됩니다."

결국 오피를 처형했다. 회남국은 없어지고 구강군九江郡이 되었다.

편애는 불화를 낳고, 불화는 나라를 망친다

형산왕 유사劉賜는 왕후 승서乘舒에게서 자식 셋을 낳았는데 맏아들 유상劉爽은 태자가 되었고, 둘째 아들은 유효劉孝이며, 셋째 딸은 유무채

劉無采이다. 또 희첩姬妾인 서래徐來에게서는 아들과 딸을 네 명 낳았고, 미인 궐희厥姬에게서는 자식 둘을 낳았다. 형산왕과 회남왕 형제는 서로 〔상대방을〕 책망하고 원망하여 예절을 잃었고 사이가 좋지 못했다. 형산왕은 회남왕이 반역할 준비를 하고 있다는 소문을 듣고, 그 역시 빈객들과 결탁하여 대책을 세우려고 했다. 회남왕에게 병합될까 봐 두려웠기 때문이다.

원광 6년에 형산왕이 입조했다. 그의 알자 위경衛慶이 방술方術을 알고 있어 글을 올려 천자를 섬기려고 하자, 왕은 노여워하며 위경을 죽을 죄를 지은 것으로 몰아 가혹하게 매질하여 억지로 죄를 시인하게 만들려고 했다. 하지만 형산의 내사內史는 그것이 옳지 않다고 여겨 그 판결을 기각하였다. 그러자 왕은 사람을 시켜 내사를 고발하는 글을 올려 내사가 심문을 받게 되자 〔사람들은〕 왕이 정직하지 못하다고 말했다. 또 형산왕은 자주 남의 밭을 침탈하고 집을 부수고 무덤을 파헤쳐서 밭으로 만들었다. 담당 관리가 형산왕을 체포하여 심리하기를 청했지만 황제는 허락하지 않고 200석 이상의 관리를 한나라에서 직접 임명했다.

형산왕은 이 일로 인해 해자奚慈, 장광창張廣昌과 모의하여 병법에 정통하고 점성占星과 천문 기상을 살필 수 있는 사람을 구했다. 이런 사람들은 밤낮으로 은밀히 왕에게 반역하기를 권유했다.

왕후 승서가 죽자 서래를 세워 왕후로 삼았다. 궐희도 총애를 받았다. 〔궐희와 서래〕 두 사람은 서로 질투했다. 궐희는 왕후 서래를 미워하여 태자에게 이렇게 말했다.

"서래는 하녀를 시켜 고도蠱道요술로 상대를 저주하여 죽음에 이르게 하는 것으로 태자의 어머니를 죽였습니다."

태자는 마음속으로 서래를 원망했다. 서래의 오빠가 형산에 이르자, 태자는 그와 함께 술을 마시다가 칼로 찔러 상처를 입혔다. 이에 왕후는 태자에게 원한을 품고 노여워하여 여러 차례 왕 앞에서 태자를 헐뜯고 악평했다. 태자의 여동생 무채는 시집갔다가 버림받아 돌아와서는 종과 간통하고, 빈객과도 간통했다. 태자가 여러 차례 무채를 꾸짖었지만 무채는 화가 나서 태자와 왕래하지 않았다. 왕후는 이 말을 듣고 무채를 잘 대해 주었다. 무채와 작은오빠 무효無孝는 어려서 어머니를 여의고 왕후 밑에서 자랐다. 왕후는 계획적으로 이들을 사랑하고 함께 태자를 헐뜯었다. 그 때문에 형산왕은 여러 차례 태자를 묶고 매질했다.

원삭 4년에 어떤 사람이 왕후의 계모를 찔러 다치게 한 일이 있었다. 이때 형산왕은 태자가 사람을 시켜 찌르게 한 것으로 의심하고 태자를 매질했다. 그 뒤 형산왕이 병을 앓게 되었는데, 태자는 아프다는 핑계로 왕의 시중을 들지 않았다. 유효와 왕후와 무채는 태자를 헐뜯어 말했다.

"태자는 실제로 병난 것이 아닙니다. 그 자신은 병이 있다고 하지만 얼굴에는 기뻐하는 빛이 있습니다."

형산왕은 크게 노하여 태자를 폐하고 그 아우 유효를 세우려 했다. 왕후는 형산왕이 태자를 폐하기로 한 것을 알고 유효마저 폐하도록 하려고 했다. 왕후에게는 시녀가 하나 있는데 춤을 잘 추었다. 형산왕이 그녀를 아끼므로 왕후는 그 시녀에게 유효와 정을 통하게 하여 효의 행실을 더럽혀 형제를 함께 폐하고, 대신 자기 아들 유광劉廣을 세워 태자로 삼으려고 했다.

태자 유상은 이것을 눈치채고 '왕후는 나를 헐뜯는 일을 그칠 줄 모르니 왕후와 간통하여 그녀의 입을 막으리라.' 생각했다. 왕후가 술을 마시자, 태자는 앞으로 나아가 잔을 올린 뒤 그 기회를 이용하여 왕후의 허벅지를 만지며 함께 자기를 요구했다. 왕후가 노하여 이 일을 왕에게 말하자 형산왕은 태자를 불러들여 결박한 채 매질했다. 태자는 형산왕이 자기를 폐하고 동생 유효를 세우려는 것을 알고 있으므로 이렇게 말했다.

"유효는 왕의 시녀와 간통하였고 무채는 하인과 간통했습니다. 왕께서는 부디 드시는 것에나 힘쓰시고, 천자에게 (그들의 간통 사실을 밝히는) 글을 올리십시오."

그러고는 형산왕을 등지고 가 버렸다. 형산왕은 사람을 시켜 그를 멈추게 하려 했으나 막을 수 있는 자가 없었다. 그래서 형산왕은 몸소 수레를 몰아 태자를 뒤쫓아 가 붙잡았다. 태자가 함부로 욕설을 퍼부으므로 형산왕은 태자의 목에 칼을 씌워 궁중에 가두어 버렸다.

그렇지만 유효는 갈수록 더 사랑을 받았다. 형산왕은 유효의 재능을 기특하게 여겨 형산왕의 옥새를 차게 하고 장군이라 불렀으며, 궁궐 바깥 저택에 살게 하고 많은 돈을 주어 빈객들을 불러 모으게 했다. 찾아온 빈객들은 어렴풋하게나마 회남왕과 형산왕에게 반역의 계획이 있음을 알아차리고 밤낮으로 종용했다.

형산왕은 마침내 유효의 빈객인 강도江都 사람 구혁救赫과 진희陳喜에게 명하여 전차와 화살촉과 화살을 만들게 하고 천자의 옥새와 장상將相, 군리의 인을 새기게 했다. 또 왕은 밤낮으로 주구周丘 같은 장사들을 구하여 자주 오나라와 초나라가 모반한 당시의 (여러) 계책을 끌어와 말하고 이로써 사람들의 행동을 통일시켰다. 그러나 형산왕은 회남왕을 본받아 천자 자리에 오르려 한 것은 아니었다. 그는 다만 회남왕이 병사를 일으켜 자기 나라를 삼킬까 두려웠던 것이다. 그는 회남왕이 서쪽으로 진출하면 군사를 일으켜 강수와 회수 사이를 평정하여 그곳을 차지할 작정이었다. 그의 바람은 그 정도였다.

원삭 5년 가을 형산왕이 입조할 때가 되어 회남을 지나게 되었는데, 이때 회남왕은 형제간의 우애를 말한 뒤 지난날의 불화를 씻어 버리고 함께 반란을 일으키자고 회유했다. 형산왕이 글을 올려 병 때문에 입조하지 못한다며 사과하자 황상은 글을 내려 허락했다.

원삭 6년에 형산왕은 사람을 보내 글을 올려 태자 유상을 폐하고 유효를 태자로 세우기를 청했다. 그것을 안 유상은 친하게 지내던 백영白嬴을 장안으로 보내 글을 올려 유효가 전차와 화살촉과 화살을 만들고, 또 형산왕의 시녀와 간통한 사실을 말함으로써 유효를 물리치려고 했다. 그러나 백영이 장안에 이르러 글을 올리기도 전에 관리가 그를 체포하여 회남 사건을 들어 가두었다. 형산왕은 유상이 백영을 보내 글을 올리게 했다는 말을 듣고 나라의 비밀이 밝혀질까 두려웠다. 그래서 글을 올려 오히려 태자 유상이 부도덕한 일을 일삼아 기시에 처할 죄가 있다고 고발했다. 황제는 이 사건을 패군沛郡에 내려 다스리게 했다.

원삭 7년 겨울[6]에 담당 관리와 공경들은 패군에 명을 내려 회남왕과 함께 반역을 꾀한 사람들을 체포하도록 했으나 좀처럼 잡지 못하고 진희만이 형산왕의 아들 유효의 집에서 붙잡혔다. 담당 관리는 유효가 반역

---

6 원문에는 원수元狩 원년元年으로 되어 있다. '원수'는 한 무제의 네 번째 연호로서 기원전 122~117년 사이이므로 시대는 일치하지만, 당시는 아직 연호를 바꾸지 않았으므로 원삭 7년이 맞다.

의 우두머리로 진희를 숨겨 두었다고 탄핵했다. 유효는 진희가 평소 형산왕과 자주 반역을 꾀한 사실을 발설할까 봐 겁이 났다. 또 법에 먼저 자수한 사람은 죄를 용서받는다고 들었으므로, 태자가 백영을 보내 글을 올려 이 일이 발각될 것으로 의심하여 먼저 나아가 자수하고 함께 모반을 꾀한 구혁과 진희 등을 고발했다. 정위는 이것을 증거로 하여 심문했다. 공경들은 형산왕을 체포하여 가두고 〔법대로〕 다스리기를 요청했다. 〔그러나〕 천자는 말했다.

"체포하지 마라."

그러고는 중위 사마안司馬安과 대행 이식李息을 보내 형산왕을 심문하게 하자, 형산왕은 정황을 모두 상세히 말했다. 담당 관리는 모두 왕궁을 에워싸고 지키고 있었다. 중위와 대행은 돌아와 사실을 보고했다. 공경들은 종정과 대행을 불러 패군의 사건과 함께 형산왕도 심문하기를 청했다. 형산왕은 이 소식을 듣고 스스로 목을 찔러 죽었다. 유효는 먼저 자수했기 때문에 그 죄를 용서해 주었으나 형산왕의 시녀와 간통한 일로 기시에 처해졌다. 왕후 서래도 이전의 왕후 승서를 고술蠱術로 죽게 한 데 대한 벌을 받았고, 태자 유상도 형산왕을 고발한 불효죄를 물어 기시에 처해졌다. 형산왕과 함께 모반을 꾀한 사람은 모두 멸족되고 나라는 없어져 형산군이 되었다.

태사공은 말한다.

"『시』에서 '융적戎狄을 이에 공격한다. 형서荊舒를 이에 응징한다.'라고 한 것은 진실로 옳은 말이다. 회남왕과 형산왕은 골육지친骨肉之親으로서 그 영토는 사방 1000리이고 제후의 반열에 올랐으나, 번신으로서의 직무를 지켜 천자의 뜻을 받드는 데 힘쓰지 않고 오로지 사악하고 부정한 계획을 품고 반역을 꾀하여 아버지와 자식이 두 차례나 나라를 잃고 저마다 자기 몸을 보존하지 못하여 천하의 웃음거리가 되고 말았다. 이것은 단지 왕만의 잘못이 아니며 그 습속이 천박하고 신하들도 차츰 물들어 그렇게 된 것이다. 대체로 형초荊楚 지역 사람들이 날쌔고 용맹스럽고 가볍고 사나워서 난을 일으키기 좋아했다는 것은 예로부터 기록된 바이다."

59

순리 열전
循吏列傳

'순리'란 법을 근본으로 삼아 나라를 다스리는 관리로서 청관淸官이라 부르기도 한다. 순리의 특징은 우선 스스로 청렴하고 법을 엄격히 집행하며 양민을 보호하고 간악한 행위는 반드시 응징한다는 것이다. 사마천은 나라를 다스릴 때 우선 법령과 형벌에 의지해야 하는데, 이 법령과 형벌이 제정된 뒤에는 순리의 집행 태도에 따라 사회의 안위가 결정된다고 생각했다.

이 편에서 서술하고 있는 순리 다섯 명은 모두 춘추 시대에 활동했던 훌륭한 인물들로서 공직자로서의 자세와 청렴 강직한 면모로 사마천이 이상적으로 생각하는 관리의 모습이 명확하게 드러나 있다. 철저한 자기 관리 능력과 법을 지키고 백성을 사랑하는 기본적인 품성 말이다. 이 편에서도 황로 사상의 색채가 드러나 사마천이 법가 계열의 인물들에 대해서는 그다지 좋아하지 않음을 곳곳에서 간접적으로 암시하고는 있는데, 그럼에도 불구하고 자산, 석사, 이리 등은 모두 법가 계열이다. 제62편 「혹리 열전」에 보이는 혹리 열두 명은 모두 한나라 경제와 무제 때 인물인데 그중에서 열 명이 무제 시대에 살았다. 이것만으로도 이 열전을 둔 사마천의 의도를 알 수 있다.

像 産 子 鄭

공자가 존경한 인물 중 한 명이었다는 정나라 대부 자산.

태사공은 말한다.

"법령이란 백성을 선도하기 위해 있는 것이며, 형벌이란 간악한 짓을 금지하기 위해 있는 것이다. 문文법령과 무武형벌가 갖추어져 있지 않을 때 선량한 백성이 두려워하며 품행을 단정히 하는 것은 관리가 법을 혼란스럽게 집행한 적이 없기 때문이다. 직분을 다하고 법을 지키면 바르게 다스릴 수 있는데 어찌 위엄이 꼭 필요하겠는가?"

법령을 자주 내리면 혼란이 일어난다

손숙오孫叔敖는 초나라의 처사處士덕망과 재능은 있으나 벼슬하지 않는 선비였다. 재상 우구虞丘는 초나라 장왕莊王에게 손숙오를 자기 대신 재상으로 삼도록 추천했다. 석 달 뒤에 손숙오는 초나라 재상이 되었다. 그가 백성을 가르치고 선도하여 윗사람과 아랫사람이 화합하게 만들자 세상의 풍속은 대단히 아름다워지고 정치는 느슨하게 시행되었지만, 금지하는 일은 일어나지 않고 관리 중 간사한 자가 없으며 도둑도 생기지 않았다. 가을과 겨울에는 백성에게 산에서 사냥하고 나무를 베게 하였고, 봄과 여름에는 물속으로 들어가 물고기를 잡도록 했다. 백성은 저마다 편익을 얻어 생활이 안정되고 즐거웠다.

장왕은 화폐가 가볍다 생각하고 작은 것을 크게 만들었다. 그렇지만 백성은 그것이 불편하여 모두 자신들의 생업에서 쓰지 않았다. 시령市令시장을 관리하는 자이 이 일을 재상에게 보고했다.

"시장이 혼란해져 백성은 편안히 있을 곳이 없고 장사를 계속할지 안 할지를 결정할 수 없습니다."

재상이 말했다.

"언제부터 그렇게 되었소?"

시령이 말했다.

"석 달쯤 되었습니다."

재상이 말했다.

"물러가시오. 내가 곧 회복시키겠소."

닷새 뒤에 재상은 조정으로 나아가 이 일을 왕에게 말했다.

"전날 화폐를 바꾼 것은 이전 화폐가 가볍다고 여겼기 때문입니다. 지금 시령이 와서 시장이 혼란해져 백성은 편안히 있을 곳이 없고 장사를 계속할지 안 할지 결정할 수 없다고 합니다. 전대로 회복시켜 주십시오."

왕이 이것을 허락했다. 명령을 내린 지 사흘 만에 시장은 예전처럼 회복되었다.

초나라 백성은 습속상 비거庳車수레바퀴가 작고 낮은 수레를 좋아했다. 왕은 비거는 말이 끌기에 불편하다고 여겨 법령을 내려 이것을 높이려고 했다. 그러자 재상이 이렇게 말했다.

"법령을 자주 내리면 백성은 어느 것을 따라야 할지 모르게 되므로 좋지 않습니다. 왕께서 꼭 수레를 높이고자 하신다면, 청컨대 그 마을의 문지방을 높이도록 하십시오. 수레를 타는 사람은 모두 군자이고, 군자는 자주 수레에서 내릴 수 없습니다."

왕이 이것을 허락했다. 반년이 지나자 백성은 다 자발적으로 수레를 높였다.

이것은 가르치지 않아도 백성이 그 교화를 따른 것이다. 가까이 있는 자는 이것을 보고 본받고, 먼 곳에 있는 자는 이것을 듣고 본받는다. 그래서 손숙오는 세 차례나 재상이 되었지만 기뻐하지 않았는데 자기 재능으로 그 자리를 얻었다고 보았기 때문이다. 또 세 차례 재상 자리를 떠났으나 후회하지 않았는데, 그것은 자기 과실이 아님을 알았기 때문이다.

백성은 누굴 믿고 따를 것인가

자산子産은 정나라 대부 중 한 사람이다. 정나라 소군昭君 때 총애하던 서지徐摯를 재상으로 삼았으나 나라가 어지러워져 윗사람과 아랫사람이 친하지 못하고, 아버지와 아들이 화합하지 못했다. 대궁자기大宮子期가 이 사실을 소군에게 보고하니 자산을 재상으로 삼았다. 자산이 재상이 된 지 1년이 지나자 소인배의 경박한 놀이가 없어지고, 반백의 늙은이들은 무거운 짐을 나르지 않고, 어린아이들은 밭을 갈지 않게 되었다. 2년이 지나자 시장에서 값을 에누리하지 않았고, 3년이 되자 밤에 문을 잠그는 일이 없어지고 길에서 떨어진 물건을 줍는 사람이 없었다. 4년이 지나자 밭갈이하는 농기구를 집으로 가지고 돌아가지 않아도 되었고, 5년이 지나자 척적尺籍사방 한 자 크기의 나무판으로 군령을 기록함이 쓸모없게 되고 상복을 입는 기간은 명령을 내리지 않아도 잘 지켜졌다.

자산이 정나라를 다스린 지 26년 만에 죽으니, 장정들은 소리 내어 울고 노인들은 어린아이처럼 울면서 말했다.

"자산이 우리를 버리고 죽다니 백성은 누구를 믿고 산단 말인가."

생선을 좋아하기 때문에 받지 않았소

공의휴公儀休는 노나라 박사였다. 그는 뛰어난 재능과 학문으로 노나라 재상이 되었다. 법을 준수하고 이치를 따르며 바꾸는 일이 없으므로 모든 관리가 스스로 올바르게 되었다. 남의 녹을 먹는 자는 일반 백성과 이익을 다투지 못하게 하고, 많은 봉록을 받는 자는 사소한 것도 받지 못하게 했다. 어떤 빈객이 재상에게 생선을 보내왔으나 받지 않았다. 다른 빈객이 말했다.

"재상께서 생선을 좋아하신다는 말을 듣고 생선을 보내왔는데 무엇 때문에 받지 않으십니까?"

재상이 말했다.

"생선을 좋아하기 때문에 받지 않았소. 지금 나는 재상 벼슬에 있으니 나 스스로 생선을 살 수 있소. 그런데 지금 생선을 받고 벼슬에서 쫓겨난 다면 누가 다시 나에게 생선을 보내 주겠소. 그래서 받지 않은 것이오."

자기 집 채소밭의 야채를 먹어 보고는 맛이 좋자 그 채소밭의 채소를 뽑아 버렸고, 또 자기 집에서 짜는 베가 좋은 것을 보자 당장 베 짜는 여자를 돌려보내고 그 베틀을 불살라 버리고는 말했다.

"농부와 장인과 베 짜는 여자가 그들이 만든 물건을 어디에 팔 수 있겠는가?"

석사石奢는 초나라 소왕의 재상이었다. 그는 건실하고 정직하고 청렴하여 아첨하거나 권세를 두려워하는 일이 없었다. 현을 순시하는 도중에 살인 사건을 만나게 되었다. 재상이 범인을 찾아가 보니 바로 자기 아버지였다. 재상은 아버지를 놓아주고 돌아와 자진해서 옥에 갇힌 뒤, 사람을 시켜 왕에게 이렇게 아뢰도록 했다.

"살인자는 신의 아버지입니다. 아버지를 처형하여 정치를 바로 세우는 것은 불효이고, 법을 무시하고 죄를 용서한 것은 불충입니다. 신의 죄는 죽어 마땅합니다."

왕이 말했다.

"범인을 뒤쫓아 갔지만 잡지 못한 것이니 벌을 받는다는 것은 옳지 않소. 그대는 〔전과 다름없이〕 맡은 일에 힘쓰시오."

석사가 말했다.

"자기 아버지에게 사사로운 정을 두지 않으면 효자가 아니고, 군주의 법을 지키고 받들지 않으면 충신이 아닙니다. 왕께서 신의 죄를 용서하시는 것은 임금의 은혜이지만, 벌을 받아 죽는 것은 신하로서의 직분입니다."

그러고는 왕의 명령을 듣지 않고 스스로 목을 찔러 죽었다.

잘못된 판결 때문에 스스로 목숨을 끊다

이리李離는 진晉나라 문공文公의 옥관이었다. 〔그는〕 판결을 잘못하여 사람을 죽이게 되었으므로 스스로 옥에 갇혀 처형되려고 했다. 문공이 말했다.

"벼슬에는 귀하고 천함이 있고, 벌에는 가볍고 무거움이 있소. 하급 관리에게 잘못이 있다고 하여 그것이 그대의 죄는 아니오."

이리가 말했다.

"신은 장長으로서 관직에 있은 지 오래되었습니다만 하급 관리에게 자리를 양보한 일도 없고, 또 많은 봉록을 받았지만 하급 관리에게 그 이익을 나누어 주지도 않았습니다. 그런데 지금 판결을 잘못 내려서 사람을 죽이고 그 죄를 하급 관리에게 떠넘긴다는 것은 일찍이 들어 본 적이 없습니다."

이리는 사퇴하고 문공의 명령을 듣지 않았다. 문공이 말했다.

"그대는 스스로 죄가 있다고 하는데, 그렇다면 과인에게도 죄가 있는 것이오."

이리가 말했다.

"옥관에게는 지켜야 할 법이 있습니다. 형벌을 잘못 내렸으면 자기가 형벌을 받아야 하며, 사형을 잘못 내렸으면 자기가 사형을 받아야 합니다. 군공君公께서는 신이 가리워진 부분까지 심리하여 어려운 안건을 판결할 수 있을 것으로 여겨 법관으로 임명하셨던 것입니다. 지금 잘못 판결하여 사람을 죽였으니 〔그〕 죄는 죽어 마땅합니다."

이리는 결국 문공의 명령을 듣지 않고 칼에 엎드려 죽었다.

태사공은 말한다.

"손숙오는 한마디 말로 영郢의 시장을 〔예전처럼〕 회복시켰고, 자산이 병으로 죽자 정나라 백성은 〔그의〕 이름을 부르며 통곡했다. 공의자公儀子공의휴는 좋은 베를 보고 베 짜는 여자를 돌려보냈고, 석사는 아버지를 놓아주고 죽음으로써 초나라 소왕은 명성이 세워졌다. 이리는 판결을 잘못 내려 사람을 죽이고 스스로 칼에 엎드려 죽어 진나라 문공이 국법을 바로잡을 수 있게 했다."

60
◎

급 정 열 전
汲鄭列傳

이 편은 급암汲黯을 위주로 하면서 정당시鄭當時를 끌어들여 두 사람의 전을 합한 것인데, 둘 다 황로 사상을 숭상하여 구경의 반열에 올랐던 인물들이다. 급암은 호걸다운 기질이 있고 청렴하며 직간하기를 좋아하여 오랫동안 자리에 있지 못하고 중간에 그만두었는데 이들의 권세가 기울자 빈객 수도 줄어들었던 것을 한탄조로 기술함으로써 세태에 대해 날카롭게 풍자하는 의도도 담고 있다. 이런 풍자의 이면에 사마천이 겪은 개인의 불행에 대한 자조가 깔려 있기도 하다.

열전의 여러 편에 기록된 급암과 이광은 무제 때 쌍벽을 이룬 문신과 무신이다. 세상 사람들은 이광을 봉하기 어려웠던 것은 알지만 급암을 쓰기 어려웠던 것은 모르고 있다. 사마천은 직간하기를 좋아하는 급암의 성격을 무제, 무안후, 장조, 장탕 등과 관련시켜 여러 각도에서 다룸으로써 사직의 신하임을 분명히 했다. 아울러 무제가 마음속으로는 큰 욕심을 가지고 있으면서 겉으로는 인의를 실시하는 양면적인 모습을 묘사하여 최고 권력자의 위선과 사회적 모순을 극명하게 드러내려 하였으니 당시 최상층부의 양면적인 모습을 비판하고 있는 것이다.

특히 찬에서 사마천의 비분강개한 어투는 당시 세태에 대한 통렬한 비판을 담은 것으로서 그중에서도 적공翟公의 말은 일품이다. 물론 급암과 정당시 두 사람의 의기는 비슷하지만 성품과 행실은 다소 차이가 있었기 때문이다.

이 편이 「순리 열전」 바로 뒤에 놓이게 된 것은 급암과 정당시도 무제 때의 순리였기 때문이다. 이 편은 「평준서」, 「혹리 열전」, 「유림 열전」, 「평진후 주보 열전」과 함께 읽어야 한다.

像 身 有 汲

사람을 즐겨 추천하여 장자長者로 불린 급암.

지나친 간언으로 전출되다

급암汲黯의 자는 장유長孺이며 복양濮陽 사람이다. 그 조상은 옛날 위衛나라 군주에게 총애를 받아 급암에 이르기까지 일곱 대에 걸쳐 대대로 경卿이나 대부를 지냈다. 급암은 아버지의 추천으로 효경제 때 태자세마太子洗馬가 되었는데, 단정하고 엄숙한 태도 때문에 〔사람들이〕 두려워했다.

효경제가 죽고 태자가 즉위하자 급암은 알자謁者가 되었다. 그 무렵동월의 여러 나라가 서로 싸우고 있으므로 효무제는 급암을 보내 실태를 조사하도록 했다. 그러나 급암은 월나라까지 가지 않고 오나라까지만 갔다가 돌아와 이렇게 보고했다.

"월나라 사람끼리 서로 싸우는 것은 본래 그들의 습속이므로 천자의 사자를 수고롭게 할 만한 게 못 됩니다."

또 하내에 불이 나서 집 1000여 채가 탔다. 효무제는 급암을 보내 실상을 살펴보고 오도록 했다. 그는 돌아와서 이렇게 보고했다.

"백성의 실수로 불이 났고 집이 잇달아 있어 탔으나 우려할 만한 것은 못 됩니다. 신은 하남 지방을 지나오다가 그곳의 가난한 백성 가운데 만여 가구가 홍수와 가뭄을 겪어 아버지와 아들이 먹을 것을 놓고 싸우는 것을 보았습니다. 신은 삼가 임시방편으로 부절을 가지고 하남의 곡식창고를 열어 가난한 백성을 구제했습니다. 신은 사자의 부절을 돌려 드리며 조서를 거짓으로 전한 벌을 받고자 합니다."

황상무제은 급암이 일을 현명하게 처리했다고 여겨 풀어주고 형양榮陽 현령으로 전출시켰다. 급암은 현령으로 가는 것을 수치스럽게 여겨 병을 핑계로 고향으로 돌아갔다. 황상이 이 소식을 듣고 그를 불러들여 중대부로 임명했다. 그러나 급암은 중대부로 있으면서 지나치게 간언하는 일이 여러 차례 있었으므로 궁중에 오래 머물지 못하고 동해군 태수로 전출되었다.

급암은 황제黃帝와 노자의 학설을 배워 관리와 백성을 다스리는 데도 청정하고 조용한 것을 좋아하여 승丞과 사史를 골라 모든 일을 맡겼다. 그의 통치 방법은 큰 지침만을 지적할 뿐 사소한 일에는 개의치 않았다. 급암은 병이 자주 들어 집안에 누워 나가지 못했다. 1년쯤 지나서 동해군은 크게 잘 다스려진다고 칭찬을 받았다. 황상은 이 소식을 듣고 그를 불러 주작도위에 임명하고, 구경의 서열에 오르게 했다. 그는 업무를 처리함에 무위無爲만을 일삼고, 대체적인 것만을 다스리며 법령의 조문에 얽매이지 않았다.

무제가 급암을 피한 이유

급암은 사람의 품성이 거만하고 예의가 없으며 사람을 앞에 두고 공격하여 남의 허물을 용납할 줄 몰랐다. 자기와 뜻이 맞는 사람은 우대하나 그렇지 않은 사람은 차마 보는 것조차 싫어했으므로 선비들도 그를 잘 따르지 않았다. 그러나 학문을 좋아하고 의협심이 있으며 기개와 지조를 중시했고, 집안에 있을 때도 품행이 바르고 깨끗하였으며, 직간하기를 좋아하여 여러 차례 천자를 무안하게 했다. 언제나 부백傅柏과 원앙袁盎의 인물됨을 흠모했다. 〔급암은〕 관부灌夫, 정당시鄭當時, 종정宗正 유기劉棄와 사이가 좋았다. 또한 자주 직간한 탓으로 그 지위에 오래 머물러 있을 수 없었다.

당시 태후의 아우 무안후武安侯 전분田蚡이 승상으로 있었는데, 그는 중2000석의 관리가 와서 배알해도 답례하지 않았다. 급암은 전분을 만나도 배례한 적이 없으며 언제나 가볍게 읍할 뿐이었다. 〔하루는〕 황상이 문학하는 학자들을 초빙하려 하면서 말했다.

"나는 이러이러하려 한다."[1]

급암이 대답했다.

"폐하께서는 속으로 욕심이 많으면서 겉으로만 인의를 베풀려고 합니다. 그렇게 해서야 어떻게 요와 순의 정치를 본받을 수 있겠습니까!"

황상은 아무 말 없이 화가 나서 낯빛이 바뀌더니 조회를 끝냈다. 공경은 모두 급암을 걱정했다. 황상이 조정에서 돌아와 좌우 신하들에게 이렇게 말했다.

"급암의 우직함은 너무 심하다."

신하 가운데 급암을 꾸짖는 자가 있었는데 급암이 〔오히려〕 말했다.

---

[1] 동한의 순열荀悅이 지은 『한기漢紀』 「효무제기일孝武帝紀一」을 보면 이런 일이 기록되어 있다. "무제가 급암에게 '나는 정치를 일으켜 요순을 본받으려 하는데 어떻겠소?'라고 물으니, 급암이 '폐하께서는 마음속에 욕심이 많으면서 겉으로만 인의를 베풀려고 하는데 어떻게 요순의 정치를 본받으려 하십니까?'라고 했다." 여기서 "이러이러하려 한다."라는 것은 "정치를 일으켜 요순을 본받으려 한다."라는 말을 생략한 것이다.

"천자께서는 삼공과 구경을 두어 보필하는 신하로 삼았는데, 〔신하 된 자로서〕 어떻게 아첨하여 천자의 뜻만 따라 하여 폐하를 옳지 못한 곳으로 빠지게 하겠소? 또 그런 지위에 있는 이상 자기 몸을 아낀다 하더라도 조정을 욕되게 해서야 되겠소."

급암은 병에 자주 걸렸는데, 석 달 동안이나 병을 앓아 황상이 여러 차례 사람을 보내 위문하고 휴가를 주었으나[2] 끝내 낫지 않았다. 뒤에 장조莊助가 그를 위하여 휴가를 내려 주기를 요청했다. 황상이 말했다.

"급암은 어떤 인물이오?"

장조가 말했다.

"급암에게 어떤 관직을 맡겨도 다른 사람보다 나을 것은 없습니다. 그러나 그가 나이 어린 군주[3]를 보필한다면 제업帝業을 지키며[4] 〔다른 사람이〕 미혹해도 가지 않고 배척해도 떠나지 않을 것이며, 옛날의 맹분孟賁이나 하육夏育 같은 자라도 마음을 뺏을 수 없을 것입니다."

황상이 말했다.

"그렇소. 옛날에 사직지신社稷之臣이 있었는데, 급암 같은 사람이 그에 가까울 것이오."

대장군 위청이 궁중에서 〔황상을〕 모실 때 황상은 침대에 걸터앉아 그를 대했고, 승상 공손홍이 평소 개인적으로 뵐 때 황상은 관을 쓰지 않

---

2 한나라 때에는 병가로 100일을 쓰면 면직되므로, 무제는 급암의 면직을 막기 위해 휴가를 주었던 것이다.

3 무제는 즉위할 당시 겨우 열여섯 살이었다.

4 원문에는 '수성守城'으로 되어 있지만 『한서』를 따라 성을 '성成'으로 보아야 문맥의 흐름이 매끄럽다.

은 채 만나는 적도 있었다. 그러나 급암이 알현할 때는 황상이 관을 쓰지 않고 만난 일이 없다. 일찍이 황상이 무장武帳[5] 안에 있을 때 급암이 들어와서 일을 보고하려고 했다는데 황상이 관을 쓰고 있지 않으므로 멀리서 급암을 보고는 장막 뒤로 몸을 피하고 다른 사람을 시켜 보고를 재가하도록 했다. 그가 황상에게 존경을 받은 것이 이와 같았다.

장탕張湯은 당시 율령을 고쳐 정한 공로로 정위가 되었다. 급암은 황상 앞에서 자주 장탕을 꾸짖었다.

"공은 정경正卿이 되어 위로는 선제의 위업을 기리지 못했고 천하 사람들의 사악한 마음을 억누르지 못하여 나라를 편안하게 하거나 백성을 부유하게 하거나 감옥을 텅 비게 하는 것, 이 두 가지 중에서 하나도 이룬 것이 없소. 안건을 잘못 처리하여 고통을 안겨 주고도 가혹하게만 하고, 제멋대로 (사회 질서를) 파괴하여 (개인의) 공을 이루려고만 했소. 어찌하여 고황제께서 만든 규약과 율령을 어지럽게 바꾸는 일을 하시오. 공은 이 일로 멸족되어 후손이 없게 될 것이오."

급암은 때때로 장탕과 논쟁했는데 장탕이 변론할 때 언제나 법조문의 깊이 있고 자질구레한 부분까지 들어서 설명하는 반면, 급암은 강직하고 엄숙하며 원칙을 견지하고 고상하면서도 굽히지 않았다. (급암은 장탕이 이와 같이 하면) 화가 나 마구 꾸짖어 말했다.

"세상에서 도필리를 공경으로 삼으면 안 된다고 하더니 과연 그렇구나. 틀림없이 장탕처럼 말하면 천하 백성으로 하여금 다리를 똑바로 서서 곁눈질하게 만들겠구나!"

장작을 쌓아 올리듯 등용해서는 안 됩니다

이 무렵 한나라는 막 흉노를 정벌하고 사방의 이민족을 불러 회유하고 있었다. 급암은 될 수 있는 한 일을 적게 만들려고 힘쓰며, 틈나는 대로 황상에게 흉노와 화친하고 병사를 일으키지 말도록 여쭈었다. 황상은 때마침 유학에 마음이 끌려 공손홍을 존중하였고, 나랏일은 갈수록 많아지고 관리와 백성은 교묘하게 법을 악용했다. 그래서 황상은 법률 조문을 구분하여 다스리려고 했고, 장탕 등은 자주 새로운 판결문을 올려 총애를 받았다. 급암은 늘 유술儒術을 비난하고 공손홍 등을 면박하여 속임수를 써서 겉으로는 지혜로운 척하며 사람들과 군주에게 아첨하여 환심을 사려 한다고 하고, 장탕 같은 도필리들은 법조문을 지나치게 따지고 교묘하게 적용하여 사람들을 죄에 빠뜨려 〔억울한 감정을〕 진실된 마음으로 돌아가지 못하게 하고 〔백성을〕 억누르는 것을 공로로 삼는다고 했다.

그러나 황상은 날이 갈수록 공손홍과 장탕을 더욱더 존중했으며, 공손홍과 장탕은 마음속으로 급암을 미워했고, 천자도 〔급암을〕 좋아하지 않았다. 〔공손홍과 장탕은〕 빌미를 만들어 〔급암을〕 주살하려 했다. 공손홍은 승상이 되자 황상에게 이렇게 말했다.

"우내사右內史의 영내에는 귀인이나 황가 친척들이 많아 다스리기 어려우니, 평소 중신重臣이 아니고는 [이 일을] 맡길 수 없습니다. 청컨대 급암을 옮겨 우내사로 앉히십시오."

[급암은] 우내사가 된 지 몇 해가 지났으나 관청에는 아무 일도 없애지 않았다.

대장군 위청은 더욱 존귀해지고 그 누이는 황후가 되었으나, 급암은 [위청과] 대등한 예로써 대했다. 어떤 사람이 급암에게 권하여 말했다.

"천자로부터 신하들에 이르기까지 대장군을 떠받들기를 바라고 있으며, 대장군은 존중되고 더욱 귀한 신분이 되었습니다. [그러니] 당신도 그에게 절을 하지 않으면 안 됩니다."

[그러나] 급암이 대답했다.

"대장군의 위세 때문에 절하는 사람이 있다면 도리어 존중하지 않는 것이지요."

대장군은 이 말을 듣고 급암을 더욱 현명한 인물로 여겨 국가나 조정에 대한 의문점이 있으면 그에게 묻고, 급암을 평생 사귄 친구보다 가까이했다.

회남왕은 모반하려 할 때 급암을 꺼려 말했다.

"[급암은] 직간하기 좋아하고 절개를 지켜 의리에 죽는 인물이니 옳지 못한 일로 그를 미혹하기는 어렵다. 그러나 승상 공손홍을 설득하는 일은 묘목에서 잎을 떨어뜨리는 것처럼 쉽다."

천자는 여러 차례 흉노를 정벌하여 승리하였으므로 급암의 주장은 더욱더 쓰이지 못했다.

처음 급암이 구경의 서열에 올랐을 때 공손홍과 장탕은 하급 관리에 지나지 않았다. 그러나 공손홍과 장탕이 점점 더 귀하게 되어 급암과 같은 지위에 있게 되었으나 급암은 여전히 그들을 헐뜯었다. 얼마 뒤에 공손홍은 승상에 오르고 후로 봉해졌으며, 장탕은 어사대부로 승진했다. 그래서 급암이 구경일 때 승상의 속관이던 자는 모두 급암과 같은 서열이 되거나 급암보다 더 높이 등용되었다. 급암은 편협한 마음에서 다소 원망이 생겨 황상을 뵙고 앞으로 나아가 말했다.

"폐하께서 신하들을 등용하는 것은 땔감을 쌓아 올리는 것과 같아 뒤에 온 사람이 윗자리를 차지하고 있습니다."

황상은 잠자코 있었다. 잠시 뒤 급암이 물러가자 황상이 말했다.

"사람은 확실히 배움이 없어서는 안 된다. 급암의 말을 관찰해 보면 날이 갈수록 심해진다."[6]

잎을 보호하기 위해 가지를 상하게 한다면

그로부터 얼마 지나지 않아 흉노의 혼야왕이 무리를 이끌고 투항해 왔다.[7] [그들의 수송을 위해] 한나라는 수레 2만 대를 보내야 했으나, 현관縣官[관가, 국고]에는 그만한 돈이 없어 백성에게 말을 빌리려고 했다. 백

---

6 이 무렵 무제는 유가 학술을 존중하며 따르고, 급암은 황로 사상을 받들고 있었다. 그래서 무제는 급암의 주장이 시간이 흐를수록 퇴보하고 있다고 보았다.

7 혼야왕은 흉노의 명장인데 곽거병의 잦은 공격으로 병사 수만 명을 잃게 되었다. 선우가 화가 나서 그를 죽이려고 했으므로 그 부하들을 이끌고 한나라에 투항하게 되었다.

성 중에 말을 숨겨 두는 자가 많아 말을 확보할 수 없었다. 황상은 노여 위서 장안長安令 현령의 목을 베려고 했다. 그러자 급암이 진언했다.

"장안 현령에게는 죄가 없으니 단지 신 급암의 목을 벤다면 백성은 바로 말을 내놓으려 할 것입니다. 게다가 흉노는 자기들 군주를 배반하고 한나라에 항복해 왔으니 한나라는 서서히 현에서 현으로 옮겨 실어 오면 그만입니다. 어찌하여 천하를 떠들썩하게 하고 중원을 피폐시키면서까지 이적의 무리를 섬길 수 있습니까?"

황상은 아무 말도 없었다. 혼야왕이 〔장안에〕 이르자 장사치와 시장 사람들 중에 그들과 물건을 사고 팔다가 죄를 지어 사형을 당하게 된 자가 500여 명이나 되었다. 급암은 뵐 기회를 요청하여 〔미앙궁의〕 고문전高門殿에서 뵙고 말했다.

"저 흉노가 통로에 있는 요새를 공격하여 화친을 끊자, 중원에서는 병사를 일으켜 이들을 무찔러 이루 헤아릴 수 없이 많은 사상자를 내었고 그 비용도 수백억이나 들었습니다. 신의 어리석은 생각으로는 폐하께서 흉노를 사로잡으면 전쟁터로 나가 싸우다 죽은 자의 집에 이들을 내려 종으로 삼게 하고, 전리품도 그들에게 주어 고통 받은 천하 사람들에게 보답하고 백성의 마음을 만족시켜 주실 줄 알았습니다. 지금 그렇게는 못한다 하더라도 혼야왕이 수만의 무리를 이끌고 와서 항복하자 〔황상께서는〕 창고를 텅 비우면서까지 그들에게 상을 내리고 선량한 백성을 징발해 가면서 위하고 있으니, 이것은 마치 망나니 자식을 떠받드는 것이나 다름없습니다. 어리석은 백성이 장안의 시장에서 물건을 사고 파는 것이 법관의 판결처럼 재물을 함부로 변방의 관소로 빼돌린 죄와 같은 것임을 어떻게 알겠습니까? 폐하께서는 흉노의 물자를 가지고 천하의 백성을 위로해 주지는 못할지언정 또 엄격하고 가혹한 법조문으로 무지한 백성 500여 명을 죽일 수 있습니까? 이는 이른바 그 잎을 보호하기 위해 가지를 상하게 하는 것입니다. 신이 가만히 폐하를 위하여 생각하건대 취하실 바가 아닌 줄 압니다."

황상은 아무 말도 없이 있다가 [그의 건의를] 받아들이지 않고 말했다.

"나는 오랫동안 급암의 말을 듣지 않았다. 지금 또다시 망령된 말을 하는구나."

그로부터 몇 달 뒤에 급암은 사소한 법에 걸려 그 죄는 용서받았으나 면직되었다. 그래서 급암은 전원에 숨어 살았다.

윗사람의 허물을 기워 주는 사람

몇 년이 지나 때마침 오수전五銖錢으로 바꾸었는데, 많은 백성이 사사로이 돈을 만들었고 초나라 지역이 특히 심했다. 황상은 회양군淮陽郡을 초나라 지방으로 통하는 길목이라 생각하고 급암을 불러서 회양 태수로 삼으려 했다. 급암은 엎드려 사양하며 관인을 받지 않았으나 여러 번 억지로 조서를 내린 뒤에야 조서를 받았다. [황상은] 조서를 내려 급암을 불러 만나 보았는데, 급암이 황제를 위하여 울면서 말했다.

"신은 죽어 산골짜기에 버려질 때까지 다시는 폐하를 뵐 수 없을 줄 알았고, 폐하께서 또다시 신을 써 주시리라고는 생각지도 못했습니다. 신은 항상 병이 있어 능력으로는 한 군을 맡을 수도 없습니다. 바라옵건대

신은 중랑이 되어 궁중에 드나들면서 폐하의 잘못된 부분을 깁고 흘린 것을 줍는 것이 신의 바람입니다."

황상이 말했다.

"그대는 회양군 태수직을 무시하시오? 나는 곧 그대를 불러들일 것이오. 단지 회양군의 관리와 백성이 서로 화합하지 못하고 있으므로 나는 그대의 위엄을 빌려 누워서 다스려 보려는 것뿐이오."

급암은 하직 인사를 하고 가는 길에 대행 이식을 찾아가 이렇게 말했다.

"나는 군으로 버림받아 조정의 회의에 참여할 수 없게 되었소. 그런데 어사대부 장탕은 간사한 지혜로 직언을 막을 수 있고, 속임수로 자기 잘못을 가릴 수도 있소. 그는 교묘한 말과 변론에도 꽤 능한 편이지만 천하를 위해 기꺼이 바른말을 하지 않고 오로지 군주의 비위만 맞추려고 하오. 군주께서 하고자 하지 않는 일이면 비난하고, 군주께서 하려고 하는 일이 있으면 칭찬하오. 일을 꾸미기 좋아하고 법률 조문을 마음대로 휘두르며, 속으로는 거짓을 품고 군주의 마음을 조정하고 밖으로는 잔인한 관리를 끼고 자기의 권위를 무겁게 하고 있소. 공께서 구경의 서열에 있으면서 하루빨리 이 일을 상주하지 않는다면 공과 장탕 모두 욕을 받게 될 것이오."

그러나 이식은 장탕이 두려워 끝내 이 일을 상주하지 못했다. 급암은 군에 있으면서 전에 〔동해군〕 태수로 있을 때와 다름없이 다스렸다. 회양군의 정치는 깔끔했다. 뒤에 과연 장탕은 실각했다. 황상은 전날 급암과 이식이 이야기 나눈 것을 듣고, 이식에게는 처벌을 내리고 급암에게는 제후의 재상이 받는 수준의 녹을 주면서 회양군에 있게 했다. 〔그로부터) 7년 뒤에 급암이 죽었다.

급암이 죽은 뒤 황상은 급암과의 인연을 생각하여 그 아우 급인汲仁을 관리로 임명하였는데 구경까지 승진했다. 급암의 아들 급언汲偃은 제후의 재상에 이르렀다. 급암의 고모의 아들 사마안司馬安도 젊은 나이에 급암과 함께 태자세마가 되었다. 사마안은 법을 왜곡하고 간사한 행동을 하는 자들을 다스려 관리 노릇을 잘하여 네 차례나 구경의 서열에 올랐고, 하남군 태수로 있다가 죽었다. 그 형제 가운데 사마안의 공로로 동시에 2000석의 벼슬에 오른 자가 열 명이나 되었다.

복양 사람 단굉段宏은 처음에 갑후蓋侯 왕신王信을 섬겼는데, 왕신은 단굉을 신임했다. 단굉도 두 차례나 구경의 서열에 올랐다. 그러나 위衛 지역에서 벼슬했던 자들은 모두 급암을 존경하고 두려워하여 그의 밑에 있었다.

귀천을 가리지 말고 대하라

정당시鄭當時란 사람은 자가 장莊이고 진현陳縣 출신이다. 그 선조 정군鄭君은 일찍이 항적항우의 장군이었으나, 항적이 죽자 얼마 있다가 한나라로 귀순했다. 고조가 옛 항적의 신하였던 자들에게 항적의 이름을 부르게 했는데 정군만이 명령을 따르지 않았다. 고조는 조서를 내려 항적의 이름을 부른 자들에게 모두 대부로 삼고 정군은 내쫓았다. 정군은 효문제 때 죽었다.

정장은 협기의 기질을 스스로 즐겼는데, 장우張羽를 위기에서 구출한 일로 그 명성이 양나라와 초나라에까지 널리 퍼졌다. 효경제 때 태자의 사인이 되었다. 닷새에 한 번 돌아오는 휴가에는 언제나 역마를 장안의 여러 교외에 배치시켜 놓고 옛 친구들을 찾아가거나 빈객들을 초청하여 밤낮을 가리지 않고 접대하고, 때때로 다음 날 새벽까지 이르기도 했다. 그러나 그는 항상 사람들을 골고루 초청하지 못할까 봐 근심했다. 또한 정장은 황제와 노자의 학설을 좋아하고, 장자長者들을 사모하면서 그들을 만나지 못할까 두려워했다. 나이는 젊고 벼슬도 낮았으나, 그가 교제하며 알고 지내는 사람은 대부분 할아버지뻘이고 천하의 이름 있는 선비들이었다.

효무제가 즉위하자 정장은 점점 승진하여 노나라 중위, 제남군 태수, 강도국 재상이 되었다가 다시 구경의 대열에 올라 우내사가 되었다. 무안후와 위기후의 논쟁에 끼어든 일로 인하여 첨사詹事황후와 태자의 집안일을 담당함로 강등되었다가 다시 대농령大農令전국의 곡물을 담당함으로 승진하였다.

정장은 태사太史로 있을 때 문하생들에게 이렇게 주의시켰다.

"손님이 오면 귀천을 가리지 말고 문간에 세워 두는 일이 없도록 하라."

그는 손님과 주인의 예절로써 만나 존귀한 신분이면서도 남에게 자기를 낮추었다. 정장은 청렴하여 집안 살림을 돌보지 않고, 나라에서 받은 봉록이나 하사품으로 빈객들을 대접했다. 그러나 그가 다른 사람에게 음식을 보내는 것은 대그릇에 든 식사에 지나지 않았다. 그는 입조할 때마다 황상이 한가한 틈을 살펴 말씀을 올렸는데, 일찍이 천하의 장자를 말씀드리지 않은 적이 없었다. 그는 일반 인사와 자기 관속을 추천할 때

맛깔스럽게 말하며 언제나 실례를 들어 자기보다 현명하다고 했다. 그는 관리들의 이름을 함부로 부른 적이 없으며, 관속들과 말할 때도 그들의 마음을 상하게 하지나 않을까 염려하였다. 남의 좋은 말을 들으면 얼른 황상에게 말씀드리면서 늦지 않았을까 두려워했다. 산동의 선비나 제후들이 모여들어 정장을 칭송했다.

정장은 사자로서 하수의 둑이 터진 것을 시찰하게 되었을 때, 짐을 꾸리기 위하여 닷새의 말미를 청했다. 황상이 말했다.

"짐이 듣기로 '정장은 1000리의 먼 길을 떠나면서도 식량을 가지고 가지 않는다.'라고 하던데, 여행 준비 기간을 청한 것은 무슨 까닭이오?"

그런데 정장은 조정에서는 언제나 부드럽게 황상의 뜻을 따르며 감히 일의 옳고 그름을 심하게 따지지는 않았다.

그가 만년에 이르렀을 때, 한나라는 흉노를 정벌하고 사방의 만이들을 달래느라 비용을 많이 허비하여 재정이 갈수록 궁핍해졌다. 이 무렵 정장은 어떤 빈객을 대사농大司農의 고용인으로 보증을 섰는데 갚지 못한 빚이 많았다. 사마안이 회양 태수로 있으면서 이 일을 들추어냈다. 정장은 이 일로 벌을 받아 속죄금을 내고 평민이 되었다. 그로부터 얼마 뒤에 장사長史를 맡았으나, 황상은 정장이 늙었다고 생각하여 여남군汝南郡 태수로 임명했다. 그는 몇 해 관직에 있다가 죽었다.

정장과 급암이 처음 구경의 서열에 올랐을 때는 청렴하고 평소 행실이 방정했다. 그러나 이 두 사람은 중간에 파면되어 집이 가난해져 빈객들이 서서히 떨어져 나갔다. 군 태수로 있었지만 죽은 뒤 집에는 남은 재산이 없었다. 정장의 형제나 자손 중에서 정장의 공로로 인해 2000석의 벼슬에 오른 자가 예닐곱 명 있었다.

태사공은 말한다.

"급암이나 정당시 같은 현명한 사람도 세력이 있을 때는 빈객이 열 배로 늘었다가 세력을 잃으니 그렇지 못했으니 하물며 보통 사람임에랴? 하규下邽의 적공翟公은 이렇게 말했다. '처음 내가 정위가 되었을 때는 빈객이 문 앞에 가득 찼지만, 파면되자 문 밖에 참새 잡는 그물을 쳐도 될 정도였다. 내가 다시 정위가 되자 빈객들은 예전처럼 모여들려고 했다. 그래서 나는 문에 「한 번 죽고 한 번 사는데 사귀는 정을 알고, 한 번 가난하고 한 번 부유함으로써 사귀는 모습을 알며, 한 번 귀했다가 한 번 천해짐으로써 사귀는 정을 볼 수 있다.」라고 크게 써 붙였다.' 급암이나 정당시에게도 이러한 말이 해당된다니 슬픈 일이로구나!"

61
◎
유림 열전
儒林列傳

이 편은 사마천이 제창한 유교사 열전이다. 편폭은 비교적 간략하여 3411자에 불과하지만 규모와 체제는 한 폭의 전기로서, 유학의 발전사 및 전승 관계를 통하여 고금의 유림 인물 53명을 기술하고 있다. 물론 한나라 초기에 오경을 전습한 경사 열 명을 중심으로 서술하면서 무제가 유가의 학술을 떠받들게 된 과정을 다루고 있다.

사마천은 공자와 육경을 지극히 존중하여 공자를 소왕素王으로 보고, 육경이야말로 당시 왕의 모범으로 삼을 만하다고 여겼다. 사실 사마천이 존중한 것은 선진 유가들에게서 보여지는 절조節操와 주관이지 공명을 추구하고 이익을 갈구한 공손홍, 아관 같은 자가 난무하는 한 대의 유가 모습이 아닌 것이다.

유림 53명 중에서 39명이 한 대의 유가인데 무제 때 인물이 많다. 사마천이 무제의 유가의 교육 정책을 긍정했음을 전적으로 배제할 수는 없으나 「유림 열전」에서 사마천이 무제와 유가들을 풍자하려 했다고 보는 것은 맞다.

이 열전은 첫머리에서 보듯이 공자가 제창한 유학에 대한 총결의 의미로 볼 수 있으나 실제 내용을 살펴보면 황로 사상의 색채가 강하다. 이 편은 「공자 세가」, 「중니 제자 열전」, 「맹자 순경 열전」과 함께 읽으면 사마천 사상의 맥락을 이해하기 좋다. 한편으로 「유경 숙손통 열전」, 「평진후 주보 열전」과 함께 읽어 보아도 좋다.

漢江都相董公仲舒

江都故相
積學立名
天人三策
弁冕漢京

『춘추』에 밝아 효경제 때 박사가 된 동중서.

유학의 역사적 발전 과정

태사공은 말한다.

"나는 공령功令학사學事에 관한 규정 즉 학령學令을 읽다가 학관學官교육을 관장하던 곳을 장려하고 넓히는 대목에 이르면 책을 덮고 탄식하지 않은 적이 없다. 그리고 말한다. 아! 저 주 왕실이 쇠퇴하자 「관저關雎」가 지어졌고, 유왕幽王과 여왕厲王이 무도하여 예악이 무너졌으며, 제후들이 제멋대로 행동하여 정권이 강한 나라로 옮겨졌다. 그래서 공자는 왕도王道가 쇠하고 사도邪道가 일어나는 것을 슬퍼하여 『시』과 『서』를 순서대로 엮어 정리하고 예악을 고쳐 다시 일으켰다. 〔공자는〕 제나라에 가서 「소韶」순임금 때의 악곡를 듣고 석 달이나 고기 맛을 몰랐고, 위衛나라에서 노나라로 돌아온 뒤에야 음악이 바로잡혀 「아雅」와 「송頌」이 각각 제자리를 찾게 되었다. 〔그러나〕 세상이 워낙 혼란스러워서 쓰일 수 없었다. 이런 이유로 공자는 70여 군주를 찾아가 쓰이기를 바랐으나 받아 주는 군주가 없었다. 공자는 '만일 나를 써 주는 군주가 있다면 1년 〔안에 성과를 올릴〕 것이다.'라고 했고, 서쪽으로 사냥을 가서 기린을 잡았다는 소식을 듣자 '내 도는 다했다.'라며 탄식했다.¹ 그래서 사관의 기록에 의거하여

---

¹ 유가 이론에 의하면 기린은 태평성대에만 나타난다. 그런데 세상이 혼란스러웠던 노나라 애공 11년에 기린이 나타난 것은 비정상적인 현상이므로, 공자는 자기가 이상적으로 생각하고 있는 정치가 실현될 수 없으며 자신의 수명이 다했다는 징조로 여겼다.

『춘추』를 지어 임금의 법도를 삼았다. 〔『춘추』는〕 언사가 정미하여 뜻이 깊고 넓어 후세 학자는 대부분 〔이것을 본받아〕 기록했다.

공자가 죽고 나서 일흔 명의 제자는 〔각국으로〕 흩어져 제후들에게 유세하였는데 그중 크게 된 자는 〔제후의〕 사부師傅나 경상卿相이 되었고, 작게 된 자는 사대부의 친구가 되어 가르쳤으며, 어떤 이는 숨어 살며 벼슬에 나오지 않았다. 그러므로 자로子路는 위衛나라에 있었고, 자장子張은 진陳나라에 있었으며, 담대자우澹臺子羽는 초나라에 있었고, 자하子夏는 서하西河에 있었으며, 자공子貢은 제나라에서 일생을 마쳤다. 전자방田子方, 단간목段干木, 오기吳起, 금활희禽滑釐와 같은 무리들은 모두 자하 같은 사람들에게 학문을 전수받아 왕의 스승이 되었다. 이 무렵에는 오직 위魏나라의 문후文侯만이 학문을 좋아했다. 그 뒤로는 〔학문이 점점〕 쇠퇴하여 〔진나라〕 시황제에 이르렀다. 〔당시〕 천하는 전국 시대로 서로 어울려 싸움을 일삼으며 유가 학술을 배척했다. 그러나 제나라와 노나라 지방만은 학자들이 없어지지 않았다. 제나라 위왕威王과 선왕宣王 때에는 맹자와 순자 같은 사람이 모두 공자의 유업을 이어받아 빛냄으로써 학문을 그 시대에 알렸다.

진나라 말기에 이르자 『시』와 『서』를 불살라 버리고 유생들을 구덩이에 매장했다. 이때부터 육예는 없어지게 되었다. 〔그 뒤〕 진섭이 왕이 되자 노나라의 여러 선비가 공자의 예기禮器[2]를 가지고 가 진왕陳王진섭에게 귀순했다. 이리하여 공갑孔甲공자의 8대손은 진섭의 박사가 되었다가

2 제기祭器로서 이기彝器라고도 한다. 고대에는 제사, 상례, 빙례 등의 예의를 거행할 때 청동기로 만들어진 종, 정鼎, 과觚, 두豆, 박鎛 등의 기물을 사용했다.

끝내는 진섭과 함께 죽었다. 진섭은 필부의 몸으로 일어나 변경을 수비하는 오합지졸을 모아 한 달 만에 초나라 왕이 되었으나 반년도 못 되어 멸망했다. 이러한 것은 아주 보잘것없는 일인데, 유생들이 공자의 예기를 가지고 가서 예물을 바치고 신하가 된 것은 무엇 때문인가? 진秦나라가 그들의 서적을 불살라 버린 데서 쌓인 원한을 진왕陳王에게서 발산시켜 보려 했던 것이다.

고황제가 항적을 주살하고 병사를 일으켜 노나라를 포위했다. 〔그렇지만〕 그런 가운데서도 노나라의 모든 유생들은 여전히 경서를 강의하고 낭송하면서 예악을 익히며 현가弦歌의 소리가 끊어지지 않았으니, 어찌 성인이 남긴 교화로써 예악을 즐긴 나라가 아니겠는가? 그래서 공자가 진陳나라에 있을 때 '돌아가자, 돌아가자. 우리 고향의 젊은이들은 뜻이 크나 일을 간략하게 처리하고 문장에도 문채가 있어 볼만하니, 이들을 어떻게 가르쳐야 할지 모르겠다.'라고 말했던 것이다.

대체로 제나라와 노나라 지역의 사람들이 문학을 좋아하는 것은 옛날부터의 천성이었다. 한나라가 일어나자 여러 유학자는 비로소 〔제나라와 노나라의〕 경서를 배워 익히고, 대사례大射禮[3]나 향음례鄕飮禮[4]를 강습할 수 있었다.

숙손통叔孫通은 한나라의 예의를 제정하였기 때문에 태상太常이 되었

---

3 제후들이 제사를 지낼 때 화살을 쏘는 예절로서, 명중시킨 자에게만 제사에 참석할 수 있는 자격이 주어졌다.
4 고을의 대부들이 향학을 졸업한 우수한 학생들에게 연회를 열어 주었는데, 그때 지켜야 할 예절을 말한다.

으며, 그와 함께 〔예의를〕 제정하는 일에 참여한 여러 제자도 모두 우선적으로 임용되었다. 그래서 〔사람들은〕 학문이 다시 일어나는 것에 감탄하고 탄식했다. 그렇지만 아직도 전쟁으로 천하를 평정하고 있으므로 상서庠序[5]의 일을 정비할 겨를이 없었다. 효혜제와 여후 때의 공경은 모두 무력으로 공을 세운 신하였다. 효문제 때에는 자못 문학하는 선비들을 등용하는 듯했으나 효문제는 본시 형명刑名의 학설을 좋아했다. 효경제에 이르러서는 유학자들을 임명하지 않았고, 두 태후도 황로黃老 학설을 좋아하므로 여러 박사는 관원 수만 채운 채 하문이 있기만을 기다릴 뿐 승진하는 사람이 없었다.

금상今上한 무제께서 즉위할 무렵 조관趙綰이나 왕장王臧 등이 유학에 밝고 금상께서도 유학에 관심이 있으므로 방정方正, 현량賢良, 문학文學의 선비들을 불렀다. 그 뒤로 『시』를 강론하는 사람으로는 노나라의 신배공申培公, 제나라의 원고생轅固生, 연나라의 한 태부韓太傅한영韓嬰가 있었다. 『상서』를 강론하는 것은 제남의 복생伏生에서 비롯했으며, 『예』를 강론한 사람은 노나라의 고당생高堂生이었다. 『역』을 강론하는 것은 치천菑川의 전생田生이었으며, 『춘추』를 강론하는 것은 제나라와 노나라에서는 호무생胡母生으로부터 시작되고, 조나라에서는 동중서董仲舒로부터 시작되었다. 두 태후가 죽자 무안후 전분이 승상이 되어 황로와 형명 백가의 학설을 배척하고 문학하는 유학자 수백 명을 불러들였다. 그래서 공손홍은 『춘추』로써 평민에서 천자의 삼공이 되었고 평진후로 봉해졌

---

5 고대의 학교이다. 학교에 대한 명칭은 시대가 흐름에 따라 바뀌었는데 하나라 때는 교校라고 하고, 은나라 때는 서序라고 했으며, 주나라 때는 상庠이라고 했다.

다. 천하의 학자들은 한쪽으로 쏠려 바람을 따라 일어났다."

식견 있는 학자를 등용하여 뜻을 이룬다

공손홍이 학관이 되어 [유가의] 도가 침체된 것을 한탄하며 글을 올려 다음과 같이 주청했다.

승상공손홍과 어사대부 번계番系가 말씀드립니다. 조칙에서 "대체로 들건대 백성을 지도하는 데는 예로써 하고 [풍속을] 교화시키는 데는 음악으로써 한다고 한다. 혼인은 가족을 형성하는 가장 큰 윤리이다. 그런데 지금 예는 버려지고 음악은 무너져 짐이 매우 슬프다. 그래서 천하의 품행이 바르고 견문이 넓은 학자를 다 조정으로 불러들여 관리로 임명하려 한다. 그리고 예관禮官교화와 예의를 맡은 관리로 하여금 학문을 권하는 것은, 그들도 강의와 토론으로 널리 들어 예를 일으켜 천하의 선구가 되도록 하며, 태상은 박사와 그 제자들과 의논하여 향리의 교화를 높여 현명한 인재를 배출시키도록 하라."라고 하셨습니다. 그래서 태상 공장孔臧과 박사 평平 등이 삼가 의논하여 "듣건대 삼대의 도道로서 향리마다 교육기관을 두었던 것이니 그것을 하나라 때는 교校라고 했고, 은나라 때는 서序라고 했으며, 주나라 때는 상庠이라고 했습니다. 선을 권장하는 방법으로는 선을 행한 자에게 조정에서 빛나는 자리를 주고, 악을 징계하는 방법으로는 형벌을 가했습니다. 그러므로 교화를 실천하기 위해서는 수도에서부터 선행의 본보기를 세우고 안에서 밖으로 미치게 해야 한다."라고 했습니다. 지금 폐하께서는 지극한 덕을 밝히고 큰 지혜를 열어 천지에 안배하고 인륜에 근본을 두며, 학문을 권장하고 예를 닦고 교화를 숭상하고 어진 선비를 격려함으로써 사방을 교화하고 계시니 이것이 태평성대의 근본입니다. 옛날에는 정치와 교육이 조화를 이루지 못하여 예의 제도가 갖춰지지 못했습니다. 청컨대 원래 있던 관원들에게 기대어 일으키도록 해 주십시오. 박사 직책을 강화하기 위하여 제자 50명을 두고 그들의 부역을 면제시켜 주십시오. 태상은 백성 중에서 18세 이상의 예의와 품행이 단정한 자를 골라 박사의 제자로 삼아 보필하게 해 주십시오. 군과 국과 현과 도와 읍에서 문학을 좋아하며 윗사람을 존경하고 정교政敎를 잘 지키며 향리의 습속에 순응하고 [언행과 품행이] 들은 바와 어긋나지 않는 자가 있으면 현령과 제후의 재상과 현의 장 및 승은 자신들이 소속된 2000석에게 추천하고, 2000석은 신중히 가려내어 계리計吏군이나 국에서 지방의 정치 상황을 보고하는 관리와 함께 태상에게 보내 제자들과 똑같이 수업을 받게 해 주십시오. 1년이 지나면 모두 일제히 시험을 치르게 하여 한 분야 이상에 능통한 자는 문학文學과 장고掌故[6]의 결원이 생길 경우 보충하도록 합니다. 그리고 그 가운데 낭중郎中이 될 만한 우수한 자가 있으면 태상이 명부를 만들어 상주합니다. 만약 뛰어난 수재가 있으면 언제든지 이름을 적어 상주합니다. 그렇지만 학문에 힘쓰지 않거나 재능이 떨어져 한 분야에도 능통치 못하는 자가 있으면 즉시

---

6 원문의 문학은 학술을 관장하는 관직명이고 장고는 태상의 속관으로 예악 제도를 다루는 작은 관직명이다. 태상장고太常掌故라고도 하며, '문학'과 '장고'를 따로 떼어서 번역하였는데, 이 역시 상당수의 번역서에서 채용하는 견해이기도 하다. 특별히 유학의 고사故事를 아는 것이 많다.

파면시키고, 이러한 부적격자를 추천한 자를 처벌해 주십시오.

신이 삼가 지금까지 발표된 조서나 율령을 살펴보니〔황상께서는〕자연과 인간의 구별을 분명히 하고 고금의 도의에 밝으며, 문장이 우아하고 바르며, 훈계하는 문사가 깊고 두터우며 베푸신 은덕이 매우 아름다웠습니다. 그러나 말단 관리들은 배우고 들은 것이 얕고 적어 이를 십분 밝혀 펼 수 없어 밑에 있는 백성에게 잘 알리거나 일깨워 주지 못합니다. 예를 다스리는 관리 다음 으로 장고의 인재를 다스렸는데, 문학과 예의로써 관리가 되었으나 승진 길이 막혔습니다. 청컨대 그 직급이 비200석 이상에서 100석까지의 관리 가운데 한 분야 이상에 능통한 자를 골라 좌우내사左右內史나 대행의 졸사卒史경이나 군수 밑에 있던 하급 관리의 보직을 주고, 비100석 이하는 군 태수의 졸사의 보 직을 주되 모든 군에 각각 두 명, 변경의 군에는 한 명을 두어 주십시오. 무엇 보다도 경서를 많이 외우고 있는 자부터 채용하고, 만일 인원이 부족한 경우 에는 장고에서 선발하여 중2000석의 속관으로 충원하시고 문학과 장고에서 는 군郡의 속관으로 보직을 주십시오. 청컨대 이상을 공령에 기재하고 나머지 는 율령대로 하십시오.

〔황상은〕조칙을 내려 그렇게 하라고 말했다. 이때부터 삼공, 구경, 대 부, 사인士人, 이吏에 문질文質을 겸한 선비가 매우 많아졌다.

바른 정치는 힘써 노력하는 데 있다

신공申公은 노나라 사람이다. 고조가 노나라를 지날 때, 신공은 제자로써 스승제나라 사람 부구백浮丘伯을 따라 노나라 남궁南宮에서 고조를 알현했다. 여 태후 때에 신공은 장안으로 유학 와서 유영劉郢과 함께 같은 스승을 모셨다. 얼마 뒤에 유영이 초나라 왕이 되자 신공을 태자 유무劉戊의 스승으로 삼았다. (그렇지만) 유무는 학문을 좋아하지 않아 신공을 미워했다. 왕 유영이 죽고 유무가 초나라 왕으로 즉위하자 신공을 포승줄에 묶어 죄인으로 만들어 버렸다. 신공은 이것을 수치스럽게 여겨 노나라로 돌아와 집에서 (제자들을) 가르치며 평생 문밖에 나오지 않았고 빈객의 방문도 사절했다. 다만 노나라 공왕恭王이 부를 때에만 갔다. 제자들 중에는 먼 곳에서 찾아와 수업을 받는 자들이 100여 명이나 되었다. 신공은 다만 『시』 속에 나오는 훈고訓詁로 가르쳤으며 주석註釋을 전하지 않았으며 (의혹이 없는 부분만을 전하고) 의문이 있는 것은 빼버리고 전하지 않았다.

난릉의 왕장은 이미 (신공에게) 『시』를 배운 뒤 효경제를 섬겨 태자소부太子少傅가 되었으나 면직되어 물러났다. 금상께서 막 즉위하자 왕장은 글을 올려 숙위가 되었다가 점점 승진하여 1년 만에 낭중령이 되었다. 그리고 대나라의 조관도 일찍이 신공에게 『시』를 배워 어사대부가 되었다. 조관과 왕장은 천자에게 명당明堂고대에 황제들이 국정을 펴던 곳을 세워 제후들을 입조케 하도록 주청했으나 그 일을 이룰 수 없자 스승 신공을 천거했다. 그래서 천자는 사신을 보내고 속백束帛비단 다섯 필을 한데 묶어 사람을 초빙하거나 포상할 때 쓰던 예물에 구슬을 예물로 가져가 말 네 마리가 끄는 안거安車로 신공을 맞이하도록 했는데, 〔이때〕 제자 두 명이 마차를 타고 따라와서 같이 천자를 알현했다. 천자가 치란治亂에 대해 묻자, 신공은 당시 여든이 넘은 노인이었으나 이렇게 대답했다.

"나라를 다스리는 것은 말을 많이 하는 데 있는 게 아니고 어떻게 힘써 행하느냐에 달려 있습니다."

이 무렵 황상은 문사文詞를 좋아하므로 신공이 대답하는 것을 보고는 묵묵히 있었다. 그러나 이미 〔신공을〕 초빙하였으므로 태중대부로 삼아 노나라 왕의 저택에 살면서 명당 세우는 일을 상의하도록 했다. 태황태후인 두 태후는 노자의 학설을 좋아하고 유가의 학설을 좋아하지 않으므로 조관과 왕장의 허물을 찾아내어 황상을 꾸짖었다. 황상은 이 일로 인해 명당 세우는 일을 없었던 일로 하고 조관과 왕장을 모두 형리에게 넘겨 〔죄를 다스리게 하자〕 뒷날 두 사람은 자살했다. 신공도 병들어 면직되어 고향으로 돌아가 살다가 몇 년 뒤에 죽었다.

〔신공의〕 제자 중 박사가 된 자가 10여 명 있었으니, 공안국孔安國은 임회군臨淮郡 태수가 되었고, 주패周霸는 교서국의 내사가 되었으며, 하관夏寬은 성양국城陽國의 내사가 되고, 탕碭의 노사魯賜는 동해군東海郡 태수가 되었으며, 난릉의 무생繆生은 장사국長沙國의 내사가 되었고, 서언徐偃은 교서국의 중위中尉가 되었으며, 추鄒 사람 궐문경기闕門慶忌는 교동국膠東國의 내사가 되었다. 그들은 관리와 백성을 다스림에 모두 청렴하고 절도가 있으며 학문을 좋아한다는 칭찬을 들었다. 학관이 된 제자들의 품행은 완전하지는 않지만 대부, 낭중, 장고에 이른 자가 100명을 헤아렸다. 『시』에 대한 그들의 견해는 저마다 다르지만 대부분 신공의 견

해에 바탕을 두고 있었다.

관은 머리에 써야 하고 신발은 발에 신는다

청하왕淸河王의 태부 원고생轅固生은 제나라 사람이다. 『시』에 밝아 효경제 때 박사가 되었다. 그는 경제 앞에서 황생黃生과 논쟁한 적이 있는데 황생이 말했다.

"탕왕과 무왕은 천명을 받은 것이 아니라 〔걸왕과 주왕을〕 시해한 것입니다."

원고생이 말했다.

"그렇지 않습니다. 대체로 〔하나라〕 걸왕이나 〔은나라〕 주왕이 잔학하고 난폭하여 천하의 민심이 모두 탕왕과 무왕에게 쏠린 것입니다. 탕왕과 무왕은 천하의 민심과 함께하여 걸왕과 주왕을 주살하고 걸왕과 주왕의 백성이 자기 군주의 부림을 받지 않고 탕왕과 무왕에게 귀의하였으므로 탕왕과 무왕은 어쩔 수 없이 즉위한 것입니다. 이를 어찌 천명을 받은 것이 아니라고 할 수 있겠습니까?"

황생이 말했다.

"관은 해져도 반드시 머리에 쓰고 신발은 새것이라도 반드시 발에 신습니다. 무엇 때문이겠습니까? 위아래의 구분이 있기 때문입니다. 이제 걸왕과 주왕이 비록 정도를 잃었다 하더라도 군주로서 위에 있어야 했고, 탕왕과 무왕은 비록 성인일지라도 신하이므로 아래에 있어야 했습니다. 대체로 군주가 정치를 잘못하면 신하가 바른말로 잘못을 고쳐 주어 천자를 존중해야 하거늘 도리어 잘못이 있다 해서 그를 죽이고 남면하여 대신 왕위에 올랐으니, 이것이 시해한 게 아니면 무엇입니까?"

원고생이 말했다.

"반드시 당신이 말한 대로라면 고제께서 진나라를 대신하여 천자 자리에 오른 것도 그르오?"

그러자 경제가 말했다.

"고기를 먹을 때 말의 간을 먹지 않았다고 하여 〔고기〕 맛을 모른다고는 하지 않소. 학문을 논하는 자가 탕왕과 무왕이 천명을 받은 것에 대해 말하지 않는다고 하여 어리석다고는 하지 않소."

드디어 논쟁을 멈추었다. 이 뒤로는 학자들 사이에 천명과 시해에 대해 밝히려는 자는 아무도 없었다.

두 태후는 노자의 책을 좋아하여 원고생을 불러 『노자』란 책에 관해 물으니, 원고생이 대답했다.

"그것은 하인들의 말에 지나지 않습니다."

두 태후가 노여워하며 말했다.

"어떻게든 사공司空의 성단서城旦書를 얻을 수 있겠는가?"[7]

그래서 원고생을 짐승 우리에 들여보내고 돼지를 찔러 죽이게 했다.

---

7 사공司空은 고대 옥을 관리하던 관리이고, 성단城旦은 노역하는 죄수를 말한다. 한나라 초기에 최고 통치자들은 황로 사상을 숭상하여 청정무위淸靜無爲를 주장하며 정치에서도 '무위無爲'를 숭상하였고, 유가의 학술은 지나치게 '급急'하다고 보았다. 본문 두 태후의 말은 유가의 학설과 정치적 주장이 율령律令과 같음을 풍자한 것이다.

경제는 두 태후가 노여워했지만 원고생이 바른말을 했을 뿐 죄가 없음을 알고 있으므로, 원고생에게 날카로운 칼을 주어 우리로 내려가 돼지를 찌르게 했다. 그는 단 한 번에 심장을 찔러 돼지를 죽여 쓰러뜨렸다. 두 태후는 다시 벌을 내릴 수도 없으므로 그것으로 잠자코 있다가 파면시켰다. 원고생은 한동안 집에서 머물렀는데 경제는 원고생이 청렴하고 정직하다고 여겨 청하왕의 태부로 임명했다. 그는 오래도록 이 자리에 있다가 병들어 면직되었다.

금상께서 막 즉위하자 현량이란 이름으로 원고생을 다시 불러들였다. 그러자 아첨을 일삼는 유학자들이 원고생을 미워하고 헐뜯어 말했다.

"원고생은 늙었습니다."

〔금상께서는〕 그를 파면시키고 돌려보냈다. 이때 원고생의 나이는 아흔이 넘었다. 원고생이 초빙될 때 설薛 사람 공손홍도 초빙되었는데, 그는 〔경외하여 바로 쳐다보지 못하고〕 곁눈질로 원고생을 보았다. 원고생이 말했다.

"공손자公孫子여, 바른 학문에 힘써 바르게 말하고 왜곡된 학문으로 세상에 아첨하지 마시게."

이로부터 제나라에서 『시』를 말하는 자는 모두 원고생의 설에 바탕을 두었고, 제나라 사람으로 『시』를 가지고 영달한 자는 모두 원고생의 제자였다.

한생韓生은 연나라 사람이다. 효문제 때 박사가 되었고, 경제 때 상산왕常山王의 태부가 되었다. 한생은 『시』의 뜻을 부연하여 『한시내전韓詩內傳』과 『한시외전韓詩外傳』 수만 언를 지었다. 그의 학설은 제나라와 노나라의 〔『시』 학설과는〕 자못 다르나 귀결점은 같았다. 회남의 비생賁生이 그에게 전수받았다. 이로부터 연나라와 조나라 사이에서 『시』를 말하는 자는 한생의 학설로부터 나왔다. 한생의 손자 한상韓商은 금상의 박사가 되었다.

복생伏生은 제남 사람으로 본래는 진秦나라 박사였다. 효문제 때 『상서』에 밝은 자를 구하려 했으나 천하에 그런 이가 없었다. 복생이 잘 안다는 소문을 듣고 초빙하려 했으나, 이때 복생은 아흔이 넘은 나이로 늙어서 다닐 수가 없었다. 그래서 태상에게 조서를 내려 장고掌故 조조鼂錯를 보내 전수받게 했다.

진나라가 책을 불살랐을 때 복생은 〔『상서』를〕 벽 속에 감추었다. 복생은 그 뒤 전쟁이 크게 일어났기 때문에 〔집을 떠나〕 떠돌아다니다가 한나라가 〔천하를〕 평정하자 복생은 그 책을 찾아보았으나 수십 편이 없어지고 스물아홉 편만을 얻어 제나라와 노나라 사이에서 가르쳤다. 학자들은 이로 말미암아 자못 『상서』를 말할 수 있게 되었다. 산동의 여러 학자는 『상서』를 섭렵하여 가르치지 않는 자가 없었다.

복생은 제남의 장생張生과 구양생歐陽生을 가르쳤고, 구양생은 천승千乘의 예관兒寬을 가르쳤다. 예관은 이미 『상서』에 정통한 뒤 문학으로 군郡의 추천을 받아 박사로 가서 수업을 받았는데 공안국孔安國에게 배웠다. 예관은 가난하여 생활비가 없으므로 늘 다른 제자들의 밥 짓는 일을 맡아 하고, 때로는 틈틈이 날품팔이를 하여 입을 것과 먹을 것을 해결했다. 그는 일을 다닐 때도 언제나 경서를 가지고 가서 쉴 때마다 꺼내 외고 익혔다. 그 뒤 시험 성적에 따라 정위의 사史에 임명되었다.

이 무렵 장탕은 학문을 장려하던 터라 〔예관을〕 주언연奏讞掾으로 삼았다. 〔예관은〕 고법古法에 따라 의혹이 있는 중대한 사건을 판정했으므로 장탕의 총애를 받았다. 예관은 사람됨이 온후하고 선량하고 청렴하며 지혜롭고 지조가 있으며 글도 잘 지어 상소문을 잘 쓰고 문장으로 표현하는 데는 재치가 있으나, 입으로는 〔자기 의견을〕 명확히 발표하는 능력이 없었다. 장탕은 그를 장자長者로 여기고 자주 칭찬했다.

장탕이 어사대부가 되자, 예관을 그의 속관으로 삼고 천자께 추천했다. 천자는 예관을 만나 학문에 대해 질문해 보고 기뻐했다. 장탕이 죽은 지 6년 만에 예관의 자리는 어사대부에 이르렀다. 9년 뒤에 현직에서 죽었다. 예관은 삼공의 자리에 있으면서 온화하고 조용한 성품으로 그 자리를 오래도록 지키기는 했지만, 관청의 일을 바로잡기 위해서 간언하는 일이 없으므로 부하 관리들은 그를 만만하게 보고 힘을 다하지 않았다. 장생도 박사가 되었다. 복생의 손자도 『상서』를 잘 안다고 하여 초빙했으나 깊은 뜻을 분명하게 알지는 못했다.

이때부터 노나라의 주패와 공안국, 낙양의 가가賈嘉 등이 자못 『상서』의 내용에 대해 말할 수 있었다. 공안국은 고문古文 『상서』를 가지고 있었는데 이것을 금문今文으로 풀어 읽었다. 이렇게 하여 고문 연구가들이 일어나게 되었고, 없어졌던 〔『상서』〕 10여 편도 얻게 되었다. 이로부터 『상서』의 편수가 많아졌다.

여러 학자가 대부분 『예』를 논했지만 노나라 고당생高堂生이 가장 뛰어났다. 『예』는 공자 때부터 정돈되기 시작했으나 경전이 갖추어지지 않았으며, 진나라가 책을 불살랐으므로 경서들 중에 흩어지거나 없어진 것이 더욱 많아지고 지금은 『사례士禮』만이 남아 있다. 고당생은 그것에 대해 담론할 수 있었다.

노나라의 서생徐生은 예절 의식을 잘 알았다. 효문제 때 서생은 예절 의식으로써 예관대부禮官大夫가 되었고, 그 직분을 아들에게 전하여 손자 서연徐延과 서양徐襄에게까지 이르렀다. 서양은 선천적으로 예절 의식에는 뛰어나나 『예경禮經』에는 능통하지 못했고, 서연은 『예경』에는 능통하나 예절 의식에는 뛰어나지 못했다. 서양은 예절 의식으로써 한나라의 예관대부가 되었고 광릉국廣陵國의 내사에까지 올랐다. 서연과 서씨의 제자 공호만의公戶滿意, 환생桓生, 선차單次도 모두 일찍이 한나라의 예관대부가 되었다. 그리고 하구瑕丘의 소분蕭奮은 『예』로써 회양군淮陽郡 태수가 되었다. 이 뒤로 『예』를 담론하고 예절 의식을 말할 수 있는 자는 서씨로부터 나온 것이다.

노나라의 상구商瞿는 공자에게 『역』을 전수받았다. 공자가 죽자 상구는 『역』을 6대까지 전수하여 제나라 사람 전하田何에까지 이르렀다. 전하는 자가 자장子莊으로 한나라가 흥기했을 대의 사람이다. 전하는 동무東武 사람 왕동자중王同子仲에게 전했고, 자중은 치천의 양하楊何에게 전했으며, 양하는 『역』을 가지고 원광 원년에 초빙되어 관직이 중대부에 이르렀다. 제나라 사람 즉묵성卽墨成은 『역』으로 성양국城陽國의 재상이 되었고, 광천廣川 사람 맹단孟但은 『역』으로 태자의 문대부門大夫가 되었다. 노나라 주패周霸, 거莒 사람 형호衡胡, 임치 사람 주보언 등은 모두 『역』으로 2000석에 올랐다. 그러나 요컨대 『역』을 말하는 자는 양하楊

何 학파를 바탕으로 했다.

　동중서는 광천廣川 사람으로 『춘추』에 밝아 효경제 때 박사가 되었다. 〔그는〕 휘장을 내리고 경전을 강의하고 암송하여, 제자들은 먼저 들어온 자가 새로 들어온 제자에게 전수하는 방법으로 배웠으므로 스승의 얼굴을 보지 못한 자도 있었다. 동중서는 삼 년 동안 자기 집의 정원을 보지 않고 〔학문에〕 정진하는 것은 이와 같았다. 〔그리고〕 나아가고 물러남에 예가 아니면 행하지 않으므로 학문하는 선비는 모두 그를 스승으로 존경했다.

　금상께서 즉위하자 〔동중서는〕 강도江都의 재상이 되었다. 〔그리고〕 『춘추』에 기록된 천재지이天災地異의 변화를 바탕으로 천지 음양이 역행하는 원인을 유추했다. 그래서 비를 내리게 할 때는 〔남문을 봉쇄하여〕 모든 양기를 닫고 〔북문을 열어 놓아〕 모든 음기를 부추기고, 비를 그치게 하려면 그 반대 방법으로 하였다. 강도의 모든 지역에 이를 실행하여 바라는 대로 되지 않은 적이 없었다. 〔그는〕 중도에 해임되어 중대부가 되었으나 집에 있으면서 『재이지기災異之記』라는 책을 지었다.

　이 무렵 요동에 있는 고조의 묘에 불이 났다. 동중서를 미워하던 주보언이 그의 저서를 훔쳐다가 금상께 상주했다. 금상께서 여러 유생을 불러 모아 그 책을 검토하게 하니, 그것을 풍자하고 비판하는 자가 있었다. 동중서의 제자 여보서呂步舒까지도 이것이 자기 스승의 글인 줄 모르고 저속하고 어리석다고 말했다. 이리하여 동중서는 옥리에게 넘겨져 죽음을 당하게 되었지만 조칙으로 사면시켜 주었다. 그 뒤 동중서는 다시는 천재지변에 관해서 말하지 않았다.

동중서는 사람됨이 청렴하고 정직하였다. 이 무렵 한나라는 사방의 오랑캐를 나라 밖으로 내몰고 있었다. 공손홍은 『춘추』에 밝은 것이 동중서에는 미치지 못했으나, 세속에 영합하여 일을 해서 지위가 공경에까지 이르렀다. 동중서는 공손홍을 아첨을 좇는 [소인이라고] 생각했고, 공손홍은 동중서를 미워하여 금상께 말했다.

"동중서만이 교서왕의 재상이 될 수 있습니다."

교서왕은 평소 동중서가 덕행이 있다고 들었으므로 후대하였다. [하지만] 동중서는 [이 자리에] 오래 있다가는 죄를 얻게 될까 두려워 병으로 벼슬을 그만두고는 집에 있었다. 죽는 날까지 가산을 늘리는 일은 돌아보지 않고 학문과 저술 작업으로 일거리를 삼았다. 그러므로 한나라가 일어나 5대까지 이르는 동안 동중서만이 『춘추』에 밝은 인물이라는 명예를 가졌다. 그가 전한 것이 『공양전公羊傳』이다.

호무생胡毋生은 제나라 사람으로 효경제 때 박사가 되었고, 늙어서는 고향으로 돌아와 제자를 가르쳤다. 제나라에서 『춘추』를 논하는 자는 대부분 호무생의 제자이다. 공손홍도 그에게 많은 것을 배웠다.

하구瑕丘의 강생江生은 『춘추곡량전春秋穀梁傳』을 연구했다. 그는 공손홍에 의해 등용되었으나, 일찍이 『춘추』의 여러 해석을 모아 비교한 끝에 마침내 동중서의 해설을 채용했다.

동중서의 제자 중에서 [명예와 지위를] 얻은 자로는 난릉의 저대褚大, 광천의 은충殷忠, 온溫의 여보서呂步舒 등이 있다. 저대는 양나라 재상이 되었고, 여보서는 장사長史가 되어 사자의 부절을 받아 회남왕의 반란 사건을 처리하도록 보내졌는데 [회남왕이] 천자에게 보고하지 않고 멋대로 행동한 것을 『춘추』의 대의로써 공정하게 단죄하니 천자는 모두 옳다고 했다. 〔이 밖에〕 그의 제자로 출세하여 명대부命大夫[8]가 되거나 낭, 알자, 장고가 된 자가 100명이나 헤아렸다. 그리고 동중서의 아들과 손자도 모두 학문으로써 큰 벼슬에 이르렀다.

---

8 황제에게 임명을 받은 대부이다. 가령 광록대부光祿大夫, 간대부諫大夫, 태중대부太中大夫 등을 말한다.

62

혹리 열전
酷吏列傳

상당한 편폭의 이 편은 서한 전기에 살았던 포악한 관리 열 명의 행적을 서술하고 있는데, 대체로 한나라 무제 때의 관리들이다. 혹리가 춘추 시대에는 없고 한 대에만 있었을 리 만무하지만, 등장인물 열 명 중에서 질도郅都 한 명을 제외하면 아홉 명이 무제 때 재직한 사람이라는 사실은 무제가 겉으로는 유가를 주창하면서도 형법에 가혹한 면모를 보였다는 점을 부각시키고 중앙 집권이 강조됨에 따라 관리가 민중 위에 군림하게 되었음을 비판하는 의도가 있음을 드러낸다.

또 무제가 혹리를 많이 등용한 것은 부호나 상인, 귀척 등에게 타격을 입힘으로써 소금과 철의 전매 정책과 평준平準과 균수均輸 등 경제 정책을 추진하여 황권을 강화하고 전쟁 비용을 충당하려는 목적에서 비롯된 것이다. 그러나 법 적용이 공정하지 못하고 지나치게 엄하여 도적이 들끓고 농민 봉기가 일어났다.

이 편 첫머리에서 공자와 노자의 말을 인용하여 예의와 도덕의 중요한 작용을 천명한 것은 사마천이 지닌 반폭정 의도와 공공의 이익이 중요하다는 생각을 분명하게 드러낸다. 주양유 같은 자에게서 보여지듯 이중적인 혹리들의 태도에 사마천은 한 시대를 풍미한 혹리들을 다루면서 풍자의 시각을 드러내고 있다. 다만 논찬에서 혹리 가운데 청렴하게 공적인 일을 처리하고 법을 집행함에 아부하지 않는 자도 있었다는 점만은 긍정적으로 평가하고 있다.

공자는 말했다.

"정령政令으로 인도하고 형벌로 바로잡으면 백성은 형벌을 피하는 것을 부끄럽게 여기지 않는다. 덕으로 이끌고 예로 바로잡으면 부끄러움을 알고 바르게 살아간다."

노씨老氏노자는 이렇게 일컬었다.

"최상의 덕은 덕이라고 하지 않으니 이 때문에 덕이 있다. 하급의 덕은 덕을 잃으려 하지 않으니 이 때문에 덕이 없다. 법령이 많아질수록 도적은 많아진다."

태사공은 말한다.

"진실로 옳구나! 이러한 말들이여. 법령이란 다스림의 도구일 뿐 [백성의] 맑고 탁함을 다스리는 근원은 아니다. 옛날진秦을 지칭함에는 천하의 법망이 치밀했으나, 간사함과 거짓은 싹이 움트듯 일어나 극도에 이르러 위아래가 서로 속여 구제할 수 없는 지경에 이르렀다. 당시 관리들은 불을 그대로 둔 채 끓는 물만 식히려는 것처럼 조급하게 했다. [이러한 상황에서] 강하고 준엄하며 혹독한 사람이 아니고야 어떻게 그 임무를 즐겁게 감당할 수 있었겠는가? [그래서] 도덕을 말하는 사람도 자기가 맡은 일을 감당하지 못했던 것이다. 그러므로 '송사를 듣고 판결을 내리는 일은 나도 남과 같지만, 반드시 송사가 없도록 할 것이다!'라고 말했고, '하찮은 선비는 도道를 듣고 크게 웃기만 할 뿐이다.'라고 말했으니 이는

허튼 말이 아니다.[1]

한나라가 일어나자 모난 것을 깨뜨려 둥글게 만들고,[2] 조각한 장식을 깎아 소박하게 만들며, 법망은 배를 집어삼킬 만한 큰 물고기도 빠져나갈 수 있을 만큼 너그럽게 했다. 그렇게 하니 관리들의 통치는 순수하고 단순하여 간악한 데로 이르지 않고, 백성은 잘 다스려지는 데에 편안함을 느꼈다. 이상으로 살펴보면 백성을 다스리는 근본은 혹독한 법령에 있는 게 아니라 도덕에 있다."

충신이었고 청렴했으나 목이 달아난 질도

고후 때 가혹한 관리로 후봉侯封이라는 자가 있었는데, 황족들을 가혹하게 능멸하고 공신들을 함부로 욕보였다. (그러나) 여씨 일족이 망하자 마침내 후봉 일족도 주멸되었다. 효경제 때에는 조조鼂錯가 법을 각박하고도 가혹하게 만들고 술책을 운용하여 자신의 재능을 강화했다. 일곱 나라의 난은 조조에 대한 분노가 폭발하여 일어난 것이며 조조는 결국 처형되었다. 그 뒤에 질도郅都와 영성寧成의 무리가 있었다.

---

1 앞의 말은 공자, 뒤의 말은 노자가 한 것이다. 어진 정치의 실행을 강조하고 엄격한 형벌을 반대하고 있다.
2 가혹하고 엄하기만 한 진나라 형벌을 폐지하고 무위이치無爲而治 즉 아무것도 하지 않아도 자연스럽게 다스려지는 정치를 지향하여 모든 법령을 쉽고 간편하게 만든다는 뜻이다.

질도는 양楊 땅 사람으로 낭이 되어 효문제를 섬겼다. 효경제 때에 질도는 중랑장이 되어 과감하게 직간하고 조정 대신들을 눈앞에서 꺾어 눌렀다. 〔그는〕일찍이 〔효경제를〕 따라 상림원에 간 적이 있었는데 가희賈姬가 변소에 갔을 때 멧돼지가 갑자기 변소로 뛰어들었다. 황경제는 질도에게 〔그녀를 구해 주도록〕 눈짓을 했으나 질도는 꼼짝도 하지 않으려 했다. 황제가 몸소 무기를 들고 가희를 구하려 하자, 질도는 황제 앞에 엎드려 이렇게 말했다.

"희첩 한 명을 잃으면 또 다른 희첩을 얻으면 됩니다. 천하에 어찌 가희 같은 여자가 부족하겠습니까? 폐하께서 만일 스스로를 가볍게 여기신다면 종묘나 태후는 어떻게 합니까?"

황제는 몸을 되돌렸고 멧돼지도 달아나 버렸다. 태후는 이 소문을 듣고 질도에게 황금 100근을 내렸으며, 이 일로 인하여 질도를 중용했다.

제남군의 한씨瞷氏라는 일족은 300여 가구나 되는 호족으로 법을 무시하고 제멋대로 행동했지만 2000석의 관리 중에 이들을 제지할 수 있는 자가 아무도 없었다. 그래서 경제는 질도를 제남군 태수로 임명했다. 〔질도는〕 부임하자 한씨 일족 중 가장 포학한 자의 일가를 주멸해 버리니 나머지 한씨들은 두려워 벌벌 떨었다. 1년 남짓 지나자 제남군에는 길에 물건이 떨어져 있어도 주워 가는 사람이 없었다. 근처의 10여 군의 태수[3]들은 질도를 대부大府 사람을 대하듯 외경했다.

---

3 태수太守라는 직책은 전국 시대에 생긴 것으로, 본래는 군수郡守로 불리던 것이 한대에 들어서면서 태수로 바뀌었다. 태수는 애당초 무관으로서 한 군郡의 방위를 담당했으나 시간이 흐르면서 지방관으로 바뀌어 갔다.

질도는 사람됨이 용감하고 기개와 힘이 있으며 공정하고 청렴했다. 그는 사사로운 편지를 받으면 뜯어 보지도 않고, 남이 보내온 선물도 받는 법이 없으며, 남의 청탁이나 의뢰하는 말을 들어준 적이 없었다. 그는 늘 스스로 이렇게 말했다.

"이미 어버이를 등지고 벼슬살이하는 이상 이 몸은 맡은 일에 책임을 다하고 절개를 지키다가 관직에서 죽을 뿐이니 끝내 처자식조차 돌보지 않을 것이다."

질도는 중위로 승진하였다. 승상 조후條侯주아부는 매우 고귀한 신분이었으나 질도는 〔그를 만날 때마다〕 읍할 뿐이었다. 당시 백성은 순박하여 죄를 받을까 두려워하여 스스로 조심했으나 질도만은 엄하고 가혹한 법을 제일로 여겨 법을 적용할 때는 귀족이나 외척도 피하지 않았다. 그래서 제후나 황족들은 질도를 볼 때마다 곁눈질로 보고 보라매융통성이 없는 가혹한 관리라는 뜻라고 불렀다.

임강왕臨江王유영이 중위부中尉府로 소환되어 취조를 받게 되었는데 임강왕은 도필을 빌려 황제에게 사죄하는 글을 쓰려고 했으나, 질도는 〔법에서〕 금하는 것이므로 부하에게 주지 못하게 했다. 그런데 위기후두영가 몰래 사람을 시켜 임강왕에게 넣어 주었다. 임강왕은 황제에게 사죄하는 글을 쓰고 나서 스스로 목숨을 끊었다. 두 태후는 이 소식을 듣고 노하여 죄를 꾸며 질도를 중상하니 질도는 면직되어 집으로 돌아갔으나, 효경제는 사자에게 부절을 주어 질도의 집으로 보내 그를 안문군雁門郡 태수로 임명하여 〔그로 하여금〕 편한 대로 임지로 떠나게 하고, 아울러 임지에서는 〔조정의 명령을 기다릴 것 없이〕 편의대로 일을 처리하게 했다.

흉노는 평소 질도의 지조를 들었으므로 변경에 머물고 있던 병사를 이끌고 돌아갔다. 〔그들은〕 그 뒤로 질도가 죽을 때까지 다시는 안문군에 가까이 오지 않았다. 흉노는 질도의 생김새를 본떠 만든 인형을 놓고 말을 달리면서 활을 쏘게 했으나 아무도 맞히지 못할 정도로 질도를 대단히 꺼려했다. 질도는 흉노의 근심거리였다. 그 뒤 두 태후는 끝내 질도를 한나라 법에 걸어 처벌하려 했다. 경제가 말했다.

"질도는 충신이오."

이렇게 말하고 그를 석방하려 하자 두 태후가 말했다.

"임강왕은 설마 충신이 아니라는 말씀이십니까?"

이에 드디어 질도를 목 베었다.

혹리에서 거부로 변신한 영성

영성寧成은 양현穰縣 사람으로 낭과 알자가 되어 경제를 섬겼다. 그는 기개를 좋아했고 남의 부하로 있을 때는 반드시 자기 상관을 능멸했고, 다른 사람의 상관으로 있을 때는 젖은 섶나무를 묶듯이 부하를 다루었다. 〔그는〕 교활하고 남을 해치기도 하며 제멋대로 하고 위세를 부렸다. 〔그는〕 점점 승진하여 제남군 도위가 되었는데, 그때 질도가 그곳 태수로 있었다. 앞서 임명되었던 여러 도위는 현령이 태수를 만날 때처럼 관아로 걸어 들어가 아뢴 뒤에야 태수를 만날 정도로 질도를 두려워하였다. 영성은 부임하자마자 곧장 질도를 능가하여 질도보다 높은 위치에 있었다. 질도는 평소 영성의 명성을 들었으므로 잘 대우하고 좋은 관계를 유지했다.

오래 지나서 질도가 죽은 뒤로는 장안 부근의 황족이나 종실 가운데 난폭하여 법을 범하는 자가 많으므로 이에 황제는 영성을 불러 중위로 삼았다. 영성의 통치 방법은 질도를 본뜬 것이었으나 청렴한 점에서는 〔질도만〕 못했다. 그러나 종실과 호걸은 모두 저마다 영성을 불안해하고 두려움에 떨었다.

무제가 즉위하자 〔영성은〕 내사內史로 옮겼다. 〔황상의〕 외척 가운데 많은 이가 영성의 결점을 헐뜯어 그는 곤겸髡鉗머리를 깎고 목에 사슬을 채우는 형벌의 형벌을 받게 되었다. 이 무렵 구경의 신분으로 죽을죄를 지었을 때는 스스로 목숨을 끊어 형벌을 받는 경우가 적었는데, 영성은 중형을 받았으니 다시는 벼슬할 수 없을 것으로 여겨 목에 감긴 사슬을 벗어 버리고 전傳관문을 지날 때 쓰는 목판으로 만들어진 통행증을 거짓으로 새겨 함곡관을 빠져나와 집으로 돌아왔다. 그는 말했다.

"벼슬하여 2000석에 오르지 못하고, 장사하여 천만금의 재산을 모으지 못하면 어떻게 다른 사람과 비교할 수 있겠는가?"

그는 외상으로 산비탈의 밭 1000여 경頃을 사들여 가난한 백성에게 세를 내고 경작하도록 함으로써 수천 가구를 노역으로 부렸다. 그로부터 몇 년 뒤 마침내 사면을 받았다. 그는 수천 금의 재산을 모으고 의협심 있는 사람으로 자처하여 관리들의 장단점을 잡고 있었고, 외출할 때는 수십 기騎가 따랐으며, 또 백성을 부릴 때는 군의 태수보다 위세와 무게가 있었다.

냉혹하고 교만한 주양유

주양유周陽由의 아버지는 조겸趙兼고조의 첩 조 미인의 동생으로 〔조겸이〕 회남왕의 외삼촌이라는 이유로 주양周陽에 봉해졌으므로 성이 주양씨周陽氏가 되었다. 〔주양유는〕 외척이라는 특전으로 낭이 되어 효문제와 효경제를 섬겼다. 경제 때 그는 군의 태수가 되었다.

무제가 즉위했을 무렵에는 관리들이 법에 따라 매우 신중하게 다스리는 것을 숭상하였다. 그러나 주양유는 2000석 중에서도 가장 포학하고 냉혹하고 교만하고 방자했다. 〔그는〕 자신이 좋아하는 자는 법을 어기면서까지 살려 주고, 미워하는 자는 법을 왜곡시키면서까지 죽였다. 〔그는〕 부임하는 군마다 반드시 그곳 호족들을 주멸하고, 태수가 되면 도위를 현령처럼 쳐다보며, 도위가 되면 반드시 태수를 업신여겨 그 힘을 빼앗았다. 냉혹한 점에서는 급암과 겨룰 만했다. 법을 악용하여 남을 해치던 사마안司馬安조차도 같은 이천석 신분이지만 수레를 같이 타는 경우 감히 〔부들을 깐〕 자리에 나란히 앉지 않고 가로막대에 함께 기대지도 못했다.

주양유는 뒷날 하동군河東郡 도위로 있을 때 하동군 태수 승도공勝屠公과 권력 다툼을 벌이다가 맞고소를 하게 되었다. 승도공은 유죄 판결을 받자 명분상 형벌을 받을 수 없다 하여 스스로 목숨을 끊었다. 주양유는 기시에 처해졌다.

영성과 주양유가 죽은 뒤부터 사건은 더욱더 많아지고, 백성은 법망을 교묘히 피해 나갔다. 보통 관리의 통치 방법도 대부분 영성이나 주양유 등을 닮아 갔다.

견지법을 만든 조우

조우趙禹는 태현釐縣 사람이다. 좌사佐史태수 아래에 있는 지방관로서 중도관中都官한나라 때 수도의 각 관서를 총칭함을 보임했다. 그는 청렴한 인품으로 영사令史문서 관리를 담당한 관원가 되어 태위 주아부를 섬겼다. 주아부가 승상이 되자, 조우는 승상의 속관사史가 되었다. 승상부 관리들은 조우의 청렴하고 공평함을 칭찬했으나 주아부만은 그를 신임하지 않고 말했다.

"조우가 해를 끼칠 수는 없다는 것은 지극히 잘 알고 있다. 그러나 법을 너무 엄격하게 적용시키므로 상급 관부에서 일할 사람은 못 된다."

금상 때에 들어서 조우는 도필리로서 공을 쌓아 점점 승진하여 어사가 되었다. 황상은 능력 있다고 생각하여 태중대부로 삼았다. 〔그는〕 장탕과 함께 여러 가지 율령을 논의하고 견지법見知法[4]을 만들어 관리들이 서로 감시하게 했다. 법률 집행이 더욱 가혹해진 것은 아마도 이때부터 시작된 듯하다.

---

4 다른 사람의 범죄 사실을 알면서도 잡지 않으면 그 죄인이 지은 죄와 똑같은 죄를 지은 것으로 간주하여 형벌을 내리는 법이다.

군주의 마음을 좇아 법을 집행한 장탕

장탕張湯은 두현杜縣 사람으로 그 아버지는 장안의 현승縣丞이었다. [어느 날 아버지가] 외출하여 어린 장탕이 집을 보게 되었다. 아버지는 돌아와 쥐가 고기를 훔쳐 간 것을 알고 노하여 장탕을 매질하였다. 장탕은 쥐구멍을 파 고기를 훔친 쥐와 먹다 남은 고깃덩이를 찾아냈다. 그런 다음 쥐를 탄핵하여 매질하고 영장을 발부하여 진술서를 만들고, 신문하고 논고하는 절차를 밟아 쥐를 체포하고 그 고기를 압수하였다. 판결문을 갖춘 다음 대청 아래에서 책형磔刑[몸뚱이를 찢어 죽이는 형벌]에 처했다. 그의 아버지가 이 모습을 보고 아들이 만든 판결문을 읽어 보니, 마치 노련한 형리가 작성한 것과 같으므로 크게 놀라 마침내 형사 관련 문서 작성법을 배우도록 했다. 아버지가 죽은 뒤 장탕은 장안의 관리가 되어 오랫동안 있었다.

주양후周陽侯[전승田勝]가 막 구경이 되었을 때 장안의 감옥에 갇힌 적이 있는데, 이때 장탕은 온 힘을 다해서 그를 도왔다. [주양후는] 풀려나 후가 되자 장탕과 깊은 교분을 나누고 여러 귀족에게 장탕을 소개했다. 장탕은 내사로 있으면서 영성의 속관이 되었다. 영성은 장탕이 일을 공평하게 처리하므로 상부에 추천하니 [장탕은] 무릉茂陵[5]의 위尉로 선정되

---

5 한나라 무제의 수릉壽陵이다. 고대 제왕들은 생전에 자신들이 묻힐 묘를 만들었다. 무릉의 모습은 지금까지 보존되고 있는데, 위쪽은 작고 아래쪽은 크며 정수리 부분이 평평하여 마치 두斗를 엎어 놓은 모양이다. 이것은 황권의 공고함을 상징한다.

어 방중方中장래의 어릉御陵을 만드는 공사 공사를 지휘했다.

무안후전분가 승상이 되자 장탕을 불러 사史로 삼았다. 기회가 있어 천자께 추천했더니 〔장탕을〕 어사로 보임하여 일을 처리하도록 했다. 그는 진 황후陳皇后가 〔위 황후衛皇后를〕 저주한 사건을 맡게 되었는데, 이 사건과 관련된 일당을 철저히 조사하였다. 이에 황상은 〔장탕을〕 능력 있는 사람으로 인정하여 〔그는〕 점점 승진하여 태중대부까지 올라갔다. 그는 조우와 함께 여러 법령을 논의하고 제정했는데, 법령 조문을 세밀하고 엄격하게 하는 데 힘써 자리만 차지하고 있는 관리들을 단속했다.

오래지 않아 조우는 중위中尉가 되었다가 소부少府로 전임되었고, 장탕은 정위가 되었다. 이 두 사람은 가까이 지내면서 장탕이 조우를 형으로 섬겼다. 조우는 사람됨이 청렴하기는 하나 거만하여 관리가 된 뒤로는 집에는 식객도 없었다. 삼공이나 구경이 찾아와도 그는 끝내 답례로 방문하는 일이 없었다. 그는 친구나 빈객의 청탁을 끊고 홀로 자신의 의지대로 행동할 뿐이었다. 그는 〔하급 관리들이〕 법조문에 따라 판결한 것을 보면 따르고, 다시 조사하여 관리들의 숨은 죄까지 들추어내지는 않았다. 장탕의 사람됨은 기만하는 부분이 많으며 지혜를 부려 사람들을 통제했다. 그는 처음 낮은 관리가 되었을 때에는 재물을 탐하여 장안의 부유한 상인인 전갑田甲이나 어옹숙魚翁叔 등의 무리와 사사로이 교제했다. 그리고 구경의 지위에 오르면서는 천하의 이름 있는 선비나 대부들을 가까이하여 자기편으로 끌어들이며 자기 마음에 들지 않아도 겉으로는 거짓으로 앙모하는 척했다.

이때 황상은 마침 문학에 관심을 가지고 있으므로 장탕은 〔이를 눈치 채고〕 중대 사건을 판결할 때면 옛 성현의 도의에 부합하고자, 박사의 제자 가운데 『상서』나 『춘추』에 정통한 자를 가려 정위의 사史로 삼아 의심스러운 법조문을 평결하게 했다. 의심스러운 사안을 논의하여 올릴 때는 반드시 황상을 위하여 미리 그 사건의 원인을 분명히 밝혀 놓고 황상이 이것을 옳다고 결제하면 그 뜻을 받들어 판결의 원안原案으로 삼고, 이것을 정위의 판례에 분명히 기록하여 주상의 현명함을 드러내었다. 만일 올린 안건이 기각될 경우 장탕은 사죄하고 황상의 의향을 따랐는데 이때는 반드시 정正, 감監,[6] 연사掾史 등 속관들 가운데 현명한 자를 끌어대며 이렇게 말했다.

"[그들이] 진실로 신을 위하여 제시한 원안은 황상께서 신을 꾸짖은 바와 꼭 같았습니다. [그러나] 신이 쓰지 않았으니 우매하여 이 지경에 이르게 되었습니다."

언제나 죄를 용서받았다. [만약 틈이 나서] 안건을 올려 황상이 이것을 칭찬할 때에는 이렇게 말했다.

"신은 이 안건에 대해서 모릅니다. 정, 감, 연사 아무개가 작성한 것입니다."

그가 부하 관리를 추천하며 다른 사람의 장점을 내세워 칭찬하고 단점을 숨겨 주려 하는 모습이 이와 같았다. 기소된 안건을 황상이 벌하려 하면 장탕은 법을 치밀하고 엄하게 집행하는 감이나 사에게 맡기고, 만약 황상이 용서해 주려고 하면 [죄를] 가볍고 공평하게 처리하는 감이나 사에게 맡겼다. 또 처리할 안건이 권세 있는 호족과 관련된 것이면 반

---

6 정正과 감監은 정위廷尉의 보좌관이다. 감에는 우감右監과 좌감左監이 있다.

드시 법조문을 교묘히 적용시켜 죄에 걸리게 하고, 권세 없는 가난한 백성인 경우에는 〔황상에게〕 구두로 말하여 법조문에 따르면 당연히 유죄입니다만 황상께서 현명하게 헤아려 살펴 달라고 했다.

이렇게 하여 황상은 자주 장탕이 말한 대로 풀어 주었다.

장탕은 고관이 되자 안으로는 품행을 올바르게 하면서 빈객들과 교제하며 음식을 나누어 먹고, 옛 친구의 자제로 관리가 된 자나 가난한 형제들을 따뜻이 돌봐 주었다. 그리고 추위와 더위를 가리지 않고 여러 공경을 찾아갔다. 이리하여 장탕은 법률을 가혹하게 적용하고 다른 사람들에 대한 시기심이 강하며 공평하지 않았지만 이 같은 명성을 얻었다. 법률을 엄격하고도 가혹하게 다루던 관리들은 대부분 〔장탕의〕 발톱과 어금니가 되어 힘썼으며 문학에 정통한 선비였다. 승상 공손홍도 그의 훌륭한 점을 자주 칭송했다.

그는 회남왕유안劉安, 형산왕유사劉賜, 강도왕유건劉建의 모반 사건을 처리할 때 〔범죄의〕 근원을 철저하게 규명해 냈다. 황상은 엄조嚴助와 오피伍被를 용서하려 했으나 장탕이 강력히 간했다.

"오피는 본래 모반 음모를 획책했고, 엄조는 황상의 신임과 총애를 받으면서 궁중을 자유로이 드나들던 나라의 발톱과 어금니라고 할 만한 신하인데도 이처럼 제후와 몰래 내통했으니 주살하지 않는다면 앞으로 다스릴 수 없을 것입니다."

이에 황상은 장탕의 주장에 동의했다. 그가 옥사를 다스릴 때는 대신들의 의견을 물리치고 스스로 공을 세웠는데, 이러한 경우가 아주 많았다. 그리하여 장탕은 더욱더 총애와 신임을 받아 어사대부로 승진했다.

때마침 〔흉노족〕혼야왕 등이 투항해 왔으므로 한나라는 대규모의 병사를 출동시켜 흉노를 토벌하였다. 산동 지방에는 홍수와 가뭄이 겹쳐 빈민들이 떠돌아다니며 모든 것을 조정[7]의 지급에 의존하여 국고가 텅비게 되었다. 그래서 〔장탕은〕황상의 뜻을 받들어 청하여 백금白金주석을 섞어 만든 돈과 오수전五銖錢을 만들고, 천하의 소금과 철을 〔국가의〕전매사업으로 하여 부유한 상인이나 큰 장사치들이 이익을 독점하는 것을 물리치고, 고민령告緡令[8]을 선포하여 호족과 다른 사람의 토지를 빼앗아 가지고 있는 대지주들을 제거했다. 그리고 법조문을 교묘하게 적용하여 〔호족들을〕법망에 빠뜨림으로써 법의 미비한 점을 보충했다.

장탕이 입조하여 사안을 보고할 때나 국가 재정에 관해 이야기할 때마다 천자는 해가 저물어도 식사마저 잊었다. 승상은 자리만 채우고 있을 뿐 천하의 일은 모두 장탕의 손에서 결정되었다. 그러나 백성은 생활의 안정을 얻지 못하여 소요를 일으켰고, 관청에서 처리하는 일도 그 실효를 거두지 못했으며, 간악한 관리들은 서로 침탈하고 핍박하므로 준엄하게 다스렸다. 〔별 효과가 없자〕공경에서부터 아래로 서민에 이르기까지 모두 장탕을 지탄하게 되었다. 〔그렇지만〕장탕은 일찍이 병들었을 때 천자가 몸소 문병까지 갈 만큼 그는 이처럼 존귀한 자였다.

흉노가 와서 화친을 요청하므로 신하들이 황상 앞에서 논의했다. 박

---

[7] 현관縣官을 옮긴 말인데 현관이란 본래 천자를 가리키는 말이었다가 뒤에 국가, 조정을 뜻하게 되었다.

[8] 다른 사람의 숨겨진 재산을 고발하도록 장려한 법령으로, 신고된 재산은 고발한 자와 정부가 절반씩 차지했다. 민緡이란 1관貫 즉 1000전마다 20전씩 소득세를 바치는 세법이다.

사 적산狄山이 말했다.

"화친하는 편이 유리합니다."

유리한 이유를 물으니 적산이 대답했다.

"병기는 흉기이므로 자주 쉽게 쓸 만한 게 못 됩니다. 고제께서는 흉노를 치시려다가 평성에서 큰 곤욕을 치르고야 비로소 화친을 맺으셨습니다. 효혜제와 고후 때는 천하가 편안했지만 효문제 때에 이르러 흉노를 상대하려다가 북쪽 변방 일대가 소란스러워지고 군사들은 고통을 겪어야 했습니다. 효경제 때는 오, 초 등 일곱 나라가 반란을 일으켜 효경제께서 황궁과 황태후의 궁전 사이를 오가면서 몇 달이나 마음을 졸이셨습니다. 오, 초 등이 패망한 뒤로 효경제께서는 끝내 전쟁에 관해 말씀하지 않아서 천하는 부유하고 충실해졌습니다. 지금 폐하께서 병사를 동원하여 흉노를 치면서부터 중원이 텅 비고 변방의 백성은 몹시 고달파하며 가난에 허덕이고 있습니다. 이러한 것으로 볼 때 화친하는 쪽이 낫습니다."

황상이 장탕에게 (의견을) 물으니 그는 대답했다.

"이처럼 어리석은 유학자는 아는 것이 없습니다."

적산이 말했다.

"신은 본래 어리석을 만큼 충성하고 있습니다만, 어사대부 장탕 같은 사람은 충성하는 척만 합니다. 장탕은 회남왕과 강도왕의 반란 사건을 처리한 것처럼 냉혹한 판결문으로 제후들을 통렬히 탄핵하여 골육 사이를 이간시키고 번신蕃臣들을 불안에 떨게 했습니다. 신은 본래부터 장탕이 거짓으로 충성한 것을 알고 있습니다."

그러자 황상은 낯빛이 바뀌어 말했다.

"내가 그대를 한 군의 태수로 임명한다면 오랑캐들이 도적질하는 것을 없앨 수 있겠소?"

〔적산이〕 말했다.

"할 수 없습니다."

〔황상이〕 말했다.

"한 현의 현령으로 임명한다면 다스릴 수 있겠소?"

〔적산이〕 대답하여 말했다.

"할 수 없습니다."

그러자 다시 물었다.

"한 요새를 지키도록 하면 할 수 있겠소?"

적산은 답변이 궁해지자 형리에게 넘겨져 벌을 받게 될 것으로 짐작하고 말했다.

"할 수 있습니다."

그래서 황상은 적산을 요새로 보내 지키도록 했는데, 〔부임한 지〕 한 달 남짓해서 흉노가 적산의 목을 베어 갔다. 이런 일이 있은 뒤로 신하들은 〔장탕을〕 덜덜 떨면서 두려워하였다.

장탕의 빈객 중 전갑田甲이라는 자는 장사치이지만 현명하고 지조 있는 사람이었다. 처음에 장탕이 말단 관리일 때 서로 돈거래까지 하던 사이였다. 장탕이 높은 벼슬아치가 되자, 전갑은 장탕의 행동에 과실이 있으면 열사다운 풍격으로 꾸짖었다.

장탕은 어사대부가 된 지 7년 만에 패망했다.

하동 사람 이문李文은 일찍이 장탕과 사이가 나빴는데 얼마 뒤에 어사중승御史中丞이 된 뒤로도 〔장탕에게〕 원한을 품고 미워하며 관청의 문서 가운데 장탕에게 해가 될 만한 것을 찾아내어 〔변명의〕 여지가 없도록 했다. 장탕에게는 아끼는 사史 노알거魯謁居가 있었다. 〔노알거는〕 장탕이 〔이문에게〕 불만이 있는 것을 알아차리고, 사람을 시켜서 변고를 상주하여 이문의 간악한 행위를 고발했다. 이 일이 장탕에게 맡겨지자 장탕은 판결을 내려서 이문을 사형에 처했다. 장탕은 속으로 노알거가 이 일을 했음을 알고 있었다. 황상이 물었다.

"이 변사變事를 고발한 출처는 어디로부터 시작된 것이오?"

장탕은 놀란 척하면서 말했다.

"이것은 아마 이문의 친구 중에서 그에게 원한을 품은 사람의 짓인 듯합니다."

〔그 뒤〕 노알거가 병들어 시골 아는 집에서 누워 있게 되었는데, 〔이때〕 장탕은 몸소 문병 가서 노알거의 다리를 주물러 주었다.

조나라는 야금과 제철을 사업으로 삼고 있었으므로 〔조나라〕 왕은 철관鐵官의 일로 조정에 소송을 제기하는 경우가 잦았는데, 장탕은 그때마다 조나라 왕의 제소를 물리쳤다. 조나라 왕은 장탕의 부정한 행위를 캐내려고 했다. 〔조나라 왕은〕 노알거가 지난날 조나라 왕을 문초한 일이 있으므로 그에게도 원한을 품고 있어 이 두 사람을 한꺼번에 고발하는 글을 올렸다.

　장탕은 대신 신분인데도 〔자기〕 속관 노알거가 병에 걸리자 그를 위해 다리까지 주물러 주었으니 큰 음모를 꾸미고 있다는 의심이 듭니다.

이 안건은 정위에게 넘겨졌다. 노알거는 병으로 죽었지만, 이 사건이 노알거의 아우와 관련이 있으므로 아우가 도관導官[9]에 갇혔다. 장탕은 도관에 수감된 다른 죄수들을 심문하면서 노알거의 아우를 보았으나 몰래 구해 줄 생각으로 모르는 척했다. 노알거의 아우는 그런 줄도 모르고 장탕을 원망하여 사람을 시켜 글을 올렸다.

장탕은 노알거와 공모하여 이문의 변사를 고발했습니다.

이 안건은 감선減宣에게 넘겨졌다. 감선은 일찍이 장탕과 사이가 좋지 않았으므로 이 안건을 맡게 되자 진상을 철저히 규명했으나 아직 상주하지는 않았다. 때마침 효문제의 능원陵園에 묻어 놓은 예전瘞錢죽은 자를 위해 무덤 안에 넣어 두는 돈이 도굴되는 사건이 생겼다. 승상 장청적莊青翟은 장탕과 함께 입조하여 황상께 사죄하기로 약속하고 어전으로 갔다. 그러나 장탕은 승상만이 사계절 능원을 순시하였으므로 당연히 〔승상이〕 사죄할 일이지 자기와는 〔아무런 관계가〕 없다고 생각하고 사죄하지 않았다. 승상이 사죄하자 황상은 이 안건의 처리를 어사 장탕에게 맡겼다. 장탕이 승상에게 견지법을 적용하려 하므로 승상은 이를 걱정했다. 승상 밑에 있는 장사長史 세 명주매신, 왕조, 변통은 모두 장탕을 미워하던 터라 그에게 죄를 덮어씌우려고 했다.

본래 장사 주매신朱買臣은 회계會稽 사람으로 『춘추』를 공부했다. 장조莊助가 사람을 시켜 주매신을 추천했다. 주매신은 『초사』에도 능통하므

---

[9] 궁궐 안에서 쓰는 쌀과 술을 공급하는 관청이다. 당시 감옥이 부족하여 죄인들을 이곳에 임시로 수용하였다.

로 장조와 함께 [황상의] 총애를 받아 시중으로 있다가 태중대부가 되어 정무를 맡게 되었다. 장탕은 말단 관리로 주매신 등 앞에서 무릎을 꿇고 엎드려 있기도 했었다. 얼마 있다가 장탕이 정위가 되어 회남왕의 반역 사건을 처리하던 중 장조를 배제시키자 주매신은 마음속으로 깊은 원한을 품게 되었다. 장탕이 어사대부가 되었을 무렵 주매신은 회계군 태수에서 주작도위가 되어 구경의 서열에 끼었다. 몇 년 뒤에 법에 걸려 면직되고 장사 지위를 지키고 있었는데 장탕을 만나게 되었다. 장탕은 침상위에 걸터앉아 승이나 사 등의 [속관 대하듯 하며] 주매신을 예우하지 않았다. 주매신은 [성질이 사납고 쉽게 화를 내는] 초나라 사람이라 깊은 원한을 품고 언제든지 그를 죽이려고 했다.

[장사] 왕조王朝는 제나라 사람으로 유술儒術에 능통하여 우내사로 승진하였고, [장사] 변통邊通은 종횡가의 유세술을 익힌 거칠고 강인한 사람으로 관직은 두 번이나 제남국의 재상을 지냈다. [이 세 장사는] 이전에는 장탕보다 지위가 높았으나 그 뒤에 관직을 잃어 [겨우] 장사 지위를 지키면서 장탕에게 굽신거려야만 했다. 또 장탕은 자주 승상의 직무를 대행하면서 이 세 장사가 본래 고귀한 신분이었던 것을 알면서도 언제나 업신여기고 꺾었다. 이러한 이유로 세 장사는 모의하여 말했다.

"처음에 장탕은 당신과 함께 [황상에게] 사죄하기로 약속해 놓고 뒤에 가서는 당신을 배반하더니, 지금은 종묘의 일을 가지고 당신을 탄핵하려 합니다. 이는 당신을 대신하려는 것입니다. 저희는 장탕의 숨겨진 부정을 알고 있습니다."

[그래서] 관리를 시켜 장탕의 측근인 전신田信 등을 잡아들여 심문하자 전신이 자백하기를, 장탕이 주청하려 할 때마다 먼저 자신이 그 내용

을 알아 물건을 사서 쌓아 두었기 때문에 큰 이익을 얻었고, 그것을 장탕과 나누었으며, 장탕이 저지른 간악한 일들이 있다고 했다. 이러한 소식이 〔황상의〕 귀에도 들어갔다. 황상이 장탕에게 물었다.

"짐이 시행하려 하는 일들을 장사꾼들이 먼저 알고 그 물건을 사서 쌓아 두니, 아무래도 짐의 계획을 누설하는 자가 있는 것 같다."

장탕은 사죄하지 않고 놀란 척하면서 말했다.

"분명히 그럴 것입니다."

감선도 노알거 등의 일을 상주했다. 천자는 장탕이 교활하게도 눈앞에서 자기를 속였다고 생각하여 사자 여덟 명을 보내 〔죄상을〕 장부에 기록하여 장탕을 문책하도록 했다. 장탕은 상세히 진술하여 그러한 사실이 없다며 불복했다. 그래서 황상은 조우에게 장탕을 문책하도록 했다. 조우가 와서 장탕을 꾸짖어 말했다.

"그대는 어찌하여 분수를 모르오? 그대가 판결한 사건으로 인해 일족이 전멸된 자가 몇 명인지 아시오? 지금 사람들이 당신의 죄상을 폭로하는데 모두 죄상을 가지고 있소. 천자께서는 그대를 옥에 가두기 어려워하며 그대 스스로 결단을 내리도록 하셨거늘. 어찌 심문에 반박할 필요가 있겠소?"

장탕은 이에 사죄하는 글을 올려 말했다.

신 장탕은 한 자 한 치의 공로도 없이 도필리에서 일어나 〔다행히〕 폐하의 총애를 받아 삼공까지 올랐습니다만 그 소임을 다할 수 없었습니다. 그러나 신을 모함하여 죄를 씌우려는 자는 저 세 장사입니다.

마침내 스스로 목숨을 끊었다.

장탕이 죽은 뒤에 보니 그의 집 재산은 겨우 500금밖에 없었는데, 그것도 모두 봉록이나 하사금일 뿐 다른 사업은 없었다. 그의 형제들과 아들들이 장례를 후하게 지내려 하자, 장탕의 어머니가 말했다.

"장탕은 천자의 대신으로 있다가 추악한 말을 듣고 죽었는데 어찌 장례를 후하게 지낼 수 있겠는가!"

그래서 소달구지에 시신을 실어 옮겼는데, 관棺만 있고 외관外棺은 없었다. 천자가 이 소문을 듣고 말했다.

"이런 어머니가 아니고는 이런 아들을 낳을 수 없다."

그러고는 사건의 전모를 밝혀 장사 세 명을 주살했다. 승상 장청적은 자살했고, 전신은 풀려났다. 황상은 장탕을 애석히 여겨 얼마 뒤 그 아들 장안세張安世를 중용했다.

조우는 중도에 벼슬을 그만두었으나 얼마 있다가 정위가 되었다. 처음에 조후주아부는 조우를 남을 해하는 마음이 깊다고 생각하여 신임하지 않았다. 조우는 소부少府가 되어 구경에 버금가는 지위에 올랐다. 조우는 냉혹하고 급하나 만년에는 사건이 많이 발생하여 관리들이 일을 더욱더 준엄하게 처리했지만, 조우의 처리 방법은 도리어 부드러워져 공평하다는 명성을 얻었다. 왕온서王溫舒 등 나중에 일어난 자들이 조우보다도 엄하게 다스렸다. 조우는 늙어 연나라 재상으로 옮겨 갔으나 몇 년 뒤 [정신이] 혼미해져 죄를 짓고 면직되어 고향으로 돌아갔다. 그는 장탕이 [죽은 지] 10여 년 뒤에 천수를 다하고 집에서 죽었다.

의종義縱은 하동河東 사람이다. 〔그는〕 소년 시절에 일찍이 장차공張次公[10]과 함께 길에서 노략질을 일삼다가 도적패가 되었다. 의종에게는 의후義姁라는 누이가 있는데, 의술로 왕 태후의 총애를 받았다. 왕태후가 물었다.

"네 형제 중에 관리가 될 만한 자가 있느냐?"

누이가 말했다.

"동생이 하나 있습니다만 행실이 좋지 않아 관리가 될 만한 인물은 못 됩니다."

왕 태후는 황상에게 말해서 의후의 아우 의종을 중랑으로 임명하여 상당군 한 현의 현령을 보좌하도록 했다.

〔의종은〕 과단성 있게 다스리고 온정을 베푸는 일이 적어 현에서 일 처리에 소홀하거나 해결하지 못한 것이 없으므로 치적이 으뜸으로 꼽혔다. 〔그는〕 장릉長陵과 장안의 현령으로 승진했으며, 법을 곧이곧대로 운용하며 고귀한 신분이라고 피하려 하지 않았다. 그는 왕 태후의 외손인 수성군脩成君의 아들 중仲을 체포하여 문초하였는데, 황상은 이 일로 인해 〔의종을〕 유능하다고 인정하여 하내군 도위로 승진시켰다. 〔그는 부임하자마자〕 그 지방의 호족 양씨穰氏 일족을 모조리 죽이자 하내 사람

---

[10] 대장군 위청衛靑의 부장으로, 흉노 공격에 공을 세워 안두후岸頭侯에 봉해졌으나 법을 어겨 후 작위를 잃었다.

들은 (의종을 두려워하여 물건이) 길에 떨어져 있어도 줍는 일이 없었다.

한편 장차공도 낭이 되었는데, 용감하고 사나워 종군하여 (적진) 깊숙이 들어가 공을 세워 안두후岸頭侯가 되었다.

(그 무렵) 영성은 집에서 머물렀는데 황상은 (그를) 군 태수로 삼으려했다. (그러나) 어사대부 공손홍이 말했다.

"신이 산동에서 말단 관리로 있을 때 영성은 제남의 도위에 있었는데, 그 통치 방법이 마치 이리가 양 떼를 치는 것 같았습니다. 영성에게 백성을 다스리게 해서는 안 됩니다."

그래서 황상은 영성을 함곡관의 도위로 임명했다. 한 해쯤 지나자 관동 지방의 관리로서 군이나 국에 예속되어 함곡관을 드나드는 자들이 이렇게 말했다.

"새끼에게 젖을 물린 호랑이를 만날지언정 영성의 노여움과 맞부딪히지 말라."

의종은 하내에서 남양군南陽郡 태수로 승진되어 갈 때, 영성이 남양군 집에서 지낸다는 말을 들었다. 의종이 함곡관에 도착하자 영성은 (겸양하여) 옆으로 비켜 마중하고 배웅했지만 의종은 기세등등하여 답례조차 하지 않았다. (의종은) 남양군에 도착하자마자 영씨를 철저하게 조사하여 그 일족을 모조리 파멸시켰다. 영성도 연루되어 죄를 입게 되었다. (그러자 남양군의 또 다른 호족) 공씨孔氏, 포씨暴氏 등의 무리는 모두 도망쳐 버렸으며 남양군 관리와 백성은 다리를 겹치고 서 있을 정도로 겁에 질려 있었다. 그리고 평지현平氏縣의 주강朱彊과 두연현杜衍縣 및 두주杜周는 의종의 발톱이나 어금니 역할을 하는 관리가 되었다가 임용되어 정위의 속관이 되었다. 군대가 자주 정양군定襄郡을 지나갔으므로 정양군 관리와 백성은 혼란에 빠지고 기강이 무너졌다. 그래서 의종을 정양군 태수로 전임시켰다. 의종은 부임하자마자 정양군 감옥에 갇힌 중죄인과 죄가 가벼워 형틀을 차지 않은 200여 명과, 빈객이나 형제로 사사로이 감옥에 들어와 면회한 200여 명을 모두 불시에 붙잡아 심문하고 이렇게 논고했다.

"[이자들은] 죽을죄를 지은 자들을 탈출시키려 했다."

그리고 그날 중으로 400여 명을 모두 죽였다. 그 뒤 정양군 백성은 춥지도 않은데 덜덜 떨고, 교활한 백성은 관리에게 빌붙어 통치를 도왔다.

이 무렵 조우와 장탕은 [법을] 각박하게 적용하여 구경에 올랐는데, 그들의 통치 방법에는 아직도 너그러운 데가 있으며 [형벌로] 정치를 도울 뿐이었으나 의종은 매가 날개를 펴서 작은 새를 덮치듯 [잔혹하게만] 백성을 다스렸다.

그 뒤 [천하가 황폐해지는 것을 막기 위해] 오수전과 백금을 유통시키자 백성 가운데 그것을 위조하는 자가 많았는데 수도가 더욱 심하므로 의종을 우내사로, 왕온서를 중위로 임명하였다. 왕온서는 지독히 흉악하여 자신이 하려는 일을 의종에게 미리 알리지 않았지만, 의종은 반드시 기세로 [왕온서를] 눌러 그의 공로를 무너뜨렸다. 의종은 정치를 하면서 매우 많은 사람을 주살했으나 하찮은 치안을 도모하는 데 지나지 않았다. 사악하고 교활한 무리가 더욱더 많아졌으므로 직지直指조정에서 파견된 지방관 감찰직으로 수놓은 옷을 입음라는 벼슬을 처음으로 두었다. [당시] 관리들의 통치는 죽이거나 잡아 가두는 것을 능사로 삼았다. 염봉閻奉은 가혹하다 해서 등용될 정도였다. 의종은 청렴하지만 통치 방법은 질도를 본떴다.

황상은 정호궁鼎湖宮으로 행차하였다가 오랫동안 병석에 누워 있었다. 얼마 뒤에 몸이 회복되자 갑자기 감천궁으로 행차했는데 길이 정비되어 있지 않았다. 황상이 노하여 말했다.

"의종은 내가 다시는 이 길을 지나지 못할 것으로 생각했단 말인가!"

(이 일로 인하여 황제는) 의종을 괘씸하게 여겼다.

겨울이 되었는데, 고민령을 주관하고 있는 양가楊可가 민전을 규정대로 거둬들이지 않는다는 고발이 들어왔다. 의종은 이렇게 하면 백성을 혼란에 빠뜨린다고 생각하고 관리들을 풀어 양가를 위해서 일하던 자들을 잡아들였다. (그런데) 천자는 이 소식을 듣고 오히려 두식杜式에게 (의종을) 치죄하도록 하자, (두식은) 의종이 조서를 어기고 이미 이루어진 제도를 파괴한 것으로 규정짓고는 의종을 기시형에 처했다. 1년이 지나서 장탕도 죽었다.

교활한 관리들의 약점을 이용한 왕온서

왕온서는 양릉현陽陵縣 사람이다. (그는) 젊을 때 다른 사람의 무덤을 도굴하는 등 간악한 짓을 했다. 그 뒤 현의 정장으로 임명되었지만 여러 차례 그만두었다. 관리가 되어 옥사를 다스리다가 정사廷史가 되었으며, 장탕을 섬기다가 승진하여 어사가 되었다. 그는 도적을 감찰하는 일을 하면서 매우 많은 사람을 죽이거나 상하게 하였는데, 점차로 승진하여 광평군廣平郡의 도위가 되었다. [그는] 군에서 호방하고 용감하여 일을 맡길 만한 관리 10여 명을 뽑아 [자신의] 발톱과 어금니로 삼고는 그들이 몰래 저지른 중죄를 파악한 뒤 도적을 감찰하도록 했다. 왕온서는 잡고 싶었던 도둑을 잡아들여 자신을 만족시켜 준 자가 있으면 그자가 100가지 죄를 지었다 하더라도 처벌하지 않았다. 설령 [도둑을] 피하는 자가 있으면 그가 과거에 저지른 일을 들어 그를 죽이고, 그 가족까지 죽이기도 했다. 이러하므로 제나라와 조나라 교외에서는 도적들이 감히 광평군에 가까이 오지 못했고, 또 광평군에서는 길에 떨어진 물건이 있어도 줍지 않는다는 소문이 퍼졌다. 황상은 이 소문을 듣고 [왕온서를] 하내군 태수로 전임시켰다.

[왕온서는] 광평군에 있을 때부터 하내군의 호족 가운데 간악한 집안을 모두 알고 있었으며 하내군 태수로 임명되어 9월에 그곳에 도착했다. 그는 군에 부임하여 개인 소유의 말 50필을 갖추어 하내군에서 장안에 이르는 각 역에 배치하였는데, 부하들은 광평군에 있을 때와 같은 방법으로 배치했다. 군내의 교활한 호족들을 체포했는데, 이들과 연좌되어 체포된 호족만도 1000여 가구나 되었다. [왕온서는] 글을 올려 주청하기를 죄가 큰 자는 일족을 멸하고, 죄가 작은 자도 사형에 처하고, 숨겨놓은 재산을 모조리 몰수하고 변상하도록 하겠다고 했다.

주청한 지 겨우 2~3일밖에 안 되어 [황상의] 비준을 얻었다. 판결이 내려 처형된 자의 피가 10여 리까지 흘렀다. 하내 지방의 백성은 그가 상주하는 글이 그처럼 신속한 것을 이상하게 여겼다.

12월이 다 갈 무렵 군에는 왕온서를 원망하는 소리도 없어지고, 감히 밤에 나다니는 자도 없으며, 들에는 개를 짖게 하는 도둑도 사라졌다. 애쓰다가 잡지 못해 놓쳐 버린 도둑은 이웃 군과 국까지라도 가서 잡아 왔다. 봄이 되자 왕온서는 발을 구르며 탄식했다.

"아! 겨울을 한 달만 더할 수 있다면 나는 일을 만족스럽게 처리했을 텐데!"[11]

그가 살상하여 위세를 부리기 좋아하며 백성을 사랑하지 않음이 이와 같았다. 천자는 이 소식을 듣고 그를 유능한 인물로 여겨 중위로 전임시켰다. 그의 통치 방법은 하내에 있을 때와 같았다. 뒤에는 교활한 관리들을 불러 모아 함께 일했는데 하내에는 양개楊皆와 마무麻戊가 있었고, 관중에는 양공楊贛과 성신成信 등이 있었다. 의종이 내사로 있을 때에는 (왕온서라도 그를) 꺼려 감히 제멋대로 다스리지 못했다. 그러나 의종이 죽고 장탕이 실각한 뒤로는 (왕온서는) 정위로 옮기고, 윤제尹齊가 중위가 되었다.

윤제는 동군東郡 치평茌平 사람이다. 도필을 다루는 말단 관리에서 점차 승진하여 어사가 되었다. 장탕을 섬겼는데, 장탕은 자주 그의 청렴함과 무용을 칭찬하여 도적을 감독하도록 하니, (죄인을) 처형하는 일에서는 고귀한 신분이나 외척을 가리지 않았다. 관내 도위로 전임된 뒤로는 영성보다도 더 심하다는 명성이 있었다. 황상은 (그를) 유능하다고 보고 중위로 승진시켰으나 관리와 백성의 생활은 더욱 고달프고 피폐해졌다.

윤제는 나무처럼 강직하고 겉치레가 적었으므로 호기 있고 간악한 관리들은 움츠리고 숨어들었지만 선량한 관리들도 (원하는 대로) 잘 다스

---

11 한나라 때부터 청나라 때까지는 입추 뒤부터 입춘이 되기 전까지만 사형을 집행할 수 있고, 입춘이 지나면 형을 집행하지 않았다고 한다.

릴 수 없어 일을 제대로 처리하지 못하는 경우가 많아 죄를 입었다. 황상은 다시 왕온서를 중위로 옮기고, 양복楊僕은 엄격하고 혹독함을 인정하여 주작도위로 임명했다.

양복은 의양宜陽 사람으로, 천부千夫[12] 신분으로 관리가 되었다. 하남군 태수가 그의 재능을 인정하여 추천해서 어사로 전임하여 관동 지방의 도적을 감독했다. 그의 통치 방법은 윤제를 본떠서 사납게 행동했다. 〔그는〕 점차 승진해서 주작도위가 되어 구경의 서열에 올랐다. 천자는 그를 유능하다고 인정했다. 남월이 반란을 일으켰을 때, 〔그는〕 누선장군으로 임명되어 공을 세워 장량후將梁侯에 봉해졌다. 〔그 뒤〕 순체荀彘에 의해 묶이는 처지가 되었다. 그는 오랜 뒤에 병으로 죽었다.

왕온서가 다시 중위가 되었다. 〔왕온서는〕 사람됨이 겉치레가 적었고 조정위에 있을 때는 어리석어 변론도 못했으나, 중위가 되면서는 〔마음대로 잡아들이거나 죽일 수 있기 때문에〕 마음으로 즐거웠다. 도적을 감독함에 있어 〔그는〕 평소 관중關中의 습속에 익숙하여 호족과 간악한 관리들을 잘 알고 있었으므로 호족과 간악한 관리들은 왕온서 다시 그에게 임용되어 책략을 바쳤다. 관리들이 가혹할 정도로 감시하니 〔도리어〕 도적이나 불량배들이 투서를 하거나 고발했으므로 백격장伯格長거리나 마을의 장長을 두어 간악한 자나 도적을 서로 감시하고 잡아들이도록 했다.

왕온서는 사람됨이 아첨하는 성격이라서 권세 있는 자는 잘 섬기고

---

12 부족한 군비를 충당하기 위해 재물을 기탁한 자에게 주던 무공武功의 직위이다.

권세가 없는 자는 노예처럼 다루었다. 권문세가에는 간악한 일이 산더미처럼 쌓여 있어도 모르는 척했지만, 권세 없는 자는 귀한 신분이든 외척이든 할 것 없이 반드시 욕을 보였다. 법조문을 교묘하게 적용하여 간사하고 교활한 하층민을 무고하고 간악한 호족들에게는 경고했다. 그가 중위로 있을 때는 대략 이와 같은 방법으로 다스렸다. 간악하고 교활한 무리는 끝까지 심문을 받았는데, 대부분 감옥 안에서 심한 고문으로 몸이 문드러졌으므로 〔다시〕 판결을 받아 출옥하는 자가 없었다. 왕온서의 발톱이나 어금니 역할을 하는 관리들은 사람의 탈을 쓴 호랑이처럼 포학했다. 그래서 중위의 관할 범위 안에 있는 사람으로 적당히 교활한 자나 그 이하의 사람은 모두 숨어 있었고, 권세 있는 자들은 왕온서를 위해 그의 명성을 알려 그 치적을 칭송했다. 다스리는 몇 해 동안에 그의 속관들은 대부분 권력을 이용하여 부를 쌓았다.

왕온서가 동월을 정벌하고 돌아와 제시한 의견 중에 〔황상의〕 뜻에 맞지 않은 것이 있어, 사소한 법에 걸려 죄를 입고 면직되었다. 이 무렵 천자는 통천대通天臺[13]를 만들려고 했으나 그 공사를 맡아 할 만한 사람을 찾지 못했다. 〔그런데〕 왕온서가 중위의 관할 지역 안에 있는 자로 아직 병역을 마치지 않고 달아나거나 숨어 있는 자 수만 명을 찾아내어 〔통천대를 쌓도록 할 것을〕 주청했다. 황상은 기뻐하여 그를 소부少府로 임명했다. 〔그는 다시〕 우내사로 옮겼는데 그의 통치 방식은 예나 다름없고 간사한 일은 점차 금지되었다. 그는 법에 걸려 관직을 잃었다. 다시

---

13 무제가 신선을 좋아하자, 공손경이 신선은 누각에서 살기를 좋아한다고 말하였으므로 감천궁에 50장 높이의 통천대를 세웠다.

우보右輔우내사가 되어 중위 직무를 대행했으나 예전의 방법처럼 했다.

〔그로부터〕 1년 남짓 지나 때마침 〔한나라는〕 대원국大宛國을 정벌하기 위해 군사를 일으키면서 조서를 내려 호기롭고 힘 있는 관리를 징집했다. 〔이때〕 왕온서가 그의 속관 화성華成을 숨겨 주었는데, 어떤 사람이 왕온서가 기병으로부터 뇌물을 받았고, 또 간사하고 탐욕스러운 일을 했다고 고발해 왔다. 그 죄는 멸족에 이르는 것이므로 〔왕온서는〕 스스로 목숨을 끊었다. 이때 그의 두 아우와 그들의 두 사돈 집안도 다른 죄에 연루되어 멸족되고 말았다. 광록光祿낭중령 서자위徐自爲가 이렇게 말했다.

"슬프구나! 옛날에는 삼족을 멸하는 형벌이 있었는데, 왕온서의 죄는 동시에 오족이 멸하는 데에 이르렀구나!"

왕온서가 죽었을 때 그의 집에는 재산이 천금이나 쌓여 있었다. 그로부터 몇 년 뒤 윤제도 회남군 도위로 있다가 병들어 죽었는데 그의 집에는 재산이 50금도 채우지 못했다. 〔윤제가〕 주멸시킨 자는 특히 회양군에 많아, 그가 죽자 원수진 집안사람들이 그의 시신을 불태우려고 하여 〔가족들은〕 몰래 그 시신을 옮겨 〔고향으로〕 돌아와 장사를 지냈다.

왕온서 등이 포악한 방법으로 통치한 뒤로 군수, 도위, 제후의 2000석 관리로서 다스리려고 하는 자들은 대개 왕온서의 통치 방법을 모두 따라 했으나 관리와 백성은 더욱더 쉽게 법을 범하고 도적들은 점점 더 일어났다. 〔도적으로는〕 남양南陽에 매면梅免과 백정白政이 있고, 초나라에는 은중殷中과 두소杜少가 있으며, 제나라에는 서발徐勃이 있고, 연나라와 조나라 사이에는 견로堅盧와 범생范生의 무리가 있었다. 큰 무리는 수천 명에 이르렀는데, 제멋대로 〔의를 위해 일어났다는〕 이름을 내걸고 성읍을 공격하여 무기고 안에 있는 무기를 훔쳐 갔으며 사형수를 풀어 주고 군의 태수와 도위를 결박하여 욕을 보이고, 2000석의 관리를 죽이고 각 현에 격문을 돌려 식량을 갖추어 놓도록 재촉했다. 소규모의 도적 떼도 수백 명이나 되고 향리를 약탈하는 자는 헤아릴 수 없이 많았다.

그래서 천자는 어사중승御史中丞과 승상 장사長史를 시켜 도적들을 감찰하도록 했다. 그러나 여전히 [도적을] 근절할 수 없자 광록대부 범곤范昆과 여러 보도위輔, 우내사 및 전前 구경 장덕張德 등에게 수의繡衣를 입고 절節과 호부虎符를 가지고 병사를 동원하여 이들을 치게 했다. 이때 머리를 벤 것이 많은 경우에는 만여 급에 달했으며 도적들에게 음식물을 제공한 자도 법령에 따라 주살했는데 이 법에 연좌된 자는 각 군에 걸쳐 있었고 심한 경우에는 수천 명이나 되었다. 몇 년 뒤에 그들의 우두머리들은 잡았지만 흩어진 졸개들은 달아났다가 또다시 무리를 이루어 산천의 험준한 곳에 기대어 관병에게 맞서고 언제나 무리를 지어 살아서 어쩔 도리가 없었다. 그래서 침명법沈命法도둑을 숨겨 주는 자를 사형에 처하는 법을 만들어 도둑 떼가 일어났는데도 발견하지 않거나 발견하더라도 전원을 체포하지 못하면 이천석에서 말단 관리까지 모두 사형에 처한다고 했다.

이러한 법이 제정된 뒤로 말단 관리들은 처형될까 두려워 도적이 있어도 감히 적발하려 하지 않았다. 이는 체포하지 못하면 자신이 형벌을 받게 되고 군부郡府에 누를 끼칠까 두려웠기 때문으로 군부에서도 적발하지 않으므로 도적들은 차차 더 불어났다. [관리들은] 위아래가 서로 감추어 주고 문서를 꾸며 법망을 피했다.

작은 일을 충실하게 하여 큰 일을 한 감선

감선減宣은 양현楊縣 사람이다. 그는 좌사佐史로 있으면서 맡은 일을 완벽하게 하여 하동 태수의 관청에서 일하게 되었다. 장군 위청이 [사자 신분으로] 말을 사기 위하여 하동군에 갔다가 감선의 일 처리 능력이 완벽한 것을 보고 황상에게 아뢰어 대구승大廐丞(황제의 수레와 말을 관리하는 낮은 관리로 초빙되었다. [그는] 맡은 일을 훌륭하게 수행하여 서서히 승진하여 어사가 되고, 중승中丞이 되었다. [황상은] 그에게 주보언의 죄를 다스리게 하고, 또 회남의 반란 사건을 다스리게 했다. 그는 법조문을 세밀하게 적용하여 사형시킨 자가 매우 많았지만 의심스러운 사건을 과감히 판결했다고 칭찬을 받았다. 그는 파면되었다가 기용되기를 여러 차례 거듭하면서 거의 20년간이나 어사와 중승으로 있었다.

왕온서가 중위에서 면직되었을 때 감선은 좌내사가 되었다. 그는 쌀과 소금을 관리했는데 그 밖의 크고 작은 일을 모두 자기 손으로 관여했고, 현의 각 부문의 물품까지 관리하였으므로 현령과 현승 이하의 관리들이 제멋대로 바꿔 움직일 수 없었다. 만약 움직이는 일이 있으면 엄중한 법으로 그들을 옭아맸다. 그는 관직에 몸담은 지 몇 해 만에 군 안의 모든 자질구레한 일까지도 처리했다. 그는 작은 일을 충실하게 하여 큰 일을 한 사람이다. 그는 자기 능력에 기대어 일을 처리했는데, 이는 보통 사람으로서는 하기 힘든 일이었다. [감선은] 중도에 벼슬에서 쫓겨났다가 우부풍右扶風[14]이 되었다. 그는 성신成信을 몹시 미워했다. 성신이 달아나 상림원에 숨어 버리자, 감선은 미현郿縣의 현령에게 성신을 쳐 죽이게 했으나 이졸吏卒들이 성신을 죽일 때 쏜 화살이 상림원의 문에 꽂히고 말았다. 이 일로 감선은 죄를 지어 형리에게 넘겨져 대역죄로 판결되어 일족이 몰살되고 스스로 목숨을 끊었다. (그 자리에는) 두주杜周가 임용되었다.

법을 그때그때 적절하게 적용한 두주

두주는 남양군 두연杜衍 사람이다. (그는) 의종이 남양군 태수가 되었을 때 그의 발톱과 어금니 같은 역할을 하다가 천거되어 정위사廷尉史가 되었다. 장탕을 섬겼는데 장탕은 그가 능력이 완벽하다고 (황상에게) 자주 아뢰었으므로, 어사가 되어 변방 지대의 도망친 사졸들을 조사하라는 명령을 받았는데 (두주의) 논죄로 인해 죽게 된 자가 매우 많았다. 그는 정사에 대한 보고가 황상의 생각과 잘 들어맞으므로 감선과 똑같이 임용되어 번갈아 가며 교대로 10여 년 동안이나 중승中丞을 지냈다.

그의 통치 방식은 감선과 비슷했으나 생각이 더디고 겉으로는 관대한 것처럼 보이나 속으로는 깊이 뼛속까지 냉혹할 정도였다. 감선은 좌내사가 되고 두주는 정위가 되었다. 그의 통치 방식은 장탕을 상당히 본떴

---

14 진秦나라의 주작중위主爵中尉나 한나라의 도위都尉에 상당하는 직책이다.

고, 또 〔황상의〕 의향을 잘 살폈다. 황상이 배척하려는 자가 있으면 황상의 뜻에 따라 모함하여 〔옭아 넣었고〕, 황상이 풀어 주려는 자는 오랫동안 옥에 가두어 두었다가 〔황상이〕 물을 때까지 기다려서 그의 억울함을 넌지시 내비쳤다. 논객 가운데 어떤 이가 두주를 꾸짖어 이렇게 말했다.

"당신은 천자를 위해 공정하게 판결하는 곳에 있으면서 삼척법三尺法[15]에 따르지 않고 오로지 주인 된 자의 뜻에 따라 판결하니, 판결이란 본래 이러한 것입니까?"

두주가 말했다.

"삼척법이 어디서 나왔습니까? 이전 군주가 옳다고 하여 만든 것을 율律이라 하고, 훗날의 군주가 옳다고 하여 기록한 것을 영令이라 하였습니다. 그때그때에 맞는 것이 옳다는 말입니다. 어찌 옛날 법만을 따른단 말입니까?"

두주는 정위에 오른 뒤 〔황상의〕 조서를 받고 판결하는 일이 더욱더 많아졌다. 2000석으로 감옥에 갇힌 자는 앞서 잡혀 온 자와 새로 들어온 자를 합쳐 100여 명씩을 내려간 적이 없었다. 또 군의 관리나 승상부와 어사부의 관리들도 정위에게 넘겨졌는데 1년에 1000여 건에 이르렀다. 큰 사건에는 연좌되어 증인으로 심문을 받는 자만 해도 수백 명에 이르고, 작은 사건에는 수십 명이나 되었다. 〔소환되어〕 멀리서 오는 자는 수천 리 밖에서 왔고 가까이서 오는 자는 수백 리 밖에서 왔다. 심문할 때 고소장대로 탄핵하고 논죄하여 죄를 시인하도록 요구하고, 죄를 인정

15 당시에는 법률을 세 자 크기의 대나무 조각에 기록하였다고 한다. 그래서 한나라 때의 법률을 삼척법이라고도 한다.

하지 않으면 매질을 해서라도 〔죄과를〕 확정하였다. 그래서 체포하러 온다는 소문만 나도 모두 달아나 숨어 버렸다. 감옥에 오랫동안 갇힌 자들은 여러 차례 사면되더라도 10여 년 뒤에 〔다시〕 고발된 자는 대개 부도죄不道罪무고한 일가 세 사람을 죽이는 것 이상의 죄로 처형되었다. 정위와 중도관中都官한나라 때 수도에 두었던 관청을 총칭함이 조서를 받아 다스린 죄인이 6~7만 명에 이르며 다른 관리가 법령을 걸어 처리한 죄인도 10만여 명이나 되었다.

두주는 중도에 면직되었으나 나중에 집금오執金吾한나라 무제 때의 근위 대신가 되어 도둑 잡는 일을 하여 상홍양桑弘羊과 위 황후衛皇后 형제의 자식들을 체포하여 다스렸는데 법을 너무 지나치게 하고 가혹했다. 천자는 그가 온 힘을 다해 사심 없이 일하는 사람임을 인정하여 어사대부로 전임시켰다. 〔두주의〕 두 아들은 하수를 사이에 두고 〔하내군과 하남군〕 태수가 되었는데, 그들은 왕온서보다 훨씬 더 포학하고 냉혹하게 다스렸다. 두주가 처음 부름을 받고 정사廷史가 되었을 때 가진 것이라고는 말한 필뿐이었는데, 그것도 〔마구馬具를〕 온전하게 갖추지 못했다. 그러나 오랫동안 정사를 맡아 삼공의 서열에 끼면서 자손들은 높은 벼슬에 오르고 집안에는 거만금의 재산이 쌓였다.

태사공은 말한다.

"질도에서 두주에 이르는 열 사람은 모두 냉혹하고 준열하게 다스린 것으로 명성이 있었다. 그러나 질도는 강직하여 옳고 그른 것을 따져 천하의 중대한 원칙을 논쟁거리로 삼았다. 장탕은 음양의 이치를 알았으므로, 〔언제나〕 황상의 뜻과 위아래로 잘 맞았으며 때로는 일의 옳고 그름을 가려 나라에도 이익을 안겨 주었다. 조우는 법에 의거하여 정의를 지켰다. 두주는 아첨했지만 말을 적게 함으로써 무겁게 보였다.

장탕이 죽은 뒤로 법령이 치밀해져서 (관리들은) 대체로 사람들의 죄를 가혹하게 다스렸지만 국가의 일은 점차 혼란스럽고 쇠락하여 백성은 황폐해졌다. 구경들은 그저 자기 직책만 지키고 있을 뿐 (천자의) 과실을 바로잡아 줄 만한 능력이 없었는데, 어찌 법령 이외의 일을 연구할 시간이 있었겠는가! 그러나 이 열 사람 중에서 청렴한 자는 모범으로 삼을 만하며, 그 더러운 자는 경계로 삼을 만하다. (그들의) 방책과 모략은 (후세 사람들을) 가르쳤고 간사하고 사악한 일을 금지시켰으니 모든 행위도 적절하게 어울려 소박함 속에 문무文武의 자질을 겸하고 있었다. 그들은 참혹하기는 하나 그 지위에 알맞은 인물이었다.

촉군 태수 풍당馮當은 포악하고 잔인했고, 광한군廣漢郡의 이정李貞은 제멋대로 사람의 사지를 찢었으며, 동군東郡의 미복彌僕은 톱으로 사람 목을 자르고, 천수군天水郡의 낙벽駱璧은 망치로 쳐서 자백을 받아 내었으며, 하동의 저광褚廣은 함부로 사람을 죽이고, 경조京兆의 무기無忌나 풍익馮翊의 은주殷周는 독사나 사나운 새처럼 잔인했으며, 수형도위水衡都尉 염봉閻奉은 사람을 때리고 죄를 용서해 주는 조건으로 뇌물을 받았는데 (이러한 일을) 어찌 다 셀 수 있겠는가! 어찌 다 셀 수 있겠는가!"

63

대원 열전
大宛列傳

대원은 고대 서역의 나라 이름으로 지금의 우즈베키스탄 내의 한 분지인데, 주로 농업과 목축에 종사하며 상업에도 뛰어났다. 한나라 무제가 대원을 정벌하게 된 것은 한혈마라는 유명한 말이 생산되기 때문이라는 설과, 자신이 총애하던 이 부인의 오빠 이광리에게 공을 세울 기회를 주기 위한 것이라는 두 가지 설이 있다.

무제는 이광리에게 대원을 정벌하도록 하여 외견상 상당한 성과를 거두었다고 자랑했다. 그러나 애첩을 위한 사심에서 기용된 이광리가 기대에 확실하게 부응하지 못하였으며, 이로 인해 무제는 심리적 갈등을 겪었다. 사마천은 이런 미묘한 문제를 건드렸고, 이것이 이광리의 총정에서 비롯된 것일지라도 그의 비극과 관련이 있어 보인다.

이 편은 대원 정벌을 주축으로 하여 한나라 왕조가 서역 여러 나라와 왕래하던 모습을 적고 있다. 앞부분에서는 무제 때 장건이 두 차례 서역에 사자로 나갔을 때의 일에 치중하여 서술하고, 뒷부분에서는 이광리가 대원을 정벌하게 되는 과정 등을 상세하게 묘사했다. 한나라 왕조의 서역 개척은 중국의 지리적, 문화적 통일을 보다 확장시키고 동서의 경제와 문화 교류 및 발전에 중대한 의미를 갖는다. 서역은 동서의 큰 문명 도시인 장안과 로마를 이어 주는 경유지였기 때문이다.

서역에 대한 최초의 사료로서 인정받는 이 편에서 사마천은 저 유명한 비단길의 탄생 과정을 잘 그려 내고 있다. 특히 장건이란 위대한 탐험가의 불굴의 정신을 한 무제의 개인적인 욕망과 함께 서술하면서 이광리의 4년간의 출정으로 인한 백성들의 고통도 함께 그려 나가고 있다.

서역과 교류하는 장건을 그린 둔황 벽화.

서역의 문을 두드리다

대원大宛의 사적事跡은 장건張騫에 의하여 알려지게 되었다. 장건은 한중漢中 사람으로 건원 연간에 낭관郎官이 되었다. 그 무렵 천자효무제는 투항해 온 흉노들을 심문했는데 한결같이 〔이렇게〕 말했다.

"흉노는 월지月氏의 왕을 깨뜨리고 그 두개골로 술잔을 만들었습니다. 월지는 〔살던 곳을 뒤로하고〕 달아난 뒤로 언제나 흉노에게 원한을 품고 복수하려 하지만 함께 흉노를 칠 만한 사람이 없습니다."

한나라는 때마침 흉노를 쳐 멸망시키려던 차이므로 이 말을 듣자 사신을 보내 소통하려고 했다. 〔그러나 월지로〕 가는 길은 반드시 흉노 땅을 지나야만 하므로 사신으로 갈 만한 사람을 모집했다. 〔이때〕 장건이 낭관 신분으로 모집에 지원하여 월지에 사신으로 가게 되었다.

〔장건이〕 당읍현堂邑縣 사람의 흉노족 노예 감보甘父와 함께 농서隴西를 나와 흉노의 영토 안으로 접어들었을 때, 흉노가 이들을 붙잡아 선우에게로 보냈다. 선우는 그들을 붙잡아 두고 〔이렇게〕 말했다.

"월지는 우리의 북쪽에 있는데 한나라가 어떻게 사신을 보낼 수 있겠소? 내가 월나라에 사신을 보낸다면 한나라는 기꺼이 허락하겠소?"

장건은 10여 년 동안이나 붙잡혀 있으면서 결혼도 하고 자식까지 두게 되었다. 그러나 그는 여전히 한나라 사자로서의 부절을 지니고 잃지 않았다.

흉노에서 머무는 동안 〔감시가〕 점차 느슨해지자 장건은 이 틈을 타서 자기 무리와 함께 달아나 월지로 향했다. 그는 서쪽으로 달아난 지 수십 일이 지나서야 대원으로 들어섰다. 대원은 한나라에 물자가 풍부하다는 소식을 듣고 있어 서로 왕래하고 싶지만 뜻을 이루지 못하고 있던 터라, 장건을 보자 기뻐하면서 물었다.

"당신은 어디로 가려고 하시오?"

장건이 말했다.

"한나라를 위하여 월지에 사신으로 가던 중에 흉노가 길을 막아 이제야 도망쳐 왔으니 왕께서는 신을 인도해 줄 사람을 주어 호위하여 보내 주십시오. 진실로 〔신이〕 월지로 가서 〔사명을 완수하고〕 한나라로 돌아간다면, 한나라는 왕에게 이루 말할 수 없을 정도로 많은 재물을 보내 줄 것입니다."

대원의 왕은 그럴듯하다고 생각하여 장건에게 안내자와 통역할 사람을 딸려 보내 주었으며 〔일행은〕 강거康居지금의 우즈베키스탄 지방에 있던 터키계 유목민 나라에 이르렀고, 또 강거에서 대월지까지 보내 주었다.

대월지에서는 왕이 이미 흉노에게 피살되었으므로 태자를 세워서 왕으로 삼았다. 그들은 이미 대하大夏를 정복하여 통치하고 있었는데 그 땅이 기름져 생산물이 풍부하고, 침략자가 거의 없어 안락하게 지내고 있었다. 또 한나라를 멀리 떨어진 곳에 있는 나라로 여겨 새삼스레 흉노에게 보복할 마음을 먹지 않았다. 장건은 대월지를 떠나 대하에 이르렀지만 끝내 대월지의 허락을 얻지 못했다.

〔장건은〕 1년 남짓 머물다가 귀국길에 올랐다. 남산南山천산天山, 아이금산阿爾金山, 기련산祁連山을 가리킴을 따라 강족羌族의 땅을 거쳐 돌아올 생각이었으나 다시 흉노에게 붙잡히고 말았다. 그가 흉노 땅에 1년 남짓 있

었을 때 선우가 죽었다. 그러자 좌곡려왕이 선우의 태자를 몰아내고 스스로 왕위에 오르므로 나라 안이 혼란스러웠다. 장건은 흉노인 아내와 당읍의 감보를 데리고 도망쳐 한나라로 돌아왔다. 한나라는 장건을 태중대부로 삼고, 당읍의 감보는 봉사군奉使君으로 삼았다.

장건은 사람됨이 굳세고 힘이 있었으며 마음이 너그럽고 남을 신뢰하였으므로 오랑캐들까지 그를 좋아했다. 당읍 사람 감보는 본래 흉노인이므로 활솜씨가 뛰어나 긴급한 상황에 놓였을 때는 새나 짐승을 잡아 끼니를 잇기도 했다.

처음 장건이 길을 떠날 때는 〔일행이〕 100여 명이나 되었으나, 13년이 지났을 때는 겨우 두 사람만이 돌아왔다.

서역 국가들의 풍속

장건이 몸소 가 본 곳은 대원, 대월지, 대하, 강거이지만 인접한 대여섯 개의 큰 나라에 대해서도 전해 들은 바가 있어서 다음과 같이 천자에게 보고했다.[1]

"대원은 흉노의 남서쪽, 한나라의 정서正西쪽에 있으며 한나라에서 만 리쯤 떨어져 있습니다. 그들의 풍속은 한곳에 머물면서 살고 밭을 갈

---

[1] 「서남이 열전」에 의하면 기원전 122년의 일이다.

아 벼와 보리를 심고 포도주를 생산합니다. 좋은 말이 많은데 말이 피땀을 흘린다고 합니다. 그 말은 본래 천마天馬의 새끼라고 합니다. 이 나라에는 성곽과 가옥이 있으며, 속읍屬邑으로는 크고 작은 70여 성에 인구는 수십만 명쯤 됩니다. 무기로는 활과 창이 있으며 말타기와 활쏘기에 능합니다. 그 북쪽에는 강거, 서쪽에는 대월지, 서남쪽에는 대하, 동북쪽에는 오손烏孫, 동쪽에는 우미扜罙와 우전于寶이 있습니다. 우전 서쪽의 물은 모두 서쪽으로 흘러 서해西海오늘날 아랄해로서 소금기가 많아 짠 호수로 들어가고, 그 동쪽의 물은 동쪽으로 흘러 염택鹽澤포창해蒲菖海라고도 함으로 들어갑니다. 염택부터는 물이 땅속으로 흐르다가 남쪽으로 나와 하수의 원류가 됩니다. 〔이곳에는〕 옥석이 많고, 하수는 중원으로 흘러 들어갑니다. 그리고 누란樓蘭과 고사姑師에는 성곽이 있으며 염택에 인접해 있습니다. 염택은 장안에서 5000리쯤 떨어져 있습니다. 흉노의 오른쪽우현왕이 다스리는 지역은 염택 동쪽에 있으며, 농서의 장성長城에 이르러 남쪽으로 강족과 접하여 한나라로 통하는 길을 막고 있습니다.

오손은 대원의 동북쪽으로 2000리쯤 떨어진 곳에 있습니다. 유목 국가로 가축을 따라서 이동하며 흉노와 풍속이 같습니다. 활을 쏘는 군사가 수만 명으로 매우 용감하게 싸웁니다. 원래 흉노에 복속되어 있었지만 세력이 강대해지면서 형식적으로 흉노를 섬길 뿐 〔흉노의〕 조회에 참가하려고 하지는 않았습니다.

강거는 대원의 서북쪽으로 2000리쯤 떨어진 곳에 있습니다. 〔유목 국가로〕 월지와 풍속이 아주 같습니다. 활을 쏘는 군사가 8~9만 명이나 되고 대원과 인접한 나라입니다. 〔강거는〕 나라가 작아 남쪽으로는 월지를 섬기고, 동쪽으로는 흉노를 섬기고 있습니다.

엄채奄蔡는 강거 서북쪽으로 2000리쯤 떨어진 곳에 있습니다. 유목국가로 강거와 풍속이 대부분 같습니다. 활을 쏘는 군사가 10만여 명이나 됩니다. 큰 못에 임하고 있는데, 끝이 없습니다. 이 호수가 북해인 것 같습니다.

대월지는 대원의 서쪽으로 2000~3000리쯤 떨어져 있고, 규수嬀水 북쪽에 살고 있습니다. 그 남쪽에는 대하, 서쪽에는 안식安息, 북쪽에는 강거가 있습니다. 〔이들은〕 유목 국가로 가축을 따라 옮겨 다니고 흉노와 풍속이 같습니다. 활을 쏘는 군사가 10~20만 명가량 되는데 옛날에는 강대함을 믿고 흉노를 업신여겼습니다. 묵돌 선우가 〔흉노의 왕의〕 자리에 오르자, 월지를 깨뜨렸고, 흉노는 노상 선우 때에 월지의 왕을 죽이고 그 두개골로 술잔을 만들었습니다. 처음에 월지는 돈황군敦煌郡과 기련산 사이에서 살았으나, 흉노에게 패하자 멀리 떠나 대원을 지나 서쪽의 대하를 쳐서 신하로 삼은 뒤 규수 북쪽에 도읍하여 왕정王庭선우가 있는 곳으로 삼았습니다. 같이 떠나지 못한 소수의 무리는 남산에 있는 강족 땅을 지키고 보존하면서 소월지小月氏라고 부르고 있습니다.

안식은 대월지에서 서쪽으로 수천 리쯤 떨어진 곳에 있습니다. 그들의 풍속은 한곳에 머물면서 살고 밭을 갈아 벼와 보리를 심고 포도주를 생산합니다. 성읍은 대원과 같습니다. 그들이 관할하는 읍은 크고 작은 수백 개의 성으로 이루어졌고, 그 땅은 사방 수천 리에 이르러 가장 큰 나라입니다. 규수에 인접해 있어 시장이 있고 사람들은 장사하려고 수레나 배를 이용하여 가까운 나라뿐 아니라 수천 리 멀리 떨어진 나라에까지 갑니다. 은으로 돈을 만드는데, 돈 모양은 이 나라 왕의 얼굴을 새겨 넣은 것입니다. 왕이 죽으면 곧바로 다시 돈을 바꾸어 새 왕의 얼굴을 새겨 넣습니다. 그들은 가죽 위에 옆으로 기록해 나갑니다. 그 나라의 서쪽에는 조지條枝가 있고, 북쪽에는 엄채와 여헌黎軒이 있습니다.

조지는 안식에서 서쪽으로 수천 리 떨어진 곳에 있으며, 서해에 인접해 있습니다. 〔날씨는〕 덥고 습기가 많으며 밭갈이를 하고 벼농사를 짓습니다. 큰 새타조가 있는데 그 알이 항아리만큼 큽니다. 인구는 매우 많으며 가는 곳마다 소군장小君長이 있습니다. 안식은 이 나라를 예속시켜 바깥의 속국으로 삼았습니다. 이 나라 사람들은 마술을 잘합니다. 안식의 장로長老 말에 의하면 조지에는 약수弱水부력이 아주 작아 기러기 털도 가라앉는다는 강와 서왕모西王母가 있다는데 아직 본 적은 없다고 합니다.

대하는 대원의 남서쪽으로 2000여 리 떨어진 규수 남쪽에 있습니다. 그들의 풍속은 한곳에 머물며 살고 성곽과 집이 있어 대원과 풍속이 같습니다. 대군장은 없고 가는 곳마다 성읍에 소군장이 있습니다. 이 나라의 군사는 약하고 싸움을 두려워하지만 장사는 잘합니다. 대월지가 서쪽으로 옮겨 간 뒤로 이 나라를 깨뜨려 대하를 신하로 복속시켰습니다. 대하의 인구는 많아서 100만여 명이나 됩니다. 그 수도를 남시성藍市城이라 하고, 시장이 있어서 여러 가지 물건을 사고팝니다. 그 동남쪽에는 신독국身毒國지금의 인도와 파키스탄 일대이 있습니다."

장건은 〔계속해서〕 이렇게 말했다.

"신이 대하에 있을 때 공邛의 대나무 지팡이와 촉의 옷감을 보고 '어디서 이것들을 얻었소?'라고 물으니, 대하 사람이 '우리 나라 장사꾼들이 신독에 가서 사 왔습니다. 신독은 대하에서 동남쪽으로 수천 리쯤 떨어진 곳에 있는데, 그들의 풍속은 한곳에 머물러 살고 대하와 거의 같으며 〔땅이〕 몹시 습하고 〔기후가〕 덥다고 합니다. 그 나라 사람들은 코끼리를 타고 싸웁니다. 또 이 나라는 큰 강물에 인접해 있습니다.'라고 대답했습니다. 신이 짐작해 보건대 대하는 한나라로부터 1만 2000리 떨어져 있고, 한나라의 서남쪽에 있습니다. 지금 신독국은 또 대하의 동남쪽으로 수천 리 떨어져 있으며, 촉나라의 물건이 있는 것으로 보아 촉나라에서 멀지 않은 곳에 있는 것 같습니다. [그런데] 지금 대하에 사신을 보낼 경우 강족의 험한 길을 지난다면 강족이 싫어할 것이고, 조금 북쪽으로 돌아간다면 흉노에게 붙잡힐 것입니다. 그러나 촉으로 해서 간다면 길도 가깝고 도둑 걱정도 없을 것입니다."

천자는 생각했다.

'대원과 대하와 안식 등은 모두 큰 나라로서 진기한 물건이 많고, 한곳에 머물며 살고 산업도 중원과 매우 비슷하며, 군사는 약하고 한漢나라의 재물을 소중하게 여긴다고 한다. 이들 북쪽에 있는 대월지와 강거 등의 군사가 강하다고는 하나 재물을 보내 이익을 주어 회유한다면 입조시키는 데 유리할 수 있을 것이다. 또한 만일 인의를 베풀어 그들을 귀속시킨다면 [한나라] 영토를 만 리나 넓힐 수 있어 여러 차례 통역을 거쳐 각지의 특이한 풍속을 가지게 되면 [천자의] 위엄과 덕이 사해에 널리 퍼질 수 있을 것이다.'

천자는 기뻐하며 장건의 말이 옳다고 여기고, 장건에게 촉의 건위군犍爲郡에서 밀사를 네 길로 갈라서 동시에 출발시키도록 했으니, 방駹에서 출발하고, 염冄에서 출발하며, 사徙에서 출발하고, 공邛과 북僰에서 출발하여 모두 각각 1000~2000리를 나아갔다. [그러나] 북쪽은 저氐와 작筰에게 가로막히고, 남쪽은 수嶲와 곤명昆明에게 저지되었다. 곤명에 있는 무리는 군장이 없고 도둑질을 잘하였으므로 한나라 사신들을 보는 대로 죽여 끝내 〔대하와〕 통할 수 없었다. 그러나 그 서쪽으로 1000여 리쯤 떨어진 곳에 코끼리를 타고 다니는 나라가 있는데 이름을 전월滇越이라고 했다. 촉의 장사꾼 중 몰래 장사하는 이들이 간혹 그곳에 이른다고 했다. 그래서 한나라는 대하로 가는 길을 찾아 비로소 전국滇國전월과 통하게 되었다. 애초에 한나라는 서남이와 교류하려 했으나 비용이 많이 들고 길도 통하지 않으므로 그만두었다. 〔이후에〕 장건이 대하로 통할 수 있다고 주장했기 때문에 다시 서남이로 통하는 길을 찾으려고 했다.

오손과 교역을 개척한 장건

〔그 뒤〕 장건은 교위校尉장군 다음가는 무관으로서 대장군 위청을 따라 흉노 정벌에 나섰는데, 〔사막에서〕 물과 풀이 있는 곳을 잘 알고 있으므로 군대는 어려움을 겪지 않을 수 있었다. 그래서 장건은 박망후博望侯에 봉해졌다. 이해가 원삭 6년이다. 그 이듬해에 장건은 위위衛尉가 되어 이 장군李將軍이광李廣과 함께 우북평으로 나가 흉노를 쳤다. 흉노가 이 장군을 포위하여 〔한나라〕 군대는 피해를 입고 도망친 자도 많았으며, 장건도 〔이 장군과〕 만나기로 한 날짜에 늦어 그 죄가 참형에 해당하나 속죄금을 내고 서민이 되었다. 이해에 한나라는 표기곽거병를 보내 흉노의 서쪽 변방에 있는 수만 명을 공격하여 죽이고 기련산까지 이르렀다. 그 이듬해에는 혼야왕이 백성을 이끌고 와서 한나라에 투항하니 금성金城과 하서河西 서쪽에서 남산南山을 따라 염택鹽澤에 이르기까지 텅 비어 흉

노를 찾아볼 수 없었다. 〔간혹〕 흉노의 척후병들이 오기도 했지만 〔그것은〕 아주 드문 일이었다. 그로부터 2년 뒤에 한나라가 선우를 쳐서 사막 북쪽으로 달아나게 했다.

그 뒤 천자는 장건에게 대하와 같은 무리에 대해서 여러 차례 물었다. 장건은 이미 후 지위를 잃었으므로 이렇게 대답했다.

"신이 흉노 땅에 있을 때 들은 바로는 오손의 왕은 이름이 곤모昆莫인데, 그 아버지는 흉노의 서쪽 변방에 있는 작은 나라의 왕이었습니다. 흉노가 쳐들어와 그 아버지를 죽여 곤모는 태어나자마자 초원에 버려졌습니다. 〔그런데〕 까마귀가 고기를 물고 와서 그 위를 날고 늑대가 와서 그에게 젖을 먹였습니다. 〔이것을 보고〕 선우는 괴이하게 여겨 그를 신인神人이라 생각하고 거두어 길렀습니다. 그가 장년이 된 뒤 병사를 거느리게 해보니 자주 공을 세웠습니다. 〔그래서〕 선우가 그 아버지의 백성을 곤모에게 돌려주어 오랫동안 흉노의 서쪽 변방을 지키게 했습니다. 곤모는 자기 백성을 거두어 기르면서 가까이에 있는 작은 마을을 공략했습니다. 활을 쏠 수 있는 군사가 수만 명이나 되고 싸움에 익숙했습니다. 선우가 죽자 곤모는 그 무리를 이끌고 멀리 옮겨 가 중립을 지키면서 흉노에게 조회하려 하지 않았습니다. 흉노는 정예 군사를 보내 기습했으나 이기지 못하자 그를 신인이라 생각하고 멀리했습니다. 그 뒤로는 고삐를 죄기만 할 뿐 크게 〔군사를 일으켜〕 공격하지 않았다고 합니다.

지금 선우는 막 한나라에게 곤경을 겪고 있으며, 혼야왕이 지배하던 옛 땅은 텅 비어 사람이 살지 않습니다. 오랑캐들은 습관처럼 한나라 재물을 탐내고 있으니 만일 이러한 때에 오손에게 많은 예물을 보내 동쪽으로 더 가까이 불러들여 혼야왕이 다스리던 옛 땅에 살게 하고 한나라와 형제의 의를 맺게 하면 형세로 보아 〔오손은〕 반드시 〔한나라의〕 말을 들을 것입니다. 〔그들이〕 듣게 되면 흉노의 오른팔을 끊는 것이나 다름없습니다. 오손과 연합할 수만 있다면 그 서쪽에 있는 대하 등의 나라도 모두 불러서 〔한나라의〕 외신外臣으로 삼을 수 있을 것입니다."

천자는 옳다고 여겨 장건을 중랑장으로 임명하고 〔군사〕 300명을 거느리게 하면서 한 사람에 말 두 필씩을 주었다. 소와 양이 수만 마리에 이르고, 가져가는 황금과 비단은 수천 거만금의 가치가 있었다. 부절을 가진 부사副使를 많이 보내 길이 통할 수 있으면 다른 이웃 나라에도 그들을 보낼 수 있게 했다.

장건이 오손에 도착하니 오손왕 곤모는 한나라 사자를 만나는데 선우가 사자를 만나는 것처럼 했다. 장건은 몹시 치욕스러웠으나 오랑캐들이 탐욕스럽다는 것을 알고 있으므로 이렇게 말했다.

"천자께서 내리신 예물입니다. 왕께서 절하지 않으시려면 예물을 되돌려 주십시오."

곤모는 일어나 보내온 재물에는 절을 했지만, 그 밖의 다른 것은 전과 같았다. 장건은 사신으로 온 취지를 일깨워 주어 말했다.

"오손이 동쪽으로 옮겨 와 혼야왕이 다스리던 땅에 살 수만 있다면 한나라는 옹주를 보내 당신의 부인으로 삼게 하실 것입니다."

〔이 무렵〕 오손은 나라가 분열되고 왕은 늙은 데다 한나라에서 멀리 떨어져 있어 한나라가 큰지 작은지조차 알지 못했다. 〔또한〕 본래 흉노에게 오랫동안 복속되어 있었던 데다가 흉노와 거리가 가깝기 때문에 대신들은 한결같이 흉노를 두려워하여 옮겨 살기를 원하지 않고, 왕도 자기 마음대로 일을 결정할 수 없었다. 〔그래서〕 장건은 그들을 설득할 방법이

없었다.

곤모에게는 아들이 10여 명 있었는데 그중 가운데 아들을 대록大祿이라 했다. 〔그는〕 힘이 세고 병사들을 잘 다루므로 기병 만여 명을 이끌고 다른 곳에서 살고 있었다. 대록의 형이 태자로 있는데, 그에게는 잠취岑娶라는 아들이 있었으나 태자가 일찍 죽었다. 그는 죽음을 앞두고 아버지 곤모에게 말했다.

"반드시 잠취를 태자로 삼아 주시고 다른 사람을 대신 태자로 삼지 마십시오."

곤모는 태자를 불쌍히 여겨 이를 허락하고 마침내 잠취를 태자로 삼았다. 대록은 자기가 대신 태자가 되지 못한 데 분개하여 형제들을 끌어모으고 자기 무리를 이끌고 잠취와 곤모를 칠 계획을 꾸몄다. 곤모는 늙어 대록이 잠취를 죽일까 두려워하여 잠취에게 기병 만여 명을 주어 다른 곳에서 살게 하고, 곤모 자신도 기병 만여 명을 이끌고 스스로 대비했다. 〔이렇게 하여〕 나라 안의 백성은 셋으로 나뉘었다. 대체로 곤모의 지배를 받기는 했지만, 곤모도 이러한 이유 때문에 감히 독자적으로 장건과 맹약을 맺을 수 없었다.

장건은 대원, 강거, 대월지, 대하, 안식, 신독, 우전, 우미 및 그 밖의 여러 나라에 부사를 나누어 보냈다. 오손에서는 안내인과 통역인을 붙여서 장건을 〔본국으로〕 돌려보냈다. 장건은 오손의 사자 수십 명과 답례의 뜻으로 보내는 말 수십 필을 끌고 왔다. 그들에게 한나라의 세력을 보여주기 위해서였다.

장건이 〔한나라로〕 돌아오자, 대행大行으로 임명하여 구경의 대열에 서게 했다. 〔장건은 그로부터〕 1년 남짓 지나 죽었다.

오손의 사자들이 한나라의 인구가 많고 물자가 풍부한 것을 보고 자기 나라로 돌아가 보고하였으므로 〔오손은〕 한나라를 더욱 존중하게 되었다. 그 뒤 1년쯤 지나자 장건이 대하 등의 나라에 보냈던 부사가 모두 그 나라 사람들과 함께 돌아왔다. 이렇게 해서 서북쪽의 나라들이 처음으로 한나라와 교류하게 되었다. 장건이 길을 개척했으므로 그 뒤에 나가는 사자들은 모두 박망후를 들먹임으로써 외국에 한나라의 신의를 얻으려 했고, 외국에서도 그것으로 한나라를 믿어 주었다.

말을 구하러 떠나는 사신들이 줄을 잇다

박망후 장건이 죽은 뒤 흉노는 한나라가 오손과 교류한다는 말을 듣고 노하여 오손을 치려 했다. 또한 오손에 보낸 한나라 사신이 오손의 남쪽으로 나가 대원 및 대월지와 잇달아 왕래하니, 오손은 두려워져 사신을 보내 말을 바치면서 한나라 옹주와 결혼하여 형제 나라가 되기를 청했다. 천자가 신하들을 불러 모아 이 문제를 논의하게 하니 모두 이렇게 말했다.

"반드시 먼저 폐백을 받은 뒤에 옹주를 보내셔야 합니다."

처음에 천자가 『역서易書』를 펴서 점을 치니 이렇게 나왔다.

"신마神馬가 서북쪽에서 올 것이다."

오손의 훌륭한 말을 얻어 '천마天馬'라 이름하였다. 그런데 대원의 한혈마汗血馬를 얻고 보니 더욱 건장하므로 오손의 말을 '서극西極'으로 고치고, 대원의 말을 '천마'라고 이름했다. 한나라는 비로소 영거현令居縣 서쪽에 성을 쌓고 처음으로 주천군酒泉郡을 두어 서북쪽의 나라와 통하면서 더욱더 많은 사신을 안식, 엄채, 여헌, 조지, 신독국으로 보냈다. 또한 천자가 대원의 말을 좋아하므로 〔말을 구하러 가느라〕 사신이 줄을 이었다. 외국으로 가는 사절단은 많은 경우에는 수백 명이나 되고 적은 경우에는 100여 명이었는데, 그들이 가지고 가는 것은 박망후 때의 그것과 거의 다름이 없었다. 그 뒤 왕래가 점차 익숙해질수록 폐백의 크기도 차츰 줄어들었다. 한나라에서 대체로 1년 동안 보내는 사신은 많을 때는 10여 차례이고 적을 때는 대여섯 차례였으며, 먼 곳으로 간 자는 8~9년이 걸리고 가까운 곳으로 간 자도 몇 해가 지나서야 돌아왔다.

이 무렵 한나라는 이미 월나라南越를 멸망시킨 뒤이므로 촉과 서남이들은 모두 떨면서 한나라에 관리를 보내 입조하려 했다. 그래서 〔한나라는〕 익주군益州郡, 월수군越巂郡, 장가군牂柯郡, 심려군沈黎郡, 문산군汶山郡 등을 두어 땅을 이어 앞으로 나아가 대하까지 교류하려 했다. 그래서 백시창柏始昌, 여월인呂越人 등을 해마다 10여 차례 사신으로 내보내고 새로 설치한 여러 군을 지나 대하까지 가게 했으나 모두 곤명에게 가로막혀 피살되고 폐백과 재물을 빼앗겨 결국은 끝내 아무도 대하까지 통할 수 없었다. 그래서 한나라는 삼보三輔의 죄수들을 징발하고 파와 촉의 병사 수만 명을 동원하여 곽창郭昌과 위광衛廣 두 장군을 보내 한나라 사신들을 가로막은 곤명을 공격하여 수만 명의 머리를 베거나 포로로 잡아 돌아왔다. 그뒤에도 사신을 보냈으나 곤명이 다시 도적질을 하므로 끝내 아무도 〔대하까지〕 통할 수 없었다. 그러나 북쪽으로 주천군을 거쳐서 대하에 이르는 사자가 너무 많아져, 외국에서도 한나라의 폐물에 염증을 느끼고 한나라 재물을 귀하게 여기지 않았다.

먹을 것이 떨어지면 원한도 쌓인다

박망후 장건이 외국으로 가는 길을 개척하여 존귀한 신분이 된 뒤로, 그를 따라갔던 관리와 병사들은 모두 다투어 글을 올려 외국의 기이하고 괴이한 것과 〔그 나라와 왕래할 때의〕 이로움과 병폐를 말하며 사신이 되기를 원했다. 천자는 그 나라들이 멀리 떨어져 있고 사람들이 쉽사리 갈 수 있는 곳이 아니라는 생각에 그들의 청원을 받아들여 부절을 주고, 따르는 자는 관리와 민간에서 모집하되 그들의 출신은 묻지 않았다. 모집한 사람을 모두 보냄으로써 〔사자로 나갈 수 있는〕 길을 넓힌 것이다. 〔그러나 그들은〕 오가면서 폐백과 재물을 훔치고 사신으로서 〔천자의〕 뜻을 어겨 천자는 그들이 이러한 일에 길들어 있음을 알고 조사하여 무거운 벌로 다스리고, 〔공을 세워〕 죄를 씻도록 격려하여 다시 사신으로 나가도록 했다. 〔그러므로 외국으로 나간〕 사신의 폐단은 끝없이 발생했고 가볍게 법을 어겼다. 〔과거에 사자로 나갔던〕 관리와 사졸들도 외국에 있는 것을 지나치게 추켜올리고 숭배했다. 많은 것을 말한 자에게는 부절을 주어 정사正使로 삼고, 적게 말한 자는 부사副使로 삼았다. 이 때문에 말을 함부로 하고 행실이 바르지 못한 자가 모두 다투어 이를 본떠서 말했다. 사신으로 가는 사람은 모두 가난한 집 자식으로, 조정에서 외국으로 보내는 물품들을 사사로이 가로채 헐값으로 외국에 팔아넘겨 그 이익을 차지하려 들었다. 외국에서도 한나라 사신들의 말이 저마다 다른 데 염증을 느꼈으며, 또 한나라 군대가 멀리 떨어져 있어 쳐들어올 수 없다고 생각하고 식량 공급을 끊어 한나라 사신들을 곤란하게 했다. 한나라 사신들은 먹을 것이 떨어지자 원한이 쌓여 서로 공격할 지경에 이르렀다.

먼 곳에 있는 자보다 가까이 있는 자에게 기대라

누란樓蘭과 고사姑師는 작은 나라이지만 교통의 요지에 있어 한나라 사신 왕회王恢 등을 공격하여 심하게 위협했다. 게다가 흉노의 기병들이 때때로 서역으로 가는 사신들을 가로막고 공격했다. 사신들은 외국에서 입는 피해를 다투어 말하고, 〔그들〕 나라에는 모두 성읍이 있지만 병력이 약해서 치기 쉽다고 했다. 그래서 천자는 구실을 만들어 종표후從驃侯 파노破奴를 보냈는데, 〔그는〕 속국의 기병과 군의 병력 수만 명을 이끌고 흉하수까지 가서 흉노를 치려 했으나 흉노가 모두 달아나 버렸다. 그 이듬해에 파노는 고사를 공격하여 경기병輕騎兵 700여 명과 함께 먼저 이르러 누란왕을 사로잡고 드디어 고사를 쳐부쉈다. 이렇게 해서 군대의 위력을 과시하여 오손과 대원 등의 나라를 핍박했다. 〔파노가〕 돌아오자 천자는 그를 착야후涊野侯에 봉했다. 왕회는 여러 차례 사신으로 나갔다가 누란에게 당한 고통을 천자에게 보고하니 천자는 군사를 징발하여 왕회에게 파노를 도와 누란을 공격하도록 명령하여 승리하였으므로 그를 호후浩侯에 봉했다. 이리하여 주천군에서 옥문관玉門關까지 요새가 열을 지어 서게 되었다.

오손에서 말 1000필을 바치고 한나라 딸을 맞이하려 하여 한나라는 종실 딸인 강도왕江都王제부制此의 옹주를 보내 오손왕의 아내로 삼아 가게 하자, 오손왕 곤모는 〔그녀를〕 우부인으로 삼았다. 흉노도 딸을 보내 곤모의 아내로 삼게 했는데, 곤모는 그녀를 좌부인으로 삼았다. 그리고 곤모는 말했다.

"나는 늙었다."

그는 손자 잠취에게 〔한나라〕 옹주를 아내로 삼게 했다. 오손에는 말이 많아 부유한 자는 4000~5000필까지 가지고 있었다.

처음에 한나라 사신이 안식에 갔을 때, 안식왕은 기병 2만 명을 이끌고 동쪽 변경까지 나와 영접했다. 동쪽 변경에서 왕도王都까지는 수천 리나 떨어져 있었다. 행렬이 〔왕도까지〕 가는 데에는 수십 개의 성을 지나게 되어 있는데 백성들이 서로 이어져 매우 많았다. 한나라 사신이 돌아갈 때 〔안식에서도〕 뒤이어 한나라에 사신을 딸려 보내 한나라의 광대함을 둘러보고 큰 새의 알과 여헌의 뛰어난 마술사를 바쳤다. 대원 서쪽의 작은 나라인 환잠驩潛, 대익大益과 대원 동쪽의 고사, 우미, 소해蘇薤 등의 사신이 모두 한나라 사신을 따라와서 천자를 뵙고 예물을 올리니 천자가 크게 기뻐했다.

한나라 사신은 하수의 원류를 찾아냈는데, 하수의 원류는 우전에서 시작되고 그 산에는 옥석이 많으므로, 이것을 캐어 가지고 돌아왔다. 천자는 옛날 도서를 참고하여 하수가 시작되는 이 산을 곤륜산崑崙山이라 했다.

이 무렵 황상은 바닷가를 자주 순행했는데, 〔이 행차에는〕 언제나 외국에서 온 빈객들을 데리고 다녔다. 인구가 많은 큰 도시에 들러서는 재물과 비단 등을 상으로 나누어 주고, 풍성한 술과 안주를 갖추어 그들을 대접하여 한나라의 부유함을 과시하였다. 또 대규모로 씨름 대회를 열고 신기한 놀이와 여러 진기한 물건을 전시하였으므로 모여들어 관람하는 사람이 많았다. 상을 내리고 술로 연못을 만들고 고기로 숲을 이루어 잔치를 베풀며, 외국에서 온 빈객들에게 각지의 이름 있는 창고와 궁정의 곳간에 쌓인 물건들을 널리 두루 보여 주어 한나라의 광대함을 알고 경모하고 놀라게 했다. 마술사의 기교가 더 교묘해지고, 씨름 기술과 기이한 놀이가 해마다 변화를 더하여 점점 성대해진 것은 이때부터이다.

서북쪽의 외국 사신들은 번갈아 오고 갔다. 대원 서쪽의 나라는 모두 〔한나라는〕 멀리 떨어져 있다고 여겨 여전히 교만하고 방자하며 멋대로 행동했으나 아직은 굴복시킬 수 없어 고삐를 느슨히 죄듯 예禮로써 그들을 다루려고 했다.

오손의 서쪽에서 안식에 이르기까지는 흉노에 가까우므로 흉노가 월지를 곤경에 빠뜨린 뒤로는 흉노 사신이 선우의 신표만 가지고 있으면, 나라마다 먹을 것을 보내 주고 감히 붙들어 놓고 괴롭히는 일이 없었다. 그러나 한나라 사신이 갈 경우는 돈이나 비단을 내지 않으면 먹을 것을 얻을 수 없으며, 가축을 사지 않으면 타고 갈 수 없었다. 그것은 한나라는 멀리 떨어져 있고 재물이 많다고 생각했기 때문이다. 그래서 〔한나라 사신은〕 원하는 것이 있으면 반드시 사야만 얻을 수 있었는데, 이 또한 〔그들은〕 흉노를 한나라 사자보다 두려워한 탓이다.

대원과 그 이웃 나라들에서는 포도로 술을 만들었는데 부자는 만여 석의 술을 저장해 놓기도 했고, 오래된 것은 수십 년이 지났지만 부패하지 않았다. 〔이곳〕풍속은 사람들이 술을 좋아하고, 말은 목숙苜蓿콩과 식물로 말이나 소의 사료나 비료로 씀을 좋아했다. 한나라 사신이 그 씨앗을 가져왔으므로 이에 천자는 비로소 목숙과 포도를 비옥한 땅에 심었다. 천마가 많아지고 외국 사신이 많이 올 무렵이 되면 이궁離宮황제의 행차를 위해 지은 별도의 궁전이나 별관別觀이궁 문밖에 세워진 망루 부근에 온통 포도와 목숙을 심어 끝없이 펼쳐졌다.

　대원 서쪽에서 안식에 이르는 나라들은 말은 꽤 다르지만 풍속이 거의 비슷하여 서로 상대방의 말을 알아들었다. 그곳 사람은 모두 눈이 움푹 들어가고 수염이 많으며 사고팔기를 잘하고 아주 작은 이익을 두고도 다투었다. 그들의 풍속은 여자를 존중하여 여자가 말하면 남자는 그 말에 따랐다. 이 지방에서는 명주실과 옻나무가 생산되지 않으며, 동전과 기물을 주조할 줄 몰랐다. 한나라 사자를 따라갔다가 그들에게 투항한 군사가 여러 가지 병기와 기물을 주조해서 만드는 것을 가르쳤다. 그 뒤로는 한나라의 황금이나 은을 얻으면 그것으로 기물을 만들고 화폐로 쓰지 않았다.

　〔이후로〕〔서역에〕왕래하는 한나라 사자가 많아졌는데, 그중 어려서부터 따라갔던 자들은 천자에게 나아가 말하는 데 익숙하여 〔이렇게〕 말했다.

"대원의 이사성貳師城에는 좋은 말이 있는데, 감추어 두고 한나라 사자에게 주려고 하지 않습니다."

천자는 대원의 말을 좋아하던 터라, 이 말을 듣는 순간 기뻐하며 장사壯士 거령車令 등에게 1000금과 금으로 만든 말을 가지고 대원의 왕에게 가서 이사성의 좋은 말과 바꿔 오도록 했다. 〔그렇지만〕 대원국에는 한나라 물건이 풍부하므로 서로 의논하여 이렇게 말했다.

"한나라는 우리 나라와 멀리 떨어져 있으며, 그 사신들은 자주 염수鹽水염택에 빠져 죽었으며, 북쪽으로 나오면 흉노의 도적들이 있고, 남쪽으로 나오면 물과 풀도 부족하다. 또 이따금 읍에서 멀리 떨어져 먹을 것이 부족할 때가 많다. 한나라 사신들은 수백 명이 한 무리가 되어 오지만 언제나 식량이 부족하여 죽는 자가 절반이었으니 이러한데 어떻게 대군이 올 수 있겠는가? 〔한나라는〕 우리를 어떻게 할 수 없을 것이다. 더구나 이사성의 말은 대원의 보배로운 말이다."

드디어 한나라 사자에게 〔말을〕 주려고 하지 않았다. 한나라 사자는 노하여 욕을 퍼붓고 금으로 만든 말을 망치질하고 떠나갔다. 대원의 귀인貴人궁궐의 신하 가운데 지위가 아주 높은 관리들은 노하여 말했다.

"한나라 사신이 우리를 극도로 무시하다니!"

한나라 사신을 떠나보낸 뒤, 그 동쪽 변방에 있는 〔나라〕 욱성郁成을 시켜 한나라 사자의 귀로를 막아 죽이고 재물을 빼앗았다. 이 일로 〔한나라〕 천자는 크게 노했다. 일찍이 〔대원에〕 사신으로 간 적이 있는 요정한姚定漢 등이 말하기를 대원의 병력은 약하므로 만일 불과 한나라 군사 3000명이 센 화살로 그들을 쏜다면 모조리 포로로 사로잡아 대원을 깨뜨릴 수 있을 것이라고 했다."

천자는 일찍이 착야후에게 누란을 치게 했을 때, [착야후가] 기병 700명을 이끌고 먼저 이르러 누란왕을 사로잡은 일이 있으므로 요정한 등의 말을 옳다고 생각했다. 그리고 총희 이씨李氏의 형제들을 후侯로 올려 주고 이광리李廣利를 이사장군貳師將軍에 임명하여, 속국의 기병 6000명과 군과 국에서 [하는 일 없이] 빈둥거리는 소년 수만 명을 징발하여 가서 대원을 치게 했다. [천자는] 이사성에 이르러 좋은 말을 얻어올 것을 기대하였으므로 이사장군이라고 불렀다. 조시성趙始成을 군정軍正군법을 다스리는 관리으로 삼고, 옛 호후浩侯였던 왕회가 앞장서서 관리를 이끌게 하며, 이차李哆를 교위로 삼아 군대일을 맡게 했다. 이해가 태초 원년이었다. 관동 지방에서는 메뚜기 떼가 크게 일어나 서쪽으로 돈황까지 빠르게 날아갔다.

이사장군의 군사는 서쪽으로 염수를 지나갔는데, 길목에 있는 작은 나라들은 두려워 각기 성문을 굳게 닫아걸고 지키면서 먹을 것을 주려고 하지 않았다. 그들을 공격해 보았지만 함락할 수 없었다. 함락하면 식량을 얻을 수 있었지만 함락하지 못하게 되면 며칠 만에 떠나갈 수밖에 없었다. 욱성에 도달할 무렵에는 도착한 군사가 수천 명에 지나지 않고, 모두 굶주리고 지쳐 있었다. 욱성을 공격했으나 도리어 욱성이 한나라 군사를 크게 깨뜨려 사상자가 매우 많았다. 이사장군은 이차, 조시성 등과 상의했다.

"욱성에 이르러도 오히려 함락시킬 수 없는데, 하물며 그들의 왕도에 이를 수나 있겠는가?"

[결국] 병사를 이끌고 돌아오고 말았다. [그들은] 가고 오는 데 2년이 걸려 돈황으로 돌아왔는데 군사 수는 출발할 때의 10분의 1 내지 2에

지나지 않았다. [이사장군은] 사자를 보내 글을 올려 말했다.

길은 멀고 늘 식량이 부족하여 병사들은 싸움을 걱정하기보다는 굶주리는 것을 걱정했습니다. 병력이 적어 대원을 함락시키기에는 부족합니다. 원컨대 병력을 거두었다가 병력을 늘려 다시 나가도록 해 주십시오.

천자는 이 말을 듣고 크게 노하여 사자를 보내 옥문관을 가로막고 이렇게 말하게 했다.

"[원정 간] 군사 중에서 감히 [옥문관] 안으로 들어오는 자가 있으면 참형에 처할 것이다."

이사장군은 두려워 돈황에 머물렀다.

그해 여름 한나라는 착야후의 군사 2만여 명을 흉노에게 잃었다. 공경과 조정의 관리는 모두 대원을 치는 군사를 철수시켜 흉노를 공격하는 일에 전력을 기울이도록 요청했다. [그러나] 천자는 이미 대원을 주살하기로 하였는데, 대원 같은 작은 나라도 함락시킬 수 없다면 대하 등의 나라도 한나라를 업신여길 것이고, 대원의 좋은 말을 다시는 들여올 수 없을 것이며 오손이나 윤두侖頭에서도 한나라 사자를 깔보고 괴롭힐 테니 외국의 웃음거리가 될 것이라고 했다.

그리고 대원을 치는 것이 매우 불리하다고 주장한 등광鄧光 등을 [법에 따라] 처벌하였다. 죄수 중에서 재관材官활을 쏘고 말을 타며 산악 지역에서 싸울 수 있는 병사들의 죄를 용서해 주고, 하는 일 없이 빈둥거리는 소년과 변방의 기병을 더 징발하여 1년 남짓 지나 돈황을 출발한 병력이 6만 명이나 되었으며 [이 가운데에는] 개인 물품을 지고 따라가는 자는 포함되지 않았다. 소가 10만 두, 말이 3만여 필, 나귀와 노새와 낙타 등은 만여 마리나 되었다. 식량을 넉넉하게 가져가고 무기와 큰 활도 많이 준비했다. 천하가 떠들썩하게 대원 정벌 명령을 전하고 받들어 떠나는데 종군한 교위만도 50여 명이나 되었다.

대원왕이 있는 성안에는 우물이 없어 모두 성 밖에 흐르는 물을 길어다 썼으므로 (한나라 군대는) 수공水工을 보내 성 밑의 수로를 바꿔 성안의 물을 텅 비게 만들어 버렸다. 그리고 다시 수병 18만 명을 더 징발하여 주천군과 장액군 북쪽에 거연현居延縣과 휴도현休屠縣을 (새로) 두어 주천군을 지키도록 했다. 그리고 천하의 일곱 가지 죄를 진 사람(七科)²을 징발하여 말린 식량을 싣고 가서 이사장군에게 공급하게 하였다. 짐을 실은 수레와 사람들이 줄을 이어 돈황군에 이르렀다. 말(馬)에 정통한 두 사람을 집마교위執馬校尉로 삼아 대원을 깨뜨리고 (이 나라의) 좋은 말을 고를 경우에 대비했다.

그리하여 이사장군은 나중에 다시 출정하게 되었는데 병력이 많아 이르는 곳마다 작은 나라 가운데 맞이하지 않는 나라가 없었으며, 식량을 내어 병사들에게 주었다. 윤두에 이르러 윤두가 공략되지 않자 며칠 동안 공격하여 그들을 도륙했다. 이때부터 서쪽으로 순조롭게 대원성에 이르렀으며, 한나라 군사 중에 도착한 자가 3만 명이었다. 대원의 군대가 한나라 군대를 맞아 싸웠으나 한나라 군대는 그들을 활을 쏘아 깨뜨리니 대원의 군대는 성안으로 도망쳐 들어가 성벽을 의지하여 지켰다. 이

---

2 죄를 지은 관리, 달아난 범죄자, 데릴사위, 상인 호적이 있는 장사꾼, 상인 호적이 있었던 사람, 부모가 상인 호적을 가졌던 사람, 조부모가 상인 호적을 가졌던 사람을 말한다.

사장군의 군대는 욱성을 치러 가고 싶었지만, 대원과의 싸움을 멈추고 욱성으로 가면 대원이 다른 계책을 쓸 기회를 주게 될까 염려스러워 먼저 대원에 이르러 그 수원水源을 터서 물줄기를 옮겨 놓자 대원은 곧 큰 어려움에 빠졌다. 〔한나라 군대가〕 대원성을 에워싸고 공격한 지 40여 일 만에 그 외성外城이 무너졌고, 대원의 귀인이며 용장인 전미煎靡를 사로잡았다. 대원의 군사는 몹시 두려워 성안으로 달아났다. 대원의 귀인들은 서로 상의하여 말했다.

"한나라가 대원을 치는 까닭은 우리 왕 무과毋寡가 좋은 말을 감춰 두고 한나라 사자를 죽였기 때문이다. 이제 무과왕을 죽이고 좋은 말을 내놓으면 한나라 군대는 분명히 포위를 풀 것이다. 만약 풀지 않으면 그때 가서 힘을 다해 싸우다 죽어도 늦지 않을 것이다."

대원의 귀인은 모두 옳다고 생각하여 함께 그들의 왕 무과를 죽였다. 한 귀인이 왕의 머리를 가지고 이사장군에게 가서 약속하여 말했다.

"한나라 군대는 우리를 치지 마십시오. 우리는 훌륭한 말을 모조리 내놓아 마음대로 가져가도록 하고, 한나라 군대에게 식량을 공급하겠습니다. 만일 들어주지 않는다면 우리는 훌륭한 말을 다 죽여 버릴 것이며, 강거의 구원군이 곧 다다를 것입니다. 구원군이 오면 우리는 성안에서, 강거군은 성 밖에서 한나라 군대와 싸우게 될 것입니다. 한나라 군대는 깊이 생각해 보십시오. 어느 쪽을 따르시겠습니까?"

이때 강거에서는 한나라 군대의 동태를 살폈는데, 한나라 군대의 세력이 강성하므로 감히 나오지 않고 있었다. 이사장군은 조시성, 이차 등과 상의하여 말했다.

"들리는 바로는 대원성 안에서는 막 진秦나라 사람을 찾아내어 우물

파는 방법을 알았고, 성안에는 아직도 식량이 많다고 한다. 〔우리가〕 이 곳까지 온 것은 악의 원흉인 무과를 베어 죽이기 위해서였다. 무과의 머리는 이미 와 있다. 이렇게 되었는데도 군사를 풀지 않는다면 〔그들은 성을〕 굳게 지킬 것이고, 강거의 군대가 우리 한나라 군대가 지치기만을 기다렸다가 대원을 구하러 온다면 한나라 군대는 반드시 깨질 것이다."

〔한나라〕 군리는 모두 옳다고 생각하여 대원의 약속을 받아들였다. 그래서 대원에서는 그들의 좋은 말을 내놓아 한나라 군대가 직접 고르게 하고, 한나라 군대에게 많은 식량을 내어 주었다. 한나라 군대는 좋은 말 수십 필과 중등 이하의 말 암수 3000여 필을 골랐다. 대원의 귀인으로 전부터 한나라 사자를 잘 대해 준 말채昧蔡를 세워 대원왕으로 삼은 뒤 함께 맹세하고 군사를 거두었다. 〔이리하여 한나라 군대는〕 끝내 중성까지 들어가지 못하고 싸움을 끝내고 〔군대를〕 이끌고 돌아왔다.

처음에 이사장군은 돈황을 출발하여 서쪽으로 나아갈 때, 군사가 너무 많아 도중에 나라들로부터 식량을 공급받을 수 없으리라 생각하여 병력을 몇 군단으로 나누어 남쪽 길과 북쪽 길로 나아가게 했다. 교위 왕신생王申生과 홍려鴻臚를 지낸 호충국壺充國 등 1000여 명은 따로 떨어져 욱성에 이르렀다. 욱성에서는 성을 굳게 지키며 한나라 군대에게 식량을 주려고 하지 않았다. 〔당시〕 왕신생은 대군大軍이사장군의 군대과 200리나 떨어져 있었는데, 한나라 군대의 위세에 기대어 〔욱성의 군대를〕 가볍게 여기고 욱성을 책망했다.

〔그러나〕 욱성에서는 식량을 내어 주려 하지 않고, 왕신생의 군사가 날로 줄어드는 것을 알아차리고 새벽에 군사 3000명으로 공격해 와서 왕신생 등을 죽였다. 군대는 무너지고 몇 사람만이 탈출하여 이사장군에

게 도망쳤다.

이사장군이 수속도위搜粟都尉 상관걸上官桀을 보내 욱성으로 가 쳐서 깨뜨리게 했다. 욱성의 왕은 강거로 달아나자 상관걸이 뒤쫓아 가 강거에 이르렀다. 강거에서는 한나라가 이미 대원을 깨뜨렸다는 소식을 들었으므로 욱성의 왕을 상관걸에게 내주니 상관걸은 네 명의 기병에게 〔욱성의 왕을〕 묶어 대장군이 있는 곳으로 압송하게 했다. 네 사람은 서로 의논하여 말했다.

"욱성왕은 한나라가 미워하는 사람인데, 살려 둔 채로 가다가 갑자기 달아나기라도 한다면 큰 일이다."

그를 죽이려 했으나 감히 먼저 공격하는 자가 없었다. 상규현上邽縣의 기병 조제趙弟는 가장 나이가 어렸으나 칼을 뽑아 욱성왕을 친 뒤, 그의 머리를 베어 가지고 갔다. 조제와 상관걸 등은 대장군을 뒤쫓아 갔다.

처음에 이사장군이 뒤에 출정했을 때 천자는 오손에게 사자를 보내 크게 병력을 동원하여 힘을 합쳐 대원을 치자고 했다. 〔그러나〕 오손은 〔겨우〕 기병 2000명만을 출동시켜 관망하며 양단을 쥐고 나아가려 하지 않았다. 이사장군이 동쪽으로 나아갈 때 지나는 길에 있는 여러 작은 나라는 대원이 무너졌다는 말을 듣고 모두 자기 자제들을 〔한나라〕 군대에 딸려 보내 공물을 바치고 천자를 뵙고 볼모로 삼아 머물게 하였다.

이사장군이 대원을 정벌할 때 군정 조시성은 힘껏 싸워 공로가 가장 많았다. 상관걸은 용감하게 적진 깊숙이 들어갔으며, 이차는 계략을 세웠다. 그러나 옥문관으로 돌아온 군사는 1만여 명이고, 군마는 1000여 필밖에 안 되었다.

이사장군이 나중에 출정했을 때는 군대에 식량이 부족하지 않고 전사자도 많지 않았다. 그러나 장군이나 군리가 탐욕스럽고 대부분 사졸들을 사랑하지 않고 식량을 빼돌렸으므로 이 때문에 죽은 자가 많았다.

천자는 만 리나 되는 먼 곳까지 가서 대원을 쳤다 하여 (그들의) 잘못을 기록하지 않고 이광리를 해서후海西侯에 봉했다. 그리고 스스로 욱성왕을 벤 기병 조제를 신치후新畤侯에 봉했다. 군정軍正인 조시성을 광록대부에 임명하고, 상관걸을 소부少府로 삼고, 이차를 상당군 태수로 삼았다. 군 관리로서 구경에 오른 자가 세 명, 제후의 재상이나 군수 등 2000석에 임명된 자가 100여 명, 1000석 이하가 1000여 명이나 되었다. 자진해서 싸움에 따라나선 자는 기대 이상의 벼슬을 얻었고, 죄수로서 종군한 자는 (그 죄를 용서할 뿐) 공로를 포상하지는 않았다. 사졸들에게 내린 것은 4만 금에 상당했다. 대원을 치기 위해 두 차례 오고 갔으며 대략 4년 만에 (전쟁이) 끝났다.

한나라 군사는 대원을 정벌한 뒤 말채를 세워 대원왕으로 삼고 떠났다. (그로부터) 1년 남짓 지나서 대원의 귀인들은 말채가 (한나라에) 아첨을 잘하여 자기 나라 사람들이 도륙되었다고 여겨 죽이고, 무과의 아우 선봉蟬封을 대원왕으로 세우고 그 아들을 한나라로 들여보내 볼모로 삼게 했다. 한나라는 사자를 대원에 보내 후한 예물을 주어 대원을 진정시키고 위로했다.

한나라는 사자 10여 명을 대원 서쪽의 여러 나라로 보내 진기한 물건을 구해 오게 하고, 대원을 정벌한 한나라의 위덕을 은근히 과시하게 했다. 또 돈황에 주천도위酒泉都尉를 두고 서쪽의 염수에 이르는 곳곳마다 정亭을 두었다.

윤두에는 둔전병 수백 명이 있었으므로 (이들을 감독하기 위한) 사자를 두어 밭을 보호하고 곡식을 쌓아 외국으로 가는 사자들에게 공급하였다.

태사공은 말한다.

"「우본기禹本紀」에 '하수는 곤륜산에서 나온다. 곤륜산은 그 높이가 2500여 리이며, 해와 달이 서로 피해 숨어서 그 빛을 밝히는 곳이다. 그 꼭대기에는 예천醴泉단물이 솟아나는 샘과 요지瑤池신선이 사는 못가 있다.'라고 했다. 지금 장건이 대하에 사신으로 간 뒤에야 하수의 근원을 알아냈다. 어찌 「우본기」에서 말한 곤륜산을 본 사람이 있었겠는가? 그러므로 구주九州중국을 지칭함의 산천에 관한 기록은 『상서』의 기록이 사실에 가깝다. 「우본기」나 『산해경山海經』에 기록되어 있는 기이한 물건에 관해서는 나는 감히 말하지 않겠다."

64

유협 열전
游侠列傳

사마천은 유가의 위선을 폭로하면서 유협을 두 부류로 나누었다. 한 부류는 통치 계층의 악행을 도와주어 개인의 이익을 취하는 자이고, 다른 한 부류는 친구를 위해 목숨을 바치고 위험에 빠진 백성을 구해 줌으로써 정의의 편에 선 자이다.

유협의 출현은 춘추 전국 시대까지 거슬러 올라가는데, 당시에는 사회가 어지러워 하층 사람 가운데 세상을 떠돌아다니면서 법을 어기는 경우가 적지 않았다. 진한의 통일 시기에 제왕의 권력이 강화되면서 유협은 타도 대상이 되었고, 특히 한나라 무제는 유협을 쇠락하게 했다.

「유협 열전」은 사마천 개인의 도덕관을 반영한 것으로 비판의 소지가 되기도 한다. 이 편에서 드러나는 사마천의 가치관은 향촌의 민간 질서를 주도하는 유협의 세계를 인정하는데 이는 유가적 명분이나 이념과는 상당한 거리가 있다는 점에서 비판이 거론되는 것이다. 유협이 사회 저층의 피압박인가, 아니면 통치 계급의 흉포한 행위를 도와주는 자인가 하는 문제는 여전한 논쟁거리로 남아 있다.

이 편은 「유림 열전」, 「혹리 열전」, 「평진후 주보 열전」 등과 함께 읽어 보아야 사마천의 의도를 분명하게 알 수 있다. 이들 열전 안에서 사마천이 품은 한 무제에 대한 애증이 교차되면서 강렬한 서정성을 드러내기 때문이다.

한자韓子·한비자는 "유자儒者는 문文으로 법法을 어지럽히고, 협객은 무武로 금령을 범한다."라고 말했다. 이것은 (선비와 협객) 둘 다 비난한 것이지만 학문하는 선비유가는 대부분 세상에서 칭송받고 있다. 술수로써 재상이나 경이나 대부가 되고,¹ 그 시대의 군주를 도와 공적과 명성이 역사에 기록된 경우는 구태여 이야기할 필요도 없다. 하지만 계차季次나 원헌原憲 같은 자는 서민이지만 글을 읽어 홀로 군자의 덕을 지니고 있었다. 의를 지키며 그 시대의 흐름에 구차하게 영합하려 하지 않았지만, 그 시대 사람들도 그들을 비웃었다. 그래서 계차와 원헌은 일생 동안 사방이 벽뿐인 쑥대로 엮은 집에서 베옷과 나물밥을 먹으며 살았음에도, 불만이라곤 없었다. 그들이 죽은 지 400여 년이 지났건만 제자들은 그들의 뜻을 이어받는 일을 게을리하지 않고 있다.

지금 유협의 경우는 그 행위가 비록 정의에 부합되지는 않아도 그들의 말에 믿음이 있고 행동은 과감하며, 한번 승낙한 일은 반드시 성의를 다해 실천하고 자기 몸을 아끼지 않고 남에게 닥친 고난에 뛰어들 때에는 생사와 존망을 돌아보지 않으면서도 자신의 능력을 뽐내지 않고 그 덕을 자랑하는 것을 수치로 여겼다. 대체로 또한 이런 점은 높이 칭찬할 만

---

¹ 이를테면 공손홍은 유술儒術로 무제 때 승상이 되었고 장탕은 먼저 정위가 되고 나중에 어사대부가 되었는데 둘 다 아첨하는 술수에 뛰어난 것을 사마천은 못마땅해한 것이다.

하다.

사람은 누구든지 위급한 상황에 부딪칠 때가 있다. 태사공은 말한다.

"옛날 우순虞舜은 〔아우 때문에〕 우물을 파고 창고를 고치다가 궁지에 몰렸고, 이윤伊尹은 솥과 도마를 짊어지고 다니며 요리를 했으며, 부열傳說은 부험傳險이라는 동굴에 숨어 살았고, 여상呂尙은 극진棘津이라는 나루터에서 곤궁하게 살았으며, 이오夷吾관중는 수갑과 차꼬를 찬 일이 있고, 백리해百里奚는 〔노예가 되어〕 소를 먹였으며, 공자는 광匡 땅에서 위급한 변을 당했고 진陳과 채蔡 사이에서는 굶주려 얼굴빛이 나빴다. 이들은 모두 선비로서 수양을 닦은 어진 사람이다. 그런데도 이러한 재난을 만났는데, 하물며 평범한 재능을 가진 사람으로 어지러운 세상의 혼탁한 흐름을 건널 수 있겠는가? 그들이 재앙을 겪는 경우를 어찌다 말할 수 있겠는가?"

어떤 비루한 사람백성이 이러한 말을 했다.

"어찌 인의를 알아야 하겠는가? 이익을 누릴 수 있게 해 주면 그가 바로 덕 있는 사람이다."

그래서 백이는 주나라〔가 천하를 얻는 것〕을 추악하게 여겨 수양산에서 굶어 죽었지만 문왕과 무왕은 이 때문에 왕위에서 물러나지 않았고, 도척과 장교莊蹻는 포악하고 잔인했지만 패거리는 그들이 의기 있는 사람이라고 끝없이 칭송하였다. 이것으로 볼 때 "〔허리띠의〕 갈고리단추를 훔친 사람은 처형되고, 나라를 훔친 사람은 제후가 되며, 제후의 문하에는 인의가 있다."라는 말은 허튼소리가 아니다.

지금 학문에 얽매이거나 작은 의義를 품은 채 오랜 세월 세상을 등지고 살아가는 것이 어찌 저급한 의논으로 세속에 부합하여 세상의 흐름을 따라 부침하며 영예로운 이름을 얻는 것만 못하겠는가? 그러나 또 포의布衣의 무리로서 은혜를 입으면 갚고 승낙한 일은 실천하고 1000리 먼 곳까지 가서도 의리를 외치며 실천하고 의義를 위해 죽는다면 세상 사람의 평을 돌아보지 않으니 이 또한 〔유협 무리의〕 뛰어난 점으로서, 구차스럽게 그런 생활을 하는 것은 아니다. 그래서 선비들도 막다른 처지에 몰리면 그들에게 목숨을 맡기게 되니 이들이야말로 어찌 사람들이 말하는 현인이나 호걸이 아니겠는가? 만일 민간의 유협들과 계차, 원헌의 권세와 역량을 비교한다면 그 시대에 이룬 공적을 놓고는 한날에 같이 말할 수 없을 것이다. 만일 성과와 신의를 지키는 점에서 본다면 협객의 정의를 또 어찌 적다고 할 수 있겠는가?

바람과 기세 중 어떤 것이 먼저였을까

옛 포의의 협객에 대해서는 들은 것이 없다. 근대의 연릉延陵,[2] 맹상군, 춘신군, 평원군, 신릉군과 같은 무리들은 모두 왕의 친족으로서[3] 봉토를 소유하고 경상의 부유함에 기대어 천하의 어진 사람들을 불러들여 제후들 사이에 이름을 드러냈으니 어질지 못한 사람이라고는 할 수 없다. 이

---

2 오나라 공자 계찰季札인데 그의 봉토가 연릉에 있었으므로 '연릉계자延陵季子'로도 불린다.
3 그렇지만 춘신군은 왕의 친족이 아니었다. 그는 초나라 고열왕考烈王과의 밀접한 관계로 인하여 존귀한 신분이 되었다.

를 비유하자면 바람을 좇아 소리를 지르면 소리가 더 빨라지는 것은 아니지만 그 기세가 거세어지는 것과 같다.

〔그러나〕 시정 협객들의 경우는 행실을 닦고 절개를 지켜 온 천하에 명성을 떨쳤으니 현명하다고 칭찬하지 않을 수 없다. 이렇게 하는 것은 어려운 일이다. 그런데도 유가와 묵가에서는 모두 이들을 배척하고 버려 〔책에〕 싣지 않았다. 진나라 이전의 평민 협객에 대해서는 사라져 보이지 않으니 나는 매우 유감스럽게 생각한다.

내가 들은 바로는 한나라가 일어난 뒤로 주가朱家, 전중田仲, 왕공王公, 극맹劇孟, 곽해郭解 같은 무리가 있었다. 비록 때때로 당시 법에 어긋나는 일을 하기도 했으나 개인의 품덕, 청렴, 겸양 면에서는 칭찬하기에 충분하다. 그들의 명성이 헛되이 세워진 것이 아니고, 선비들이 헛되이 따랐던 것도 아니다. 패거리나 세력이 강한 종족이 서로 의지하고, 재물을 써서 가난한 사람들을 부리며, 포악한 무리들이 외롭고 약한 사람을 난폭하게 해치고 억누르며, 〔자신들의〕 욕망을 좇아 스스로 즐거워하는 것 따위를 유협의 무리는 또한 수치로 여긴다. 나는 세상 사람들이 그들의 속뜻을 살펴보지도 않은 채 함부로 주가와 곽해 등을 세력이 강한 종족이나 포악한 무리들과 같은 부류로 보고 비웃은 것이 슬프다.

대표적인 서민 협객

노나라 주가는 고조와 같은 시대 사람이다. 노나라 사람이 모두 유가로써 가르쳤으나 주가만은 협객으로서 소문이 났다. 그가 숨겨 주어 목숨을 건진 호걸만도 100명을 헤아리고, 그 밖에 평범한 사람들은 말로 다 할 수 없을 만큼 많다. 그러나 그는 평생 자기 재능을 자랑하지 않고 자신의 덕행에 스스로 즐거워했다. 〔오히려〕 전에 자신이 은혜를 베푼 사람을 다시 만나게 될까 두려워했다. 남의 어려움을 도울 경우에는 우선 가난하고 신분이 천한 사람부터 시작했다. 〔그의〕 집에는 남아도는 재산이 없고, 옷은 〔닳아서〕 무늬도 온전하지 않았으며, 먹는 것은 두 가지 이상의 반찬을 먹지 않고, 타고 다니는 것도 소달구지에 지나지 않았다. 남이 위급한 상태에 놓인 것을 보면 전심을 다해 구제하고, 자기 일보다 더 중요하게 여겼다. 〔그는〕 일찍이 몰래 계포季布 장군을 위험에서 벗어나게 한 적이 있었다. 계포는 존귀한 신분이 된 뒤에 그를 찾았지만 끝내 만나지 않았다. 함곡관 동쪽 지역 사람 치고 목을 늘이고 그와 사귀기를 원하지 않는 이가 없었다.

초나라의 전중田仲은 협객으로 소문이 났고 검술을 좋아하였다. 〔그는〕 아버지께 효도하는 예절로써 주가를 섬겼는데, 스스로 〔자신의〕 행동이 〔주가에〕 미치지 못한다고 여겼다.

전중이 죽은 뒤로 낙양에 극맹이라는 사람이 있었다. 주나라 사람들은 장사를 업으로 삼았는데, 극맹은 제후들 사이에 협객으로 꽤 알려졌다. 오나라와 초나라가 반란을 일으켰을 때 조후條侯주아부는 태위가 되어 전거傳車즉 역거驛車를 타고 하남으로 가던 길에 극맹을 얻게 되자 기뻐하며 말했다.

"오·초가 큰일을 저지르면서도 극맹을 찾지 않았으니 나는 그들이 할 수 있는 것이 없음을 알 수 있다."

〔이것은〕천하가 소란한 때에 재상조후이 극맹을 얻은 것은 적국 하나를 얻은 것과 마찬가지라는 말이었다. 극맹이 한 일들은 주가의 그것과 아주 비슷했다. 〔그는〕도박을 좋아하고 소년처럼 장난기가 많았다. 그러나 극맹의 어머니가 죽었을 때 먼 곳에서 문상하러 온 수레가 대략 1000대나 되었다. 그렇지만 극맹이 죽은 뒤 그의 집에는 10금金⁴의 재산도 남아 있지 않았다.

부리符離 사람 왕맹도 협객으로 강수와 회수 사이에서 칭송을 들었다.

이 무렵 제남濟南의 한씨䦧氏와 진陳나라의 주용周庸도 호걸로 소문이 나 있었는데, 경제가 그 말을 듣고 사자를 보내 이 무리를 모두 죽였다. 그 뒤 대군代郡의 백씨白氏 일족, 양梁나라의 한무벽韓無辟, 양책현陽翟縣의 설형薛兄, 섬현陜縣의 한유韓孺 등이 분분하게 다시 나타났다.

곽해는 지현軹縣 사람으로 자는 옹백翁伯이며, 관상을 잘 보는 사람인 허부許負의 외손자이다. 곽해의 아버지는 협객이라는 이유로 효문제 때 처형되었다. 곽해는 몸집은 작지만 날쌔고 용감하며 술은 마시지 않았다. 〔그는〕젊을 때는 심성이 음험하고 잔인하여 〔어떤 일이〕뜻대로 되지 않으면 분개하여 직접 〔사람을〕 죽인 일도 매우 많았다. 그는 자기 몸을 던져 친구의 원수를 갚아 주고, 도망쳐 온 사람을 숨겨 주고, 간악한 짓을 하고 강도짓을 그치지 않았으며, 사사로이 돈을 만들고 무덤을 파헤쳤는데 이러한 일을 헤아릴 수 없이 많이 했다. 그러나 관리에게 체포될 위급 상황에 놓일 때마다 하늘의 도움이 있어 벗어나거나 사면될 수

4 당시는 금金과 근斤이 같은 중량 단위로 쓰였다.

있었다. 곽해는 나이를 먹으면서 행실을 바꾸어 자신을 누르고 검소하게 살면서 덕으로써 원한을 갚았으며 두텁게 베풀면서도 〔보답을〕 바라는 일은 별로 없었고 그 스스로 기뻐하면서 의협을 행하는 것이 더욱 심했다. 사람 목숨을 건져 주고도 그 공을 자랑하지 않았다. 그렇지만 그 마음속에 음험하고 잔인함은 여전하여 〔작은 일에서〕 갑자기 폭발하여 노려보는 일은 옛날 그대로였다고 한다. 젊은이들이 그의 행동을 사모하여 언제나 그를 위해 원수를 갚아 주고는 알리지 않았다.

곽해 누이의 아들이 곽해의 위세를 등에 지고 어떤 사람과 술을 마시다가 상대방에게 술잔을 비우도록 했는데 그 사람이 더 이상 마실 수 없어도 억지로 술을 따랐다. 〔한번은〕 어떤 사람이 화가 나서 칼을 뽑아 곽해 누이의 아들을 찔러 죽이고 달아났다. 곽해의 누이가 노여워하며 말했다.

"옹백의 의협심으로 남이 내 아들을 죽였는데도 그 범인을 잡지 못하다니!"

그러고는 아들의 시신을 길바닥에 버려둔 채 장사를 지내지 않아 곽해에게 모욕을 주려 했다. 곽해는 사람을 시켜 은밀히 범인이 있는 곳을 알아냈다. 범인은 궁지에 몰리자 스스로 돌아와 곽해에게 모든 것을 사실대로 고백했다. 그러자 곽해가 말했다.

"당신이 그를 죽인 건 진실로 당연하오. 내 조카가 곧지 못했소."

마침내 범인을 가게 하고 그 누이의 아들에게 죄가 있다 하고 시신을 거두어 장사를 지냈다. 이 말을 들은 사람들은 모두 곽해의 의협심이 훌륭하다며 더욱더 따랐다.

곽해가 드나들 때면 사람들은 모두 길을 피해 주었는데, 어떤 사람이 두 발을 벌리고 앉아 곽해를 쳐다보자 곽해는 사람을 시켜 그의 이름과 성을 물어보게 했다. 곽해의 문객들이 그를 죽이려 하자 곽해가 말했다.

"자기가 살고 있는 마을에서 존경을 받지 못하는 것은 내 덕이 부족한 탓이오. 그에게 무슨 죄가 있겠소?"

그 뒤 곽해는 몰래 위사尉史현위縣尉 밑에 있는 관리로 부역 관련 업무를 맡음를 찾아가 부탁했다.

"이 사람은 내가 소중히 여기는 사람이니 (병역의) 교체 순번이 될 때 면제시켜 주시오."

그 사람은 병역이 교체될 때마다 여러 차례 그대로 지나갔고, 위사도 그를 찾지 않았다. 그가 이를 이상하게 여겨 그 이유를 물어보니 곽해가 면제시켜 주도록 한 것이었다. 두 다리를 쭉 뻗고 앉았던 사람은 윗옷을 벗고 용서를 빌었다. 젊은이들은 이 이야기를 듣고 곽해의 행동을 더욱 사모하였다.

낙양 사람 중에 서로 원수처럼 지내는 자들이 있었는데 고을 안의 어진 사람과 호걸 10여 명이 중간에 나서서 화해시키려 했으나 끝내 말을 듣지 않았다. 빈객이 곽해를 찾아와서 중재를 부탁했다. 곽해는 밤에 원수진 두 집을 찾아갔다. 그들은 (자기들의 생각을) 굽혀 곽해의 말을 받아들였다. 곽해가 그들에게 말했다.

"나는 낙양의 여러 인사가 중재에 나섰으나 당신들이 받아들이지 않는다고 들었소. 지금 다행히 이 곽해의 말을 들었소만, 다른 고을 사람인 내가 어찌 이 고을에 계신 어진 분들의 권위를 빼앗을 수 있겠소?"

그는 그날 밤으로 떠나 사람들로 하여금 알지 못하게 하고 말했다.

"잠시 (내 말을) 받아들이지 않은 것처럼 하고, 내가 떠나기를 기다려 낙양의 호걸들을 중재에 나서게 하여 그들의 말을 들으시오."

곽해는 공경함을 고집하여 감히 수레를 타고 현의 관청으로 들어가는 일이 없었다. 가까이 있는 군이나 국으로 가서 다른 사람을 위해 부탁하여 이루려는 일이 있을 때에는 먼저 할 수 있는 일이면 나서고, 할 수 없는 일이면 〔부탁한 사람을〕 잘 이해시킨 뒤에야 술과 음식에 손을 댔다. 사람들은 이런 까닭으로 곽해를 매우 존중하며 그에게 임명되려고 다투었다. 고을 안의 젊은이들과 이웃 현의 어진 사람이나 호걸들로 밤마다 찾아오는 이가 수레로 10여 대나 되곤 했다. 이들은 곽해의 집에 있는 빈객을 모셔 가 공양하기를 청했다.

〔한나라 무제가〕 지방의 부호와 호족들을 무릉茂陵으로 이주시키도록 했을 때 곽해는 집이 가난하여 부호의 조건에 맞지 않았다. 그러나 관리들은 〔그의 명성이 높으므로 명단에서 제외하였다가 뒤에 벌을 받을까〕 두려운 나머지 그를 옮기게 하지 않을 수 없었다. 〔이때〕 위 장군이 〔천자에게〕 진언했다.

"곽해는 집이 가난해서 이주 대상에 해당되지 않습니다."

〔그러나〕 황상이 말했다.

"평민이면서도 장군으로 하여금 진언할 정도의 권력을 가졌다면 그 집이 가난하다고 할 수는 없소."

곽해의 집도 마침내 옮겨 가게 되었다. 그를 전송하는 사람들이 낸 전별금만도 1000여만 전이나 되었다. 지 땅에 사는 양계주楊季主의 아들은 현의 속관으로 있으면서 곽해를 이주시켜야 한다고 들고 나선 자이다. 곽해의 친조카가 양가의 목을 베었다. 이때부터 양씨와 곽씨는 원수가 되었다.

곽해가 함곡관 안으로 들어서자, 관중의 어진 사람과 호걸들은 그를 알든 모르든 그의 명성만 듣고 다투어 사귀려고 했다.

곽해는 사람됨이 몸집이 작고 술을 마시지 않으며 외출할 때에는 수레나 말을 타지 않았다. 그런데 또 양계주가 피살되는 일이 일어났다. 양계주의 집에서 [사람을 시켜] 황상에게 글을 올렸는데, 그 사람마저 대궐 근처에서 살해되고 말았다. 황상은 [이 소식을] 듣고 즉시 관리를 보내 곽해를 체포하게 했다. 곽해는 어머니와 처자는 하양夏陽에 팽개친 채 자신만 임진臨晉으로 갔다. 임진의 적소공籍少公은 본래 곽해를 알지 못했는데 곽해는 [이름을] 꾸며 대고 임진관 밖으로 나가게 도와 달라고 부탁했다. 적소공이 곽해를 나가게 해 주었는데, 곽해는 방향을 돌려 태원太原으로 들어갔다. 가는 길에 잠시 머무른 곳마다 주인에게 자기 행선지를 알려 주니 관리들이 그를 뒤쫓아 자취가 적소공에게까지 닿았다. 그러나 적소공은 자살해 버린 뒤라 수사의 실마리가 끊어지고 말았다. 그로부터 오랜 시일이 지난 뒤 곽해를 붙잡아 그가 저지른 범죄를 철저히 추궁했는데, 그가 사람을 죽인 것은 모두 대사령大赦令이 있기 전의 일이었다. 지 땅의 유생이 [곽해의 죄를 밝혀내는] 파견된 관리와 앉아 있었다. [곽해의] 식객이 곽해를 두둔하자 유생이 말했다.

"곽해는 간악한 짓만 하여 국법을 범하였는데 어떻게 그를 어질다고 할 수 있겠소?"

곽해의 식객은 [그 말을] 듣자 그 유생을 죽이고 자신의 혀를 잘라 버렸다. 관리는 그 일로 곽해를 추궁했으나, 곽해도 죽인 자가 누구인지 알지 못했다. 선비를 죽인 사람의 자취가 사라져 그가 누구였는지 아는 사람이 아무도 없었다. 관리는 하는 수 없이 곽해에게는 죄가 없다고 아뢰었다. 그러자 어사대부 공손홍이 따져 말했다.

"곽해는 평민의 몸으로 협객 노릇을 하며 권세를 휘두르고 사소한 원한 때문에 사람을 죽였습니다. 〔선비를 죽인 일을〕 곽해가 모른다고 해도 그 죄는 곽해가 〔직접〕 죽인 것보다 큽니다. 대역무도 죄에 해당합니다."

마침내 곽해 옹백의 일족을 죽였다.

이 뒤로도 협객 노릇을 한 사람은 아주 많으나 오만하기만 할 뿐 헤아릴 만한 자는 없었다. 그러나 관중에서는 장안의 번중자樊仲子, 괴리槐里의 조왕손趙王孫, 장릉長陵의 고공자高公子, 서하西河의 곽공중郭公仲, 태원太原의 노공유鹵公孺, 임회臨淮의 예장경兒長卿, 동양東陽의 전군유田君孺 등이 협객 노릇을 하면서도 진중하고 겸손한 군자의 풍모를 지녔다. 장안 북쪽 지방의 요씨姚氏, 서쪽 지방의 두씨杜氏 일족, 남쪽 지방의 구경仇景, 동쪽 지방의 조타 우공자趙他羽公子, 남양南陽의 조조趙調 같은 무리는 민간에 사는 도척과 같은 무리일 뿐이니, 어찌 말할 가치가 있겠는가? 이들은 과거의 〔협객〕 주가가 수치스럽게 여기는 자들이다.

태사공은 말한다.

"나는 곽해를 본 적이 있는데, 그 얼굴 모습은 보통 사람에 미치지 못했고 말솜씨도 취할 만한 게 없었다. 그러나 천하에서 현명한 자나 못난 자, 아는 자나 모르는 자나 모두 그의 명성을 사모하였으며 협객을 말하는 사람은 모두 그의 이름을 끌어댄다. 속담에도 '사람이 아름다운 명예로 얼굴을 삼으면 어찌 다함이 있겠는가?'라고 했다. 아, 애석하구나!"

65

영행열전
佞幸列傳

자기 노력으로 높은 지위에 오르는 것이 가능하다면 그 사람의 운명이 바뀌어 급속히 추락하는 것도 얼마든지 가능하다. 한나라가 쇠망해 가는 모습을 살펴보면 환관과 외척이 큰 역할을 했다. 이 편은 여색이나 남색으로 절대 권력에 빌붙어 영달을 꾀하던 환관과 외척들을 기술하여 최고 권력층 주변 인물들의 속성을 적나라하게 폭로하고 있다.

사람의 애증은 때에 따라 변하게 마련이지만 군주는 더욱 심했다. 한나라 문제는 총애하던 등통鄧通에게 구리 광산을 주어 마음대로 동전을 주조하도록 했으나 말년에는 비녀 하나도 지니지 못했다. 무제는 이연년李延年을 총애하여 그와 함께 잠자리에 들 정도였으나 그의 여동생이 죽자 그 총애도 순식간에 식어 버렸으니, 애증의 변화는 마치 손바닥 뒤집기와 같다. 이들은 군주의 은총을 입고 있어도 시시각각 변하는 군주의 마음과 동료들의 음모 등으로 인해 결코 안심할 수 없었다. 이들에 대한 수많은 집단의 반대는 예고된 것이었다.

이 편은 『한비자韓非子』 「팔간八姦」 편에 나오는 '재방在旁'의 부류들을 다루고 있으며, 어찌 보면 절대 권력에 기대어 권력을 누리다가 몰락의 길을 걷게 된 자들의 이야기인 것이다.

효문제의 꿈속에 나타난 등통.

힘써 농사짓는 것보다 풍년을 만나는 것이 낫다

세속에 말이 있다.

"힘써 농사짓는 것이 풍년을 만나는 것만 못하고, 벼슬살이 잘하는 것이 〔임금의 뜻에〕 우연히 맞추는 것만 못하다."

〔이것은〕 참으로 헛된 말이 아니다. 여자만이 미색으로 잘 보이는 게 아니라 벼슬살이하는 관리도 이런 일이 있었다.

옛날에는 미색을 가지고 총애를 받은 자가 많았다. 한나라가 일어났을 때 고조는 매우 사납고 강퍅한 성품이지만 적籍이라는 소년은 아첨하여 총애를 받았고, 효혜제 때에는 굉閎이라는 소년이 있었다. 이 두 소년에게는 특별한 재능이 있었던 게 아니고 한갓 순종과 아첨으로 총애를 받아 황상과 함께 자고 일어났으므로 공경은 모두 이들을 통해 하고 싶은 말을 올렸다. 이 때문에 효혜제 때 낭관과 시중은 모두 준의駿鸃봉황과 비슷한 모습의 산꿩의 〔깃으로 장식한〕 관을 쓰고, 자개를 박은 허리띠를 매고, 연지와 분을 발라 굉과 적의 무리처럼 화장했다. 이 두 사람은 〔섬기던 황제가 죽은 뒤에도 그들을 모시기 위해 능이 있는〕 안릉安陵으로 집을 옮겨 살았다.

효문제의 총신 등통

효문제 때 궁궐에서 총애를 받은 신하로서 사인士人으로는 등통鄧通이 있고, 환관으로는 조동趙同과 북궁백자北宮伯子가 있었다. 북궁백자는 사람을 아끼는 장자長者의 풍모를 지녔으며, 조동은 점성술과 망기술望氣術구름 모양을 보고 점치는 것에 뛰어났으므로 총애를 받아 항상 문제의 참승參乘이 되었으나, 등통에게는 별다른 재능이 없었다.

등통은 촉군 남안南安 사람으로, 노를 가지고 배를 잘 저어 황두랑黃頭郎[1]이 되었다. 〔어느 날〕 효문제는 이런 꿈을 꾸었다. 하늘에 오르려고 애썼지만 오를 수 없었는데, 한 황두랑이 뒤에서 밀어 주어 하늘에 오를 수 있어서 뒤를 돌아보니 그 황두랑의 옷에 등 뒤로 띠를 맨 곳의 솔기가 터져 있었다. 문제는 잠에서 깬 뒤 점대漸臺로 가서 꿈속에 나타나 등을 밀어 올려 준 황두랑을 조용히 찾아보았다. 그런데 등통을 보니 그 옷의 등 뒤가 터졌는데 꿈속에서 본 것과 같았다. 〔그를〕 불러 성과 이름을 물어보니, 성은 등씨이고 이름은 통이었다. 문제는 기뻐하면서 날이 갈수록 그를 더욱더 총애했다. 등통도 삼가며 신중한 데다가 〔궁궐〕 밖 사람들과 사귀는 것을 싫어하여 휴가를 주어도 나가려 하지 않았다. 이리하여 문제는 등통에게 거만 전을 열 번이나 상으로 내렸고, 〔그의〕 벼슬은 상대부까지 이르렀다. 문제는 때때로 등통의 집으로 가서 놀기도

1 한나라 때 선주船主로 누런색 모자를 썼기 때문에 이렇게 불렸다.

했다. 그러나 등통에게는 다른 재능이 없고 능력 있는 사람을 추천할 줄도 모르며, 다만 자기 한 몸을 삼가며 황상의 비위를 맞출 뿐이었다.

황상이 관상을 잘 보는 사람에게 등통의 관상을 보게 하니 가난해서 굶어 죽을 상이라고 했다. 〔그러자〕 문제가 말했다.

"등통에게는 부자로 만들어 줄 수 있는 내가 있는데 어떻게 가난하다고 말하는가?"

그래서 등통에게 촉군 엄도현嚴道縣에 있는 구리 광산을 주고 마음대로 돈을 만들어 쓸 수 있게 해 주어 등씨전鄧氏錢이 온 천하에 널리 퍼졌다. 그는 이 정도로 부자였다.

문제가 일찍이 종기를 앓았는데, 등통은 황제를 위해 늘 종기의 고름을 빨아 내었다. 문제는 마음이 편치 못하므로 조용히 등통에게 물어보았다.

"이 세상에서 누가 가장 나를 사랑하느냐?"

등통이 대답했다.

"물론 태자를 따를 사람이 없을 것입니다."

태자가 문병하러 들어오자 문제는 〔태자에게〕 종기의 고름을 빨아내게 했다. 〔태자는〕 종기를 빨아내기는 하지만 난감해했다. 얼마 뒤 〔태자는〕 등통이 황제를 위해 늘 종기의 고름을 빨아낸다는 말을 듣고 마음속으로 부끄러우면서도 이로 인해 등통을 원망하게 되었다.

문제가 죽고 경제가 즉위하자 등통은 벼슬을 그만두고 집에 있었다. 오래지 않아 등통이 나라의 법을 어기고 돈을 주조하여 국경 밖으로 실어 낸다고 고발하는 사람이 있었다. 관리가 이 일을 조사하매 그런 일이 있으므로 결국 유죄로 판결되어 등통의 재산을 모조리 몰수하니 〔등통은) 거만금의 빚까지 지게 되었다. 장공주長公主경제의 누나가 등통에게 재물을 내려 주었으나 그때마다 관리가 재빨리 몰수해 갔다. 그래서 등통은 비녀 하나조차 몸에 지닐 수 없는 처지가 되었다. 그러자 장공주는 빌려 주는 것으로 하여 〔등통에게〕입을 것과 먹을 것을 보내 주었다. 〔등통은〕 끝내 자기 이름으로는 단 한 푼도 가져 보지 못한 채 남의 집에 얹혀살다가 죽었다.

효경제 때에는 궁궐에 총애하는 신하가 없었고, 낭중령 주문인周文仁만이 있었다. 주문인은 보통 사람보다는 훨씬 많이 총애를 받았지만 그다지 두텁지는 않았다.

효무제의 총신 한언

지금 천자효무제가 궁궐에서 총애하는 신하에 사인으로는 한왕韓王의 손자 한언韓嫣이 있고, 환관으로는 이연년李延年이 있다.

한언은 궁고후弓高侯의 서손庶孫첩에게서 얻은 손자이다. 금상께서 교동왕膠東王으로 있을 때 한언은 왕황상과 함께 글을 배워 서로 친했는데, 그 뒤 황상이 태자가 되면서 한언을 더욱더 가까이했다. 한언은 말타기와 활쏘기를 좋아하며 아첨도 잘했다. 황상은 즉위하자 흉노를 치는 일에 전념하려 하였다. 한언은 그전부터 흉노의 군사에 대해 잘 알고 있었으므로 더욱 높고 귀하게 되어 벼슬이 상대부上大夫에 이르렀으며, 그가 받은 상은 등통에 맞먹을 정도였다. 그 무렵 한언은 늘 황상과 함께 기거했다.

강도왕江都王효무제의 아우이 조회에 들었는데 〔왕은〕 조서가 내려와 황상을 따라 상림원에서 사냥을 하기로 되어 있었다. 〔황제가 지날 길에〕 사람의 통행을 막고 길 좌우의 경계를 다 끝내고 천자가 출발하기에 앞서 먼저 한언더러 부거副車황제를 호송하는 수레를 타고 기병 수십 수백 명을 거느리고 달려서 짐승이 있는지 없는지 돌아보게 했다. 강도왕은 멀리서 바라보다가 천자의 행차라고 생각하여 시종들을 물리치고 길가에 엎드려 배알했는데, 한언은 빨리 달려 지나가느라 〔왕을〕 보지 못했다. 이미 지나가고 나서 〔그가 한언이었음을 안〕 강도왕은 분한 나머지 황태후에게 울면서 말했다.

"바라건대 봉국을 폐하께 돌려 드리고 숙위宿衛궁중을 호위하는 벼슬로 들어와 한언처럼 폐하를 모실 수 있도록 해 주십시오."

황태후는 이때부터 한언에게 원한을 품었다. 한언에게는 황상을 모시고 영항永巷궁녀들이 머무는 곳에 드나드는 것도 허용되었는데, 그가 〔궁녀와〕 간통한다는 소문이 황태후까지 들어왔다. 황태후는 노하여 사자를 시켜 한언에게 죽음을 내리도록 했다. 황상이 〔한언을 위해〕 사과했으나 황태후가 끝내 용서하지 않아 한언은 결국 죽고 말았다. 그의 아우 안도후案道侯 한열韓說도 아첨으로 총애를 받았다.

이연년은 중산中山 사람이다. 그는 부모, 형제, 자매와 함께 다 창倡 고대에 노래와 춤을 추던 배우이었다. 이연년은 법을 어겨 부형腐刑궁형을 받은 뒤 구중狗中황제의 사냥개를 담당한 관청에서 일을 보았다. 평양 공주가 황상에게 이연년의 누이동생이 춤을 잘 춘다고 말하자, 황상은 그의 누이동생을 보고 속으로 기뻐하여 영항으로 들여보내고는 이연년을 불러 지위를 높여 주었다. 이연년은 노래도 잘 부르고 새로운 운율도 변화시켜 만들었다.

〔당시〕 황상은 마침 천지신명에 대한 제사를 일으키고, 음악에 어울리는 시를 지어 연주하고 노래 부르려고 했다. 이연년은 〔그런〕 뜻을 잘 받들어 새로운 악시樂詩를 만들어 연주하였다. 그의 누이동생도 총애를 받아 사내아이를 낳았다. 〔그래서〕 이연년은 2000석의 인수를 차고 협성률協聲律음악을 담당한 장관로 불렸다. 그는 황상과 함께 기거하며 매우 총애를 받아 귀한 신분이 되었는데, 한언을 대한 것과 거의 비길 만했다. 〔그러나〕 세월이 지나면서 이연년은 점점 궁녀와 사통했으며, 〔궁궐을〕 드나드는 태도가 교만하고 방자했다. 게다가 누이 이 부인마저 죽은 뒤로는 이연년에 대한 황상의 사랑도 식어 이연년과 그 형제는 잡혀 처형되었다.

이 뒤로 궁궐에서 총애를 받는 신하는 대부분 외척이었으나 특별히 헤아릴 말할 만한 사람은 없다. 위청과 곽거병도 외척으로서 총애를 받아 존귀한 신분이 되었지만 그들은 자기 재능으로 승진할 수 있었다.

태사공은 말한다.

"심하구나! 사랑과 미움이 때에 따라 바뀌는 것이. 미자하彌子瑕[2]의 행적은 후세 사람들에게 아첨으로 총애를 받는 자의 운명을 충분히 보여 준다. 비록 백세百世 뒤에도 알 수 있으니."

---

2 춘추 시대 위衛나라 영공靈公에게 총애를 받던 신하이다. 그가 한창 영공에게 총애를 받을 때는 법을 어기고 임금의 수레를 몰아 밖으로 나가고 먹던 복숭아를 임금에게 주어도 칭찬을 받았지만, 총애를 잃은 뒤로는 오히려 이러한 행동들로 인하여 죽게 되었다.

66

골계 열전
滑稽列傳

'골계'란 재치가 있어 우스갯소리도 하고 말도 유창하게 하는 것을 뜻한다. 이 편은 골계 인물인 순우곤淳于髡, 우맹優孟, 우전優旃 세 명의 열전으로, 앞의 두 사람은 진한 때의 하급 계층이며 특히 순우곤은 죄인과 동일시되는 데릴사위 출신인데 사마천의 붓 끝에서 긍정적으로 재탄생한다. 사마천은 이들의 혜안을 육예와 함께 논하면서 찬미했다. 골계가는 대부분 왜소하고 외모도 빼어나지 못하며 지위도 없지만 기지와 해학이 넘치고 반어와 풍자에 뛰어났다. 그래서 그들이 말을 하면 치밀던 화도 가라앉아 군주가 온화해지고, 포악한 군주가 웃는 가운데 자신의 잘못을 깨닫기도 한다. 사마천은 하층 인물들에 대해 호의적인 시각을 드러내면서 그들이 국가와 백성에게 이익이 되고 있음을 보여 주고 있다.

저소손이 덧붙인 일곱 명의 골계 사례는 사마천이 열전을 만든 것과 그 맥락이 일치하는데, 이들의 기지와 말재주에 중점을 두고 묘사하여 생동하는 역사 인물로 그렸다. 이 가운데 서문표西門豹의 치적이 가장 빼어난데, 그는 미신을 타파하기 위해서 기지를 발휘하여 사악한 사람을 벌하고 백성을 교육시키려 하였다. 저소손이 쓴 서문표에 관한 이야기는 내용도 좋고 문장 수준도 사마천의 문장에 뒤지지 않는다.

西門豹高送河伯娥

서문표가 하수의 신에게 여자를 바치는 악습을 고치다.

육예에는 세상을 다스리는 힘이 있다

공자는 말했다.

"육예六藝육경는 〔나라를〕 다스리는 데 하나로 귀결된다. 『예』는 인간의 행동을 절도 있게 하고, 『악』은 인간의 마음을 조화롭게 하며, 『서』는 사실을 말하고, 『시』는 감정을 표현할 수 있게 하며, 『역』은 〔천지의〕 기묘한 변화를 알 수 있게 해 주고, 『춘추』는 큰 뜻을 이야기한다."

태사공은 말한다.

"천도天道는 넓고 넓으니 어찌 위대하지 않겠는가! 〔육예뿐 아니라〕 은 미한 말 속에도 이치에 맞는 것이 있어 이것으로 얽힌 것을 풀 수 있다."

3년 동안 날지도 울지도 않는 새는 무슨 새일까

순우곤淳于髡은 제나라 사람의 데릴사위'였다. 〔그는〕 키가 일곱 자도 못 되지만 익살스럽고 변설에 뛰어나 자주 제후들에게 사신으로 갔으나 굴욕을 당한 일은 일찍이 없었다.

┃ 진한 대에 데릴사위는 사회적 지위가 매우 낮고, 법률상으로도 공개적인 박해를 받아 죄수들과 거의 비슷한 대우를 받았다.

제나라 위왕威王은 때때로 수수께끼를 좋아하고 음탕하게 놀며 밤새 도록 술 마시기를 즐겨, 술에 빠져 〔나랏일을〕 다스리지 않고 정사를 경 대부에게 맡겨 버렸다. 백관들은 문란해지고 제후들이 나란히 침탈하여 〔나라의 존망이〕 아침저녁으로 절박한 지경에 놓였으나 주위 신하 가운 데 감히 간언하는 자가 없었다. 〔이때〕 순우곤이 〔위왕에게〕 수수께끼를 냈다.

　"나라 안에 큰 새가 있는데, 왕의 뜰에 멈추어 있으면서 3년이 지나도 록 날지도 않고 울지도 않고 있습니다. 왕께서는 이것이 어떤 새인지 아 십니까?"

　왕이 대답했다.

　"이 새는 날지 않으면 그만이지만 한번 날았다 하면 하늘 높이 날아 오르고, 울지 않으면 그만이지만 한번 울었다 하면 사람들을 놀라게 할 것이다."

　그러고는 곧 각 현의 현령과 현장縣長[2] 일흔두 명을 조정으로 불러들 여, 〔그중〕 한 사람죽묵대부에게는 상을 주고 한 사람아대부은 사형에 처 한 뒤 병사들의 사기를 일으키고는 〔침략국을 향해〕 출정했다. 제후들은 크게 놀라 그동안 빼앗아 갔던 땅을 모두 제나라에 돌려주었다. 그 뒤로 36년간이나 〔제나라의〕 위엄이 떨쳐졌다. 이 일은 「전경중완 세가田敬仲 完世家」에 기록되어 있다.

---

2 현의 크기에 따라 그곳 책임자의 칭호에도 차이가 있었다. 1만 호 이상일 경우는 현령縣令이라 하고 그 이하이면 현장縣長이라 불렸다.

적은 것을 가지고 큰 것을 바라면 가능할까

위왕 8년에 초나라가 군사를 크게 일으켜 제나라로 쳐들어왔다. 제나라 왕은 순우곤에게 황금 100근, 사두마차 10대를 예물로 가지고 조나라로 가서 구원병을 청하게 했다. 〔그러자〕 순우곤이 하늘을 우러러보며 크게 웃으니 갓끈이 죄다 끊어졌다. 왕이 물었다.

"선생은 적다고 생각하시오?"

순우곤이 대답했다.

"어찌 감히 그러겠습니까!"

왕이 말했다.

"웃으며 어찌 〔그렇게〕 기뻐하시오?"

순우곤이 말했다.

"지금 신이 동쪽에서 오는 길에 길가에서 풍작을 비는 사람을 보았는데, 돼지 발 하나와 술 한 잔을 손에 들고 이렇게 빌었습니다.

　높은 밭에서는 광주리에 넘치고

　낮은 밭에서는 수레에 가득 차게

　오곡이 풍성하게 익어

　집 안에 넘쳐 나게 해 주십시오.

신은 그가 손에 들고 있는 것은 그처럼 적으면서 원하는 바가 그처럼 큰 것을 보았기 때문에 〔그걸 생각하고〕 웃었습니다."

제나라 위왕은 황금 1000일, 백벽白璧 10쌍, 사두마차 100대로 예물을 늘려 보냈다. 순우곤은 작별 인사를 하고 출발하여 조나라에 이르렀다. 조나라 왕은 그에게 정예 병사 10만 명과 전차 1000대를 내주었다. 초나라는 이 소식을 듣고 밤중에 병사를 이끌고 돌아갔다.

사물은 극도에 이르면 쇠한다

위왕은 크게 기뻐하며 후궁에 주연을 준비하여 순우곤을 불러 술을 내려 주며 물었다.

"선생은 어느 정도 마셔야 취하시오?"

순우곤이 대답했다.

"신은 한 말을 마셔도 취하고 한 섬을 마셔도 취합니다."

위왕이 말했다.

"선생이 한 말을 마시고 취한다면 어떻게 한 섬을 마실 수 있겠소! 그 이유를 들려줄 수 있소?"

순우곤이 대답했다.

"대왕이 계신 앞에서 술을 내려 주시는데 법을 집행하는 관리가 곁에 서 있고 어사가 뒤에 있으면 신은 몹시 두려워하며 엎드려 마시기 때문에 한 말을 못 넘기고 바로 취합니다. 만일 어버이에게 엄한 손님이 있어 신이 옷매무새를 단정히 하고 꿇어앉아 그 앞에서 술을 대접하면서 때때로 끝잔을 받기도 하고 여러 차례 일어나 술잔을 받들고 손님의 장수를 빌며 자주 일어나게 되면 두 말을 마시기 전에 곧장 취합니다. 만약 친구들과 서로 교류하면서 오랫동안 만나지 못하다가 뜻밖에 만나면 너무 기뻐 지난날 일을 이야기하고 사사로운 생각이나 감정까지 서로 터놓게 되어 대여섯 말을 마시면 취합니다. 만약 같은 고향 마을에 모여 남녀가 한데 섞여 앉아 실랑이하듯 술을 돌리며 쌍륙雙六과 투호投壺 놀이를 벌여 짝을 짓고 남자와 여자가 손을 잡아도 벌을 받지 않고, 눈이 뚫어져라 쳐다보아도 금하는 일이 없으며, 앞에 귀걸이가 떨어지고 뒤에 비녀가 어지럽게 흩어지면 신은 이런 것을 즐거워하여 여덟 말쯤 마셔도 약간 취기가 돌 뿐입니다. 그러다 날이 저물어 술자리가 끝나면 술 단지를 한군데로 모아 놓고 자리를 좁혀 남녀가 한자리에 앉고 신발이 뒤섞이고 술잔과 그릇이 어지럽게 흩어지며 마루 위의 촛불이 꺼지고 주인은 신만을 머물게 하고 손님들을 돌려보냅니다. 이윽고 얇은 비단 속옷의 옷깃이 열리는가 싶더니 은은한 향내가 퍼집니다. 이때 신의 마음은 몹시 즐거워 술을 한 섬은 마실 수 있습니다. 그러므로 '술이 극도에 이르면 어지럽고 즐거움이 극도에 이르면 슬퍼진다.'라고 하는데 모든 일이 이와 같습니다. 사물이란 지나치면 안 되며, 지나치면 반드시 쇠합니다."

이러한 말로 풍간하였다. 제나라 왕이 말했다.

"좋은 말이오."

그러고는 그 뒤로 밤새워 술 마시는 것을 그만두고, 순우곤에게 제후들 사이의 주객主客외국 사신 접대를 맡은 우두머리 관원으로 삼았다. 종실에서 주연이 열릴 때마다 순우곤은 언제나 곁에서 모셨다.

그로부터 100여 년 뒤에 초나라에 우맹이라는 자가 있었다.

말을 임금의 예로 장사 지낸다

우맹優孟은 본래 초나라 음악가로 키가 여덟 자이고 구변이 좋아 언제나 웃으며 이야기하는 가운데 풍자하여 간언했다.

초나라 장왕莊王 때에 애마가 한 필 있었는데, 무늬 있는 비단옷을 해 입히고 화려한 집에서 기르며 장막이 없는 침대에서 자게 하고 대추와 육포를 먹였다. 말이 살찌는 병으로 죽자 〔왕은〕 신하들에게 복상服喪하게 하고 속 널과 바깥 널을 마련하여 대부의 예로써 장사 지내려 했다. 주위 신하들이 다투어 그르다고 말하므로 왕은 명령을 내렸다.

"감히 말을 놓고 간하는 자가 있으면 죄를 물어 사형에 처하겠다."

우맹이 이 말을 듣고 궁전 문으로 들어가 하늘을 우러러보며 크게 소리 내어 울었다. 왕이 놀라 그 까닭을 물어보니 우맹이 대답했다.

"말은 왕께서 아끼시던 것입니다. 초나라처럼 위대한 나라에 기댄다면 무엇을 구한들 얻지 못하겠습니까? 그런데 대부의 예로 말을 장사 지낸다는 것은 박정합니다. 원컨대 임금의 예로 장사 지내십시오."

왕이 물었다.

"어찌하면 되겠소?"

〔우맹이〕 대답했다.

"신이 청컨대 옥을 다듬어 관을 짜고 무늬 있는 가래나무로 바깥 널을 만들고, 느릅나무와 단풍나무와 녹나무로 〔관을 보호하는〕 횡대를 만드십시오. 병사들을 내어 무덤을 파게 하고, 노약자들에게 흙을 져 나르게 하며, 제나라와 조나라의 사신을 앞쪽에 열을 지어 서게 하고, 한韓

나라와 위魏나라 사신이 그 뒤에서 호위하게 하십시오. 사당을 세워 태뢰太牢로 제사 지내고, 만 호의 읍으로 받들게 하십시오. 제후들이 이 소식을 들으면 모두 대왕께서 사람을 천하게 여기고 말을 귀하게 여기는 줄을 알 것입니다.”

왕이 말했다.

“과인의 잘못이 이 지경에 이르렀다는 말이오? 이 일을 어찌하면 되겠소?”

우맹이 말했다.

“청컨대 대왕을 위하여 육축六畜(소, 말, 돼지, 양, 닭, 개)의 예로 장사 지내십시오. 부뚜막을 바깥 널로 삼고 구리로 만든 솥을 속 널로 삼아 생강과 대추로 맛을 내고 목란을 때어 볏짚으로 제사 지내고 타오르는 불빛으로 옷을 입혀 이것을 사람의 창자 속에서 장사 지내는 것입니다.”

그리하여 왕은 말을 태관太官(왕의 음식을 책임진 관직)에게 넘겨 세상 사람들로 하여금 오래도록 소문이 나지 않게 처리하도록 했다.

청렴한 관리도 할 것이 못 된다

초나라 재상 손숙오孫叔敖는 우맹이 어진 사람임을 알고 그를 잘 대해 주었다. 〔손숙오가〕 병으로 죽으려 할 때, 그 아들에게 당부하여 말했다.

“내가 죽으면 너는 틀림없이 가난해질 것이다. 〔그렇게 되거든〕 너는 우맹을 찾아가서 ‘저는 손숙오의 아들입니다.’라고 말하여라.”

그로부터 몇 년 뒤 손숙오의 아들은 정말 나무를 등에 지고 다닐 정도로 곤궁해졌으므로 우맹을 찾아가 말했다.

"저는 손숙오의 아들입니다. 아버님께서 돌아가시려 했을 때 저에게 가난해지거든 당신을 찾아뵈라고 당부하셨습니다."

우맹이 말했다.

"자네는 멀리 가는 일이 없도록 하게."

우맹은 그날로 손숙오의 의관을 걸치고 행동과 말투를 흉내냈다. 1년 남짓 그렇게 하니 손숙오와 비슷해져 초나라 왕과 좌우에 있는 신하들조차 분별할 수 없게 되었다. 장왕이 주연을 베풀었을 때 우맹이 앞으로 나아가 장수를 기원하니 장왕은 깜짝 놀랐다. 〔장왕은〕 손숙오가 다시 살아온 것으로 여겨 그를 재상으로 삼으려 했다. 우맹이 말했다.

"청컨대 집으로 돌아가 아내와 상의하고 나서 사흘 뒤에 재상으로 삼아 주십시오."

장왕이 허락했다. 사흘 뒤에 우맹이 다시 찾아왔다. 왕이 말했다.

"아내는 뭐라고 말했소?"

우맹이 말했다.

"제 아내는 '삼가 〔재상을〕 하지 마십시오. 초나라 재상이란 할 만한 것이 못 됩니다. 손숙오 같은 분은 초나라 재상이 되어 충성을 다하고 청렴하게 초나라를 다스려 초나라 왕을 패자로 만들었습니다. 〔그런데 손숙오가〕 막 죽자 그 아들은 송곳조차 세울 만한 땅도 없고 가난하여 땔나무를 져서 스스로 먹을 것을 마련하고 있습니다. 반드시 손숙오처럼 될 바에야 스스로 목숨을 끊는 편이 낫습니다.'라고 말하였습니다."

그러고 나서 다음과 같은 노래를 불렀다.

산골에 살며 힘들게 밭을 갈아도

먹을 것을 얻기 어렵네.

몸을 일으켜 관리가 되어도

탐욕스럽고 비루한 자는 재물을 남기며

치욕을 돌아보지 않네.

몸은 죽어도 집은 넉넉하게 하려면서

또 두려워하는 것은

뇌물을 받고 법을 굽혀

부정을 일삼다 큰 죄를 지어

패가망신하는 거라네.

탐욕스러운 관리가 어찌 될 수 있겠는가.

청렴한 관리가 되려고

법을 받들어 맡은 일을 지키며

죽을 때까지도 나쁜 일을 하지 않네.

청렴한 관리 또한 어찌 될 수 있겠는가!

초나라 재상 손숙오는 죽을 때까지 청렴을 지녔건만

이제 처자식은 가난하여

땔나무를 져서 풀칠을 하니 할 만한 것이 못 되네.

그래서 장왕은 우맹에게 사과하고 손숙오의 아들을 불러들여 침구寢丘의 땅 400호를 봉지로 주어 아버지의 제사를 받들게 했다. 이 뒤로 10대까지 끊어지지 않았다. 이는 〔우맹이〕 말해야 할 때를 안 것이다.

그로부터 200여 년 뒤 진秦나라에 우전이라는 사람이 있었다.

우스갯소리도 이치에 맞으면 가치가 있다

우전優旃은 진나라의 난쟁이 배우로 우스갯소리를 잘했지만 〔모두〕 큰 도리에 맞았다. 시황제 때 주연을 베풀었는데 때마침 비가 쏟아졌다. 섬돌 가에 늘어서 호위를 맡고 있던 군사는 모두 비에 젖어 떨고 있었다. 우전은 이것을 보고 측은하게 여겨 말했다.

"여러분은 쉬고 싶소?"

섬돌 가에서 호위하는 자가 말했다.

"매우 바랍니다."

우전이 말했다.

"내가 당신들을 부를 테니, 당신들은 재빨리 '예.'라고 대답하시오."

얼마간 지나고 나서 어전 위에서는 시황제의 장수를 빌며 만세를 불렀다. 우전이 난간으로 다가가 큰소리로 불렀다.

"섬돌 가의 호위병들!"

호위병들이 대답했다.

"예."

우전이 말했다.

"너희는 키만 크지 무슨 소용이 있느냐? 빗속에 서 있구나. 나는 키는 작지만 다행히도 방 안에서 편히 쉬고 있다."

그래서 시황제는 호위병들로 하여금 절반씩 교대하게 했다.

시황제는 일찍이 원유苑囿를 크게 넓혀 동쪽으로는 함곡관에 이르게 하고, 서쪽으로는 옹雍과 진창陳倉에 이르게 하고자 논의했다. 우전이 말했다.

"좋은 일입니다. 그 속에 새와 짐승을 많이 풀어놓아 길러 적이 동쪽에서 쳐들어오면 고라니나 사슴을 시켜 그들을 막게 하면 충분할 것입니다."

시황제는 이 말 때문에 (곧장) 그만두고 말았다.

이세황제는 즉위하자 성벽에 옻칠을 하려고 했다. 우전이 말했다.

"좋은 일입니다. 주상의 말씀이 없었더라도 신이 진실로 청하려 하였습니다. 성벽에 옻칠하는 것은 백성 입장에서는 그 비용이 걱정스럽지만 참으로 훌륭한 일입니다. 옻칠한 성벽이 웅장하게 서 있으면 적군이 쳐들어와도 기어오를 수 없을 것입니다. 그러나 일을 시작한다면 성벽에 옻칠하는 건 쉽지만 음실蔭室건조실을 만들기가 어렵다는 것을 헤아려 주십시오."

그래서 이세황제는 웃으면서 계획을 그만두었다. 그로부터 얼마 지나 이세황제가 피살되자, 우전은 한나라로 귀순했다가 몇 년 뒤에 죽었다.

태사공은 말한다.

"순우곤이 하늘을 우러러보고 크게 웃자 제나라 위왕이 패권을 차지했고, 우맹이 머리를 흔들며 노래하자 땔나무를 지던 자가 봉토를 받았다. 우전이 난간으로 다가가 큰소리로 부르자 호위하는 군사들이 절반씩 교대할 수 있었다. 이 어찌 위대하지 않은가!"

저 선생褚先生은 말한다.

"신은 다행히 경술經術유가 학술에 밝아 낭이 되었으나 외가外家정사나 육경 외의 사전史傳이나 잡학雜學 등을 말함 기록을 즐겨 읽었습니다. 스스로 사양하지 않았고 골계 인물에 대한 고사 여섯 장을 지어 이것을 다음과 같이 엮어 둡니다. 이것을 읽으면 기분이 유쾌해지므로 후세 사람들에게 보일 만하고 호사가가 이것을 읽는다면 마음이 즐거워지고 귀가 놀랄 것입니다. 그래서 앞에 태사공이 쓴 세 장 뒤에 이것을 덧붙입니다."

자주 뒤돌아보아 연민의 정을 일으키라

무제 때 총애를 받은 배우로 곽사인郭舍人이라는 자가 있었다. 그가 늘 어놓는 말들은 큰 도리에 맞지 않지만 군주 된 자의 마음을 편하고 기쁘게 해 주었다. 무제는 어린 시절 동무후東武侯의 어머니에 의해 길러졌는데, 장년이 되어 그녀를 대유모大乳母로 불렀다. [유모는] 대체로 한 달에 두 번 궁궐로 들어왔다. [무제는] 조정으로 들어오라는 조서를 내릴 때마다 총애하는 신하 마유경馬游卿을 시켜 비단 50필을 유모에게 내려 주었고, 또 마실 것과 말린 밥과 익힌 음식을 준비해서 유모를 봉양했다. 한번은 유모가 글을 올려 말했다.

어느 곳에 공전公田이 있는데 그것을 빌려 주셨으면 합니다.

무제가 말했다.

"유모는 그것을 가지고 싶소?"

그러고는 〔그 땅을〕 유모에게 내려 주었다. 〔무제는〕 일찍이 유모의 말을 들어주지 않은 적이 없었다. 조서를 내려 유모에게는 천자가 다니는 길을 수레를 탄 채로 지나갈 수 있게 해 주었다.

이 무렵 공경과 대신도 모두 유모를 존경했다. 〔그러자〕 유모 집의 자손과 하인들이 장안 거리에서 횡포를 부렸다. 길에서 남의 거마를 세워 놓는가 하면 남의 옷을 〔강제로〕 빼앗아 가기도 했다. 이러한 소문이 궁궐에까지 들렸지만 차마 법대로 다스리지 못했다. 담당 관리가 유모의 집을 변경으로 옮겨 살게 하도록 청하자 〔무제가〕 재가했다. 유모는 궁궐로 들어와 〔무제〕 앞으로 나아가 만나 뵙고 작별 인사를 하려 했다. 유모는 이보다 앞서 곽사인을 만나 눈물을 흘렸다. 곽사인이 말했다.

"들어가 작별 인사를 하고 종종걸음으로 물러나면서 자주 뒤를 돌아보시오."

유모는 곽사인의 말대로 작별 인사를 하고 걸음을 빨리 옮기면서 자주 돌아보았다. 〔그러자〕 곽사인이 빠른 말투로 꾸짖어 말했다.

"허허, 이 노파가 어찌하여 빨리 가지 않느냐? 폐하께서는 장년이 되셨는데, 아직도 그대 젖을 먹어야만 사실 줄로 아는가! 이제 와서 무엇 때문에 돌아다보는가?"

이리하여 군주 된 자는 유모를 불쌍하게 여겨 조서를 내려 옮겨 살지 않게 하고, 유모를 헐뜯은 자들을 벌을 주어 귀양 보냈다.

무제 때 제나라 사람 동방 선생東方先生이라는 자가 있는데 이름을 삭朔이라 했다. 예로부터 전해 내려오는 책을 좋아하고 경술을 사랑하며 경사經史 외의 전기나 잡설도 두루 읽었다.

동방삭은 처음 장안으로 들어왔을 때 공거公車조정의 공문서를 처리하는 곳에서 글을 올렸는데 그 글은 약 3000장의 주독奏牘황제에게 상주할 때 쓰던 죽간에 쓴 것이었다. 공거에서는 두 사람이 함께 겨우 들어 옮길 수 있었다. 천자는 상방上方황실의 물건을 만드는 곳에서 읽었는데, 〔중간에〕 쉴 때는 그 위치를 표시해 가며 두 달이 걸려 겨우 다 읽을 수 있었다.

〔무제가〕 조서를 내려 〔동방삭을〕 낭으로 삼았으므로 언제나 궁중에 들어와 〔황제를〕 가까이에서 모셨다. 〔그는〕 자주 어전으로 불려 나가 〔황제의〕 말 상대가 되었는데, 〔그때마다〕 황제는 기뻐하지 않은 적이 없었다. 가끔 조서를 내려 〔동방삭에게〕 어전에서 식사를 하게 했는데, 식사가 끝나면 먹다 남은 고기를 모조리 품속에 넣어 가지고 나오므로 옷이 모두 더러워지곤 했다. 〔황제는〕 자주 비단을 내려 주었는데 그때마다 어깨에 메고 물러갔다. 그는 하사받은 돈과 비단을 헛되이 써서 장안의 미녀 가운데 젊은 여자를 아내로 맞이했다. 아내를 얻은 지 1년쯤 되면 그 여자를 버리고 다시 아내를 맞이했다. 하사받은 돈과 재물을 모두 여자들에게 써 버렸다. 황제의 좌우에 있던 낭관 절반쯤은 그를 미치광이로 취급했다. 황제가 이 소문을 듣고 말했다.

"동방삭에게 일을 시키면서 이와 같은 행동을 못하게 한다면, 너희가 어떻게 그에게 미칠 수 있겠는가?"

동방삭은 자기 아들을 추천하여 낭으로 삼았다가 다시 시알자侍謁者 궁궐의 일을 전달하는 관리로 삼았으며, 언제나 부절을 가지고 사신으로 나가게 했다.

동방삭이 궁궐 안을 거닐고 있을 때 어떤 낭관이 그에게 말했다.

"사람들이 모두 선생을 미치광이라고 합니다."

동방삭이 대답했다.

"나 같은 사람은 이른바 조정 안에서 속세를 피하고 있는 것이오. 옛날 사람들은 깊은 숲 속에서 속세를 피했소."

때때로 술자리에서 술에 거나하게 취하면 땅을 짚고 이렇게 노래를 불렀다.

세속에 묻혀 살며 세상을 금마문金馬門에서 피한다.
궁중 안은 세상을 피하고 몸을 온전하게 할 수 있는데
하필 깊은 산골의 쑥대 움막 아래랴.

금마문이란 환서宦署환관들을 관리하는 부서의 대문을 말하는데, 그 문 곁에 동으로 만든 말이 있으므로 금마문이라고 했다.

때가 다르면 할 일도 다르다

한 번은 학궁學宮에 모인 박사와 여러 선생이 서로 의견을 펴던 끝에 모두 〔동방삭을〕 비난하여 말했다.

"소진과 장의는 만승의 군주를 한번 만나기만 하면 경상의 지위에 오르며 그 은택은 후세에까지 미쳤습니다. 지금 선생께서는 선왕의 법술法術을 닦고 성인의 의로움을 사모하여 『시』와 『서』와 제자백가의 말을 외우고 있는 것이 이루 헤아릴 수 없을 정도입니다. 죽백竹帛에 〔문장을〕 짓는 데도 뛰어나 스스로 세상에 둘도 없다고 자부하고 있으니, 보고 들은 것이 넓고 사물을 판단하는 데 밝으며 변설과 지혜가 뛰어난 선비라 할 수 있습니다. 그러나 온 힘으로 충성을 다해 성스러운 황제를 섬겨 허송세월하고 오래되어 수십 년이나 지났건만 벼슬은 겨우 시랑侍郞에 지나지 않고 직위는 집극執戟에 지나지 않습니다. 잘못이 있었는지 생각해 보십시오. 그 까닭은 무엇입니까?"

동방삭이 말했다.

"이것은 진실로 당신들이 다 알 수 없을 것이오. 그때 소진과 장의가 산 때도 하나의 시대고 지금도 하나의 시대인데 어찌 같을 수 있겠소! 대체로 장의와 소진이 살던 때는 주나라 왕실이 크게 무너져 제후들이 조회에 들지 않고, 힘으로 정치를 하고 권력을 다투며 서로 무력으로 침략하여 열두 나라로 겸병되었으나 세력의 우열이 가려지지 않았소. 인재를 얻은 나라는 부강해지고 인재를 잃은 나라는 멸망했소. 그래서 유세가들의 말이 받아들여지고 하려고 하던 것이 실행되었으며, 자신은 높은 지위에 오르고 은택은 후세에까지 미쳐 자손들도 길이 부귀영화를 누렸던 것이오. 〔그러나〕 지금은 그런 때가 아니오. 성스러운 황제가 위에 계시고 은덕이 천하에 흐르고 있으며 제후들은 복종하고 위엄은 사방 오랑캐에게까지 떨치고 있소. 사해 밖까지 마치 자리 한 장을 깔아 놓은 것처럼 이어져 있으며, 그릇을 엎어 놓은 것처럼 안정되었소. 천하가 태평스럽고 합쳐져 한집을 이루었고 계획을 세워 일을 일으키는 것이 마치 손바닥 안에서 움직이는 것과 같소. 현명한 사람과 어리석은 사람을 무엇으로 구분하겠소? 지금 천하는 넓고 백성은 많으므로 정력을 다해 유세하여 〔신임을 얻으려고〕 모여드는 자가 헤아릴 수 없을 정도로 많소. 온 힘으로 〔군주와 신하의〕 의를 실행하더라도 먹고 입는 데에 곤란을 겪거나 나아갈 문을 찾지 못하고 있소. 만일 장의와 소진이 나와 함께 지금 세상에 태어났다면 장고掌故 자리조차 얻지 못했을 것이오. 어떻게 감히 상시나 시랑 자리를 바랄 수 있겠소! 전해 내려오는 말에도 '천하에 재해가 없으면 성인이 있다 해도 그 재능을 펼 데가 없으며, 윗사람과 아랫사람이 화합하고 뜻을 모으면 어진 사람이 있어도 공을 세울 수 없다.'라고 했소. 그래서 '때가 다르면 일도 다르다.'라고 하는 것이오. 그렇다고는 하나 어떻게 제 몸을 닦는 일에 힘쓰지 않겠소? 『시』에서도 이렇게 노래했소.

궁궐에서 종을 치면
소리는 밖까지 들린다.

깊은 못에서 학이 울면

소리는 하늘까지 들린다.

진실로 제 몸을 닦을 수만 있다면 어찌 영달하지 못할까 봐 걱정하겠소! 태공太公강태공 여상은 몸소 인의를 실천하다가 일흔두 살에야 주나라 문왕을 만나 자신의 견해를 실행할 수 있게 되었고, 제나라에 봉해져 [자손들에 이르기까지] 700년 동안이나 끊어지지 않았소. 이것이 바로 선비가 밤낮으로 부지런히 학문을 닦으며 도를 실천하기를 멈추지 않는 까닭이오. 지금 시대의 처사들은 비록 이 시대에 쓰이지는 못한다 하더라도 홀로 우뚝 서고 홀로 처신하면서 위로는 허유를 보고 아래로는 접여[의 처세 태도]를 살피며, 계책은 범려와 같고 충성심은 오자서와 합치되지만 천하가 태평한 때에는 자신을 닦으면서 바르게 있는 것이오. 짝이 적고 무리가 적은 것은 본래 당연하오. [그런데] 당신들은 어찌하여 나를 이상하게 생각하시오?"

이에 여러 선생은 입을 다물고 아무런 대답도 하지 못했다.

추이가 나타나면 먼 나라가 투항해 온다

건장궁建章宮 후각後閣의 이중 난간 안에 이상한 동물이 나타났는데 그 생김새가 고라니와 비슷했다. 이 일이 소문나자, 무제가 이것을 직접 가서 보고 좌우 신하 가운데 경험이 많고 경술에 정통한 자에게 물어보았지만 아는 이가 없었다. [그래서] 조서를 통해 동방삭을 불러 이것을 보게 하니 동방삭이 말했다.

"신은 이것을 알고 있으니 바라건대 맛난 술과 기름진 쌀밥을 내려 실 컷 먹게 해 주십시오. 그러면 신이 말씀드리겠습니다."

조서를 내려 좋다고 말했다.

〔동방삭은〕 내려진 음식을 먹고 난 뒤 또 말했다.

"어느 곳에 공전公田과 고기를 기르는 못과 갈대밭 몇 이랑이 있습니 다. 폐하께서 그것을 신에게 주시면 말씀드리겠습니다."

또 조서를 내려 좋다고 말했다.

그제야 동방삭은 흡족해져 말했다.

"이것은 추아騶牙[3]라는 짐승입니다. 먼 곳에 있는 나라가 의를 사모하 여 귀속하려 할 때 추아가 먼저 나타납니다. 이놈의 이는 앞뒤가 하나같 이 가지런하며 어금니가 없습니다. 그래서 이것을 추아라고 합니다."

그 뒤 1년쯤 지나서 흉노 혼야왕이 과연 무리 10만 명을 이끌고 한나 라로 투항해 왔다. 그래서 또 동방삭에게 아주 많은 돈과 재물을 내려 주었다.

---

3 흰색 바탕에 검은색 얼룩이 있는 전설 속의 동물로 통치자의 신의가 뛰어남을 상징적으로 나 타낸다고 한다.

사람이 죽으려면 하는 말이 착하다

동방삭이 늙어 죽게 되었을 때 간언했다.

"『시』에서 이렇게 노래했습니다.

윙윙 파리가 울타리에 앉네

화락한 군자여 참언을 믿지 말라

참언은 끝이 없어 사방의 나라를 서로 어지럽힌다네

바라건대 폐하께서는 간사하게 아첨하는 신하를 멀리하시고 참언을 물리치십시오."

무제가 말했다.

"요즘 들어 동방삭이 좋은 말을 많이 하네."

〔무제는〕 괴이하게 여겼는데 얼마 뒤 동방삭은 병들어 죽었다. 전해 오는 말에 "새가 죽으려 하면 그 울음소리가 애달프고, 사람이 죽으려 하면 그 말이 착하다."라고 했는데 이를 두고 하는 말인가 보다.

남루한 옷 속에 있는 보화를 찾으라

무제 때 대장군 위청은 위 황후의 오빠로 장평후長平侯에 봉해졌다.

〔그는〕 종군하여 흉노를 깨뜨리고 여오수余吾水 부근까지 갔다가 돌아왔다. 적의 머리를 베고 포로를 잡아 공을 세웠으므로 〔그가〕 돌아오자 조서를 내려 황금 1000근을 주었다. 장군이 궁궐 문을 나서자, 방사方士기이한 방술이 있는 사람로서 공거에서 조서를 기다리고 있던 제나라의 동곽 선생東郭先生이라는 자가 길로 나와 위 장군의 수레를 가로막고는 절한 뒤 말했다.

"아뢸 일이 있습니다."

장군이 수레를 멈추고 〔동곽 선생을〕 앞으로 나오게 하니 동곽 선생은 수레 옆으로 다가서서 말했다.

"왕 부인께서 새로 황상의 총애를 받고 있습니다만 〔그녀의〕 집이 가난합니다. 지금 장군께서 황금 1000근을 받았으니, 부디 왕 부인의 부모님께 그 절반을 주십시오. 황상께서 이 일을 들으면 반드시 기뻐할 것입니다. 이는 매우 기이하고 편리한 계책입니다."

위 장군이 고마워하며 말했다.

"선생께서는 다행히도 편리한 계책을 일러 주셨습니다. 가르침을 받들겠습니다."

그래서 위 장군은 왕 부인의 부모님께 황금 500근으로 장수를 빌었다. 왕 부인이 이 사실을 무제에게 들려주자 무제가 말했다.

"대장군은 이런 일을 할 줄 모른다."

그러고는 대장군에게 물었다.

"이런 계책을 누구한테 받았는가?"

〔대장군이〕 대답했다.

"조서를 기다리고 있는 동곽 선생에게 받았습니다."

〔무제는〕 조서를 내려 동곽 선생을 불러서 〔어떤〕 군의 도위로 임명했다.

동곽 선생은 오래도록 공거에서 조서를 기다리고 있었으므로 빈곤하여 굶주리고 추위에 떨었으며, 옷은 해지고 신발도 온전치 못해서 눈 속을 걸어가면 신발이 위만 있고 바닥은 없어서 발이 그대로 땅에 닿았다. 길 가던 사람들이 그를 보고 웃자 동곽 선생은 이렇게 응수했다.

"누군가 신을 신고 눈 속을 걸어가는데, 사람들이 볼 때 그 위는 신발이지만 그 신발 아래는 사람의 발처럼 보이게 할 수 있는 사람이 있소?"

그는 2000석의 관리가 되어 푸른색 인수를 차고 궁궐 문을 나선 뒤 〔숙소의〕 주인에게 작별 인사를 했다. 전에 함께 조서를 기다리던 자들이 성문 밖에 반듯하게 늘어서서 조도신祖道神에게 제사를 지내 그의 출발을 영화롭게 하고 이름이 세상에 알려지게 했다. 이는 이른바 베옷을 입고 보화를 품은 자이다. 그가 빈곤할 때는 사람들이 살펴보지도 않더니 존귀해지자 앞다투어 그에게 귀의했다. 속담에 "말〔馬〕을 감정할 때에는 여윈 것 때문에 실수하고, 사람을 감정할 때에는 가난 때문에 잘못 본다."라는 말이 있는데 아마도 이런 경우를 두고 하는 말일까?

왕 부인의 병이 심해지자 황제가 몸소 가서 문병을 하며 말했다.

"그대 아들은 마땅히 왕이 될 것이오. 어디에 두면 좋겠소?"

〔왕 부인이〕 대답했다.

"낙양에 있게 해 주십시오."

황제가 말했다.

"그것은 안 되오. 낙양에는 무기고와 오창敖倉곡식 창고이 있으며, 관의 출입구에 해당하여 천하의 목구멍이오. 선제 이래로 이곳에는 줄곧 왕을 두지 않았소. 그러나 함곡관 동쪽의 나라들 중에서 제나라보다 큰 나라는 없소. 제나라 왕으로 삼을 수 있소."

왕 부인이 제 손으로 머리를 치면서 말했다.

"아주 다행스러운 일입니다."

왕 부인이 죽자 제나라 왕의 태후가 죽었다고 했다.

고니를 잃은 자의 변명

옛날에 제나라 왕은 순우곤을 시켜서 고니를 초나라에 바치도록 한 일이 있었다. (순우곤은) 도성 문을 나서자 길에서 그 고니를 날려 보내고 빈 새장만 든 채 거짓으로 할 말을 꾸며 놓고는 가서 초나라 왕을 뵙고 말했다.

"제나라 왕께서는 신을 보내어 고니를 바치도록 했는데 물가를 지나다가 고니가 목말라 하는 것을 차마 볼 수 없어 (새장에서) 꺼내 물을 마시게 하니 신을 버리고 날아가 버렸습니다. 신은 배를 찌르고 목을 매어 목숨을 끊을까도 생각했습니다만, 사람들이 우리 왕을 보고 새나 짐승 때문에 선비가 스스로 목숨을 끊도록 했다고 할까 봐 두려웠습니다. 고니는 털을 가진 놈이라 비슷한 놈이 많으므로 고니 대신 사서 가져올까 했습니다만, 이는 신의가 없는 행위로 우리 왕을 속이는 것입니다. 다른 나라로 도망치려고도 했습니다만 두 나라 군주 사이에 사신의 왕래가 끊길까 봐 가슴 아팠습니다. 그래서 여기까지 와서 잘못을 자백하고 머리를 두드려 대왕께 죄를 받으려 합니다."

초나라 왕이 말했다.

"훌륭하다. 제나라 왕에게 이처럼 신의 있는 선비가 있었다니!"

초나라 왕은 순우곤에게 많은 상을 내렸다. 그 재물은 고니를 바쳤을 경우보다 배나 되었다.

군자는 서로 좋은 말[言]을 보낸다

무제 때 북해 태수를 불러 행재소行在所황제가 임시 머무는 곳로 나오도록 했다. 그때 문학졸사文學卒史문서 담당 관리로 있던 왕 선생이라는 자가 스스로 태수와 같이 가고 싶다고 청했다.

"제가 당신에게 도움이 될 것입니다."

태수는 허락했다. [그러나] 그 부서의 속관들이 말했다.

"왕 선생은 술을 좋아하는 데다 말만 많고 실속이 적어 아마도 그와 함께할 수 없을 것입니다."

[그러나] 태수는 말했다.

"선생이 가겠다고 하니 거절할 수 없다."

결국 함께 가서 행궁 밑에 이르러 궁부宮府 문에서 조서를 기다렸다. 왕 선생은 날마다 그저 품속에 지닌 돈으로 술을 사서 위졸복야衛卒僕射와 마시고 취해 태수는 아예 만나려고도 하지 않았다. 태수가 [행재소로] 들어가 [무제를] 배알하게 되었을 무렵, 왕 선생은 호랑戶郞궁궐 문을 지키는 낭관에게 말했다.

"저를 위해 저희 태수를 문안으로 불러내어 멀리서라도 좋으니 말을 할 수 있게 해 주십시오."

호랑戶郎이 태수를 부르자 태수가 와서 왕 선생을 바라보았다. 왕 선생이 말했다.

"천자께서 당신께 '어떻게 북해군을 다스려 도적을 없게 했느냐?'라고 물으시면 당신께서는 뭐라고 대답하시겠습니까?"

〔태수가〕 대답했다.

"현명한 인재를 뽑아 각자의 재능에 따라 일을 맡기고, 상의 등급을 달리하고 착하지 않은 자에게는 벌을 주었다고 대답하겠소."

왕 선생이 말했다.

"그렇게 대답하신다면 당신 스스로 칭찬하고 스스로 공을 뽐내는 것이니 안 됩니다. 태수께서는 '이는 신의 능력이 아니라 모두 폐하의 신령함과 위무威武가 변화시킨 것입니다.'라고 대답하십시오."

태수가 말했다.

"알았소."

〔태수가〕 불려 들어가 어전에 이르니, 조서를 내려 다음과 같이 물었다.

어떻게 북해군을 다스려 도적들이 일어나지 않게 되었소?

태수는 머리를 조아리며 대답했다.

"신의 능력이 아니라 모두 폐하의 신령함과 위무가 변화시킨 것입니다."

무제가 크게 웃고는 말했다.

"아! 어찌 장자의 말을 듣고 이렇게 말하는가! 이 말을 누구에게 들었소?"

〔태수가〕 대답했다.

"문학졸사에게 들었습니다."

무제가 말했다.

"〔그자는〕 지금 어디 있는가?"

〔태수가〕 대답했다.

"궁부 문밖에 있습니다."

조서를 내려 왕 선생을 불러 수형水衡의 승丞으로 삼고, 북해 태수를 수형도위水衡都尉상림원을 맡은 관리로 삼았다. 전해 오는 말에 "아름다운 말言은 〔남에게〕 팔 만하고 고귀한 행실은 〔자기를〕 남보다 빼어나게 한다.", "군자는 서로 좋은 말을 보내고 소인은 서로 재물을 보낸다."라고 했다.

서문표의 결단과 용기

위魏나라 문후文侯 때 서문표西門豹가 업현鄴縣의 현령이 되었다. 서문표는 업현에 이르자마자 장로長老명망 있는 노인들을 불러 놓고 백성이 괴로워하는 것이 무엇인지를 물었다. 장로들이 말했다.

"하백河伯하수의 신에게 신붓감을 바치는 일로 괴로워하고 있으며 그 때문에 가난합니다."

서문표가 그 까닭을 물으니 대답하여 말했다.

"업현의 삼로三老향鄕에서 교화를 맡은 관리와 아전들은 해마다 백성에게 세금을 부과하여 수백만 전을 걷는데, 그 가운데 하백에게 여자를 바치는 데 20~30만 전을 쓰고 그 나머지는 무당들과 함께 나누어 가지고 돌아갑니다. 그 시기가 되면 무당이 백성 집에서 예쁜 처녀를 발견하여 '하백의 아내가 될 것이다.'라고 말하고는 폐백을 보내 주고 데려갑니다. 처녀를 목욕시킨 뒤 촘촘하게 짠 비단으로 옷을 지어 주고, 조용한 곳에 머물게 하여 재계시킵니다. 재궁齋宮조용히 머물며 재계하는 곳을 물가에 짓고 두꺼운 비단으로 만든 붉은 장막을 치고는 처녀를 그 안에 있게 하고 쇠고기와 술과 밥을 줍니다. 열흘쯤 지나 화장을 시키고 여자가 시집갈 때처럼 이부자리나 방석 같은 것을 만들고 그 위에 처녀를 태워 물 위로 띄워 보냅니다. 처음에는 떠 있지만 수십 리쯤 흘러가면 물에 가라앉고 맙니다. 그래서 어여쁜 딸을 가진 집에서는 무당이 하백을 위하여 자기 딸을 데려갈까 봐 두려워서 딸을 데리고 멀리 달아나는 자가 많습니다. 이런 까닭으로 성안에는 더욱 사람이 비고 없으며 또 곤궁하고 가난해졌습니다. 이런 일이 있은 지 실로 오래되었습니다. 민간의 속어에도 '하백에게 아내를 얻어 주지 않으면 물이 흘러넘쳐 백성을 빠져 죽게 할 것이다.'라고 했습니다."

서문표가 말했다.

"하백을 위해 아내를 얻어 주려고 할 때 삼로와 무당과 부로父老들이 처녀를 물 위로 보내거든 와서 그 일을 알려 주기 바라오. 나도 가서 그 여자를 전송하겠소."

모두 말했다.

"알겠습니다."

그때가 되어 서문표가 물가로 나갔다. 그곳에는 삼로와 관속과 호족과 마을의 부로가 모두 모였으며, 구경 나온 백성도 2000~3000명은 되었다. 무당은 노파로 일흔 살이 넘었다. 여제자 10여 명이 따르고 있었는데 모두 비단으로 된 홑옷을 걸치고 무당 뒤에 서 있었다. 서문표가 말했다.

"하백의 신붓감을 불러오면 그녀가 예쁜지 미운지 보겠소."

장막 안에서 처녀를 데리고 나와 [서문표] 앞으로 왔다. 서문표는 그녀를 본 뒤 삼로와 무당과 부로들을 돌아보고 이렇게 말했다.

"이 처녀는 예쁘지 않으니 수고스럽겠지만 무당 할멈은 [하수로] 들어가서 하백에게 '예쁜 처녀를 다시 구해 다른 날에 보내 드리겠습니다.'라고 말씀드려 주시오."

바로 이졸들을 시켜 무당 할멈을 안아서 하수 속으로 던졌다. 조금 있다가 서문표가 말했다.

"무당 할멈이 왜 이렇게 꾸물거릴까? 제자들은 그녀에게 가 보라."

다시 제자 한 명을 하수 가운데로 던져 버렸다. 조금 지나서 말했다.

"제자가 왜 이토록 꾸물거릴까? 다시 한 사람을 보내 그녀에게 가게 하라."

또다시 제자 한 명을 하수 속으로 던졌다. 모두 세 명을 던지고 서문표가 말했다.

"무당과 제자들은 여자이기 때문에 사정을 말씀드리기가 어려울 것이오. 수고스럽지만 삼로가 들어가서 하백에게 말씀드려 주시오."

다시 삼로를 하수 물속으로 던졌다. 서문표는 붓을 관에 꽂고 몸을 경

磬처럼 굽혀 물을 향해 꽤 오랫동안 서 있었다. 곁에서 보고 있던 장로와 아전이 모두 놀라고 두려워했다. 서문표가 돌아보며 말했다.

"무당과 삼로가 모두 돌아오지 않으니 이를 어찌하면 좋겠소?"

다시 아전과 호족 한 사람씩을 물로 들어가 재촉하게 하려 하니, 모두 머리를 조아려 이마가 깨져 피가 땅 위로 흐르고 얼굴은 잿빛으로 변했다. 서문표가 말했다.

"좋다. 잠시 머물며 잠깐만 더 기다려 보자."

조금 있다가 서문표가 다시 말했다.

"아전들은 일어서라. 하백이 손님들을 오래 머물게 하는 것 같다. 너희는 모두 돌아가라."

업현의 관리나 백성은 크게 놀라고 두려워했으며 이때부터 감히 다시는 하백을 위하여 아내를 얻어 주자고 말하지 않았다.

100년 뒤에 내 말을 되새기리라

서문표가 백성을 동원하여 하천 열두 개를 파서 하수의 물을 끌어다가 백성의 논에 대니 논마다 모두 물을 얻을 수 있었다. 당시 백성은 하천을 만드는 일이 번거롭고 수고스러워서 하려 들지 않았다. 서문표가 말했다.

"백성이란 〔일이 이루어진 뒤에〕 함께 누릴 수 있을 뿐 함께 일을 시작할 생각은 못한다. 지금 부로와 자제들은 자기들을 괴롭힌다고 원망하겠지만, 100년 뒤 부로의 자손들은 내 말을 되새기게 될 것이다."

지금에 이르러서는 모두 물의 이로움을 얻어 백성이 자급자족해 부유해졌다. 하천 열둘은 〔황제의〕 치도馳道를 가로지르고 있었다. 한나라가 일어나자 지방 장리長吏들이 열두 하천의 다리가 치도를 끊고 서로 근접해 있는 것은 좋지 않다고 여겨 하천 물을 합치려고 했다. 또 치도에 이르러서는 하천 세 개를 합쳐 다리 한 개를 놓으려 했다. 그러나 업현의 부로들은 장리의 말을 들으려 하지 않았다. 이 하천은 서문군西門君이 만든 것이니, 어진 사람의 법식을 바꾸면 안 된다고 생각한 것이다. 장리들도 마침내 그 말을 받아들여 그대로 두기로 했다.

그래서 서문표는 업현의 현령이 되어 명성이 천하에 알려지고, 은택은 후세에까지 흘러 그치지 않았다. 어찌 현명한 대부라고 일컫지 않을 수 있겠는가!

전하는 말에 "자산子産공손교公孫僑이 정나라를 다스리자 백성은 그를 속일 수 없었고, 자천子賤복자제宓子齊이 선보單父를 다스리자 백성은 차마 그를 속일 수 없었으며, 서문표가 업현을 다스리자 감히 그를 속이지 못했다."라고 하는데, 이 세 사람의 재주와 능력 가운데 누가 가장 현명할까? 그것은 다스리는 길을 아는 사람이라면 마땅히 구별할 수 있을 것이다.

67

일자 열전
日者列傳

일자란 육상六象 곧 천상天象을 관찰하여 길흉을 점치는 사람으로 복서와는 차이가 있으나 비슷한 부류로 보면 된다. 본래 복서는 미신의 일종이었지만 『주례』에도 태복太卜이라는 관직 이름이 보이는 것을 보면, 은나라와 주나라에서 아주 성행했음을 알 수 있다. 아무래도 신권에 의탁하여 하늘의 명을 받아 운명을 재단하려고 한 의도에서 나온 듯하다. 한나라 때 특히 점이 성행하여 일자들은 태복을 맡아 제왕 곁에서 국가의 운명을 좌우할 정도였다. 저소손이 보충한 데서도 나타나듯 한나라 무제가 며느리를 맞이하는데 이들을 불러 점을 치게 하니, 제각기 다른 점괘가 나와 결국에는 오행에 근거하여 무제 스스로가 판단할 수밖에 없었다.

이 열전은 세상을 풍자하고 세태를 꾸짖는 성격의 문장으로, 연이은 「귀책 열전」과 뗄 수 없는 편이다. 그런데 사마정司馬貞의 『사기색은史記索隱』에 의하면 없어진 열 편의 목록에 이 두 편이 들어가 있어서 이 편의 진위 문제는 지금까지 논쟁거리가 되고 있으며, 특히 사마계주의 이야기와 관련된 부분을 보더라도 그러하다. 「태사공 자서」를 보면 두 편을 지은 의도가 분명하게 쓰여 있어 사마정 견해의 타당성 여부에 의문이 생기기도 한다. 문사가 조잡하여 위작 시비는 신빙성이 있으며 「귀책 열전」은 그 정도가 더 심하다고 볼 수 있다.

그럼에도 사마계주의 입을 빌려 관료 사회의 추악한 면모를 꾸짖는 것은 독자의 가슴을 뚫리게 한다. 요컨대 담백하게 지족知足하는 도가의 풍모와 점이나 치며 운둔하며 세상을 조롱하는 군자의 모습이 사마천에 의해 풍자적으로 그려지고 있다.

복자卜者는 어떤 사람인가

예로부터 천명을 받은 사람만이 왕 노릇을 하였으나 왕 노릇을 하는 자가 일어날 때 일찍이 복서卜筮로 천명을 판단하지 않은 적이 있었는가! 복서의 일은 주나라에서 가장 성행했고, 진나라에 들어와서도 볼 수 있었다. 대왕代王한나라 문제 유항劉恒이 한나라 조정으로 들어와 천자가 된 것도 복자卜者의 판단에 근거하여 결정했던 것이다.¹ 태복太卜점복관占卜官은 한나라가 일어날 때부터 있었다.

사마계주司馬季主는 초나라 사람으로 장안의 동쪽 저자에서 점을 쳤다. 〔당시〕 송충宋忠은 중대부이고 가의賈誼는 박사였는데, 같은 날 휴가를 얻어 목욕하러 함께 〔궁궐 밖으로〕 나오게 되었다. 〔두 사람은〕 서로 걸으면서 담론하다가 『역』이 선왕과 성인의 도술로서 인간의 감정에 통하고 있음을 찬양하고 서로 돌아보며 감탄했다.

가의가 말했다.

"내가 듣건대 옛 성인들은 조정에 있지 않으면 반드시 점쟁이나 의원들 가운데 있었다고 하오. 지금 내가 삼공과 구경을 비롯하여 조정의 사대부들을 보니 모두 〔성인이 못 된다는 것을〕 알 수 있겠소. 그러니 복자 가운데서 〔성인 같은 사람이 있는지〕 찾아내어 풍모와 도량을 시험해 봅

---

¹ 여후가 죽자 주발 등은 여씨 일족들의 난을 진압하고 대왕을 황제로 세우려고 했다. 이때 대왕은 복자에게 점을 치게 했는데, '대횡大橫'이라는 점괘가 나오므로 제위에 올랐다.

시다."

두 사람은 곧 수레를 함께 타고 저잣거리로 나가 점 집으로 들어갔다. 마침 비가 내리기 시작하여 길에는 사람들이 적었다. 사마계주는 한가롭게 자리에 앉고 옆에 서너 명의 제자가 모시고 있는데, 그는 마침 천지의 도와 일월의 운행과 음양과 길흉의 근본을 설명하고 있었다. 두 대부는 뵈려고 두 번 절을 하였다. 사마계주는 이들의 용모를 보고 학식이 있는 사람인 듯하여 예를 표한 뒤 제자를 시켜 이끌어 자리에 앉게 했다. [이들이] 자리에 앉자 사마계주는 하던 이야기를 다시 계속하여 천지의 끝과 처음, 일월성신의 운행 원리를 밝히고 인의를 차례로 설명하며 길흉의 징험을 열거하였다. 그는 수천 마디 말을 했지만 이치에 어긋난 것이 한마디도 없었다.

송충과 가의는 놀라운 마음과 깨달은 바가 있어 관의 끈을 고쳐 매고 옷깃을 여민 뒤 똑바로 앉아서 말했다.

"선생의 모습을 뵙고 말씀을 들어 보니, 저희가 가만히 세상을 바라보건대 일찍이 뵌 적이 없는 분입니다. 지금 어떻게 이런 낮은 곳에 살면서 지저분한 일점쟁이을 하십니까?"

사마계주는 배를 움켜잡고 호탕하게 웃으며 말했다.

"두 대부들을 보건대 도덕과 학설이 있는 분들 같은데 지금 어찌 그리 고루한 말을 하고, 어찌 그리 투박한 말을 합니까? 지금 당신들이 어질다고 하는 것은 어떤 것입니까? 높다고 여기는 사람은 어떤 사람입니까? 또 무엇을 가지고 장자인 나를 낮고 지저분하다고 여깁니까?"

두 사람은 말했다.

"높은 벼슬과 후한 봉록은 세상 사람들이 높이 여기는 것이고, 어진 사람이 그런 지위에 있게 됩니다. 지금 [선생이] 계시는 데는 그런 곳이 아니므로 낮다고 말한 것입니다. [점치는 사람이 하는] 말은 미덥지 못하고, 행동은 볼 만한 게 없으며, 취하는 것이 부당하므로 지저분하다고 말한 것입니다. 대체로 점은 세상에서 천하게 여기는 것입니다. 세상 사람은 모두 '대체로 점쟁이는 말이 많고 과장되게 꾸며 사람들의 감정에 맞추고, 공연히 남의 운명을 높여 말하여 사람의 마음을 기쁘게 하고, 멋대로 환난이 있다고 떠벌려 사람의 마음을 상하게 하며, 귀신을 빙자하여 남의 재산을 빼앗고, 많은 사례금을 요구하여 자신을 살찌운다.'라고 말합니다. 이 같은 일을 나는 부끄럽게 여기고 있으므로 낮고 지저분하다고 한 것입니다."

사마계주는 이렇게 말했다.

"공들께서는 잠시 편히 앉으시지요. 공들께서는 머리를 풀어헤치고 다니는 아이들을 보셨습니까? [그들은] 해와 달이 비추면 밖으로 나가고 비추지 않으면 나가지 않습니다. 그러나 아이들에게 일식이나 월식, 길흉을 물어보면 이치를 설명하지 못합니다. 이런 이치로 본다면 어진 것과 어질지 못함을 [확실하게] 분별하여 아는 사람은 드뭅니다.

어진 이의 행동은 도를 올곧게 실천하여 바르게 간언하고, 세 차례 간언해도 듣지 않으면 [벼슬에서] 물러납니다. 남을 칭찬할 때에는 보답을 바라지 않고, 남을 미워할 때에는 원망을 돌아보지 않으며, 나라에 편리하고 모든 사람에게 이익이 되도록 하는 것을 임무로 삼습니다. 그러므로 벼슬이 자기 임무에 알맞지 않으면 그 자리에 있지 않으며, 봉록이 자기 공로에 알맞지 않으면 받지 않습니다. 바르지 못한 사람을 보면 그가 비록 귀한 지위에 있더라도 존경하지 않으며, 오점이 있는 사람을 보면 비록 그 사람이 높은 신분이라도 몸을 굽히지 않습니다. 벼슬을 얻어도 기뻐하지 않고, [벼슬에서] 물러나도 원통해하지 않습니다. 자신이 죄를 짓지 않았으면 몸이 묶이는 치욕을 당해도 부끄러워하지 않습니다.

[그런데] 지금 공들께서 말하는 어진 사람이란 모두 부끄러워해야 할 자입니다. 몸을 낮추어 앞으로 나아가고 지나치게 겸손하게 말하며, 권세로 서로 끌어들이고 이익으로 서로 이끕니다. 도당을 만들어 바른 사람을 배척함으로써 높은 영예를 구하고, 나라의 봉록을 받고 있으면서 사사로운 이익만을 꾀하며, 나라의 법을 어기고 농민들을 착취합니다. 관직을 위세 부리는 수단으로 삼고 법을 무기로 삼아 이익만을 찾아 포악하고 [도리에] 어긋나는 행동을 자행하니, 비유하자면 흰 칼날을 잡고 사람을 위협하는 것과 다름없습니다. 처음 벼슬에 나갔을 때에는 교묘한 수단으로 실력을 두 배로 보이게 하고, 있지도 않은 공적을 꾸며 말하며, 있지도 않은 일을 문서로 만들어 임금을 속입니다. 다른 사람의 윗자리에 있는 것을 좋게 여겨 벼슬에 임명될 때 어진 사람에게 양보하려 하지 않습니다. 공적을 말할 때에는 거짓을 보고하기도 하고, 사실을 과장하기도 하며, 없는 것을 있는 것처럼 하기도 하고, 적은 것을 많은 것처럼 꾸미기도 하여 [자기에게] 유리한 권세와 높은 지위를 구합니다. [그리고] 주연과 말타기놀이를 일삼으며 미녀와 노래하는 여자를 좇느라 부모를 돌보지 않고, 법을 어겨 가며 백성을 해치고 나라를 텅 비게 합니다. 이것은 창과 활을 들고 있지는 않지만 도둑질하는 것이고, 칼을 쓰지는 않지만 남을 공격하는 것입니다. 부모를 속였지만 아직 그 벌을 받지 않고, 임금을 죽였으나 아직 그 벌을 받지 않은 것뿐입니다. 어떻게 그들을 높고 어진 사람이라고 할 수 있겠습니까?

〔이런 무리는〕도적이 일어나도 막을 수 없고, 오랑캐가 복종하지 않아도 평정할 수 없으며, 간사한 일이 생겨도 막지 못하고, 관직의 기강이 어지러워져도 다스릴 수 없으며, 사계절이 조화를 이루지 못해도 조절할 수 없고, 그해의 곡식이 흉년이 들어도 조절할 줄 모릅니다. 능력이 있는데도 이를 실행하지 않는다면 이것은 국가에 대한 불충입니다. 능력도 없이 관직에 앉아 위에서 주는 봉록만을 탐하고 어진 사람을 방해한다면 이는 벼슬을 도둑질하는 것입니다. 도당을 거느리고 있는 자가 등용되고, 재물이 있는 자를 예우하는 것은 거짓된 행위입니다. 공들께서만 유독 올빼미소인와 봉황군자이 함께 나는 것을 보지 못했다고 하십니까? 난蘭, 지芷, 궁芎, 궁窮 같은 향기로운 풀은 넓은 들판에 버려지고 호蒿와 소蕭가 숲을 이룹니다. 군자가 물러나 세상에 나타나지 못하게 한 것은 바로 공들 같은 사람입니다.

'옛일을 서술할 뿐 저술하지 않는다.'라는 것이 군자의 원칙입니다. 지금의 점치는 자는 천지를 본받고 사계절을 모방하며, 인의에 순응하여 책策점치는 시초을 나눠 괘卦를 정하고 식式²을 돌려 기棋산목算木를 바로잡은 뒤에야 비로소 천지의 이해利害와 일의 성패를 말합니다. 옛날 선왕께서 나라를 정할 때에는 반드시 먼저 해와 달을 점친 뒤에 하늘을 대신하여 정치를 맡고, 길한 날을 고른 다음 침실에 들며, 또 집에서 자식을 낳으면 반드시 먼저 길흉을 점친 뒤에야 기를 것을 결정하였습니다. 복희씨가 팔괘를 만들고, 주나라 문왕이 부연하여 364효爻를 만듦으로써 천하

---

2 길흉을 점치는 판으로 위에는 하늘 모습이 그려져 있고 아래에는 땅의 모습이 그려져 있다. 이 도구는 대부분 하늘과 땅이 혼란스러울 때 썼다.

가 바로 다스려졌습니다. 월나라 왕 구천은 문왕의 팔괘를 본받아 점을 쳐서 적국을 깨뜨려 천하의 패권을 잡았습니다. 이렇게 본다면 복서가 어찌 이치를 거스른다고 하겠습니까?

또한 복서는 깨끗이 청소하고 자리를 정하고 의관을 바르게 한 뒤에야 일을 말하므로 이것에는 예가 있습니다. 일을 말하면 귀신은 더러 흠향하고 충신은 그 군주를 섬기고 효자는 그 어버이를 봉양하며 어버이는 그 자식을 양육하니, 이는 곧 덕이 있는 것입니다. 점을 부탁하는 사람은 의무적으로 수십 전에서 100전까지 냅니다. 이것으로써 아픈 사람이 낫고, 죽어 가던 자가 되살아나며, 재앙을 면하는 사람도 있고, 사업을 이루는 사람도 있으며, 자식을 장가들이고 며느리를 맞이하여 인생을 누립니다. 이 은덕이 어찌 수십 전이나 100전 가치만 되겠습니까? 이것이 저 노자가 말한 '상덕上德은 덕 같지 않으므로 덕이 있는 것이다.'라는 것입니다. 대체로 복서는 베푸는 이익은 크지만 받는 사례는 적습니다. 노자의 말이 어찌 이런 이치와 다르겠습니까?

장자莊子가 말하기를 '군자는 안으로는 굶주리고 추위에 떨 염려가 없고 밖으로는 겁탈당할 걱정이 없으며, 윗자리에 있으면 존경을 받고 아랫자리에 있으면 사람들을 해치지 않으니 이것이 군자의 도이다.'라고 했습니다. 오늘날 복서를 직업으로 삼는 사람들은 이것서죽筮竹과 산목算木을 쌓아 올려도 부풀 것이 없고 간직하는 데 창고가 필요하지 않으며 옮기는 데 수레를 쓰지 않고 등에 짊어져도 무겁지 않으며 머물러 써도 다함이 없습니다. 다함이 없는 물건을 가지고 끝이 없는 세상에서 노니, 장씨莊氏장자의 행동도 이보다 더하지는 못했을 것입니다. 공들께서는 무슨 까닭으로 점치는 일을 못할 짓이라고 하십니까? 하늘은 서북쪽에 모자라는 곳이 있기 때문에 별이 서북쪽으로 옮겨 가고, 땅은 동남쪽에 모자라는 곳이 있기 때문에 바다로써 못을 만듭니다. 해는 중천에 오르면 반드시 옮겨 가고, 달은 차면 반드시 이지러지며, 선왕의 도는 때로는 있다가도 때로는 없어집니다. 공들께서 '말에는 반드시 믿음이 있어야 한다.'라며 꾸짖은 것은 또한 잘못 생각한 게 아닙니까?

공들께서는 저 담론하는 변사들을 보았습니까? 일을 생각하고 계책을 정하는 것은 반드시 그 사람들이지만, [그들은] 말 한마디로 임금의 마음을 기쁘게 할 수 없습니다. 그래서 [그들은] 말할 때 반드시 선왕을 일컫고 상고上古를 언급합니다. [그들은] 일을 생각하고 계책을 정할 경우 선왕들이 세운 공적을 꾸며 말하는가 하면 그 실패도 말함으로써 임금의 마음을 두렵게도 하고 기쁘게도 하여 그들의 욕망을 이루려 합니다. 말이 많고 심하게 과장하는 점에서 그들보다 심한 사람이 없습니다. 그렇지만 나라를 강하게 만들고 일을 성공시키고 임금에게 충성을 다하려 할 경우에는 이렇게 하지 않으면 이룰 수 없습니다. 오늘날 점치는 자는 미혹한 사람을 이끌어 주고 어리석음을 깨우쳐 줍니다. 대체로 어리석고 미혹한 사람을 어찌 말 한마디로 이해시킬 수 있겠습니까? 그래서 말이 [지나치게] 많은 것을 싫어하지 않습니다.

따라서 기기騏驥준마 곧 천리마는 지친 노새와 사마駟馬같은 수레를 끄는 말 네 마리가 될 수 없으며, 봉황은 제비나 참새와 무리를 지을 수 없습니다. [이와 마찬가지로] 어진 사람은 어리석은 사람과 항렬을 함께하지 않습니다. 그러므로 군자는 몸을 낮추어 [사람들의 눈에 띄지 않는 곳에 살며] 무리를 피하고, 스스로 몸을 숨겨 사람을 피하며, 드러나지 않는 곳에서 덕을 보여 주고, 많은 재해를 제거하여 사람의 천성을 밝혀 주며,

윗사람을 돕고 아랫사람을 교화시켜 그 공로와 이익이 많게 하지만 〔자신의〕 높은 영예를 구하지는 않습니다. 공들처럼 세속에 부화뇌동하는 무리가 어찌 장자의 이치를 알겠습니까?"

송충과 가의는 망연자실하여 얼굴이 창백해지고 입을 다문 채 아무 말도 하지 못했다. 그래서 옷깃을 바로 여미고 일어나 두 번 절하고 작별 인사를 한 뒤 정신없이 발을 옮겨 시문市門을 나와 겨우 수레에 올랐으나, 수레 앞 가로막대에 엎드려 고개를 떨구고 끝내 숨도 제대로 쉴 수 없었다.

사흘 뒤에 송충은 궁궐 문밖에서 가의와 마주치자 곧장 서로 잡아당겨 다른 사람을 피해 대화를 했다. 서로 스스로를 탄식하며 말했다.

"도란 높을수록 더욱 편하지만 권세는 높을수록 더욱 위태롭다. 혁혁한 권세를 가진 자리에 있으면 몸을 망치는 날이 오게 마련이다. 점을 쳐서 정확하지 않은 일이 있어도 복채를 빼앗기는 일은 없지만, 임금을 위해 꾀한 일이 맞아떨어지지 않으면 몸 둘 곳이 없다. 서로간의 거리는 멀어 머리에 쓰는 관과 발에 신는 신의 차이만큼이다. 이것이 바로 노자가 '이름 없음無名은 만물의 시초이다.'라고 말한 것이다. 하늘과 땅은 넓고 크며 만물은 너무 많아 안전한 곳도 있고 위험한 곳도 있어 어디에 있어야 할지 모른다. 나와 당신이 그 사람처럼 세상을 살 수 있겠는가? 그는 세월이 흘러도 더욱 편안히 살 수 있을 것이다. 증씨曾氏여기서는 장자莊子의 뜻도 이와 다르지 않을 것이다."

오랜 뒤에 송충은 흉노에 사신으로 갔다가 도중에 되돌아온 일로 죄를 짓게 되었다. 그리고 가의는 양나라 회왕의 부傅가 되었다가 왕이 말에서 떨어져 죽자 밥도 먹지 않고 그 일을 슬퍼하다가 〔굶어〕 죽고 말았다. 이는 영화를 얻으려고 애쓰다가 도리어 〔생명의〕 뿌리를 끊은 것이다.

태사공은 말한다.

"옛날의 점치는 사람이 기록되어 있지 않은 까닭은 다른 책에 보이지 않았기 때문이다. 사마계주에 이르러야 나는 기록하여 적었다."

맞는 땅이 아니면 심어도 나지 않는다

저 선생은 말한다.

"신이 낭관으로 있을 때 장안을 돌아다니다가 복서를 직업으로 하는 어진 대부를 보았습니다. 그가 기거하는 모습과 걸음걸이, 앉았다 일어서는 행동을 보면 시골 사람들을 대할 때도 의관을 바르게 하니 진실로 군자의 기풍이 있었습니다. 〔그는 사람의〕 성품을 보고 풀기를 잘하였고, 또 예쁜 여인들이 점을 보러 와도 그들을 대할 때 얼굴빛을 엄숙히 하여 이를 드러내고 웃는 일이 일찍이 없었습니다.

예로부터 어진 사람은 세상을 피하여 무성한 늪에 사는 자도 있고, 민간에 살면서 입을 다물고 말하지 않는 자도 있으며, 복자 사이에 숨어 살면서 자신을 보전하는 사람도 있었습니다. 사마계주는 초나라의 어진 대부로서 장안에 유학하여 『역경』에 통하고 황제黃帝와 노자의 학설을 전술했으며, 널리 듣고 멀리 본 것이 많았습니다. 그가 두 대부와 주고받은 이야기만 보더라도 현명한 옛 임금과 성인의 도를 인용하는데, 이는 본래 천박한 견문이나 얕은 술수로는 할 수 있는 일이 아닙니다.

복서로 1000리 밖까지 명성을 떨친 사람도 가끔 있습니다. 전해 오는 말에 '부富가 첫째이고 귀貴는 그다음이다. 이미 몸이 귀해지면 각각 한 가지 재능을 배워 자신을 세워라.'라고 하였습니다. 황직黃直은 대부이고 진군부陳君夫는 그 아내였는데, 〔이 두 사람은〕 말馬 관상을 보는 일로 천하에 이름을 드러냈습니다. 제나라 장중張仲과 곡성후曲成侯는 격자擊刺를 잘하여 검술을 배워 천하에 이름을 떨쳤습니다. 유장유留長孺는 돼지 관상을 보는 것으로 천하에 이름을 드러냈습니다. 형양현滎陽縣의 저씨褚氏는 소를 감정하는 것으로 이름을 날렸습니다. 이렇게 재능으로 이름을 드러낸 사람은 대단히 많습니다. 모두 세상에서 우뚝 솟아 일반 사람들을 능가하는 뛰어난 풍모가 있음을 어찌 하나하나 말할 수 있겠습니까? 그러므로 '그 땅이 아니면 심어도 나지 않고, 그 뜻이 아니면 가르쳐도 소용이 없다.'라고 했습니다. 대체로 집에서 자손을 가르칠 경우에는 마땅히 그들이 좋아하는 것을 알아야 합니다. 좋아하는 것은 참으로 그 생활과 맞는 것이니 〔좋아하는 것을 따라〕 가르치면 이루게 됩니다. 그러므로 '한 집안을 이끌어 가고 자식을 가르치는 것을 통해 그 사람의 사람됨을 볼 수 있고, 자식들이 있을 곳에 있으면 〔그 부모는〕 어진 사람이라고 할 수 있다.'라고 했습니다.

신이 낭관일 때 태복으로 낭관이 되려고 황제의 조서를 기다리던 사람과 같은 관청에서 일한 적이 있는데, 〔그는〕 이렇게 말했습니다.

'효무제 때 점치는 사람들을 모아 놓고 아무 날에 며느리를 맞이해도 좋은지 물었습니다. 오행가五行家음양오행으로 점치는 사람는 좋다고 대답하고, 감여가堪輿家풍수가는 안 된다고 하며, 건제가建除家십이신점가十二神占家는 불길하다고 하고, 총진가叢辰家십이진十二辰과 오행을 서로 연관시켜 점치는 사람는 아주 흉하다고 하며, 역가曆家역법에 근거하여 점치는 사람는 조금 흉하다고 하고, 천인가天人家천인天人의 감응을 가지고 점치는 사람는 조금 길하다고 하며, 태일가太一家자연 만물의 변화를 보고 점치는 사람으로 태을가太乙家라고도 함는 아주 길하다고 했습니다. 〔저마다〕 논쟁을 벌였으나 결론이 나지 못하고 상황만 소문이 났습니다. 〔황상이〕 조서에서 「죽거나 꺼리는 모든 것을 피하려면 오행을 위주로 삼으라.」 했습니다.'

사람은 오행에 따라 태어나고 살아가기 때문입니다."

68

귀책 열전
龜策列傳

「귀책 열전」은 앞의 「일자 열전」과 매미의 두 날개처럼 쌍을 이루는 편으로서, 거북 껍데기귀갑와 시초로 점치는 것을 말한다.

고대 중국인의 의식 세계는 우주 자연을 단순히 물리적인 것이 아니라 정신적이고 생명적인 기를 포괄하는 것으로 여겼기 때문에 이 같은 원칙 위에서 전문적인 점술 이론을 발전시키고, 점술가라는 전문 직업인마저 배출하였던 것이다.

이 편은 복서 생활의 역사를 기록한 것으로서 복서가 지역과 민족에 따라 수단과 방식이 서로 다르다는 것을 서술하고 있다. 요임금과 순임금 이전에는 복서 활동이나 기록이 없었고 하夏 왕조 이후로 생겨났음을 밝혔다. 사마천이 생각하기에 옛사람들은 생활의 편리함이나 전쟁의 승리를 위해 복서를 두루 활용했다고 보았다. 이런 현상은 사마천과 동시대에 살던 한 무제에게도 예외가 아닌데, 한 무제는 사이四夷를 토벌하려고 할 때에도 복서의 길흉에 따라 일을 추진했던 것이다.

사마정이 목록만 있고 내용은 없다고 한 편 중의 하나인 이 편도 사마천이 쓴 것은 한나라 때 이미 없어지고 겨우 논찬 부분만 남아 있었다. 현존하는 것은 모두 저소손이 보충한 것이다. '태사공은 말한다'로 시작되는 이 편을 통해 독자들은 사마천의 관점과 함께 점치는 방법 및 그 변천사를 한눈에 알 수 있다.

점을 친 거북딱지에 새겨진 갑골문.

복서의 역사와 효험

태사공은 말한다.

"예로부터 성스러운 왕이 나라를 세우고 천명을 받아 사업을 일으키려 할 때, 어찌 일찍이 복서를 보배롭게 여겨 훌륭한 정치를 돕지 않은 적이 있었던가! 요임금과 순임금 이전의 점복에 관해서는 기록할 수 없지만 〔하, 은, 주〕 삼대가 일어난 뒤로는 각각 상서로운 징조에 따랐다. 〔우임금이〕 도산씨塗山氏의 딸을 아내로 맞이할 때 친 점이 길하므로 아들 계啓가 천하를 이어받았고, 〔은나라 시조 설契의 어머니 간적簡狄이〕 날아가는 제비의 알을 먹은 일을 두고 친 점이 길하기 때문에 은나라가 일어났으며, 〔주나라 시조 후직은 어릴 때부터 농사일을 좋아하여〕 온갖 곡식을 즐겨 심었는데 그 점괘가 길하므로 주나라가 천하의 왕자가 되었다.[1] 왕들은 여러 가지 의심스러운 것을 결정할 때마다 복서를 참고하고 시초蓍草나 귀갑龜甲으로 결단을 내렸는데, 〔이것은〕 바꿀 수 없는 도道규칙이다.

만蠻, 이夷, 저氐, 강羌 등은 비록 임금과 신하의 차례는 없지만 의심스러운 것을 결정할 때 점을 쳤다. 어떤 때는 쇠와 돌을 써서 점치기도 하

---

1 제곡의 첫째 부인 강원姜原이 거인의 발자국을 밟고 임신하여 기棄를 낳았다고 한다. 기는 어려서부터 농사에 큰 관심을 보이더니 요임금의 농관農官이 되어 백성에게 농사짓는 법을 가르쳤다. 순임금 때 호를 후직后稷이라고 했다. 그가 바로 주나라의 시조이다.

고, 풀과 나무를 써서 점치는 등 나라마다 그 습속이 달랐다. 그러나 모두 〔이것에 근거하여〕 전쟁을 일으키고 공격하고 군사를 나아가게 하여 승리를 얻었으며 각각 그들의 신을 믿고 닥쳐올 일들을 알 수 있다고 생각했다.

대체로 들은 바에 의하면 하나라와 은나라는 점치려고 할 때 시초와 귀갑을 마련하고 끝난 뒤에는 그것을 버렸다. 귀갑은 간직해 두면 영험이 없고, 시초는 오래 두면 신통함을 잃는다고 생각했기 때문이다. 주나라에 들어와서는 복관卜官이 언제나 시초와 귀갑을 보물처럼 간직해 두었다. 또 그것들의 크기나 사용 순서에서도 각기 숭상하는 바가 있지만 언제나 그 귀착되는 곳만은 같았다. 어떤 사람은 '성왕聖王이 어떤 일을 만나면 〔길흉을〕 결정하지 않은 적이 없으며, 의심나는 점을 결정할 때는 〔그것을〕 보지 않은 적이 없었다. 성스러운 왕이 시초와 귀갑으로 신에게 아뢰어 묻고 의심나는 점을 풀어낸 것은 뒤에 오는 세상이 점점 쇠미해져 어리석은 사람이 지혜로운 사람을 스승으로 받들지 않고, 사람들은 제각기 자기 편한 대로 생각하며, 가르침이 백가百家로 나누어지고, 도가 흩어지고 경계가 없어졌기 때문에 미묘한 것점에서 추리하여 정신을 맑게 하려는 것이다.'라고 말했다. 또 어떤 사람은 '거북의 영묘한 점에서는 성인도 더불어 다툴 수 없는데, 거북이 길흉을 보여 주고 옳고 그름을 분별하는 것이 인간의 일에 적중하는 경우가 많기 때문이다.'라고 했다.

한나라 고조 때에는 진나라 때의 태복관太卜官을 그대로 따랐다. 당시 천하는 안정을 찾았으나 전란은 여전히 그치지 않았다. 효혜제는 재위 기간이 짧았고 여 태후가 여제가 되었다. 효문제와 효경제 때는 선례를 따를 뿐 복서를 연구하거나 시험할 겨를이 없었다. 아버지와 아들이 주관畴官점복을 주관하는 관리을 대대로 이었으나 정미함과 신묘함을 많이 잃었다. 그러나 지금의 황제무제가 즉위한 뒤로는 널리 예능의 길을 열어 백가의 학문을 모두 권장하였다. 따라서 한 가지 재능에만 정통한 선비라도 모두 자신의 능력을 발휘할 수 있으며, 사람들 중에서 능력이 월등히 뛰어난 사람은 높은 지위에 오르므로 〔남에게〕 아부하거나 개인적인 친분에 치우치는 자가 없었다. 몇 해 사이에 태복 벼슬은 매우 많아졌다. 때마침 무제는 흉노를 치고 서쪽으로 대원을 물리치고 남쪽으로 백월을 손아귀에 넣으려고 하면서, 복서가 미리 길흉의 징조를 예견하여 그 일의 이익을 꾀하려고 했다. 용맹스러운 장수들이 예봉을 휘두르고 〔천자의 사신이 전쟁터에서〕 부절을 들고 승리를 얻는 데도 한나라에서 시초와 귀갑으로 친 점이 도움이 되었다. 그래서 황제는 점복가를 더욱더 중시하여 수천만 전을 내리기도 했다. 구자명丘子明 같은 자는 부귀를 누리고 은총까지 받아 〔그 권세가〕 조정 대신들을 압도했다.

복서를 이용하여 고도蠱道무당의 사기술를 적발하고, 무고巫蠱무당을 시켜 사람을 저주하여 죽이는 것 사건[2]도 많이 알아맞혔다. 그러나 그들이 점괘를 이용하여 평소 사소한 원한이나 못마땅한 일이 있었던 상대를 공적인 일과 결부시켜 죄를 덮어씌우고, 또 사람을 멋대로 모함하여 일족에게 해를 입히고 한 가문을 사라지게 한 예는 이루 헤아릴 수 없을 정도였다. 관리들은 몹시 두려워 모두 '귀갑과 시초가 말을 할 수 있다.'라고

---

2 무고 사건은 무제 때 가장 많이 일어났다. 무제는 만년에 자주 병을 앓게 되자 그 원인을 무고 때문이라고 단정 짓고, 주위에 있던 사람을 300여 명이나 죽였다. 태자 유거劉據마저 그 죄를 뒤집어쓰게 되자 무제와 닷새 동안 싸워 수만 명이 죽었다.

까지 했다. 그러나 나중에 그들의 간악한 짓이 발각되어 삼족이 주멸되었다.

무릇 책策을 두 손으로 받들어 〔길흉의〕 수를 정하고 거북을 구워 그 징조를 살피는 일은 변화가 무궁하다. 그 때문에 어진 사람을 뽑아 점치게 하였는데, 이것이야말로 성인이 신중하게 해야 한다고 할 수 있지 않은가?

주공은 삼귀三龜태왕太王과 계력季歷과 문왕文王의 거북로 점쳐 무왕의 병을 완쾌되도록 했고, 주왕은 포학한 짓을 일삼고 원귀元龜큰 거북로 점쳤으나 〔길하다는〕 점괘가 나타나지 않았다. 또 진晉나라 문공은 주나라 양왕의 왕위를 정하려고 점쳐서 황제黃帝가 판천阪泉에서 싸운다는 조짐을 얻은 뒤에야 동궁彤弓천자가 공이 많은 제후에게 내리는 붉은 활을 하사받았다. 〔진晉나라〕 헌공은 여희의 미모가 탐나 점을 치니 입의 형상구설수에 오른다는 것이 나타났는데, 그 재앙은 결국 다섯 대까지 흘러왔다. 초나라 영왕이 주나라 왕실을 배반하고자 점치니 거북의 조짐이 불길했는데, 마침내 건계乾谿 싸움에 져서 죽었다.

〔이같이〕 〔길흉의〕 징조와 응험은 점괘에 사실 안에서 그대로 나타났고, 당시 사람들은 이것을 분명히 보았으므로 점의 징조와 응험이 들어맞는다고 말하지 않을 수 있겠는가! 군자는 '대체로 복서를 가볍게 여기고 신명을 믿지 않는 자는 사람의 도리에 어긋난다. 〔그러나〕 사람의 도리를 거스르면서 상서로움만을 믿으려 하는 자에게는 귀신도 바르게 알려 주지 않는다.'라고 말했다. 그러므로 『서경』에서는 '의심나는 일을 생각하고 결정하는 방법으로 오모五謀다섯 가지 묻는 방법 즉 자기 생각, 신하, 백성, 복, 서가 있는데, 복卜과 서筮가 그 가운데 둘을 차지한다. 〔일을 할 때

는) 이 다섯 가지로 점쳐서 많은 쪽을 따른다.'라고 했다. 이것은 오로지 복서에만 의지하지는 말라고 밝힌 것이다.

나는 강남에 갔다가 점치는 것을 보고 그곳 장로들에게 물으니 '거북은 천년을 살면 연꽃 잎 위에서 놀고, 시초는 한 뿌리에 100개의 줄기가 올라온다. 또 시초가 있는 곳에는 호랑이와 이리 같은 짐승이 살지 않고 독초나 쏘는 풀도 나지 않는다. 강수 가에 있는 사람들은 흔히 거북을 길러서 잡아먹는데, 혈액 순환을 좋게 하고 원기를 보충하여 늙는 것을 막는 데 도움이 된다고 생각한다.'라고 했는데 어찌 믿지 못하겠는가?"

저褚 선생은 말한다.

"신은 경학에 능통했으므로 박사에게 학업을 받고, 『춘추』를 배워 우수한 성적으로 낭관이 되었으며, 다행히 숙위宿衛로서 대궐을 드나든 지가 10여 년이나 되었습니다. 저는 『태사공전太史公傳사기』을 좋아합니다. 『태사공전』에는 '삼왕三王하, 은, 주 삼대은 거북으로 점치는 방법이 다르고, 사방의 오랑캐들 역시 점치는 법이 제각기 다르나 모두 이것으로 길흉을 판단했다. [그래서] 대충 그 요지를 살펴 「귀책 열전」을 지었다.'라고 했습니다.

신은 장안 거리를 다니면서 「귀책 열전」을 구하려 했으나 얻을 수 없었으므로 태복관太卜官을 찾아가 장고掌故, 문학文學의 장로들 중에서 모든 일에 능통한 사람들에게 물어 귀책龜策과 복사卜事를 기록하여 아래와 같이 편술합니다."

들건대 옛날 오제와 삼왕은 일전쟁을 일으키려 할 때는 반드시 먼저 시초와 거북으로 점을 쳐서 결정했다고 한다. 〔점복서에〕 전하여 말하기를 "아래에 복령伏靈소나무 뿌리에 기생하는 버섯의 일종이 있으면 위에는 토사兎絲실새삼가 있고, 위에 시초가 있으면 밑에는 신령스러운 거북〔神龜〕이 있다."라고 하였다. 복령이라고 하는 것은 토사 밑에서 자라는 것으로 모습이 마치 나는 새의 형상과 비슷하다. 비가 막 그친 뒤 하늘이 맑고 고요하며 바람 한 점 없는 날 밤에 토사를 베어 내고 그곳을 횃불로 비추어 보다가 횃불이 꺼지면 장소를 표시해 둔다. 네 길丈 길이의 새 베로 주위를 빙 둘러 싸 두었다가 날이 밝는 대로 〔복령을〕 파내는데 네 자에서 일곱 자를 파 들어가면 얻을 수 있으며 일곱 자를 넘으면 얻지 못한다. 복령은 천년 묵은 소나무 뿌리로 이것을 먹으면 죽지 않는다. 들건대 시초가 나서 줄기 100개가 차게 되면 그 밑에는 반드시 신령스러운 거북이 있어서 이를 지키고, 그 위에는 언제나 푸른 구름이 그것을 덮고 있다고 한다. 〔점복서에〕 전하여 말하기를 "천하가 태평스러워 왕도가 행해지면 시초의 줄기는 한 길이나 자라고, 한 다발에서 100개 이상의 줄기가 생겨난다."라고 했다. 〔그러나〕 오늘날에는 시초를 얻어도 옛날 법도에 맞게 할 수 없으며, 줄기가 100개 이상이고 그 길이가 한 길 되는 것도 얻기 어렵다. 줄기가 80개 이상으로 길이가 여덟 자 되는 것마저도 얻기 어렵다. 백성이 점괘에 즐겨 사용하는 것은 줄기가 60개 이상이고 길이가 여섯 자인 것을 취하면 쓸 만하다.

기록에는 "명귀名龜를 얻는 사람에게는 재물이 모여들어 그 집은 반드시 1000만 전을 모으는 부자가 된다. 첫째 북두귀北斗龜, 둘째 남진귀南辰龜, 셋째 오성귀五星龜, 넷째 팔풍귀八風龜, 다섯째 이십팔수귀二十八宿龜, 여섯째 일월귀日月龜, 일곱째 구주귀九州龜, 여덟째 옥귀玉龜의 여덟 종류의 명귀가 있다. 거북의 그림에는 각각 배 밑에 문자가 있는데, 이 문자에는 어떠어떠한 거북이라고 말하고 있다."라고 했다. 여기서는 그것의 대체적인 뜻만을 기록하고 그림은 옮겨 그리지 않았다.

이런 거북을 잡으면 반드시 한 자 두 치가 안 되는데, 사람들은 길이가 일고여덟 치 되는 거북을 얻어도 보물로 여긴다. 지금 주옥이나 보기寶器는 비록 깊이 감춰져 있어도 반드시 그 빛을 드러내고 반드시 그 신명함을 나타내는 것은 아마도 이것을 말하는 것인가! 그러므로 산에 옥이 있으면 초목이 기름지고, 못에 구슬이 있으면 언덕이 마르지 않는 것은 〔구슬과 옥의〕 윤택이 더해졌기 때문이다. 명월주明月珠는 강과 바다에서 나는데 조개 속에 감추어져 있고, 교룡蛟龍이 그 위에 엎드려 있다. 왕이 이것을 얻으면 길이 천하를 보존하며 사방 오랑캐들이 신하로서 복속된다. 줄기가 100개 있는 시초를 얻고, 아울러 그 밑에 있는 거북까지 얻어 점을 친다면 말하는 것마다 모두 맞아 충분히 길흉을 결정할 수 있다.

신령스러운 거북은 강수의 물속에서 나오는데 여강군廬江郡은 해마다 그곳에서 자라는 길이 한 자 두 치 되는 거북 스무 마리를 잡아 태복관으로 보낸다. 태복관에서는 길일을 가려 그 배 밑의 껍질을 떼어 낸다. 거북은 천년을 살아야 족히 한 자 두 치가 된다.

신령스러운 거북의 영묘함

왕이 군대를 일으켜 장수를 내보낼 때에는 반드시 종묘의 당상에서 거북으로 점쳐 길흉을 정한다. 지금 고묘高廟고조의 사당 안에는 귀실龜室이 있는데, 그 안에 [거북딱지를] 신령스러운 보물로 감추어 두었다. [점복서에] 전하여 말하기를 "거북의 앞발 뼈를 얻어서 구멍을 뚫어 [몸에 지니거나] 거북을 얻어서 방의 서북쪽 구석에 걸어 두면 깊은 산이나 큰 숲 속으로 들어가도 길을 잃지 않는다."라고 했다.

내가 낭관으로 있을 때『만필술萬畢術』「석주방전石朱方傳」을 본 일이 있는데, 다음과 같이 씌어 있었다.

어떤 신령스러운 거북은 강남의 가림嘉林아름다운 숲 속에 살고 있다. 가림이란 짐승으로는 범이나 이리 같은 것이 없고 새로는 부엉이나 올빼미 같은 것이 없으며 풀로는 독초 같은 것이 나지 않고 들불도 미치지 못하며 도끼도 닿지 않는 숲, 이것이 가림이다. 신령스러운 거북은 이곳에서 언제나 꽃 같은 연잎 위에서 산다. 그 왼쪽 옆구리에는 "갑자甲子 중광重光십간십이지의 신후에 해당하는 해에 필부가 나를 얻으면 임금이 되거나 봉토를 차지하는 제후가 될 것이고, 제후가 나를 얻으면 제왕이 될 것이다."라는 글이 씌어 있다. 이 신령스러운 거북을 백사반오림白蛇蟠杅林백사白蛇가 몸을 서리고 있는 숲속에서 구하려는 사람은 재계한 뒤 그것이 나타나 주기만을 기다리는데, 공손하고 엄숙하게 마치 소식을 전해 주는 이가 오기만을 기다리듯 하며 땅에 술을 뿌려 제사 지내고, 머리를 풀어헤쳐 사흘 밤낮을 갈구한 뒤에야 얻을 수 있다.

이 기록을 보면 어찌 거룩하다고 하지 않겠는가! 어찌 거북을 존경하지 않을 수 있겠는가?

남쪽의 어떤 노인이 거북으로 침상의 다리를 받쳐 두었는데 20여 년이 지나 노인이 죽어 침상을 옮기려니 거북은 여전히 죽지 않고 살아 있었다. 거북은 기운을 움직여 몸속으로 끌어들일 수 있기복기술服氣術 때문이다. 어떤 사람이 물었다.

"거북은 이처럼 매우 신령스러운데, 태복관에서는 어찌 살아 있는 거북을 얻자마자 죽여 그 딱지를 취합니까?'

최근 강수 가에 사는 사람이 명귀名龜를 얻어 길렀는데, 그 집은 그로 인해 큰 부자가 되었다. 〔그는〕 다른 사람과 상의하여 거북을 보내 주려 했으나 그 사람은 거북을 죽일지언정 놓아주지 말지니, 거북을 놓아주면 집안이 망할 것이라고 했다. 그런데 거북이 꿈에 나타나서 말했다.

"나를 물속으로 보내 주고 나를 죽이지 마시오.'

그러나 그 집에서는 결국 거북을 죽였다. 거북을 죽이자 집주인 자신도 죽고 집안도 불행하였다. 백성과 임금은 도를 달리한다. 백성이 명귀를 얻으면 아무래도 죽이지 말라는 것 같다. 하지만 옛 고사에 따르면 옛날 현명한 왕과 성스러운 군주는 모두 거북을 죽여서 이용했다.

송나라 원왕元王 때에도 거북을 얻게 되면 죽여서 이용했다. 삼가 그 일을 다음과 같이 연이어 적어 호사가들이 이 가운데서 보고 선택하도록 하고자 한다.

신령스러운 거북은 덕을 쌓은 자에게만 내린다

송나라 원왕 2년에 강수의 신이 신령스러운 거북을 하수의 신에게 사신으로 보내어 [신령스러운 거북이] 천양泉陽까지 왔을 때, 예저豫且라는 어부가 그물을 걷어 올려 이를 잡아 대바구니 속에 넣어 두었다. 한밤중에 거북은 기어 나와 송나라 원왕의 꿈속에 나타나 말했다.

"나는 강수의 신을 위해 사신으로 하수의 신에게 가던 길에 길목에 그물이 쳐져 있어 천양에 사는 예저라는 자에게 잡혀 갈 수 없게 되었습니다. 몸은 도망칠 걱정으로 가득하지만 [사정을] 말할 만한 데가 없습니다. 왕께서는 덕과 의로움이 있으므로 찾아와 호소합니다."

원왕은 깜짝 놀라 깨어났다. 그러고는 박사 위평衛平을 불러 물었다.

"지금 과인은 꿈속에서 한 대장부를 만났는데, 목을 뻗고 머리를 늘어뜨리고는 수놓은 검은색 옷을 입고 짐수레를 타고 꿈속에 와서는 과인에게 이렇게 말했소. '나는 강수의 신을 위해 사신으로 하수의 신에게 가던 길에 길목에 그물이 쳐져 있어 천양에 사는 예저라는 자에게 잡혀 갈 수 없게 되었습니다. 몸은 도망칠 걱정으로 가득하지만 [사정을] 말할 만한 데가 없습니다. 왕께서는 덕과 의로움이 있으므로 찾아와 호소합니다.' 이것이 무슨 뜻이오?"

위평은 식式점치는 도구로 하늘과 땅의 형상이 그려져 있음을 손에 들고 일어서더니 하늘을 우러러 달빛을 보고 북두성이 가리키는 곳을 살피고 해가 향하는 곳을 정하고 규規컴퍼스와 구矩짧은 자, 권權저울대과 형衡저울추의 도움을 빌려 사유四維서북, 서남, 동남, 동북를 정하고 팔괘가 서로 바라보게 했다. 〔그런 뒤에〕 그 길흉을 살펴보니 거북 형상이 먼저 나타났다. 그러자 위평은 원왕에게 대답했다.

"어젯밤은 임자일壬子日로 이십팔수二十八宿가 견우에 자리하고 있습니다. 하수의 물은 크게 모이고 귀신들이 서로 의논합니다. 은하수가 남북으로 바로 위치하여 강수와 하수의 신은 굳건히 약속하기를 남풍이 막 불어오면 강수의 신을 사신을 먼저 보내기로 하였습니다. 흰 구름이 은하수를 덮으면 만물이 모두 제자리에 멈춥니다. 북두성의 두병斗柄자루부분이 해 있는 쪽을 가리키고 있으니 사자가 갇히게 된 것입니다. 검은 옷을 입고 짐수레에 탄 것은 거북입니다. 왕께서는 급히 사람을 시켜 물어서 찾으십시오."

왕이 대답했다.

"좋소."

이에 왕은 곧 사람을 보내어 천양泉陽의 현령에게 달려가 묻도록 했다.

"고기잡이하는 자는 몇 집이나 되느냐? 예저라고 이름 불리는 자가 누구냐? 예저가 잡은 거북이 왕의 꿈에 나타났기 때문에 왕이 나를 보내 거북을 찾아오라고 하셨다."

천양 현령은 아전들을 시켜 호적을 조사하고 지도를 살펴보도록 했다. 강가에서 고기잡이하는 자가 쉰다섯 집인데 상류에 있는 움막에 예저가 살았다. 천양 현령이 말했다.

"맞구나."

곧 〔천양 현령은〕 사자와 함께 달려가 예저에게 물었다.

"어젯밤 너는 고기를 잡으러 나가 무엇을 잡았느냐?"

예저가 대답했다.

"한밤중에 그물을 끌어올려 거북을 잡았습니다."

사자가 말했다.

"지금 거북은 어디에 있느냐?"

〔예저가〕 대답했다.

"대바구니 속에 있습니다."

사자가 말했다.

"왕께서는 네가 거북 잡은 것을 아시고 나에게 그것을 찾아오라고 하셨다."

예저가 말했다.

"알겠습니다."

즉시 거북을 묶어 대바구니 속에서 꺼내 사자에게 바쳤다.

사자는 〔거북을〕 싣고 가 천양의 성문을 나왔는데, 마침 대낮인데도 보이는 것이 없고 비바람이 내리치고 어두컴컴했다. 구름이 수레 위를 덮으니 오색찬란하게 빛나고, 번개가 그치고 비가 내리니 바람이 불어왔다. 〔사자는〕 단문端門왕궁 남쪽의 정문으로 들어와 〔정전〕 동쪽 방에서 원왕을 뵈었다. 거북의 몸뚱이는 흐르는 물처럼 윤택이 나고 빛이 있었다. 〔거북은〕 원왕을 보자 목을 늘어뜨려 앞으로 세 걸음 나오더니 멈춰 목을 움츠린 뒤에 물러나 제자리로 돌아갔다. 원왕은 이것을 이상하게 여겨 위평에게 물었다.

"거북이 과인을 보자 목을 늘어뜨리고 나왔는데 무엇을 말하는 것이오? 또 목을 움츠리고 제자리로 돌아갔는데 이것은 무슨 뜻이오?"

위평이 대답했다.

"거북은 걱정 속에 하룻밤을 꼬박 갇혀 있었습니다. 왕께서 덕과 의로움이 있어 사자를 보내 살려 주셨습니다. 지금 목을 늘어뜨리고 앞으로 나간 것은 감사하다는 뜻이며, 목을 움츠리고 물러난 것은 빨리 떠나고 싶다는 뜻입니다."

원왕이 말했다.

"좋구나. 신령스러움이 지극하여 이와 같단 말이오? 오래 머물게 해서는 안 되겠소. 수레를 재촉하여 거북을 보내 주어 기한에 늦지 않도록 하시오."

위평이 대답했다.

"거북은 천하의 보물이기에 〔남보다〕 먼저 이 거북을 얻는 사람이 천자가 되며, 〔이 거북으로 점을 치면〕 열 번 물어보면 열 번 다 알아맞히고 열 번 싸우면 열 번 다 이깁니다. 〔이 거북은〕 깊은 못에서 태어나 황토에서 자라 하늘의 도를 알며 상고上古의 일에도 밝습니다. 3000년 동안 〔물속에서〕 노닐고 그 영역을 벗어나지 않습니다. 안정되고 평화로우며 고요하고 바르며 움직이는 데 기력을 쓰지 않습니다. 그 수명은 천지를 덮을 만하며 그 끝을 아는 사람이 없습니다. 사물과 함께 변하여 사계절마다 색깔을 바꿉니다. 가만히 숨어 살면서 엎드린 채 아무것도 먹지 않습니다. 즉 봄에는 푸른색, 여름에는 누런색, 가을에는 흰색, 겨울에는 검은색으로 바뀌어 음양에 밝고 형덕刑德에 밝아서 먼저 이해利害를 알고 화복禍福을 살필 줄 압니다. 그러므로 〔거북으로 점쳐서〕 말하는 것은 맞고 싸우면 이기는 것입니다. 왕께서 이것을 보물처럼 간직하고 있으면 제후가 모두 복종할 것입니다. 왕께서는 놓아 보내 주지 마시고 이 거북으로 사직을 편안히 하십시오."

원왕이 말했다.

"이 거북은 대단히 신령스러워 하늘에서 내려와 깊은 못으로 떨어져 환난을 겪으면서, 과인을 어질고 후덕하며 신의 있는 사람으로 여겼기 때문에 찾아와 호소했던 것이오. 그런데 만일 과인이 놓아주지 않으면 이것은 고기 잡는 자나 할 짓이오. 어부는 거북의 살코기를 이익으로 알고 과인은 그 거북의 [신묘한] 힘을 탐낸다면, 이는 아랫사람은 어질지 못하고 윗사람은 덕이 없는 것이오. 군주와 신하가 예가 없으면서 어떻게 복을 받을 수 있겠소? 과인은 [이 거북을] 차마 붙들어 둘 수 없으니 어찌 보내 줄 수 없겠소?"

위평이 대답했다.

"그렇지 않습니다. 신이 듣건대 큰 덕은 갚지 않아도 되고, 귀중한 물건을 [남이] 맡기면 돌려주지 않아도 되며, 하늘이 준 것을 받지 않으면 하늘은 그 보물을 도로 빼앗는다고 했습니다. 지금 이 거북은 천하를 두루 돌아다니다가 다시 제자리로 돌아온 것입니다. [거북은] 위로는 푸른 하늘에 이르고 아래로는 진흙에 다다르며 구주九州를 두루 돌아다니지만 치욕을 당한 일도 없고 오래 붙들려 있은 적이 한 번도 없었습니다. [그런데] 지금 천양에 이르러 치욕스럽게도 어부에게 잡혀 갇히는 신세가 되었습니다. 왕께서 놓아주시더라도 강수의 신과 하수의 신은 틀림없이 노하여 원수를 갚으려 할 것이며, 거북 스스로도 모욕을 당했다며 다른 신들과 의논하여 [다양한 방법으로 복수할 테니] 장마는 갤 줄 모르고 홍수는 다스릴 방법이 없을 것입니다. 그렇지 않으면 큰 가뭄이 들고 바람이 불어 먼지를 일으키며, 메뚜기 떼가 크게 일어나 백성은 수확 시기를 잃게 될 것입니다. 왕께서 [거북을 놓아주는] 인의를 실천하여도 반드시 징벌이 찾아올 것입니다. 그것은 다른 까닭이 있어서가 아니라 재앙의 빌미가 거북에 있기 때문입니다. 나중에 후회한들 어찌 미칠 수 있겠습니까! 왕께서는 〔이 거북을〕 놓아주지 마십시오."

원왕은 몹시 슬퍼 탄식하며 말했다.

"대체로 남의 사자를 가로막고 남의 계획을 끊어 놓는다면 이것이 포학한 짓이 아니겠소? 남이 가지고 있는 것을 빼앗아 자기 보물로 만든다면 이것은 강탈이 아니겠소? 과인이 듣건대 포학한 것으로 얻는 자는 반드시 포학한 것으로 망하고, 강제로 빼앗은 자는 반드시 뒤에 공을 잃는다고 들었소. 걸왕과 주왕은 강포했기 때문에 자신도 죽고 나라도 망했소. 지금 내가 그대 말을 받아들이면 인의를 갖춘 군주라는 이름은 없고 강포의 도만 남소. 〔그렇게 되면〕 강수와 하수의 신은 탕왕과 무왕이 되고 나는 걸왕과 주왕이 되는 것이니 이익을 얻기는커녕 허물만 받게 될까 두렵소. 과인은 의심스러워 주저하는데 어찌 이 보물만을 섬기겠소? 수레를 재촉하여 거북을 보내 주고 오래 머물지 않도록 하시오."

위평이 대답했다.

"그렇지 않습니다. 왕께서는 근심하지 마십시오. 하늘과 땅 사이에는 돌이 쌓여 산을 이루었으나 〔산은〕 높아도 무너지지 않으며 땅은 〔산 때문에〕 안정됩니다. 그러므로 물건이란 위태로워 보이나 도리어 편안한 것이 있고, 가벼워 보이나 도리어 옮길 수 없는 것이 있으며, 사람은 충성스럽고 신의가 있어도 방종한 사람만 못한 경우도 있고, 때로는 아주 못생겼어도 큰 벼슬에 어울리고, 때로는 아름답고 고운 얼굴을 하고 있어도 많은 사람의 근심거리가 되기도 한다고 했습니다. 신성한 사람이 아니면 〔사물의 이치를〕 다 말할 수 없습니다. 봄, 여름, 가을, 겨울은 덥기도 하고 춥기도 한데 추위와 더위가 서로 조화를 이루지 못하면 〔사물을) 해치는 기운이 서로 침범하게 됩니다. 해를 같이하면서도 절기를 달리하는 것은 그 때가 그렇게 만들기 때문입니다. 그러므로 봄에는 〔만물이〕 나고 여름에는 자라며 가을에는 거두고 겨울에는 저장합니다. 〔사람도 이와 같아서〕 어떤 사람은 인의를 실천하고 어떤 사람은 강포를 행하는데, 강포도 때로는 행하는 이유가 있고 인의도 실행하는 때가 있습니다. 만물은 모두 이와 같아서 똑같이 다스릴 수 없습니다.

왕께서 신의 말을 듣고 싶다면 신은 이 점을 모두 말씀드리겠습니다. 하늘은 오색을 나타내어 흑백을 분간하고, 땅은 오곡을 낳아 선악을 압니다. 〔그러나〕 인간은 분간할 지혜가 없어 짐승과 서로 같았습니다. 골짜기나 동굴에서 살았으며 밭을 일굴 줄도 몰랐습니다. 천하에 재난이 일어나고 음양이 서로 뒤섞이자 다급하고 총망해하며 〔남녀가〕 통하였으나 서로 선택하지는 않았습니다. 요사스럽고 불길한 일이 자주 나타나서 〔종족을〕 전하는 것도 외롭고 척박했습니다. 〔그래서〕 성인이 생명 있는 것들을 분별하여 서로 잡아먹는 일이 없도록 했습니다. 짐승에게는 암수 구별이 있으므로 산에 살도록 하고, 새에게도 암수가 있으므로 숲과 못에 살게 하며, 딱딱한 껍질을 가진 벌레는 계곡에 살도록 하였습니다. 그리고 백성을 다스리기 위해 성곽을 만들어 그 안에는 여閭스물다섯 집와 수術1000집를 경계 짓고, 그 밖에는 천阡남북으로 이어지는 길과 맥陌동서로 이어지는 길을 만들었습니다. 부부인 남녀에게는 밭과 집을 나눠 주고, 그 집들이 늘어서면 지적도와 호적을 만들어 친족 이름을 구별하였습니다. 관청을 세워 관리를 두고 작위와 봉록을 주는 방법으로 그들을 권장하며, 명주와 삼베옷을 지어 입히고 오곡을 먹여 길렀습니다. 〔백성은〕 밭을 갈아 씨앗을 흙으로 덮고, 호미질로 김을 맵니다. 입은 맛있는 것을 먹고, 눈은 아름다운 것을 보며, 몸은 그 이익을 받았습니다. 이러한 것으로 보면 강한 것이 아니고는 〔이러한 데까지〕 이르지 못합니다. 그러므로 밭갈이하는 사람이 강하지 않으면 균困원형의 곳집과 창倉방형의 곳집이 차지 않고, 장사꾼이 강하지 않으면 이익을 얻지 못하며, 부녀자가 강하지 않으면 〔짜 놓은〕 포백布帛이 정교하지 못하고, 관청의 통제가 강하지 않으면 위세가 설 수 없으며, 대장이 강하지 않으면 군사들이 명령대로 부려지지 않으며, 제후나 왕이 강하지 않으면 영원히 명성을 떨치지 못한다고 합니다. 따라서 강彊이란 것은 모든 일의 처음이며 분별하는 도리이고 사물의 기강입니다. 강을 통하면 찾는 것을 얻지 못하는 일이 없습니다.

왕께서 그렇지 않다고 생각하신다면 왕께서는 저 옥독玉櫝과 척치隻雉가 곤륜산에서 생산되고, 명월주가 사해四海에서 난다는 말을 듣지 못하셨습니까? 돌을 깨고 조개를 갈라 꺼내어 저잣거리에 내다 팔게 되면 성인은 그것을 얻어 큰 보물로 여기고, 큰 보물을 가진 사람이라야만 천자가 됩니다. 지금 왕께서는 〔거북을 붙들어 두는 것을〕 스스로 포학하다고 하시지만 조개를 바다에서 쪼개는 것만 못하고, 스스로 강포하다고 생각하시지만 곤륜산에서 돌을 깨는 것만 못합니다. 〔이것을〕 갖는다고 하여 허물이 될 수 없으며, 보물로 삼는다고 하여 화가 될 수 없습니다. 지금 거북이 사자가 되어 찾아오다가 그물에 걸려 어부에게 잡혔지만 왕의 꿈에 나타나 〔직접 도움을〕 호소했으니 이것은 나라의 보물인데 왕께서는 무엇 때문에 걱정하십니까?"

원왕이 말했다.

"그렇지 않소. 내가 듣건대 간언은 복이 되고 아첨은 화가 된다고 하오. 남의 임금 된 자가 아첨을 듣는다면 이는 어리석고 미혹스러운 것이라고 했소. 그렇지만 화라는 것은 함부로 이르지 않고, 복이라는 것은 부질없이 오지 않는 법이오. 하늘과 땅의 기운이 화합하여 모든 재물을 낳고, 기운에는 음양에는 구분이 있고 사계절이 차례로 바뀌며, 열두 달은 동지와 하지를 기한으로 하여 바뀌오. 성인은 〔이와 같은 데에〕 통철했으므로 몸이 재앙을 입지 않고, 현명한 왕은 이런 이치로 다스리므로 감히 사람들을 속이지 않소. 그러므로 복이 이르는 것은 사람 스스로 낳는 것이고, 화가 이르는 것은 사람 스스로 이루는 것이라고 하오. 화와 복은 같은 것이며, 형刑과 덕德은 나란히 가는 것이오. 성인은 이러한 이치를 살펴보아 길흉을 알았소.

걸왕과 주왕 때에는 하늘과 공을 다투고, 귀신의 길을 막아 사람과 서로 통하지 못하도록 했소. 이것은 이미 무도한 일인데도 아첨하는 신하가 많았소. 걸왕에게는 조량趙梁이라는 아첨하는 신하가 있었는데 〔걸왕으로 하여금〕 무도한 일을 하도록 가르치고 탐욕스럽고 잔인한 것을 권장하며, 탕왕을 하대夏臺에 가두고 관용봉關龍逢을 죽이도록 했소. 좌우에 있는 신하들은 죽음이 두려워 〔걸왕〕 옆에서 구차스럽게 아첨을 일삼았소. 나라는 달걀을 쌓아 놓은 것처럼 위태로운데도 모두 걱정 없다고만 말하고 만세를 외치며 즐겼소. 그들 중에는 〔즐거움을〕 아직 반도 누리지 못했다고 말하여 걸왕의 눈과 귀를 가리고 함께 속이며 미쳐 날뛰는 자도 있었소. 탕왕이 드디어 걸왕을 치니 그는 죽고 나라는 멸망했소. 그는 신하가 아첨하는 말을 들었기 때문에 자신이 홀로 재앙을 입게 된 것이오. 『춘추』에 이 사실이 기록되어 오늘날까지 잊히지 않고 있소.

주왕에게도 좌강左彊이라는 아첨하는 신하가 있었소. 그는 눈썰미가 좋은 것을 자랑하며, [주왕으로 하여금] 상랑象郎상아로 만든 방을 짓게 하여 하늘에 닿고자 했고 또 옥으로 만든 침상이 있었으며, 코뿔소 뿔이나 옥으로 만든 그릇에 상아로 만든 젓가락으로 국을 먹었소. 성인聖人비간比干이 심장을 갈리고, [겨울 아침에 차가운 내를 건넌] 장사는 다리를 끊겼소. 기자는 죽는 것이 두려워 머리를 풀어헤치고 미친 척했소. 주나라 태자 역歷을 죽이고 문왕 창昌을 잡아 석실石室에 가둬 놓고 저녁부터 아침까지 버려두었소. 음긍陰兢이라는 자가 그를 구출하여 함께 달아나 주나라 땅으로 들어가 [그곳에서] 태공망을 얻어 군사를 일으키고 모아서 주왕을 공격했소. 문왕이 병으로 죽자 그 시체를 수레에 싣고 앞으로 나아가며, 태자 발發이 대신 장수가 되어 무왕이라 하고 목야牧野에서 싸워 화산華山 남쪽에서 [주왕을] 깨뜨렸소. 주왕은 싸움에서 져 달아났다가 상랑에서 포위되자 선실宣室천자가 머무는 곳에서 스스로 목숨을 끊었는데 자신이 죽었어도 장사조차 지내지 못했고, 그 머리는 말 네 마리가 끄는 수레 뒤의 횡목에 매달려 끌려갔소. 과인은 이 같은 일들을 생각하면 창자가 뒤끓는 것만 같소. 이들은 천하를 차지할 만큼 부유하고 천자라는 귀한 자리에 올랐으면서도 몹시 거만하고 욕심이 끝없으며, 일을 일으켜 높아지는 것을 좋아하고 아주 탐욕스럽고 교만했소. 충성스럽고 신의가 있는 신하는 쓰지 않고 아첨하는 신하의 말만 받아들여 천하의 웃음거리가 되었소. 지금 과인의 나라는 제후들 사이에 놓여 있어 [힘이] 가을날의 새털만도 못하오. 일을 일으켰다가 감당하지 못하면 또 어디로 도망치겠소?"

위평이 대답했다.

"그렇지 않습니다. 하수의 신이 신령스럽고 현명하다 해도 곤륜산의 신만 못하고, 강수의 원류가 멀어 길게 흐르더라도 사해만 못합니다. 그래서 사람들은 곤륜산과 사해의 보물을 빼앗아 취하고, 제후들은 [이것을 가지려고] 다투어 전쟁을 일으킵니다. 작은 나라는 망하고 큰 나라는 위태로워지며, 남의 아버지와 형을 죽이고 남의 처자식을 포로로 잡으며, 나라를 해치고 종묘를 없애 가면서 이 보물을 놓고 다툽니다. 나누고 빼앗으려 전쟁하고 공격하니 이것이 강포함입니다. 그러므로 그것을 강포함으로써 빼앗아 갖더라도 문덕文德으로 다스리고, 사계절의 변화에 어긋나지 않게 하며, 반드시 어진 선비를 친애하고, 음양과 더불어 변하고, 귀신을 사자로 삼아 천지와 통하게 하여 더불어 벗이 되면 제후는 기꺼이 복종하고 백성은 몹시 기뻐하며 나라는 편안하고 세상과 더불어 다시 새로워질 것이라고 했습니다. 탕왕과 무왕은 이를 실천하여 천자 지위를 차지했고, 『춘추』에 이를 기록하여 기강으로 삼았습니다. [그런데] 왕께서는 탕왕과 무왕을 찬양하지 않고 스스로 걸왕과 주왕에 비하려고만 하십니다. 걸왕과 주왕은 처음부터 강포한 것을 당연하게 생각했습니다. 걸왕은 [사치수러운] 와실瓦室을 짓고 주왕은 상량을 지었으며, 백성으로부터 실을 거둬들여 [장작 대신] 태우고 백성의 힘을 애써 소모시켰으며, 부세에는 한도가 없고, 법칙도 없이 살육했으며, 다른 사람의 육축六畜을 죽여 그 가죽으로 자루를 만들고 자루 안에 그 피를 담아 매달아 놓고 사람들과 함께 이것을 쏘아 천제天帝와 강함을 다투었습니다. 사계절의 법칙을 거슬러 행동하여 계절의 차례를 어지럽히고, 모든 [제사] 귀신에게 올리기 전에 먼저 [음식을] 맛보았습니다. 간언하는 사람은 그 즉시 죽이고 아첨하는 자만 곁에 두었습니다. 성인은 엎드려 숨어 살고 백성은 행동할 수 없었습니다. 하늘에는 자주 가뭄이 들고 나라에는 요상한 일이 많았습니다. 명충螟蟲이 해마다 생겨 오곡이 익지 못했습니다. 백성은 한곳에서 편히 살지 못하고 귀신은 〔제사를〕 받지 못했습니다. 날마다 회오리바람이 날마다 일어나고 대낮인데도 캄캄하였습니다. 일식과 월식이 함께 일어나 숨을 죽인 듯 천지에 빛도 없었으며, 뭇별이 어지럽게 움직이니 모든 것이 기강에서 벗어났습니다. 이러한 일을 보더라도 어떻게 〔걸왕과 주왕이〕 오래 지속될 수 있었겠습니까? 탕왕과 무왕이 나타나지 않더라도 당연히 멸망해야 될 때였습니다. 그러므로 탕왕이 걸왕을 치고 무왕이 주왕을 이긴 것은 그 때가 그렇게 만든 것입니다. 이리하여 〔탕왕과 무왕은〕 천자가 되고 자손이 대대로 이어받았으며 죽을 때까지 허물이 없었으므로, 후세 사람들은 그들을 칭송하여 오늘날까지 그칠 줄 모릅니다. 이것은 때에 맞추어 행동하고 일의 형세를 보아 강하게 나갔기 때문에 그들은 제왕의 사업을 이룰 수 있었던 것입니다.

지금 이 거북은 큰 보물이니 성인강수의 신의 사자가 되어 〔뜻을〕 현왕賢王에게 전하러 왔습니다. 〔거북은〕 손발을 쓰지 않아도 우레와 번개가 인도하고, 바람과 비가 보내 주고, 흐르는 물이 흘러가게 해 주었습니다. 후왕侯王께서 덕이 있어 이 거북을 얻게 된 것입니다. 지금 왕께서 덕이 있어 이 보물을 받았는데도 받지 않고 보내시면 송나라에 반드시 재앙이 있을 것입니다. 나중에 후회한다 해도 미칠 수 없을 것입니다.”

원왕은 몹시 기뻐했다. 그래서 원왕은 태양을 향해 감사드리고 두 번 절한 뒤에 〔거북을〕 받았다. 날을 가려 재계한 뒤 〔점을 쳐 보니〕 갑, 을 일이 가장 좋으므로 그날에 흰 꿩과 검은 양을 죽여 그 피를 거북의 몸통에 뿌리고 제단 가운데 놓고 칼로 거북딱지를 발라내었는데 몸은 온전하여 상처도 없었다. 포와 술로 예를 나타내고 그 배에 채워 넣었다.

싸리나무 가지로 〔태워〕 점을 보는데, 반드시 거북딱지 위에 무늬가 나타났다. 사리事理는 무늬의 이치로 드러났으며 무늬는 서로 엇갈려 나타났다. 복공卜工에게 이것으로 점치게 하니 말하는 것마다 모두 맞았다. 〔그래서〕 나라의 귀중한 보물로 간직했는데, 〔이 사실이〕 이웃 나라에까지 소문이 났다. 또 소를 죽인 뒤 그 가죽을 벗겨 정나라에서 나는 오동나무에 씌워 북을 만들자, 풀과 나무가 각각 흩어져 무장한 군사로 바뀌었다. 싸우면 이기고 치면 빼앗는 데 원왕만 한 사람이 없었다. 원왕 때 위평은 송나라 재상이 되었다. 그 무렵 송나라가 가장 강한 것은 거북의 능력 때문이었다.

신령스러운 거북은 길흉을 알지만 곧장 그 뼈는 말린다

그러므로 이런 말이 있다.

"거북은 신령스러워 원왕의 꿈속에 나타날 수는 있지만 어부의 대바구니에서 스스로 빠져나오지는 못했다. 그 몸이 열 번 말해서 모두 맞혔어도 사자로서의 맡은 일을 하수의 신에게 전하고 돌아가 강수의 신에게 보고할 수는 없었다. 현명하여 능히 사람이 싸우면 이기고 치면 얻을 수 있게는 했지만 스스로 칼날을 물리쳐 등딱지를 발리는 우환을 면할 수는 없었다. 성스러운 지혜로 〔자신의 위기를〕 미리 알고 재빨리 〔왕의 꿈에〕 나타나기는 했지만 위평으로 하여금 말을 하지 못하게 할 수는 없었다. 말하는 일마다 다 완벽하게 맞혔으나 자기 몸은 붙잡히는 신세가 되고 말았다. 닥친 때가 불리하면 또한 어찌 그 현명함을 쓸 수 있겠는가! 현명한 사람은 언제나 일정한 규범이 있지만, 선비도 가끔은 어질 때가 있다. 그러므로 밝은 눈에도 보이지 않는 것이 있고, 밝은 귀에도 들리지 않는 것이 있다. 사람은 비록 현명해도 왼손으로 네모를 그리면서 오른손으로 동그라미를 그릴 수는 없다. 해와 달의 밝음으로도 때로는 뜬구름에 가리워질 때가 있다. 예羿는 활을 잘 쏘기로 이름났으나 웅거雄渠와 봉문逢門³에는 미치지 못했고, 우임금은 변론과 지혜로 이름났으나 귀신을 이길 수는 없었다. 땅의 기둥이 부러지고 하늘에는 서까래가 본래 없거늘 또한 어찌 사람이 완전하라고 꾸짖겠는가?"

공자는 이 말을 듣고 말했다.

"신령스러운 거북은 길흉을 알지만 그 뼈는 곧장 헛되이 말린다. 해는 덕을 베풂으로 천하에 군림하나 〔해 가운데 산다는〕 세 발 까마귀에게 욕을 당하고, 달은 형刑의 상징으로서 〔해와〕 서로 돕지만 〔달 가운데 사는〕 두꺼비에게 먹힌다. 고슴도치는 까치에게 욕을 당하고, 등사騰蛇운무를 타고 날아다닌다는 전설 속의 뱀는 신령스럽기는 하나 오공蜈蚣지네에게 위협을 당하며, 대나무 겉은 마디가 있으나 속은 텅 비었으며, 소나무와 잣나무는 모든 나무의 으뜸이지만 집 문을 만드는 데 쓰인다. 일진日辰십간과 십이지이 완전하지 못하므로 고孤와 허虛한 날이 생긴다. 황금에도 흠이 나고 백옥에도 티가 생길 수 있는 날이 있다. 일에는 빨리 해야 할 것과 천천히 해야 할 것이 있고, 사물에는 〔단점에〕 구속되는 경우와 〔장점

---

3 웅거와 봉문은 모두 활을 잘 쏘기로 유명한 전설 속의 인물이다.

에) 의지하는 경우가 있으며, 그물에는 촘촘한 것도 있고 성긴 것도 있다. 사람에게도 귀중한 것이 있고 뜻대로 되지 않는 것이 있다. 어떻게 하는 것이 적당할 수 있겠는가? 사물도 어찌 완전할 수 있겠는가? 하늘도 오히려 완전하지는 못하므로 세상에서 집을 지을 때는 기와를 세 장 모자라게 덮어 하늘의 완전하지 못함에 맞춘다. 천하에는 등급이 있고, 만물은 완전하지 못한 채로 살아간다."

저 선생은 말한다.

"어부가 그물을 들어 올려 신령스러운 거북을 잡았고, 거북은 송나라 원왕의 꿈속에 저절로 나타났으며, 원왕은 박사 위평을 불러 꿈에 본 거북의 형상을 알려 주었습니다. 위평은 점판을 움직여 해와 달의 위치를 측정하고, 경중과 장단을 분별하고 길흉을 관찰하고서 〔원왕이 꿈에서 본〕 물건의 빛깔로 점치는 거북임을 알아내었습니다. 위평은 왕에게 간언하여 신령스러운 거북을 붙들어 두어 나라의 중요한 보물로 삼게 했으니 잘한 일입니다. 옛날부터 점칠 때 반드시 거북을 사용한 것은 그 아름다운 이름이 전해 내려온 지 오래되었기 때문입니다. 그 차례를 적어 전합니다."

거북의 모양

3월, 2월, 정월, 12월, 11월은 가운데는 닫히고 안은 높고 밖은 낮다.

4월은 머리가 들리고 발을 펴며, 〔발을〕 오므리기도 하고 펴기도 한다. 머리를 숙여 큰 모양이 되는 것은 5월이다. 딱지에 가로지른 선이 있어서 좋으며 머리를 숙여 큰 모양을 하는 것은 6월, 7월, 8월, 9월, 10월이다.[4]

점을 금하는 때

점치면 안 되는 때는 자子, 해亥, 술戌시로, 점을 쳐도 안 되고 거북을 죽여도 안 된다. 한낮이나 일식이나 해질녘에 점을 치면 거북이 분명하게 말하지 않는다. 경일庚日과 신일辛日에는 거북을 죽여도 되고 거북딱지를 벗겨도 된다.

언제나 그달 초하루에 거북에게 비는데, 먼저 이것을 맑은 물에 씻고 새알로 문질러서 상서롭지 못한 기운을 없앤 뒤에야 거북을 잡고 구워서 점을 친다. 이렇게 하는 것이 늘 원칙대로 하는 것이다.

만일 점을 쳤는데도 맞지 않으면 다시 새알로 씻어 낸 뒤 동쪽을 향해서서 싸리나무나 단단한 나무로 구우며 흙으로 만든 새알로 거북을 세 번 가리킨 다음 그 거북을 손에 들고 새알로 둘러쌓고는 이렇게 빈다.

"오늘은 길일이니, 삼가 기장과 새알과 제燦거북을 태우는 나무로 옥령玉

---

4 거북을 이용하여 그 달의 길흉을 점칠 때는 거북의 배 밑에 있는 열두 개의 검정색 점을 12월로 간주하고 친다. 즉 왼쪽에서 오른쪽으로 가면서 3월, 2월, 정월에서 12월까지를 한 주기로 하며, 한 점 주위에 나타난 무늬로 그 달의 길흉을 예측한다.

靈거북을 존칭하는 말임의 상서롭지 못한 것을 씻어 버렸습니다."

옥령은 반드시 믿음과 정성으로 모든 일의 정황을 알려 준다. 그러면 〔길흉의〕 조짐을 분별하여 점칠 수 있다. 믿음도 없고 정성도 없다면 옥령을 불태워 그 재를 날려 보내 다음 거북에게 경고한다. 점칠 때는 반드시 북쪽을 향하며 귀갑은 반드시 한 자 두 치가 되어야 한다.

점치는 원칙

점칠 때는 먼저 거북을 아궁이에 구워 가운데에 구멍을 뚫는다. 다시 구운 뒤 거북의 머리에 구멍을 뚫어 세 번 굽는다. 처음 구운 뒤 가운데에 구멍을 뚫고 다시 굽는 것을 정신正身이라 하고, 머리를 굽는 것을 정수正首라 하며, 발 쪽을 굽는 것을 정족正足이라고 한다. 각각 세 번씩 굽는다. 그런 다음 다시 아궁이에서 거북을 세 번 돌리며 이렇게 빈다.

"그대 옥령부자玉靈夫子신령스러운 거북에 대한 존칭에게 빕니다. 선생 옥령이시여, 싸리나무로 그대 가슴을 구워 그대로 하여금 먼저 알게 합니다. 그대는 위로는 하늘까지 오르고 아래로는 못에 이릅니다. 신령한 수많은 것이 책策을 헤아려 점을 쳐도 그만큼 믿을 수는 없습니다. 오늘은 길일이니 행하는 것마다 순조롭습니다. 어떤 일을 점치려 하는데, 〔바라는 바를〕 얻으면 기뻐할 것이고 얻지 못하면 뉘우칠 것입니다. 만일 얻을 것 같으면 일어나서 나를 보고 몸을 길게 하고 손발은 모두 위를 향하십시오. 얻지 못할 듯하면 일어나서 나를 보고 몸을 굽혀 안과 밖이 서로 응하지 않고 손과 발을 오므리십시오."

신령스러운 거북으로 점칠 때는 이렇게 빈다.

"신령스러운 거북에게 빕니다. 오서五筮역易의 오의五義, 즉 변역變易, 교역交易, 반역反易, 대역對易, 이역移易 오령五靈기린麒麟, 봉황鳳, 거북神龜, 용龍, 백호白虎의 신령함도 신령스러운 거북의 신령함이 사람의 삶을 아는 것이나 사람의 죽음을 아는 것에 미치지 못합니다. 어떤 사람이 몸을 바르게 하고 어떤 사람이 어떤 물건을 얻고 싶어 합니다. 만일〔바라는 것을〕얻을 수 있다면 머리를 내밀고 발을 펴며 안팎이 서로 응하게 하고, 만일 얻을 수 없다면 머리를 쳐들고 발을 오므리며 안팎이 서로 호응하게 하십시오.〔이렇게 하여〕점칠 수 있게 하십시오."

환자를 점칠 때는 이렇게 빈다.

"지금 아무개가 병으로 고생하고 있습니다.〔그가〕죽으려 한다면 머리를 젖히고 발을 안과 밖이 서로 교차되게 하고 몸을 꺾으십시오. 만일 그가 죽으려 하지 않는다면 머리를 쳐들고 발은 오므리십시오."

환자가 요사스러운 일이 있을까 없을까를 점칠 때는 이렇게 말한다.

"지금 환자가 요사스러운 일이 있게 되면 징조를 보이지 말고, 요사스러운 일이 없다면 징조를 보이십시오. 안에 요사스러운 일이 있으면 안에 징조를 보이고, 바깥에 요사스러운 일이 있으면 밖에 징조를 보이십시오."

감옥에 갇힌 사람이 나올 수 있는지 없는지를 점칠 때는 이렇다.

"〔감옥에서〕나올 수 없으면 횡길橫吉옆으로 금이 가는 것하여 편안히 있게 하고, 만일 나올 수 있으면 발을 펴고 머리를 쳐들어 징조를 밖으로 보이십시오."

재물을 구하면서 그것을 얻을 수 있을지 없을지를 점칠 때는 이렇다.

"얻을 수 있으면 머리를 쳐들고 발을 펴 안팎이 서로 응하게 하고, 얻을 수 없으면 머리를 쳐들고 발을 오므리십시오."

노비나 첩이나 말과 소를 팔고 사는 것을 점칠 때는 이렇다.

"매매가 이루어지면 머리를 쳐들고 발을 펴 안팎이 서로 응하게 하고, 이루어지지 않으면 머리를 쳐들고 발을 오므리고 옆으로 선이 나타나도록 하여 편안히 있게 하십시오."

도둑이 몇 명 모여 있는 곳을 공격하는 일을 점칠 때는 이렇다.

"지금 어떤 사람이 군사 몇 명을 이끌고 도적을 치러 갑니다. 이길 수 있다면 머리를 쳐들고 발을 펴며 몸을 바르게 하며, 안은 높이고 밖은 낮게 하십시오. 이길 수 없으면 발을 오므리고 머리를 쳐들고, 몸과 머리는 안이 낮고 밖이 높게 하십시오."

가야 할지 가지 말아야 할지를 점칠 때는 이렇다.

"가도 좋으면 머리와 발을 펴고, 가지 말아야 하면 발을 오므리고 머리를 쳐드십시오. 횡길이 안정되니, 안정되고 나면 가지 않아도 됩니다."

도적을 치러 가면서 도적을 마주칠지 못 마주칠지를 점칠 때는 이렇다.

"마주칠 수 있으면 머리를 쳐들고 발은 오므려드는 것이 바깥에 보이게 됩니다. 마주치지 못하면 발을 펴고 머리를 드십시오."

도적을 정탐하러 가면서 만날 수 있을지 없을지를 점칠 때는 이렇다.

"만날 수 있으면 머리를 쳐들고 발을 오므리게 되고 오므리는 징조가 바깥에 보입니다. 만날 수 없으면 발을 펴고 머리를 쳐드십시오."

도적의 소문들 듣고〔그들이〕쳐들어올지 안 올지를 점칠 때는 이렇다.

"쳐들어온다면 밖은 높고 안은 낮게 하고, 발은 오므리고 머리를 쳐드

십시오. 쳐들어오지 않는다면 발을 펴고 머리를 드십시오. 횡길이 평안
하다면 〔도적은〕 기약한 시기에 차례대로 올 것입니다."

관직을 옮기게 되었을 때, 관직을 떠날지 그대로 있을지를 점칠 때는
이렇다.

"떠나는 편이 좋으면 발을 펴고 조짐을 바깥으로 보여 머리를 쳐드십
시오. 떠나지 않으려 해도 스스로 떠나고 발을 오므리게 되니 조짐은 횡
길이 편안합니다."

관직에 있는 것이 길한지 길하지 않은지를 점칠 때는 이렇다.

"길하면 몸을 바르게 하고 횡길을 나타내고, 편안해 길하지 않으면 몸
을 구부리고 머리를 쳐들고 발을 펴십시오."

집에 있는 것이 좋은지 안 좋은지를 점칠 때는 이렇다.

"길하면 몸을 바르게 하거나 횡길을 나타내고, 길하지 않으면 몸을 구
부려 머리를 쳐들고 발을 펴십시오."

그해 농사가 풍년인지 흉년인지를 점칠 때는 이렇다.

"풍년이면 머리를 들고 발을 펴며 안은 스스로 높이고 밖은 스스로
〔밑으로〕 늘어지게 하십시오. 흉년이면 발을 오므리고 머리를 쳐들어 밖
으로 보이십시오."

그해에 전염병이 돌지 안 돌지를 점칠 때는 이렇다.

"전염병이 돌면 머리를 쳐들고 발을 오므리며, 몸의 마디가 굳어지는
것을 밖으로 보이십시오. 돌지 않는다면 몸을 바르게 하고 머리는 쳐들
고 발을 펴십시오."

그해에 전쟁이 일어날지 안 일어날지를 점칠 때는 이렇다.

"전쟁이 일어나지 않는다면 징조를 보이거나 횡길을 나타내고, 전쟁이

일어난다면 머리를 쳐들고 발을 펴며 몸이 밖으로 굳어지는 정상情狀을 하십시오."

귀인을 만나는 것이 길한지 길하지 않은지를 점칠 때는 이렇다.

"길하면 발을 펴고 머리를 쳐들며 몸을 바로 하여 안이 절로 높아지 게 하십시오. 길하지 않으면 머리를 쳐들어 몸의 마디를 꺾고, 발을 오므려 밖으로 보여 고기잡이가 없는 것처럼 하십시오."

남에게 부탁할 경우 그것이 잘될지 안 될지를 점칠 때는 이렇다.

"잘될 것 같으면 머리를 쳐들고 발을 펴서 안은 절로 높아지게 하고, 잘 안 될 것 같으면 머리를 쳐들고 발을 오므려 밖으로 보이십시오."

도망친 사람을 뒤쫓는데 잡을 수 있을지 없을지를 점칠 때는 이렇다.

"잡을 수 있으면 머리를 쳐들고 발을 오므려 안팎이 서로 응하게 하 고, 잡을 수 없으면 머리를 쳐들고 발을 펴거나 횡길을 나타내십시오."

고기잡이나 사냥을 나갈 때 잡는 것이 있을지 없을지를 점칠 때는 이 렇다.

"잡을 수 있다면 머리를 쳐들고 발을 펴서 안팎이 서로 응하게 하고, 잡을 수 없으면 발을 오므리고 머리를 쳐들거나 횡길을 나타내십시오."

길을 가다가 도적을 만날지 만나지 않을지를 점칠 때는 이렇다.

"만난다면 머리를 쳐들고 발을 펴며, 몸의 마디를 꺾어 밖은 높게 하 고 안이 낮게 하십시오. 만나지 않는다면 징조를 보이십시오."

비가 오느냐 오지 않느냐를 점칠 때는 이렇다.

"비가 온다면 머리를 쳐들고 밖은 높게 안은 낮게 하고, 비가 오지 않 는다면 머리를 들고 발을 펴거나 횡길을 나타내십시오."

하늘에 비가 갤지 안 갤지를 점칠 때는 이렇다.

"갠다면 발을 펴고 머리를 쳐들고, 개지 않는다면 횡길하십시오."

징조를 보고 판단하는 법

명命징조를 보고 판단하는 말에 "횡길이 나타나다."의 의미는 이렇다.

병을 점치면 병세가 심한 환자라도 그날 안으로는 죽지 않으며, 병세가 심하지 않은 환자는 점치는 날로 낫고 죽지 않는다. 감옥에 갇힌 사람 가운데 큰 죄를 지은 사람은 [감옥에서] 나오지 못하고 가벼운 죄를 지은 사람은 나오는데, 만일 하루가 지나도 나오지 못한다면 오랫동안 갇혀 있어도 상하는 일은 없다. 재물을 구하고 노예와 말과 소를 사는 것도 그날 안으로는 얻을 수 있지만, 하루를 넘기면 못하는 것도 있다. 길을 떠날까 말까 하는 것이면 떠나지 말아야 하고, 기다리는 사람이 올지 안 올지 하는 것이면 온다. 그러나 밥을 먹을 때가 지나도 오지 않는 사람은 오지 않는다. 도적을 치러 갈까 말까 하는 것이면 가지 말아야 한다. 설령 가더라도 도적을 만나지 못한다. 도적이 일어났다는 말이 들려와도 쳐들어오는 일은 없다. 관직을 옮길지 말지 하는 것이면 그대로 있게 된다. 관직에 나아가거나 집에 있는 것은 모두 길하다. 그해 농사는 흉년이고 백성들에게 전염병은 돌지 않는다. 이해에는 전쟁이 발생하지 않는다. 사람을 찾아갈까 말까 하는 것이면 찾아가 봐야 한다. 찾아가지 않으면 기쁨이 없다. 남에게 부탁해야 할 경우 가서 부탁하지 않으면 얻을 수 없다. 도망간 사람을 뒤쫓아도 잡을 수 없고, 고기잡이나 사냥을 나가도 얻는 것이 없다. 길에 나가도 도적을 만나지 않는다. 비가 올까 안 올까 하는 것이면 오지 않는다. 날이 갤지 개지 않을지 하는 것이면 개지 않는다.

명에 "징조가 보인다."의 의미는 이렇다.

환자는 죽지 않고 감옥에 갇힌 사람은 나오며, 가려고 하는 사람은 가고 오려고 하는 사람은 온다. 시장에서 사려고 하는 사람은 사게 된다. 도망친 사람을 뒤쫓으면 잡을 수 있지만, 하루가 지나면 잡지 못한다. 나간 사람은 찾아도 오지 않는다.

명에 "기둥이 서 있다."의 의미는 이렇다.

환자를 점치면 죽지 않고, 감옥에 갇힌 자는 (감옥에서) 나온다. 가려고 하는 사람은 가고 오려고 하는 사람은 온다. 시장에서 사려고 하는 사람은 사지 못한다. 걱정거리가 있는 사람은 걱정이 사라지고, 도망친 사람은 뒤쫓아도 잡지 못한다.

명에 "(거북이) 머리를 쳐들고 발을 오므리고 안으로는 변화가 있고 밖으로는 변화가 없다."의 의미는 이렇다.

병을 점치면 병이 심하더라도 죽지 않고, 감옥에 갇힌 사람은 풀려난다. 재물을 구하고 노비와 말과 소를 사는 것은 잘되지 않는다. 갈려고 하는 사람은 가는 것이 좋다는 말을 들었더라도 가지 말아야 한다. 오려고 하는 사람은 오지 않는다. 도둑이 있다는 소문이 있어도 오지 않는다. 말만 들었지 이르지는 않는다. 벼슬을 옮길까 말까 할 경우 옮기게 될 것이라는 소문을 들어도 옮기지 못한다. 관직에 있으면 걱정되는 일이 생기고 집에 있으면 재난이 많다. 이해 농사는 중간 정도이고 백성에게는 전염병이 유행한다. 이해 안에 전쟁이 일어난다. 그러나 공격을 받을 것이라는 소문만 있고 공격을 받지는 않는다. 귀인을 만나는 것은 길하다. 청탁은 이루어지지 않으며 가서 부탁해도 좋은 말〔言〕을 얻지 못한다. 도망친 사람은 쫓아가도 잡지 못한다. 고기잡이나 사냥을 해도 잡히는 것이 없다. 길을 가다가 도적을 만나지 않는다. 비 오는 점을 쳐도 비가 전혀 내리지 않는다. 날이 개는 점을 쳐도 개지 않는다. 원래 '막莫'이라는 글자는 '수비首備'로 풀이되는데, 이를 물어보니 '비備'란 '우러러본다'라는 뜻이므로 '머리를 쳐들고'라고 해석했다. 이것은 사사로운 기록이다.

명에 "머리를 쳐들고 발을 오므리고 안으로는 변화가 있고 밖으로는 변화가 없을 경우 병을 점치면 병이 심해도 죽지 않고, 감옥에 갇힌 사람은 나오지 못한다."의 의미는 이렇다.

재물을 구하고 노비를 사려 해도 얻을 수 없다. 가려고 하는 사람은 가지 말아야 하고, 오려고 하는 사람은 오지 않는다. 도적을 치러 나가도 〔도적을〕 만나지 못한다. 도적이 쳐들어온다는 말을 듣고 마음속으로 놀라지만 쳐들어오는 일은 없다. 벼슬을 옮기려고 하는 사람은 옮기지 않는다. 관직이나 집에 있는 것은 길하다. 농사는 흉년이고 백성에게 전염병이 크게 심해진다. 이해 안에 전쟁은 일어나지 않는다. 귀인을 만나는 것은 길하다. 부탁해도 좋은 말을 얻지 못한다. 도망친 사람은 쫓아가도 잡지 못한다. 재물을 잃으면 되찾지 못한다. 고기를 잡고 사냥을 해도 얻는 것이 없다. 길을 나서도 도적을 만나는 일은 없다. 비 오는 점을 쳐도 비가 오지 않는다. 날이 개는 점을 쳐도 개지 않는다. 흉하다.

명에 "조짐을 보이되 머리를 쳐들고 발을 오므리다."의 의미는 이렇다.

병을 점치면 죽지 않는다. 감옥에 갇혀 있는 사람은 나오지 못하고, 재물을 구하고 노비나 말이나 소를 사는 일은 잘되지 않는다. 가려고 하는 사람은 가지 않아야 한다. 오려고 하는 사람은 오지 않는다. 도적을 치러 나가도 만나지 못하고, 도적이 쳐들어온다는 말을 들어도 쳐들어오지 않는다. 벼슬을 옮기려고 해도 옮기지 않는다. 관직에 머문 지 오래되면 근심이 많고, 집안에 머무는 것은 길하지 않다. 이해 농사는 흉년이고 백성들에게 전염병이 돈다. 이해 안에 전쟁은 일어나지 않고, 귀인을 만나는 것은 길하지 않으며, 부탁하는 일은 잘 이루어지지 않는다. 고기를 잡고 사냥을 해도 얻는 것이 적다. 길을 나서도 도적을 만나는 일은 없다. 비 오는 점을 쳐도 비가 오지 않는다. 날이 개는 점을 쳐도 개지 않는다. 길하지 않다.

명에 "조짐을 보이는 것이 머리를 쳐들고 발을 펴다."의 의미는 이렇다.

병을 점치면 위독한 [환자는] 죽는다. 감옥에 갇힌 사람은 나오고, 재물을 구하고 노비와 말과 소를 사는 일은 잘 안 된다. 가려고 하는 사람은 가야 하고, 오려고 하는 사람은 온다. 도적을 치러 나가도 도적을 만나지 못하고, 도적이 쳐들어온다는 말이 들려와도 쳐들어오는 일은 없다. 관직은 옮기려는 사람은 옮기고, 관직에 머물러 있으려 해도 오래 있지 못한다. 집에 있는 것은 좋지 않고 이해 농사는 흉작이다. 백성들에게 전염병이 돌기는 하지만 그리 대단하지는 않다. 이해 안에 전쟁은 일어나지 않는다. 귀인을 만나는 것은 만나지 않는 편이 낫다. 일을 부탁해도 잘 이루어지지 않는다. 도망치는 사람을 쫓아가도 붙잡지 못하고, 고기를 잡고 사냥을 해도 잡는 것이 없다. 길을 나서면 도적을 만나게 된다. 비 오는 점을 쳐도 비가 오지 않는다. 날이 개는 점을 쳐도 개지 않는다. 약간 길하다.

명에 "머리를 쳐들고 발을 오므리다."의 의미는 이렇다.

병을 점치면 죽지 않는다. 감옥에 갇힌 사람은 오래 있어도 몸을 상하는 일이 없다. 재물을 구하고 노비와 말과 소를 사는 일은 잘 이루어지지 않는다. 가려고 하는 사람은 가지 말아야 한다. 도적을 치는 것은 차라리 가지 않는 편이 낫다. 기다리는 사람은 온다. 도적이 쳐들어온다는 소식이 들려오면 쳐들어온다. 〔전임될지 안 될지 할 경우〕 전임된다는 소문이 있어도 전임되지 않는다. 집에 있는 것은 좋지 않다. 이해 농사는 흉작이고 백성들에게 전염병은 그리 대단하지 않다. 이해 안에 전쟁은 일어나지 않는다. 귀인을 만나려고 하면 만날 수 있다. 부탁하려는 일은 부탁해도 잘되지 않고, 도망자를 뒤쫓아도 잡을 수 없으며, 고기잡이와 사냥을 해도 얻는 것이 없다. 길을 나서면 도적을 만나게 된다. 비 오는 점을 쳐도 비가 오지 않는다. 날이 개는 점을 쳐도 개지 않는다. 길하다.

명에 "머리를 쳐들고 발을 펴고 안에 조짐이 있다."의 의미는 이렇다.

환자를 점치면 죽는다. 감옥에 갇힌 사람은 나오게 되고, 재물을 구하고 노비와 말과 소를 사는 일은 잘되지 않는다. 가려고 하는 사람은 가야 한다. 오려고 하는 사람은 온다. 도적을 치는 것은 나가도 도적을 만나지 못하고, 도적이 쳐들어온다는 소문이 들려도 쳐들어오는 일이 없다. 전임될지 안 될지 할 경우는 전임된다. 관직에 머무르려 해도 오래 있지 못한다. 집에 있는 것은 좋지 못하다. 이해 농사는 풍작이고 백성들에게 전염병이 돌기는 하지만 대단하지는 않다. 이해 안에 전쟁은 일어나지 않는다. 귀인을 만나는 것은 길하지 않다. 일을 부탁해도 잘 이루어지지 않는다. 도망친 사람은 쫓아가도 붙잡지 못하고, 고기를 잡고 사냥을 해도 얻는 것이 없다. 길을 나서도 도적을 만나는 일이 없다. 비가 개니,

개면 조금 길하고 개지 않으면 길하다."

명에 "횡길이면서 안팎이 절로 높다."의 의미는 이렇다.

환자를 점치면 복일卜日에는 낫지 않고 죽는다고 한다. 감옥에 갇힌 사람은 무죄 판결을 받고 나오고, 재물을 구하고 노비와 소와 말을 사는 일은 잘 이루어진다. 가려고 하는 사람은 가야 한다. 오려고 하는 사람은 온다. 도적을 치면 서로 힘이 비슷하고, 도적이 쳐들어온다는 소문이 들려오면 쳐들어온다. 전임될지 안 될지 할 경우는 전임된다. 집에 있는 것이 좋고, 이해 농사는 풍작이며, 백성들에게 전염병은 돌지 않는다. 이해 안에 전쟁은 일어나지 않는다. 귀인을 만나 부탁하거나 도망자를 뒤쫓거나 고기 잡고 사냥하는 일은 모두 잘되지 않는다. 길을 나서면 도적을 만나게 된다. 비 오는 점을 치면 비가 갠다. 날이 개는 점을 치면 날이 갠다. 아주 길하다.

명에 "횡길로서 안팎의 징조가 저절로 길하다."의 의미는 이렇다.

병을 점치면 환자는 죽고, 감옥에 갇힌 사람은 나오지 못한다. 재물을 구하고 노비와 말과 소를 사고, 도망자를 뒤쫓고, 고기를 잡고 사냥하는 일은 모두 잘 안 된다. 가려고 하는 사람은 〔가게 되면〕 돌아오지 못한다. 도적을 치러 나가도 만나지 못하고, 도적이 쳐들어온다는 소문이 들려도 쳐들어오는 일이 없다. 전임될지 안 될지 할 경우는 전임된다. 관직에 머무르고 있으면 걱정거리가 생긴다. 집에 있거나 귀인을 만나거나 부탁하는 일은 모두 잘 안 된다. 이해 농사는 흉작이고 백성들에게 전염병이 돈다. 이해 안에 전쟁은 일어나지 않고, 길을 나서도 도적을 만나는 일이 없다. 비 오는 점을 쳐도 비가 오지 않는다. 날이 개는 점을 쳐도 날이 개지 않는다. 흉하다.

명에 "어인漁人"의 의미는 이렇다.

환자를 점치면 병이 심한 사람도 죽지 않고, 감옥에 갇힌 사람은 나오게 된다. 재물을 구하고 노비와 말과 소를 사고, 도적을 치고, 부탁하고, 도망친 사람을 뒤쫓고, 고기를 잡고 사냥하는 일은 모두 잘 된다. 가려고 하는 사람은 가게 되면 돌아온다. 도적이 쳐들어온다는 소식이 들려와도 쳐들어오지 않는다. 전임될지 안 될지 할 경우는 전임되지 않는다. 집에 있는 것이 좋고 이해 농사는 흉작이며 백성들에게 전염병이 돈다. 이해 안에 전쟁은 일어나지 않는다. 귀인을 만나는 것은 좋다. 길을 나서도 도적을 만나는 일이 없다. 비 오는 점을 쳐도 비가 오지 않는다. 날이 개는 점을 쳐도 날이 개지 않는다. 길하다.

명에 "머리를 쳐들고 발을 오므리고 안은 높고 밖을 낮게 한다."의 의미는 이렇다.

병을 점치면 병세가 심한 환자라도 죽지 않고, 감옥에 갇힌 사람은 나오지 못한다. 재물을 구하고 노비와 말과 소를 사고, 도망친 사람을 뒤쫓고, 고기를 잡고 사냥하는 일은 모두 잘된다. 가려고 하는 사람은 가지 말아야 한다. 오려고 하는 사람은 온다. 도적을 치면 이긴다. 전임될지 안 될지 할 경우는 전임되지 않는다. 관직에 있으면 걱정거리는 있어도 손상되는 일은 없다. 집에 있으면 근심과 병이 많다. 이해 농사는 아주 풍작이고 백성들에게 전염병이 돈다. 이해 안에 전쟁이 일어나지만 쳐들어오지는 않는다. 귀인을 만나거나 부탁하는 것은 잘 안 된다. 길을 나서면 도적을 만난다. 비 오는 점을 쳐도 비가 오지 않는다. 날이 개는 점을 쳐도 날이 개지 않는다. 길하다.

명에 "횡길로서 위에 앙仰이 있고 아래에 주柱가 있다."의 의미는 이렇다.

 병은 오래 지속되어도 죽지는 않는다. 감옥에 갇힌 사람은 나오지 못한다. 재물을 구하고 노비와 말과 소를 사고, 도망자를 뒤쫓고, 고기를 잡고 사냥하는 일은 모두 잘 안 된다. 가려고 하는 사람은 가지 않아야 한다. 오려고 하는 사람은 오지 않는다. 도적을 치는 일은 나가지 않는 편이 길하다. 설령 나간다 해도 만나지 못한다. 도적이 쳐들어온다는 소문이 들려와도 쳐들어오는 일이 없다. 전임될지 안 될지 할 경우는 전임되지 않는다. 집에 있거나 귀인을 만나는 일은 길하다. 이해 농사는 크게 풍작이며 백성들에게 전염병이 돈다. 이해 안에 전쟁은 일어나지 않는다. 길을 나서도 도적을 만나지 않는다. 비 오는 점을 쳐도 비가 오지 않는다. 날이 개는 점을 쳐도 날이 개지 않는다. 아주 길하다.

 명에 "횡길이면서 유앙榆仰이다."의 의미는 이렇다.

 병을 점치면 죽지 않고, 감옥에 갇힌 사람은 나오지 못한다. 재물을 구하고 노비와 말과 소를 사는 일은 나가 보아도 뜻대로 되지 않는다. 가려고 하는 사람은 가지 말아야 한다. 오려고 하는 사람은 오지 않는다. 도적을 치는 것은 나가지 않는 편이 길하다. 설령 나가더라도 만나지 못한다. 도적이 쳐들어온다는 소식이 들려도 쳐들어오지 않는다. 전임될지 안 될지 할 경우는 전임되지 않는다. 관직에 있거나 집에 있거나 귀인을 만나는 일은 모두 길하다. 이해 농사는 풍작이다. 이해 안에 백성들에게 전염병은 돌지만 전쟁은 일어나지 않는다. 일을 부탁하거나 도망친 사람을 뒤쫓는 일은 뜻대로 안 된다. 고기를 잡고 사냥하는 일은 나가 봐도 얻는 것이 없고 잘 되지 않는다. 길을 나서도 도적을 만나지 않는다. 비가 오는 점을 쳐도 비는 오지 않는다. 날이 개는 점을 쳐도 개지 않는다.

약간 길하다.”

명에 “횡길로서 아래에 주柱가 있다.”의 의미는 이렇다.

병을 점치면 병세가 심하더라도 쉽게 낫고 죽지 않는다. 감옥에 갇힌 사람은 나온다. 재물을 구하거나 노예와 말과 소를 사고, 부탁하고, 도망친 사람을 뒤쫓고, 고기를 잡고 사냥하는 일은 모두 뜻대로 되지 않는다. 가려고 하는 사람은 가야 한다. 오려고 하는 사람은 안 온다. 도적을 치러 나가도 만나지 못한다. 도적이 쳐들어온다는 소문이 들리면 쳐들어온다. 전임하든 관직에 있든 좋지만 오래가지 못한다. 집에 있는 것은 좋지 않다. 이해 농사는 흉작이고 백성들에게 전염병은 돌지 않는다. 이해 안에 전쟁은 일어나지 않는다. 귀인을 만나는 것은 길하고 길을 나서도 도적을 만나지 않는다. 비 오는 점을 쳐도 비가 오지 않는다. 날이 개는 점을 치면 날이 갠다. 약간 길하다.

명에 “재소載所”의 의미는 이렇다.

병을 점치면 완쾌되어 죽지 않고, 감옥에 갇힌 사람이 나온다. 재물을 구하고 노비와 말과 소를 사고, 부탁하고, 도망친 사람을 뒤쫓고, 고기를 잡고 사냥하는 일은 모두 뜻대로 된다. 가려고 하는 사람은 가야 한다. 오려고 하는 사람은 온다. 도적을 칠 경우 마주치기는 하지만 싸움까지는 이르지 않는다. 도적이 쳐들어온다는 소식이 들리면 쳐들어온다. 전임될지 안 될지 할 경우는 전임된다. 집에 있으면 근심거리가 있고, 귀인을 만나는 것이 길하다. 이해 농사는 풍작이고 백성들에게 전염병은 돌지 않는다. 이해 안에 전쟁은 일어나지 않는다. 길을 나서도 도적을 만나지 않는다. 비 오는 점을 쳐도 비가 오지 않는다. 날이 개는 점을 치면 날이 갠다. 길하다.

명에 "근격根格"의 의미는 이렇다.

환자를 점치면 죽지 않고, 옥에 갇힌 사람은 오래 옥에 갇혀 있어도 해가 없다. 재물을 구하고 노비와 말과 소를 사고, 부탁하고, 달아난 자를 뒤쫓고, 고기를 잡고 사냥하는 것은 모두 뜻대로 안 된다. 가려고 하는 사람은 가지 말아야 한다. 오려고 하는 사람은 오지 않는다. 도적을 칠 경우 나가도 싸움까지는 가지 않는다. 도적이 쳐들어온다는 소식이 들려와도 쳐들어오지는 않는다. 전임될지 안 될지 할 경우는 전임되지 않는다. 집에 있는 것이 길하다. 이해 농사는 평년작이고 백성들에게 전염병이 돌기는 하지만 죽는 사람은 없다. 귀인을 만나려 해도 만날 수 없고 길을 나서도 도적을 만나지 않는다. 비 오는 점을 쳐도 비가 오지 않는다. 아주 길하다.

명에 "머리를 쳐들고 발은 오므리고 밖은 높고 안이 낮다."의 의미는 이렇다.

근심이 있는 사람을 점쳐 보면 해가 없다. 갈까 말까 할 경우 가면 돌아오지 못한다. 오래 앓은 사람은 죽는다. 재물을 구하는 것은 뜻대로 안 된다. 귀인을 만나는 것은 길하다."

명에 "밖이 높고 안이 낮다."의 의미는 이렇다.

환자를 점치면 죽지는 않지만 탈이 난다. 사고파는 것은 뜻대로 안 된다. 관직에 있거나 집에 있는 것은 좋지 않다. 가려고 하는 사람은 가지 말아야 한다. 오려고 하는 사람은 오지 않는다. 감옥에 갇힌 사람은 그 기간이 오래 지속되어도 별 해가 없다. 길하다.

명에 "머리를 쳐들고 발을 펴며 안과 밖이 서로 응한다."의 〔의미는〕 이렇다.

환자를 점치면 회복되고, 감옥에 갇힌 사람은 나온다. 가려고 하는 사람은 가야 한다. 오려고 하는 사람은 온다. 재물을 구하는 일은 뜻대로 된다. 길하다.

명에 "징조를 보이되 머리를 쳐들고 발이 펴진다."의 〔의미는〕 이렇다.

병을 점치면 악화되어 죽고, 감옥에 갇힌 사람은 나오기는 하지만 걱정거리가 있다. 재물을 구하고 노비와 말과 소를 사거나, 부탁하고, 도망자를 뒤쫓으며, 고기를 잡고 사냥하는 것은 모두 뜻대로 안 된다. 가려고 하는 사람은 가지 말아야 한다. 오려고 하는 사람은 오지 않는다. 도적을 쳐도 싸움까지 이르지는 않고, 도적이 쳐들어온다고 하면 쳐들어온다. 관직을 옮기거나 그 관직에 있거나 집에 있는 것은 좋지 않다. 이해 농사는 흉작이며 백성들에게 전염병이 돌기는 하지만 죽는 사람은 없다. 이해 안에 전쟁은 일어나지 않는다. 귀인을 만나는 것은 좋지 않다. 길을 나서도 도적을 만나지 않는다. 비 오는 점을 쳐도 비가 오지 않는다. 날이 개는 점을 치면 날이 갠다. 불길하다.

명에 "징조를 보이되 머리를 쳐들고 발을 펴고 밖이 높고 안이 낮다."의 의미는 이렇다.

환자를 점치면 죽지는 않지만 다른 탈이 생긴다. 감옥에 갇힌 사람은 나오기는 하지만 걱정거리가 생긴다. 재물을 구하고 노비와 말과 소를 사는 일은 만나려 해도 만나지 못한다. 가려고 하는 사람은 가야 한다. 오려고 하는 사람은 소문이 들려도 오지 않는다. 도적을 치면 이기고, 도적이 쳐들어온다는 소식이 들려도 쳐들어오는 일은 없다. 관직을 옮기거나 그 관직에 머무르거나 집에 있거나 귀인을 만나는 것은 길하지 않다. 이해 농사는 보통이고 백성들에게 전염병이 돈다. 이해 안에 전쟁이 일어난다. 부탁하거나 달아나는 자를 뒤쫓거나 고기를 잡고 사냥하는 것은 모두 뜻대로 잘 되지 않는다. 도적이 쳐들어온다는 소문을 들으면 도적을 만나게 된다. 비 오는 점을 쳐도 비가 오지 않는다. 날이 개는 점을 치면 날이 갠다. 흉하다.

명에 "머리를 쳐들고 발을 오므리고 몸을 굽혀 안과 밖이 서로 응한다."의 의미는 이렇다.

병을 점치면 심한 병이라도 죽지 않는다. 감옥에 갇힌 사람은 그 안에서 오래 있어도 나오지 못한다. 재물을 구하고 노비와 말과 소를 사고, 고기를 잡고 사냥하는 것은 모두 생각대로 안 된다. 가려고 하는 사람은 가지 말아야 한다. 오려고 하는 사람은 오지 않는다. 도적을 치면 이긴다. 도적이 쳐들어온다는 소리가 들리면 쳐들어온다. 전임될지 안 될지 할 경우는 전임되지 않는다. 관직에 머물거나 집에 있는 것은 좋지 않다. 이해 농사는 흉작이고 백성들에게 전염병이 돈다. 이해 안에 전쟁이 있기는 하나 쳐들어오지는 않는다. 귀인을 만나면 기쁨이 있다. 부탁하거나 달아난 자를 뒤쫓는 것은 뜻대로 안 된다. 길을 나서면 도적을 만나게 된다. 흉하다.

명에 "안은 격格이 있고 밖은 드리워진다."는 (의미는) 이렇다.

가려고 하는 사람은 가지 말아야 한다. 오려고 하는 사람은 오지 말아야 한다. 환자가 죽는다. 감옥에 갇힌 사람은 나오지 못한다. 재물을 구하는 일은 뜻대로 안 된다. 사람을 만나려 해도 만나지 못한다. 아주 길하다.

명에 "횡길로서 안과 밖이 서로 응하여 저절로 높고 유楡가 상주上柱를 쳐다보고 발을 오므리고 있다."의 의미는 이렇다.

병을 점치면 병이 심해도 죽지 않는다. 감옥에 갇힌 사람은 그 안에서 오래 있어도 죄는 되지 않는다. 재물을 구하고 노비와 말과 소를 사고, 부탁하거나, 도망치는 사람을 뒤쫓거나, 고기를 잡고 사냥하는 것은 모두 뜻대로 되지 않는다. 가려고 하는 사람은 가지 말아야 한다. 오려고 하는 사람은 오지 않는다. 관직에 머물거나 집에 있거나 귀인을 만나는 것은 길하다. 전임될지 안 될지 할 경우는 전임되지 않는다. 이해 농사는 크게 풍작이라고는 할 수 없다. 백성들에게 전염병이 돈다. 이해 안에 전쟁이 일어나기는 하지만 전쟁의 재앙은 없다. 길을 나서면 도적을 만난다는 소문이 있어도 실제로는 만나지 않는다. 비 오는 점을 쳐도 비가 오지 않는다. 날이 개는 점을 치면 날이 갠다. 아주 길하다.

명에 "머리를 쳐들고 발을 오므리고 안과 밖이 자연스럽게 드리워진다."의 의미는 이렇다.

병으로 걱정하는 사람을 점쳐 보면 병세가 심하더라도 죽지 않는다. 관직에 머물러 있고 싶어도 그렇게 할 수 없다. 가려고 하는 사람은 가야 한다. 오려고 하는 사람은 오지 않는다. 재물을 구하는 일은 뜻대로 안 된다. 사람을 구하는 것도 뜻대로 안 된다. 길하다.

명에 "횡길로서 아래에 주(柱)가 있다."의 의미는 이렇다.

오려고 하는 사람은 점쳐 보면 온다. 점친 그날 오지 않으면 당분간은 오지 않는다. 환자를 점쳤을 때는 하루가 지나도 완쾌되지 않으면 죽는다. 가려고 하는 사람은 가지 않는 편이 좋다. 재물을 구하는 것은 뜻대로 되지 않는다. 감옥에 갇힌 사람은 나온다.

명에 "횡길로서 안과 밖이 저절로 들린다."의 의미는 이렇다.

환자를 점치면 오랫동안 앓은 병이라도 죽지 않는다. 감옥에 갇힌 사람은 그 안에서 오랫동안 있어도 나오지 못한다. 재물을 구하는 것은 뜻대로 되기는 하지만 얻는 것이 적다. 갈까 말까 할 경우는 가지 말아야 한다. 오려고 하는 사람은 오지 않는다. 귀인을 만날까 말까 할 경우는 만나는 편이 길하다. 길하다.

명에 "안이 높고 밖이 낮으며 빠르고도 쉽게 발이 벌어진다."의 의미는 이렇다.

재물을 구하는 일은 뜻대로 되지 않는다. 가려고 하는 사람은 가야 한다. 환자는 쉽게 낫는다. 감옥에 갇힌 사람은 나오지 못한다. 오려고 하는 사람은 온다. 귀인을 만날까 말까 할 경우는 만나지 않는 편이 좋다. 길하다.

명에 "외격外格"의 의미는 이렇다.

재물을 구하는 일은 뜻대로 안 된다. 가려고 하는 사람은 가지 말아야 한다. 오려고 하는 사람은 오지 않는다. 감옥에 갇힌 사람은 나오지 못하며 불길하다. 환자는 죽는다. 재물을 구하려고 하는 것이 뜻대로 되지 않는다. 귀인을 만날까 말까 할 경우는 만나는 편이 좋다. 길하다.

명에 "안이 저절로 들리고 밖에서 오는 것이 바르고 발이 펴진다."의 의미는 이렇다.

가려고 하는 사람은 가야 한다. 오려고 하는 사람은 온다. 재물을 구하는 일은 뜻대로 된다. 환자는 병이 오래 지속되기는 해도 죽지는 않는다. 감옥에 갇힌 사람은 나오지 못한다. 귀인을 만날까 말까 할 경우는 만나는 편이 좋다. 길하다.

이것은 횡길이 나타나고 상주上柱 안팎이 있고 안이 저절로 들리고 발이 오므라든 경우로 점치면 구하는 것을 얻을 수 있다. 환자는 죽지 않고, 감옥에 갇힌 사람은 해를 입지는 않지만 나오지는 못한다. 가려고 하는 사람은 가지 말아야 한다. 오려고 하는 사람은 오지 않는다. 사람을 만나려 해도 만나지 못한다. 모든 일이 다 길하다.

이것은 횡길이 나타나고 상주 안팎이 저절로 들리고 주족柱足이 만들어진 경우로 점치면 구하는 것을 얻을 수 있다. 거의 죽을 것 같은 환자도 병이 나아 회복된다. 옥에 갇힌 사람은 몸을 상하는 일 없이 풀려난다. 가려고 하는 사람은 가지 말아야 한다. 오려고 하는 사람은 오지 않는다. 사람을 만나는 것은 만나지 않는 편이 좋다. 모든 일이 길하다. 군사를 일으켜도 괜찮다.

이것은 정사挺詐로서 밖으로 조짐이 있는 경우인데 점치면 구하는 것이 뜻대로 안 된다. 환자는 죽지 않고 자주 회복된다. 옥에 갇힌 사람은 죄가 있지만 말만 그럴 뿐 해는 입지 않는다. 가려고 하는 사람은 가지 말아야 한다. 오려고 하는 사람은 오지 않는다.

이것은 정사로서 안으로 〔조짐이〕 있는 경우인데 점치면 구하는 것이 뜻대로 되지 않는다. 환자는 죽지 않으며 자주 회복된다. 감옥에 갇힌 사람은 죄가 있지만 해는 입지 않고 나온다. 가려고 하는 사람은 가지 말아야 한다. 오려고 하는 사람은 오지 않는다. 사람을 만나는 것은 만나지 않는 편이 좋다.

이것은 정사로서 안팎이 저절로 들린 경우인데 점치면 구하는 것이 뜻대로 된다. 환자는 죽지 않는다. 감옥에 갇힌 사람은 죄가 없다. 가려고 하는 사람은 가야 한다. 오려고 하는 사람은 온다. 밭갈이, 장사, 고기잡이, 사냥은 모두 길하다.

이것은 호학狐貉으로 점치면 구하는 것이 뜻대로 안 된다. 환자는 죽고 일어나기 어렵다. 감옥에 갇힌 사람은 죄가 없어도 나오기 어렵다. 집에 있는 것은 좋다. 장가들고 시집가는 것은 좋다. 가려고 하는 사람은 가지 말아야 한다. 오려고 하는 사람은 오지 않는다. 사람을 만나는 것은 만나지 않는 편이 좋다. 근심거리가 있으나 근심하지 않는다.

　이것은 호철狐徹로서 점치면 구하는 것이 뜻대로 안 되고, 환자는 죽으며, 감옥에 갇힌 사람은 죄를 받는다. 가려고 하는 사람은 가지 말아야 한다. 오려고 하는 사람은 오지 않는다. 사람을 만나는 것은 만나지 않는 편이 좋다. 말하려고 한 것이 확정된다. 모든 일이 다 불길하다.

　이것은 머리를 숙이고 발을 오므려 몸이 굽은 경우로 점쳐 보면 구하는 것이 뜻대로 안 되고, 환자는 죽으며, 감옥에 갇힌 사람은 유죄 판결을 받는다. 떠난 자는 오지 않는다. 가려고 하는 사람은 가야 한다. 오려고 하는 사람은 오지 않는다. 사람을 만나는 것은 만나지 않는 편이 좋다.

　이것은 정挺의 안팎이 저절로 드리워진 경우로 점치면 구하는 것이 뜻대로 안 된다. 환자는 죽지는 않지만 회복하기 어렵다. 감옥에 갇힌 사람은 죄가 없지만 풀려나기 어렵다. 가려고 하는 사람은 가지 말아야 한다. 오려고 하는 사람은 오지 않는다. 사람을 만나는 것은 만나지 않는 편이 좋다. 불길하다.

　이것은 횡길이 나타나고 유앙楡仰이며 머리를 숙인 경우로 점치면 구하는 것이 뜻대로 안 된다. 환자는 회복하기 어렵지만 죽지는 않는다. 감옥에 갇힌 사람은 나오기는 어렵지만 해를 입지는 않는다. 집으로 가 며느리를 들이고 딸을 시집보내는 것은 길하다.

　이것은 횡길이 나타나며, 상주上柱는 바르고 몸의 마디가 꺾여 안팎이 저절로 들린 경우이다. 환자를 점치면 점친 날에는 죽지 않지만 그 이튿날에 죽는다.

이것은 횡길이 나타나며, 상주 발이 오므라들고 안이 저절로 들리고 밖이 절로 드리워진 경우이다. 환자를 점치면 점친 날에는 죽지 않지만 그 이튿날에 죽는다.

머리를 숙이고 발을 감추고 바깥 징조는 있고 안 징조는 없는 경우 환자는 거북의 점이 끝나기도 전에 급하게 죽는다. 점으로 묻는 것은 하찮지만, 큰 손실이 있으니 하루 만에 죽지는 않는다.

머리를 들고 발은 움츠린 경우로 점치면 구하는 것이 뜻대로 안 된다. 감옥에 갇힌 사람은 유죄가 된다. [그 죄에 대해] 사람들이 말하는 것은 두렵기는 해도 [그 때문에] 해를 입지는 않는다. 외출하려고 한다면 가면 안 된다. 사람을 만나려 해도 만날 수 없다.

대략적으로 논의하여 말한다.

바깥(外)은 남 일이고 안(內)은 자기 일이다. 바깥은 여자 일이고 안은 남자 일이다. 머리를 숙이는 것은 걱정거리가 있는 것이다. 큰 균열은 몸으로, 작은 균열은 가지로 판단한다. 그것은 대체로 이렇다. 환자는 발이 오므라들면 살고 발이 펴지면 죽는다. 가는 사람은 발이 펴지면 가고 오므라들면 가지 않는다. 가는 사람은 발이 오므라들면 가서는 안 되고 발이 펴지면 가야 한다. 구하는 것은 발이 펴지면 뜻대로 되고 오므라들면 뜻대로 되지 않는다. 감옥에 갇힌 사람은 발이 오므라들면 나오지 못하고 펴지면 나온다. 환자를 점친 경우 발이 펴졌는데도 죽는 것은 안이 높고 밖이 아래이기 때문이다.

69
화식 열전
貨殖列傳

이 편은 춘추 말기부터 한나라 초기까지 상공업으로 치부한 사람들의 활동을 다룬 것으로, 그들의 탁월한 재능을 찬양하면서 상업의 발생 과정과 부의 축적과의 상관성을 논의하고 있어 이 시기 부와 권력과의 관계도 엿볼 수 있다. '화식貨殖'이라는 이름을 붙였는데 '화貨'는 재산, '식殖'은 불어난다는 뜻으로 재산을 늘리는 방법을 말한다. 이 열전의 서론 부분은 유가와 도가의 경제관의 잘못된 점을 논박하면서 먹고사는 문제, 즉 경제 능력이 사회생활에서 얼마만큼 중요한지를 강조하고 있으니, 명분보다는 실질을 택하여 빈천함을 수치로 여길 만큼 강한 어조로 일관했다.

사마천은 농업, 공업, 상업 등의 분업은 사회 경제 생활에서 중요한 작용을 하는 필연적인 것으로 생각하였다. 그는 상업이야말로 의식주 문제를 근본적으로 해결할 수 있는 길로 보고 농업, 공업과 함께 모든 직업을 중시하는 진보적 면모를 보였다. 적어도 그는 '중농억상重農抑商'의 전통적인 가치관을 부정하면서 개인의 권력도 결국은 경제력에서 나오고 있음을 강조하고 있다.

이 편은 「평준서」와 자매편이라고 할 수 있다. 「평준서」는 국가적 관점에서 경제 정책의 변천 과정을 다루고 있는 데 비해 「화식 열전」은 사회 발전의 각도에서 역대 상공업의 발전 상황을 고찰하고 있다.

특히 사마천은 물질의 이익을 추구하는 것이 결코 사회의 비판, 혹은 비난을 받아서는 안 되며 자연스런 인간 본성의 발로로 보았다. 그러면서 치부 과정에서 지리적 환경과 개인 역량의 중요성을 피력하였다.

춘추 시대 사농공상의 모습.

입고 먹는 것이 다스림의 근원이다

노자는 (이렇게) 말했다.

"지극히 잘 다스려지는 시대는 이웃 나라끼리 바라보며 닭 울고 개 짖는 소리가 서로 들려도 백성은 제각기 자신들의 음식을 달게 먹고, 자기 나라의 옷을 아름답게 여기며, 자기 나라의 습속을 편히 여기고, 자신들의 일을 즐기며, 늙어 죽을 때까지 서로 오가지 않는다."[1]

반드시 이러한 것을 이루려 힘써 근대의 풍속을 돌이키고 백성의 귀와 눈을 막으려 한다면 아마 실행할 수 없을 것이다.

태사공은 말한다.

"신농씨 이전의 일에 대해 나는 알지 못한다. 『시』와 『서』에서 말하는 우나 하나라 이래의 것을 보면 귀와 눈은 아름다운 소리와 아름다운 모습을 한껏 즐기려 하고, 입은 소와 양 따위의 좋은 맛을 다 보려 하며, 몸은 편하고 즐거운 것을 좋아하고, 마음은 권세와 유능하다는 영예를 자랑하고 싶어 한다. (이러한) 풍속은 백성의 마음속까지 파고든 지 이미 오래여서 미묘한 논리로 집집마다 깨우치려 해도 끝내 교화시킬 수 없을 것이다. 그래서 (세상을) 가장 잘 다스리는 방법은 자연스러움을 따

---

1 이 문장은 『노자』 80장에 나온 것인데 사마천이 변형하여 노자의 원문과는 꽤 차이가 있다. 그 기본적인 취지는 소국과민小國寡民의 중요성이다.

르는 것이고, 그다음은 이익을 이용하여 이끄는 것이며, 그다음은 가르쳐 깨우치는 것이고, 또 그다음은 백성을 가지런히 바로잡는 것이고, 가장 못하는 것은 〔재산을 가지고〕 백성과 다투는 것이다.

대체로 산서 지방에는 목재와 대나무와 닥나무와 모시와 검은 소꼬리와 옥석 등이 풍요롭고, 산동 지방에는 물고기와 소금과 옻과 명주실과 미녀 등이 많으며, 강남 지방에는 녹나무와 가래나무와 생강과 계수나무와 금과 주석과 납과 단사와 무소뿔과 대모바다거북와 진주와 상아와 가죽 등이 나오고, 용문龍門우문구禹門口과 갈석碣石 북쪽에는 말과 소와 양과 모직물과 갖옷과 짐승의 힘줄과 뿔 등이 많다. 구리와 철은 〔사방〕 1000리 안에서 종종 나오므로 바둑돌을 벌여 놓은 것처럼 〔여기저기에〕 있다. 이것이 대략적인 상황으로 모두 중원 사람들이 좋아하는 것으로 세속에서 몸에 걸치고 먹으며, 산 사람을 받들고 죽은 사람을 장사 지내는 데 쓰는 도구이다.

그러므로 농부는 먹을 것을 생산하고, 어부와 사냥꾼은 물건을 공급하고, 기술자는 이것으로 물건을 만들고, 장사꾼은 이것을 유통시킨다. 이러한 일이 어찌 정령政令이나 교화나 징발이나 기일을 정해 놓음으로써 모이겠는가! 사람들은 각각 그 능력에 따라 그 힘을 다하여 바라는 바를 얻는다. 그러므로 물건 값이 싸다는 것은 비싸질 조짐이며, 값이 비싸다는 것은 싸질 조짐이다. 각자가 그 생업에 힘쓰고 그 일을 즐겁게 하는 것이 마치 물이 낮은 곳으로 흐르는 것과 같아, 밤낮으로 쉴 새 없이 물건은 부르지 않아도 절로 모여들고 구하지 않아도 백성이 만들어 낸다. 〔이것은〕 어찌 도와 부합한 바가 아니겠으며, 자연의 징험이 아니겠는가?

『주서周書』에 '농부가 생산하지 않으면 먹을거리가 모자라고, 장인이 물건을 만들어 내지 않으면 제품이 부족하고, 상인이 물건을 팔지 않으면 삼보三寶식량, 제품, 자재의 유통이 끊어진다. 산림과 연못 관리자가 내보내지 않으면 자재가 모자란다. 자재가 모자라면 산과 택지는 개척되지 않는다.'라고 했다. 이 네 가지는 백성이 입고 먹는 것의 근원이다. 그 근원이 크면 백성은 풍요로워지고 그 근원이 작으면 백성은 결핍된다. 이 네 가지는 위로는 나라를 잘살게 하고 아래로는 가정을 잘살게 한다. 빈부의 도란 빼앗거나 안겨 주어서 되는 게 아니고, 교묘한 재주가 있는 사람은 남아도는 것이고 꾀가 없는 사람은 모자란 것이다.

부잣집 아들은 저잣거리에서 죽지 않는다

전에 태공망여상呂尙이 영구營丘에 봉해졌을 때 그 땅은 소금기가 많고 백성이 적었다. 그래서 태공망은 부녀자들의 일을 장려하여 기교를 극대화하고, 〔각지로〕 생선과 소금을 유통하자 사람과 물건이 〔그곳으로〕 돌아오고 줄지어 잇달아 모여들었다. 그리하여 제나라는 천하에 관과 띠와 옷과 신을 퍼뜨려, 동해와 태산 사이의 제후들은 소매를 바로 하고 〔제나라로〕 가서 조회하였다. 그 뒤 제나라는 한때 쇠약하기도 하였으나 관자管子관중가 〔나라를〕 재정비하여 다스리면서 경중구부輕重九府[2]를 두었고, 환공은 이것으로써 패자가 되어 제후들을 아홉 차례나 모이게 하여 천하를 바로잡았다. 관씨관중 또한 후 신분으로 있으면서도 열국의 왕들보다 부유하여 삼귀三歸세 성씨의 여자를 얻는 것를 가질 정도였다. 이 때문에 제나라의 부강함은 위왕威王과 선왕宣王 대에까지 이르렀다.

그러므로 '창고가 가득 차야 예절을 알고, 먹고 입을 것이 넉넉해야 영예와 치욕을 안다.'라고 한 것이다. 예라는 것은 〔재산이〕 있는 데서 생겨나고 없는 데서는 사라진다. 그런 까닭에 군자가 부유하면 덕을 즐겨 실천하고, 소인이 부유하면 자기 능력에 닿는 일을 한다. 못은 깊어야 고기가 있고, 산은 깊어야 짐승이 오가며, 사람은 부유해야만 인의를 따른다. 부유한 사람이 세력을 얻으면 세상에 더욱 드러나고, 세력을 잃으면 빈객들이 갈 곳이 없어져 따르지 않는다. 이러한 경향은 만이 나라에서 더욱 심하다. 속담에 '천금을 가진 부잣집 아들은 저잣거리에서 죽지 않는다.'라고 했는데 이것은 빈말이 아니다. 그러므로 '천하 사람은 모두 이익을 위해 기꺼이 모여들고, 모두 이익을 위해 분명히 떠난다.'라고 하는 것이다. 저 천승의 왕, 1만 가家를 가진 후侯, 100실室을 가진 대부도 오히려 가난을 걱정했는데 하물며 보통 사람이나 서민이야 어떠하겠는가?

물건과 돈은 흐르는 물처럼 유통시켜야 한다

옛날 월나라 왕 구천은 회계산에서 고통을 겪으면서 범려와 계연計然

---

2 화폐에 관한 일을 하던 아홉 관부로 대부大府, 옥부玉府, 내부內府, 외부外府, 천부泉府, 천부天府, 직내職內, 직금職金, 직폐職幣를 말한다.

범려의 스승을 등용했다. 계연은 이렇게 말했다.

'전쟁이 있을 것을 알면 미리 방비해야 하고, 때와 쓰임을 알면 〔필요한〕 물건을 알게 됩니다. 이 두 가지가 드러나면 모든 재물의 실정을 알 수 있습니다. 그러므로 세성歲星목성이 서쪽에 있으면 풍년이 들고, 북쪽에 있으면 수해가 발생하며, 동쪽에 있으면 기근이 들고, 남쪽에 있으면 가뭄이 듭니다. 가뭄이 든 해에는 미리 배를 준비해 두고, 수해가 있는 해에는 미리 수레를 준비해 두는 것이 사물의 이치입니다. 6년마다 한 차례 풍년이 들고, 6년마다 한 차례 가뭄이 들며, 12년마다 한 차례 흉년이 듭니다. 쌀값이 한 말에 20전이면 농민이 고통을 받고, 90전이면 〔반대로〕 상인이 고통을 받습니다. 상인이 고통을 받으면 상품이 유통되지 않고, 농민이 고통을 받으면 논밭이 개간되지 못합니다. 쌀값이 비싸도 80전을 넘지 않고, 싸도 30전 아래로 떨어지지 않게 하면 농민과 상인이 다 함께 이롭습니다. 쌀값을 안정시키고 물자를 고르게 유통시켜 관문이나 시장에 물건을 넉넉하게 하는 것이 나라를 다스리는 길입니다. 물자를 축적하는 원칙은 물건을 온전한 채로 보존하는 데 힘써야 하는 것이지 물화를 오래 쌓아 두는 게 아닙니다. 물자를 서로 교역하는데 상하기 쉬운 것을 팔지 않고 남겨 두면 안 되고, 물건을 쌓아두고 비싸질 때까지 오래 기다리면 안 됩니다. 물건이 남아도는지 모자라는지를 살펴보면 그것이 비싼지 싼지를 알 수 있습니다. 비쌀 대로 비싸지면 헐값으로 돌아오고, 쌀 대로 싸지면 비싼 값으로 되돌아갑니다. 값이 비싸면 오물을 배설하듯이 내다 팔고, 값이 싸면 구슬을 손에 넣듯이 사들여야 합니다. 물건과 돈은 그 유통이 흐르는 물과 같아야 합니다.

이러한 방법을 실천한 지 10년이 되니 나라는 부강해지고 병사들은 많은 상을 받게 되었다. 병사들은 목마른 사람이 물을 얻는 것처럼 적군의 화살과 돌을 향해 용맹스럽게 달려 나가게 되고, 드디어 강한 오나라에 복수하여 중원에 병력을 떨치고 오패로 불리게 되었다.

범려는 회계산의 치욕을 씻고 나서 이렇게 탄식했다.

'계연의 일곱 가지 계책 중에서 월나라는 다섯 가지를 써서 뜻을 이루었다. 나라에서는 이미 써 보았으니, 나는 이것을 집에서 써 보겠다.'

이리하여 그는 작은 배를 타고 강호로 다니다가 성과 이름을 바꾸고 제나라로 가서는 치이자피鴟夷子皮라 부르고, 도陶로 가서는 주공朱公이라 불렀다. 주공은 도陶는 천하의 중심으로 사방 여러 나라로 통하여 물자의 교역이 이루어지는 곳이라고 생각했다.

이에 장사를 하며 물자를 쌓아 두었다가 시세의 흐름을 보아 내다 팔아서 이익을 거두었는데 사람의 노력에 기대지는 않았다. 그러므로 생업을 잘 운영하는 사람은 거래 상대를 고른 뒤 자연의 시세에 맡긴다. 주공은 19년 동안에 세 차례나 천금을 벌었는데, 그것을 두 번은 가난한 친구들과 먼 형제들에게 나눠 주었다. 이것이 이른바 '부유하면 그 덕을 즐겨 행한다.'라는 것이다. 나중에 그는 늙고 쇠약해지자 일을 자손에게 맡겼다. 자손들이 가업을 잘 운영하여 재산을 늘려 거만금에 이르는 부자가 되었다. 그러므로 부를 말하는 사람은 모두 도 주공을 일컫는다.

세력을 얻어 더욱 세상에 드러난다

자공子贛은 중니仲尼공자에게 배운 뒤 물러나 위衛나라에서 버슬하고, 조曹나라와 노나라 사이에서 물자를 쌓아 두기도 하고 팔기도 하였는데, 공자의 70여 제자 중에서 자공이 가장 부유했다. 원헌原憲은 술지게미나 쌀겨조차 제대로 먹지 못하면서 후미진 뒷골목에 숨어 살았다. 자공은 네 마리 말이 끄는 수레를 타고 기마행렬을 거느리며 비단을 폐백으로 들고 제후들을 찾아가므로 가는 곳마다 왕들이 몸소 뜰까지 내려와 대등한 예로 맞이하지 않는 자가 없었다. 대체로 공자의 이름이 천하에 널리 알려지게 된 것도 자공이 공자를 앞뒤로 모시고 다녔기 때문이다. 이 것이 이른바 '세력을 얻어 더욱 드러나는' 일 아니겠는가?

시세 변동에 따라 새처럼 민첩하게 사고팔라

백규白圭는 주나라 사람이다.[3] 위魏나라 문후文侯 때 이극李克은 지력 地力을 높이는 일에 힘을 기울였으나, 백규는 시세의 변동을 살피기를 좋 아했다. 그래서 〔백규는〕 사람들이 버리면 자신이 사들이고, 세상 사람

---

3 여기서는 낙양 사람이라는 뜻이다.

들이 사들일 때는 자신이 팔아넘겼다. 풍년이 들면 곡식을 사들이고 실과 옻은 팔았으며, [흉년이 들어] 누에고치가 나돌면 비단과 풀솜을 사들이고 식량을 팔았다. 태음太陰목성 뒤의 세성歲星이 동쪽에 있는 해에는 풍년이 들지만 그 이듬해에는 흉년이 든다. 또 남쪽에 있는 해에는 가물고 그 이듬해에는 풍년이 든다. 서쪽에 있는 해에는 풍년이 들고 그 이듬해에는 흉년이 든다. 북쪽에 있는 해에는 크게 가물고 그 이듬해에는 풍년이 든다. 그리고 홍수가 나는 해가 있으면 태음이 다시 동쪽으로 돌아온다. 백규는 풍년과 흉년이 순환하는 이러한 이치를 살펴 사고팔므로 물건을 사재기하는 것이 해마다 배로 늘어났다. 돈을 불리려면 값싼 곡식을 사들이고, 수확을 늘리려고 상급의 종자를 취했다. 거친 음식을 달게 먹고 하고 싶은 것을 억누르며 옷을 검소하게 입고 노복들과 고통과 즐거움을 함께했으나, 시기를 보아 나아가는 데는 마치 사나운 짐승이나 새처럼 재빨랐다. 그는 말했다.

'나는 생산을 운영할 때 마치 이윤과 여상이 계책을 꾀하고, 손자손무와 오자오기가 군사를 쓰고, 상앙이 법을 시행하는 것과 같이 한다. 그런 까닭에 임기응변하는 지혜가 없거나 일을 결단하는 용기가 없거나 주고받는 어짊이 없거나 지킬 바를 끝까지 지킬 수 없는 사람이면 내 방법을 배우고 싶어해도 끝까지 가르쳐 주지 않겠다.'

대체로 천하에서 생산하는 방법을 말하는 사람들은 백규를 그 원조로 보았다. 백규는 직접 시험을 해보고 남보다 뛰어남을 입증할 수 있었는데, 이것은 아무렇게나 되는 게 아니다.

의돈猗頓은 염전을 경영하여 [집안을] 일으켰고 한단의 곽종郭縱은 철광 제련으로 사업을 이루었는데, [그들은] 왕과 대등할 만큼 부유했다.

목자와 과부가 천자에게 대우받을 수 있는 까닭

오지현烏氏縣 사람 나倮는 목축을 본업으로 했는데, [가축] 수가 불어나자 팔아 신기한 비단을 사서 남몰래 융왕戎王에게 바쳤다. 융왕은 그대가로 나에게 열 배나 더 많은 가축을 주었으므로 가축은 골짜기 수로 말과 소의 수를 셀 정도가 되었다. 진시황은 그를 군君으로 봉해진 자들과 똑같이 예우하여 정해진 때봄과 가을마다 대신들제후들과 함께 조회에 들게 했다.

또 파巴 땅에 사는 과부 청淸은 그 선조가 단사丹沙가 나는 동굴을 발견하여 그 이익을 여러 대에 걸쳐 독점해 왔으므로 재산이 헤아릴 수 없을 정도였다. 청은 과부이지만 그 가업을 지키고 재물을 이용하여 자신을 지켜 사람들로부터 침범당하지 않았다. 진나라 시황제는 청을 정조있는 부인으로 여겨 빈객으로 대우하고, [그녀를] 위해 여회청대女懷淸臺를 지었다. 이처럼 나倮는 시골뜨기 목장 주인이고 청은 시골의 과부에지나지 않지만 만 대의 수레를 내는 천자와 똑같은 예를 받고 이름을 천하에 드러냈으니, 어찌 부유했기 때문이 아니겠는가?

천하엔 물자가 많은 곳도 있고 적은 곳도 있다

한나라가 일어나 천하가 하나가 되자, 관문과 다리를 개방하고 산림과 소택의 [나무를 베고 고기를 잡지 못하게 한] 금령을 느슨하게 하였다. 이에 부상富商과 대상大商들이 천하를 두루 다니게 되어 교역하는 물건은 유통되지 않는 게 없었으므로 바라는 것은 다 얻을 수 있었다. 그리고 [한나라는 지방의] 호걸들과 제후국의 권문세족들을 경사京師로 옮겨 살게 했다.

관중關中은 견汧과 옹雍에서부터 동쪽으로 하수와 화산華山에 이르기까지 기름진 땅이 1000리에 펼쳐 있어 우虞와 하夏 시대의 공부貢賦에서도 상등급의 전답으로 삼았던 것이다. 또한 공류公劉는 빈邠으로 갔고, 대왕大王고공단보과 왕계王季는 기산岐山에서 살았으며, 문왕은 풍豐을 일으켰고, 무왕은 호경鎬京을 다스렸으므로 이 땅에 사는 백성은 아직도 선왕이 남긴 풍모를 지니고 있기 때문에 농사짓기를 즐겨 오곡을 심고 토지를 소중히 여기고 사악한 짓을 두려워한다. 진秦나라 문공과 덕공과 목공이 옹雍에 도읍하니, [그곳에는] 농隴과 촉의 물자가 많이 모여들고 장사꾼도 많았다. 헌공은 역읍櫟邑으로 도읍을 옮겼는데 역읍은 북쪽으로는 융적戎翟을 물리칠 수 있고, 동쪽으로는 삼진三晉과 통해서 또한 큰 장사꾼이 많았다. 효공과 소왕은 함양에서 다스렸으므로 한나라는 [그곳에 가까운] 장안에 도읍을 정했다. 장안 주변에는 여러 개의 능묘陵墓가 있으므로 수레바퀴 살이 바퀴 축으로 향하듯 사방에서 줄지어 모여들었다. 땅이 좁고 사람이 많으므로 그곳 백성은 약아져서 말단상업을 가리킴을 일삼았다.

[관중] 남쪽에는 파와 촉이 있다. 파와 촉은 땅이 기름져 치자, 생강, 단사, 돌, 구리, 쇠, 대나무 그릇, 나무 그릇 등을 많이 생산했다. 그래서 그 남쪽의 전滇과 북僰을 능가했고, 북에서는 노예를 많이 냈다. 서쪽으

로는 공邛과 작筰에 가까운데 작에서는 말과 모우旄牛를 생산했다. 사방이 막혀 있지만 1000리에 걸친 잔도가 있어 통하지 않는 곳이 없었다. 다만 포褒와 야斜의 땅[4]은 파와 촉의 길 어귀를 꿰매어 얽어 놓은 것만 같아서 남아도는 물자를 모자라는 것과 바꾸곤 했다.

천수天水, 농서隴西, 북지北地, 상군上郡은 관중 지방과 같은 풍속을 가지고 있었다. 서쪽에는 강중羌中의 이익이 있고, 북쪽에는 융적의 가축이 있으며, 목축은 천하에서 으뜸이었다. 이곳은 구석지고 험난하며 오로지 경사京師로만 길이 통했다. 관중 땅은 천하의 3분의 1을 차지해도 인구는 10분의 3에 지나지 않았다. 그러나 그 부를 논해 보면 10분의 6이나 차지하였다.

옛날 당唐 사람요임금은 하동河東에 도읍하였고, 은나라 사람반경盤庚은 하내河內에 도읍하였으며, 주나라 사람평왕平王은 하남河南의 낙양에 도읍하였다. 대체로 삼하三河는 천하의 중앙에 있어 솥의 세 발과 같고 왕들이 번갈아 있던 곳이다. 나라를 세운 지 제각기 수백 년에서 수천 년 되었고, 땅은 좁으나 백성은 많았다. 도성과 봉국에는 제후들이 모였으므로 그 풍속이 섬세하고 검소함을 숭상하며 세상사에 익숙했다.

양楊과 평양平陽은 서쪽으로 진秦나라, 백적白翟과 장사하고 북쪽으로는 종種, 대代와 장사하였다. 종과 대는 석읍현石邑縣 북쪽에 있는데 흉노와 이웃하여 자주 침략당했다. 그곳 백성은 자존심이 강하고 다른 사람을 이기려 들며 성을 잘 내고 유협의 기질이 있어 간악한 일을 하고, 농

---

4 종남산終南山의 남쪽 골짜기에서 북쪽 골짜기에 이르기까지 470리나 되는 교통의 요충지이다.

사나 장사에 종사하지는 않았다. 그러나 북쪽 오랑캐와 가까이 있어 군대가 자주 출동하는 탓으로 중원에서 자주 수송을 위탁하므로 뜻하지 않게 큰 이익을 얻을 때도 있었다. 그곳 사람들은 들양처럼 날쌔고 사나우며, 전진全晉진나라가 한, 조, 위 셋으로 갈라지기 전 시기부터 그들의 포악함은 골칫거리였다. 그러나 [조나라의] 무령왕이 그들의 포악한 기질을 더욱 조장하였으므로 이곳 풍속에는 아직도 조나라의 유풍이 있었다. 그래서 양과 평양은 그 사이에서 장사를 하여 원하는 것을 얻었다.

온溫과 지軹는 서쪽으로 상당과 거래하고 북쪽으로는 조, 중산中山과 거래했다. 중산은 땅이 메마르고 사람이 많은 데다 사구 일대에는 음란한 짓을 하던 주왕의 자손들이 사는데, 그들의 풍속은 경박하고 교활한 방법으로 이익을 얻어 생활했다. 남자들은 서로 모여 놀고 희롱하며, 슬픈 노래로 울분을 터뜨리고, 일어나면 서로 따르고 사람을 죽이고 강도질을 하며, 일이 없을 때는 무덤을 파헤쳐서 보물을 훔쳐 위조품을 교묘하게 만들고 나쁜 짓을 하며, 광대놀이를 하기도 했다. 여자들은 비파를 타고 신발을 끌고 다니며 부귀한 사람들에게 아부하여 후궁으로 들어가 제후국마다 두루 퍼져 있다.

한단은 장수漳水와 하수河水 사이에 있는 큰 고을이다. 북쪽으로 연과 탁涿에 통하고, 남쪽에는 정과 위衛나라가 있다. 정과 위나라의 풍속은 조나라와 비슷하지만 양나라와 노나라에 가까우므로 다소 중후하고 절조를 숭상한다.

복상濮上의 읍은 야왕野王으로 옮겨 갔는데 야왕 사람들이 의기를 소중히 여기고 유협을 숭상하는 것은 위衛나라의 유풍이다.

연나라는 발해渤海와 갈석산碣石山 사이에 있는 큰 고을인데 남쪽으로는 제와 조나라에 통하고, 동북쪽으로는 흉노와 경계를 맞대고 있다. 상곡上谷부터 요동에 이르는 곳은 아주 멀어 백성이 적고 자주 침략당했다. 풍속은 조나라, 대나라와 아주 닮았고 백성은 강하고 사납지만 생각이 얕다. 물고기, 소금, 대추, 밤 등이 많이 생산된다. 북쪽으로는 오환 및 부여와 이웃하고 있고 동쪽으로는 예맥, 조선, 진번에서 이익을 독점하고 있다.

낙양은 동쪽으로 제, 노나라와 통하고 남쪽으로는 양, 초나라와 거래한다. 태산 남쪽은 노나라이고, 북쪽은 제나라이다.

제나라는 산과 바다로 둘러싸여 있고 기름진 들은 뽕나무와 삼을 기르기에 알맞으며 백성이 많고 무늬 있는 베, 비단, 생선, 소금 등이 생산된다.

임치 또한 동해와 태산 사이에 있는 큰 도시이다. 그곳 풍속은 너그럽고 느슨하며 활달하고, 지혜가 있고 의논하기를 좋아한다. 땅을 중시하여 이동하거나 흩어지는 일도 드물다. 떼를 지어 싸우는 것은 겁내지만 개인끼리 다투고 찌르며 싸우는 데는 용감하므로 남을 협박하는 사람도 많다. 대체로 큰 나라의 유풍이 있으며 그중에는 사, 농, 상, 공, 고賈가 두루 모여 산다.

추鄒와 노魯는 수수洙水와 사수泗水 가에 있으며, 지금도 주공周公의 유풍이 남아 있다. 이곳 풍속은 유교를 숭상하고 예를 잘 지키기 때문에 백성은 도량이 깊다. 뽕과 삼의 산업이 성행하기는 하지만 산이나 못의 생산물이 풍요롭지는 않다. 게다가 땅은 좁고 사람이 많으므로 사람들은 검소하고 인색하며, 죄를 두려워하여 사악한 것을 멀리한다. 그러나 노나라가 쇠한 뒤로는 장사를 좋아하고 이익을 좇는 것이 주나라 사람들보다도 심해졌다.

홍구鴻溝의 동쪽, 망산芒山과 탕산碭山 북쪽 거야현巨野縣까지는 양과 송나라 땅이었다. 도陶와 수양睢陽도 한 도시였다. 옛날 요임금은 휴식을 취하는 궁실을 성양成陽에 세웠고, 순임금은 뇌택雷澤에서 물고기를 잡았으며, 탕왕은 박亳에서 거주했다. 그러므로 그들의 풍속에는 여전히 선왕의 유풍이 남아 있다. 사람들은 중후하여 군자가 많고 농사짓기를 좋아한다. 산과 물에서 생산되는 풍요로움은 없지만 남루한 옷에 거친 음식으로 생활하며 재물을 모은다.

월나라와 초나라 땅에는 세 가지 풍습이 있다. 무릇 회수 북쪽으로 패沛, 진陳, 여남汝南, 남군南郡까지는 서초西楚이다. 그곳 풍습은 사납고 경솔하며 쉽게 화를 낸다. 땅은 거칠고 메말라서 물자를 축적하기가 어렵다. 강릉江陵은 본래 초나라 도읍인 영郢으로서, 서쪽으로는 무巫와 파巴로 통하고 동쪽으로는 운몽의 풍요한 생산물이 있다. 진陳은 초나라와 하夏나라의 중간에 있어 생선과 소금 등의 물자를 교역하고, 그곳 백성 중에는 장사꾼이 많다. 서徐, 동僮, 취려取慮의 백성은 청렴하지만 각박하고 약속을 중히 여기는 것을 자랑으로 삼는다.

팽성彭城 동쪽으로 동해東海진秦나라가 설치한 군 이름, 오吳, 광릉廣陵까지가 동초東楚이다. 이곳 풍속은 서徐, 동僮과 비슷하다. 또 구胊와 증繒으로부터 그 북쪽의 풍속은 제나라와 비슷하고, 절강 남쪽은 월나라와 비슷하다. 저 오나라는 오왕 합려, 춘신군, 오왕 유비 세 사람이 천하에서 놀기 좋아하는 젊은 사람들을 모두 불러 모았다. 동쪽에는 물고기와 소금의 풍요로움이 있고 장산章山의 구리, 삼강三江과 오호五湖에서 이익을 얻는다. 오나라도 강동江東의 하나의 도시이다.

형산衡山, 구강九江, 강남江南, 예장豫章, 장사長沙는 남초南楚로서 이곳 풍습은 서초와 대체로 비슷하다. 〔옛날 초나라는〕 영郢이 멸망한 뒤 수춘壽春으로 옮겼는데 수춘도 큰 도시 중 하나이다. 합비合肥는 〔강수江水와 회수淮水의〕 조수를 남북으로 받으며 피혁, 건어물, 목재 등이 모이는 곳이다. 이곳 풍속에는 민중閩中과 간월干越월越의 명칭의 것이 섞여 있기 때문에 남초南楚 사람들은 문사文辭를 좋아하지만 말을 교묘하게 하여 믿음이 적다. 강수 남쪽은 땅이 낮고 습하여 남자가 일찍 죽는다. 대나무가 많이 난다. 예장에서는 황금을 생산하고 장사에서는 아연과 주석을 생산하기는 하지만 그 양이 아주 적어 캐는 비용에도 미치지 못한다.

구의산九疑山창오산蒼梧山과 창오군蒼梧郡에서부터 남쪽 담이儋耳에 이르기까지는 강수 남쪽과 거의 풍습이 같으며 양월楊越 사람이 많다. 번옹番禺도 큰 도시 가운데 하나이며 주옥, 서각犀角, 대모玳瑁, 과실, 삼베 등이 모이는 곳이다.

영천潁川과 남양南陽은 옛날 하나라 사람들이 살던 곳이다. 하나라 사람은 충실하고 질박한 정치를 숭상했으므로 지금까지도 선왕의 유풍이 남아 있다. 영천 사람들은 후덕하고 삼가며 신중하다. 진나라 말기에는 반역 행위를 한 사람들을 남양으로 옮겨 살게 했다. 남양은 서쪽으로 무관武關과 운관鄖關에 통하고, 동남쪽으로는 한수漢水와 강수와 회수를 받아들인다. 완宛도 큰 도시 중 하나이다. 이곳 풍속은 여러 가지가 뒤섞여 있으며 일하는 것을 좋아한다. 생업으로 장사하는 사람이 많고 협객의 기질이 있다. 이곳은 영천과 서로 통하므로 지금까지도 이곳 사람들을 하나라 사람이라고 부른다.

대체로 천하에는 물자가 적은 곳도 있고 많은 곳도 있다. 백성의 풍속은 〔지역에 따라 차이가 있어〕 산동에서는 바닷소금을 먹고, 산서에서는 호수 소금을 먹으며, 영남과 사북沙北사막 북쪽으로 몽골 고원과 그 이북은 원래 소금을 생산하는 곳이 있다. 〔물자와 사람의 관계는〕 대체로 이와 같다.

이것을 총괄해 보면 초나라와 월나라는 땅은 넓지만 사람이 드물고, 쌀밥에 생선국을 먹는다. 어떤 곳에서는 마른 풀을 태워 밭을 갈고, 논에 물을 대어 김을 매고, 초목의 열매와 소라나 조개 등이 장사꾼을 기다리지 않아도 될 만큼 넉넉하다. 지형상 먹을 것이 풍부하여 굶주릴 염려가 없으므로 백성은 게으르고 그럭저럭 살아가며 재산을 모으지 않아 가난한 사람이 많다. 이 때문에 강수와 회수 남쪽에는 굶주리는 사람도 없지만 천금을 가진 부잣집도 없다.

기수와 사수 북쪽 지역은 오곡과 뽕과 삼을 심고 육축六畜소 말, 양, 닭, 개, 돼지을 기르기에 알맞다. 그러나 땅이 좁고 사람은 많은 데다 수해와 가뭄이 잦다. 그곳 사람들은 저축을 즐긴다. 그러므로 진秦, 하夏, 양梁, 노魯에서는 농사를 권장하고 농민을 소중히 여긴다. 삼하三河와 완宛과 진陳의 땅도 이와 같으나 상업에도 힘을 기울인다. 제나라와 조나라 지역 사람들은 지혜와 재주를 부리고 기회를 보아 이익을 잡으려 하며, 연나라와 대나라는 농사를 짓고 목축을 하며 양잠에도 힘쓴다.

부리는 것은 타고난 본성이다

이러한 이치로 볼 때 어진 사람이 묘당에서 깊이 도모하고 조정에서 논의하며, 신의를 지켜 절개에 죽거나 동굴 속에 숨어 사는 선비가 높은 명성을 얻으려는 것은 결국 무엇을 위해서인가? 〔그것은 다〕 부귀로 귀착된다. 그러므로 깨끗한 벼슬아치도 시간이 오래되면 더욱 부유해지고, 공정한 장사꾼도 마침내 부유해진다. 부라는 것은 사람의 타고난 본성이라 배우지 않아도 누구나 바라는 것이다. 그러므로 건장한 병사가 전쟁에서 성을 공격할 때 먼저 오르고 적진을 점령하여 적군을 물리치며, 적장을 베고 깃발을 빼앗으며, 화살과 돌을 먼저 무릅쓰고 끓는 물과 불의 어려움도 피하지 않는 것은 큰 상 때문에 그렇게 한 것이다. 또 마을의 젊은이들이 강도질을 일삼고 사람을 때려죽인 뒤 묻어 버리고, 사람들을 협박하며 사악한 짓을 일삼고 무덤을 파헤쳐 보물을 훔치고 돈을 위조하며, 협객인 체하면서 같은 패거리를 대신하여 원수를 갚고, 세상 사람의 눈에 띄지 않는 후미진 곳에서 물건을 빼앗고 사람을 내쫓는 등 법에 저촉되는 행위를 피하지 않고 말을 달리듯 죽을 곳으로 나아가는데 이는 사실 모두 재물의 쓰임 때문에 그렇게 한 것이다.

지금 조나라와 정나라의 미녀들이 아름답게 화장하고 거문고를 손에 들고, 긴소매를 나부끼며 가볍게 발을 놀리며 눈짓으로 유혹하여 마음을 사로잡아 1000리를 멀다 않고 나아가는데 나이가 많고 적음을 가리지 않는 것은 큰 부로 달려가는 것이다. 한가하게 노니는 공자들이 관과 칼을 장식하고, 수레와 말을 줄지어 따르게 하는 것도 부귀를 과시하기 위함이다. 주살로 고기를 잡고 활을 쏘아 사냥하면서 새벽과 밤을 가리지 않고 서리와 눈을 무릅쓰며 동굴과 깊은 골짜기를 뛰어다니고 맹수의 위험을 피하지 않음은 맛있는 것을 얻기 위해서이다. 도박, 경마, 닭싸움, 개싸움 등을 하면서 얼굴빛을 바꿔 가며 서로 자랑하고 반드시 싸워 이기려고 다투는 것은 져서 돈을 잃고 싶지 않기 때문이다. 의사나 도사 그 밖의 여러 가지 기술로 먹고사는 사람이 노심초사하며 자신의 재능을 다하려는 것은 막대한 보수를 얻기 위해서이다. 벼슬아치가 글을 교묘하게 꾸며 법을 농간하고 도장과 문서를 위조하여 자신들에게 내려질 형벌마저 피하지 않는 것은 뇌물을 탐닉하기 때문이다. 농, 공, 상들이 저축하고 이익을 늘리는 것은 부를 구하고 재산을 불리려 하기 때문이다. 이들은 지혜와 능력을 다해 온 힘을 기울여서 끝내 남에게 재물을 넘겨주는 일은 없을 뿐이다.

속담에 '100리 먼 곳에 나가 땔나무 장사를 하지 말며, 1000리 먼 곳에 나가 양식을 팔지 말라.'라고 했다. 또 [어떤 곳에] 1년을 머물려 하거든 곡식을 심고, 10년은 나무를 심으며, 100년은 덕을 베풀어야 한다. 덕이란 인재를 두고 하는 말이다.

이제 관직의 지위에 따라 받는 봉록도 없고 작위에 봉해짐에 따라 받는 식읍의 수입도 없으면서 이런 것을 가진 사람들처럼 즐거워하는 사람이 있으니, 이를 소봉素封봉지나 작위 등이 없는 봉군封君이라고 부른다.

부를 얻는 데는 상업이 최상이다

봉封이란 〔영지에서 거둬들이는〕 조세를 받아 먹고사는 것이다. 해마다 1호에서 200전을 걷는다고 하면 1000호를 가진 군주는 연간 수입이 20만 전이나 되어 입조 비용과 제후들을 초대하고 연회를 여는 등의 비용을 그 수입에서 지출할 수 있다. 서민인 농부, 직공, 상인은 해마다 1만 전에 대한 이익이 2000전이므로 100만 전을 갖고 있는 집이라면 20만 전의 수입이 있으니 병역과 부역을 대신해 줄 돈과 조租와 부賦가 이 가운데서 지출된다. 이들은 입고 먹는 것을 제 욕심껏 마음대로 채울 수 있다.

그러므로 '말 54마리, 소 167마리, 양 250마리를 키울 수 있는 목장, 돼지 250마리를 키울 수 있는 습지대, 1000섬의 물고기를 양식할 수 있는 연못, 1000장章의 목재를 벌채할 수 있는 산, 안읍安邑의 대추나무 1000그루, 연나라와 진나라의 밤나무 1000그루, 촉蜀, 한漢과 강릉의 귤나무 1000그루, 회북과 상산 남쪽 및 하수와 제수 사이의 가래나무 1000그루, 진陳과 하나라의 옻나무 밭 1000무畝,[5] 제나라와 노나라의 뽕나무 밭과 삼밭 1000무, 위천渭川 유역의 대나무 숲 1000무, 거기에 각국의 번창한 성이나 성곽 주위에서 1무에 1종鍾의 수확이 있는 밭 1000무 혹은 잇꽃이나 꼭두서니 밭 1000무, 생강과 부추 밭 1000

무 가운데서 어느 것이라도 가진 사람이면 모두 1000호를 가진 제후와 같다.'라고 했다. 이러한 것들은 부의 자원이다. 이것을 가진 사람들은 저잣거리를 기웃거릴 필요도 없고, 다른 마을에 가지 않고 가만히 앉아 수입만 기다리면 된다. 몸은 처사處士벼슬하지 않는 선비처럼 있으면서도 수입이 있다. 만일 집이 가난하고 어버이는 늙고 처자식은 연약하며, 세시歲時가 되어도 조상에게 제사를 올리지 못하고, 가족이 모여 음식을 먹지 못하며 옷을 입고 사람들과 어울리기 어려우면서도 이러한 것을 부끄러워할 줄 모른다면 비할 곳이 없을 만큼 못난 사람이다. 그래서 재물이 없는 사람은 힘써 일하고, 재물이 조금 있는 사람은 지혜를 짜내고, 이미 많은 재산을 가진 사람은 이익을 좇아 시간을 다툰다. 이것이 그 대강이다.

생활을 꾸려 나감에 위태롭게 하지 않으면서 수입을 얻으려는 것은 현명한 사람이 힘쓰는 바이다. 그러므로 농업으로 부를 얻는 것을 으뜸이라 하고, 상업으로 부를 얻는 것은 그다음이며, 간사하고 교활한 수단으로 부를 얻는 것이 가장 저급하다. 동굴 속에 숨어 사는 선비의 기이한 행동도 없으면서 오랫동안 가난하고 천하게 살며 인의를 말하는 것만 즐기는 것도 아주 부끄러운 일이다.

대체로 호적에 올린 보통 백성은 부유함을 비교하여 자기보다 열 배 많으면 몸을 낮추고, 백 배 많으면 두려워하며, 천 배 많으면 그의 일을 해 주고, 만 배 많으면 그 하인이 되니, 이것이 사물의 이치이다. 대체로 가난에서 벗어나 부자를 추구하는 길에는 농업이 공업만 못하고 공업이 상업만 못하니, 비단에 수를 놓는 것이 저잣거리에서 장사하는 것만 못하다. 이것은 말단의 생업상업이 가난한 사람의 자본임을 말한다.

교통이 편리한 큰 도시에서는 한 해에 술 1000독, 식초 1000병, 간장 1000독, 도축한 소와 양과 돼지 1000마리, 내어 판 곡식 1000종鍾1종 은 64말, 땔나무 1000수레, 길이가 1000장丈 되는 배에 실은 땔감용 목 재, 목재 1000장章, 대나무 장대 1만 개, 말이 끄는 수레輻車 100대, 소 가 끄는 수레 1000대, 칠기 1000개, 구리 그릇 1000균鈞1균은 30근斤, 나 무 그릇이나 쇠 그릇 또는 잇꽃이나 꼭두서니 1000섬, 말 200마리, 소 250마리, 양과 돼지 각 2000마리, 노비 100명, 힘줄과 뿔과 단사 1000근, 비단과 솜과 가는 베 1000균, 무늬 있는 비단 1000필, 두꺼운 베와 가 죽 1000섬, 옻 1000말, 누룩과 메주 각 1000홉, 복어와 갈치 1000근, 말린 생선 1000섬, 절인 생선 1000균, 대추와 밤 각 3000석을 생산하 는 자는 10분의 3의 이익을 거둔다. 여우와 담비로 만든 갖옷 각 1000 장, 염소와 양으로 만든 갖옷 1000섬, 털자리 1000장, 다른 과일과 야 채 1000종 등의 물건을 팔면 그 이자는 1000관貫1000매枚을 얻게 된다. 중간에서 소개하는 사람이나 탐욕스러운 상인은 본전의 3분의 1을 이 익으로 챙기고, 큰 욕심을 부리지 않는 상인은 5분의 1을 이익으로 얻 는다. 이들의 수입 역시 영지 1000호를 가진 제후와 같은 수준이다. 이 상이 소봉의 대강이다. 그 밖의 잡일을 하면 10분의 2의 이익도 올리지 못하므로 우리가 말하는 재물을 모으는 방식이 아니다.

이제 당시 사방 1000리 안에 살았던 현명한 사람들이 어떤 방법으로 부유해졌는지를 대략적으로 말함으로써 후세 사람들이 살펴 선택하는 데 도움이 되게 하기를 청한다.

촉군의 탁卓씨탁왕손는 조상이 조나라 사람이다. [탁씨는] 철을 캐고 제련하여 부자가 되었다. 진秦나라가 조나라를 깨뜨렸을 때 탁씨를 옮겨 살도록 했다. 탁씨는 포로가 되어 재물을 빼앗겼으므로 부부가 손수레를 끌고 이주지로 갔다. 함께 옮겨 간 포로 가운데 남은 재산이 조금이라도 있는 사람들은 다투어 [진나라] 관리에게 뇌물을 바치고, 가까운 곳으로 가게 해 달라고 부탁하여 가맹葭萌에 자리를 잡았다. 탁씨는 말했다.

'가맹은 땅이 좁고 메마르다. 나는 민산汶山 기슭에 기름진 들이 있어 큰 감자가 생산되기 때문에 죽을 때까지 굶지 않으며, 백성은 장사에 뛰어나고 쉽게 거래할 수 있다고 들었다.'

이에 먼 곳으로 옮겨 가기를 원하여 임공臨邛으로 가게 되었다. 그는 매우 기뻐하며 철이 생산되는 산으로 들어가 쇠를 녹여서 그릇 만드는 일을 했다. 그는 지혜롭게 교역하여 전滇과 촉 땅의 백성을 기술자로 이용했다. [그의] 부富는 노비가 1000명에 이르고, 전답과 연못에서 사냥하고 고기잡이하는 즐거움이 임금의 그것에 견줄 만했다.

정정程鄭은 산동에서 이주해 온 포로로서, 역시 철을 제련하여 머리를 방망이 모양으로 상투를 틀어 올린 사람들과 거래했다. [그도] 탁씨처럼 부유했고 함께 임공에서 살았다.

완宛 땅 공孔씨의 조상은 양나라 사람이다. 공씨는 철 제련을 직업으로 삼았다. 진秦나라가 위魏나라를 쳤을 때 공씨는 남양南陽으로 이주하였다. 그는 대규모로 쇠를 녹여 그릇을 만들고, 큰 못池도 계획하여 만들었다. 수레와 말을 거느리고 제후에게 유세하였고 그것을 이용하여 장사하였다. 교역의 이로움에도 밝아 그는 '유한공자游閑公子'라는 이름을 얻었지만 이익을 지나치게 챙겨 인색한 장사치보다 더했다. 그 결과 그는 수천 금의 부를 쌓았다. 남양의 장사꾼은 모두 공씨의 큰 배짱을 본받았다.

노나라 사람의 풍속은 검소하고 절약했는데, 조曹 땅의 병邴씨는 그중에서도 특히 심하여 철 제련법으로 일어나 거만금의 부를 쌓게 되었다. 그러나 그 집안의 부형에서 자손들에 이르기까지 '구부리면 물건을 줍고, 우러러보면 물건을 취하라.'라고 하고, 행상을 하며 모든 군과 국에 돈을 빌려 주었다. 추와 노에서는 이런 이유 때문에 문학文學학문을 버리고 이익을 좇아 나서는 사람이 많아졌으니, 이는 조 땅의 병씨 탓이다.

제나라 풍속에는 노예를 업신여기는데, 조간刁閒만은 노예를 사랑하고 귀하게 대했다. 사람들은 사납고 교활한 노예를 싫어하지만 조간은 그런 자를 발탁하여 생선과 소금 장사를 시켜 이익을 얻었다. 조간은 수레와 말을 거느리고 다니며 고을 태수나 나라의 재상과 사귀기도 했지만, 노예들을 더욱 신임하여 그들의 힘을 빌려서 수천만 금의 부를 쌓았다. 그래서 '차라리 벼슬살이를 하기보다 조간의 노예가 되겠다.'라는 말까지 나오게 되었다. 이것은 조간이 사나운 노예를 잘 이끌어 부유하게 만들고, 그들의 힘을 제대로 발휘하게 함을 말한 것이다.

주나라 사람은 본래 인색하지만 그중에서도 사사師史라는 자는 더욱 심하여 수레 수백 대에 물건을 실어 나르며 군과 국으로 나가 장사했는데 가지 않은 곳이 없었다. 낙양 거리는 제, 진, 초, 조의 한가운데에 있기 때문에 가난한 사람은 부자들에게 장사하는 법을 배웠다. 이들은 오랜 기간 상업에 종사하는 것을 서로 자랑하며 고향 마을을 자주 지나면서도 자기 집에 들르지 않았다. 사사는 이들에게 일을 맡겨 장사를 시킨 결과 7000만의 재산을 쌓을 수 있었다.

선곡宣曲의 임任씨 조상은 독도督道의 창고 관리였다. 진秦나라가 싸움에서 졌을 때 호걸은 모두 앞을 다투어 금과 은과 옥을 차지했으나, 임씨만은 창고의 곡식을 굴속에 감추어 두었다. 그 뒤 초나라와 한나라가 형양에서 대치하자 백성은 밭을 갈고 씨를 뿌릴 수 없어 쌀 한 섬 값이 1만 전까지 뛰었다. 호걸들이 차지했던 금과 은과 옥은 모두 그의 것이 되어 부유해졌다. 부유한 사람들이 사치를 다툴 때 임씨는 절약하고 검소한 생활을 하며 농사와 목축에 힘썼다. 사람들은 밭과 가축을 살 때 싼 것만을 택하지만, 임씨만은 값은 비싸도 질이 좋은 것을 골랐다. 이리하여 임씨는 여러 대 동안 부유했다. 그런데도 임씨는 집안에 약속하기를 '내 집의 밭과 가축에서 얻은 것이 아니면 먹지도 입지도 않고, 공사公事가 끝나기 전에는 술과 고기를 입에 대지도 않는다.'라고 했다. 이런 까닭에 임씨는 마을의 모범이 되었고, 집안은 더욱 부유해졌으며 천자도 그를 존중했다.

〔한나라가 흉노를 친 뒤〕변경의 땅을 넓혔을 때 교요橋姚라는 사람만이 말 1000마리, 소 2000마리, 양 1만 마리, 곡식 수만 종鍾을 얻었다. 오, 초 등 일곱 나라가 난을 일으켰을 때 장안에 있는 크고 작은 제후들

은 토벌군에 가담하기 위해 자금을 빌리려 했다. 돈놀이하는 사람은 모두 '제후들의 봉읍은 관동關東에 있는데, 관동의 일이 성공할지 패할지는 아직 결정지을 수 없다.'라고 생각하고 기꺼이 빌려 주려는 사람이 없었다. 오직 무염無鹽씨만이 1000금을 풀어 빌려 주었는데 이자를 원금의 열 배로 하였다. 석 달 만에 오, 초가 평정되었다. 무염씨는 겨우 한 해 만에 원금의 열 배를 이자로 받아 그 재산은 관중 전체의 부와 맞먹게 되었다.

관중의 부상이나 대상은 대부분 전田씨 일족이었는데 전색田嗇, 전란田蘭 등이 그들이다. 위가韋家의 율栗씨, 안릉安陵과 두杜현의 두杜씨도 거만금을 가진 부자였다.

이상은 〔부자들 중에〕 꽤 두드러진 인물들이다. 그들은 모두 작읍이나 봉록을 가진 것도 아니고 법률을 교묘하게 운용하고 나쁜 짓을 하여 부자가 된 것도 아니다. 모두 사물의 이치를 헤아려 행동하고 시세 변화를 살펴 그 이익을 얻고, 상업으로 재물을 쌓고 농업으로 부를 지켰다. 무武로 모든 것을 이룬 뒤에는 문文으로 그것을 지켰으며, 그 변화에는 절도와 순서가 있어 기술할 만하다. 농사와 목축과 공업과 벌목과 행상에 온 힘을 기울여 이익과 손해를 따져 대처하여 이익을 올림으로써 부를 이룩한 사람 가운데에 크게는 한 군郡을 압도하고, 그다음은 한 현縣을 압도하며, 작게는 한 마을을 압도하는 사람도 있었으니 그 예를 일일이 다 들 수 없을 정도로 많다.

대체로 아껴 쓰고 부지런한 것은 생업을 다스리는 바른 길이다. 그렇지만 부자가 된 사람은 반드시 기이한 기회를 활용했다. 밭에서 농사짓는 것은 〔재물을 모으는 데에는〕 졸렬한 업종이지만, 진秦나라의 양씨揚

氏는 이것으로 주州에서 제일가는 부호가 되었다. 무덤을 파서 보물을 훔치는 것은 나쁜 일이지만 전숙田叔은 그것을 발판으로 하여 일어섰다. 도박은 나쁜 놀이이지만 환발桓發은 그것으로 부자가 되었고, 행상은 남자에게는 천한 일이지만 옹낙성雍樂成은 그것으로 부자가 되었다. 연지臙脂를 파는 것은 부끄러운 일이지만 옹백雍伯은 그것으로 천금을 얻었고, 술장사는 하찮은 일이지만 장張씨는 그것으로 천만 금을 얻었으며, 칼을 가는 것은 보잘것없는 기술이지만 질郅씨는 그것으로써 제후들처럼 반찬 솥을 늘어놓고 식사를 했다. 양의 위를 삶아 말려 파는 것은 단순하고 하찮은 일이지만 탁濁씨는 그것으로 기마행렬을 거느리고 다녔다. 말의 병을 치료하는 것은 대단치 않은 의술이지만 장리張里는 그것으로써 종을 쳐서 하인을 부르게 되었다. 이는 모두 성실하게 한 가지 일에 노력한 결과이다.

이런 것으로 미루어 볼 때 부유해지는 데에는 정해진 사업이 없고, 재물에는 일정한 주인이 없다. 능력이 있는 사람에게는 〔재물이〕 한곳으로 모이고, 능력이 없는 사람에게서는 기왓장 부서지듯 흩어진다. 천금의 부자는 한 도읍의 군주에 맞먹고, 거만금을 가진 부자는 왕과 즐거움을 같이한다. 〔그들이야말로〕 어찌 이른바 소봉素封이라고 할 만한 자들인가? 아닌가?"

70

태사공 자서
太史公自序

「태사공 자서」는 열전의 마지막 편으로 들어가 있지만, 사실은 『사기』 전체의 머리말에 해당한다. 요즘은 저자 머리말을 맨 앞에 놓지만 예전에는 끄트머리에 두었다. 그런데 『사기』의 「태사공 자서」가 다른 책의 머리말과는 달리 유독 중요하게 평가되는 까닭은 단순히 전체적인 집필 동기와 구성 체제 등을 쓴 것이 아니라, 아버지를 중심으로 한 자신의 집안 내력과 학문적 배경 및 경력 등이 모두 포함되어 있어 『사기』를 이해하는 데 매우 도움을 주기 때문이다. 특히 「태사공 자서」에는 『사기』 130편에 대한 간단한 해제가 붙어 있어, 이것만 읽어 보아도 『사기』 전체 내용을 일목요연하게 짐작할 수 있다.

전문은 7812자로 이루어졌는데 순서대로 보면 ① 사마천의 가계, ② 사마씨 부자의 「육가요지六家要旨」, ③ 사마천의 청년 시절과 부친의 죽음 및 태사령이 된 자신, ④ 사마천이 아버지의 유언을 받는 과정, ⑤ 사마천과 호수의 『춘추』 논쟁, ⑥ 사마천이 궁형을 받고 발분해서 글을 쓰게 된 동기, ⑦ 『사기』 전편의 해제 등으로 구성되어 있다.

사마천의 가계에 관한 내용에서는 그 조상이 군사가, 경제가, 학자 등의 다양한 전통을 두루 갖고 있다는 점을 알 수 있으며, 사마천이 아버지 사마담의 영향을 받아 역사를 기록한다는 깊은 소명 의식이 담겨 있다. 특히 제자백가로 일컬어지는 육가六家에 대한 견해는 당시 학문적 다양성을 보여 주는 것으로서, 향후 중국 문화가 이런 사상적 배경을 가지고 발전했다고 해도 지나친 말은 아닐 것이다.

사마천은 역사적 사실에 대한 깊이 있는 이해와 통찰력으로 머리말을 썼다. 어떠한 역

사서도 역사가의 주관을 거치지 않은 것은 없다. 사마천이 재해석한 역사는 그의 인간적 면모가 잘 드러나기도 하고, 현실에 냉정한 실증주의자의 면모 또한 느낄 수 있게 해 준다.

또한 이 편에는 사마천의 인생관과 생사관이 고스란히 드러나 있으며, 이릉의 화를 자신이 겪은 궁형과 대비시켜 치욕을 참고 저술하여 천하에 이름을 남기겠다는 포부를 함께 나타내고 있다.

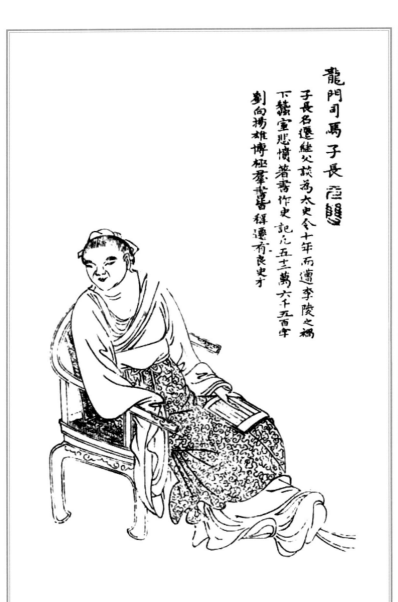

龍門司馬子長座態

子長名遷継父談為太史令十年而遭李陵之禍
下蠶室悲憤著書作史記凡五十二萬六千五百字
劉向揚雄博極羣書皆稱遷有良史才

책을 들고 앉아 있는 사마천.

뼈대 있는 집안의 내력

옛날에 전욱顓頊황제黃帝의 손자은 남정南正천문을 관장하는 벼슬 중重에게 하늘에 관한 것을 주관하게 하고, 북정北正지리를 관장하는 벼슬 여黎에게 는 땅에 관한 일을 관장하도록 명령하였다.

당요唐堯와 우순虞舜 시대에 이르러서는 중과 여의 후손들에게 계속 천문과 지리를 맡게 하여 하夏와 상商에까지 이르렀으니, 중과 여는 대대로 천문과 지리를 주관한 것이다. 주 대周代에 정백程伯에 봉해졌던 휴보休甫도 여씨의 후손이다. 그런데 주나라 선왕 때에 이르러 그 후손들은 관직을 잃어 사마씨司馬氏[1]가 되었다. 사마씨는 대대로 주나라 역사를 관장하였다. [주나라] 혜왕과 양왕 사이에 사마씨는 주나라를 떠나 진晉나라로 가게 되었으며, 진晉나라의 중군中軍인 수회隨會가 진秦나라로 달아나 버리자 사마씨는 소량少梁으로 들어갔다.

사마씨가 주나라를 떠나 진晉나라로 간 뒤부터 [사마씨 일족들은] 뿔뿔이 흩어지기 시작하여 어떤 사람은 위衛나라에 살고, 어떤 사람은 조나라에 살고, 몇몇은 진秦나라에 살기도 했다. 위나라에서 살던 사람은 중산국의 재상이 되기도 하였고, 조나라에 살던 사람은 검술에 관한 견해를 전함으로써 [후세에] 명성을 날렸으니 괴외蒯聵가 바로 그 후손이

---

[1] 사마司馬는 관직 이름으로 시대에 따라 그 맡은 일이 달랐다. 사마는 본래 군사나 군수품 등을 관장했는데, 때로는 사관史官 일까지 겸했다.

다. 진나라에 있던 사람은 이름이 사마조司馬錯로 장의와 논쟁을 벌였다. 이때 혜왕이 사마조에게 촉나라를 치게 하자, [사마조는] 마침내 [촉나라를] 무너뜨리고 그로 인하여 그곳을 지키게 되었다.

사마조의 손자 사마근司馬靳은 무안군武安君 백기白起를 섬겼다. [사마씨가 살고 있던] 소량은 명칭을 하양夏陽으로 바꾸었다. 사마근과 무안군은 장평長平에 진을 치고 있던 조나라 군대를 [깨뜨려 장평] 땅에 생매장시키고 돌아왔다. 그는 두우杜郵에서 백기와 함께 자결 명령을 받아 화지華池에 묻혔다. 사마근의 손자 사마창司馬昌은 [진시황 때] 진나라의 주철관主鐵官철을 녹여 그릇 만드는 일을 관장하던 관리이 되었다.

괴외의 현손 사마앙司馬卬은 무신군의 장수부장가 되어 군대를 거느리고 조가현朝歌縣을 정벌하였다. 제후들이 서로 왕을 칭하게 되자 그는 은왕殷王으로 봉해졌다. 한왕이 초나라를 칠 때 사마앙은 한나라에 귀의함으로써 하내군을 자기 땅으로 만들었다.

사마창이 무택無澤을 낳았고, 무택은 한나라의 시장市長시장을 관리함이 되었다. 무택이 사마희司馬喜를 낳았고, 사마희는 오대부五大夫가 되었다. [이들은] 세상을 떠나자 모두 고문高門에 묻혔다. 사마희가 사마담司馬談을 낳으니, 사마담은 태사공太史公[2]이 되었다.

---

2 태사太史는 상나라 말기와 서주 시대에는 태사료太史寮의 장관을 일컬었고, 서주와 춘추 시대에는 사서 편찬과 천문과 역법과 제사 등을 관장했다. 진한 시대에는 그 지위가 낮아졌다.

태사공太史公사마담은 당도唐都천문학자에게 천문에 관한 것을 배우고, 양하楊何에게 『역』을 전수받고, 황자黃子황생黃生에게 도가의 이론을 배웠다. 태사공은 건원과 원봉 사이에 벼슬을 하였다. 〔그는〕 학자들이 학문의 참뜻에 통달하지도 못하면서 스승을 배척하는 것을 우려하여 곧 육가六家유가, 묵가, 도가, 법가, 음양가, 명가의 핵심이 되는 가르침을 다음과 같이 논의했다.

『역』「대전大傳계사전繫辭傳」에서 "천하 사람들제자백가의 학설은 하나이건만 〔거기에 이르기 위해서〕 온갖 생각을 다하고, 같은 길로 귀착되면서 〔일부러〕 다르게 가려고 한다."라고 하였듯이 저 음양가, 유가, 묵가, 명가名家, 법가, 도덕가도가 등은 이를 힘써 다스리려고 하는데 다만 그들이 내세우는 이론이 서로 길을 달리하여 어떤 것은 제대로 살폈고 어떤 것은 제대로 살피지 못한 것이 있을 뿐이다.

일찍이 나는 음양가의 학술을 관찰해 본 적이 있는데, 대체로 상서로움에 치중하고 금기하고 꺼리는 것이 많아 사람으로 하여금 구속받게 하고 두려워하게 하는 바가 많았다. 그러나 사시四時춘하추동가 운행하는 큰 순서를 배열한 점만은 놓쳐서는 안 될 것이다.

유가의 학설은 넓고 요점이 적어 힘써 연구해도 효과는 적다. 이로 인하여 그들의 학설을 모두 따르기는 어렵다. 그러나 그들이 군신과 부자 사이의 예절을 자리매김한 것과 부부와 장유 사이의 구별을 정한 것은 바꿔서는 안 된다.

묵가는 검소함을 [내세워] 따르기가 어렵다. 이로 인하여 모두 따라 실천할 수는 없지만, 그 근본을 튼튼히 하고 씀씀이를 절약해야 한다는 견해는 버릴 수 없는 것이다.

법가의 학설은 엄격하여 은혜가 적지만 군신과 상하의 본분을 바르게 하자는 것은 고칠 수 없는 것이다.

명가는 사람들을 명분名에 얽매이게 하고 간략하여 진실을 잃기 쉽게 한다. 그러나 그들이 명분과 실질實의 관계를 바르게 한 것은 살피지 않을 수 없다.

도가는 사람으로 하여금 정신을 한곳으로 모아 행동을 무형無形의 도에 들어맞게 하고 만물을 풍족하게 한다. 그 학술은 음양가의 천지자연의 법칙四時에 따르고, 유가나 묵가의 좋은 점을 받아들이고, 명가와 법가의 요점을 취하여 시대에 따라 더불어 옮겨 가고, 만물에 순응하여 변화하며, 풍속을 세우고 일을 시행하니 적절하지 않은 것이 없고 그 취지는 간략하여 요점을 파악하기 쉽고 일은 적게 해도 효과는 많다.

유가는 그렇지 않으니 군주는 천하의 모범과 법도라고 생각하여 군주가 제창하면 신하가 화답하고, 군주가 먼저 하면 신하는 따라서 해야 한다. 이와 같이 한다면 군주는 수고스럽고 신하는 편안하다. [도가가 말하는] 대도大道의 요체는 강함과 탐욕을 버리고 지혜를 물리치니, 이를 내려놓고 [자연의] 법도에 맡기는 것이다. 무릇 정신을 많이 쓰게 되면 고갈되고, 육체를 너무 수고롭게 하면 피폐해진다. 육체와 정신이 소란스럽고 동요되는데 천지자연과 더불어 영원히 존재하였다는 말은 들어 본 바 없다.

저 음양가는 사시, 팔위八位,[3] 십이도十二度,[4] 이십사절二十四節24절기마다 교령敎令해야 할 것과 해서는 안 될 여러 가지 규정을 마련하여 이 교령에 따르는 자는 번창하고 거스르는 자는 죽지 않으면 망한다고 한다. 반드시 그렇지는 않다. 그러므로 "사람으로 하여금 이것의 구속을 받게 하여 매우 두려워하게 한다."라고 말한 것이다. 봄에 싹이 트고, 여름에 성장하며, 가을에 거둬들이고, 겨울에 저장하니, 이는 [영원히 바뀌지 않는] 하늘의 법칙이므로 이것을 따르지 않는다면 천하의 기강을 세울 수 없게 된다. 그러므로 "사시 [운행]의 큰 순서를 놓칠 수 없다"고 한 것이다.

유가는 육예六藝를 법도로 삼는데 육예의 경전본문과 주석서이 천만을 헤아려 여러 세대에 걸쳐 배워도 그 학문에 통할 수 없으며, 자신의 세대에 모두 바쳐도 그 예의를 연구할 수 없다. 그러므로 "범위가 넓고 요점이 적어 힘써 연구해 보아도 효과는 적다."라고 말한 것이다. 군신과 부자의 예절을 배열하고, 부부와 장유의 구분을 정해 놓은 것은 비록 백가百家모든 학파라 하더라도 바꿀 수 없다.

묵가도 요임금과 순임금의 도를 숭상하여 그들의 덕행에 대해 말했다.

"[요임금과 순임금이 살던 집의] 마루높이는 석 자이고 흙으로 만든 섬돌 계단이 세 단이며, 지붕은 띠풀로 엮고 처마 끝을 가지런히 자르지 않았으며, 원목 서까래도 [매끈하게] 다듬지 않았다. 밥을 먹을 때는 흙을 빚어 만든 그릇을 쓰고, 국을 먹을 때는 흙으로 만든 국그릇을 사용했다. 거친 잡곡밥을 먹고 명아주잎과 콩잎 국을 먹었다. 여름에는 칡베 옷을 입고 겨울에는 사슴 가죽으로 만든 옷을 입었다."

---

3 팔괘八卦의 방위, 즉 진동震東, 이남離南, 태서兌西, 감북坎北, 건서북乾西北, 곤서남坤西南, 손동남巽東南, 간동북艮東北를 말한다.

4 십이차十二次. 고대 중국에서 태양, 달, 행성의 위치와 운행 경로 등을 측량할 목적으로 황도대黃道帶를 열둘로 나눈 것을 말한다. 이것은 24절기와 관련이 있다.

〔묵가는〕 죽은 자를 보내는 데 세 치밖에 안 되는 오동나무 관을 쓰고, 소리 내어 울면서도 그 비통한 마음을 모두 드러내지는 않았다. 〔이렇듯 간략하게〕 상례喪禮를 가르쳐 반드시 이런 것을 모든 백성의 표준으로 삼았다. 〔그러나〕 천하 사람이 이와 같이 하는 것을 본받는다면 존귀함과 비천함의 분별이 없어진다. 세상이 달라지고 시대가 바뀌면 사업이 반드시 같아야 할 필요는 없으므로 "검약함을 내세워 따르기가 어렵다."라고 말한 것이다. 〔그러나〕 그 요지에 근본을 강화시키고 씀씀이를 절약해야 한다고 한 말은 사람마다 풍족해지고 집집마다 넉넉해지는 이치이다. 이는 묵가의 장점으로서 비록 백가라 하더라도 폐기할 수 없는 것이다.

법가는 가깝고 먼 관계를 구별하지 않고, 귀하고 천한 것을 차별하지도 않으며, 법에 따라 한 번에 단죄하므로 가까운 이를 가깝게 대하고 존귀한 자를 존귀하게 대하는 온정이 끊어지고 말았다. 한때의 계책으로 실행할 수는 있어도 오랫동안 사용할 수는 없으므로 "엄격하여 온정이 적다."라고 한 것이다. 군주를 높이고 신하를 낮추며 분수와 직책을 분명히 함으로써 서로 〔권한을〕 뛰어넘거나 침범할 수 없는 점은 백가라도 바꿀 수 없는 것이다.

명가는 살피는 것을 가혹하게 하면서 서로 뒤엉켜 흐려지게 하며, 사람으로 하여금 그 진의에 돌아가지 못하게 하고, 오로지 명분개념에 의해서만 결정하여 사람의 정서인정를 잃게 하므로 "사람으로 하여금 명분에 얽매이게 하고 그 진실을 잃기 쉽다."라고 말한 것이다. 명분에 의거하여 실질을 비판하되 명분과 실질이 서로 호응함으로써 〔진실을〕 잃지 않은 이것은 살피지 않을 수 없다.

도가는 〔억지로〕 하는 것이 없음無爲을 주장하면서 '하지 않음이 없음無不爲'을 말하는데, 그 실질은 쉽게 시행할 수 있지만 그 말은 알기 어렵다. 그들의 학술은 '텅 비고 없음虛無'을 근본으로 삼고 '자연에 순응함因循'을 작용으로 삼는다. 고정된 형세勢도 없고 일정한 형상形도 없으므로 만물의 실정을 구명할 수 있는 것이다. 만물보다 앞서지 않고 만물보다 뒤처지지도 않으므로 만물의 주인이 될 수 있다. 물론 법도法가 있지만 [자연에 순응하므로] 법도로 삼지 않고 시대에 따라서 일을 이루며, 제도가 있으나 제도로 삼지 않고 만물에 따라 합쳐진다. 그러므로 "성인이 사라지지 않는 것은 시대의 변화를 준수하기 때문이다. 비움虛은 도의 영원함이며, 순응順은 군주의 강령이다."라고 말한 것이다. 여러 신하가 모두 이르면 [군주는] 각자 스스로 [그 직분을] 밝히도록 해야 한다. 그 실질이 그 명성에 들어맞는 것을 바름端이라 하고, 그 실질이 명성에 들어맞지 않는 것을 공허함窾이라고 한다. 공허한 말窾言을 듣지 않으면 간사한 신하는 생겨나지 않고, 어진 자와 어리석은 자가 자연스럽게 구분되며, 흰색과 검은색이 즉시 드러나게 된다. 이와 같이 운용하고자 한다면 무슨 일이든지 이루어지지 않겠는가! 천지자연의 도와 합치되어 혼돈의 상태로 들어가며, 천하를 밝게 비추어 다시 이름 없는無名 경지로 돌아가게 된다.

대체로 사람이 살아 있다는 것은 정신이 있다는 것이며 기탁하는 것은 육체이거늘, 정신을 너무 쓰게 되면 고갈되고 육체를 너무 수고롭게 하면 피폐해진다. 육체와 정신이 분리되면 죽게 된다. 죽은 자를 다시 살려 낼 수 없고 떨어진 것을 다시 돌이킬 수 없으니, 성인은 이 두 가지를 모두 중시했다. 이로 말미암아 보건대 정신이란 삶의 근본이며 육체는 삶의 도구이다. 먼저 그 정신과 육체를 안정시키지 않고 "나만이 천하를 다스릴 수 있다."라고 말하니 무엇에 근거한 것인가?

태사공은 이미 천문을 관장하고 있었으므로 백성을 다스리지는 않았다. 〔그에게〕 아들이 있는데 사마천司馬遷이라고 했다.

사마천의 각지 여행

사마천은 용문龍門에서 태어나 하수 북쪽과 용문산 남쪽 기슭에서 농사를 짓고 가축을 길렀다. 열 살 때 옛날 문헌〔古文〕을 암송했으며, 스무 살 때는 남쪽으로 강수와 회수를 유력하고 회계산에 올라 우임금의 동굴을 탐험하고 〔순임금이 매장된〕 구의산九疑山도 살펴보았으며, 원수沅水와 상수湘水에 배를 띄우고 유람하였다. 〔그러다가〕 북쪽으로 문수汶水와 사수泗水를 건너 제나라와 노나라의 수도에서 학업을 닦고 공자가 남긴 풍속을 살펴보았으며, 추현鄒縣과 역산嶧山에서는 향사鄕射⁵를 살펴보았다. 파현鄱縣, 설현薛縣, 팽성彭城 등에서 재앙과 곤란을 겪고 양나라와 초나라를 거쳐 〔고향으로〕 돌아왔다. 이때 사마천은 관직에 나가 낭중이 되어서 명을 받들어 서쪽으로 파와 촉 남쪽 지역을 정벌하고, 남쪽서남이으로는 공邛과 작笮과 곤명昆明을 공략하고 돌아와서 다시 명을 받들었다.

---

5 지방 장관이 봄과 가을에 한 차례씩 일반 백성과 만날 때 시행한 활쏘기 의식이다.

이해에 천자효무제는 비로소 한나라 조정의 봉선 의식을 처음으로 거행하였는데, 태사공사마담은 주남周南낙양에 머물러 있어 그 일에 참여하여 받들 수 없으므로 분통이 터져 죽을 지경에 이르렀다. 그런데 아들 사마천이 때마침 〔파촉 평정의〕 사명을 마치고 돌아오는 길이므로 하수와 낙수의 사이에서 아버지를 만나 뵐 수 있었다. 태사공은 사마천의 손을 잡고 울면서 말했다.

"내 조상은 주나라 왕실의 태사太史사관였다. 일찍이 상고 시대에 우임금과 하임금에게서 공명을 드러낸 이래로 천문에 관한 일을 주관해 왔다. 후세로 내려오면서 중도에 쇠락하더니 나에게서 끊어지고 마는 것인가? 너는 다시 태사가 되어 우리 조상이 하던 일을 이어야 한다. 지금 천자께서 천년의 대통을 이어받아 태산에서 봉선 의식을 거행하고 있는데도 내가 따라가지 못한 것은 분명 천명이로다! 천명이로다! 내가 죽거든 너는 반드시 태사가 되어라. 태사가 되거든 내가 논하여 저술하려고 했던 바를 잊지 말아라. 무릇 효도란 부모를 섬기는 데서 시작하며, 그다음은 임금을 섬기는 것이고, 마지막은 자신을 내세우는 데 있다. 후세에 이름을 떨침으로써 부모를 드러내는 것이 효도의 으뜸이다. 세상 사람들이 주공을 칭송하는 것은 그가 문왕과 무왕의 덕을 찬양하여 노래하고, 〔주 왕실의 근거지인〕 주남과 소남의 작풍을 선양하며, 태왕太王고공단보과 왕계王季공계公季 혹은 계력季歷의 깊은 생각에 통달하여 공류公劉후직의 증손에 미치고 후직后稷을 받들었기 때문이다. 유왕幽王과 여왕厲王

이후로는 제왕의 도리가 무너지고 예와 악이 쇠락하여 공자께서 옛 전적을 정리하고 폐기된 것을 일으켜 『시』와 『서』를 강론하고 『춘추』를 지었으니, 배우는 사람들이 오늘에 이르기까지 그것을 본받는 것이다. 획린獲麟[6] 이래로 400여 년 동안 제후들은 서로 아우르려 하고 사관의 기록들은 내버려지고 끊어졌다. 이제 한나라가 흥기하여 천하가 하나로 통일되고, 현명한 군주와 어진 임금과 충성스러운 신하와 정의를 보고 죽는 선비가 나왔다. 〔그러나〕 내가 태사가 되고도 이들을 논하여 기록하지 못해 천하의 역사 문헌을 폐기하였구나. 나는 이것이 매우 두렵다. 너는 이 점을 염두에 두어라."

사마천은 고개를 숙이고 눈물을 흘리며 말했다.

"소자가 영민하지는 못하나 아버님께서 순서대로 정리해 두신 옛 문헌을 모두 논술해 감히 빠뜨리는 것이 없도록 하겠습니다."

〔태사공이〕 세상을 떠난 지 3년 만에 사마천은 태사령이 되어 사관의 기록과 〔황실 도서관인〕 석실石室, 금궤金匱에 보관한 책들을 꺼내 모았다. 〔그로부터〕 5년 뒤가 마침 태초太初 원년으로, 그해 11월 갑자일甲子日 초하루 아침 동짓날에 천력天曆[7]이 비로소 바뀌어 명당明堂[8]을 세우고 모든 신에게 제사를 지냈다.

---

6 『춘추』 「노 애공魯哀公」 14년조를 보면 "봄에 서쪽에서 사냥하다 기린을 잡았다."라는 기록이 보인다. 기린은 본래 어진 짐승을 상징한다.

7 태초력太初曆. 한나라 이전에는 하력夏曆을 써서 10월을 한 해의 시작으로 삼았다. 태초력은 한나라 무제 태초太初 원년부터 사용했는데, 이것은 정월을 한 해의 시작으로 삼았다.

8 중국 고대에 천자가 조회, 제사 등 국가의 중요한 행사를 시행하던 곳이다.

태사공사마천을 지칭은 말한다.

"선친께서 '주공이 세상을 떠난 지 500년이 지나 공자가 있고, 공자가 죽은 뒤 지금에 이르기까지 500년이 되었으니 다시 밝은 세상을 이어받고 『역전易傳』을 바로잡고 『춘추』를 이어받고 『시』, 『서』, 『예』, 『악』의 근본을 밝히는 자가 있을 것이다.'라고 말씀하셨으니 〔선친의〕 뜻이 여기에 있지 않았는가! 뜻이 여기에 있지 않았는가! 내가 어찌 감히 사양하겠는가?"

사마천과 호수의 『춘추』 논쟁

상대부 호수壺遂가 말했다.

"옛날 공자는 무엇 때문에 『춘추』를 지었습니까?"

태사공이 말했다.

"나는 동생董生동중서이 하는 말을 들었습니다. '주나라의 도가 쇠미해지고 폐지되자 공자가 노나라 사구司寇형옥刑獄을 살피던 직책가 되었다. 〔그러나〕 제후들은 공자를 해치고 대부들은 공자를 방해했다. 공자는 자기 주장이 쓰이지 못하고 도가 행해지지 못할 것을 알자 〔노나라〕 242년[9] 동안의 일들에 대해서 옳고 그름을 따져 천하의 본보기로 삼았

---

[9] 『춘추』에 기록된 은공隱公 원년기원전 722년부터 애공 14년기원전 481년까지로서 242년이다.

다. 천자라도 〔착하지 않은 일을 했으면〕 깎아내리고, 제후라도 〔무도하면〕 배격하며, 대부라도 〔의롭지 못하면〕 성토하여 왕이 할 일을 달성하려고 했다.' 〔또〕 공자는 '나는 〔처음에는〕 헛된 말로 기록하려 했으나, 이것은 구체적인 사실로 표현하는 쪽이 보다 더 절실하고 명백하다.'라고 하였습니다. 『춘추』는 위로는 삼왕三王의 도를 밝히고 아래로는 사람들이 하는 일의 기강을 분별하여 의심나는 곳을 구별하였으며, 옳고 그른 것을 밝히고 아직 결정하지 못한 것을 결정하도록 하며, 선善을 선이라 하고 악惡을 악이라 하며, 현賢을 현이라 하고 못난 사람을 천하게 여기며, 멸망한 나라를 존재하게 하고 끊어진 집안을 다시이었으며, 헐어 없어진 전통을 보완하여 다시 일으켰으니, 〔이는〕 왕도王道의 중대한 것이라 하겠습니다.

『역』은 천지와 음양과 사시와 오행의 운행 원리를 밝히고 있으므로 변화에 대한 서술이 뛰어나고, 『예』는 인륜의 기강을 다루기 때문에 행실을 바르게 하는 데 대한 서술이 뛰어납니다. 『서』는 선왕의 사적을 기록하므로 정치에 대한 서술이 뛰어나고, 『시』는 산천, 계곡, 금수, 초목, 빈모牝牡, 자웅雌雄에 대해 기록하고 있으므로 풍자적 은유에 뛰어납니다. 『악』은 근거하고 있는 곳에서의 즐거움을 기록하고 있어 조화에 대한 서술이 뛰어납니다. 『춘추』는 옳고 그름을 분별하므로 사람을 다스리는 일에 대한 서술이 뛰어납니다. 이러한 까닭으로 『예』는 사람을 절도 있게 하고, 『악』은 사람의 마음을 화합시켜 주며, 『서』는 사실을 말하고, 『시』는 진의를 전달하며, 『역』은 변화에 대해 말하고, 『춘추』는 도의를 밝힙니다. 어지러운 세상을 다스려 바른 데로 이끄는 것으로 『춘추』보다 가까운 것이 없습니다.

『춘추』는 문자 수만 자로 이루어졌으나 그 뜻은 수천 가지나 됩니다. 만물이 흩어지고 모이는 것이 모두『춘추』에 실려 있습니다.『춘추』가운데에 임금을 시해한 것이 서른여섯 건이고, 나라를 망친 것이 쉰두 건이나 되며, 제후가 망명하여 그 사직을 보전하지 못한 경우는 이루 다 셀 수 없습니다. 그렇게 된 까닭을 살펴보면 모두 근본을 잃었기 때문입니다. 그래서『역』에는 '털끝만 한 작은 잘못도 [결과는] 1000리나 오차가 있을 수 있다.'라고 했고, 또 '신하가 임금을 시해하고 자식이 아버지를 죽이는 것은 하루아침이나 하룻저녁의 원인으로 인한 것이 아니라 오랫동안 [원인이] 쌓인 것이다.'라고 했습니다. 따라서 나라를 가진 자는『춘추』를 알지 못해서는 안 됩니다. [이것을 모르면] 눈앞에서 참언해도 눈치채지 못하고 뒤에 역적이 있어도 알지 못합니다. 신하가 된 자도『춘추』를 알지 못해서는 안 됩니다. [이를 모르면] 늘 있는 일에도 마땅함을 모르며, [뜻하지 않은] 변고를 당해도 알맞은 대처 방법을 모릅니다. 군주나 아버지가 되어『춘추』의 의에 통하지 못한 자는 반드시 원흉이라는 악명을 듣게 될 것입니다. 신하나 자식 된 사람으로서『춘추』의 의에 통하지 못한 자는 반드시 찬탈이나 시역弑逆의 벌을 받아 죽을 죄라는 악명을 입게 됩니다. 사실 그들은 모두 선善으로 여기지만 그 대의를 모르기 때문에 헛된 말을 뒤집어쓴다 해도 감히 [그 죄를] 벗어나지 못합니다.

무릇 예의의 근본 뜻에 통하지 못하면 임금은 임금답지 못하고, 신하는 신하답지 못하며, 아버지는 아버지답지 못하고, 자식은 자식답지 못하게 됩니다. 군주가 군주답지 못하면 [신하에게] 침범을 당하고, 신하가 신하답지 못하면 [군주에게] 주살되며, 아버지가 아버지답지 못하면 무도해지고, 자식이 자식답지 못하면 불효하게 됩니다. 이 네 가지 일은 천하에서 가장 큰 잘못입니다. 천하의 큰 잘못을 저질렀다는 말을 뒤집어 써도 이것을 받아들이고 감히 벗어나지 못합니다. 그러므로 『춘추』는 예의의 대종大宗입니다. 예란 일이 아직 생기기 전에 막는 것이며, 법은 이미 생겨난 뒤에 실시하는 것입니다. 법이 작용하는 것은 눈에 잘 보이지만, 예가 미리 금할 수 있다는 것은 알기 어렵습니다."

호수가 말했다.

"공자 시대에는 위에 현명한 군주가 없어 아래에서 〔자신이〕 임용되지 못했습니다. 그래서 〔공자는〕 『춘추』를 지어 빈 문사로써 예의를 단정하여 왕의 법도로 삼았습니다. 〔그런데〕 지금 선생은 위로 밝은 천자를 만났고 아래에서 관직을 얻어 지키게 되었으니, 모든 일이 다 갖춰졌고 모든 사람이 각각 그 마땅함을 얻고 있습니다. 선생의 논저에서는 무엇을 밝히려는 것입니까?"

태사공이 말했다.

"예예. 아닙니다. 그런 것이 아닙니다. 나는 돌아가신 아버님이 말씀하시는 것을 들었는데 '복희는 지극히 순후純厚하여 『역』의 팔괘를 만들었다. 요임금과 순임금의 성스러운 덕은 『상서』에 기록되어 있고 예악이 〔여기에서〕 일어났다. 〔은나라〕 탕왕과 〔주나라〕 무왕이 융성한 때는 시인들이 이것을 노래하였다. 『춘추』에서는 선을 취하고 악을 물리치며 〔하, 은, 주〕 삼대의 덕을 높이고 주나라 왕실을 찬양했으므로 단지 풍자와 비방에 그치는 것만은 아니다.'라고 했습니다. 한나라가 일어난 뒤로 밝은 천자효무제에 이르러 상서로운 징조가 나타나 봉선 의식을 행하고, 정삭正朔[10]을 다시 정하고, 의복 색깔을 바꾸고,[11] 〔하늘로부터〕 명을 받아 은택이 끝없이 흐르고 있습니다. 바다 바깥의 풍속이 다른 국가라서 여러 차례 통역을 거쳐 변경으로 찾아와 조정에 공물을 바치고 알현을 청하는 자가 이루 헤아릴 수 없을 정도입니다. 신하와 백관들이 애써 성덕을 칭송하고는 있지만 오히려 그 뜻을 다 표현할 수는 없습니다. 또한 선비가 어질고 재능이 있는데도 등용되지 못하는 것은 나라를 가진 자의 부끄러움이며, 임금이 밝고 거룩한데도 그 덕이 천하에 널리 알려지지 못하는 것은 유사有司담당 관리의 잘못입니다. 하물며 나는 기록하는 벼슬인 사관이 되었으면서도 밝고 거룩한 천자의 덕을 버려둔 채 기록하지 않고 공신功臣과 세가世家와 현대부賢大夫의 업적을 없앤 채 기술하지 않았으니, 선친께서 남긴 말씀을 어긴 것으로 이보다 큰 죄는 없습니다. 나는 이른바 지난 일들을 적어 대대로 전해 내려오는 것을 간추려 정리하려 할 뿐 창작하려는 게 아닙니다. 그러므로 당신이 이것을 『춘추』와 비교하는 것은 잘못입니다."

이렇게 하여 그 글문헌 자료을 논하여 순서를 매기게 되었다.

10 여기서 정正이란 한 해의 시작이고, 삭朔은 한 달의 시작을 말한다.
11 중국 고대에는 왕마다 하늘로부터 받는 덕德에 차이가 있으므로 입는 옷 색깔도 달랐다. 예를 들면 진나라 때는 수덕水德을 받아 검은색을 숭상하고, 한나라 때는 화덕火德을 받아 붉은색을 숭상하였다.

마음속에 맺힌 울분을 토로하기 위해 『사기』를 짓다

〔그로부터〕 7년 뒤에 태사공은 이릉李陵의 화[12]를 입고 감옥에 갇히고 말았다. 그는 한숨을 쉬고 탄식하며 말했다.

"이것이 내 죄인가? 이것이 내 죄인가? 몸이 망가져 쓸모없게 되었구나."

〔그는〕 물러나 깊이 생각한 끝에 말했다.

"대체로 『시』와 『서』의 〔뜻이〕 은미하고 〔말이〕 간략한 것은 마음속으로 생각하는 바를 펼쳐 보이려 했기 때문이다. 옛날 서백西伯주나라 문왕은 유리羑里에 갇혀 있으므로 『주역』을 풀이했고, 공자는 진陳나라와 채나라에서 고난을 겪었기 때문에 『춘추』를 지었으며, 굴원은 쫓겨나는 신세가 되어 「이소離騷」를 지었고, 좌구명左丘明은 눈이 멀어 『국어』를 남겼다. 손자손빈는 다리를 잘림으로써 『병법』을 논했고, 여불위는 촉나라로 좌천되어 세상에 『여람呂覽여씨춘추』을 전했으며, 한비는 진秦나라에 갇혀 「세난說難」과 「고분孤憤」 두 편을 남겼다. 『시』 300편은 대체로 현인과 성인이 발분하여 지은 것이다. 이런 사람들은 모두 마음속에 울분이 맺혀 있는데 그것을 발산시킬 수 없기 때문에 지나간 일을 서술하여 앞으로 다가올 일을 생각한 것이다."

이리하여 마침내 도당陶唐요부터 인지麟止한나라 무제가 기린을 얻어 발 모

---

12 이릉이 흉노를 토벌하러 나갔다가 투항한 일을 놓고 탄핵 여부를 논할 때, 사마천은 이릉을 두둔하는 주장을 하다가 무제에게 노여움을 사서 궁형에 처해졌다.

양을 주조한 것을 말함에 이르기까지의 일을 서술하였으니, 황제黃帝부터 시작된다.

12 본기를 지은 뜻

옛날에 황제黃帝는 하늘과 땅을 법칙으로 삼았고, 사성四聖전욱, 제곡, 요, 순은 사계절의 운행에 따라 각각 그 법도를 이루었다. 당요唐堯가 제위를 물려주었지만 우순虞舜은 기뻐하지 않았다. 〔천하는〕 이들 황제의 공적을 찬미하여 만세까지 이것을 전할 것이다. 「오제 본기五帝本紀」 제1을 지었다.

우임금의 공적은 구주九州가 한결같이 입어 당唐과 우虞 시대를 빛내고 은덕이 자손들에게까지 이르렀다. 하나라 걸왕은 음란하고 교만하여 명조鳴條로 쫓겨났다. 「하 본기夏本紀」 제2를 지었다.

설契은 상商나라를 일으켜 성탕成湯설의 13대 후손에까지 이르렀다. 태갑太甲은 동桐에 살았지만 〔그의〕 덕은 아형阿衡재상의 힘을 빌려 높아졌다. 무정武丁은 부열傳說을 얻어 고종高宗으로 불렸다. 제신帝辛주왕紂王은 주색에 빠져 제후들의 입조를 누리지 못했다. 「은 본기殷本紀」 제3을 지었다.

기弃는 후직后稷곡식 발명자이 되었고, 그 덕은 서백 시대에 이르러 성대해졌다. 무왕은 목야牧野에서 〔주왕을 물리쳐〕 천하를 위로하고 어루만졌다. 유왕幽王과 여왕厲王은 어리석고 음란하여 풍酆과 호鎬를 잃었으며 점점 쇠하여 난왕赧王에 이르러서는 낙읍洛邑에서 조상의 제사조차 받들지 못했다. 「주 본기周本紀」 제4를 지었다.

진秦나라의 선조 백예伯翳백익伯益는 우임금을 도왔다. 목공穆公은 대의大義를 생각하여 효산崤山에서 싸우다 죽은 군사들을 애도했다. 〔그는 죽음에 이르자〕 사람들을 순장시켰는데 『시』의 「진풍秦風·황조편黃鳥篇」은 이것을 노래하고 있다. 소양왕昭襄王은 제업帝業의 기초를 닦았다. 「진 본기秦本紀」 제5를 지었다.

진시황은 즉위하자 여섯 나라를 겸병하고 병기를 녹여 종과 종걸이를 만들고 방패와 갑옷무기을 못 쓰게 했지만, 그 뒤 〔왕이라는〕 호칭을 높여 황제라고 했고 무력을 자랑하며 폭력을 휘둘렀다. 이세황제가 그 국운을 이어받았으며 자영子嬰은 항복하여 포로가 되었다. 「진시황 본기秦始皇本紀」 제6을 지었다.

진秦나라가 그 도를 잃자 호걸들이 〔사방에서〕 나란히 소요를 일으켰는데 항량項梁이 이를 업으로 삼았고 항우가 계승했다. 항우가 경자관군慶子冠軍송의宋義을 죽이고 조나라를 구하니 제후들이 그를 옹립했다. 그러나 자영을 죽이고 〔초나라〕 회왕을 배반하자 천하는 그를 비난했다. 「항우 본기項羽本紀」 제7을 지었다.

항우가 포학했던 데 반해 한왕유방은 공덕을 쌓았다. 촉과 한중에서 분을 떨쳤으며, 회군하여 삼진三秦[13]을 평정하고, 항우를 죽이고 제업을 이루었다. 그리고 천하가 안정되자 제도를 고치고 풍속을 바꾸었다. 「고

---

13 관중 지역을 말한다. 항우는 진秦나라가 멸망하자 관중을 셋으로 나누어 장한章邯을 옹왕雍王에, 사마흔司馬欣을 새왕塞王에, 동예董翳를 적왕翟王에 봉했다.

조 본기高祖本紀」 제8을 지었다.

효혜제孝惠帝가 일찍 죽자 여씨 일족들은 민심을 얻지 못했다. 〔여 태후가〕 여록呂祿과 여산呂産의 신분을 높여 권력을 강화시키자 제후들이 모반하려고 했다. 〔조나라〕 은왕隱王 여의如意를 죽이고, 유왕幽王 우友를 유폐시키자 대신들은 의구심을 품어 마침내 여씨 종족은 멸문하는 재앙을 당했다. 「여 태후 본기呂太后本紀」 제9를 지었다.

한나라가 처음 일어났을 때, 〔혜제가 죽은 뒤〕 후사가 분명치 못했으나 대왕代王 유항劉恒을 맞이하여 천자 자리에 오르게 하자 천하의 인심이 하나로 돌아왔다. 〔문제는〕 육형肉刑을 없애고 관소육로와 교량을 개통시켜 널리 은혜를 베풀었으므로 태종太宗으로 불렸다. 「효문 본기孝文本紀」 제10을 지었다.

제후들이 교만하고 방자하므로 오왕유비劉濞이 맨 먼저 반란을 일으키자 조정에서는 군대를 보내 주벌誅罰을 행하니 〔오, 초 등〕 일곱 나라가 죄를 받았다. 천하는 화목해지고 평화롭고 크게 안정되고 부유해졌다. 「효경 본기孝景本紀」 제11을 지었다.

한나라가 일어난 지 다섯 대[14]가 되었지만 건원효무제의 연호 연간에 가장 융성했다. 밖으로는 이적夷狄들을 물리치고, 안으로는 법도를 정비하며, 봉선 의식을 행하고 정삭正朔을 고치고 복색을 바꿨다. 「금상 본기今上本紀효무 본기」 제12를 지었다.

---

14 한나라 고조, 혜제, 문제, 경제, 무제를 말한다.

〔하, 은, 주〕 삼대는 너무 멀어 연대를 고증할 수 없어 대체로 보첩譜牒과 옛날 문헌들에서 취하여 이를 근본으로 하고 여기에 대략적으로 추정하여 「삼대 세표三代世表」 제1을 지었다.

유왕과 여왕 이후로 주나라 왕실이 쇠미해지자 제후들이 정권을 휘둘렀는데 『춘추』에도 기록하지 않은 부분이 있다. 그러나 보첩에 기록된 경략經略에는 오패五霸가 번갈아 가며 성하고 쇠했다. 주나라 시대의 제후들이 서로 앞서거니 뒤서거니 한 의미를 고찰하고자 「십이 제후 연표十二諸侯年表」 제2를 지었다.

춘추 시대 이후로는 배신陪臣제후국의 대부가 천자에게 자신을 일컫는 말들이 정권을 잡고 강대한 나라가 서로 왕이라고 일컬었다. 진秦나라에 이르러서 중원의 제후들을 아우르고 그들의 봉토를 없애고 〔황제의〕 칭호를 제멋대로 사용하였다. 「육국 연표六國年表」 제3을 지었다.

진나라가 포학했기 때문에 초나라 사람진승과 오광이 반란을 일으켰다. 항우가 드디어 난을 자행하였으나 한나라가 의로움에 기대어 일어나 이를 정벌하였다. 8년 동안에 천하는 〔주인이〕 세 차례나 바뀌었기에 사건은 복잡하고 변화가 많았다. 「진초지제 월표秦楚之際月表」 제4를 상세하게 지었다.

한나라가 일어난 이래 태초太初 연간에 이르기까지 100년 동안 제후들은 폐립廢立되고 〔봉지가〕 나뉘고 깎였지만 보첩의 기록이 분명치 않은데, 이것은 담당 관리가 이어서 〔서술할 방법이〕 없어 〔제후국의〕 강약의 원리에 의거하여 세대를 끊지 못했기 때문이다. 「한흥 이래 제후 연표漢興以來諸侯年表」 제5를 지었다.

고조가 처음 천하를 취할 때 보좌한 신하와 공신들은 부절을 쪼개 받고 작위를 받았으며, 그 은택이 후손에게까지 전해졌다. 그런데 어떤 이는 대대로 전해 내려온 것을 잊거나 죽음을 당하기도 하고 나라를 망하게 하기도 했다. 「고조 공신후자 연표高祖功臣侯者年表」 제6을 지었다.

혜제와 경제 연간에는 〔고조의〕 공신 가운데 남은 사람들을 예우하여 작위와 봉토를 내려 주었다. 그래서 「혜경 간 후자 연표惠景閒侯者年表」 제7을 지었다.

북쪽으로 강성한 흉노를 토벌하고 남쪽으로는 굳센 월나라를 무찔러 만이들을 정벌함으로써 그 무공에 따라 열후에 봉해진 사람이 많다. 「건원 이래 후자 연표建元以來侯者年表」 제8을 지었다.

제후들이 강대해지자 일곱 나라가 연합하여 반란을 일으켰다. 〔제후의〕 자제들이 너무 많아졌으므로 작위와 봉읍이 없는 경우에는 은혜를 베풀고 의를 행하였으므로 제후들의 세력은 약해지고 위덕威德은 한나라 왕실로 돌아갔다. 「왕자후자 연표王子侯者年表」 제9를 지었다.

나라에 어진 재상과 훌륭한 장수가 있다는 것은 백성의 사표師表이다. 한나라가 일어난 뒤의 장상將相과 명신名臣의 연표를 만들어 어진 사람에 대해서는 그 치적을 기록하고, 어질지 못한 사람에 대해서는 그가 한 일을 분명히 밝혔다. 「한흥 이래 장상명신 연표漢興以來將相名臣年表」 제10을 지었다.

〔하, 은, 주〕 삼대의 예는 더하고 덜한 것이 있는데 제각기 그 힘쓰는 바를 달리하기 때문이다. 그렇지만 그 요지는 사람의 성정에 가깝고 왕도에 통하는 것이므로 예는 사람의 자질에 근거하여 수식을 더하고 대략 고금古今의 변화에 어울리게 하는 것이다. 「예서禮書」 제1을 지었다.

음악이란 풍속을 옮기고 바꾸는 것이다. 『시』의 「아雅」와 「송頌」의 소리가 흥성했을 때부터 〔사람들은〕 정나라와 위衛나라의 음악을 좋아하였으니 정나라와 위나라의 음악은 그 유래가 오래된 것이다. 사람의 정감이 느끼는 것은 다 같아 〔음악을 사용하면〕 풍속이 다른 먼 곳 〔사람들〕도 이에 따른다. 「악서樂書」를 살펴 예로부터의 음악을 서술하여 「악서樂書」 제2를 지었다.

병력이 없으면 〔나라는〕 강할 수 없고 덕이 아니면 〔나라는〕 창성할 수 없다. 황제와 탕왕과 무왕은 이로써 일어났고, 걸왕과 주왕과 이세황제는 이로써 멸망했으니 삼가지 않을 수 있겠는가? 『사마법司馬法』이 전해 온 지는 오래되었다. 태공망과 손빈과 오기와 왕자성보王子成甫 등이 이를 이어받아 밝혔다. 근세로 오면서 더욱 절실해져 인사의 변화를 지극히 연구했다. 「율서律書」 제3을 지었다.

악률樂律은 음陰에 입각하여 양陽을 다스리고, 역법曆法은 양에 입각하여 음을 다스린다. 율력과 역법이 서로 다스리므로 그 사이에 조그만 틈도 허락하지 않는다. 오가吾家의 역법황제력黃帝曆, 전욱력顓頊曆, 하력夏曆, 은력殷曆, 주력周曆은 각기 서로 다르다. 태초 원년부터의 역을 논하여 「역서曆

書」 제4를 지었다.

성신星辰과 기상氣象에 관한 글에는 흔히 길흉화복에 관한 말이 섞여 있어 경전에 부합되지 않는다. 〔그러나〕 문사文辭를 미루어 응용하는 것을 고찰해 보면 특수한 것도 아니다. 그래서 실례들을 모아 그 행사를 논하고, 〔성신이〕 운행하는 법도를 차례로 조사하여 「천관서天官書」 제5를 지었다.

천명을 받아 왕이 되니 봉선과 같은 부서符瑞의 일을 행하는 경우는 드물다. 이를 거행하면 모든 신령이 제사를 받게 된다. 명산대천의 여러 신에게 제사 지내는 예의 본원을 거슬러 올라가 연구하여 「봉선서封禪書」 제6을 지었다.

우임금이 하천을 소통시키자 구주가 안정되었다. 선방궁宣防宮을 건립할 때에 이르러 막힌 물을 통하게 하고 개천을 끊어 도랑을 통하게 했다. 「하거서河渠書」 제7을 지었다.

화폐를 발행하는 것은 이것으로 농업과 상업을 유통시키기 위함이다. 그런데 그 궁극에 가서는 교활한 꾀를 써서 농간을 부리고 이를 겸병하는 자들이 점점 재산을 늘리고 투기로 얻는 이익을 다투는 바람에 근본농사을 버리고 끝장사을 향해 달린다. 그래서 일의 변화를 살펴보기 위해 「평준서平準書」 제8을 지었다.

태백太伯은 〔자리를 양보하려〕 계력季歷고공단보古公亶父의 막내을 피해 강
남의 오랑캐 땅으로 갔다. 문왕과 무왕이 일어났고, 고공단보가 왕업을
세운 자취가 있기 때문이다. 합려는 〔오왕〕 요僚를 죽이고 형초荆楚를 항
복시켰다. 부차가 제나라와 싸워 이겼고 오자서는 죽음을 당했다. 백비
伯嚭를 신임하여 월나라와 친교를 맺었다가 오나라는 〔월나라에〕 멸망
했다. 태백이 〔계력에게〕 양위한 것을 아름답게 여겨 「오 세가吳世家」 제1
을 지었다.

 신申과 여呂가 쇠약해지자 상보尙父태공망는 미천해져 마침내 서백주 문
왕에게 돌아가 의지했는데, 문왕과 무왕은 그를 스승으로 모셨다. 그의
공적은 사람들 가운데서 가장 뛰어났고, 그가 세운 계획은 깊이가 있었
다. 그는 머리털이 황백색으로 변한 노년에 제나라 영구營丘에 봉해졌다.
〔환공이 노나라와 약속한〕 가柯의 맹약을 저버리지 않았기 때문에 환공
은 번창하여 제후들과 아홉 차례나 회합하여 패자로서의 공적이 현저했
다. 그 뒤 전씨田氏전상와 감씨闞氏감지闞止가 임금의 총애를 다퉜기 때문
에 강성姜姓제나라은 와해되어 망하고 말았다. 상보의 모략을 아름답게
여겨 「제 태공 세가齊太公世家」 제2를 지었다.

 〔무왕이 죽자〕 어떤 자는 주나라에 복종하고, 어떤 자는 주나라를 배
반했다. 주공周公단旦이 이를 평정하고 문덕文德을 펼치자 천하가 이에 화
답했다. 그가 성왕成王을 보좌했기 때문에 제후들이 주나라를 받든 것이
다. 그런데 〔노나라〕 은공隱公과 환공桓公 시대에는 〔주공 단의 자손이〕

어째서 편안하지 못했을까? 삼환三桓[15]이 서로 세력을 다투었기 때문에 노나라가 번창하지 못했던 것이다. 〔주공〕 단의 금등金縢[16]을 아름답게 여겨 「주공 세가周公世家」 제3을 지었다.

무왕武王이 주왕을 이겼으나 천하가 화합하기 전에 죽었다. 성왕成王이 어리므로 관숙과 채숙은 〔섭정하는 주공을〕 의심하고 회이淮夷는 배반했다. 이에 소공은 덕으로써 왕실을 편안하게 하는 한편 동쪽의 여러 나라도 안정시켰다. 그러나 연나라 왕 쾌噲의 양위는 마침내 〔나라의〕 화란을 불러일으켰다. 「감당甘棠」의 시를 아름답게 여겨 「연 세가燕世家」 제4를 지었다.

관숙과 채숙은 무경武庚주왕의 아들을 도와 옛 상나라 땅을 안정시키려 했다. 〔그러나 주공〕 단이 섭정을 하게 되자 관숙과 채숙은 주나라 왕실을 받들지 않았으니 주공 단은 선鮮관숙을 죽이고 도度채숙를 내쫓았으며 주나라 왕실에 대해 충성을 다했다. 태임太任문왕의 비이 아들 열 명을 낳자 주나라 왕실은 강성해졌다. 중仲채숙의 아들인 채중이 허물을 뉘우친 것을 아름답게 여겨 「관·채 세가管蔡世家」 제5를 지었다.

성왕聖王의 후대가 끊어지지 않았으니 순임금과 우임금이 기뻐할 일이다. 덕이 아름답고 밝으면 그 자손들이 음덕을 입고 백세가 지나도 제사를 받는다. 주나라 때 진陳과 기杞나라가 있었지만 초나라가 이들을

---

15 춘추 시대 후기 노나라의 실권을 잡았던 맹손씨孟孫氏, 권손씨權孫氏, 계손씨季孫氏를 말하는데 모두 노나라 환공의 아들이므로 이렇게 불렸다.

16 주공周公의 도축禱祝 책문을 가리킨다. 주공은 무왕이 병들어 낫지 않자, 선왕에게 대신 자기 목숨을 가져가라며 애원하고 점을 쳐 보며 사관에게는 자기가 쓴 책을 읽도록 하였다. 점괘가 좋게 나오자 그 책문을 금등궤 속에 넣어 두었다고 한다.

멸망시켰다. 제나라 전씨田氏가 이미 일어났으니 순임금은 어떤 사람인가! 「진·기 세가陳杞世家」 제6을 지었다.

〔무왕은〕 은나라의 유민들을 거두어서 강숙康叔을 그 땅에 봉했다. 무왕은 〔강숙을〕 상나라 말기의 혼란함과 멸망된 일로써 경계시키고, 「주고酒誥」와 「자재梓材」[17]를 들어 〔주색의 해독을〕 일러 주었다. 삭朔혜공이 태어난 뒤로 위衛나라는 기울기 시작하여 편안하지 못했다. 남자南子위 영공의 부인가 태자 괴외蒯聵를 미워했기 때문에 아들과 아버지의 명분이 뒤바뀌게 되었다. 주나라의 덕이 쇠약해지고 전국 시대의 제후들은 강해졌다. 위衛나라는 약하고 작은 나라였으나 각角은 오히려 마지막에 멸망했다. 저 「강고康誥」를 아름답게 여겨 「위 세가衛世家」 제7을 지었다.

아, 기자箕子여! 아, 기자여! 바른말을 해도 받아들여지지 않더니 마침내 돌아와서 노예가 되었다. 무경武庚이 죽은 뒤 주나라는 미자微子를 봉했다. 〔송나라〕 양공襄公은 〔군자의 예를 지키려 하다가〕 홍수泓水에서 〔초나라에〕 상처를 입었는데 〔그를〕 군자라고 누가 칭찬하겠는가? 경공景公이 겸양의 덕을 지켰으므로 형혹熒惑화성으로 재난이나 병란의 징조를 보여 줌이 물러갔고, 척성剔成이 포학했기 때문에 송나라는 마침내 멸망했다. 미자가 태사太師기자에게 〔정치의 도리를〕 물은 것을 아름답게 여겨 「송 세가宋世家」 제8을 지었다.

무왕이 죽고 숙우叔虞무왕의 아들가 당唐에 도읍하였다. 군자들이 〔태

---

17 주공이 무왕의 동생 강숙 봉封에게 은나라 말기의 부패한 상황을 들어 훈계한 내용으로 모두 『상서』의 편명이기도 하다.

자의) 이름을 비방했는데, 뒤에 결국은 〔진晉나라 곡옥曲沃의〕 무공武公에게 멸망했다.[18] 여희驪姬가 총애를 입어 〔진나라를〕 다섯 대 동안이나 어지럽게 했다. 중이重耳는 뜻을 얻지 못하고 〔떠돌아다니다가〕 마침내 패업을 이루었다. 육경六卿[19]이 정권을 멋대로 휘둘러 진晉나라는 쇠약해졌다. 문공이 규珪와 창鬯을 받은 일을 아름답게 여겨 「진 세가晉世家」 제9를 지었다.

중重과 여黎가 처음으로 〔천문과 지리에 관한 일을〕 창업했고 오회吳回가 이어받았다. 은나라 말기 육자粥子부터 보첩에 기록되었다. 주나라 〔성왕이〕 웅역熊繹을 임용하고, 웅거熊渠가 이 일을 이었다. 장왕莊王은 현명하여 진陳을 〔멸망시켰다가〕 다시 일으키고, 또 〔정나라의 항복을 받았으나〕 정백鄭伯을 용서하고,[20] 〔송나라를 포위했으나〕 화원華元의 말을 받아들여 군사를 철수했다. 회왕이 〔진秦나라에서〕 객사했고 난蘭은 굴원을 꾸짖었다. 〔평왕이〕 아첨을 좋아하고 참소하는 말을 믿었기 때문에 초나라는 진秦나라에 병합되고 말았다. 장왕의 대의大義를 아름답게 여겨 「초 세가楚世家」 제10을 지었다.

소강少康하 왕조의 제왕의 아들무여無餘은 남해로 쫓겨나 몸에 문신을 하

---

18 목후穆侯 비왕費王이 태자의 이름을 구仇라고 하고, 작은아들 이름을 성사成師라고 짓자, '구'란 원수라는 뜻이고 '성사'는 큰 이름으로 어떤 것을 이룬다는 뜻으로 서로 이름이 거꾸로 되었으니 혼란이 있을 것이라는 비난을 받았다. 후에 성사는 곡옥에 봉해졌고 마침내 그 후손인 무공이 진나라를 차지하게 된다.

19 조씨趙氏, 한씨韓氏, 위씨魏氏, 지씨智氏, 범씨范氏, 중항씨中行氏를 말한다.

20 장왕은 정나라를 석 달 동안 공격했는데, 이때 정백의 간절한 애원을 받아들여 화친을 맺었다.

고 머리를 자르고 큰 자라들과 함께 살았다. 그 뒤 봉우산封禺山을 지키며 우임금의 제사를 받들었다. 구천은 〔회계산에서〕 고통을 겪고 문종文種과 범려를 등용했다. 구천이 만이들 속에 있으면서 그 덕을 닦아 강대한 오나라를 멸망시키고 주나라 왕실을 떠받든 것을 아름답게 여겨 「월왕 구천 세가越王句踐世家」 제11을 지었다.

환공桓公은 동쪽으로 옮길 때 태사의 말을 받아들였다.[21] 〔정나라가〕 주나라 땅을 침범하여 곡식을 빼앗자 주나라 왕실 사람들이 이를 비방했다. 제중祭仲이 〔송나라 장공의〕 강요로 맹약을 맺었으므로 정나라는 오래 번창하지 못했다. 자산子産의 어진 정치에 대해서는 대대로 어질다고 칭송했다. 삼진三晉이 침략하여 정나라는 한韓나라에 병합되었다. 여공厲公이 주나라 혜왕을 〔주나라로〕 돌려보낸 것을 아름답게 여겨 「정세가鄭世家」 제12를 지었다.

기驥천리마와 녹이騄耳주나라 목왕이 탄 명마가 조보造父어마御馬의 명인를 세상에 알려지게 했다. 조숙趙夙은 〔진晉나라〕 헌공獻公을 섬겼고, 조숙의 아들 조최趙衰가 그 뒤를 이어 문공文公을 돕고 주나라 왕실을 높이 받들어 마침내 진晉나라의 보신輔臣이 되었다. 조양자趙襄子는 곤욕을 당한 끝에 지백智伯을 사로잡았다. 주보主父무령왕는 산 채로 결박을 당하고 굶어 죽을 지경이 되자 참새를 잡아먹었다. 조나라 왕 천遷은 편협하고 음란하여 훌륭한 장수를 배척했다. 조앙趙鞅이 주나라의 혼란을 토벌한 것을 아름답게 여겨 「조 세가趙世家」 제13을 지었다.

---

21 환공은 주나라 왕실의 혼란을 보고 태사에게 어떻게 하면 좋을지 물었고, 태사는 도읍을 동쪽으로 옮기도록 하였다.

필만畢萬이 위魏나라에서 작위를 받게 되자 점치는 사람이 〔후대에 융성할 것을〕 미리 알았다. 위강魏絳필만의 자손이 양간楊干진晉 도공悼公의 동생을 죽이려다가 그에게 융적과 화친을 맺게 했다. 문후文侯는 인의를 사모하여 자하를 스승으로 삼았다. 혜왕이 스스로 교만하자 제나라와 진秦나라가 그를 공격했다. 〔안희왕安釐王이〕 신릉군을 의심했기 때문에 제후들은 군사를 거둬들였다. 마침내 대량을 멸망시키고 〔위魏나라〕 왕 가假는 〔진秦나라에〕 잡혀 노역을 하였다. 위 무자魏武子가 진晉 문공文公을 도와 패도霸道를 이룬 것을 아름답게 여겨 「위 세가魏世家」 제14를 지었다.

한궐韓厥의 음덕으로 조무趙武가 다시 일어나게 되었다. 한궐이 끊어진 것을 이어 주고, 폐지된 제사를 다시 세워 주었기 때문에 진晉나라 사람들이 그를 받들었다. 〔한韓나라〕 소후昭侯가 열후 가운데 뛰어난 것은 신불해申不害를 등용했기 때문이다. 〔한韓나라 왕 안安은〕 한비자를 의심하여 믿지 않았기 때문에 진秦나라가 〔한나라를〕 습격하게 되었다. 한궐이 진晉나라를 돕고 주나라 천자의 공부貢賦를 바로잡은 것을 아름답게 여겨 「한 세가韓世家」 제15를 지었다.

완자完子가 난을 피해 제나라로 가서 〔환공을〕 도왔고, 다섯 대에 걸쳐 은밀히 〔제나라 사람에게〕 은혜를 베풀었으므로 제나라 사람들은 이를 〔칭찬하여〕 노래했다. 전성자田成子는 정권을 잡고, 전화田和는 후侯가 되었다. 제나라 왕 건建이 〔진秦나라의 모략에〕 마음이 흔들려 공읍共邑으로 옮겨졌다. 위왕威王과 선왕宣王이 혼탁한 세상을 다스려 홀로 주나라 왕실을 받든 것을 아름답게 여겨 「전경중완 세가田敬仲完世家」 제16을 지었다.

주나라 왕실이 쇠약해지자 제후들은 제멋대로 행동했다. 중니仲尼공자는 예가 땅에 떨어지고 음악이 무너진 것을 슬퍼하여 경술經術을 닦아 왕도를 밝혀 어지러운 세상을 바로잡아 정도로 돌아오게 하고자 하였다. 이것을 글로 나타내고 천하를 위해 의법儀法을 만들었으며, 육예六藝의 기강을 후세에 전했다. 「공자 세가孔子世家」 제17을 지었다.

걸왕과 주왕이 도의를 잃자 탕왕과 무왕이 일어났고, 주나라가 도의를 잃자 『춘추』가 지어졌으며, 진秦나라가 정도政道를 잃자 진섭이 세상에 나타났다. 제후들이 반란을 일으켰는데, 그 기세는 바람이 일고 구름이 피어오르는 것과 같아서 마침내 진나라 황족들을 멸망시켰다. 천하의 실마리는 진섭에서 비롯되었다. 「진섭 세가陳涉世家」 제18을 지었다.

성고成皋의 대臺에서는 박희薄姬효문제의 어머니 박薄 태후가 처음으로 일어났다. 〔두寶 태후는〕 뜻을 굽혀 대代로 갔는데, 〔대왕代王이 황제가 되자〕 두씨 일족을 존귀한 신분으로 높였다. 율희栗姬효경제의 비는 신분상의 귀함을 믿고 교만했기 때문에 왕씨王氏경제의 왕후 왕 태후가 기회를 엿보아 황후가 되었다. 진陳 황후가 너무 교만했기 때문에 마침내 위자부衛子夫한나라 무제의 황후 이름를 황후로 삼았다. 위자부의 덕을 이와 같이 아름답게 여겨 「외척 세가外戚世家」 제19를 지었다.

한나라고조는 속임수를 써서 한신韓信을 진陳나라에서 사로잡았다. 월나라와 초나라 사람들은 사납고 경박했기 때문에 〔고조는〕 아우 유교劉交를 봉하여 초나라 왕으로 삼았다. 〔초나라 왕은〕 팽성彭城에 도읍을 정하고 회수와 사수 지역을 튼튼히 하여 한나라의 종번宗藩이 되었다. 이 왕夷王의 아들 유무劉戊가 사도邪道에 빠져 〔그 아들〕 예禮가 뒤를 이었다. 유游유교의 자字가 고조를 도운 것을 아름답게 여겨 「초 원왕 세가楚元王世家」 제20을 지었다.

〔한나라〕 고조가 군사를 일으켰을 때, 유가劉賈형왕荊王도 가담했으나 뒤에 경포의 습격을 받아 그의 봉국인 형荊과 오나라 지역을 잃었다. 영릉후營陵侯 유택劉澤은 여 태후를 격분시켜 낭야왕琅邪王이 되었으나, 제나라 왕의 사자 축오祝午의 말에 속아 제나라를 믿고 갔다가 돌아오지 못했다. 서쪽 관중으로 들어갔다가 〔한나라 왕실이〕 효문제를 세울 당시 다시 연나라 왕에 봉해졌다. 천하가 결집되기 전에 유가와 유택은 일족을 이끌고 한나라 왕실의 번병藩屏 및 보신輔臣이 되었다. 「형·연 세가荊燕世家」 제21을 지었다.

천하는 이미 평정되었으나 〔고조에게는〕 친속이 적었기에 제나라 도혜왕悼惠王고조의 첩소생인 유비劉肥이 어른이 되자 동쪽 지방 제나라를 굳게 다스렸다. 〔그 아들〕 애왕哀王은 멋대로 행동하여 여러 여씨들에게 노여움을 샀다. 〔애왕의 삼촌으로 당시 재상이던〕 사균駟鈞이 포악했기 때문에 한나라 왕실에서는 〔애왕을 추대하는 것을〕 허락하지 않았다. 여왕厲王은 누이와 밀통하다가 주보언主父偃에게 들켜 죽게 되었다. 유비劉肥가 〔고조의〕 팔다리 같은 신하였음을 아름답게 여겨 「제 도혜왕 세가齊悼惠王世家」 제22를 지었다.

초나라 사람항우의 군사가 한나라 왕의 군사를 형양에서 포위했으나 서로 3년 동안 대치하고 있었다. 소하蕭何는 산서 지역을 진압하여 안정시킨 뒤 계책을 써서 군대를 보충하고 양식을 끊어지지 않게 공급했다. 또한 백성이 한왕을 사랑하게 하고 초왕을 위해서는 즐겨 일하지 않도록 만들었다. 「소 상국 세가蕭相國世家」 제23을 지었다.

〔조참曹參은〕 한신과 함께 위魏나라를 평정하고 조나라를 깨뜨리고 제나라를 점령하여 드디어 초나라 군사초 패왕의 군대를 약하게 만들었다. 소하의 뒤를 이어 한나라의 상국이 되어 〔소하의 법을 그대로 따르고〕 바꾸거나 고치지 않았기 때문에 백성이 편안했다. 조참이 자신의 공을 자랑하지 않고 재능을 뽐내지 않은 것을 아름답게 여겨 「조 상국 세가曹相國世家」 제24를 지었다.

장막 안에서 꾀를 내어 눈에 보이지 않는 가운데 〔적을〕 제압하고 승리한 것은 자방子房장량이 그 일을 계획하고 꾸몄기 때문이다. 이름이 알려지지도 않고 용감한 공적도 없었으나 어려운 것을 쉽게 해결하고 큰일을 작은 일로 처리했다. 「유후 세가留侯世家」 제25를 지었다.

〔진평陳平의〕 여섯 가지 기이한 계책이 쓰여 제후들이 한나라에 복종했다. 여씨의 난을 토멸하는 데는 진평이 근본적으로 도모하여 결국 종묘를 편안히 하고 사직을 안정시켰다. 「진 승상 세가陳丞相世家」 제26을 지었다.

여씨 일족이 결탁하여 황실을 약화시키려고 일을 꾀했다. 주발周勃은 정도에 어긋났으나 임기응변으로 대처했다. 오나라와 초나라의 병사가 반란을 일으켰을 때, 주아부周亞夫주발의 아들는 창읍昌邑에 주둔하여 제나라와 조나라를 곤경에 빠뜨리면서 양나라의 출병을 독촉하여 오나라와 싸우도록 했다. 「강후 세가絳侯世家」 제27을 지었다.

〔오나라와 초나라 등〕 일곱 나라가 반란을 일으켰을 때 양나라만은 황실의 번병으로 방위에 임했으나 〔한나라 황실의〕 총애를 믿고 공을 자랑하다가 재앙을 입을 뻔했다. 오나라와 초나라를 막은 것을 아름답게 여겨 「양 효왕 세가梁孝王世家」 제28을 지었다.

오종五宗[22]이 왕이 되자 〔황실의〕 친속들은 화합하였고, 크고 작은 제후들은 모두 번병이 되어 그 마땅한 자리를 얻었으므로 분수에 벗어나는 일을 하는 것이 점점 사라지게 되었다. 「오종 세가五宗世家」 제29를 지었다.

〔황제의〕 세 황자皇子가 왕이 되었으니, 〔그 책문策文의〕 글이 볼 만하다. 「삼왕 세가三王世家」 제30을 지었다.

70 열전을 지은 뜻

말세에는 모두 이익을 다투지만 오직 저들백이와 숙제만은 의를 지키느라 바빴으며 나라를 양보하고 굶어 죽으니 천하가 그들을 칭송했다. 「백이 열전伯夷列傳」 제1을 지었다.

안자晏子안영는 검소하고 이오夷吾관중는 사치스러웠다. 제나라 환공은 〔관중의 보좌로〕 패자가 되었고, 경공景公은 안자를 써서 나라를 잘 다스렸다. 「관 안 열전管晏列傳」 제2를 지었다.

이이李耳노자는 무위無爲로써 스스로 변하고, 청정淸淨으로써 스스로 바르게 하였다. 한비는 사물의 이치를 헤아리고 시세時勢와 이치에 따랐다. 「노자한비열전老子韓非列傳」 제3을 지었다.

---

22 한나라 경제에게는 자식이 열네 명 있었다. 그중 열세 명의 어머니가 다섯 명인데, 같은 어머니를 서로 종친으로 여겨 오종五宗이라고 한 것이다.

옛날부터 제왕에게는 모두 『사마법司馬法』이 있었는데, 양저穰苴가 이 것을 풀이하여 밝혔다. 「사마양저 열전司馬穰苴列傳」 제4를 지었다.

신信믿음과 염廉청렴과 인仁어짊과 용勇용기이 없으면 병법을 전하거나 검술을 논할 수 없으며, 도道와 부합해야 안으로는 몸을 다스리고 밖으로는 변화에 순응할 수 있기에 군자는 덕을 기른다. 「손자 오기 열전孫子吳起列傳」 제5를 지었다.

건建초나라 평왕의 태자이 참소를 당하여 〔그 재앙이〕 오사伍奢건의 태부에게까지 미쳤다. 오상伍尚은 아버지를 구하려 했고, 오운伍員오자서은 오나라로 달아났다. 「오자서 열전伍子胥列傳」 제6을 지었다.

공씨孔氏공자는 문헌을 서술하고, 제자들은 학업을 일으켜 모두 〔제후들의〕 스승이 되었는데 인을 숭상하고 의를 권장했다. 「중니 제자 열전仲尼弟子列傳」 제7을 지었다.

상앙은 위衛나라를 떠나 진秦나라로 가서 〔치국의〕 법술을 밝혀 효공孝公을 강대한 패자로 만들었으니, 〔진나라는〕 후세에도 그 법을 따랐다. 「상군 열전商君列傳」 제8을 지었다.

천하는 〔여섯 나라가〕 연횡하는 것과 진秦나라의 탐욕을 걱정하였는데 소자蘇子소진가 제후들을 붙들어 주고 합종을 맹약함으로써 탐욕스럽고 강대한 진나라를 억눌렀다. 「소진 열전蘇秦列傳」 제9를 지었다.

여섯 나라는 이미 맹약을 하여 화친했으나, 장의는 주장연횡설을 밝힘으로써 제후들을 다시 흩어지게 했다. 그래서 「장의 열전張儀列傳」 제10을 지었다.

진秦나라가 동쪽으로 나아가 제후들의 우두머리가 된 것은 저리자樗里子와 감무甘茂의 책략이 있었기 때문이다. 「저리자 감무 열전樗里子甘茂

列傳」제11을 지었다.

하수와 화산華山을 장악하고 대량을 포위하여 제후들이 손을 잡고 진秦나라를 받들게 한 것은 위염魏冉의 공이다. 「양후 열전穰侯列傳」 제12를 지었다.

남쪽으로 (초나라의) 언鄢과 영郢을 함락시키고 북쪽으로 (조나라의) 장평長平을 깨뜨리고 마침내 한단을 포위한 것은 무안군武安君 백기白起가 장수로 있을 때이고, 형荊초나라을 무찌르고 조나라를 멸망시킨 것은 왕전王翦의 계책이다. 「백기 왕전 열전白起王翦列傳」 제13을 지었다.

(맹자는) 유가와 묵가의 유문遺文전해 오는 문헌을 섭렵하고 예의의 계통과 기강을 밝혔으며, (양나라) 혜왕이 (추구하는) 이익의 실마리를 끊었다. (순경은) 지나간 세대의 흥망을 열거했다. 「맹자 순경 열전孟子荀卿列傳」 제14를 지었다.

(맹상군이) 빈객을 좋아하고 선비들을 반갑게 맞자 선비들이 설薛 땅으로 모여들었으므로 제나라를 위하여 초나라와 위魏나라의 침략을 막았다. 「맹상군 열전孟嘗君列傳」 제15를 지었다.

(조나라의 평원군平原君은) 풍정馮亭과 서로 권모權謀를 다투고, 초나라로 가서 한단의 포위를 풀고 (조나라의) 군주를 다시 제후들에게 거론되게 했다. 「평원군 우경 열전平原君虞卿列傳」 제16을 지었다.

부귀한 몸으로서 빈천한 선비에게 (몸을) 낮추고 어진 선비로서 하찮은 사람에게 굽히는 일은 오직 신릉군信陵君만이 할 수 있다. 「위공자 열전魏公子列傳」 제17을 지었다.

몸을 군주에게 바치고 마침내 강한 진秦나라의 손아귀에서 벗어나 유세객들을 시켜 남쪽 초나라로 달아나게 한 것은 황헐黃歇의 충의였다.

「춘신군 열전春申君列傳」 제18을 지었다.

위제魏齊위나라 재상에게 받은 치욕을 참아 내고 강한 진秦나라에서 신뢰와 위세를 떨쳤으며, 어진 사람을 추천하여 자리를 양보하였으니 두 사람이 있다. 「범저 채택 열전范睢蔡澤列傳」 제19를 지었다.

장수가 되어 계책을 실행하고, 다섯 나라의 군사를 연합하여 약한 연나라를 위해 강한 제나라에 원수를 갚아 그 선군先君의 치욕을 씻었다. 「악의 열전樂毅列傳」 제20을 지었다.

〔인상여는〕 강한 진秦나라에게는 자기 생각을 펼치고, 염파에게는 몸을 굽혀 그 군주를 위함으로써 한결같이 제후의 존중을 받았다. 「염파 인상여 열전廉頗藺相如列傳」 제21을 지었다.

〔제나라〕 민왕湣王은 〔수도〕 임치를 잃고 거읍莒邑으로 달아났지만, 전단田單만은 즉묵卽墨을 굳게 지키며 기겁騎劫을 깨뜨려 달아나게 함으로써 드디어 제나라의 사직을 보존하였다. 「전단 열전田單列傳」 제22를 지었다.

궤변을 늘어놓아 〔진秦나라에〕 포위된 성의 근심을 풀고, 작위나 봉록을 가볍게 여기고 자기 뜻대로 자유롭게 사는 것을 즐겼다. 「노중련 추양 열전魯仲連鄒陽列傳」 제23을 지었다.

문장을 지어 풍자하여 간언하고 유사한 비유를 들어 의義를 논한 것으로는 「이소」가 있다. 「굴원 가생 열전屈原賈生列傳」 제24를 지었다.

〔진秦나라의〕 자초子楚와 친분을 맺고 제후국의 선비들로 하여금 다투어 진나라를 섬기도록 하였다. 「여불위 열전呂不韋列傳」 제25를 지었다.

조자曹子조말의 비수로 노나라는 〔잃었던〕 땅을 되찾고, 제나라는 〔제후들에게〕 그 신의를 밝혔다. 예양은 의義를 지켜 두 마음을 품지 않았다. 「자객 열전刺客列傳」 제26을 지었다.

그 〔자신의〕 계획을 분명히 하고 시대의 추이에 따라 진秦나라를 추존하여 〔진나라가〕 마침내 해내海內를 통일하도록 한 것은 전적으로 이사의 힘이었다. 「이사 열전李斯列傳」 제27을 지었다.

진秦나라를 위해 땅을 개척하고 인구를 늘려 북쪽으로는 흉노를 무찌르고, 하수를 따라 요새를 만들었으며, 산에 의지하여 방비를 튼튼히 함으로써 유중현楡中縣을 건설했다. 「몽염 열전蒙恬列傳」 제28을 지었다.

조나라를 평정하고 상산常山에 요새를 만들어 하내河內를 넓히고 초나라의 권세를 약화시켜 한왕의 신의를 천하에 드러냈다. 「장이 진여 열전張耳陳餘列傳」 제29를 지었다.

〔위표는〕 서하와 상당의 군사를 거두어 〔한왕을〕 따라 팽성에 이르렀다. 팽월은 양나라를 침략하여 항우를 괴롭혔다. 「위표 팽월 열전魏豹彭越列傳」 제30을 지었다.

〔경포가〕 회남 땅을 가지고 초나라를 배반하고 한나라에 귀순하니, 한나라는 그를 이용하여 〔초나라의〕 대사마 주은周殷을 맞아들여 마침내 항우를 해하垓下에서 무찔렀다. 「경포 열전黥布列傳」 제31을 지었다.

초나라 군대가 경京과 색索 사이에서 〔한나라를〕 압박할 때 한신은 위魏나라와 조나라를 점령하고, 연나라와 제나라를 평정하여 천하의 3분의 2를 차지하게 함으로써 항우를 멸망시켰다. 「회음후 열전淮陰侯列傳」 제32를 지었다.

초나라와 한나라가 공鞏과 낙洛 사이에서 서로 대치하고 있을 때 한왕韓王 신信은 한漢나라를 위해 영천潁川을 평정하고, 노관盧綰은 항우의 식량 보급로를 끊었다. 「한신 노관 열전韓信盧綰列傳」 제33을 지었다.

제후들이 항왕을 배반했지만, 오직 제나라만이 성양에서 항우와 싸웠다. 한나라 군대가 마침내 그 틈을 타서 사잇길로 팽성으로 들어갈 수 있었다. 「전담 열전田儋列傳」 제34를 지었다.

성을 공격하고 들판에서 싸워 공을 세우고 돌아와 보고하는 데에는 번쾌와 역상이 유능하였다. 채찍을 들어 병마를 지휘한 공이 있고, 또 한왕과 더불어 위기를 벗어난 적도 있었다. 「번 역 열전」[23] 제35를 지었다.

한나라가 겨우 안정을 얻었으나 문치文治의 이치는 아직 밝지 못했다. 장창張倉은 주계관主計官이 되어 도량형을 정리 통일하고 음률과 역법을 바로잡았다. 「장 승상 열전張丞相列傳」 제36을 지었다.

변설로써 맺고 사자가 되어 제후들과 약속하여 회유했다. 제후는 모두 그와 친해져 한나라로 귀순하여 번병이나 보신이 되었다. 「역생 육가 열전酈生陸賈列傳」 제37을 지었다.

진秦나라와 초나라의 일을 상세히 알고자 하니, 오직 주설周緤이 항상 고조를 따라다니며 제후를 평정하였다. 「부 근 괴성 열전傅靳蒯成列傳」 제38을 지었다.

강한 호족들을 이주시키고 관중에 도읍을 정하고 흉노와 화친을 맺으며, 조정의 의례를 분명히 하고 종묘 의법儀法의 순서를 매겼다. 「유경 숙손통 열전劉敬叔孫通列傳」 제39를 지었다.

〔계포는〕 강한 성격을 억누르고 부드러워져 마침내 〔한나라〕 대신大臣이 되었다. 난공欒公은 권세의 위협을 받았지만 죽은 자彭越를 배반하지

---

23 『사기 열전』에는 「번 역 등 관 열전」이라고 하여, 등공과 관영의 열전이 덧붙어 있다.

않았다. 「계포 난포 열전季布欒布列傳」 제40을 지었다.

감히 군주의 〔싫어하는〕 안색을 무릅쓰고 군주의 〔언행을〕 도의에 맞게 관철시키고, 자기 몸을 돌아보지 않고 나라를 위해 장구한 계획을 세웠다. 「원앙 조조 열전袁盎鼂錯列傳」 제41을 지었다.

법을 지켜 대의를 잃지 않고, 옛날의 어진 사람에 관해 말함으로써 군주의 현명함을 더하게 했다. 「장석지 풍당 열전張釋之馮唐列傳」 제42를 지었다.

돈후하고 자애롭고 효성스러우며 말은 어눌하지만 행동은 민첩하여 겸양에 힘써 군자와 장자長者가 되었다. 「만석 장숙 열전萬石張叔列傳」 제43을 지었다.

절개를 지키고 강직함을 지켜 의로움은 청렴하다고 하기에 충분하고, 행실은 현인들을 격려하기에 충분했다. 권세 있는 지위에 있어도 이치에 어긋나는 것에 굽히지 않았다. 「전숙 열전田叔列傳」 제44를 지었다.

편작扁鵲은 의술을 말함으로써 방술方術의술하는 사람들의 종주가 되었다. 〔그 의술은〕 매우 정밀하고 밝아 후세 사람들이 그의 법을 준수하고 바꾸지 못했다. 창공倉公은 그편작에 근접한 사람이라 할 수 있다. 「편작 창공 열전扁鵲倉公列傳」 제45를 지었다.

〔고조의 형〕 유중劉仲의 아들 유비劉濞가 오왕이 되었다. 한나라가 처음 천하를 안정시켰을 때 〔그는〕 강수와 회수 사이의 땅을 진압하고 안정시켰다. 「오왕 비 열전吳王濞列傳」 제46을 지었다.

오나라와 초나라가 반란을 일으켰을 때, 〔한나라〕 황실의 친속 가운데 두영竇嬰위기후만이 현명하고 선비들을 좋아하여 선비들도 그를 따랐으므로 군사를 이끌고 산동 형양에서 〔반란군에게〕 대항했다. 「위기 무안후 열전魏其武安侯列傳」제47을 지었다.

지혜는 근세의 사변事變에 대응하기에 넉넉하고, 너그러운 도량은 인재를 얻는 데 쓸 만했다. 「한장유 열전韓長孺列傳」제48을 지었다.

〔이광은〕적을 대적하는 데 용감하였고, 사졸들에게는 인자하고 정이 많으며 호령이 번잡하지 않아서 사졸들이 그를 따랐다. 「이 장군 열전李將軍列傳」제49를 지었다.

삼대 이래로 흉노는 늘 중원의 근심과 재해가 되었다. 〔한나라 왕실은 흉노의〕 강하고 약한 때를 알아 군비를 갖추어 정벌하려고 했다. 「흉노 열전匈奴列傳」제50을 지었다.

구불구불한 변방을 곧게 하고 하남河南 땅을 넓혀 기련산祁連山의 적을 무찌르고, 서역의 나라들과 통하는 길을 개척하고 북방의 오랑캐를 무찔렀다. 「위 장군 표기 열전衛將軍驃騎列傳」제51을 지었다.

대신大臣과 종실宗室이 사치를 내세우며 서로 다툴 때 공손홍만은 먹고 입는 것을 절약하여 모든 관리의 모범이 되었다. 「평진후 열전平津侯主父列傳」제52를 지었다.

한나라가 이미 중원을 평정하자, 조타趙佗는 양월楊越을 안정시켜 남방 번병을 보전하고 공물을 바치게 했다. 「남월 열전南越列傳」제53을 지었다.

오나라가 반란을 일으키자, 동구東甌 사람들이 오왕 유비를 죽이고 봉우산封禺山을 보위하여 결국 한나라의 신하가 되었다. 「동월 열전東越列傳」제54를 지었다.

연나라 〔태자〕 단丹이 요동 사이로 흩어져 달아나자, 위만衛滿이 그 도망친 백성을 거둬 해동海東에 모으고, 진번眞藩을 안정시키고 변새를 보위함으로써 〔한나라〕 외신外臣이 되었다. 「조선 열전朝鮮列傳」 제55를 지었다.

당몽唐蒙은 사자로 나가 야랑夜郞과 통하였고, 공邛과 작笮의 군장들은 스스로 한나라의 내신內臣이 되기를 청하여 한나라가 보낸 관리들의 통치를 받아들였다. 「서남이 열전西南夷列傳」 제56을 지었다.

「자허부子虛賦」와 「대인부大人賦」의 말은 지나치게 아름답고 과장된 부분이 많지만 그것이 가리키는 바는 풍간을 통해 무위無爲로 돌아가게 하는 것이다. 「사마상여 열전司馬相如列傳」 제57을 지었다.

경포가 반란을 일으키자, 〔고조의 아들〕 유장劉長이 대신 군주가 되어 강수와 회수 남쪽을 진압하여 사나운 초나라 서민들을 안정시켰다. 「회남 형산 열전淮南衡山列傳」 제58을 지었다.

법률을 받들고 이치에 따라 일을 처리하는 관리는 공로를 자랑하지 않고 능력이 있음을 뽐내지 않는다. 백성이 칭찬하는 일이 없지만 그릇된 행동을 하지도 않는다. 「순리 열전循吏列傳」 제59를 지었다.

의관을 바르게 하고 조정에 서면 여러 신하 가운데 감히 허튼소리를 하는 자가 없으니 장유長孺급암의 자의 엄숙함 때문이었다. 그는 사람을 즐겨 추천하여 장자長者로 불렸으니, 장壯정당시의 자에게는 그러한 기개가 있었기 때문이다. 「급 정 열전汲鄭列傳」 제60을 지었다.

공자가 죽은 뒤부터 경사京師에서 학교 교육을 중히 여기는 사람이 없었는데 건원, 원수 연간에는 문사文辭가 빛났다. 「유림 열전儒林列傳」 제61을 지었다.

백성이 근본을 저버리고 교묘함을 일삼아 정해진 규칙에서 벗어나 법을 우롱하니 착한 사람도 그들을 교화시킬 수 없었으며, 오직 모든 것을 엄격하고 혹독하게 해야만 이를 바로잡을 수 있었다. 「혹리 열전酷吏列傳」 제62를 지었다.

한나라는 이미 사자를 대하大夏까지 통하게 하여 서쪽 멀리 있는 오랑캐는 안쪽 나라를 향해 목을 내밀고 중원을 보고 싶어 했다. 「대원 열전大宛列傳」 제63을 지었다.

다른 사람을 곤경에서 구해 주고 다른 사람이 부족한 것을 도와주니 어진 사람이 아닌가? 신의를 잃지 않고 언약을 저버리지 않았으니 의로운 자들에게서 취할 것이 있다. 「유협 열전游俠列傳」 제64를 지었다.

군주를 섬기면서 군주의 이목을 즐겁게 하고 얼굴빛을 펴게 하여 친근한 정을 얻은 것은, 그들이 미색으로 사랑받을 뿐 아니라 재능에도 각기 뛰어난 점이 있었기 때문이다. 「영행 열전佞幸列傳」 제65를 지었다.

세속에 흐르지 않고 권세와 이익을 다투지 않으며, 위아래가 막힌 곳이 없고, 사람들도 그것을 해롭게 여기지 않아 그 도가 받아들여졌다. 「골계 열전滑稽列傳」 제66을 지었다.

제, 초, 진, 조나라의 점복가들은 저마다 풍속에 따라 사용한 방법이 있었다. 그 대체적인 뜻을 살펴보려 한다. 「일자 열전日者列傳」 제67을 지었다.

삼대의 군왕은 거북으로 점치는 방법을 달리했고, 사방의 오랑캐들도 점치는 법이 제각기 달랐으나 각자 이것으로 길흉을 판단했다. 대충 그 요지를 살폈다. 「귀책 열전龜策列傳」 제68을 지었다.

벼슬이 없는 필부 신분으로 정치를 해치지도 않고, 백성에게 방해되지도 않으면서 때에 맞춰 팔고 사서 재산을 늘린 사람이 있다. 지혜로운 자도 이들에게서 취한 점이 있다. 「화식 열전貨殖列傳」 제69를 지었다.

우리 한나라는 오제의 뒤를 잇고 삼대의 중단된 위업을 이었다. 주나라의 도가 사라지자 진秦나라는 고문古文을 없애고 『시』와 『서』를 불태워 없앴으므로 명당明堂, 석실石室, 금궤金匱 등에 보관하던 옥판玉版의 도적圖籍이 모두 흩어지고 말았다. 그래서 한나라가 일어나자 소하가 율령을 정리하고 한신이 군법을 밝히고 장창이 장정章程을 만들고 숙손통이 예의를 제정하니, 문학지사文學之士가 빛을 발하여 점차 등용되고 『시』와 『서』도 왕왕 곳곳에서 나왔다. 조참이 갑공蓋公을 추천한 뒤로 황제와 노자의 도를 말하였고, 가의와 조조晁錯는 신불해와 상앙의 법가 학술을 밝히고, 공손홍은 유가의 학설로 알려졌으니, 〔한나라 초기〕 100년 동안 천하에 있던 서적과 고사古事들이 태사공의 손에 모이지 않은 것이 없었다.

태사공의 관직은 아버지와 아들이 이어서 맡았다. 태사공 사마천은 말한다.

"아아! 나의 조상은 일찍이 이 일을 주관하여 당우唐虞 시대에 이미 알려졌고, 주 대周代에 이르러서 다시 이것을 맡았다. 그러므로 사마씨는 대대로 천관天官을 맡아 왔다. 나에게까지 이르렀으니 삼가며 새겨 두자! 삼가며 새겨 두자!"

천하에 흩어져 있는 구문舊聞을 망라하여 왕업王業이 일어난 처음과 끝을 살피고 흥성하고 쇠망한 것을 살펴보았으며, 사실에 입각하여 논하고 고찰했다. 대략 삼대를 추정하여 기술하고, 진나라와 한나라를 기록하되 위로는 헌원황제으로부터 시작하여 아래로는 지금에 이르기까지 12 본기를 지었으니 모두 조례를 나누어 기록했다. 그러나 시대를 같이 하는 것도 있고 달리하는 것도 있어서 연대가 확실치 않으므로 10 표를 만들었다. 또 [시대에 따라] 예악의 증감, 법률과 역법의 개정, 병권, 산천, 귀신, 천인天人, 시세 변화에 따라 폐해지는 것을 살피고 세상의 변화에 적응해 나가는 내용으로 8서를 만들었다. 이십팔수二十八宿는 북극성을 돌고, 서른 개의 바퀴살은 한 개의 바퀴통을 향하여 끝없이 돈다. 보필하는 팔다리 같은 신하들을 이에 비유하여 충신으로서 도를 행하여 군주를 받드는 모습을 30세가로 지었다. 정의를 따르고 재능이 뛰어나서 스스로 시기를 놓치지 않고 천하에 공명을 세운 사람들에 대해서는 70열전을 지었다. 무릇 130편에 52만 6500자이니 『태사공서太史公書』라고 한다. 개략적인 것을 「자서」로 지어 본문에 빠진 부분을 보충하여 일가一家의 말을 이루었다. 육경에 대한 서로 다른 견해들을 정리하고 백가의 잡다한 학설을 정리했다. [정본正本은] 명산名山에 깊이 간직하고 부본副本은 수도에 두어 후세 성인군자들의 열람을 기다린다. 「태사공 자서」 제70을 지었다.

태사공은 말한다.

"나는 황제로부터 역사를 서술하여 태초太初한나라 무제의 일곱 번째 연호에 이르러 마치니 130편이다."

『사기』 목록

：참고 문헌：

司馬遷, 『史記』(北京: 北京中華書局 點校本, 1959 초판, 2013 개정판).

韓兆琦, 『史記』(北京: 中華書局, 2011).

_____, 『史記箋證』, 廣西: 江西人民出版社, 2004.

李勉, 『史記七十列傳評注』(臺北: 臺北國立編譯館, 1996).

馬持盈, 『史記今註』(臺北: 臺灣商務印書館, 1979).

安平秋, 『史記通論』(北京: 華文出版社, 2005).

楊燕起, 『『史記』的學術成就』(北京: 北京師範大學出版社, 1996).

楊樹增, 『史記藝術研究』(北京: 學苑出版社, 2004).

楊燕起, 『史記集評』(北京: 華文出版社, 2005).

_____, 『史記全譯』(貴陽: 貴州人民出版社, 2001).

閻崇東, 『史記史學研究』(北京: 華文出版社, 2005).

王明信, 『司馬遷思想研究』(北京: 華文出版社, 2005).

王利器 主編, 『史記注譯』(北京: 三秦出版社, 1988).

王培華, 『史記讀本』(北京: 北京師範大學出版社, 2001).

張大可, 『史記新注』(北京: 華文出版社, 2000).

_____, 『史記文獻研究』(北京: 民族出版社, 2001).

_____, 『司馬遷評傳』(北京: 華文出版社, 2005).

張新科,『史記學槪論』(北京: 北京商務印書館, 2003).

程生田 外 編著,『司馬遷的人才觀』(西安: 西北大學出版社, 1998).

可永雪,『史記文學硏究』(北京: 華文出版社, 2005).

周嘯天 外,『史記全本導讀辭典』(成都: 四川辭書出版社, 1997).

野口定男 外,『史記』(東京: 平凡社, 1958).

瀧川資言,『史記會注考證』(北京: 北岳文藝出版社, 1998).

吉田賢抗,『史記列傳』(東京: 明治書院, 1981).

Burton Watson, Records of the Historian(New York: Columbia Univ. Press, 1969).

김원중 역,『사기 본기』(서울: 민음사, 2010).

_____,『사기 세가』(서울: 민음사, 2010).

_____,『사기 표』(서울: 민음사, 2011).

_____,『사기 서』(서울: 민음사, 2011).

_____,『노자』(서울:휴머니스트 , 2018).

_____,『논어』(서울: 휴머니스트, 2019).

_____,『손자병법』(서울: 휴머니스트, 2017).

_____,『한비자』(서울: 휴머니스트, 2019).

_____,『정사 삼국지』(서울: 휴머니스트, 2018).

이성규 편역,『사기』(서울: 서울대 출판부, 1987).

정범진 외 역,『사기 열전(상·중·하)』(서울: 까치, 1995).

김원중,「〈伯夷列傳〉의 “怨邪非邪”와 “是邪非邪”를 통해서 본 行間的 脈絡과 重意的 層位」,『中國人文科學』, 제72집, 중국인문학회, 2019. pp.285~305.

_____, 「『史記』「貨殖列傳」을 통해 본 '富'와 權力의 關聯樣相」, 『東洋學』, 제66집, 단국대학교 동양학연구원, 2017. pp.1~20.

_____, 「"孔子問禮於老子"句에 나타난 司馬遷의 敍述視覺에 관한 몇 가지 검토」, 『한중인문학연구』, 제63집, 한중인문학회, 2019. pp.55~79.

_____, 「司馬遷의 경제관에 관한 몇 가지 검토: 경제지리와 도시경제에 따른 致富 양상을 중심으로」, 『중국학』, 제69집, 대한중국학회, 2019. pp.199~221.

_____, 「"先黃老後六經"설을 통해서 본 司馬遷의 黃老思想 수용양상 ─ 「老子韓非列傳」·「孟子荀卿列傳」·「儒林列傳」을 중심으로」, 『한중인문학연구』, 제65집, 한중인문학회, 2019. pp.157-181.

_____, 「『史記』「屈原賈生列傳」을 통해서 본 司馬遷의 치유적 글쓰기 전략 ─ 發憤과 憐愍의 승화적 차원을 중심으로 ─」, 『동북아 문화연구』, 제1권 59호, 동북아시아문화학회, 2019. pp.235~252.

_____, 「司馬遷의 通變論에 관한 몇 가지 검토」, 『中國人文科學』, 제49집, 중국인문학회, 2011. pp.231~249.

옮긴이 **김원중**金元中

성균관대학교 중문과에서 문학박사 학위를 받았다. 대만 중앙연구원과 중국 문철연구소 방문학자와 대만사범대학 국문연구소 방문교수, 중국 푸단 대학 중문과 방문학자를 역임했다. 건양대 중문과 교수를 지냈고, 현재 단국대학교 한문교육과 교수이며, 중국인문학회·한중인문학회 부회장, 대통령 직속 국가교육위원회 전문위원도 겸하고 있다. 동양의 고전을 우리 시대의 보편적 언어로 섬세히 복원하는 작업에 매진하여, 고전 한문의 응축미를 담아 내면서도 아름다운 우리말의 결을 살려 원전의 품격을 잃지 않는 번역으로 정평 나 있다.《교수신문》이 선정한 최고의 번역서인『사기 열전』을 비롯해『사기 본기』,『사기 표』,『사기 서』,『사기 세가』등 개인으로서는 세계 최초로『사기』전체를 완역했으며, 그 외에도『삼국유사』,『논어』,『명심보감』,『손자병법』,『한비자』,『정관정요』,『정사 삼국지』(전 4권),『채근담』,『당시』,『송시』등의 고전을 번역했다. 또한『한마디의 인문학, 고사성어 사전』,『한문 해석 사전』(편저),『중국 문화사』,『중국 문학 이론의 세계』등의 저서를 출간했고 40여 편의 논문을 발표했다.

사기 열전 2

1판 1쇄 펴냄 2007년 9월 3일
1판 27쇄 펴냄 2014년 8월 19일
개정판 1쇄 펴냄 2015년 6월 10일
개정판 9쇄 펴냄 2019년 12월 5일
개정2판 1쇄 펴냄 2020년 8월 10일
개정2판 8쇄 펴냄 2024년 7월 16일

지은이   사마천司馬遷
옮긴이   김원중
발행인   박근섭, 박상준
펴낸곳   **(주)민음사**
출판등록 1966. 5. 19 (제16-490호)
주소   서울특별시 강남구 도산대로1길 62(신사동) 강남출판문화센터 5층 (06027)
대표전화 02-515-2000
팩시밀리 02-515-2007

ⓒ 김원중, 2007, 2015, 2020. Printed in Seoul, Korea

ISBN 978-89-374-2597-4 04910
ISBN 978-89-374-2595-0 (세트)

* 잘못 만들어진 책은 구입처에서 교환해 드립니다.

史記列傳

史記列傳

史記列傳

史記列傳

史記列傳

史記列傳

史記
列
傳

史記列傳

史記列傳

史記列傳

史記列傳

史記列傳

史記列傳

史記列傳

史記列傳

史記列傳

史記列傳

史記列傳